AF757166

LAB
LEARN WITH AMAN & BARKHA

उत्तर प्रदेश पुलिस भर्ती एवं प्रोन्नति बोर्ड

प्रैक्टिस सेट्स

होम गार्ड

1st Edition

नवीनतम पाठ्यक्रम पर आधारित

अमन श्रीवास्तव

Published by :

Invincible Publication Pvt. Ltd.

INVINCIBLE
Publication Private Limited

Published by
Invincible Publication Pvt. Ltd.
1103-A, 11th Floor SAS Tower, Sector 38, Gurugram, Haryana - 122003
Email: sales@i-publish.in
www.invinciblepublishers.com

First Edition 2026
Book Name: प्रैक्टिस सेट्स (होम गार्ड)
Author: अमन श्रीवास्तव

ISBN: 978-9358869026

Invincible Publication Pvt. Ltd.
Sales Office: 4760-61/23, Basement, Pratap Street, Ansari Road,
Daryaganj, New Delhi- 110002
Email: invinciblepublishers@gmail.com

अनुक्रमणिका

पाठ्यक्रम

सामान्य ज्ञान, सामान्य विज्ञान, भारत का इतिहास, भारतीय संविधान, भारतीय अर्थव्यवस्था एवं संस्कृति, भारतीय कृषि, वाणिज्य एवं व्यापार, जनसंख्या, पर्यावरण एवं नगरीकरण, भारत का भूगोल, उत्तर प्रदेश के प्राकृतिक संसाधन, उत्तर प्रदेश की शिक्षा, संस्कृति और सामाजिक परम्पराओं के सम्बन्ध में विशिष्ट जानकारी, उत्तर प्रदेश में आयोजित प्रमुख मेले एवं त्यौहार, खेल, पुरस्कार एवं उपलब्धियाँ, उत्तर प्रदेश में राजस्व, पुलिस व सामान्य प्रशासनिक व्यवस्था, मानवाधिकार, आंतरिक सुरक्षा तथा आतंकवाद, भारत और उसके पड़ोसी देशों के बीच सम्बन्ध, राष्ट्रीय तथा अंतरराष्ट्रीय महत्व के समसामयिक विषय, राष्ट्रीय एवं अंतरराष्ट्रीय संगठन, पुरस्कार और सम्मान, देश/राजधानी/मुद्राएँ, महत्वपूर्ण दिवस, अनुसंधान एवं खोज, पुस्तकें और उनके लेखक, सोशल मीडिया कम्युनिकेशन, उत्तर प्रदेश शासन द्वारा संचालित कल्याणकारी एवं जनमुखी योजनाएँ, महिला सशक्तिकरण, आत्मनिर्भरता एवं औद्योगिक विकास के प्रयास, प्राकृतिक घटनाएँ (Natural Phenomenon), महत्वपूर्ण सम्मेलन और सभाएँ।

होमगार्ड प्रैक्टिस सैट-1

1. **सिंधु सभ्यता में मानकीकृत ईंटों का प्रयोग किसका संकेतक है?**
(a) धार्मिक समानता (b) राजनीतिक अराजकता
(c) प्रशासनिक नियोजन (d) जनजातीय व्यवस्था

2. **ऋग्वैदिक काल की सभा और समिति किससे संबंधित थीं?**
(a) धार्मिक अनुष्ठान
(b) प्रशासनिक एवं राजनीतिक संस्थाएँ
(c) सैन्य संगठन
(d) आर्थिक परिषद

3. **मौर्य काल में अशोक के धम्म का मुख्य उद्देश्य क्या था?**
(a) सामाजिक-नैतिक समरसता
(b) बौद्ध धर्म का प्रचार
(c) सैन्य विस्तार
(d) कर व्यवस्था का सुधार

4. **धम्म महामात्र पद का उल्लेख किस संदर्भ में किया गया था?**
(a) न्यायिक अधिकारी
(b) सैन्य पद
(c) नैतिक-प्रशासनिक अधिकारी
(d) धार्मिक पुरोहित

5. **गुप्त काल को स्वर्ण युग कहे जाने का प्रमुख कारण क्या है?**
(a) विशाल साम्राज्य (b) विदेशी व्यापार
(c) कर प्रणाली (d) कला-विज्ञान की उन्नति

6. **प्रयाग प्रशस्ति स्तंभ लेख किस शासक से संबंधित है?**
(a) चंद्रगुप्त मौर्य (b) समुद्रगुप्त
(c) स्कंदगुप्त (d) हर्षवर्धन

7. **मध्यकालीन भारत में इक्ता प्रणाली का क्या उद्देश्य था?**
(a) कृषि सुधार (b) धार्मिक कर
(c) व्यापार नियंत्रण (d) सैन्य वेतन की व्यवस्था

8. **अलाउद्दीन खिलजी की बाजार नियंत्रण नीति का लक्ष्य क्या था?**
(a) व्यापारियों को प्रोत्साहन (b) वस्तुओं का निर्यात
(c) महँगाई पर नियंत्रण (d) विदेशी व्यापार

9. **मुगल स्थापत्य की चारबाग शैली किससे प्रेरित है?**
(a) फारसी उद्यान परंपरा (b) चीनी स्थापत्य
(c) भारतीय वन परंपरा (d) बौद्ध वास्तुकला

10. **सुलह-ए-कुल नीति किससे संबंधित है?**
(a) कर सुधार (b) धार्मिक सहिष्णुता
(c) सैन्य संगठन (d) प्रशासनिक विकेंद्रीकरण

11. **स्थायी बंदोबस्त किसके लिए लागू किया गया था?**
(a) किसानों के लिए (b) कारीगरों के लिए
(c) व्यापारियों के लिए (d) जमींदारों के लिए

12. **वर्ष 1857 के विद्रोह में उत्तर भारत की भूमिका क्यों महत्वपूर्ण थी?**
(a) औद्योगिक केंद्र थे
(b) सैनिक छावनियाँ थीं
(c) जन-सहभागिता व्यापक थी
(d) विदेशी सहायता मिली

13. **नागर शैली की मुख्य विशेषता क्या है?**
(a) गोपुरम (b) शिखर
(c) मंडपम (d) विहार

14. **बौद्ध स्तूप में तोरण का प्रयोग किसके लिए किया जाता था?**
(a) प्रवेश द्वार (b) आवास
(c) ध्यान कक्ष (d) भंडारण

15. **अजंता की गुफाएँ क्यों प्रसिद्ध हैं?**
(a) मूर्तिकला के लिए (b) धातु कला के लिए
(c) भित्ति चित्रों के लिए (d) स्थापत्य प्रयोग के लिए

16. **शेर-ए-बलिया के नाम से किस स्वतंत्रता सेनानी को जाना जाता है?**
(a) तात्या टोपे (b) चित्तू पांडेय
(c) राम प्रसाद बिस्मिल (d) खान अब्दुल गफ्फार खान

17. **मधुबनी चित्रकला की प्रमुख विषय वस्तु क्या है?**
(a) युद्ध दृश्य (b) राजदरबार
(c) धार्मिक-सामाजिक जीवन (d) औद्योगिक जीवन

18. **आल्हा लोकगायन परंपरा किससे संबंधित है?**
(a) प्रेम कथाओं से (b) वीर गाथाओं से
(c) धार्मिक भजनों से (d) कृषि गीतों से

19. **भक्तिकाल की प्रमुख विशेषता क्या है?**
(a) श्रृंगार रस (b) वीर रस
(c) भक्ति भावना (d) हास्य रस

20. भारतीय राजनीति, लोकतांत्रिक संस्थाओं और संसदीय परंपराओं में दीर्घकालिक योगदान के लिए वर्ष 2024 में भारत रत्न किसे प्रदान किया गया?
(a) चौधरी चरण सिंह (b) कर्पूरी ठाकुर
(c) डॉ. एम. एस. स्वामीनाथन (d) लालकृष्ण आडवाणी

21. मुगल काल में चित्रकला को सर्वाधिक संरक्षण किसने दिया?
(a) बाबर (b) हुमायूँ
(c) अकबर (d) जहाँगीर

22. भारतीय स्थापत्य में गुफा मंदिरों का विकास मुख्यतः किस काल में हुआ?
(a) वैदिक काल (b) मौर्य काल
(c) गुप्तोत्तर काल (d) आधुनिक काल

23. लोक नृत्य रासलीला किससे संबंधित है?
(a) शिव उपासना (b) कृष्ण लीला
(c) राम कथा (d) दुर्गा पूजा

24. वेदों में कर्मकांड (यज्ञ, हवन, अनुष्ठान आदि) का मुख्य रूप से वर्णन किसमें मिलता है?
(a) ऋग्वेद (b) सामवेद
(c) यजुर्वेद (d) अथर्ववेद

25. उत्तर प्रदेश का कौन-सा क्षेत्र कथक नृत्य का प्रमुख केंद्र रहा है?
(a) बुंदेलखंड (b) अवध
(c) ब्रज (d) रोहिलखंड

26. निम्नलिखित में से कौन-सी एक नदी गंगा नदी बेसिन का हिस्सा नहीं है?
(a) पुनपुन नदी (b) अजय नदी
(c) जलांगी नदी (d) जोंक नदी

27. भारत में दक्षिण-पश्चिम मानसून के आगमन का प्रत्यक्ष कारण क्या है?
(a) ध्रुवीय पवन (b) स्थल-समुद्र तापांतर
(c) पश्चिमी विक्षोभ (d) जेट स्ट्रीम का अभाव

28. भारत की काली मिट्टी का निर्माण मुख्यतः किससे हुआ है?
(a) जलोढ़ निक्षेप (b) ग्रेनाइट अपक्षय
(c) बेसाल्ट चट्टान (d) बलुआ पत्थर

29. गंगा नदी प्रणाली की सबसे बड़ी सहायक नदी कौन-सी है?
(a) यमुना (b) घाघरा
(c) कोसी (d) गंडक

30. भारत की प्राकृतिक वनस्पति के वर्गीकरण का मुख्य आधार क्या है?
(a) अक्षांश (b) ऊँचाई
(c) मृदा प्रकार (d) वर्षा एवं तापमान

31. जैवमंडल (Biosphere) का सही अर्थ क्या है?
(a) केवल वन क्षेत्र
(b) जीवों का आवास
(c) पृथ्वी का वह भाग जहाँ जीवन संभव है
(d) वायुमंडल का निचला भाग

32. पारिस्थितिकी तंत्र में उत्पादक (Producers) का मुख्य कार्य क्या होता है?
(a) प्रकाश संश्लेषण (b) ऊर्जा का उपभोग
(c) अपघटन (d) पोषक चक्रण

33. खाद्य श्रृंखला में ऊर्जा का स्थानांतरण किस नियम से होता है?
(a) 100% नियम (b) 50% नियम
(c) 10% नियम (d) 1% नियम

34. जैव विविधता का सर्वाधिक स्तर किस क्षेत्र में पाया जाता है?
(a) मरुस्थल (b) उष्णकटिबंधीय वर्षावन
(c) टुण्ड्रा (d) पर्वतीय क्षेत्र

35. हॉट-स्पॉट (Hot-Spot) शब्द का प्रयोग किस संदर्भ में किया जाता है?
(a) भूकंप (b) ज्वालामुखी
(c) जैव विविधता संरक्षण (d) जलवायु परिवर्तन

36. माना दर्रा (Mana Pass) किन दो क्षेत्रों को जोड़ता है?
(a) गढ़वाल और कुमाऊँ क्षेत्र (b) बद्रीनाथ और तिब्बत क्षेत्र
(c) कश्मीर घाटी और जम्मू (d) क्षेत्र लद्दाख और स्पीति क्षेत्र

37. उत्तर प्रदेश की तराई भूमि की प्रमुख विशेषता क्या है?
(a) शुष्क जलवायु (b) रेतीली मिट्टी
(c) उच्च आर्द्रता एवं घने वन (d) पथरीला धरातल

38. उत्तर प्रदेश में सबसे अधिक वन क्षेत्र किस भाग में पाया जाता है?
(a) गंगा-यमुना दोआब (b) बुंदेलखंड
(c) विंध्य क्षेत्र (d) तराई क्षेत्र

39. संरक्षित वन (Reserved Forest) का मुख्य उद्देश्य क्या है?
(a) वाणिज्यिक कटान (b) मानव बस्तियाँ
(c) वन एवं वन्यजीव संरक्षण (d) कृषि विस्तार

40. वन्यजीव संरक्षण अधिनियम, 1972 का प्रमुख लक्ष्य क्या है?
(a) शिकार को बढ़ावा (b) प्रजातियों का संरक्षण
(c) वन भूमि निजीकरण (d) पर्यटन विकास

41. कोशिका को जीवन की संरचनात्मक एवं क्रियात्मक इकाई क्यों कहा जाता है?

(a) क्योंकि इसमें जीवन की सभी क्रियाएँ होती हैं

(b) क्योंकि यह सबसे बड़ी इकाई है

(c) क्योंकि यह केवल पौधों में होती है

(d) क्योंकि यह केवल जन्तुओं में होती है

42. माइटोकॉन्ड्रिया का मुख्य कार्य क्या है?

(a) प्रोटीन संश्लेषण (b) ऊर्जा का उत्पादन

(c) प्रकाश संश्लेषण (d) अपशिष्ट निष्कासन

43. तंत्रिका तंत्र का मुख्य कार्य क्या है?

(a) भोजन का पाचन करना (b) हार्मोन का स्राव करना

(c) शरीर में समन्वय करना (d) रक्त संचार करना

44. न्यूरॉन की वह शाखा जो संदेश को बाहर ले जाती है, वह क्या कहलाती है?

(a) डेंड्राइट (b) साइटोप्लाज्म

(c) सिनैप्स (d) एक्सॉन

45. पाचन तंत्र में प्रोटीन का पाचन कहाँ से प्रारंभ होता है?

(a) मुख में (b) ग्रासनली में

(c) आमाशय में (d) छोटी आँत में

46. मानव शरीर में छोटी आँत का मुख्य कार्य क्या है?

(a) भोजन संग्रह (b) पाचन एवं अवशोषण

(c) जल अवशोषण (d) मल निर्माण

47. बायोम (Biom) शब्द से क्या तात्पर्य है?

(a) एक जीव

(b) एक पारिस्थितिकी तंत्र

(c) समान जलवायु वाले बड़े जैव क्षेत्र

(d) केवल वन क्षेत्र

48. मरुस्थलीय बायोम की प्रमुख विशेषता क्या है?

(a) अत्यधिक वर्षा (b) घना वन

(c) स्थायी जल स्रोत (d) कम वर्षा एवं तापांतर

49. पर्यावरण प्रदूषण का सबसे व्यापक प्रभाव किस पर पड़ता है?

(a) केवल मानव (b) केवल वनस्पति

(c) सम्पूर्ण पारिस्थितिकी तंत्र (d) केवल जल स्रोत

50. दुधवा राष्ट्रीय उद्यान कहाँ स्थित है?

(a) गोरखपुर, उत्तर प्रदेश

(b) पीलीभीत, उत्तर प्रदेश

(c) लखीमपुर खीरी, उत्तर प्रदेश

(d) बहराइच, उत्तर प्रदेश

51. राष्ट्रीय आय (National Income) की गणना में निम्न में से किसे शामिल नहीं किया जाता है?

(a) मजदूरी (b) ब्याज

(c) किराया (d) स्थानांतरण भुगतान

52. निम्न में से कौन-सा सकल घरेलू उत्पाद (GDP) की गणना का आधार नहीं है?

(a) उत्पादन विधि (b) आय विधि

(c) व्यय विधि (d) कर विधि

53. योजना आयोग के स्थान पर नीति आयोग की स्थापना का मुख्य उद्देश्य क्या था?

(a) केंद्रीकृत योजना

(b) सहकारी संघवाद को बढ़ावा देना

(c) केवल राज्य योजनाएँ

(d) निजीकरण को समाप्त करना

54. आर्थिक नियोजन का मुख्य लक्ष्य क्या माना जाता है?

(a) केवल लाभ अधिकतम करना

(b) मुद्रा सृजन करना

(c) विदेशी व्यापार

(d) आर्थिक विकास और सामाजिक न्याय

55. राजकोषीय नीति का संबध मुख्यत: किससे है?

(a) मुद्रा आपूर्ति (b) सरकारी व्यय और कर

(c) ब्याज दर (d) विदेशी विनिमय

56. मंगसीर बग्वाल त्योहार किस राज्य में मनाया जाता है?

(a) हिमाचल प्रदेश (b) उत्तराखंड

(c) असम (d) अरुणाचल प्रदेश

57. निम्नलिखित नामों, उनके पद्म पुरस्कार तथा क्षेत्र के युग्मों पर विचार करें-

नाम		पुरस्कार		क्षेत्र
1. प्रतीक शर्मा	:	पद्म श्री 2026	:	चिकित्सा
2. व्लादिमेर मेस्तवीरिश्विली	:	पद्म श्री 2026	:	खेल (मरणोपरांत)
3. श्याम सुंदर	:	पद्म श्री 2026	:	साहित्य
4. बलदेव सिंह	:	पद्म श्री 2026	:	खेल

उपरोक्त में से कौन-से युग्म असत्य हैं?

(a) केवल 3 (b) केवल 1 और 3

(c) केवल 3 और 4 (d) 1, 2 और 3

58. मुद्रास्फीति का सीधा प्रभाव किस पर पड़ता है?

(a) क्रय शक्ति (b) जनसंख्या

(c) निर्यात (d) कर संरचना

59. दीनदयाल उपाध्याय ग्रामीण कौशल योजना (DDU–GKY) का संचालन किस मंत्रालय द्वारा किया जाता है?

(a) श्रम एवं रोजगार मंत्रालय

(b) कौशल विकास एवं उद्यमिता मंत्रालय

(c) ग्रामीण विकास मंत्रालय

(d) मानव संसाधन विकास मंत्रालय

60. बैंक दर (Bank Rate) का तात्पर्य क्या है?

(a) उपभोक्ता ऋण दर

(b) विदेशी मुद्रा दर

(c) सावधि जमा दर

(d) RBI द्वारा बैंकों को दिया जाने वाला ऋण दर

61. केंद्रीय बजट 2026-27 के अनुसार BioPharma SHAKTI योजना का मुख्य उद्देश्य क्या है?

(a) कृषि के लिए AI आधारित सलाह देना

(b) भारत को वैश्विक बायो-मैन्युफैक्चरिंग हब बनाना

(c) ग्रामीण सड़क नेटवर्क का विस्तार करना

(d) डिजिटल शिक्षा को सभी जिलों तक पहुँचाना

62. भारत की प्रथम महिला राष्ट्रपति कौन थीं?

(a) प्रतिभा देवी सिंह पाटिल (b) इंदिरा गांधी

(c) सरोजिनी नायडू (d) सुचेता कृपलानी

63. भारत के राष्ट्रीय ध्वज की रूपरेखा किसने तैयार की थी?

(a) महात्मा गांधी (b) पिंगली वेंकैया

(c) जवाहरलाल नेहरू (d) राजेंद्र प्रसाद

64. प्रधानमंत्री किसान सम्मान निधि योजना (PM–KISAN) के अंतर्गत पात्र किसानों को प्रतिवर्ष कितनी आर्थिक सहायता प्रदान की जाती है?

(a) ₹4,000 (b) ₹5,000

(c) ₹6,000 (d) ₹10,000

65. पद्म पुरस्कार किस क्षेत्र में दिए जाते हैं?

(a) केवल साहित्य

(b) केवल खेल

(c) कला, साहित्य, विज्ञान एवं समाज सेवा

(d) केवल प्रशासन

66. रासायनिक बंधन का मुख्य कारण क्या है?

(a) नाभिकीय बल

(b) इलेक्ट्रॉनों का स्थानांतरण या साझेदारी

(c) न्यूट्रॉनों की संख्या

(d) परमाणु द्रव्यमान

67. आयनिक बंधन सामान्यतः किसके बीच बनता है?

(a) धातु और अधातु के बीच

(b) दो अधातुओं के बीच

(c) दो धातुओं के बीच

(d) समान परमाणुओं के बीच

68. सहसंयोजक बंधन में इलेक्ट्रॉन क्या होते हैं?

(a) स्थानांतरित होते हैं (b) साझा किए जाते हैं

(c) नष्ट हो जाते हैं (d) नाभिक में चले जाते हैं

69. अम्ल का सामान्य गुण क्या है?

(a) कड़वा स्वाद

(b) क्षारीय प्रकृति

(c) नीला लिटमस नीला ही रहता है

(d) ख़ट्टा स्वाद

70. क्षार (Base) का pH मान सामान्यतः कितना होता है?

(a) 7 से कम (b) 7 के बराबर

(c) 7 से अधिक (d) 0 के बराबर

71. अम्ल और क्षार की अभिक्रिया से किसका निर्माण होता है?

(a) लवण और जल (b) केवल लवण

(c) केवल जल (d) गैस

72. धातुओं का सामान्य गुण क्या है?

(a) भंगुर होना

(b) ऊष्मा एवं विद्युत का सुचालक होना

(c) कम घनत्व

(d) अम्लीय प्रकृति

73. अधातुओं का सामान्य गुण क्या है?

(a) चमकीला होना (b) तन्य होना

(c) विद्युत का कुचालक होना (d) ऊष्मा का सुचालक होना

74. जंग लगना किस प्रकार की अभिक्रिया है?

(a) अपचयन (b) ऑक्सीकरण

(c) संयोजन (d) अपघटन

75. स्टील किस मिश्रधातु (Alloy) का उदाहरण है?

(a) ताँबा + जस्ता (b) ताँबा + टिन

(c) लोहा + एल्युमिनियम (d) लोहा + कार्बन

76. भारतीय संविधान में कार्यपालिका का प्रमुख कौन होता है?

(a) प्रधानमंत्री (b) राष्ट्रपति

(c) लोकसभा अध्यक्ष (d) मुख्य न्यायाधीश

77. भारतीय संविधान का अनुच्छेद 360 किससे संबंधित है?

(a) राष्ट्रीय आपातकाल (b) राष्ट्रपति शासन

(c) वित्तीय आपातकाल (d) राज्य आपातकाल

78. संसद का संयुक्त अधिवेशन कौन बुलाता है?

(a) प्रधानमंत्री (b) राष्ट्रपति

(c) लोकसभा अध्यक्ष (d) राज्यसभा सभापति

79. राज्यसभा का सभापति कौन होता हैं?

(a) राष्ट्रपति (b) प्रधानमंत्री

(c) उपराष्ट्रपति (d) लोकसभा अध्यक्ष

80. मंत्रिपरिषद सामूहिक रूप से किसके प्रति उत्तरदायी होती है?

(a) राष्ट्रपति (b) राज्यसभा

(c) सर्वोच्च न्यायालय (d) लोकसभा

81. भारत में आपातकाल घोषित करने की शक्ति किसे प्राप्त है?

(a) प्रधानमंत्री (b) संसद

(c) राष्ट्रपति (d) सर्वोच्च न्यायालय

82. भारत में डिजिटल भुगतान को बढ़ावा देने के लिए प्रमुख पहल कौन-सी रही है?

(a) UPI (b) NEFT

(c) RTGS (d) IMPS

83. भारत द्वारा प्रक्षेपित सूर्य अध्ययन मिशन का नाम क्या है?

(a) चंद्रयान-3 (b) आदित्य-L1

(c) गगनयान (d) मंगलयान-2

84. हर घर जल योजना का मुख्य उद्देश्य क्या है?

(a) सिंचाई विस्तार (b) वर्षा जल संचयन

(c) जल विद्युत उत्पादन (d) पेयजल उपलब्धता

85. भारत का पहला बाँस-आधारित बायोएथेनॉल संयंत्र कहाँ स्थापित किया गया है?

(a) डिब्रूगढ़, असम (b) गोलाघाट, असम

(c) जोरहाट, असम (d) गुवाहाटी, असम

86. भारत की आर्थिक राजधानी किसे कहा जाता है?

(a) नई दिल्ली (b) कोलकाता

(c) मुंबई (d) चेन्नई

87. उत्तर प्रदेश का उच्च न्यायालय कहाँ स्थित है?

(a) लखनऊ (b) प्रयागराज

(c) आगरा (d) गोरखपुर

88. उत्तर प्रदेश की विधान परिषद को क्या कहा जाता है?

(a) उच्च सदन (b) निचला सदन

(c) लोकसभा (d) ग्रामसभा

89. उत्तर प्रदेश में पंचायती राज व्यवस्था का सर्वोच्च स्तर कौन-सा है?

(a) ग्राम पंचायत (b) क्षेत्र पंचायत

(c) जिला पंचायत (d) नगर पालिका

90. वर्ष 2011 के जनगणना के अनुसार, उत्तर प्रदेश में सर्वाधिक जनसंख्या वाला जिला कौन-सा है?

(a) लखनऊ (b) कानपुर

(c) प्रयागराज (d) गाजियाबाद

91. यांत्रिकी में वेग का SI मात्रक क्या है?

(a) मीटर (b) मीटर/सेकंड

(c) मीटर/सेकंड^2 (d) न्यूटन

92. भारत का सबसे बड़ा जहाज निर्माण केंद्र कौन-सा है?

(a) कोचीन शिपयार्ड (b) मझगांव डॉक

(c) हिंदुस्तान शिपयार्ड (d) गार्डन रीच

93. ऊष्मा संचरण की वह विधि जिसमें माध्यम की आवश्यकता नहीं होती है-

(a) विकिरण (b) संवहन

(c) चालन (d) अपवर्तन

94. अंतर्राष्ट्रीय सौर गठबंधन शिखर सम्मेलन (8वीं ISA सभा), 2025 कहाँ आयोजित किया गया था?

(a) मुंबई (b) नई दिल्ली

(c) कोलकाता (d) लखनऊ

95. निर्वात में प्रकाश का वेग लगभग कितना होता है?

(a) 3×10^6 मीटर/सेकंड (b) 3×10^8 मीटर/सेकंड

(c) 3×10^7 मीटर/सेकंड (d) 3×10^9 मीटर/सेकंड

96. दर्पण में बनने वाला आभासी प्रतिबिंब कैसा होता है?

(a) उल्टा और वास्तविक (b) सीधा और वास्तविक

(c) उल्टा और आभासी (d) सीधा और आभासी

97. उत्तल लेंस सामान्यतः किस कार्य के लिए प्रयुक्त होता है?

(a) आवर्धन (b) विभेदन

(c) अपवर्तन रोकना (d) परावर्तन

98. जूट धौरहरा कारखाना उत्तर प्रदेश के निम्नलिखित में से किस स्थान पर है?

(a) ऊँचाहार (b) अमला नगर

(c) जमशेदपुर (d) जादरीपुर

99. ओम (Ω) का नियम किससे संबंधित है?

(a) धारा, विभवांतर और प्रतिरोध (b) ऊष्मा और तापमान

(c) बल और द्रव्यमान (d) ऊर्जा और शक्ति

100. ध्वनि तरंगें किस प्रकार की तरंगें होती हैं?

(a) अनुप्रस्थ (b) अनुदैर्ध्य

(c) विद्युत चुंबकीय (d) स्थिर

उत्तर : व्याख्या-सहित

1. उत्तर-(c)

व्याख्या: **सिंधु सभ्यता** में **मानकीकृत ईंटों** का प्रयोग एक **सुव्यवस्थित** और **केंद्रीकृत प्रशासन** का संकेत देता है। यह विशेषता **सिंधु सभ्यता** को **समकालीन सभ्यताओं** से **अलग** करती है।

2. उत्तर-(b)

व्याख्या: **सभा** और **समिति** ऋग्वैदिक काल की महत्वपूर्ण राजनीतिक संस्थाएँ थीं। **सभा** अपेक्षाकृत **वरिष्ठ** एवं **विशिष्ट लोगों** की संस्था थी, जबकि **समिति** में **सामान्य लोगों** की भागीदारी होती थी। **अथर्ववेद** में **सभा व समिति को प्रजापति** (सृष्टिकर्ता) **की दो पुत्रियाँ** कहा गया है।

3. उत्तर-(a)

व्याख्या: **अशोक का धम्म** किसी विशेष धर्म का प्रचार नहीं था, बल्कि **सामाजिक-नैतिक** मूल्यों की स्थापना का प्रयास था। इसमें **अहिंसा**, **करुणा**, **सहिष्णुता** और **माता-पिता** व **गुरुओं के सम्मान** पर बल दिया गया।

4. उत्तर-(c)

व्याख्या: **धम्म महामात्र**, **अशोक** द्वारा नियुक्त विशेष अधिकारी थे। जिनका कार्य धम्म के सिद्धांतों को जनता तक पहुँचाना था। ये **नैतिक आचरण**, **सामाजिक कल्याण** और **धार्मिक सहिष्णुता** का प्रचार-प्रसार करना था।

5. उत्तर-(d)

व्याख्या: **गुप्त काल** को **स्वर्ण युग** मुख्यतः **कला**, **साहित्य**, **विज्ञान** और **गणित** की अभूतपूर्व उन्नति के कारण कहा जाता है। इस काल में **कालिदास** जैसे **साहित्यकार**, **आर्यभट्ट** जैसे **वैज्ञानिक** और **उत्कृष्ट स्थापत्य** का विकास हुआ।

6. उत्तर-(b)

व्याख्या: **प्रयाग प्रशस्ति** स्तंभ लेख गुप्त सम्राट **समुद्रगुप्त** से संबंधित है। जिसे उनके दरबारी कवि **हरिषेण** ने लिखा था और यह **प्रयागराज** (इलाहाबाद) के अशोक स्तंभ पर अंकित है, जिसमें **समुद्रगुप्त** की **विजयों**, **सैन्य अभियानों** और **गुप्त साम्राज्य** के विस्तार का वर्णन है।

7. उत्तर-(d)

व्याख्या: **इक्ता प्रणाली** का उद्देश्य **सैनिकों को नकद वेतन** के बदले **भूमि (इक्ता) आवंटित** करने की प्रणाली थी। इससे राज्य पर तत्काल **नकद भार कम** होता था। यह व्यवस्था **केंद्रीय सत्ता** को मजबूत करने के साथ **सैन्य संगठन** को भी सुदृढ़ बनाती थी।

8. उत्तर-(c)

व्याख्या: **अलाउद्दीन खिलजी** की **बाजार नियंत्रण नीति** का लक्ष्य **महँगाई पर नियंत्रण** करना था। खिलजी ने आवश्यक **वस्तुओं के मूल्य** निर्धारित किए और **जमाखोरी** पर रोक लगाई। इसका मुख्य उद्देश्य **सैनिकों को कम वेतन** पर भी **जीवनयापन** योग्य बनाना था।

9. उत्तर-(a)

व्याख्या: **चारबाग शैली**, **फारसी उद्यान परंपरा** से प्रेरित थी। इसमें **उद्यान** को **चार समान भागों** में विभाजित किया जाता था। इस शैली को **इस्लामी स्वर्ग** की अवधारणा का **स्थापत्य रूपांतरण** माना जाता है। इस शैली को **भारत में बाबर** ने **लोकप्रिय** बनाया।

10. उत्तर-(b)

व्याख्या: **सुलह-ए-कुल** का अर्थ **सभी धर्मों** के प्रति एकसमान सम्मान देना था। **अकबर** ने इस नीति के द्वारा **धार्मिक भेदभाव** को समाप्त करने का प्रयास किया। इससे **मुगल शासन** में **सामाजिक स्थिरता** और **राजनीतिक एकता** को बल मिला।

11. उत्तर-(d)

व्याख्या: **स्थायी बंदोबस्त जमींदारों** के साथ किया गया था, जिसे **जमींदारी प्रथा** भी कहा जाता है। इसमें **भू-राजस्व** को स्थायी रूप से निश्चित कर दिया गया। **स्थायी बंदोबस्त** की शुरुआत **वर्ष 1793** में **लॉर्ड कार्नवालिस** ने की थी। हालाँकि इससे किसानों की स्थिति कमजोर हुई।

12. उत्तर-(c)

व्याख्या: **सन् 1857** के विद्रोह में उत्तर भारत में व्यापक **जन-सहभागिता** देखने को मिली। **सैनिकों**, **किसानों** और **स्थानीय शासकों** ने मिलकर विद्रोह किया। इसलिए यह क्षेत्र विद्रोह का **मुख्य केंद्र** रहा।

13. उत्तर-(b)

व्याख्या: **नागर शैली** की प्रमुख विशेषता **ऊँचा वक्राकार शिखर** है। यह **शैली** मुख्यतः **उत्तर भारत** में विकसित हुई। **शिखर को मंदिर** की पहचान का मुख्य तत्व माना जाता है। इसके प्रमुख उदाहरण **खजुराहो** और **कोणार्क का सूर्य मंदिर** आदि हैं।

14. उत्तर-(a)

व्याख्या: **तोरण बौद्ध स्तूपों** का **अलंकरणयुक्त** प्रवेश द्वार होता था। यह **स्तूप की पवित्रता** और **धार्मिक महत्व** को दर्शाता है। **तोरणों** पर **बुद्ध** के जीवन से संबंधित **प्रतीकात्मक चित्र** अंकित होते थे।

15. उत्तर-(c)

व्याख्याः अजंता की गुफाएँ महाराष्ट्र के **छत्रपति संभाजीनगर** जिले में **वाघोरा नदी** के किनारे **सह्याद्रि पहाड़ियों** में स्थित हैं। यह **बुद्ध के जीवन** और **जातक कथाओं** पर आधारित **विश्व-प्रसिद्ध भित्तिचित्रों** के लिए जानी जाती है। अजंता की गुफाओं को **वर्ष 1983** में यूनेस्को द्वारा विश्व धरोहर स्थल के रूप में घोषित किया गया।

16. उत्तर-(b)

व्याख्याः चित्तू पांडेय को **शेर-ए-बलिया** के नाम से जाना जाता है, क्योंकि उन्होंने **वर्ष 1942** के **भारत छोड़ो आंदोलन** के दौरान **उत्तर प्रदेश** के **बलिया** जिले में **ब्रिटिश शासन** को चुनौती देते हुए कुछ समय के लिए **स्वतंत्र प्रशासन** स्थापित किया था।

17. उत्तर-(c)

व्याख्याः मधुबनी चित्रकला में **धार्मिक** और **सामाजिक जीवन का चित्रण** प्रमुख है। **राम-सीता**, **कृष्ण** और **लोक जीवन** इसके सामान्य विषय हैं। यह कला **मिथिला क्षेत्र** की **सांस्कृतिक पहचान** को प्रदर्शित करती है।

18. उत्तर-(b)

व्याख्याः आल्हा लोकगायन **वीर गाथाओं** से संबंधित है। इसमें **आल्हा-ऊदल** जैसे **वीरों के शौर्य** का वर्णन मिलता है। यह परंपरा मुख्यतः **बुंदेलखंड** और **आस-पास के क्षेत्रों** में प्रचलित है।

19. उत्तर-(c)

व्याख्याः भक्तिकाल की प्रमुख विशेषता **ईश्वर के प्रति भक्ति भावना** है। इसमें **ईश्वर** और **भक्त** के **व्यक्तिगत संबंधों** पर बल दिया गया। **सामाजिक समरसता** इसका महत्वपूर्ण पहलू रहा है।

20. उत्तर-(d)

व्याख्याः वर्ष 2024 में **लालकृष्ण आडवाणी** को भारतीय राजनीति में **दीर्घकालिक योगदान**, लोकतांत्रिक संस्थाओं **के सुदृढ़ीकरण**, **संसदीय परंपराओं के विकास** तथा **संगठनात्मक राजनीति** में उनकी भूमिका के लिए भारत रत्न से सम्मानित किया गया।

21. उत्तर-(d)

व्याख्याः मुगल सम्राट जहाँगीर का शासनकाल चित्रकला का **स्वर्ण युग** माना जाता है। इस काल में **फारसी शैली** के साथ **भारतीय तत्वों** का अद्भुत समन्वय मिलता है। हालाँकि **चित्रकला** की नींव **अकबर** ने रखी थी और यह **शाहजहाँ** के काल में भी जारी रही।

22. उत्तर-(c)

व्याख्याः गुफा मंदिरों का प्रमुख विकास गुप्त और **गुप्तोत्तर** काल में हुआ। इस समय **चट्टानों को काटकर** स्थापत्य की रचना की गई। **अजंता** और **एलोरा** इसके प्रमुख उदाहरण हैं।

23. उत्तर-(b)

व्याख्याः रासलीला, **कृष्ण लीला** से संबंधित **लोक नृत्य** है। इसमें **श्रीकृष्ण** और **गोपियों** की कथाओं का **नाट्य रूपांतरण** होता है। यह **ब्रज क्षेत्र** की प्रमुख **सांस्कृतिक परंपरा** है।

24. उत्तर-(c)

व्याख्याः यजुर्वेद में **यज्ञ, हवन** और **अन्य वैदिक अनुष्ठानों** से संबंधित कर्मकांडों का विस्तृत वर्णन मिलता है। **ऋग्वेद** में देवताओं की स्तुतियों के मंत्र हैं, **सामवेद** में उन्हीं मंत्रों का संगीतमय गायन रूप है, जबकि **अथर्ववेद** में घरेलू जीवन, रोग-निवारण, तंत्र-मंत्र और सामाजिक विषयों का वर्णन मिलता है।

25. उत्तर-(b)

व्याख्याः अवध क्षेत्र **कथक नृत्य** का प्रमुख केंद्र रहा है। यहाँ यह **मंदिर परंपरा** से विकसित हुआ। बाद में यह **दरबारी नृत्य** के रूप में भी प्रतिष्ठित हुआ।

26. उत्तर-(d)

व्याख्याः जोंक नदी महानदी बेसिन का हिस्सा है जो कि महानदी की सहायक नदी है, जो भारत के **ओडिशा** एवं **छत्तीसगढ़** राज्यों से होकर प्रवाहित होती है। **पुनपुन, अजय** एवं **जलांगी नदी** गंगा नदी बेसिन का हिस्सा हैं। पुनपुन नदी का प्रवाह **झारखंड** एवं **बिहार** में, अजय नदी का प्रवाह **झारखंड** एवं **पश्चिम बंगाल** में तथा जलांगी नदी का प्रवाह **पश्चिम बंगाल** में होता है।

27. उत्तर-(b)

व्याख्याः दक्षिण-पश्चिम मानसून का प्रमुख कारण **स्थल और समुद्र के बीच तापांतर** है। **ग्रीष्म ऋतु** में स्थल अधिक गर्म होकर **निम्न दाब क्षेत्र** बनाता है, जबकि **समुद्र** में अपेक्षाकृत **उच्च दाब क्षेत्र** रहता है। इसी **दाबांतर** के कारण **आर्द्र पवनें समुद्र से स्थल** की ओर **प्रवाहित** होती हैं।

28. उत्तर-(c)

व्याख्याः काली मिट्टी का निर्माण मुख्यतः **बेसाल्ट चट्टानों के अपक्षय** से हुआ है। इसे **रेगुर मिट्टी** भी कहा जाता है। यह नमी धारण करने की क्षमता के कारण कपास की खेती के लिए अत्यंत उपयुक्त मानी जाती है। **दक्कन के पठार** में इसका व्यापक विस्तार है।

29. उत्तर-(a)

व्याख्याः यमुना नदी, गंगा नदी प्रणाली की **सबसे बड़ी सहायक नदी** है। यह हिमालय से निकलकर गंगा में **प्रयागराज** में मिलती है। यमुना अपने बेसिन के माध्यम से उत्तर भारत के विशाल क्षेत्र को जल प्रदान करती है।

30. उत्तर-(d)

व्याख्याः भारत की प्राकृतिक वनस्पति का वर्गीकरण मुख्यतः **वर्षा और तापमान** के आधार पर किया जाता है। ये दोनों कारक वनस्पतियों के **प्रकार** और **घनत्व** को निर्धारित करते हैं। इसी कारण **उष्णकटिबंधीय**, **शुष्क** और **पर्वतीय वनस्पतियों** में स्पष्ट भिन्नता दिखाई देती है।

31. उत्तर-(c)

व्याख्याः जैवमंडल पृथ्वी का वह भाग है जहाँ **जीवन संभव** है। इसमें **स्थलमंडल**, **जलमंडल** और **वायुमंडल** के वे भाग शामिल होते हैं जहाँ जीव रहते हैं। यह सभी पारिस्थितिकी तंत्रों का समन्वित रूप है।

32. उत्तर-(a)

व्याख्याः उत्पादक, पारिस्थितिकी तंत्र में **प्रकाश संश्लेषण** द्वारा **भोजन** बनाते हैं। ये **सौर ऊर्जा** को **रासायनिक ऊर्जा** में परिवर्तित करते हैं। इसी ऊर्जा पर **उपभोक्ता** और **अपघटक** निर्भर होते हैं।

33. उत्तर-(c)

व्याख्याः खाद्य **श्रृंखला** में **ऊर्जा का स्थानांतरण 10% नियम** के अनुसार होता है। प्रत्येक **पोषण स्तर पर केवल 10% ऊर्जा** ही अगले स्तर तक पहुँच पाती है। शेष ऊर्जा **ऊष्मा** के रूप में नष्ट हो जाती है। इसे रेमण्ड लिण्डेमेन दिया था।

34. उत्तर-(b)

उष्णकटिबंधीय वर्षा वनों में **जैव विविधता** सर्वाधिक पायी जाती है। यहाँ **उच्च तापमान** और **प्रचुर वर्षा** के कारण जीवन के लिए अनुकूल परिस्थितियाँ होती हैं। इसी कारण **पौधों** और **जीवों** की **अनेक प्रजातियाँ** इस क्षेत्र में विकसित होती हैं।

35. उत्तर-(c)

व्याख्याः हॉट-स्पॉट शब्द का प्रयोग **जैव विविधता संरक्षण** के संदर्भ में किया जाता है। ये वे क्षेत्र होते हैं, जहाँ **जैव विविधता** अत्यधिक पायी जाती है लेकिन साथ ही विनाश का खतरा भी अधिक होता है। जैसे पश्चिमी घाट, हिमालय

36. उत्तर-(b)

व्याख्याः माना दर्रा उत्तराखंड राज्य में **बद्रीनाथ** के पास स्थित एक महत्वपूर्ण हिमालयी दर्रा है, जो ऐतिहासिक रूप से **बद्रीनाथ क्षेत्र** को **तिब्बत क्षेत्र** से जोड़ने वाले मार्ग के रूप में जाना जाता है। यह दर्रा प्राचीन काल में **भारत** और **तिब्बत** के बीच व्यापार तथा आवागमन का प्रमुख मार्ग रहा है।

37. उत्तर-(c)

व्याख्याः उत्तर प्रदेश की तराई भूमि में **उच्च आर्द्रता** और **घने वन** पाए जाते हैं। यह **हिमालय की तलहटी** में स्थित क्षेत्र है। यहाँ **वर्षा अधिक** होती है और **मिट्टी अत्यंत उपजाऊ** होती है।

38. उत्तर-(d)

व्याख्याः उत्तर प्रदेश में **सर्वाधिक वन क्षेत्र तराई क्षेत्र** में पाया जाता है। यहाँ **साल** और **मिश्रित वनों** का विस्तार है। यह क्षेत्र **जैव विविधता** की दृष्टि से भी महत्वपूर्ण है।

39. उत्तर-(c)

व्याख्याः संरक्षित वन का मुख्य उद्देश्य **वन संसाधनों एवं वन्यजीवों का संरक्षण** करना होता है। इन वनों में **मानव गतिविधियों** पर **कड़ा नियंत्रण** रहता है। इसका उद्देश्य **पर्यावरण संतुलन** बनाए रखना है।

40. उत्तर-(b)

व्याख्याः वन्यजीव संरक्षण अधिनियम, 1972 का प्रमुख लक्ष्य विभिन्न **जीव-जंतुओं** और उनकी **प्रजातियों का संरक्षण** करना है। यह अधिनियम **शिकार** और **अवैध व्यापार** पर रोक लगाता है। इससे **जैव विविधता** को संरक्षित करने में सहायता मिलती है।

41. उत्तर-(a)

व्याख्याः कोशिका को **जीवन की संरचनात्मक** एवं **क्रियात्मक इकाई** कहा जाता है क्योंकि **जीवन की सभी क्रियाएँ कोशिका** में संपन्न होती हैं। सभी **जीव कोशिकाओं** से बने होते हैं और बिना कोशिका के जीवन संभव नहीं है।

42. उत्तर-(b)

व्याख्याः माइटोकॉन्ड्रिया को **कोशिका का ऊर्जा गृह** (Power House of the Cell) कहा जाता है। यहाँ **भोजन** का **ऑक्सीकरण** होकर ऊर्जा उत्पन्न होती है। यहाँ ऊर्जा **रासायनिक ऊर्जा** के रूप में संग्रहित होती है।

43. उत्तर-(c)

व्याख्याः तंत्रिका तंत्र शरीर में समन्वय स्थापित करने का कार्य करता है। यह विभिन्न अंगों से **सूचनाएँ ग्रहण** कर **त्वरित प्रतिक्रिया सुनिश्चित** करता है। इसके बिना शरीर की क्रियाएँ संतुलित नहीं रह सकती हैं।

44. उत्तर-(d)

व्याख्याः एक्सॉन (Axon) **न्यूरॉन** की वह शाखा है, जो **तंत्रिका आवेग** (Nerve Impulse) को कोशिका शरीर से बाहर ले जाती है। यह तंत्रिक कोशिका का लम्बा, पतला भाग होता है। और यह संदेशों के संचार में मुख्य भूमिका निभाती है।

45. उत्तर-(c)

व्याख्या: प्रोटीन का **पाचन आमाशय** में प्रारंभ होता है। यहाँ **पेप्सिन एंजाइम** प्रोटीन को **सरल यौगिकों** में **तोड़ता** है। यह पाचन प्रक्रिया का महत्वपूर्ण चरण है।

46. उत्तर-(b)

व्याख्या: छोटी आँत में **भोजन का पाचन** और **पोषक तत्वों का अवशोषण** होता है। यहाँ विभिन्न **एंजाइम सक्रिय** रहते हैं। यह **पाचन तंत्र** का सबसे महत्वपूर्ण भाग है।

47. उत्तर-(c)

व्याख्या: बायोम समान जलवायु वाले बड़े **जैविक क्षेत्रों** को कहा जाता है। इसमें **वनस्पति** और **जीव-जंतुओं** के विशिष्ट समूह पाये जाते है। **मरुस्थल**, **घासभूमि** और **वर्षावन** इसके उदाहरण हैं।

48. उत्तर-(d)

व्याख्या: मरुस्थलीय बायोम में **वर्षा अत्यंत कम** और **तापांतर अधिक** होता है। यहाँ वनस्पति **विरल** होती है और पानी बचाने वाले विशेष अनुकूलन के जीव पाए जाते हैं।

49. उत्तर-(c)

व्याख्या: पर्यावरण प्रदूषण का प्रभाव **सम्पूर्ण पारिस्थितिकी तंत्र** पर पड़ता है। यह केवल **मानव** या **वनस्पति** तक सीमित नहीं रहता है। पर्यावरण प्रदूषण से **जैव संतुलन** पर भी प्रतिकूल प्रभाव पड़ता है।

50. उत्तर-(c)

व्याख्या: दुधवा राष्ट्रीय उद्यान उत्तर प्रदेश के **लखीमपुर खीरी** जिले में **भारत-नेपाल सीमा** के समीप स्थित है और यह **तराई क्षेत्र** का प्रमुख **संरक्षित वन** क्षेत्र है। **दुधवा** को **वर्ष 1977 में राष्ट्रीय उद्यान** के रूप में स्थापित किया गया था। इसे **वर्ष 1987-88 में टाइगर रिजर्व** घोषित किया गया।

51. उत्तर-(d)

व्याख्या: राष्ट्रीय आय की गणना में **स्थानांतरण भुगतान** शामिल नहीं किए जाते, क्योंकि इनके बदले कोई वस्तु या सेवा उत्पन्न नहीं होती है। **पेंशन**, **छात्रवृत्ति** और **बेरोजगारी भत्ता** इसके उदाहरण हैं। **राष्ट्रीय आय** का उद्देश्य देश की वास्तविक आर्थिक स्थिति को जानना है।

52. उत्तर-(d)

व्याख्या: सकल घरेलू उत्पाद (GDP) की गणना मुख्य रूप से **उत्पादन विधि**, **आय विधि** और **व्यय विधि** से की जाती हैं इसमें व्यय विधि को शामिल नहीं किया जाता है। भारत में **केंद्रीय सांख्यिकी कार्यालय** इन सभी विधियों का उपयोग करके **GDP** की गणना करता है।

53. उत्तर-(b)

व्याख्या: नीति आयोग की स्थापना का मुख्य उद्देश्य **सहकारी संघवाद** को बढ़ावा देना था। इसमें **राज्यों की भागीदारी** को अधिक महत्व दिया गया। यह **थिंक-टैंक** की भूमिका निभाता है। इसकी स्थापना **योजना आयोग** के स्थान पर **1 जनवरी, 2015** को हुई।

54. उत्तर-(d)

व्याख्या: आर्थिक नियोजन का मुख्य **लक्ष्य आर्थिक विकास** के साथ **सामाजिक न्याय स्थापित** करना है। इसका उद्देश्य संसाधनों का **न्यायसंगत वितरण** करना है। इससे **गरीबी** और **असमानता** को कम करने में सहायता मिलती है।

55. उत्तर-(b)

व्याख्या: राजकोषीय नीति का संबंध **सरकार के व्यय** और **कर व्यवस्था** से होता है। इसके माध्यम से सरकार **आर्थिक स्थिरता** और **विकास** को **प्रभावित** करती है। **बजट राजकोषीय नीति** का प्रमुख **उपकरण** है।

56. उत्तर-(b)

व्याख्या: मांगसीर (मार्गशीर्ष) माह में मनाया जाने वाला **मांगसीर बग्वाल** उत्सव **उत्तराखंड** राज्य का एक पारंपरिक लोक उत्सव है। यह विशेष रूप से **कुमाऊँ क्षेत्र** में प्रचलित है।

57. उत्तर-(a)

व्याख्या: प्रतीक शर्मा को **चिकित्सा** के क्षेत्र में पद्म श्री वर्ष 2026 से सम्मानित किया गया तथा **व्लादिमेर मेस्तवीरिश्विली** को **खेल** के क्षेत्र में पद्म श्री वर्ष 2026 (मरणोपरांत) प्रदान किया गया, इसलिए युग्म 1 और 2 सही हैं। इसी प्रकार **बलदेव सिंह** को **खेल** के क्षेत्र में पद्म श्री वर्ष 2026 से सम्मानित किया गया, अत: युग्म 4 भी सही है। इसके विपरीत **श्याम सुंदर** को **चिकित्सा** के क्षेत्र में पद्म श्री वर्ष 2026 मिला था, न कि **साहित्य** में, इसलिए युग्म 3 असत्य है।

58. उत्तर-(a)

व्याख्या: मुद्रास्फीति का सीधा प्रभाव **क्रय शक्ति** (Purchasing Power) पर पड़ता है। **कीमतें बढ़ने से समान आय** में कम वस्तुएँ खरीदी जा सकती हैं। इससे आम जनता प्रभावित होती है।

59. उत्तर-(c)

व्याख्या: दीनदयाल उपाध्याय ग्रामीण कौशल योजना की शुरुआत **25 सितंबर, 2014** को **ग्रामीण विकास मंत्रालय** के अंतर्गत की गई है और यह **ग्रामीण युवाओं** के **कौशल विकास** से संबंधित है।

60. उत्तर-(d)

व्याख्या: **बैंक दर** वह **दर** है जिस पर **भारतीय रिजर्व बैंक** (RBI) **वाणिज्यिक बैंकों** को **ऋण** देता है। यह **मौद्रिक नीति** का महत्वपूर्ण उपकरण है। वर्तमान में **भारतीय रिजर्व बैंक** (RBI) की **बैंक दर 5.50%** है।

61. उत्तर-(b)

व्याख्या: इस योजना के अंतर्गत बायोफार्मा **क्षेत्र** में **अनुसंधान**, **उत्पादन** और **निवेश** को बढ़ावा देने के लिए **₹10,000 करोड़** का प्रावधान किया गया है, जिससे भारत को **वैश्विक स्तर** पर **प्रतिस्पर्धी** बनाने का लक्ष्य रखा गया है।

62. उत्तर-(a)

व्याख्या: **प्रतिभा देवीसिंह पाटिल** भारत की **प्रथम महिला राष्ट्रपति** थीं। उनका कार्यकाल **वर्ष 2007-12** तक रहा। जो भारतीय लोकतंत्र में **महिला नेतृत्व** का महत्वपूर्ण उदाहरण है।

63. उत्तर-(b)

व्याख्या: भारत के **राष्ट्रीय ध्वज** की रूपरेखा **पिंगली वेंकैया** ने तैयार की थी। **ध्वज** में **तीन रंग** (केसरिया, सफेद और हरा) और **अशोक चक्र** (नीला रंग) शामिल हैं। **भारतीय संविधान सभा** ने **राष्ट्रीय ध्वज** को **22 जुलाई, 1947** को अपनाया था।

64. उत्तर-(c)

व्याख्या: **प्रधानमंत्री किसान सम्मान निधि योजना** के अंतर्गत पात्र कृषक परिवारों को **प्रतिवर्ष ₹6,000** की सहायता **तीन समान किस्तों** में सीधे **बैंक खाते** में प्रदान की जाती है। इसकी शुरुआत **फरवरी, 2019** से हुई थी और इसे **1 दिसंबर 2018** से लागू किया गया था।

65. उत्तर-(c)

व्याख्या: **पद्म पुरस्कार कला**, **साहित्य**, **विज्ञान** और **समाज सेवा** सहित विभिन्न क्षेत्रों में दिए जाते हैं। **पद्म पुरस्कारों** की शुरुआत **वर्ष 1954** में हुई थी। **8 जनवरी 1955** को इन्हें बदलकर **पद्म विभूषण, पद्म भूषण** और **पद्म श्री** नाम कर दिया गया। इनका उद्देश्य संबंधित **क्षेत्रों में उत्कृष्ट योगदान** के लिए **सम्मानित करना** एवं **नवीन प्रतिभाओं** को **प्रोत्साहित** करना है।

66. उत्तर-(b)

व्याख्या: **रासायनिक बंधन** (Chemical Bond) का मुख्य कारण **इलेक्ट्रॉनों** (Electron's) का **स्थानांतरण** या **साझेदारी** है। इससे **परमाणु स्थिरता** प्राप्त करते हैं। यही प्रक्रिया यौगिकों के निर्माण का आधार है।

67. उत्तर-(a)

व्याख्या: **आयनिक बंधन** (Ionic Bond) सामान्यतः **धातु** और **अधातु** के बीच बनता है। इसमें **इलेक्ट्रॉनों** का पूर्ण स्थानांतरण होता है। इससे **धनायन** (+) और **ऋणायन** (–) बनते हैं।

68. उत्तर-(b)

व्याख्या: **सहसंयोजक बंधन** (Covalent Bond) में **इलेक्ट्रॉन** साझा किए जाते हैं। यह बंधन सामान्यतः **अधातुओं** के बीच बनता है। इससे **अणु स्थिर** बनता है।

69. उत्तर-(d)

व्याख्या: **अम्ल** का **सामान्य गुण** खट्टा स्वाद होना होता है। अम्ल **नीले लिटमस** को **लाल** कर देते हैं। ये जल में घुलकर **हाइड्रोजन आयन** (H^+) प्रदान करते हैं, जिसके कारण उनका **अम्लीय** स्वभाव प्रकट होता है।

70. उत्तर-(c)

व्याख्या: **क्षार** का **pH** मान **सामान्यतः 7 से अधिक** होता है। यह **क्षारीय प्रकृति** (Alkaline Nature) को दर्शाता है। क्षार **लाल लिटमस पेपर** को **नीला** लिटमस पेपर में बदल देता है।

71. उत्तर-(a)

व्याख्या: **अम्ल** (Acid) और **क्षार** (Base) की अभिक्रिया से **लवण** और **जल** बनता है। इसे **उदासीनीकरण अभिक्रिया** (Neutralization Reaction) कहते हैं। यह रासायनिक संतुलन का उदाहरण है।

72. उत्तर-(b)

व्याख्या: धातुएँ **ऊष्मा** (Heat) और **विद्युत** (Electricity) की **सुचालक** (Conductor) होती हैं। यह गुण **मुक्त इलेक्ट्रॉनों** के कारण होता है। इसी कारण धातुओं का औद्योगिक क्षेत्रों में व्यापक रूप से उपयोग किया जाता है।

73. उत्तर-(c)

व्याख्या: **अधातुएँ** (Non metal) सामान्यतः **विद्युत की कुचालक** (Electrical Insulator) होती हैं, क्योंकि इनमें **मुक्त इलेक्ट्रॉनों** की कमी होती है। इसी कारण वे **विद्युत धारा का प्रवाह** नहीं होने देती है। यह गुण **अधातुओं** को **धातुओं** से अलग करता है।

74. उत्तर-(b)

व्याख्या: **जंग लगना** (Rusting), **ऑक्सीकरण अभिक्रिया** (Oxidation Reaction) का उदाहरण है, जिसमें **लोहा**, **ऑक्सीजन** और **नमी** के साथ **अभिक्रिया** करता है। इससे **धातु कमजोर** हो जाती है।

75. उत्तर-(d)

व्याख्याः स्टील, **लोहा** और **कार्बन** की **मिश्रधातु** (Alloy) है। इसमें **कार्बन की मात्रा** नियंत्रित रहती है। **स्टील मजबूत** और **टिकाऊ** होता है, इसलिए इसका उपयोग औद्योगिक क्षेत्रों में अधिक किया जाता है।

76. उत्तर-(b)

व्याख्याः भारतीय संविधान के अनुसार **राष्ट्रपति कार्यपालिका का औपचारिक प्रमुख** (Formal Head of the Executive) होता है। संविधान के **अनुच्छेद-74** के अनुसार **राष्ट्रपति**, **मंत्रिपरिषद** की **सलाह** पर कार्य करता है। यद्यपि **वास्तविक कार्यकारी** शक्ति **मंत्रिपरिषद** में निहित है।

77. उत्तर-(c)

व्याख्याः भारतीय संविधान का **अनुच्छेद-360** देश में **वित्तीय आपातकाल** (Financial Emergency) से संबंधित है। यह तब लागू किया जाता है, जब **भारत** या उसके **किसी भाग** की **वित्तीय स्थिरता** (Financial Stability) या **साख** (Credit) को खतरा उत्पन्न हो।

78. उत्तर-(b)

व्याख्याः संसद का **संयुक्त सत्र राष्ट्रपति** द्वारा बुलाया जाता है। यह सामान्यतः तब होता है, जब किसी विधेयक पर **दोनों सदनों** में **मतभेद उत्पन्न** हो जाए। **राष्ट्रपति** इस शक्ति का उपयोग संविधान के **अनुच्छेद-108** के अंतर्गत करता है। यह प्रावधान **धन विधेयक** (Money Bills) और संविधान संशोधन विधेयकों पर लागू नहीं होता है।

79. उत्तर-(c)

व्याख्याः राज्यसभा के सभापति (Chairman of Rajya Sabha) पद का दायित्व **उपराष्ट्रपति** (Vice President of India) द्वारा निभाया जाता है। **उपराष्ट्रपति**, **राज्यसभा की कार्यवाही** का **संचालन** करते हैं। यद्यपि वे राज्यसभा के **निर्वाचित सदस्य नहीं होते**, तथापि **सभापति** के रूप में उनकी भूमिका अत्यंत महत्वपूर्ण होती है।

80. उत्तर-(d)

व्याख्याः मंत्रिपरिषद (Council of Ministers) सामूहिक रूप से **लोकसभा** के प्रति **उत्तरदायी** होती है। इसका अर्थ है कि **मंत्रिपरिषद** के सभी सदस्य **सरकार** के निर्णयों के लिए संयुक्त रूप से जिम्मेदार होते हैं। यह **संसदीय लोकतंत्र** (Parliamentary Democracy) का **मूल सिद्धांत** है।

81. उत्तर-(c)

व्याख्याः भारत में **आपातकाल** घोषित करने की **शक्ति राष्ट्रपति** को **अनुच्छेद-352** के तहत प्राप्त है। **राष्ट्रपति** यह घोषणा **मंत्रिपरिषद** की सलाह पर करते हैं। **आपातकाल राष्ट्रीय** (National), **राज्य** (State) या **वित्तीय** (Financial) हो सकता है।

82. उत्तर-(a)

व्याख्याः एकीकृत भुगतान प्रणाली [Unified Payments Interface - UPI] भारत में **डिजिटल भुगतान** (Digital Payments) को बढ़ावा देने की प्रमुख पहल है। इसने **त्वरित**, **सुरक्षित** और **कम लागत** वाले **भुगतान** को संभव बनाया है। **एकीकृत भुगतान प्रणाली** ने **नकद रहित अर्थव्यवस्था** (Cashless Economy) को **प्रोत्साहन** दिया है।

83. उत्तर-(b)

व्याख्याः आदित्य-L1 भारत का **पहला सौर अध्ययन मिशन** है, जिसे **इसरो** (ISRO) द्वारा **2 सितंबर, 2023** को प्रक्षेपित किया गया। यह मिशन **L1 लैग्रेंज बिंदु** पर स्थापित होकर **सूर्य की बाहरी परतों कोरोना**, **वर्णमंडल** और **प्रकाशमंडल** का **अध्ययन** करेगा। इसका उद्देश्य **सौर पवन**, **सौर तूफान** और **अंतरिक्ष मौसम** की निगरानी करना है।

84. उत्तर-(d)

व्याख्याः हर घर जल योजना का मुख्य उद्देश्य प्रत्येक **ग्रामीण परिवार** को **स्वच्छ पेयजल** उपलब्ध कराना है। यह योजना **जीवन स्तर सुधार** और **स्वास्थ्य सुरक्षा** से जुड़ी है। इसके माध्यम से **जल आपूर्ति** की **निरंतरता सुनिश्चित** की जाती है।

85. उत्तर-(b)

व्याख्याः भारत का पहला **बाँस-आधारित बायोएथेनॉल संयंत्र** असम के **गोलाघाट** जिले में **नुमालीगढ़** (Numaligarh) में स्थापित किया गया है। यह संयंत्र **नुमालीगढ़ रिफाइनरी लिमिटेड** (NRL) और **फिनलैंड** की **फोर्टम एंड चेमपोलिस** OY का संयुक्त उद्यम है।

86. उत्तर-(c)

व्याख्याः मुंबई को **भारत** की **आर्थिक राजधानी** कहा जाता है, क्योंकि यहाँ **भारतीय रिजर्व बैंक**, **बॉम्बे स्टॉक एक्सचेंज** और **राष्ट्रीय स्टॉक एक्सचेंज** जैसे **प्रमुख वित्तीय संस्थान** स्थित हैं तथा यह देश का सबसे बड़ा **व्यापारिक** और **औद्योगिक केंद्र** है। **नई दिल्ली भारत** की राजनीतिक और **प्रशासनिक राजधानी** है।

87. उत्तर-(b)

व्याख्याः उत्तर प्रदेश का **उच्च न्यायालय प्रयागराज** में स्थित है। **प्रयागराज** (इलाहाबाद) में **उच्च न्यायालय** की स्थापना **17 मार्च, 1866** में हुई थी, यह राज्य का **सर्वोच्च न्यायिक निकाय** है। इसकी एक पीठ **लखनऊ** में भी स्थित है।

88. उत्तर-(a)

व्याख्याः उत्तर प्रदेश की **विधान परिषद** को **उच्च सदन** कहा जाता है। यह **राज्य विधानमंडल** का **ऊपरी सदन** है। इसमें **आंशिक रूप से निर्वाचित** और **नामित सदस्य** होते हैं।

89. उत्तर-(c)

व्याख्याः उत्तर प्रदेश में **पंचायती राज व्यवस्था** का सर्वोच्च स्तर **जिला पंचायत** है। यह **ग्रामीण प्रशासन** का **शीर्ष निकाय** होता है। इसके अंतर्गत **क्षेत्रीय पंचायत** और **ग्राम पंचायत** कार्य करती हैं।

90. उत्तर-(c)

व्याख्याः वर्ष 2011 की जनगणना के अनुसार, उत्तर प्रदेश का **सर्वाधिक जनसंख्या** वाला जनपद **प्रयागराज** (इलाहाबाद) है, जिसकी कुल जनसंख्या लगभग 59.60 लाख थी। जबकि सबसे **कम जनसंख्या** वाला जिला **महोबा** है। क्षेत्रफल के अनुसार सबसे बड़ा जिला **लखीमपुर खीरी** है।

91. उत्तर-(b)

व्याख्याः वेग (Velocity) का **SI मात्रक मीटर प्रति सेकंड** (मी/से) है। **वेग** (Velocity), **दूरी** (Distance) और **समय** (Time) के अनुपात को दर्शाता है। यह **एक सदिश राशि** है, जिसमें दिशा का भी महत्व होता है।

92. उत्तर–(a)

व्याख्याः केरल राज्य में स्थित **कोचीन शिपयार्ड** भारत का **सबसे बड़ा जहाज निर्माण केंद्र** है, जो पिछले **50 वर्षों से अधिक** समय से **नौसेनिक जहाजों** का निर्माण कर रहा है। **वर्ष 2025** में **कोचीन शिपयार्ड** (CSL) ने **भारतीय नौसेना** के लिए **एंटी-सबमरीन वॉरफेयर शैलो वाटर क्राफ्ट** (ASW-SWC) जहाजों का निर्माण किया है, जो कि पूरी तरह से **स्वदेशी तकनीक** पर आधारित है।

93. उत्तर-(a)

व्याख्याः विकिरण, ऊष्मा संचरण की वह विधि है जिसमें **माध्यम की आवश्यकता** नहीं होती। **सूर्य** से **पृथ्वी** तक **ऊष्मा विकिरण** द्वारा ही पहुँचती है। यह **ऊष्मा तरंगों** के रूप में संचरित होती है।

94. उत्तर-(b)

व्याख्याः अंतर्राष्ट्रीय सौर गठबंधन (ISA) का शिखर सम्मेलन **2025 नई दिल्ली** में आयोजित किया गया। इस सम्मेलन की थीम **एक सूर्य, एक विश्व, एक ग्रिड** (One Sun, One World, One Grid) थी, जिसका उद्देश्य **वैश्विक स्तर** पर **सौर ऊर्जा सहयोग** और **साझा सौर ग्रिड** की अवधारणा को बढ़ावा देना था।

95. उत्तर-(b)

व्याख्याः निर्वात में **प्रकाश** का **वेग लगभग 3×10^8 मीटर/सेकंड** होता है। यह **ब्रह्मांड** का अधिकतम ज्ञात वेग है। **प्रकाश** के **वेग** को **स्थिरांक** माना जाता है।

96. उत्तर-(d)

व्याख्याः दर्पण में बनने वाला **आभासी प्रतिबिंब, सीधा** और **आभासी** होता है। **समतल दर्पण** इसका सामान्य उदाहरण है। **आभासी प्रतिबिंब** को पर्दे पर प्राप्त नहीं किया जा सकता है।

97. उत्तर-(a)

व्याख्याः उत्तल लेंस का प्रयोग सामान्यतः **आवर्धन** के लिए किया जाता है। यह वस्तु से **बड़ा** और **स्पष्ट प्रतिबिंब** बनाता है। **आवर्धक शीशा** इसका प्रमुख उदाहरण है।

98. उत्तर-(b)

व्याख्याः जूट धौरहरा कारखाना (Jute Dhorhara Factory) उत्तर प्रदेश के **लखीमपुर खीरी** जिले के धौरहरा क्षेत्र में, **अमला नगर** के पास स्थित है। यह एक **जूट मिल** थी, जो जूट उत्पादों के लिए जानी जाती थी और क्षेत्र की **ग्रामीण अर्थव्यवस्था** की महत्वपूर्ण औद्योगिक इकाई भी रही है।

99. उत्तर-(a)

व्याख्याः ओम का नियम **धारा, विभवांतर** और **प्रतिरोध** के संबंध को स्पष्ट करता है। इसके अनुसार **धारा विभवांतर** के **समानुपाती** और **प्रतिरोध** के **व्युत्क्रमानुपाती** होती है। यह **विद्युत** के **मूल नियमों** में से एक है।

100. उत्तर-(b)

व्याख्याः ध्वनि तरंगें, अनुदैर्ध्य तरंगें होती हैं। इनमें माध्यम के **कण तरंग** की **दिशा** में ही **दोलन** करते हैं। **ध्वनि** के **प्रसार** के लिए **माध्यम** की आवश्यक होती है।

होमगार्ड प्रैक्टिस सैट-2

1. **वैदिक काल में ऋत की अवधारणा किससे संबंधित थी?**
(a) सामाजिक वर्ग (b) नैतिक-प्राकृतिक व्यवस्था
(c) कर प्रणाली (d) सैन्य संगठन

2. **मौर्य प्रशासन में समाहर्ता का मुख्य कार्य क्या था?**
(a) कर संग्रह (b) न्याय व्यवस्था
(c) सैन्य संचालन (d) धार्मिक प्रचार

3. **गुप्त काल में भूमि अनुदान की प्रथा का प्रमुख प्रभाव क्या था?**
(a) व्यापार वृद्धि (b) विदेशी आक्रमण
(c) नगरों का पतन (d) सामंतवाद का विकास

4. **हर्षवर्धन के शासनकाल की जानकारी का प्रमुख स्रोत कौन-सा है?**
(a) अर्थशास्त्र (b) राजतरंगिणी
(c) हर्षचरित (d) तुजुक-ए-बाबरी

5. **दिल्ली सल्तनत में खालिसा भूमि का अर्थ था-**
(a) जागीर भूमि
(b) धार्मिक भूमि
(c) सुल्तान की प्रत्यक्ष नियंत्रण वाली भूमि
(d) ग्राम समाज की भूमि

6. **मुगल प्रशासन में मनसबदारी व्यवस्था का मुख्य उद्देश्य क्या था?**
(a) धार्मिक नियंत्रण (b) सैन्य-प्रशासनिक संगठन
(c) कृषि सुधार (d) न्यायिक व्यवस्था

7. **भारत में यूरोपीय शक्तियों में सबसे पहले किसका आगमन हुआ?**
(a) अंग्रेज (b) फ्रांसीसी
(c) डच (d) पुर्तगाली

8. **1857 के विद्रोह में झाँसी की रानी लक्ष्मीबाई की भूमिका का ऐतिहासिक महत्व क्या था?**
(a) कूटनीतिक समर्थन (b) संगठित सशस्त्र प्रतिरोध
(c) प्रशासनिक सुधार (d) केवल प्रतीकात्मक नेतृत्व

9. **भारतीय मंदिर स्थापत्य में द्रविड़ शैली की पहचान किससे होती है?**
(a) गोपुरम (b) शिखर
(c) स्तूप (d) विहार

10. **सांची स्तूप का निर्माण किस शासक के काल में प्रारंभ हुआ?**
(a) बिंबिसार (b) अशोक
(c) कनिष्क (d) हर्ष

11. **भारतीय शास्त्रीय संगीत में घराना शब्द का तात्पर्य क्या है?**
(a) वाद्य यंत्र (b) राग
(c) गायन परंपरा (d) ताल

12. **कथकली नृत्य का संबंध भारत के किस क्षेत्र से है?**
(a) उत्तर भारत (b) पूर्व भारत
(c) पश्चिम भारत (d) दक्षिण भारत

13. **लोक नाट्य नौटंकी मुख्यतः किस क्षेत्र में लोकप्रिय है?**
(a) राजस्थान (b) महाराष्ट्र
(c) उत्तर प्रदेश (d) ओडिशा

14. **केंद्रीय बजट 2026-27 में ग्रोथ कनेक्टर के रूप में कितने हाई-स्पीड रेल कॉरिडोर विकसित करने का प्रस्ताव है?**
(a) 5 (b) 6
(c) 7 (d) 8

15. **तुलसीदास की काव्यधारा का केंद्रीय विषय क्या है?**
(a) कृष्ण भक्ति (b) निर्गुण भक्ति
(c) राम भक्ति (d) वीर रस

16. **हाल के वर्षों में भारत सरकार द्वारा शुरू किया गया PM-VIKAS कार्यक्रम मुख्यतः किससे संबंधित है?**
(a) कृषि सुधार (b) अल्पसंख्यक कौशल विकास
(c) डिजिटल शिक्षा (d) स्वास्थ्य बीमा

17. **निम्न में से कौन-सा भारतीय स्थल यूनेस्को की विश्व धरोहर सूची में शामिल नहीं है?**
(a) बेलूर मठ (b) होयसल मंदिर
(c) आगरा का किला (d) शांतिनिकेतन

18. **भारत का प्रथम अंडरवॉटर म्यूजियम किस राज्य में विकसित किया जा रहा है?**
(a) गोवा (b) केरल
(c) महाराष्ट्र (d) गुजरात

19. **ग्रीन मोबिलिटी पहल का उद्घाटन कहाँ किया गया?**
(a) चेन्नई, तमिलनाडु (b) जयपुर, राजस्थान
(c) पुणे, महाराष्ट्र (d) हंसलपुर, गुजरात

20. भारतीय चित्रकला में पहाड़ी शैली का विकास मुख्यतः किस क्षेत्र में हुआ?
(a) दक्कन (b) राजस्थान
(c) हिमालयी क्षेत्र (d) बंगाल

21. मुगल काल में फारसी को राजभाषा का दर्जा किस शासक ने दिया?
(a) बाबर (b) हुमायूँ
(c) शाहजहाँ (d) अकबर

22. उत्तर भारत के लोक गीतों में कजरी का संबंध किस ऋतु से है?
(a) ग्रीष्म (b) शीत
(c) वर्षा (d) बसंत

23. नाट्यशास्त्र के रचयिता कौन हैं?
(a) पतंजलि (b) भरतमुनि
(c) वाल्मीकि (d) कालिदास

24. बंगाल स्कूल ऑफ आर्ट के प्रवर्तक कौन थे?
(a) राजा रवि वर्मा (b) नंदलाल बोस
(c) अवनींद्रनाथ टैगोर (d) अमृता शेरगिल

25. उत्तर प्रदेश की सांस्कृतिक पहचान में ब्रज क्षेत्र का प्रमुख योगदान किससे जुड़ा है?
(a) कृष्ण लीला (b) राम कथा
(c) शैव परंपरा (d) बौद्ध दर्शन

26. भारत के पश्चिमी तट की तुलना में पूर्वी तट अधिक समतल होने का प्रमुख कारण क्या है?
(a) विवर्तनिक गतिविधि
(b) नदियों द्वारा अवसादन
(c) ज्वालामुखीय क्रिया
(d) हिमानी अपरदन

27. दक्कन ट्रैप का निर्माण मुख्यतः किस प्रक्रिया से हुआ है?
(a) अपक्षय (b) अवसादन
(c) ज्वालामुखीय उद्गार (d) हिमानी अपरदन

28. भारत में मानसून वर्षा का अधिकांश भाग किस माह में प्राप्त होता है?
(a) मार्च-अप्रैल (b) मई-जून
(c) जून-सितंबर (d) अक्टूबर-दिसंबर

29. निम्नलिखित में से कौन-सा बादल अत्यधिक तीव्र वर्षा के लिए उत्तरदायी होता है?
(a) क्यूसी बादल (b) कपासी वर्षा
(c) वर्षा स्तरी (d) पक्षाभ स्तरी

30. जलोढ़ मिट्टी की प्रमुख विशेषता क्या है?
(a) अत्यधिक अम्लीय
(b) कम उपजाऊ
(c) नदियों द्वारा लायी गई उपजाऊ मिट्टी
(d) ज्वालामुखीय उत्पत्ति

31. पारिस्थितिकी तंत्र में अपघटक (Decomposers) का मुख्य कार्य क्या है?
(a) ऊर्जा उत्पादन
(b) मृत जैव पदार्थ का विघटन
(c) प्रकाश संश्लेषण
(d) उपभोग

32. जैव विविधता संरक्षण के लिए इन-सीटू संरक्षण का उदाहरण है?
(a) चिड़ियाघर (b) वनस्पति उद्यान
(c) राष्ट्रीय उद्यान (d) जीन बैंक

33. पृथ्वी पर ऑक्सीजन का प्रमुख स्रोत कौन-सा है?
(a) वन (b) महासागरीय शैवाल
(c) मरुस्थल (d) पर्वतीय क्षेत्र

34. उत्तर प्रदेश की प्रमुख नदी प्रणाली कौन-सी है?
(a) गंगा (b) यमुना
(c) घाघरा (d) गोमती

35. उत्तर प्रदेश में बाढ़ की समस्या मुख्यतः किस कारण से उत्पन्न होती है?
(a) भूकंप से
(b) अधिक वर्षा और नदियों के अतिप्रवाह से
(c) सूखा से
(d) ज्वालामुखी से

36. केंद्रीय बजट 2026-27 के अनुसार डेडिकेटेड फ्रेट कॉरिडोर डानकुनी को किस शहर से जोड़ा जाएगा?
(a) मुंबई (b) चेन्नई
(c) सूरत (d) कोलकाता

37. विश्व पर्यावरण प्रदर्शन सूचकांक (EPI) में भारत की रैंकिंग से संबंधित चर्चा किससे जुड़ी थी?
(a) वायु गुणवत्ता (b) जैव विविधता
(c) जल प्रबंधन (d) उपर्युक्त सभी

38. भारत सरकार द्वारा शुरू किया गया ग्रीन क्रेडिट कार्यक्रम किससे संबंधित है?
(a) कृषि सब्सिडी (b) पर्यावरण संरक्षण प्रोत्साहन
(c) औद्योगिक कर (d) जल कर

39. किस भारतीय राज्य ने मानव-वन्यजीव संघर्ष न्यूनीकरण मॉडल के लिए प्रस्ताव पास किया?

(a) उत्तराखंड (b) असम

(c) केरल (d) मध्य प्रदेश

40. कोशिका के नियंत्रण केंद्र के रूप में किसे जाना जाता है?

(a) माइटोकॉन्ड्रिया (b) नाभिक

(c) राइबोसोम (d) लाइसोसोम

41. प्रकाश संश्लेषण की प्रक्रिया किस अंगक में होती है?

(a) माइटोकॉन्ड्रिया (b) क्लोरोप्लास्ट

(c) नाभिक (d) रिक्तिका

42. मानव रक्त में ऑक्सीजन का परिवहन किसके द्वारा होता है?

(a) प्लाज्मा (b) श्वेत रक्त कणिका

(c) हीमोग्लोबिन (d) प्लेटलेट्स

43. तंत्रिका कोशिका और मांसपेशी कोशिका के बीच संधि को क्या कहते हैं?

(a) सिनैप्स (b) न्यूरोमस्कुलर जंक्शन

(c) डेंड्राइट (d) एक्सॉन

44. मानव हृदय में कुल कितने कक्ष होते हैं?

(a) 2 (b) 3

(c) 5 (d) 4

45. पाचन तंत्र में वसा का पाचन मुख्यतः कहाँ होता है?

(a) आमाशय (b) यकृत

(c) छोटी आँत (d) बड़ी आँत

46. श्वसन के दौरान ऑक्सीजन का आदान-प्रदान कहाँ होता है?

(a) एल्वियोली (b) ब्रॉन्कस

(c) श्वासनली (d) फेफड़ों की मांसपेशियाँ

47. जैवमंडल आरक्षित क्षेत्र का मुख्य उद्देश्य क्या है?

(a) जैव विविधता संरक्षण और सतत् विकास

(b) कृषि विस्तार

(c) औद्योगिक विकास

(d) नगरीकरण

48. मरुस्थलीय पारिस्थितिकी तंत्र की प्रमुख विशेषता क्या है?

(a) अत्यधिक जैव विविधता (b) स्थायी जल स्रोत

(c) कम वर्षा और उच्च तापांतर (d) सघन वन

49. खाद्य जाल (Food Web) का अर्थ क्या है?

(a) एकल खाद्य श्रृंखला

(b) परस्पर जुड़ी अनेक खाद्य श्रृंखलाएँ

(c) केवल शाकाहारी जीव

(d) केवल मांसाहारी जीव

50. उत्तर प्रदेश के तराई क्षेत्र की अर्थव्यवस्था का प्रमुख आधार क्या है?

(a) खनन (b) उद्योग

(c) कृषि (d) पर्यटन

51. सकल घरेलू उत्पाद (GDP) में निम्न में से किसे शामिल किया जाता है?

(a) मध्यवर्ती वस्तुएँ (b) अंतिम वस्तुएँ एवं सेवाएँ

(c) स्थानांतरण भुगतान (d) अवैतनिक घरेलू कार्य

52. उत्तर प्रदेश में गन्ना उद्योग का प्रमुख आर्थिक महत्व किससे संबंधित है?

(a) निर्यात शुल्क (b) पर्यटन विस्तार

(c) खनिज विकास (d) ग्रामीण रोजगार एवं आय

53. मौद्रिक नीति का मुख्य उद्देश्य क्या होता है?

(a) मुद्रा आपूर्ति और मूल्य स्थिरता

(b) कर संग्रह बढ़ाना

(c) सरकारी व्यय नियंत्रित करना

(d) विदेशी व्यापार संतुलन

54. पद्म पुरस्कार 2026 में विदेशी / NRI / PIO / OCI श्रेणी से कुल कितने व्यक्तियों को पद्म पुरस्कार प्रदान किये गये हैं?

(a) 4 (b) 5

(c) 6 (d) 8

55. उत्तर प्रदेश में सहकारी बैंकों की भूमिका मुख्यतः किस क्षेत्र में होती है?

(a) शहरी आवास (b) कृषि ऋण

(c) औद्योगिक निवेश (d) विदेशी व्यापार

56. राष्ट्रीय आय में किराया किस कारक आय को दर्शाता है?

(a) श्रम (b) पूँजी

(c) भूमि (d) उद्यमिता

57. किस योजना का उद्देश्य एमएसएमई (MSME) को सस्ता ऋण उपलब्ध कराना है?

(a) पीएम–किसान (b) पीएम–मुद्रा

(c) स्टार्ट–अप इंडिया (d) आयुष्मान भारत

58. उत्तर प्रदेश की अर्थव्यवस्था में सबसे ज्यादा योगदान किस क्षेत्र का है?

(a) उद्योग (b) सेवा

(c) कृषि (d) खनन

59. रासायनिक अभिक्रिया में उत्प्रेरक (Catalyst) क्या कार्य करता है?

(a) अभिक्रिया रोकना (b) अभिक्रिया की गति बदलना

(c) पदार्थ की मात्रा बढ़ाना (d) ऊर्जा नष्ट करना

60. **डिजिटल सार्वजनिक अवसंरचना (DPI) मुख्यतः किससे संबंधित है?**
(a) डिजिटल सेवाओं का ढाँचा (b) सड़क निर्माण
(c) बिजली उत्पादन (d) जल प्रबंधन

61. **उत्तर प्रदेश में दुग्ध उत्पादन के विकास का प्रमुख कारण क्या है?**
(a) शुष्क जलवायु
(b) पर्वतीय क्षेत्र
(c) निर्यात सब्सिडी
(d) चारा उपलब्धता एवं सहकारी संरचना

62. **आयनिक यौगिक सामान्यतः किस गुण के लिए जाने जाते हैं?**
(a) कम गलनांक (b) गैसीय अवस्था
(c) द्रव अवस्था (d) उच्च गलनांक

63. **बजट में पूँजीगत व्यय (Capital Expenditure) बढ़ाने का मुख्य उद्देश्य क्या है?**
(a) अल्पकालिक खपत (b) दीर्घकालिक आर्थिक वृद्धि
(c) मुद्रास्फीति बढ़ाना (d) आयात कम करना

64. **उत्तर प्रदेश में स्वयं सहायता समूह (SHG) कार्यक्रम का प्रमुख लाभ क्या है?**
(a) शहरी रोजगार
(b) महिला सशक्तिकरण एवं आजीविका
(c) विदेशी निवेश
(d) रक्षा उत्पादन

65. **धातुओं की तन्यता (Ductility) का अर्थ क्या है?**
(a) तार बनाने की क्षमता (b) चादर बनाने की क्षमता
(c) विद्युत चालकता (d) ऊष्मा प्रतिरोध

66. **भारत में ग्रीन हाइड्रोजन मिशन का मुख्य उद्देश्य क्या है?**
(a) कोयला उत्पादन (b) स्वच्छ ऊर्जा संक्रमण
(c) परमाणु ऊर्जा विस्तार (d) जल परिवहन

67. **उत्तर प्रदेश के हस्तशिल्प उद्योग की प्रमुख विशेषता क्या है?**
(a) मशीन आधारित उत्पादन
(b) श्रम-प्रधान एवं पारंपरिक कौशल
(c) खनिज आधारित
(d) पूर्ण निर्यात निर्भरता

68. **सहसंयोजक यौगिक सामान्यतः किसमें घुलनशील होते हैं?**
(a) जल (b) ध्रुवीय विलायक
(c) अध्रुवीय विलायक (d) अम्ल

69. **भारत में वित्त आयोग का गठन कितने वर्षों में किया जाता है?**
(a) 3 वर्ष (b) 4 वर्ष
(c) 5 वर्ष (d) 6 वर्ष

70. **उत्तर प्रदेश में खाद्य प्रसंस्करण उद्योग के विकास का प्रमुख लाभ क्या है?**
(a) कच्चा माल आयात
(b) मूल्य संवर्धन एवं किसानों की आय वृद्धि
(c) कर बोझ बढ़ना
(d) औद्योगिक अपशिष्ट

71. **ऑक्सीकरण अभिक्रिया का तात्पर्य क्या है?**
(a) इलेक्ट्रॉन प्राप्ति (b) ऊर्जा अवशोषण
(c) न्यूट्रॉन वृद्धि (d) इलेक्ट्रॉन त्याग

72. **केंद्रीय बैंक डिजिटल रुपया (CBDC) किस संस्था द्वारा जारी किया जाता है?**
(a) भारतीय रिजर्व बैंक (b) वित्त मंत्रालय
(c) नीति आयोग (d) सेबी

73. **उत्तर प्रदेश में औद्योगिक गलियारों का उद्देश्य क्या है?**
(a) केवल शहरीकरण
(b) निवेश, रोजगार और लॉजिस्टिक्स सुधार
(c) कृषि भूमि विस्तार
(d) खनन प्रोत्साहन

74. **मिश्रधातु (Alloy) बनाने का प्रमुख उद्देश्य क्या होता है?**
(a) लागत बढ़ाना (b) रंग बदलना
(c) धातु के गुण सुधारना (d) द्रव बनाना

75. **राष्ट्रीय लॉजिस्टिक्स नीति का मुख्य लक्ष्य क्या है?**
(a) कर वृद्धि (b) निर्यात प्रतिबंध
(c) आयात बढ़ाना (d) लॉजिस्टिक्स लागत कम करना

76. **भारतीय संविधान में मंत्रिपरिषद की सहायता और सलाह किसे प्राप्त होती है?**
(a) राष्ट्रपति (b) प्रधानमंत्री
(c) लोकसभा अध्यक्ष (d) सर्वोच्च न्यायालय

77. **धन विधेयक (Money Bill) सदन में किसके द्वारा पेश किया जाता है?**
(a) राष्ट्रपति (b) प्रधानमंत्री
(c) वित्त मंत्री (d) राज्यसभा सभापति

78. **उत्तर प्रदेश में मुख्यमंत्री की नियुक्ति कौन करता है?**
(a) प्रधानमंत्री (b) राष्ट्रपति
(c) राज्यपाल (d) विधान परिषद

79. **संविधान के किस अनुच्छेद के अंतर्गत राष्ट्रपति शासन लगाया जाता है?**
(a) अनुच्छेद 352 (b) अनुच्छेद 356
(c) अनुच्छेद 360 (d) अनुच्छेद 368

80. उत्तर प्रदेश की विधानसभा का कार्यकाल सामान्यतः कितने वर्षों का होता है?
(a) 4 वर्ष (b) 5 वर्ष
(c) 6 वर्ष (d) 7 वर्ष

81. संसद के दोनों सदनों की संयुक्त बैठक की अध्यक्षता कौन करता है?
(a) राष्ट्रपति (b) उपराष्ट्रपति
(c) लोकसभा अध्यक्ष (d) प्रधानमंत्री

82. भारत में लागू नया आपराधिक कानून संहिता किस वर्ष से प्रभावी हुआ?
(a) वर्ष 2023 (b) वर्ष 2024
(c) वर्ष 2025 (d) वर्ष 2026

83. उत्तर प्रदेश में राज्यपाल का पद किस प्रकार का होता है?
(a) निर्वाचित (b) वंशानुगत
(c) नियुक्त (d) अस्थायी

84. संविधान के किस भाग में राज्य के नीति निदेशक तत्व दिए गए हैं?
(a) भाग III (b) भाग IV
(c) भाग V (d) भाग VI

85. भारत द्वारा घोषित राष्ट्रीय कृत्रिम बुद्धिमत्ता मिशन का मुख्य उद्देश्य क्या है?
(a) केवल शिक्षा (b) रक्षा भर्ती
(c) कृषि उत्पादन (d) तकनीकी अनुसंधान और नवाचार

86. उत्तर प्रदेश में ग्राम पंचायत के प्रमुख को क्या कहा जाता है?
(a) जिला प्रमुख (b) प्रधान
(c) सभापति (d) पार्षद

87. कार्य (Work) का SI मात्रक क्या है?
(a) वाट (b) न्यूटन
(c) जूल (d) पास्कल

88. पद्म पुरस्कार 2026 में निम्नलिखित में से किस से सम्मानित को खेल के क्षेत्र में पद्म भूषण से सम्मानित किया गया है?
(a) रोहित शर्मा (b) सविता पुनिया
(c) हरमनप्रीत कौर भुल्लर (d) विजय अमृतराज

89. उत्तर प्रदेश में नगर निगम का प्रमुख कौन होता है?
(a) जिलाधिकारी (b) नगर आयुक्त
(c) महापौर (d) अध्यक्ष

90. विद्युत शक्ति (Electric Power) का SI मात्रक क्या है?
(a) जूल (b) वाट
(c) वोल्ट (d) एम्पियर

91. संविधान के किस अनुच्छेद में मौलिक कर्तव्यों का उल्लेख है?
(a) अनुच्छेद 19 (b) अनुच्छेद 21
(c) अनुच्छेद 32 (d) अनुच्छेद 51A

92. भारत ने किस देश के साथ रणनीतिक ऊर्जा साझेदारी को बढ़ाने पर सहमति जताई?
(a) जापान (b) रूस
(c) संयुक्त अरब अमीरात (d) ऑस्ट्रेलिया

93. उत्तर प्रदेश में राजस्व प्रशासन का प्रमुख अधिकारी कौन होता है?
(a) जिलाधिकारी (b) तहसीलदार
(c) मंडलायुक्त (d) ग्राम सचिव

94. द्रव्यमान (Mass) का SI मात्रक क्या है?
(a) न्यूटन (b) किलोग्राम
(c) ग्राम (d) मीटर

95. संविधान संशोधन विधेयक पारित करने के लिए किस बहुमत की आवश्यकता होती है?
(a) साधारण बहुमत (b) पूर्ण बहुमत
(c) विशेष बहुमत (d) राष्ट्रपति की स्वीकृति

96. भारत सरकार द्वारा घोषित ग्रीन मोबिलिटी नीति का मुख्य उद्देश्य क्या है?
(a) सड़क चौड़ीकरण (b) जीवाश्म ईंधन का विस्तार
(c) इलेक्ट्रिक वाहनों को बढ़ावा (d) रेल निजीकरण

97. न्यूटन का प्रथम गति नियम किससे संबंधित है?
(a) बल (b) जड़त्व
(c) संवेग (d) ऊर्जा

98. संविधान के किस अनुच्छेद के अंतर्गत चुनाव आयोग का गठन किया गया है?
(a) अनुच्छेद 324 (b) अनुच्छेद 280
(c) अनुच्छेद 148 (d) अनुच्छेद 76

99. डिजिटल व्यक्तिगत डेटा संरक्षण अधिनियम किससे संबंधित है?
(a) कर सुधार (b) साइबर सुरक्षा और निजता
(c) शिक्षा नीति (d) औद्योगिक नीति

100. केंद्रीय बजट 2026-27 में इलेक्ट्रॉनिक घटक विनिर्माण योजना का कुल आवंटन को बढ़ाकर कितना किया गया है?
(a) ₹22,919 करोड़ (b) ₹30,000 करोड़
(c) ₹35,000 करोड़ (d) ₹40,000 करोड़

उत्तर : व्याख्या-सहित

1. उत्तर-(b)

व्याख्याः वैदिक काल में **'ऋत'** की अवधारणा **नैतिक** और **प्राकृतिक व्यवस्था** से संबंधित थी। इसे **ब्रह्मांडीय नियम** माना जाता था, जो **प्रकृति**, **समाज** और **देवताओं** के बीच संतुलन बनाए रखता था। **वैदिक** धर्म में **सत्य** और **कर्तव्य** की अवधारणा इसी से जुड़ी हुई थी।

2. उत्तर-(a)

व्याख्याः मौर्य प्रशासन में **समाहर्ता कर संग्रह** का प्रमुख अधिकारी होता था। यह राज्य की **आय** का प्रबंधन करता था। **अर्थशास्त्र** में समाहर्ता को **केंद्रीय वित्तीय प्रशासन** की रीढ़ माना गया है।

3. उत्तर-(d)

व्याख्याः गुप्त काल में **भूमि अनुदान** की प्रथा से **सामंतवाद** का **विकास** हुआ। इससे स्थानीय सामंत शक्तिशाली हुए और केंद्रीय सत्ता कमजोर पड़ी। यह मध्यकालीन **सामाजिक-आर्थिक संरचना** की आधारशिला बनी।

4. उत्तर-(c)

व्याख्याः **हर्षवर्धन** के शासनकाल की जानकारी का प्रमुख स्रोत **हर्षचरित** है। इसकी रचना **बाणभट्ट** ने की थी। यह ग्रंथ तत्कालीन **राजनीतिक**, **सामाजिक** और **सांस्कृतिक** जीवन पर प्रकाश डालता है।

5. उत्तर-(c)

व्याख्याः **खालिसा** भूमि वह भूमि थी जिस पर **सुल्तान** का **प्रत्यक्ष नियंत्रण** होता था। इससे प्राप्त राजस्व सीधे **राजकोष** में जाता था। यह व्यवस्था **केंद्रीय सत्ता** को मजबूत करने के लिए थी।

6. उत्तर-(b)

व्याख्याः **मनसबदारी व्यवस्था** का उद्देश्य **सैन्य** और **प्रशासनिक संगठन** को सुदृढ़ करना था। **मनसब** के आधार पर **पद**, **वेतन** और **सैन्य दायित्व** तय किए जाते थे। यह मुगल शासन की प्रशासनिक व्यवस्था की रीढ़ थी।

7. उत्तर-(d)

व्याख्याः भारत में सबसे पहले **पुर्तगालियों** का आगमन हुआ। **वास्को-डी-गामा** 1498 ई. में भारत पहुँचा। इसके साथ ही भारत में यूरोपीय उपनिवेशवाद की शुरुआत हुई।

8. उत्तर-(b)

व्याख्याः **रानी लक्ष्मीबाई** ने सन् 1857 के विद्रोह में **संगठित सशस्त्र प्रतिरोध** किया। उनका नेतृत्व **साहस** और **राष्ट्रवाद** का **प्रतीक** बना। रानी **लक्ष्मीबाई** का **संघर्ष स्वतंत्रता** आंदोलन का प्रेरक अध्याय है।

9. उत्तर-(a)

व्याख्याः **द्रविड़ शैली** की प्रमुख पहचान **गोपुरम** है। यह दक्षिण भारतीय मंदिरों का भव्य **प्रवेश द्वार** होता है। यह शैली **चोल**, **पांड्य** और **विजयनगर** काल में विकसित हुई।

10. उत्तर-(b)

व्याख्याः **साँची स्तूप** का निर्माण **अशोक** के काल में प्रारंभ हुआ। यह **बौद्ध स्थापत्य** का उत्कृष्ट उदाहरण है। बाद में **शुंग काल** में इसका विस्तार हुआ।

11. उत्तर-(c)

व्याख्याः शास्त्रीय संगीत में **घराना गायन** या **वादन** की विशिष्ट परंपरा को दर्शाता है। प्रत्येक घराने की अपनी **शैली**, **तकनीक** और **सौंदर्य दृष्टि** होती है। यह **गुरु-शिष्य** परंपरा से विकसित होता है।

12. उत्तर-(d)

व्याख्याः **कथकली** नृत्य **दक्षिण भारत**, विशेषकर **केरल** से संबंधित है। यह **मुखौटा**, **रंगीन वेशभूषा** और **भाव-अभिनय** के लिए प्रसिद्ध है। इसके विषय **रामायण-महाभारत** से लिए जाते हैं।

13. उत्तर-(c)

व्याख्याः **नौटंकी** लोक नाट्य **उत्तर प्रदेश** में विशेष रूप से लोकप्रिय है। यह **सामाजिक**, **ऐतिहासिक** और **पौराणिक कथाओं** पर आधारित होती है। यह जनसंचार का प्रभावी माध्यम रही है।

14. उत्तर-(c)

व्याख्याः केंद्रीय बजट 2026-27 में आर्थिक गतिविधियों को प्रोत्साहित करने हेतु **ग्रोथ कनेक्टर** के रूप में कुल 7 हाई-स्पीड रेल कॉरिडोर विकसित करने का प्रस्ताव किया गया है। यह पहल शहरी-क्षेत्रीय संपर्क, यात्रा समय में कमी और दीर्घकालीन अवसंरचनात्मक विकास को गति देने पर केंद्रित है।

15. उत्तर-(c)

व्याख्याः **तुलसीदास** की काव्यधारा का केंद्रीय विषय **राम भक्ति** है। **रामचरितमानस** में उन्होंने आदर्श **मानव मूल्यों** की स्थापना की। उनकी भाषा **सरल** और **जनसामान्य** की है।

16. उत्तर-(b)

व्याख्याः **PM-VIKAS कार्यक्रम** अल्पसंख्यक समुदायों के **कौशल विकास** से संबंधित है। इसका उद्देश्य **आर्थिक सशक्तिकरण** है। यह **रोजगार** और **उद्यमिता** को बढ़ावा देता है।

17. उत्तर-(a)

व्याख्याः पश्चिम बंगाल के हावड़ा में **हुगली नदी** के तट पर स्थित **बेलूर मठ यूनेस्को** की विश्व **धरोहर** सूची में शामिल नहीं है, जबकि **आगरा किला** को वर्ष **1983** में एवं **होयसल मंदिर समूह** और **शांतिनिकेतन** को वर्ष 2023 में सूची में शामिल किया गया था।

18. उत्तर-(c)

व्याख्याः भारत का **प्रथम अंडरवॉटर म्यूजियम महाराष्ट्र** में विकसित किया जा रहा है। इसका उद्देश्य **समुद्री पर्यटन** और **सांस्कृतिक संरक्षण** है। यह एक अभिनव पर्यटन पहल है।

19. उत्तर-(d)

व्याख्याः प्रधानमंत्री नरेन्द्र मोदी ने **26 अगस्त, 2025** में गुजरात के **हंसलपुर** में **ग्रीन मोबिलिटी पहल** का उद्घाटन किया। यह पहल **हरित ऊर्जा** के क्षेत्र में **आत्मनिर्भर** बनने की दिशा में एक बहुत बड़ा कदम है।

20. उत्तर-(c)

व्याख्याः पहाड़ी चित्रकला का विकास **हिमालयी क्षेत्र** में हुआ। इसमें **प्रकृति**, **प्रेम** और **भक्ति** के विषय प्रमुख हैं। **कांगड़ा शैली** इसका उत्कृष्ट उदाहरण है।

21. उत्तर-(d)

व्याख्याः अकबर ने **फारसी को** राजभाषा का दर्जा दिया। इससे **प्रशासनिक एकरूपता** बनी रही एवं **फारसी साहित्य** का भी व्यापक विकास हुआ।

22. उत्तर-(c)

व्याख्याः कजरी लोक गीत **वर्षा ऋतु** से संबंधित है। यह **विरह** और **प्रेम** की अभिव्यक्ति करता है। यह उत्तर प्रदेश की **प्रमुख लोक परंपरा** है।

23. उत्तर-(b)

व्याख्याः नाट्यशास्त्र के रचयिता **भरतमुनि** माने जाते हैं। यह भारतीय **नाट्य**, **नृत्य** और **संगीत** का मूल ग्रंथ है। इसमें रस सिद्धांत का प्रतिपादन किया गया है।

24. उत्तर-(c)

व्याख्याः बंगाल स्कूल ऑफ आर्ट के प्रवर्तक **अवनींद्रनाथ टैगोर** थे। उन्होंने भारतीय **परंपरागत कला** को पुनर्जीवित किया। यह औपनिवेशिक कला के विरुद्ध **सांस्कृतिक आंदोलन** था।

25. उत्तर-(a)

व्याख्याः ब्रज क्षेत्र की सांस्कृतिक पहचान **कृष्ण लीला** से जुड़ी है। **रासलीला** और भक्ति यहाँ की प्रमुख परंपरा है। यह उत्तर प्रदेश की **सांस्कृतिक धरोहर** का महत्वपूर्ण भाग है।

26. उत्तर-(b)

व्याख्याः भारत का पूर्वी तट पश्चिमी तट की तुलना में **अधिक समतल** है क्योंकि पूर्व की ओर बहने वाली **नदियाँ** अपने साथ अवसाद सामग्री को **समुद्र तट** पर जमा करती हैं। तथा लंबे समय तक **अवसादन की प्रक्रिया** से **विस्तृत तटीय मैदान** विकसित हुए। इसके विपरीत **पश्चिमी तट** पर तीव्र ढाल और सीमित अवसादन मिलता है।

27. उत्तर-(c)

व्याख्याः दक्कन ट्रैप का निर्माण व्यापक **ज्वालामुखीय उद्गारों** से हुआ है। **बेसाल्टिक लावा** के क्रमिक प्रवाह से परतदार पठार बने। यह भारत के **भू-आकृतिक इतिहास** में एक महत्वपूर्ण घटना मानी जाती है।

28. उत्तर-(c)

व्याख्याः भारत में **मानसून वर्षा** का अधिकांश भाग **जून से सितंबर** के बीच प्राप्त होता है। इस अवधि में **दक्षिण-पश्चिम मानसून** सक्रिय रहता है। कृषि और जल संसाधन इस वर्षा पर अत्यधिक निर्भर होते हैं।

29. उत्तर-(b)

व्याख्याः कपासी वर्षा बादल अधिक विस्तृत तथा **गहरे बादल** होते हैं, क्योंकि इनकी **ऊर्ध्वाधर ऊंचाई** अधिक होती है। इनके साथ **वर्षा, ओला, तड़ितझंझा** की अधिक संभावना होती है। इनसे कम समय में अत्यधिक **तीव्र वर्षा** होती है।

30. उत्तर-(c)

व्याख्याः जलोढ़ मिट्टी नदियों द्वारा लायी गई **उपजाऊ मिट्टी** होती है। इसमें सिल्ट, बालू और **चिकनी मिट्टी** का संतुलित मिश्रण होता है। यह कृषि के लिए विशेषकर गंगा-यमुना मैदानी क्षेत्र में अत्यंत उपयुक्त मानी जाती है।

31. उत्तर-(b)

व्याख्याः अपघटक मृत जैव पदार्थ का **विघटन** कर सरल पदार्थों में बदलते हैं। इससे पोषक तत्व पुनः पर्यावरण में लौटते हैं। यह **पोषक चक्रण** और **पारिस्थितिकी संतुलन** के लिए आवश्यक है।

32. उत्तर-(c)

व्याख्याः इन-सीटू (In-Situ) संरक्षण का अर्थ है **प्रजातियों** का उनके प्राकृतिक आवास **में संरक्षण। राष्ट्रीय उद्यान** इसका प्रमुख उदाहरण हैं। इससे **जैव विविधता** और **पारिस्थितिकी तंत्र** दोनों सुरक्षित रहते हैं।

33. उत्तर-(b)

व्याख्याः पृथ्वी पर **ऑक्सीजन** का **प्रमुख स्रोत महासागरों** में पाए जाने वाले **शैवाल** हैं। ये **प्रकाश संश्लेषण** द्वारा बड़ी मात्रा में **ऑक्सीजन** उत्पन्न करते हैं। वैश्विक **ऑक्सीजन चक्र** में इनकी भूमिका अत्यंत महत्वपूर्ण है।

34. उत्तर-(a)

व्याख्या: उत्तर प्रदेश की प्रमुख नदी प्रणाली **गंगा नदी** प्रणाली है। गंगा और उसकी सहायक नदियाँ राज्य की कृषि और जनजीवन का आधार हैं। इससे विस्तृत **उपजाऊ मैदान** विकसित हुए हैं।

35. उत्तर-(b)

व्याख्या: उत्तर प्रदेश में बाढ़ की समस्या मुख्यत: अत्यधिक **वर्षा और नदियों के अतिप्रवाह** से उत्पन्न होती है। मानसून के समय जलस्तर बढ़ जाता है। समतल मैदान और नदी-जाल इस समस्या को जन्म देते हैं।

36. उत्तर-(c)

व्याख्या: केंद्रीय बजट 2026-27 के अनुसार नए **डेडिकेटेड फ्रेट कॉरिडोर डानकुनी** को सूरत से जोड़ना। इसका उद्देश्य सतत **माल परिवहन को बढ़ावा** देना, **लॉजिस्टिक लागत कम** करना और औद्योगिक क्षेत्रों की आपूर्ति शृंखला को अधिक कुशल बनाना है।

37. उत्तर-(d)

व्याख्या: **वर्ष 2024** के **विश्व पर्यावरण प्रदर्शन सूचकांक** में भारत की रैंकिंग **वायु गुणवत्ता**, **जैव विविधता** और **जल प्रबंधन** जैसे कई संकेतकों से जुड़ी रही। सूचकांक समग्र पर्यावरणीय प्रदर्शन का आकलन करता है। इससे नीति सुधार की दिशा तय होती है।

38. उत्तर-(b)

व्याख्या: **ग्रीन क्रेडिट कार्यक्रम पर्यावरण संरक्षण** को **प्रोत्साहन** देने से संबंधित है। इसके तहत **हरित गतिविधियों** के लिए प्रोत्साहन दिए जाते हैं। यह **सतत् विकास** और **कार्बन न्यूनीकरण** की दिशा में कदम है।

39. उत्तर-(d)

व्याख्या: वर्ष **2024-25** में **मध्य प्रदेश** ने **मानव-वन्यजीव संघर्ष** न्यूनीकरण मॉडल के लिए प्रस्ताव पास किया। राज्य ने **संरक्षण** और **आजीविका** संतुलन पर आधारित उपाय अपनाए। इससे संघर्ष में कमी लाने में मदद मिली।

40. उत्तर-(b)

व्याख्या: **नाभिक** को कोशिका का **नियंत्रण केंद्र** कहा जाता है। यह **आनुवंशिक पदार्थ** को धारण करता है और कोशिकीय क्रियाओं को नियंत्रित करता है। **कोशिका विभाजन** और **प्रोटीन संश्लेषण** में इसकी प्रमुख भूमिका है।

41. उत्तर-(b)

व्याख्या: प्रकाश संश्लेषण **क्लोरोप्लास्ट** में होता है। इसमें **क्लोरोफिल** उपस्थित रहता है, जो **प्रकाश ऊर्जा** को **रासायनिक** ऊर्जा में परिवर्तित करता है। यह पौधों के लिए **भोजन निर्माण** की प्रक्रिया है।

42. उत्तर-(c)

व्याख्या: **मानव रक्त** में ऑक्सीजन का परिवहन **हीमोग्लोबिन** द्वारा होता है। यह लाल रक्त कणिकाओं (RBCs) में पाया जाता है। हीमोग्लोबिन ऑक्सीजन से अस्थायी रूप से जुड़कर उसे ऊतकों तक पहुँचाता है।

43. उत्तर-(b)

व्याख्या: **तंत्रिका** कोशिका और मांसपेशी कोशिका के बीच संधि को **न्यूरोमस्कुलर जंक्शन** कहते हैं। यहाँ **तंत्रिका आवेग** मांसपेशी संकुचन को प्रेरित करता है। यह गति नियंत्रण में महत्वपूर्ण है।

44. उत्तर-(d)

व्याख्या: **मानव हृदय** में चार कक्ष होते हैं- **दो आलिंद** और **दो** निलय। यह संरचना **ऑक्सीजनयुक्त** और **ऑक्सीजन-रहित** रक्त को अलग-अलग रखने में सहायक है। इससे परिसंचरण दक्ष बनता है।

45. उत्तर-(c)

व्याख्या: **वसा** का पाचन मुख्यत: **छोटी आँत** में होता है। **यकृत** द्वारा स्रावित **पित्त वसा** के **इमल्सीकरण** में मदद करता है। और **अग्न्याशयी एंजाइम** आगे पाचन करते हैं।

46. उत्तर-(a)

व्याख्या: **ऑक्सीजन** का आदान-प्रदान **फेफड़ों** की **एल्वियोली** में होता है। इनकी पतली दीवारें और विस्तृत सतह **गैस विनिमय** को सुगम बनाती हैं। यहाँ ऑक्सीजन **रक्त में प्रवेश** करती है।

47. उत्तर-(a)

व्याख्या: **जैवमंडल आरक्षित क्षेत्र** का उद्देश्य **जैव विविधता संरक्षण** के साथ **सतत् विकास** सुनिश्चित करना है। इसमें **कोर**, **बफर** और **संक्रमण क्षेत्र** होते हैं। आरक्षित क्षेत्र में **मानव गतिविधियाँ नियंत्रित** रूप से संचालित होती हैं।

48. उत्तर-(c)

व्याख्या: **मरुस्थलीय** पारिस्थितिकी तंत्र में **कम वर्षा** और **उच्च तापांतर** प्रमुख विशेषताएँ हैं। जीवों में जल संरक्षण हेतु विशेष अनुकूलन पाए जाते हैं। यहाँ वनस्पति बहुत विरल होती हैं।

49. उत्तर-(b)

व्याख्या: **खाद्य जाल** परस्पर जुड़ी **अनेक खाद्य शृंखलाओं का समूह** होता है। यह **पारिस्थितिकी तंत्र** में ऊर्जा प्रवाह की वास्तविक जटिलता को दर्शाता है। इससे तंत्र की स्थिरता बढ़ती है।

50. उत्तर-(c)

व्याख्या: उत्तर प्रदेश के **तराई क्षेत्र** की अर्थव्यवस्था का प्रमुख आधार **कृषि** है। इस क्षेत्र की **मिट्टी उपजाऊ** है और यहाँ सिंचाई के पर्याप्त साधन भी उपलब्ध हैं। **धान**, **गन्ना** और **गेहूँ** प्रमुख फसलें हैं।

51. उत्तर-(b)

व्याख्या: सकल घरेलू उत्पाद (GDP) में केवल अंतिम **वस्तुएँ** एवं **सेवाएँ** शामिल की जाती हैं, ताकि दोहरी गणना से बचा जा सके। मध्यवर्ती वस्तुएँ पहले ही **अंतिम उत्पाद** के **मूल्य** में समाहित होती हैं। GDP किसी देश की आर्थिक गतिविधि का समग्र माप है।

52. उत्तर-(d)

व्याख्या: उत्तर प्रदेश में **गन्ना उद्योग ग्रामीण रोजगार** और **आय का प्रमुख** स्रोत है। **चीनी मिलें** किसानों को स्थायी बाजार उपलब्ध कराती हैं। इससे ग्रामीण **अर्थव्यवस्था** और **सहायक उद्योगों** को बल मिलता है।

53. उत्तर-(a)

व्याख्या: मौद्रिक नीति का मुख्य उद्देश्य **मुद्रा आपूर्ति को नियंत्रित** कर **मूल्य स्थिरता** बनाए रखना होता है। इसे **भारतीय रिजर्व बैंक** लागू करता है। इससे मुद्रास्फीति और आर्थिक असंतुलन नियंत्रित होते हैं।

54. उत्तर-(c)

व्याख्या: व्याख्या: पद्म पुरस्कार 2026 के **गृह मंत्रालय** द्वारा जारी प्रेस नोट के अनुसार कुल 6 व्यक्तियों को विदेशी / NRI / PIO / OCI श्रेणी में पद्म पुरस्कार प्रदान किये गये हैं।

55. उत्तर-(b)

व्याख्या: उत्तर प्रदेश में **सहकारी बैंकों** की मुख्य भूमिका **कृषि ऋण** उपलब्ध कराने की होती है। ये **छोटे** और **सीमांत किसानों** को **वित्तीय सहायता** देते हैं। इससे **कृषि उत्पादन** और **ग्रामीण आजीविका** सुदृढ़ होती है।

56. उत्तर-(c)

व्याख्या: **राष्ट्रीय आय में किराया भूमि से प्राप्त आय** को दर्शाता है। यह उत्पादन के **चार प्रमुख कारकों** (भूमि, श्रम, पूँजी और उद्यमिता) में से एक है। भूमि के उपयोग से प्राप्त आय इसी श्रेणी में आती है।

57. उत्तर-(b)

व्याख्या: पीएम-मुद्रा योजना का उद्देश्य **एमएसएमई** को बिना जमानत **सस्ता ऋण उपलब्ध कराना** है। इससे छोटे उद्यमों को पूँजी मिलती है। **रोजगार सृजन** में यह योजना सहायक है।

58. उत्तर-(b)

व्याख्या: उत्तर प्रदेश की **अर्थव्यवस्था** में **सेवा क्षेत्र** का योगदान सबसे अधिक है। जिसके बाद **कृषि** और **अन्य क्षेत्र** का स्थान आता है। राज्य की बड़ी जनसंख्या **कृषि** पर निर्भर है।

59. उत्तर-(b)

व्याख्या: उत्प्रेरक रासायनिक अभिक्रिया की गति को **बढ़ाता** या **घटाता** है, पर स्वयं **उपभोग** नहीं होता। यह **सक्रियण** ऊर्जा को कम करता है। **औद्योगिक रसायन विज्ञान** में इसका व्यापक उपयोग है।

60. उत्तर-(a)

व्याख्या: डिजिटल सार्वजनिक अवसंरचना डिजिटल सेवाओं के **आधारभूत ढाँचे से** संबंधित है। इसमें **पहचान**, **भुगतान** और **डेटा प्लेटफॉर्म** शामिल हैं। इससे **सुशासन** और **सेवा वितरण** बेहतर होता है।

61. उत्तर-(d)

व्याख्या: उत्तर प्रदेश में **दुग्ध उत्पादन** के विकास का प्रमुख कारण **चारा उपलब्धता** और **सहकारी संरचना** है। दुग्ध समितियाँ किसानों को बाजार से जोड़ती हैं। इससे **पशुपालन** आय का महत्वपूर्ण स्रोत बन जाता है।

62. उत्तर-(d)

व्याख्या: आयनिक **यौगिकों का गलनांक** सामान्यतः उच्च होता है। इसका कारण आयनों के बीच मजबूत **विद्युत आकर्षण** बल होता है। यही गुण इन्हें **ठोस अवस्था** में स्थिर बनाता है।

63. उत्तर-(b)

व्याख्या: पूँजीगत व्यय बढ़ाने का उद्देश्य **दीर्घकालिक आर्थिक वृद्धि** को प्रोत्साहित करना है। इससे **अवसंरचना** और **उत्पादक** क्षमता बढ़ती है। **रोजगार सृजन** पर भी इसका सकारात्मक प्रभाव पड़ता है।

64. उत्तर-(b)

व्याख्या: उत्तर प्रदेश में (स्वयं सहायता समूह: SHG) कार्यक्रम **महिला सशक्तिकरण** और **आजीविका विकास** में सहायक है। इससे महिलाओं को **ऋण**, **प्रशिक्षण** और **आत्मनिर्भरता** मिलती है। जिससे ग्रामीण **सामाजिक-आर्थिक** स्थिति में सुधार आता है।

65. उत्तर-(a)

व्याख्या: तन्यता का अर्थ धातु की **तार बनाने** की क्षमता से है। यह गुण **सोना** और **ताँबा** जैसी धातुओं में अधिक पाया जाता है। **विद्युत तारों** में इसका विशेष उपयोग होता है।

66. उत्तर-(b)

व्याख्या: ग्रीन हाइड्रोजन मिशन का उद्देश्य **स्वच्छ ऊर्जा संक्रमण** को बढ़ावा देना है। यह **जीवाश्म ईंधन** पर निर्भरता घटाता है। दीर्घकाल में **कार्बन उत्सर्जन** को कम करने में सहायक है।

67. उत्तर-(b)

व्याख्या: उत्तर प्रदेश का **हस्तशिल्प उद्योग** श्रम-प्रधान और पारंपरिक कौशल आधारित है। इसमें **कारीगरों** की बड़ी भूमिका होती है। यह **ग्रामीण रोजगार** और **सांस्कृतिक पहचान** से जुड़ा हुआ है।

68. उत्तर-(c)

व्याख्या: सहसंयोजक यौगिक सामान्यतः **अध्रुवीय विलायकों** में घुलनशील होते हैं। इसका कारण इनके **अणुओं की प्रकृति** होती है। जल जैसे **ध्रुवीय विलायक** में ये नहीं घुलते हैं।

69. उत्तर-(c)

व्याख्या: भारत में **वित्त आयोग** का गठन प्रत्येक **पाँच वर्ष** में किया जाता है। यह **केंद्र-राज्य वित्तीय संबंधों** की सिफारिश करता है। इसका उद्देश्य संसाधनों का **न्यायसंगत वितरण** करना है।

70. उत्तर-(b)

व्याख्या: उत्तर प्रदेश में खाद्य **प्रसंस्करण उद्योग** का प्रमुख लाभ **मूल्य संवर्धन** और **किसानों की आय** में वृद्धि करना है। इससे कृषि उत्पादों का बेहतर उपयोग होता है। ग्रामीण रोजगार में भी वृद्धि होती है।

71. उत्तर-(d)

व्याख्या: ऑक्सीकरण का तात्पर्य **इलेक्ट्रॉन** त्याग से है। यह **रासायनिक अभिक्रियाओं** की मूल अवधारणा है। **रेडॉक्स** अभिक्रियाओं में **ऑक्सीकरण** और **अपचयन** दोनों साथ-साथ होते हैं।

72. उत्तर-(a)

व्याख्या: केन्द्रीय बैंक डिजिटल रुपया (CBDC) भारतीय रिजर्व बैंक द्वारा जारी किया जाता है। यह **केंद्रीय बैंक** की डिजिटल मुद्रा है। इसका उद्देश्य **सुरक्षित** और **कुशल भुगतान प्रणाली** विकसित करना है।

73. उत्तर-(b)

व्याख्या: उत्तर प्रदेश में **औद्योगिक गलियारों** का उद्देश्य **निवेश**, **रोजगार** और **लॉजिस्टिक्स** सुधार है। इससे **औद्योगिक विकास** को गति मिलती है। क्षेत्रीय **आर्थिक संतुलन** भी बेहतर होता है।

74. उत्तर-(c)

व्याख्या: मिश्रधातु बनाने का मुख्य उद्देश्य धातुओं के गुणों में सुधार करना होता है। इससे **मजबूती**, **जंग-रोधक क्षमता** या **टिकाऊपन** बढ़ता है। **स्टील** इसका प्रमुख उदाहरण है।

75. उत्तर-(d)

व्याख्या: राष्ट्रीय लॉजिस्टिक्स नीति का मुख्य लक्ष्य लॉजिस्टिक्स लागत को कम करना है। इससे **प्रतिस्पर्धात्मकता** बढ़ती है और **निर्यात** और **आपूर्ति श्रृंखला** अधिक कुशल बनती है।

76. उत्तर-(a)

व्याख्या: भारतीय संविधान के अनुसार **मंत्रिपरिषद** राष्ट्रपति को **सहायता** और **सलाह** देती है। **अनुच्छेद 74** में इसका स्पष्ट उल्लेख है। **राष्ट्रपति** सामान्यतः मंत्रिपरिषद की सलाह के अनुसार ही कार्य करते हैं, जिससे **संसदीय लोकतंत्र** की व्यवस्था बनी रहती है।

77. उत्तर-(c)

व्याख्या: धन विधेयक लोकसभा में केवल वित्त मंत्री द्वारा प्रस्तुत किया जाता है। यह व्यवस्था **वित्तीय अनुशासन** और **उत्तरदायित्व** सुनिश्चित करने के लिए की गई है। **राज्यसभा** धन विधेयक पर केवल सिफारिश दे सकती है।

78. उत्तर-(c)

व्याख्या: उत्तर प्रदेश में **मुख्यमंत्री की नियुक्ति** राज्यपाल द्वारा की जाती है। **राज्यपाल** सामान्यतः उस नेता को मुख्यमंत्री नियुक्त करता है, जिसे विधानसभा में बहुमत प्राप्त हो। यह **संवैधानिक परंपरा** है।

79. उत्तर-(b)

व्याख्या: राष्ट्रपति शासन **अनुच्छेद 356** के अंतर्गत लगाया जाता है। यह तब लागू होता है, जब किसी राज्य में **संवैधानिक तंत्र विफल** हो जाए। इस स्थिति में राज्य का शासन केंद्र के अधीन आ जाता है।

80. उत्तर-(b)

व्याख्या: उत्तर प्रदेश की विधानसभा का सामान्य कार्यकाल **पाँच वर्ष** का होता है। यह अवधि **संविधान** द्वारा निर्धारित है। विशेष परिस्थितियों में इसे पहले भी भंग किया जा सकता है।

81. उत्तर-(c)

व्याख्या: संसद के **दोनों सदनों** की संयुक्त बैठक की अध्यक्षता **लोकसभा के अध्यक्ष** द्वारा किया जाता है। यह व्यवस्था लोकसभा की प्रधानता को दर्शाती है। **संयुक्त बैठक** का प्रयोग विधायी गतिरोध दूर करने के लिए किया जाता है।

82. उत्तर-(b)

व्याख्या: नए आपराधिक कानून संहिताएँ वर्ष 2024 से प्रभावी हुईं। इनका उद्देश्य औपनिवेशिक कानूनों को **आधुनिक और न्याय-केंद्रित** बनाना है। इससे आपराधिक न्याय प्रणाली में सुधार अपेक्षित है।

83. उत्तर-(c)

व्याख्या: राज्यपाल की नियुक्ति **राष्ट्रपति** द्वारा की जाती है। वे राज्य के संवैधानिक प्रमुख होते हैं। **अनुच्छेद 156** के अनुसार राज्यपाल **राष्ट्रपति के प्रसादपर्यंत** पद धारण करते हैं।

84. उत्तर-(b)

व्याख्या: राज्य के नीति निदेशक तत्व संविधान के **भाग IV** में दिए गए हैं। ये तत्व शासन को **कल्याणकारी राज्य** की दिशा में मार्गदर्शन प्रदान करते हैं। हालांकि ये न्यायालय में प्रवर्तनीय नहीं हैं।

85. उत्तर-(d)

व्याख्या: **राष्ट्रीय कृत्रिम बुद्धिमत्ता मिशन** का उद्देश्य **तकनीकी अनुसंधान** और **नवाचार** को बढ़ावा देना है। यह **डिजिटल अर्थव्यवस्था और सुशासन** से जुड़ा है। इससे भारत को तकनीकी रूप से आत्मनिर्भर बनाने में सहायता मिलेगी।

86. उत्तर-(b)

व्याख्या: उत्तर प्रदेश में **ग्राम पंचायत** के प्रमुख को प्रधान कहा जाता है। प्रधान **ग्राम स्तर** पर प्रशासन और विकास कार्यों का नेतृत्व करता है। यह **पंचायती राज व्यवस्था** की आधारशिला है।

87. उत्तर-(c)

व्याख्या: भौतिकी में **कार्य** का **SI मात्रक जूल** है। कार्य तब होता है, जब बल के प्रभाव से वस्तु में विस्थापन हो। यह ऊर्जा के मापन से भी जुड़ा होता है।

88. उत्तर-(d)

व्याख्या: पद्म पुरस्कार 2026 की आधिकारिक सूची के अनुसार **विजय अमृतराज** को खेल के क्षेत्र में **पद्म भूषण** प्रदान किया गया है। जबकि **रोहित शर्मा, सविता पुनिया** और **हरमनप्रीत कौर भुल्लर** को **खेल क्षेत्र** में **पद्म श्री** दिया गया है।

89. उत्तर-(c)

व्याख्या: उत्तर प्रदेश में **नगर निगम** का प्रमुख **महापौर** होता है। महापौर का चुनाव **प्रत्यक्ष** रूप से **जनता द्वारा** किया जाता है। वे नगर शासन का **राजनीतिक नेतृत्व** करते हैं।

90. उत्तर-(b)

व्याख्या: विद्युत शक्ति का **SI मात्रक वाट** है। प्रति सेकंड किया गया कार्य **शक्ति** कहलाती है। विद्युत उपकरणों की क्षमता को मापने का आधार **वाट** या **किलोवाट** है।

91. उत्तर-(d)

व्याख्या: मौलिक कर्तव्यों का उल्लेख **अनुच्छेद 51A** में किया गया है। इसे **42वें संविधान संशोधन अधिनियम 1976** के द्वारा जोड़ा गया था। ये नागरिकों को उनके कर्तव्यों की याद दिलाते हैं।

92. उत्तर-(c)

व्याख्या: भारत और संयुक्त अरब अमीरात के बीच रणनीतिक ऊर्जा साझेदारी को हाल में विशेष रूप से आगे बढ़ाया गया है। यह तेल, गैस और नवीकरणीय ऊर्जा सहयोग से जुड़ी है। इससे ऊर्जा सुरक्षा मजबूत होगी।

93. उत्तर-(a)

व्याख्या: उत्तर प्रदेश में **राजस्व प्रशासन** का प्रमुख अधिकारी जिलाधिकारी होता है। वह जिला स्तर पर **प्रशासन**, **कानून-व्यवस्था** और **राजस्व कार्यों** का संचालन करता है।

94. उत्तर-(b)

व्याख्या: द्रव्यमान का SI मात्रक **किलोग्राम** है। यह वस्तु में पदार्थ की मात्रा को दर्शाता है। द्रव्यमान स्थान परिवर्तन से प्रभावित नहीं होता है।

95. उत्तर-(c)

व्याख्या: संविधान संशोधन विधेयक पारित करने के लिए **विशेष बहुमत** की आवश्यकता होती है। इसमें **संसद** के सदस्यों का बहुमत तथा उपस्थित और मतदान करने वाले सदस्यों का **दो-तिहाई बहुमत** शामिल है। कुछ मामलों में राज्यों की स्वीकृति भी आवश्यक होती है।

96. उत्तर-(c)

व्याख्या: ग्रीन मोबिलिटी नीति का मुख्य उद्देश्य **इलेक्ट्रिक वाहनों** को बढ़ावा देना है। इससे **प्रदूषण** कम होगा और **जीवाश्म ईंधन** पर निर्भरता घटेगी। यह सतत परिवहन की दिशा में उठाया गया कदम है।

97. उत्तर-(b)

व्याख्या: न्यूटन का प्रथम गति नियम **जड़त्व** से संबंधित है। इसके अनुसार वस्तु अपनी अवस्था बनाए रखती है, जब तक उस पर **बाह्य बल** न लगाया जाए। यह गति के अध्ययन का मूल सिद्धांत है।

98. उत्तर-(a)

व्याख्या: चुनाव आयोग का गठन **अनुच्छेद 324** के अंतर्गत किया गया है। यह **स्वतंत्र** और **निष्पक्ष** चुनाव सुनिश्चित कराने के लिए उत्तरदायी है। **लोकतांत्रिक व्यवस्था** में इसकी भूमिका अत्यंत महत्वपूर्ण है।

99. उत्तर-(b)

व्याख्या: डिजिटल व्यक्तिगत डेटा संरक्षण अधिनियम साइबर सुरक्षा और निजता से संबंधित है। इसका उद्देश्य नागरिकों के **व्यक्तिगत डेटा** की सुरक्षा करना है। यह डिजिटल युग में अधिकारों की रक्षा करता है।

100. उत्तर-(d)

व्याख्या: केंद्रीय बजट 2026-27 में घरेलू इलेक्ट्रॉनिक्स मूल्य श्रृंखला को मजबूत करने के उद्देश्य से इलेक्ट्रॉनिक घटक विनिर्माण योजना के अंतर्गत आवंटन को बढ़ाकर **₹40,000 करोड़** कर दिया गया है, ताकि आयात पर निर्भरता घटे, स्थानीय स्तर पर कंपोनेंट निर्माण को बढ़ावा मिले।

होमगार्ड प्रैक्टिस सैट-3

1. चोल काल में मंदिर स्थापत्य का श्रेष्ठ उदाहरण निम्न में से कौन-सा मंदिर माना जाता है?
(a) सूर्य मंदिर, कोणार्क (b) कैलाशनाथ मंदिर, एलोरा
(c) बृहदेश्वर मंदिर, तंजौर (d) दिलवाड़ा मंदिर, माउंट आबू

2. अशोक के धम्मं का उल्लेख किस अभिलेख में मिलता है?
(a) धौली शिलालेख (b) गिरनार अभिलेख
(c) प्रयाग प्रशस्ति (d) नासिक गुहालेख

3. गुप्त साम्राज्य का संस्थापक निम्न में से कौन था?
(a) समुद्रगुप्त (b) चन्द्रगुप्त प्रथम
(c) श्रीगुप्त (d) चन्द्रगुप्त द्वितीय

4. गुप्त काल में भूमि अनुदान की परंपरा को क्या कहा जाता था?
(a) जागीर (b) ब्रह्मदेय
(c) इक्ता (d) मनसब

5. मुगल चित्रकला किस देश की कला शैली से प्रभावित थी?
(a) चीनी (b) यूनानी
(c) फारसी (d) रोमन

6. उत्तर प्रदेश में स्थित सारनाथ का ऐतिहासिक महत्व किससे जुड़ा है?
(a) बुद्ध का जन्म (b) बुद्ध का प्रथम उपदेश
(c) बुद्ध का निर्वाण (d) बौद्ध संगीति

7. विजय नगर साम्राज्य की राजधानी क्या थी?
(a) मदुरै (b) हम्पी
(c) कांचीपुरम (d) तंजावुर

8. भक्ति आंदोलन में निर्गुण परंपरा के प्रमुख संत कौन माने जाते हैं?
(a) तुलसीदास (b) सूरदास
(c) कबीर (d) मीराबाई

9. उत्तर प्रदेश में ललित कला अकादमी कहाँ स्थित है?
(a) प्रयागराज (b) आगरा
(c) वाराणसी (d) लखनऊ

10. संस्कृत नाटक अभिज्ञान शाकुंतलम के रचयिता कौन हैं?
(a) भवभूति (b) कालिदास
(c) भास (d) दंडी

11. आधुनिक भारतीय कला में यथार्थवाद का प्रमुख प्रतिनिधि किसे माना जाता है?
(a) अवनींद्रनाथ टैगोर (b) नंदलाल बोस
(c) राजा रवि वर्मा (d) अमृता शेरगिल

12. प्रथम ब्लाइंड्स महिला क्रिकेट टी-20 विश्व कप का खिताब किसने जीता?
(a) ऑस्ट्रेलिया (b) भारत
(c) इंग्लैंड (d) दक्षिण अफ्रीका

13. प्राचीन भारत में श्रुति साहित्य में कौन-से ग्रंथ सम्मिलित हैं?
(a) उपनिषद (b) पुराण
(c) स्मृतियाँ (d) धर्मसूत्र

14. मध्यकालीन भारत में खानकाह का संबंध किससे था?
(a) प्रशासन (b) सूफी परंपरा
(c) सैन्य संगठन (d) व्यापार संघ

15. यूनेस्को ने नवंबर 2025 में किस शहर को क्रिएटिव सिटी ऑफ गैस्ट्रोनॉमी घोषित किया है।
(a) वाराणसी (b) जयपुर
(c) अमृतसर (d) लखनऊ

16. केंद्रीय बजट 2026-27 में सिटी इकोनॉमिक रीजन (CER) के लिये प्रति क्षेत्र कितनी राशि का प्रावधान प्रस्तावित है?
(a) ₹3,000 करोड़ (b) ₹4,000 करोड़
(c) ₹5,000 करोड़ (d) ₹6,000 करोड़

17. निम्नलिखित में से कौन-सा युग्म सही है?

	आम की किस्म	–	उत्पादन क्षेत्र
(a)	अल्फांसो	–	मलिहाबाद
(b)	दशहरी	–	रत्नागिरी
(c)	लंगड़ा	–	वाराणसी
(d)	जर्दालु	–	जुनागढ़

18. उत्तर प्रदेश से संबंधित किस सांस्कृतिक आयोजन को राष्ट्रीय स्तर पर पहचान मिली?
(a) रामलीला परंपरा (b) केवल शास्त्रीय संगीत
(c) आधुनिक कला प्रदर्शनी (d) फिल्म महोत्सव

19. **भारत और जापान के बीच संयुक्त सैन्य अभ्यास धर्म गर्जियन (Dharma Guardian) किस प्रकार का अभ्यास है?**
(a) वायु सेना अभ्यास (b) नौ सेना अभ्यास
(c) साईबर युद्ध / वार (d) थल सेना अभ्यास

20. **हिंदी साहित्य में छायावाद की प्रमुख विशेषता क्या मानी जाती है?**
(a) सामाजिक यथार्थवाद (b) रहस्यवाद और आत्मानुभूति
(c) वीर रस (d) शृंगार प्रधानता

21. **___ मूल कर्तव्यों को भारतीय संविधान के भाग IVA के अनुच्छेद ___ में सूचीबद्ध किया गया है।**
(a) 11 _ 51A (b) 11 _ 52A
(c) 13 _ 52A (d) 13 _ 51A

22. **भारतीय शास्त्रीय नृत्य में भाव-अभिनय का प्रमुख उद्देश्य क्या है?**
(a) तकनीकी प्रदर्शन (b) कथा और भाव संप्रेषण
(c) ताल प्रदर्शन (d) वेशभूषा

23. **तारीख-ए-फिरोजशाही के लेखक कौन थे?**
(a) जियाउद्दीन बरनी (b) मिनहाज-उस-सिराज
(c) अबुल फजल (d) बदायूँनी

24. **उत्तर प्रदेश की सांस्कृतिक विरासत में काशी का प्रमुख योगदान किस क्षेत्र में माना जाता है?**
(a) बौद्ध शिक्षा (b) शैव परंपरा और संगीत
(c) जैन दर्शन (d) आधुनिक साहित्य

25. **भारतीय कला में लोक कला की प्रमुख विशेषता क्या है?**
(a) शाही संरक्षण (b) केवल धार्मिक विषय
(c) विदेशी प्रभाव (d) जन-जीवन से सीधा संबंध

26. **भारत के पूर्वी तट पर डेल्टा अधिक विकसित/निर्मित होने का प्रमुख कारण क्या है?**
(a) ज्वारीय क्रिया
(b) नदियों द्वारा भारी अवसादन
(c) विवर्तनिक उत्थान
(d) चक्रवातीय अपरदन

27. **दक्कन पठार की काली मिट्टी की उच्च जलधारण क्षमता का कारण क्या है?**
(a) अधिक रेत (b) चूना पत्थर
(c) महीन कण और क्ले (d) जैविक पदार्थ की कमी

28. **भारत में मानसून के आगमन को सबसे पहले कौन-सा तट अनुभव करता है?**
(a) मालाबार तट (b) कोंकण तट
(c) कोरोमंडल तट (d) उत्तरी सरकार तट

29. **निम्न में से कौन-सी नदी पश्चिम की ओर बहकर अरब सागर में गिरती है?**
(a) महानदी (b) कावेरी
(c) नर्मदा (d) गोदावरी

30. **उत्तर प्रदेश में सर्वाधिक विस्तृत मिट्टी का प्रकार कौन-सा है?**
(a) लाल मिट्टी (b) काली मिट्टी
(c) लैटेराइट मिट्टी (d) जलोढ़ मिट्टी

31. **पारिस्थितिकी तंत्र में उत्पादक की भूमिका क्या होती है?**
(a) ऊर्जा उपभोग (b) ऊर्जा रूपांतरण
(c) ऊर्जा अपघटन (d) ऊर्जा संचय का विनाश

32. **जैव विविधता का सबसे बड़ा भंडार किस पारितंत्र में पाया जाता है?**
(a) घासभूमि (b) मरुस्थल
(c) उष्णकटिबंधीय वर्षावन (d) टुण्ड्रा

33. **उत्तर प्रदेश के तराई क्षेत्र की प्रमुख विशेषता क्या है?**
(a) शुष्क जलवायु
(b) हिमानी भू-आकृति
(c) ज्वालामुखीय पठार
(d) दलदली भूमि और घने वन

34. **प्रकाश संश्लेषण की दर पर सबसे अधिक प्रभाव डालने वाला कारक कौन-सा है?**
(a) तापमान (b) जल
(c) प्रकाश की तीव्रता (d) मिट्टी का प्रकार

35. **उत्तर प्रदेश में सबसे अधिक बाढ़ प्रभावित क्षेत्र कौन-सा है?**
(a) पश्चिमी उत्तर प्रदेश (b) पूर्वी उत्तर प्रदेश
(c) मध्यवर्ती उत्तर प्रदेश (d) बुंदेलखंड क्षेत्र

36. **भारत ने किस पहल के अंतर्गत ग्रीन कवर बढ़ाने हेतु क्रेडिट प्रणाली लागू की है?**
(a) ग्रीन क्रेडिट कार्यक्रम (b) कार्बन टैक्स
(c) राष्ट्रीय वन नीति (d) स्वच्छ भारत मिशन

37. **निम्नलिखित उद्योगों में से कौन-सा वस्त्र उद्योग से संबंधित नहीं है?**
(a) ऊन उद्योग (b) कपास उद्योग
(c) रेशम उद्योग (d) विद्युत उद्योग

38. भारत ने किस अंतर्राष्ट्रीय समझौते के तहत प्लास्टिक प्रदूषण न्यूनीकरण पर सहमति जताई?

(a) पेरिस समझौता

(b) कुनमिंग-मॉन्ट्रियल समझौता

(c) वैश्विक प्लास्टिक संधि वार्ता

(d) क्योटो प्रोटोकॉल

39. उत्तर प्रदेश में वन एवं वन्यजीव संरक्षण के लिए किस दृष्टिकोण पर बल दिया जा रहा है?

(a) केवल संरक्षित वन

(b) सामुदायिक भागीदारी आधारित संरक्षण

(c) औद्योगिक वन

(d) निजीकरण

40. मानव कोशिका में ऊर्जा उत्पादन का प्रमुख कोशिकांग कौन-सा है?

(a) नाभिक (b) राइबोसोम

(c) माइटोकॉन्ड्रिया (d) लाइसोसोम

41. रक्त में प्लेटलेट्स (Platelets) **का मुख्य कार्य क्या है?**

(a) ऑक्सीजन परिवहन (b) रोग प्रतिरोध

(c) रक्त का थक्का जमाना (d) पोषक तत्व परिवहन

42. साइटोप्लाज्म (Cytoplasm) **का कार्य क्या है?**

(a) कोशिका अंगों का समर्थन

(b) आनुवंशिकी की जानकारी

(c) ऊर्जा संश्लेषण

(d) जैव-रासायनिक क्रियाएँ

43. उत्तर प्रदेश के गंगा मैदान की उच्च कृषि उत्पादकता का मुख्य कारण क्या है?

(a) शुष्क जलवायु

(b) उपजाऊ जलोढ़ मिट्टी और सिंचाई

(c) खनिज संसाधन

(d) पर्वतीय ढाल

44. श्वसन के दौरान कार्बन डाइऑक्साइड का निष्कासन कहाँ से होता है?

(a) श्वासनली (b) ब्रॉन्कस

(c) एल्वियोली (d) फेफड़ों की मांसपेशियाँ

45. जैवमंडल आरक्षित क्षेत्र में बफर जोन है?

(a) पूर्ण मानव निषेध (b) सीमित मानव गतिविधि

(c) औद्योगिक विकास (d) केवल पर्यटन

46. उत्तर प्रदेश में मानव-वन्यजीव संघर्ष की समस्या मुख्यतः किस क्षेत्र में देखी जाती है?

(a) बुंदेलखंड (b) तराई क्षेत्र

(c) दोआब क्षेत्र (d) पूर्वांचल मैदान

47. खाद्य शृंखला (Food Chain) **में ऊर्जा का प्रवाह किस दिशा में होता है?**

(a) उपभोक्ता से उत्पादक (b) अपघटक से उत्पादक

(c) उत्पादक से उपभोक्ता (d) सभी दिशाओं में

48. मरुस्थलीय जीवों में जल संरक्षण हेतु सामान्य अनुकूलन क्या होता है?

(a) चौड़ी पत्तियाँ (b) अधिक वाष्पोत्सर्जन

(c) मोटी त्वचा और रात्रिचरता (d) उच्च क्लोरोफिल

49. उत्तर प्रदेश में पर्यावरणीय समस्याओं के समाधान के लिए किस नीति पर बल दिया जा रहा है?

(a) केवल औद्योगिकीकरण

(b) सतत विकास आधारित दृष्टिकोण

(c) तीव्र शहरीकरण

(d) वनों की कटाई

50. पारिस्थितिकी तंत्र में खाद्य जाल का महत्व क्या है?

(a) ऊर्जा प्रवाह सरल बनाना

(b) एकल शृंखला दिखाना

(c) पारितंत्र की स्थिरता बढ़ाना

(d) केवल उपभोक्ताओं का अध्ययन

51. केंद्रीय बजट 2026-27 में आर्थिक विकास को गति प्रदान करने का आशय क्या है?

(a) केवल पूँजीगत व्यय में वृद्धि

(b) उत्पादकता व प्रतिस्पर्धात्मकता बढ़ाते हुए अर्थव्यवस्था को लचीला बनाना

(c) निर्यात-आधारित वृद्धि मॉडल अपनाना

(d) राजकोषीय घाटे को त्वरित रूप से समाप्त करना

52. उत्तर प्रदेश में सूक्ष्म, लघु एवं मध्यम उद्यम (MSME) **क्षेत्र का प्रमुख योगदान किसमें है?**

(a) खनन उत्पादन

(b) भारी उद्योग

(c) केवल निर्यात

(d) रोजगार सृजन और स्थानीय उद्योग

53. **मौद्रिक संचरण** (Monetary Transmission) **का अर्थ क्या है?**
(a) मुद्रा छपाई
(b) कर नीति
(c) RBI के निर्णयों का अर्थव्यवस्था तक प्रभाव पहुँचना
(d) विदेशी मुद्रा विनिमय

54. **पद्म पुरस्कार 2026 की सूची के अनुसार निम्नलिखित में से किस विदेशी नागरिक को पद्म भूषण से सम्मानित किया गया है?**
(a) डॉ. प्रतीक शर्मा
(b) डॉ. नोरी दत्तात्रेयुडु
(c) प्रो. लार्स-क्रिश्चियन कोच
(d) सुश्री ल्यूडमिला विक्टोरोवना खोखलोवा

55. **उत्तर प्रदेश में औद्योगिक निवेश को आकर्षित करने के लिए प्रमुख कारक कौन-सा है?**
(a) पर्वतीय भू-आकृति
(b) बेहतर कनेक्टिविटी और लॉजिस्टिक्स
(c) सीमित जनसंख्या
(d) कम कृषि क्षेत्र

56. **राष्ट्रीय आय में ब्याज किस कारक आय को दर्शाता है?**
(a) श्रम (b) भूमि
(c) पूँजी (d) उद्यमिता

57. **भारत के किस कार्यक्रम का उद्देश्य स्टार्टअप इकोसिस्टम को सुदृढ़ करना है?**
(a) स्टार्टअप इंडिया (b) पीएम-जन धन
(c) पीएम-किसान (d) आयुष्मान भारत

58. **उत्तर प्रदेश की अर्थव्यवस्था में सेवा क्षेत्र के विस्तार का प्रमुख कारण क्या है?**
(a) केवल पर्यटन
(b) शहरीकरण और आईटी/सेवाएँ
(c) खनिज संसाधन
(d) वन क्षेत्र

59. **रासायनिक संतुलन** (Chemical Balance) **की अवस्था कब प्राप्त होती है?**
(a) जब अभिक्रिया रुक जाती है
(b) जब उत्प्रेरक हटाया जाए
(c) जब तापमान शून्य हो
(d) जब अग्र और प्रत्यावर्ती अभिक्रियाओं की दर समान हो

60. **डिजिटल इंडिया स्टैक योजना** (Digital India Stack Scheme) **मुख्यतः किससे संबंधित है?**
(a) औद्योगिक मशीनरी
(b) ऊर्जा उत्पादन
(c) डिजिटल सार्वजनिक अवसंरचना
(d) कृषि यंत्रीकरण

61. **उत्तर प्रदेश में हस्तशिल्प क्लस्टर विकसित करने का प्रमुख लाभ क्या है?**
(a) आयात बढ़ाना
(b) कारीगरों की आय और बाजार पहुँच
(c) केवल शहरी रोजगार
(d) भारी उद्योग

62. **सहसंयोजक यौगिकों की सामान्य विशेषता क्या है?**
(a) उच्च गलनांक
(b) जल में अधिक घुलनशीलता
(c) कम गलनांक और गैसीय/द्रव अवस्था
(d) विद्युत चालकता

63. **रबर की खेती के लिए निम्न में से कौन-सा जलवायु क्षेत्र उपयुक्त नहीं है?**
(a) भूमध्यरेखीय जलवायु (b) ध्रुवीय जलवायु
(c) उष्णकटिबंधीय जलवायु (d) उपोष्णकटिबंधीय जलवायु

64. **शुमांग लीला उत्सव निम्नलिखित में से किस राज्य से संबंधित है?**
(a) झारखंड (b) बिहार
(c) मणिपुर (d) असम

65. **धातुओं की आघातवर्ध्यता** (Malleability) **का अर्थ क्या है?**
(a) तार बनाने की क्षमता (b) चादर बनाने की क्षमता
(c) कठोरता (d) विद्युत चालकता

66. **राष्ट्रीय क्वांटम मिशन का प्रमुख उद्देश्य क्या है?**
(a) पारंपरिक कंप्यूटिंग
(b) स्वास्थ्य बीमा
(c) कृषि अनुसंधान
(d) उन्नत क्वांटम प्रौद्योगिकी का विकास

67. **उत्तर प्रदेश में खाद्य प्रसंस्करण पार्कों का उद्देश्य क्या है?**
(a) मूल्य संवर्धन और आपूर्ति श्रृंखला सुदृढ़ करना
(b) कच्चा माल निर्यात
(c) कर संग्रह
(d) केवल भंडारण

68. **अम्ल की परिभाषा के अनुसार अम्ल क्या प्रदान करता है?**
(a) OH^- आयन (b) H^+ आयन
(c) Na^+ आयन (d) Cl^- आयन

69. **हर गाँव तालाब अभियान किस राज्य सरकार की पहल है?**
(a) मध्य प्रदेश सरकार (b) राजस्थान सरकार
(c) बिहार सरकार (d) उत्तर प्रदेश सरकार

70. **उत्तर प्रदेश में पर्यटन क्षेत्र के विस्तार का प्रमुख कारण क्या है?**
(a) केवल वन क्षेत्र
(b) धार्मिक, सांस्कृतिक और ऐतिहासिक स्थल
(c) खनन क्षेत्र
(d) औद्योगिक पट्टे

71. **अपचयन (Reduction) अभिक्रिया का तात्पर्य क्या है?**
(a) इलेक्ट्रॉन त्याग (b) इलेक्ट्रॉन ग्रहण
(c) ऊर्जा उत्सर्जन (d) ऑक्सीजन ग्रहण

72. **कलमकारी चित्रकला/वस्त्र कला का संबंध किस राज्य से है?**
(a) राजस्थान (b) गुजरात
(c) आंध्र प्रदेश (d) बिहार

73. **उत्तर प्रदेश में सहकारी संस्थाओं की मजबूती का प्रमुख प्रभाव क्या है?**
(a) केवल शहरी विकास (b) ग्रामीण वित्तीय समावेशन
(c) निर्यात नियंत्रण (d) कर वृद्धि

74. **मिश्रधातु में किसी तत्व को जोड़ने का मुख्य उद्देश्य क्या होता है?**
(a) गुणों में सुधार (b) गलनांक घटाना
(c) रंग परिवर्तन (d) घनत्व कम करना

75. **राष्ट्रीय ई-कॉमर्स नीति का प्रमुख उद्देश्य क्या है?**
(a) विदेशी निवेश रोकना
(b) डिजिटल व्यापार का विनियमन और प्रोत्साहन
(c) केवल कर संग्रह
(d) ऑफलाइन व्यापार समाप्त करना

76. **राष्ट्रपति के अध्यादेश (Ordinance) जारी करने की शक्ति किस अनुच्छेद में वर्णित है?**
(a) अनुच्छेद-72 (b) अनुच्छेद-74
(c) अनुच्छेद-223 (d) अनुच्छेद-123

77. **यूनेस्को से संबंधित चर्चा में भारत ने किस सांस्कृतिक पहलू पर विशेष बल दिया?**
(a) अमूर्त सांस्कृतिक विरासत (b) केवल स्थापत्य
(c) समुद्री विरासत (d) औद्योगिक विरासत

78. **स्वतंत्रता के बाद उत्तर प्रदेश के राज्यपालों का सही क्रम कौन-सा है?**
(a) वी.वी. गिरी → सरोजिनी नायडू → श्री विश्वनाथ दास → अकबर अली खान
(b) सरोजिनी नायडू → वी.वी. गिरी → श्री विश्वनाथ दास → अकबर अली खान
(c) श्री विश्वनाथ दास → सरोजिनी नायडू → वी.वी. गिरी→ अकबर अली खान
(d) सरोजिनी नायडू → श्री विश्वनाथ दास → वी.वी. गिरी → अकबर अली खान

79. **भारत के प्रथम मुख्य न्यायाधीश (Chief Justice of India) कौन थे?**
(a) न्यायमूर्ति एम. हिदायतुल्ला
(b) न्यायमूर्ति पतंजलि शास्त्री
(c) न्यायमूर्ति हरिलाल जे. कानिया
(d) न्यायमूर्ति बी. एन. राव

80. **संसद का संयुक्त अधिवेशन किस स्थिति में बुलाया जाता है?**
(a) राष्ट्रपति चुनाव हेतु
(b) आपातकाल के समय
(c) विधेयक पर दोनों सदनों में मतभेद होने पर
(d) बजट सत्र में

81. **पद्म पुरस्कार 2026 की सूची के अनुसार निम्नलिखित में से कौन-सा विदेशी नागरिक है जिसे कला (Art) क्षेत्र में पद्म श्री प्रदान किया गया है?**
(a) प्रो. शफी शौक
(b) प्रो. लार्स-क्रिश्चियन कोच
(c) सुश्री ल्यूडमिला विक्टोरोवना खोखलोवा
(d) डॉ. नोरी दत्तात्रेयुड

82. **चार्टर एक्ट, 1813 का मुख्य उद्देश्य क्या था?**
(a) ईस्ट इंडिया कंपनी को भारत का पूर्ण प्रशासनिक अधिकार देना
(b) ईस्ट इंडिया कंपनी के व्यापारिक एकाधिकार को समाप्त करना
(c) भारत में द्वैध शासन प्रणाली लागू करना
(d) भारत को स्वशासन प्रदान करना

83. **भारत ने किस पहल के तहत डिजिटल सार्वजनिक वस्तुओं (DPGs) को वैश्विक मंच पर बढ़ावा दिया है?**
(a) G20 पहल (b) BIMSTEC
(c) SAARC (d) QUAD

84. रॉलेट एक्ट के विरोध का सबसे दुखद परिणाम कौन-सी घटना बनी?
(a) चौरी-चौरा
(b) जलियांवाला बाग हत्याकांड
(c) काकोरी ट्रेन एक्शन
(d) बारदोली सत्याग्रह

85. उड़ीसा में गजपति वंश का प्रमुख शासक कौन था?
(a) कपिलेंद्रदेव (b) नरसिंहदेव
(c) प्रतापरुद्रदेव (d) अनंगभीम

86. भौतिकी में संवेग (Momentum) का सूत्र क्या है?
(a) द्रव्यमान × वेग (b) बल × समय
(c) कार्य ÷ समय (d) ऊर्जा × समय

87. जी.एम.टी. (GMT) का पूर्ण रूप क्या है?
(a) ग्रीनविच मेगा टाइम (b) ग्रीनविच मीन टाइम
(c) ग्रीनविच मिड टाइम (d) गोल्ड मीन टाइम

88. दाब (Pressure) का SI मात्रक क्या है?
(a) न्यूटन (b) जूल
(c) पास्कल (d) वाट

89. उत्तर प्रदेश में पंचायती राज व्यवस्था किस अधिनियम के अंतर्गत संचालित होती है?
(a) भारतीय पंचायत अधिनियम-1950
(b) उत्तर प्रदेश पंचायत राज अधिनियम-1947
(c) ग्राम पंचायत अधिनियम-1960
(d) पंचायत विस्तार अधिनियम-1996

90. न्यूटन का तृतीय गति नियम किससे संबंधित है?
(a) जड़त्व (b) संवेग संरक्षण
(c) क्रिया-प्रतिक्रिया (d) गुरुत्वाकर्षण

91. एक राष्ट्र-एक चुनाव (One Nation One Election) प्रस्ताव किस स्तर के चुनावों को एक साथ कराने से संबंधित है?
(a) केवल लोकसभा
(b) केवल विधानसभा
(c) लोकसभा और विधानसभा दोनों
(d) पंचायत चुनाव

92. उत्तर प्रदेश में नगर पालिका परिषद का प्रमुख कौन होता है?
(a) महापौर (b) अध्यक्ष
(c) नगर आयुक्त (d) जिलाधिकारी

93. विद्युत विभवांतर (Potential Difference) का SI मात्रक क्या है?
(a) एम्पियर (b) ओम
(c) वोल्ट (d) वाट

94. तनामी रेगिस्तान निम्नलिखित में से किस देश में स्थित है?
(a) चीन (b) दक्षिण अफ्रीका
(c) भारत (d) ऑस्ट्रेलिया

95. उत्तर प्रदेश में उच्च न्यायालय की पीठ कहाँ स्थित है?
(a) केवल प्रयागराज (b) केवल लखनऊ
(c) प्रयागराज और लखनऊ (d) आगरा

96. भारत सरकार द्वारा घोषित राष्ट्रीय हरित हाइड्रोजन मिशन (National Green Hydrogen Mission) का प्रमुख उद्देश्य क्या है?
(a) कोयला उत्पादन
(b) स्वच्छ ऊर्जा और डीकार्बोनाइजेशन
(c) परमाणु ऊर्जा विस्तार
(d) जलविद्युत निजीकरण

97. कार्य (Work) और ऊर्जा के बीच संबंध किस नियम से व्यक्त होता है?
(a) ओम का नियम (b) जूल का नियम
(c) कार्य ऊर्जा प्रमेय (d) न्यूटन का प्रथम नियम

98. उत्तर प्रदेश की नई आबकारी नीति 2025-26 में शराब की दुकानों के लाइसेंस किस प्रणाली के माध्यम से आवंटित किए जाते हैं?
(a) ई-लॉटरी प्रणाली (b) नीलामी प्रणाली
(c) प्रत्यक्ष सरकारी नामांकन (d) प्रथम आओ-प्रथम पाओ

99. निम्नलिखित में से कौन-सा कथन गलत है?
(a) अरावली पर्वत श्रेणी की सबसे ऊँची चोटी गुरुशिखर है, जो राजस्थान में स्थित है।
(b) माउंट एवरेस्ट की ऊँचाई 8848 मीटर है और यह नेपाल में स्थित है।
(c) अनाइमुडी शिखर दक्षिण भारत की सबसे ऊँची चोटी है और यह केरल में स्थित है।
(d) कंचनजंघा पर्वत चोटी विश्व की सबसे ऊँची पर्वत चोटी है।

100. ध्वनि तरंगों का प्रसार किस माध्यम में संभव नहीं है?
(a) ठोस (b) निर्वात
(c) गैस (d) द्रव

उत्तर : व्याख्या-सहित

1. उत्तर-(c)

व्याख्याः चोल काल में मंदिर स्थापत्य का श्रेष्ठ उदाहरण **तंजावुर** स्थित **बृहदेश्वर मंदिर** को माना जाता है। इसे **राजराजेश्वर मंदिर** भी कहा जाता है। जिसका निर्माण चोल शासक **राजराजा प्रथम** ने कराया था और यह **द्रविड़ स्थापत्य शैली** का एक उत्कृष्ट नमूना है। **कोणार्क का सूर्य** मंदिर ओडिशा के गंग वंश से, एलोरा का **कैलाशनाथ मंदिर** राष्ट्रकूट काल से तथा दिलवाड़ा मंदिर **सोलंकी काल** से संबंधित है।

2. उत्तर-(a)

व्याख्याः अशोक के **धम्म** का स्पष्ट और विस्तृत उल्लेखन **धौली शिलालेख** में मिलता है। यह शिलालेख **ओडिशा** में स्थित है। कलिंग युद्ध के बाद अशोक ने हिंसा त्याग कर धम्म का प्रचार किया।

3. उत्तर-(c)

व्याख्याः गुप्त वंश का संस्थापक **श्रीगुप्त** था। उसके पश्चात् **चन्द्रगुप्त प्रथम** और **समुद्रगुप्त** के शासनकाल में गुप्त साम्राज्य का व्यापक विस्तार हुआ।

4. उत्तर-(b)

व्याख्याः गुप्त काल में ब्राह्मणों को धार्मिक एवं शैक्षिक कार्यों के लिए दी जाने वाली **कर-मुक्त भूमि** को **ब्रह्मदेय** कहा जाता था। **जागीर** और **इक्ता** मध्यकालीन (सल्तनत/मुगल काल) भूमि-राजस्व व्यवस्थाएँ थीं, जबकि **मनसब** मुगल काल की **सैन्य-प्रशासनिक प्रणाली** थी।

5. उत्तर-(c)

व्याख्याः मुगल चित्रकला पर फारसी (ईरानी) कला शैली का गहरा प्रभाव था, जो **बाबर** और **हुमायूँ** के साथ भारत आयी। इस शैली में सूक्ष्म रेखांकन, चमकीले रंग, प्राकृतिक तत्वों तथा दरबारी जीवन और ऐतिहासिक घटनाओं का सजीव चित्रण प्रमुख रूप से किया गया। **चीनी कला** का प्रभाव प्रकृति-चित्रण तक सीमित रहा, यूनानी कला का प्रभाव मुख्यतः मूर्तिकला में दिखता है, जबकि रोमन कला का मुगल चित्रकला से प्रत्यक्ष संबंध नहीं माना जाता है।

6. उत्तर-(b)

व्याख्याः सारनाथ का ऐतिहासिक महत्व **बुद्ध के प्रथम उपदेश** से जुड़ा है। यहीं बुद्ध ने धर्मचक्र प्रवर्तन किया था। यह **बौद्ध धर्म** के **प्रसार** का प्रारंभिक और अत्यंत महत्वपूर्ण स्थल है।

7. उत्तर-(b)

व्याख्याः विजयनगर साम्राज्य की राजधानी विजयनगर थी, जिसे वर्तमान में **हम्पी** (कर्नाटक) कहा जाता है। यह नगर **तुंगभद्रा नदी** के तट पर स्थित था और अपने भव्य **मंदिरों**, **महलों** तथा **मजबूत दुर्ग**-व्यवस्था के लिए प्रसिद्ध था। विजयनगर साम्राज्य के राजनीतिक, आर्थिक और सांस्कृतिक केंद्र के रूप में **हम्पी** का विशेष महत्व था।

8. उत्तर-(c)

व्याख्याः निर्गुण भक्ति परंपरा के प्रमुख संत कबीर माने जाते हैं। उन्होंने **निर्गुण ईश्वर की उपासना** पर बल दिया। उनकी वाणी सामाजिक कुरीतियों और धार्मिक पाखंड पर प्रहार करती है।

9. उत्तर-(d)

व्याख्याः उत्तर प्रदेश ललित कला अकादमी राज्य की प्रमुख कला संस्था है, जो **लखनऊ** में स्थित है। इसका उद्देश्य **चित्रकला**, **मूर्तिकला** एवं **समकालीन** कलाओं के विकास को बढ़ावा देना है।

10. उत्तर-(b)

व्याख्याः अभिज्ञान शाकुंतलम् के रचयिता **कालिदास** हैं। यह **संस्कृत नाट्य** परंपरा की श्रेष्ठ कृति मानी जाती है। इसमें प्रेम, प्रकृति और मानवीय संवेदनाओं का सुंदर चित्रण है।

11. उत्तर-(c)

व्याख्याः राजा रवि वर्मा को आधुनिक भारतीय **यथार्थवाद** का प्रमुख प्रतिनिधि माना जाता है। उन्होंने भारतीय विषयों को **यूरोपीय तकनीक** से चित्रित किया। इससे भारतीय कला को व्यापक पहचान मिली।

12. उत्तर-(b)

व्याख्याः भारत की **महिला ब्लाइंड क्रिकेट टीम** ने पहले ब्लाइंड्स महिला **टी-20 विश्व कप 2025** का खिताब जीता। फाइनल में **भारत** ने **नेपाल** को **7 विकेट** से पराजित किया।

13. उत्तर-(a)

व्याख्याः श्रुति साहित्य में उपनिषद सम्मिलित हैं। इन्हें **वेदांत** भी कहा जाता है। इनमें **ब्रह्म**, **आत्मा** और **मोक्ष** जैसे दार्शनिक विषयों का विवेचन मिलता है।

14. उत्तर-(b)

व्याख्याः खानकाह सूफी परंपरा से संबंधित **संस्थाएँ** थीं। ये **आध्यात्मिक शिक्षा** और **सामाजिक समरसता** के केंद्र थे। खानकाहों ने **हिंदू-मुस्लिम सांस्कृतिक संवाद** को बढ़ावा दिया।

15. उत्तर-(d)

व्याख्या: UNESCO ने **नवंबर 2025** में लखनऊ को **क्रिएटिव सिटी ऑफ गैस्ट्रोनॉमी** घोषित किया है। इसके साथ ही लखनऊ, हैदराबाद के बाद **भारत का दूसरा शहर** बन गया है जिसे यह सम्मान प्राप्त हुआ। यह मान्यता लखनऊ की समृद्ध **अवधी पाक विरासत**, **नवाबी तहजीब** तथा **कबाब**, **बिरयानी** और **स्ट्रीट फूड** जैसे प्रसिद्ध व्यंजनों के लिए दी गई है। इससे लखनऊ की **खाद्य संस्कृति** को वैश्विक मंच पर पहचान मिली है और खाद्य पर्यटन को बढ़ावा मिला।

16. उत्तर-(c)

व्याख्या: केंद्रीय बजट 2026-27 में **सिटी इकोनॉमिक रीजन** (CER) पहल के अंतर्गत प्रत्येक क्षेत्र के लिये **5 वर्षों में ₹5,000 करोड़** का प्रावधान प्रस्तावित है। यह राशि **शहर-क्लस्टर** आधारित आर्थिक विकास को गति देने के लिये उपयोग में लाई जाएगी।

17. उत्तर-(c)

व्याख्या: **लंगड़ा आम** का प्रमुख उत्पादन **वाराणसी** क्षेत्र में होता है। **अल्फांसो** का **रत्नागिरी**, **दशहरी** का **मलिहाबाद** और **जर्दालु** का भागलपुर क्षेत्र प्रसिद्ध है, इसलिए अन्य युग्म गलत हैं।

18. उत्तर-(a)

व्याख्या: उत्तर प्रदेश की रामलीला परंपरा को हाल ही में **राष्ट्रीय स्तर** पर विशेष पहचान मिली है। यह धार्मिक आस्था के साथ **सांस्कृतिक निरंतरता** का प्रतीक है। विभिन्न क्षेत्रों की **रामलीलाएँ** इसकी विविधता प्रस्तुत करती हैं।

19. उत्तर-(d)

व्याख्या: भारत और जापान के बीच **धर्म गार्जियन** संयुक्त अभ्यास **थल सेना** के बीच होता है। यह अभ्यास **वर्ष 2025** में **जापान** के **फूजी क्षेत्र** में आयोजित किया गया था।

20. उत्तर-(b)

व्याख्या: **छायावाद** की प्रमुख विशेषता **रहस्यवाद** और **आत्मानुभूति** है। इसमें **प्रकृति** और **मानव भावनाओं** का सूक्ष्म चित्रण मिलता है। **जयशंकर प्रसाद** और **महादेवी वर्मा** इसके प्रमुख कवि हैं।

21. उत्तर-(a)

व्याख्या: भारतीय संविधान में 11 मूल कर्तव्य हैं, जिन्हें **भाग IVA** के अनुच्छेद **51A** में शामिल किया गया है। ये मूल कर्तव्य **42वें संविधान संशोधन अधिनियम, 1976** द्वारा जोड़े गए थे।

22. उत्तर-(b)

व्याख्या: **भाव-अभिनय** का उद्देश्य नृत्य के माध्यम से **कथा** और **भावों का संप्रेषण** करना है। इससे **दर्शक भावनात्मक** रूप से जुड़ता है। भारतीय नृत्य परंपरा में इसका विशेष स्थान है।

23. उत्तर-(a)

व्याख्या: **तारीख-ए-फिरोजशाही** के लेखक जियाउद्दीन बरनी थे। यह ग्रंथ **दिल्ली सल्तनत** के **राजनीतिक** और **प्रशासनिक** इतिहास का महत्वपूर्ण स्रोत है। इसमें तत्कालीन **शासन व्यवस्था** का विवरण मिलता है।

24. उत्तर-(b)

व्याख्या: **काशी** की सांस्कृतिक विरासत **शैव परंपरा** और **संगीत** से जुड़ी है। यह प्राचीन काल से **विद्या** और **आध्यात्म** का केंद्र रही है। **हिंदुस्तानी शास्त्रीय संगीत** में इसका विशेष योगदान है।

25. उत्तर-(d)

व्याख्या: **लोक कला** की प्रमुख विशेषता उसका जन-जीवन से सीधा संबंध है। यह आम जनता की **भावनाओं** और **जीवन** शैली को अभिव्यक्त करती है। इसमें **सरलता** और **परंपरा** का समावेश होता है।

26. उत्तर-(b)

व्याख्या: भारत के **पूर्वी तट** पर नदियों द्वारा भारी मात्रा में अवसादन किया जाता है, क्योंकि **गंगा**, **गोदावरी**, **कृष्णा** और **कावेरी** जैसी नदियाँ अपने साथ बड़ी मात्रा में गाद लाती हैं। इस निरंतर अवसादन से विस्तृत और **विकसित डेल्टा** बनते हैं। **पश्चिमी तट** पर नदियाँ छोटी और तीव्र ढाल वाली होने के कारण डेल्टा विकसित नहीं कर पातीं है।

27. उत्तर-(c)

व्याख्या: **दक्कन पठार** की **काली मिट्टी** में महीन कण और क्ले की मात्रा अधिक होती है, जिससे इसकी जलधारण क्षमता उच्च होती है। यह मिट्टी की नमी को लंबे समय तक बनाए रखती है। इसी कारण यह कपास जैसी फसलों के लिए उपयुक्त मानी जाती है।

28. उत्तर-(a)

व्याख्या: भारत में मानसून का आगमन सबसे पहले **मालाबार तट** पर होता है। **दक्षिण-पश्चिम मानसून** अरब सागर से नमी लेकर **केरल तट** से भारत में प्रवेश करता है। इसके बाद यह धीरे-धीरे उत्तर और पूर्व की ओर बढ़ता है।

29. उत्तर-(c)

व्याख्या: **नर्मदा नदी** पश्चिम की ओर बहकर **अरब सागर** में गिरती है। इसका उद्गम **अमरकंटक** से होता है। यह एक **भ्रंश घाटी** से प्रवाहित होती है, जो इसे अन्य नदियों से भिन्न बनाती है।

30. उत्तर-(d)

व्याख्या: उत्तर प्रदेश में **जलोढ़ मिट्टी** सर्वाधिक विस्तृत है। यह **गंगा** और उसकी सहायक नदियों द्वारा लायी गई उपजाऊ मिट्टी है। यही कारण है कि **राज्य कृषि उत्पादन** में अग्रणी है।

31. उत्तर-(b)

व्याख्या: **पारिस्थितिकी तंत्र** में उत्पादक ऊर्जा का रूपांतरण करते हैं। ये **प्रकाश संश्लेषण** द्वारा सौर ऊर्जा को रासायनिक ऊर्जा में बदलते हैं। इसी ऊर्जा पर पूरा खाद्य जाल निर्भर करता है।

32. उत्तर-(c)

व्याख्या: उष्णकटिबंधीय वर्षावनों में **जैव विविधता** का **सबसे बड़ा भंडार** पाया जाता है। यहाँ **उच्च तापमान** और **अधिक वर्षा** के कारण जीवन के लिए **अनुकूल परिस्थितियाँ** होती हैं। इसी कारण प्रजातियों की संख्या बहुत अधिक होती है।

33. उत्तर-(d)

व्याख्या: उत्तर प्रदेश के **तराई क्षेत्र** की प्रमुख विशेषता दलदली भूमि और घने वन हैं। यह क्षेत्र हिमालय की तलहटी में स्थित है। यहाँ अधिक **वर्षा** और उच्च आर्द्रता पायी जाती है।

34. उत्तर-(c)

व्याख्या: **प्रकाश** की तीव्रता **प्रकाश संश्लेषण** की दर को सबसे अधिक प्रभावित करती है। पर्याप्त प्रकाश मिलने पर प्रकाश संश्लेषण की गति बढ़ती है। अन्य कारक तभी प्रभावी होते हैं जब प्रकाश पर्याप्त हो।

35. उत्तर-(b)

व्याख्या: उत्तर प्रदेश में **बाढ़ की समस्या** सबसे अधिक **पूर्वी क्षेत्र** में होती है जिसमें **गोरखपुर**, **सिद्धार्थनगर**, **बहराइज**, **कुशीनगर** और **देवरिया** आदि जिले शामिल है।

36. उत्तर-(a)

व्याख्या: **ग्रीन क्रेडिट कार्यक्रम** ग्रीन कवर बढ़ाने और पर्यावरण संरक्षण को प्रोत्साहन देने से संबंधित है। इसके अंतर्गत **पर्यावरणीय गतिविधियों** के लिए प्रोत्साहन प्रदान किए जाते हैं। यह सतत विकास की दिशा में एक महत्वपूर्ण पहल है।

37. उत्तर-(d)

व्याख्या: **ऊन**, **रेशम** और **कपास** से कपड़ा बनाया जाता है, इसलिए ये तीनों वस्त्र उद्योग से संबंधित हैं। **विद्युत उद्योग** का संबंध कपड़ा निर्माण से नहीं है।

38. उत्तर-(c)

व्याख्या: भारत ने **वैश्विक प्लास्टिक संधि वार्ता** के तहत प्लास्टिक प्रदूषण न्यूनीकरण पर सहमति जताई है। इसका उद्देश्य **प्लास्टिक कचरे** को नियंत्रित करना है। यह वैश्विक पर्यावरण सहयोग का उदाहरण है।

39. उत्तर-(b)

व्याख्या: उत्तर प्रदेश में **वन एवं वन्यजीव संरक्षण** के लिए सामुदायिक भागीदारी आधारित संरक्षण पर जोर दिया गया है। स्थानीय लोगों को संरक्षण से जोड़ने पर परिणाम अधिक प्रभावी होते हैं। इससे **मानव-वन्यजीव संघर्ष** भी कम होता है।

40. उत्तर-(c)

व्याख्या: **माइटोकॉन्ड्रिया** को कोशिका का ऊर्जा गृह कहा जाता है। यहाँ भोजन का **ऑक्सीकरण** होकर **ATP** के रूप में ऊर्जा उत्पन्न होती है। यह **कोशिकीय क्रियाओं** के लिए आवश्यक है।

41. उत्तर-(c)

व्याख्या: **प्लेटलेट्स** का मुख्य कार्य **रक्त का थक्का जमाना** है। ये **रक्तस्राव** को रोकने में सहायता करते हैं। चोट लगने पर इनकी भूमिका अत्यंत महत्वपूर्ण होती है।

42. उत्तर-(a)

व्याख्या: **साइटोप्लाज्म** कोशिका में द्रव रूप में पायी जाती है, जो कोशिका को **आकार** और **संरचना** प्रदान करती है तथा यह सभी कोशिका अंगों को एक साथ जोड़े रखती है। **साइटोप्लाज्म** में सभी **जैव रासायनिक क्रियाएँ** होती है। जैसे- प्रोटनी सश्लेषण, लिपिड निर्माण आदि। यह कोशिका के अंदर पदार्थों के परिवहन का कार्य करता है।

43. उत्तर-(b)

व्याख्या: उत्तर प्रदेश के **गंगा मैदान** की उच्च कृषि उत्पादकता का कारण **उपजाऊ जलोढ़ मिट्टी** और व्यापक सिंचाई सुविधाएँ हैं। **नदियों** और **नहरों** का जाल कृषि को स्थायित्व प्रदान करता है।

44. उत्तर-(c)

व्याख्या: **कार्बन डाइऑक्साइड** का निष्कासन **एल्वियोली** से होता है। यहाँ गैसों का आदान-प्रदान होता है। CO_2 रक्त से निकलकर श्वसन द्वारा बाहर जाती है।

45. उत्तर-(b)

व्याख्या: **जैवमंडल आरक्षित क्षेत्र** में बफर जोन का उद्देश्य **सीमित मानव गतिविधि** की अनुमति देना है। इससे **कोर क्षेत्र** की सुरक्षा होती है। यह **संरक्षण** और **आजीविका** के बीच संतुलन बनाता है।

46. उत्तर-(b)

व्याख्या: उत्तर प्रदेश में **मानव-वन्यजीव संघर्ष** की समस्या मुख्यत: तराई क्षेत्र में देखी जाती है। यहाँ वन क्षेत्रों और मानव बस्तियों का निकट संपर्क है। इससे **संघर्ष की घटनाएँ** बढ़ती हैं।

47. उत्तर-(c)

व्याख्या: **खाद्य श्रृंखला** में ऊर्जा का प्रवाह **उत्पादक** से **उपभोक्ता** की ओर होता है। प्रत्येक स्तर पर ऊर्जा की मात्रा **घटती** जाती है। यही कारण है कि खाद्य श्रृंखलाएँ लंबी नहीं होती हैं।

48. उत्तर-(c)

व्याख्या: **मरुस्थलीय जीवों** में जल संरक्षण हेतु **मोटी त्वचा** और **रात्रिचरता** जैसे अनुकूलन पाए जाते हैं। इससे **वाष्पोत्सर्जन** कम होता है। यह कठोर पर्यावरण में जीवन को संभव बनाता है।

49. उत्तर-(b)

व्याख्या: उत्तर प्रदेश में **पर्यावरणीय समस्याओं** के समाधान हेतु सतत् विकास आधारित दृष्टिकोण पर बल दिया जा रहा है। इसमें **विकास** और **संरक्षण** दोनों का संतुलन शामिल है। यह दीर्घकालिक समाधान प्रदान करता है।

50. उत्तर-(c)

व्याख्या: खाद्य जाल **पारिस्थितिकी तंत्र** की स्थिरता बढ़ाता है। यह अनेक **खाद्य श्रृंखलाओं** के आपसी संबंध को दर्शाता है। इससे किसी एक प्रजाति के नष्ट होने पर तंत्र पूरी तरह विफल नहीं होता है।

51. उत्तर-(b)

व्याख्या: **केंद्रीय बजट 2026-27** में **उत्पादकता** और **प्रतिस्पर्धात्मकता** बढ़ाते हुए अर्थव्यवस्था को वैश्विक अस्थिरताओं के बीच **लचीला** बनाने पर केंद्रित है। इस कार्यक्रम का मूल उद्देश्य दीर्घकालीन, स्थिर और संतुलित आर्थिक विकास सुनिश्चित करना है।

52. उत्तर-(d)

व्याख्या: उत्तर प्रदेश में **MSME क्षेत्र** रोजगार सृजन और स्थानीय उद्योगों के विकास में प्रमुख भूमिका निभाता है। यह क्षेत्र श्रम-प्रधान है और **ग्रामीण-शहरी** दोनों क्षेत्रों में आजीविका उपलब्ध कराता है। राज्य की **आर्थिक विविधता** को इससे बल मिलता है।

53. उत्तर-(c)

व्याख्या: **मौद्रिक संचरण** का अर्थ RBI द्वारा लिए गए नीतिगत निर्णयों का **ब्याज दरों**, **ऋण**, **निवेश** और माँग पर प्रभाव पड़ना है। प्रभावी संचरण से **मौद्रिक नीति** के लक्ष्य पूरे होते हैं। इसमें **बैंकिंग चैनल** की भूमिका महत्वपूर्ण होती है।

54. उत्तर-(b)

व्याख्या: **पद्म पुरस्कार 2026** की आधिकारिक सूची के अनुसार **डॉ. नोरी दत्तात्रेयुडु** को **पद्म भूषण** प्रदान किया गया है। वे **संयुक्त राज्य अमेरिका** से संबंधित हैं और **चिकित्सा क्षेत्र** में उनके उल्लेखनीय योगदान के लिये सम्मानित किये गये हैं।

55. उत्तर-(b)

व्याख्या: उत्तर प्रदेश में **औद्योगिक निवेश** को बेहतर **कनेक्टिविटी** और **लॉजिस्टिक्स** आकर्षित करते हैं। एक्सप्रेसवे, औद्योगिक गलियारे और बाजारों की निकटता **निवेश-अनुकूल** वातावरण बनाती है। इससे **आपूर्ति- शृंखला** दक्ष होती है।

56. उत्तर-(c)

व्याख्या: राष्ट्रीय आय में **ब्याज** पूँजी से प्राप्त **आय** को दर्शाता है। यह उत्पादन के कारकों में पूँजी की भूमिका को प्रतिबिंबित करता है। बचत और निवेश के प्रोत्साहन में इसका महत्व होता है।

57. उत्तर-(a)

व्याख्या: **स्टार्टअप इंडिया कार्यक्रम** का उद्देश्य स्टार्टअप इकोसिस्टम को सुदृढ़ करना है। यह **नवाचार**, **उद्यमिता** और **रोजगार सृजन** को बढ़ावा देता है। नीति समर्थन और फंडिंग से नए उद्यम विकसित होते हैं।

58. उत्तर-(b)

व्याख्या: उत्तर प्रदेश में **सेवा क्षेत्र के विस्तार** का प्रमुख कारण **शहरीकरण** और **आईटी/सेवाओं** का विकास है। शिक्षा, स्वास्थ्य, परिवहन और वित्तीय सेवाएँ इसमें शामिल हैं। इससे राज्य की आर्थिक संरचना सुदृढ़ हुई है।

59. उत्तर-(d)

व्याख्या: **रासायनिक संतुलन** तब प्राप्त होता है जब **अग्र** और **प्रत्यावर्ती** अभिक्रियाओं की दर समान हो जाती है। इस अवस्था में अभिक्रिया चलती रहती है, पर सांद्रताएँ स्थिर रहती हैं। यह गतिशील संतुलन कहलाता है।

60. उत्तर-(c)

व्याख्या: **डिजिटल इंडिया स्टैक** डिजिटल सार्वजनिक अवसंरचना से संबंधित है। इसमें **पहचान**, **भुगतान** और **डेटा प्लेटफॉर्म** शामिल हैं। इससे सेवा वितरण और सुशासन में सुधार होता है।

61. उत्तर-(b)

व्याख्या: उत्तर प्रदेश में **हस्तशिल्प क्लस्टर योजना** कारीगरों की आय और बाजार पहुँच बढ़ाते हैं। सामूहिक उत्पादन और विपणन से लागत घटती है। इससे **पारंपरिक कौशल** का संरक्षण भी होता है।

62. उत्तर-(c)

व्याख्या: सहसंयोजक यौगिकों का गलनांक सामान्यत: कम होता है और वे गैसीय/द्रव अवस्था में पाए जाते हैं। यह अणुओं के बीच कमजोर आकर्षण बल के कारण होता है। इसलिए ये विद्युत के कुचालक होते हैं।

63. उत्तर-(b)

व्याख्या: **रबर की खेती** के लिए **25°–35°C** तापमान तथा **200 सेमी** से अधिक **वर्षा** आवश्यक होती है। ध्रुवीय जलवायु में तापमान बहुत कम होता है, इसलिए वहाँ **रबर** का पौधा विकसित नहीं हो पाता है।

64. उत्तर-(c)

व्याख्या: शुमांग लीला मणिपुर का एक पारंपरिक **लोक-नृत्य** उत्सव है, जो मुख्यत: **कृषि**, **प्रेम** और **सामाजिक जीवन** से संबंधित विषयों पर आधारित होता है और मणिपुरी संस्कृति का महत्वपूर्ण अंग है।

65. उत्तर-(b)

व्याख्या: आघातवर्ध्यता का अर्थ धातु की चादर बनाने की क्षमता से है। **सोना** और **एल्युमिनियम** जैसी धातुएँ अत्यधिक आघातवर्ध्य होती हैं। यह गुण धातु उद्योग में उपयोगी है।

66. उत्तर-(d)

व्याख्या: राष्ट्रीय क्वांटम मिशन का लक्ष्य **उन्नत क्वांटम प्रौद्योगिकी** का विकास है। इससे **कंप्यूटिंग**, **संचार** और **संवेदन** (Sensing) में प्रगति होगी एवं तकनीकी आत्मनिर्भरता को बल मिलेगा।

67. उत्तर-(a)

व्याख्या: उत्तर प्रदेश में **खाद्य प्रसंस्करण** पार्कों का उद्देश्य मूल्य **संवर्धन** और **आपूर्ति- शृंखला** को सुदृढ़ करना है। इससे कृषि उत्पादों की बर्बादी घटती है और किसानों की आय में वृद्धि होती है।

68. उत्तर-(b)

व्याख्या: अम्ल H^+ आयन प्रदान करता है। यह परिभाषा **अम्लीय प्रकृति** की आधारशिला है। जल में घुलकर अम्ल **H^+ आयन** की उपलब्धता बढ़ाते हैं।

69. उत्तर-(d)

व्याख्या: 'हर गाँव तालाब अभियान' उत्तर प्रदेश सरकार की एक महत्वाकांक्षी पहल है, जिसका उद्देश्य ग्रामीण क्षेत्रों में **जल संरक्षण** को सुदृढ़ करना तथा **कृषि** और **आजीविका** को बढ़ावा देना है। जून 2025 में लखीमपुर खीरी जिले में इस अभियान के तहत एक महीने में 1030 तालाब बनाए गए, जिसे **इंडिया बुक ऑफ रिकॉर्ड्स** में दर्ज किया गया।

70. उत्तर-(b)

व्याख्या: उत्तर प्रदेश में पर्यटन के विस्तार का कारण धार्मिक, सांस्कृतिक और ऐतिहासिक स्थल हैं। **अयोध्या**, **काशी** और **मथुरा** जैसे केंद्र आकर्षण हैं। इससे सेवा क्षेत्र को गति मिलती है।

71. उत्तर-(b)

व्याख्या: अपचयन का तात्पर्य इलेक्ट्रॉन ग्रहण से है। **रेडॉक्स** अभिक्रियाओं में **अपचयन** और **ऑक्सीकरण** साथ-साथ होते हैं। यह **रसायन विज्ञान** की मूल अवधारणा है।

72. उत्तर-(c)

व्याख्या: कलमकारी एक पारंपरिक **हस्त-चित्रित** वस्त्र कला है, जिसमें **प्राकृतिक रंगों** और **कलम** (पेन) से कपड़े पर चित्र बनाए जाते हैं। इसका प्रमुख केंद्र **मछलीपट्टनम** और **श्रीकालहस्ती** (आंध्र प्रदेश) हैं।

73. उत्तर-(b)

व्याख्या: उत्तर प्रदेश में **सहकारी संस्थाएँ** ग्रामीण वित्तीय समावेशन को सुदृढ़ करती हैं। ये **ऋण** और **सेवाएँ** सुलभ कराती हैं। इससे **ग्रामीण अर्थव्यवस्था** को मजबूती मिलती है।

74. उत्तर-(a)

व्याख्या: मिश्रधातु में तत्व जोड़ने का उद्देश्य गुणों में सुधार करना होता है। इससे मजबूती, जंग-रोधक क्षमता या टिकाऊपन बढ़ता है। **स्टील** इसका प्रमुख उदाहरण है।

75. उत्तर-(b)

व्याख्या: राष्ट्रीय ई-कॉमर्स नीति का उद्देश्य डिजिटल व्यापार का **विनियमन** और **प्रोत्साहन** है। इससे उपभोक्ता संरक्षण और प्रतिस्पर्धा बढ़ती है। इससे **डिजिटल अर्थव्यवस्था** को दिशा मिलती है।

76. उत्तर-(d)

व्याख्या: अनुच्छेद-123 राष्ट्रपति को संसद सत्र में न हो की स्थिति में अध्यादेश जारी करने की शक्ति प्रदान करता है।

77. उत्तर-(a)

व्याख्या: यूनेस्को से जुड़ी हालिया चर्चाओं में भारत की अमूर्त सांस्कृतिक विरासत पर विशेष जोर रहा है। इसमें लोक **परंपराएँ**, **नृत्य**, **संगीत** और **अनुष्ठान** शामिल हैं। यह सांस्कृतिक पहचान को वैश्विक मंच पर प्रस्तुत करता है।

78. उत्तर-(b)

व्याख्या: सरोजिनी नायडू उत्तर प्रदेश की **पहली राज्यपाल** थीं। उनके बाद क्रमशः **वी.वी. गिरी**, **श्रीविश्वनाथ दास** एवं **अकबर अली खान** उत्तर प्रदेश के राज्यपाल रहे।

79. उत्तर-(c)

व्याख्या: न्यायमूर्ति हरिलाल जे. कानिया भारत के प्रथम मुख्य न्यायाधीश थे। उन्होंने **26 जनवरी 1950** (संविधान लागू होने के दिन) से **6 नवंबर, 1951** तक मुख्य न्यायाधीश के रूप में कार्य किया। उनकी नियुक्ति भारतीय संविधान के **अनुच्छेद 124(2)** के अंतर्गत राष्ट्रपति द्वारा की गई थी।

80. उत्तर-(c)

व्याख्या: संसद का संयुक्त अधिवेशन तब बुलाया जाता है, जब किसी विधेयक पर **लोकसभा** और **राज्यसभा** के बीच मतभेद उत्पन्न हो जाए। संयुक्त बैठक की अध्यक्षता **लोकसभा के अध्यक्ष** करते हैं इसका उद्देश्य विधायी गतिरोध को दूर करना होता है।

81. उत्तर-(b)

व्याख्या: पद्म पुरस्कार 2026 में प्रो. (डॉ.) लार्स-क्रिश्चियन कोच को जर्मनी से संबंधित विदेशी नागरिक के रूप में कला के क्षेत्र में पद्म श्री प्रदान किया गया है। सुश्री ल्यूडमिला खोखलोवा रूस से साहित्य एवं शिक्षा में जबकि डॉ. नोरी दत्तात्रेयुडु को पद्म भूषण मिला है और प्रो. शफी शौक भारतीय नागरिक हैं।

82. उत्तर-(b)

व्याख्या: चार्टर एक्ट, 1813 के द्वारा **ईस्ट इंडिया कंपनी** का भारत में व्यापारिक एकाधिकार समाप्त कर दिया गया, जिससे अन्य **ब्रिटिश व्यापारियों** को **भारत में व्यापार** करने की अनुमति मिली। इसी अधिनियम के अंतर्गत शिक्षा के लिए धन का प्रावधान और मिशनरी गतिविधियों की अनुमति भी दी गई।

83. उत्तर-(a)

व्याख्या: भारत ने **G20 पहल** के तहत **डिजिटल सार्वजनिक** वस्तुओं को वैश्विक मंच पर बढ़ावा दिया है। इसमें पहचान, भुगतान और डेटा प्लेटफॉर्म शामिल हैं। यह **वैश्विक डिजिटल** सहयोग का उदाहरण है।

84. उत्तर-(b)

व्याख्या: रॉलेट एक्ट के विरोध का सबसे दुखद परिणाम **जलियांवाला बाग हत्याकांड** था। यह घटना **अमृतसर** में हुई। इसमें निहत्थे लोगों पर गोली चलायी गई। इससे देश भर में आक्रोश फैल गया।

85. उत्तर-(a)

व्याख्या: गजपति वंश का प्रमुख शासक **कपिलेंद्रदेव** था। उसके शासन में उड़ीसा शक्तिशाली बना। सैन्य और सांस्कृतिक विकास हुआ। यह पूर्व भारत का महत्वपूर्ण राज्य था।

86. उत्तर-(a)

व्याख्या: संवेग का सूत्र द्रव्यमान × वेग होता है। यह किसी वस्तु की गति की मात्रा को दर्शाता है। **संवेग संरक्षण का सिद्धांत** भौतिकी का एक मूल नियम है।

87. उत्तर-(b)

व्याख्या: GMT का पूरा नाम **ग्रीनविच मीन टाइम** (Greenwich Mean Time) है। यह समय इंग्लैंड के **ग्रीनविच वेधशाला** (Greenwich Observatory) से मापा जाता है और इसे विश्व का मानक समय माना जाता है। भारत में इसी के आधार पर **भारतीय मानक समय** (IST) निर्धारित किया गया है, जो GMT से **5 घंटे 30 मिनट** आगे (GMT + 5:30) होता है।

88. उत्तर-(c)

व्याख्या: दाब का **SI मात्रक पास्कल** है। दाब प्रति इकाई क्षेत्रफल पर लगाए गए बल को दर्शाता है। यह **द्रव** और **गैस** दोनों के अध्ययन में महत्वपूर्ण है।

89. उत्तर-(b)

व्याख्या: उत्तर प्रदेश में **पंचायती राज्य प्रणाली** का संचालन उत्तर प्रदेश **पंचायत राज अधिनियम-1947** के अंतर्गत किया जाता है।

90. उत्तर-(c)

व्याख्या: न्यूटन का तृतीय गति नियम क्रिया-प्रतिक्रिया से संबंधित है। प्रत्येक क्रिया के बराबर और विपरीत दिशा में प्रतिक्रिया होती है। यह नियम **गति के संतुलन** को स्पष्ट करता है।

91. उत्तर-(c)

व्याख्या: एक राष्ट्र-एक चुनाव प्रस्ताव लोकसभा और विधानसभा दोनों के चुनाव एक साथ कराने से संबंधित है। इसका उद्देश्य **चुनावी खर्च** और **प्रशासनिक व्यवधान** को कम करना है।

92. उत्तर-(b)

व्याख्या: उत्तर प्रदेश में **नगर पालिका परिषद** का प्रमुख अध्यक्ष होता है। **अध्यक्ष का चुनाव** निर्वाचित सदस्यों द्वारा किया जाता है। वह नगर स्तर पर **प्रशासनिक नेतृत्व** करता है।

93. उत्तर-(c)

व्याख्या: विद्युत विभवांतर का SI मात्रक **वोल्ट** है। यह दो बिंदुओं के बीच ऊर्जा अंतर को दर्शाता है। **विद्युत परिपथों** में इसका मापन अत्यंत आवश्यक है।

94. उत्तर-(d)

व्याख्या: तनामी रेगिस्तान (Tanami Desert) **ऑस्ट्रेलिया** में स्थित है। यह देश का एक प्रमुख **अर्ध-शुष्क रेगिस्तान** है, जो मुख्यतः **नॉर्दर्न टेरिटरी** और **पश्चिमी ऑस्ट्रेलिया** के भागों में फैला हुआ है। यह क्षेत्र **खनिज संसाधनों**, विशेषकर **सोने** (Gold) के लिए भी प्रसिद्ध है।

95. उत्तर-(c)

व्याख्या: उत्तर प्रदेश के **उच्च न्यायालय** की पीठ **प्रयागराज** और **लखनऊ** दोनों स्थानों पर स्थित है। प्रयागराज मुख्य पीठ है जबकि लखनऊ में खंडपीठ है। यह राज्य के **न्यायिक प्रशासन** को सुगम बनाती है।

96. उत्तर-(b)

व्याख्या: राष्ट्रीय हरित हाइड्रोजन मिशन का **उद्देश्य स्वच्छ** ऊर्जा और **डीकार्बोनाइजेशन** को बढ़ावा देना है। यह जीवाश्म ईंधनों पर निर्भरता कम करता है। दीर्घकाल में यह ऊर्जा सुरक्षा को सुदृढ़ करेगा।

97. उत्तर-(c)

व्याख्या: कार्य और **ऊर्जा** के बीच संबंध कार्य-ऊर्जा प्रमेय से व्यक्त होता है। इसके अनुसार किसी वस्तु पर किया गया **कुल कार्य** उसकी गतिज ऊर्जा में परिवर्तन के बराबर होता है। यह **यांत्रिकी का आधारभूत** सिद्धांत है।

98. उत्तर-(a)

व्याख्या: उत्तर प्रदेश की **नई आबकारी नीति** के अंतर्गत शराब की दुकानों के लाइसेंस **ई-लॉटरी प्रणाली** के माध्यम से दिए जाते हैं, जिससे पारदर्शिता सुनिश्चित होती है और पक्षपात की संभावना कम होती है।

99. उत्तर-(d)

व्याख्या: अरावली पर्वत श्रेणी की सबसे **ऊँची चोटी गुरुशिखर** (1,722 मीटर) है, जो **राजस्थान** में स्थित है। विश्व की सबसे ऊँची पर्वत चोटी **माउंट एवरेस्ट** (8,848.86 मीटर) है, जो **नेपाल-चीन** सीमा पर स्थित है। **दक्षिण भारत** की सबसे ऊँची **चोटी अनाइमुडी** (2,695 मीटर) है, जो केरल में स्थित है। जबकि **कंचनजंघा** (8,586 मीटर) भारत की सबसे ऊँची पर्वत चोटी है, न कि विश्व की।

100. उत्तर-(b)

व्याख्या: ध्वनि तरंगों का प्रसार निर्वात में संभव नहीं है। ध्वनि के लिए माध्यम आवश्यक होता है। इसी कारण **अंतरिक्ष** में ध्वनि नहीं सुनी जा सकती।

होमगार्ड प्रैक्टिस सैट-4

1. ऋग्वैदिक समाज में गोत्र व्यवस्था का मूल उद्देश्य क्या था?
   (a) कर निर्धारण
   (b) सामाजिक वर्गीकरण
   (c) वैवाहिक निषेध और वंश पहचान
   (d) सैन्य संगठन

2. मौर्य प्रशासन में अध्यक्ष शब्द का प्रयोग मुख्यतः किस संदर्भ में होता था?
   (a) प्रांतीय शासक (b) विभागीय प्रमुख
   (c) सैन्य अधिकारी (d) ग्राम प्रमुख

3. भारत में ब्लू फ्लैग सर्टिफिकेशन किससे संबंधित है?
   (a) स्वच्छ समुद्री तट (b) अंतरिक्ष मिशन
   (c) कृषि उपज (d) उद्योग प्रदूषण

4. दिल्ली सल्तनत के काल में खुतबा का पाठ किस अधिकार का प्रतीक माना जाता था?
   (a) धार्मिक नेतृत्व (b) प्रशासनिक नियंत्रण
   (c) संप्रभुता और वैध शासन (d) सैन्य विजय

5. मुगल शासन में जागीर व्यवस्था का प्रमुख उद्देश्य क्या था?
   (a) भूमि सुधार
   (b) धार्मिक दान
   (c) कृषि उत्पादन बढ़ाना
   (d) सैनिकों और अधिकारियों का वेतन भुगतान

6. उत्तर प्रदेश में स्थित कौशाम्बी का ऐतिहासिक महत्व किस काल से संबंधित है?
   (a) हड़प्पा सभ्यता (b) मुगल काल
   (c) गुप्त साम्राज्य की राजधानी (d) महाजनपद काल

7. भारतीय मंदिर स्थापत्य में पंचायतन शैली का आशय क्या है?
   (a) पाँच प्रवेश द्वार
   (b) पाँच शिखर
   (c) पाँच मंडप
   (d) मुख्य देवता के साथ चार सहायक देवालय

8. भक्ति आंदोलन में सगुण परंपरा की प्रमुख विशेषता क्या थी?
   (a) निराकार ईश्वर (b) सामाजिक विद्रोह
   (c) साकार ईश्वर की उपासना (d) केवल दर्शन

9. उत्तर प्रदेश की लोक संस्कृति में कजरी गायन का संबंध मुख्यतः किस ऋतु से है?
   (a) वर्षा (b) शीत
   (c) ग्रीष्म (d) वसंत

10. संस्कृत साहित्य में महाकाव्य की प्रमुख विशेषता क्या मानी जाती है?
    (a) लघु कथानक
    (b) ऐतिहासिक विवरण
    (c) व्यापक कथानक और नायक-प्रधानता
    (d) केवल धार्मिक विषय

11. सूर्य किरण (Surya Kiran) किससे संबंधित है?
    (a) भारतीय सेना की एक इन्फैंट्री बटालियन
    (b) भारतीय नौसेना की युद्धक टुकड़ी
    (c) भारतीय वायुसेना की एरोबेटिक टीम
    (d) भारत-नेपाल संयुक्त सैन्य अभ्यास

12. उत्तर प्रदेश में स्थित श्रावस्ती का ऐतिहासिक महत्व किस धर्म से जुड़ा हुआ है?
    (a) जैन धर्म (b) बौद्ध धर्म
    (c) वैदिक धर्म (d) शैव परंपरा

13. भारत में सुल्तानगंज बुद्ध प्रतिमा किस धातु से बनी है?
    (a) पीतल (b) स्टील
    (c) कांसा (d) तांबा

14. मध्यकालीन भारत में सूफी सिलसिले किससे सम्बंधित थे?
    (a) राजनीतिक सत्ता
    (b) धार्मिक सहिष्णुता और आध्यात्मिक साधना
    (c) सैन्य विस्तार
    (d) व्यापार नियंत्रण

15. उत्तर प्रदेश के किस नगर को मुगल स्थापत्य की राजधानी के रूप में विशेष पहचान मिली?
    (a) लखनऊ (b) प्रयागराज
    (c) आगरा (d) फतेहपुर सीकरी

16. भारत का पहला हल्दी बोर्ड कहाँ स्थापित किया गया है?
    (a) कोच्चि (b) देहरादून
    (c) भरतपुर (d) निजामाबाद

17. **भारत संयुक्त राष्ट्र शैक्षिक, वैज्ञानिक एवं सांस्कृतिक संगठन (UNESCO) का सदस्य कब बना?**

(a) 24 अक्टूबर, 1945 (b) 16 नवंबर, 1945

(c) 4 नवंबर, 1946 (d) 26 जनवरी, 1950

18. **उत्तर प्रदेश में वैदिक-3D संग्रहालय का निर्माण किस विश्वविद्यालय परिसर में किया जा रहा है?**

(a) काशी हिन्दू विश्वविद्यालय

(b) संपूर्णानंद संस्कृत विश्वविद्यालय

(c) महात्मा गांधी काशी विद्यापीठ

(d) उत्तर प्रदेश राजर्षि टंडन मुक्त विश्वविद्यालय

19. **क्वार्ड (Quadrilateral Security Dialogue) में निम्नलिखित में से कौन-कौन से देश शामिल हैं?**

(a) भारत, चीन, जापान, ऑस्ट्रेलिया

(b) भारत, रूस, अमेरिका, जापान

(c) भारत, अमेरिका, जापान, ऑस्ट्रेलिया

(d) भारत, फ्रांस, जर्मनी, अमेरिका

20. **भारतीय राष्ट्रीय अनुसंधान फाउंडेशन (NRF) की स्थापना किस अधिनियम के अंतर्गत की गई है?**

(a) राष्ट्रीय अनुसंधान फाउंडेशन अधिनियम, 2023

(b) राष्ट्रीय शिक्षा नीति अधिनियम, 2020

(c) विज्ञान एवं प्रौद्योगिकी अधिनियम, 2003

(d) उच्च शिक्षा आयोग अधिनियम, 2018

21. **उत्तर प्रदेश में स्थित वाराणसी का सांस्कृतिक महत्व मुख्यतः किस परंपरा से जुड़ा है?**

(a) वैष्णव (b) बौद्ध

(c) जैन (d) शैव

22. **भारतीय नाट्य परंपरा में रस सिद्धांत का मूल उद्देश्य क्या है?**

(a) तकनीकी प्रदर्शन

(b) दर्शक में भावानुभूति उत्पन्न करना

(c) केवल कथानक

(d) संगीत प्रधानता

23. **तबकात-ए-नासिरी के लेखक कौन थे?**

(a) जियाउद्दीन बरनी (b) अबुल फजल

(c) बदायूँनी (d) मिनहाज-उस-सिराज

24. **उत्तर प्रदेश की सांस्कृतिक पहचान में अवध क्षेत्र का प्रमुख योगदान किससे जुड़ा है?**

(a) बौद्ध शिक्षा

(b) नवाबी संस्कृति और शास्त्रीय संगीत

(c) जैन दर्शन

(d) आधुनिक कला

25. **भारत का पहला सेमीकंडक्टर निर्माण संयंत्र कहाँ स्थापित किया गया?**

(a) डोलेरा (b) सूरत

(c) चिप्पलूर (d) पुणे

26. **भारत के पश्चिमी तट पर बैकवॉटर (Backwaters) के विकास का प्रमुख कारण क्या है?**

(a) ज्वारीय अपरदन (b) हिमानी क्रिया

(c) विवर्तनिक उत्थान (d) अवसादन और तटीय अवरोध

27. **दक्कन पठार की लावा जनित संरचना का प्रमुख भू-आकृतिक उदाहरण निम्नलिखित में से कौन-सा है?**

(a) गहरी घाटियाँ (b) सीढ़ीनुमा पठार

(c) विस्तृत डेल्टा (d) समतल मैदान

28. **भारत में शीतकालीन वर्षा मुख्यतः किस पवन प्रणाली से संबंधित है?**

(a) दक्षिण-पश्चिम मानसून (b) उत्तर-पूर्व मानसून

(c) पश्चिमी विक्षोभ (d) स्थानीय पवन

29. **उत्तर प्रदेश में गंगा-यमुना दोआब की उच्च कृषि उत्पादकता का प्रमुख कारण क्या है?**

(a) उपजाऊ जलोढ़ मिट्टी और सिंचाई

(b) शुष्क जलवायु

(c) खनिज संसाधन

(d) पर्वतीय ढाल

30. **केंद्रीय बजट 2026-27 में सबका साथ, सबका विकास कार्यक्रम के अंतर्गत किस पर विशेष बल दिया गया है?**

(a) केवल पिछड़े राज्यों पर

(b) शहरी-ग्रामीण असमानता समाप्त करने पर

(c) प्रत्येक परिवार, समुदाय, प्रदेश और क्षेत्रों तक संसाधनों व अवसरों की न्यायोचित पहुँच

(d) केवल सामाजिक क्षेत्र के व्यय में वृद्धि

31. **पारिस्थितिकी तंत्र में ऊर्जा प्रवाह की दिशा सामान्यतः कैसी होती है?**

(a) द्विदिश (b) चक्रीय

(c) एकदिश (d) अनियमित

32. उत्तर प्रदेश के तराई क्षेत्र में मृदा की प्रमुख समस्या क्या है?

(a) लवणता (b) जलभराव

(c) मरुस्थलीकरण (d) अम्लीयता

33. भारत का पहला राष्ट्रीय जैव-रोबोटिक्स केंद्र (National Bio-Robotics Centre) कहाँ स्थापित किया गया?

(a) पुणे (b) हैदराबाद

(c) रोपर (d) भुवनेश्वर

34. मानव शरीर में पाचन एंजाइमों का सर्वाधिक स्राव कहाँ होता है?

(a) आमाशय (b) यकृत

(c) अग्न्याशय (d) छोटी आँत

35. उत्तर प्रदेश में भूजल दोहन की समस्या के बढ़ने का प्रमुख कारण क्या है?

(a) कम जनसंख्या (b) अधिक वर्षा

(c) अत्यधिक नलकूप सिंचाई (d) पर्वतीय भू–आकृति

36. केंद्रीय बजट 2026–27 में इंडिया सेमीकंडक्टर मिशन 2.0 किस आधार पर ISM 1.0 को आगे बढ़ाता है?

(a) केवल चिप डिजाइन पर फोकस

(b) सेमीकंडक्टर उपकरण व सामग्री निर्माण पर

(c) मोबाइल असेंबली प्रोत्साहन पर

(d) आयात–आधारित आपूर्ति पर

37. कार्बन क्रेडिट (Carbon Credit) से क्या तात्पर्य है?

(a) वनों की कटाई को प्रोत्साहित करने की योजना

(b) ग्रीनहाउस गैस उत्सर्जन बढ़ाने की अनुमति

(c) निर्धारित मात्रा में कार्बन उत्सर्जन करने का प्रमाण-पत्र

(d) औद्योगिक उत्पादन बढ़ाने का कर लाभ

38. मैंग्रोव वन (Mangrove Forest) किसे कहते हैं?

(a) पर्वतीय क्षेत्रों में पाए जाने वाले शंकुधारी वन

(b) मरुस्थलीय क्षेत्रों में पाए जाने वाले काँटेदार वन

(c) उच्च वर्षा वाले उष्णकटिबंधीय सदाबहार वन

(d) समुद्री तटों और ज्वार–भाटा वाले खारे जल क्षेत्रों में पाए जाने वाले वन

39. भारत वन स्थिति रिपोर्ट (India State of Forest Report – ISFR) 2023 के अनुसार, उत्तर प्रदेश का वन क्षेत्रफल (Forest Cover) राज्य के कुल भौगोलिक क्षेत्रफल का लगभग कितना प्रतिशत था?

(a) लगभग 3.5% (b) लगभग 6.24%

(c) लगभग 12.0% (d) लगभग 18.0%

40. होयसल मंदिर किस राज्य में हैं?

(a) कर्नाटक (b) मध्य प्रदेश

(c) ओडिशा (d) तमिलनाडु

41. अपमार्जक (Detergent) से क्या तात्पर्य है?

(a) केवल जल में घुलने वाले नमक

(b) ऐसे रासायनिक पदार्थ जो मैल, तेल और ग्रीस को हटाने में सहायक हों

(c) केवल अम्लीय प्रकृति वाले पदार्थ

(d) कठोर जल में अनुपयोगी रसायन

42. उत्तर प्रदेश के पूर्वांचल क्षेत्र की कृषि संरचना की प्रमुख विशेषता क्या है?

(a) नगण्य कृषि (b) वर्षा पर निर्भर लघु जोतें

(c) केवल बागवानी (d) पर्वतीय कृषि

43. कठोर जल (Hard Water) किसे कहते हैं?

(a) वह जल जिसमें घुलित लवण बिल्कुल न हों

(b) वह जल जो साबुन के साथ आसानी से झाग बनाता हो

(c) वह जल जिसमें कैल्शियम और मैग्नीशियम के लवण घुलनशील हों

(d) वह जल जो उबालने पर पूर्णत: शुद्ध हो जाए

44. जन्तु कोशिका में नाभिक (Nucleus) का मुख्य कार्य क्या है?

(a) भोजन बनाना

(b) कोशिका को आकार देना

(c) ऑक्सीजन बनाना

(d) कोशिका की सभी क्रियाओं को नियंत्रित करना

45. उत्तर प्रदेश में मानव-वन्यजीव संघर्ष की घटनाएँ अधिकतर किस परिदृश्य में देखी जाती हैं?

(a) घने शहरी क्षेत्र (b) वन–कृषि सीमा क्षेत्र

(c) औद्योगिक क्षेत्र (d) नदी घाटी शहर

46. उल्टा पिरामिड (Inverted Pyramid) किस खाद्य श्रृंखला में पाया जाता है?

(a) जलीय पारितंत्र की खाद्य श्रृंखला में

(b) स्थलीय पारितंत्र की अपघटी श्रृंखला में

(c) स्थलीय पारितंत्र की चराई श्रृंखला में

(d) मरुस्थलीय पारितंत्र की खाद्य श्रृंखला में

47. मरुस्थलीय पौधों में जल संरक्षण हेतु प्रमुख अनुकूलन क्या होता है?

(a) चौड़ी पत्तियाँ (b) अधिक वाष्पोत्सर्जन

(c) मोटी क्यूटिकल और कांटे (d) अधिक क्लोरोफिल

48. भारत ने किस क्षेत्र में पहला राष्ट्रीय टेली-मेडिसिन ग्रिड लॉन्च किया?
(a) कैंसर देखभाल (b) हृदय रोग विज्ञान
(c) ग्रामीण स्वास्थ्य (d) मातृ देखभाल

49. अपघटक (Decomposers) में निम्नलिखित में से कौन-कौन शामिल होते हैं?
(a) शेर और बाघ (b) कवक और जीवाणु
(c) हरे पौधे (d) घास और शैवाल

50. भारत में अंतर्देशीय मत्स्य उत्पादन के क्षेत्र में उत्तर प्रदेश का कौन-सा स्थान है?
(a) द्वितीय (b) तृतीय
(c) चतुर्थ (d) प्रथम

51. सकल घरेलू उत्पाद (GDP) को वास्तविक GDP में परिवर्तित करने का उद्देश्य क्या होता है?
(a) महँगाई को शामिल करना
(b) महँगाई के प्रभाव को हटाना
(c) करों की गणना
(d) आय वितरण दिखाना

52. उत्तर प्रदेश में कृषि आधारित उद्योगों के विकास का प्रमुख लाभ क्या है?
(a) आयात में वृद्धि
(b) ग्रामीण रोजगार और मूल्य संवर्धन
(c) केवल निर्यात
(d) खनन विस्तार

53. राजकोषीय नीति (Fiscal Policy) का प्रमुख उपकरण कौन-सा है?
(a) रेपो दर (b) कर एवं सरकारी व्यय
(c) नकद आरक्षित अनुपात (d) खुले बाजार परिचालन

54. भारत में वॉटर मेट्रो (Water Metro) सेवा किस शहर में शुरू की गई है?
(a) मुंबई (b) चेन्नई
(c) कोलकाता (d) कोच्चि

55. उत्तर प्रदेश में औद्योगिक गलियारों का विकास किस उद्देश्य से किया जा रहा है?
(a) शहरीकरण रोकने
(b) निवेश आकर्षण और लॉजिस्टिक्स सुधार
(c) कृषि क्षेत्र सीमित करने
(d) कर बढ़ाने

56. पद्म पुरस्कार 2026 में संयुक्त राज्य अमेरिका (United States of America) से संबंधित किस व्यक्ति को खेल के क्षेत्र में पद्म भूषण प्रदान किया गया है?
(a) रोहित शर्मा (b) विजय अमृतराज
(c) सविता पुनिया (d) हरमनप्रीत कौर भुल्लर

57. सुल्तान जोहोर कप (Sultan of Johor Cup) का संबंध किस खेल से है?
(a) हॉकी (b) फुटबॉल
(c) क्रिकेट (d) बैडमिंटन

58. रबी मौसम की फसलों की बुवाई सामान्यतः की जाती है-
(a) जून-जुलाई (b) जुलाई-अगस्त
(c) अक्टूबर-नवंबर (d) फरवरी-मार्च

59. नाथुला दर्रा किस राज्य में स्थित है?
(a) उत्तराखंड (b) हिमाचल प्रदेश
(c) अरुणाचल प्रदेश (d) सिक्किम

60. डूरंड रेखा (Durand Line) किन दो देशों के बीच की सीमा रेखा का निर्धारण करती है?
(a) भारत और पाकिस्तान
(b) भारत और चीन
(c) अफगानिस्तान और पाकिस्तान
(d) ईरान और अफगानिस्तान

61. उत्तर प्रदेश में लघु उद्योगों के लिए क्लस्टर दृष्टिकोण का लाभ क्या है?
(a) प्रतिस्पर्धा समाप्त करना
(b) साझा अवसंरचना और दक्षता
(c) आयात निर्भरता
(d) कर वृद्धि

62. अल्काइन (Alkyne) श्रेणी के हाइड्रोकार्बन का सामान्य सूत्र क्या होता है?
(a) C_nH_{2n} (b) C_nH_{2n+2}
(c) C_nH_{2n-2} (d) C_nH_n

63. डांडिया रास (Dandiya Raas) किस राज्य का लोकनृत्य है?
(a) राजस्थान (b) महाराष्ट्र
(c) गुजरात (d) पंजाब

64. उत्तर प्रदेश में डीएनए बैंक (DNA Bank) कहाँ स्थापित है?
(a) कानपुर (b) वाराणसी
(c) आगरा (d) लखनऊ

65. **कोलडैम (Kol Dam) जलविद्युत परियोजना किस नदी पर स्थित है?**

(a) ब्यास (b) रावी

(c) सतलुज (d) चिनाब

66. **थारू जनजाति मुख्य रूप से भारत के किस क्षेत्र में पायी जाती है?**

(a) मरुस्थलीय पश्चिमी भारत

(b) हिमालयी ऊँचे पर्वतीय क्षेत्र

(c) तराई क्षेत्र (उत्तर प्रदेश-उत्तराखंड)

(d) दक्कन का पठार

67. **उत्तर प्रदेश में दुग्ध प्रसंस्करण इकाइयों के विस्तार का प्रमुख लाभ क्या है?**

(a) केवल शहरी रोजगार

(b) किसानों की आय वृद्धि और मूल्य संवर्धन

(c) आयात निर्भरता

(d) कर वृद्धि

68. **दीनदयाल बंदरगाह (Deendayal Port) किस राज्य में स्थित है?**

(a) महाराष्ट्र (b) गुजरात

(c) तमिलनाडु (d) ओडिशा

69. **भारत के 16वें वित्त आयोग के अध्यक्ष कौन हैं?**

(a) डॉ. अरविंद पनगढ़िया (b) सी. राजा कुमार

(c) राघुराम राजन (d) योगेश कुमार

70. **उत्तर प्रदेश में बुनियादी ढाँचे के विकास से किस क्षेत्र को प्रत्यक्ष लाभ मिलता है?**

(a) केवल कृषि (b) उद्योग और सेवाएँ

(c) केवल खनन (d) वन क्षेत्र

71. **लोहे में जंग लगने से उसके वजन पर क्या प्रभाव पड़ता है?**

(a) वजन बढ़ जाता है

(b) वजन अपरिवर्तित रहता है

(c) वजन कम हो जाता है

(d) वजन पहले बढ़ता है फिर घटता है

72. **ब्रह्म समाज का संस्थापक कौन था?**

(a) स्वामी दयानंद सरस्वती

(b) ईश्वरचंद्र विद्यासागर

(c) केशवचंद्र सेन

(d) राजा राममोहन राय

73. **उत्तर प्रदेश में सहकारी दुग्ध संघों की भूमिका क्यों महत्वपूर्ण है?**

(a) निर्यात नियंत्रण

(b) ग्रामीण आय और बाजार पहुँच

(c) कर संग्रह

(d) औद्योगिक लाइसेंस

74. **मिश्रधातु स्टील में कार्बन जोड़ने का प्रमुख प्रभाव क्या होता है?**

(a) लचीलापन घटाना (b) कठोरता और मजबूती बढ़ाना

(c) विद्युत चालकता बढ़ाना (d) घनत्व कम करना

75. **राष्ट्रीय ड्रोन नीति का प्रमुख उद्देश्य क्या है?**

(a) ड्रोन प्रतिबंध

(b) ड्रोन इकोसिस्टम और नवाचार को बढ़ावा देना

(c) केवल सैन्य उपयोग

(d) आयात नियंत्रण

76. **भारतीय संविधान में राज्यसभा के गठन का उद्देश्य क्या है?**

(a) केवल विधायी प्रक्रिया

(b) राज्यों के हितों का प्रतिनिधित्व

(c) सरकार गठन

(d) न्यायिक नियंत्रण

77. **भारत की प्रथम महिला नोबेल पुरस्कार विजेता कौन थीं?**

(a) मदर टेरेसा (b) अरुणा आसफ अली

(c) सरोजिनी नायडू (d) कल्पना चावला

78. **IUCN रेड लिस्ट किससे संबंधित है?**

(a) वर्गीकरण (b) संरक्षण स्थिति

(c) नामकरण (d) जीवाश्म

79. **प्रधानमंत्री नरेंद्र मोदी को फ्रांस द्वारा कौन-सा सर्वोच्च नागरिक सम्मान प्रदान किया गया?**

(a) ऑर्डर ऑफ मेरिट

(b) लीजन ऑफ ऑनर

(c) ऑर्डर ऑफ फ्रेंडशिप

(d) ऑर्डर ऑफ द राइजिंग सन

80. **लोकसभा में धन विधेयक किसके द्वारा प्रस्तुत किया जाता है?**

(a) राष्ट्रपति (b) प्रधानमंत्री

(c) वित्त मंत्री (d) लोकसभा अध्यक्ष

81. **भारत डिजिटल पब्लिक इंफ्रास्ट्रक्चर (DPI) मॉडल किस मंच पर वैश्विक रूप से प्रस्तुत किया गया?**

(a) BRICS (b) G20

(c) SCO (d) ASEAN

82. अंतर्राष्ट्रीय आलू केंद्र (CIP) की दक्षिण एशिया क्षेत्रीय इकाई (CSARC) की स्थापना कहाँ की जा रही है?
(a) जोबनेर गाँव, जयपुर
(b) विधनू गाँव, कानपुर
(c) मसौढ़ी गाँव, पटना
(d) सिंघना गाँव, आगरा

83. भारत ने किस पहल के तहत ए आई गवर्नेंस फ्रेमवर्क (AI Governance Framework) को आगे बढ़ाया है?
(a) SAARC (b) G20
(c) BIMSTEC (d) QUAD

84. राष्ट्रीय क्वांटम मिशन मुख्यतः किससे संबंधित है?
(a) कृषि (b) स्वास्थ्य
(c) उन्नत प्रौद्योगिकी (d) पर्यटन

85. स्यूडोकार्प या असत्य फल (False Fruit) का उदाहरण है-
(a) आम (b) केला
(c) अंगूर (d) सेब

86. संचार साथी मोबाइल एप (Sanchar Saathi App) किसके द्वारा लॉन्च किया गया है?
(a) इलेक्ट्रॉनिक्स एवं सूचना प्रौद्योगिकी मंत्रालय
(b) भारतीय दूरसंचार विनियामक प्राधिकरण
(c) गृह मंत्रालय
(d) दूरसंचार विभाग

87. वर्ष 2025 में वंदे मातरम को कितने वर्ष पूर्ण हुए?
(a) 100 वर्ष (b) 125 वर्ष
(c) 150 वर्ष (d) 175 वर्ष

88. पद्म पुरस्कार 2026 में रूस से संबंधित किस व्यक्तित्व को साहित्य एवं शिक्षा क्षेत्र में सम्मानित किया गया है?
(a) प्रो. शफी शौक
(b) प्रो. लार्स-क्रिश्चियन कोच
(c) सुश्री ल्युडमिला विक्टोरोवना खोखलोवा
(d) श्री व्लादिमेर मेस्त्विरिश्विली

89. उत्तर प्रदेश में ग्राम पंचायत का कार्यकाल कितने वर्षों का होता है?
(a) 4 वर्ष (b) 5 वर्ष
(c) 6 वर्ष (d) 3 वर्ष

90. न्यूटन का प्रथम गति नियम किससे संबंधित है?
(a) क्रिया-प्रतिक्रिया (b) संवेग संरक्षण
(c) जड़त्व (d) गुरुत्वाकर्षण

91. निम्न में से कौन-सा पुरस्कार पत्रकारिता से संबंधित है?
(a) रमन पुरस्कार (b) पुलित्जर पुरस्कार
(c) व्यास सम्मान (d) अर्जुन पुरस्कार

92. उत्तर प्रदेश में नगर निगम का प्रमुख कौन होता है?
(a) अध्यक्ष (b) नगर आयुक्त
(c) महापौर (d) जिलाधिकारी

93. विद्युत धारा (Electric Current) का SI मात्रक क्या है?
(a) वोल्ट (b) ओम
(c) एम्पियर (d) वाट

94. जब कोई वस्तु समान वेग से चलती है, तो उसका त्वरण कितना होता है?
(a) अधिकतम (b) शून्य
(c) न्यूनतम (d) अनंत

95. उत्तर प्रदेश में उच्च न्यायालय की मुख्य पीठ कहाँ स्थित है?
(a) लखनऊ (b) आगरा
(c) प्रयागराज (d) वाराणसी

96. ICC महिला क्रिकेट विश्व कप 2025 की मेजबानी किस देश द्वारा की गई?
(a) भारत, श्रीलंका और बांग्लादेश
(b) भारत और श्रीलंका
(c) ऑस्ट्रेलिया
(d) भारत

97. कार्य और ऊर्जा के बीच संबंध को किस सिद्धांत से समझाया जाता है?
(a) ओम का नियम (b) जूल का नियम
(c) कार्य-ऊर्जा प्रमेय (d) न्यूटन का द्वितीय नियम

98. भारतीय संविधान में मूल कर्तव्यों (Fundamental Duties) की संख्या कितनी है?
(a) 8 (b) 9
(c) 10 (d) 11

99. हिमगिरि रोग प्रतिरोधी प्रजाति है-
(a) चावल की (b) गेहूँ की
(c) गोभी की (d) मिर्च की

100. प्रकाश तरंगें (Light Wave) किस प्रकार की तरंगें होती हैं?
(a) अनुप्रस्थ (b) अनुदैर्ध्य
(c) a और b दोनों (d) उपर्युक्त में से कोई नहीं

उत्तर : व्याख्या-सहित

1. उत्तर-(c)

व्याख्याः ऋग्वैदिक समाज में **गोत्र व्यवस्था** का उद्देश्य **वैवाहिक निषेध** और **वंश पहचान** था। समान गोत्र में विवाह निषिद्ध माना जाता था, जिससे रक्त-संबंधों की शुद्धता बनी रहे। यह **सामाजिक संगठन** और **वंश परंपरा** को संरक्षित करने का माध्यम था।

2. उत्तर-(b)

व्याख्याः मौर्य प्रशासन में **अध्यक्ष** शब्द विभिन्न विभागों के **प्रमुख अधिकारियों** के लिए प्रयुक्त होता था। ये **उद्योग**, **खनन**, **वाणिज्य** और **शिल्प** जैसे क्षेत्रों का निरीक्षण करते थे। इससे केंद्रीकृत और नियंत्रित प्रशासन की पुष्टि होती है।

3. उत्तर-(a)

व्याख्याः ब्लू फ्लैग सर्टिफिकेशन समुद्र तटों की **सफाई**, **सुरक्षा** और **पर्यावरण प्रबंधन** का **अंतर्राष्ट्रीय मानक** है। यह पर्यावरण हितैषी पर्यटन को बढ़ावा देता है। **ब्लू फ्लैग** प्राप्त तट **अंतर्राष्ट्रीय गुणवत्ता मानकों** के अनुसार विकसित किये जाते हैं।

4. उत्तर-(c)

व्याख्याः दिल्ली सल्तनत में **खुतबा** का पाठ **संप्रभुता** और **वैध शासन** का प्रतीक था। शासक का नाम **खुतबे** में पढ़ा जाना उसकी सत्ता की **वैधानिक** मान्यता दर्शाता था। यह **इस्लामी शासन** परंपरा का महत्वपूर्ण अंग था।

5. उत्तर-(d)

व्याख्याः जागीर व्यवस्था का उद्देश्य **सैनिकों** और **अधिकारियों** को वेतन के बदले **राजस्व अधिकार** (Revenue Right) देना था। इससे **नकद भुगतान** की आवश्यकता कम हुई। यह **सैन्य-प्रशासनिक** संरचना को सुदृढ़ करने का साधन थी।

6. उत्तर-(d)

व्याख्याः कौशाम्बी महाजनपद काल का एक महत्वपूर्ण केंद्र था। यह **वत्स महाजनपद** की राजधानी रहा है। **बौद्ध** और **जैन** परंपराओं में भी इसका उल्लेख मिलता है।

7. उत्तर-(d)

व्याख्याः पंचायतन शैली में मुख्य देवता के साथ **चार सहायक देवालय** होते हैं। यह व्यवस्था **मंदिर परिसर** को समग्र धार्मिक स्वरूप देती है। इस शैली का विकास व्यापक रूप से **उत्तर भारत** में हुआ।

8. उत्तर-(c)

व्याख्याः सगुण भक्ति परंपरा में **साकार ईश्वर की उपासना** की जाती थी। **राम** और **कृष्ण** जैसे अवतारों की आराधना इसके केंद्र में थी। इससे **भक्त** और **ईश्वर** के बीच **भावनात्मक संबंध** स्थापित हुआ।

9. उत्तर-(a)

व्याख्याः कजरी गायन **वर्षा ऋतु** से संबंधित लोक परंपरा है। इसमें **विरह** और **प्रकृति** के भाव प्रकट होते हैं। यह **उत्तर प्रदेश** की लोकसंस्कृति का महत्वपूर्ण अंग है।

10. उत्तर-(c)

व्याख्याः महाकाव्य (Epic) की प्रमुख विशेषता **व्यापक कथानक** और **नायक-प्रधानता** है। इसमें जीवन के विविध पक्षों का समावेश होता है। **रामायण** और **महाभारत** इसके प्रमुख उदाहरण हैं।

11. उत्तर-(c)

व्याख्याः सूर्य किरण, **भारतीय वायुसेना** की **एरोबेटिक टीम** है। यह टीम **हवाई करतब** (Aerobatics) का प्रदर्शन करती है और **राष्ट्रीय** व **अंतर्राष्ट्रीय एयर शो** (International Air Show) में **भारतीय वायुसेना** की क्षमता का प्रदर्शन करती है। **सूर्य किरण** टीम मुख्य रूप से **HAL** द्वारा **निर्मित हॉक** (Hawk) **जेट विमानों** पर **एरोबेटिक प्रदर्शन** के लिए जानी जाती है।

12. उत्तर-(b)

व्याख्याः श्रावस्ती का ऐतिहासिक महत्व **बौद्ध धर्म** से जुड़ा है। **बुद्ध** ने यहाँ अनेक वर्षावास किए। यह **बौद्ध शिक्षा** और **उपदेश** का प्रमुख केंद्र रहा है।

13. उत्तर-(d)

व्याख्याः सुल्तानगंज बुद्ध प्रतिमा **तांबे से निर्मित गुप्तोत्तर काल मूर्तिकला** का उत्कृष्ट उदाहरण है। यह प्रतिमा **बिहार** से प्राप्त हुई थी, जिसकी उँचाई **लगभग 7 फीट** है। वर्तमान में यह प्रतिमा **ब्रिटिश संग्रहालय** में संरक्षित है।

14. उत्तर-(b)

व्याख्याः सूफी सिलसिलों का उद्देश्य **धार्मिक सहिष्णुता** और **आध्यात्मिक साधना** था। ये **मानवता**, **प्रेम** और **समरसता** पर बल देते थे। इससे **सांस्कृतिक संवाद** (Cultural Dialogue) को बढ़ावा मिला।

15. उत्तर-(c)

व्याख्याः आगरा को **मुगल स्थापत्य की राजधानी** के रूप में विशेष पहचान मिली। **ताजमहल** और **आगरा किला** इसके प्रमुख उदाहरण हैं। **मुगल कला** और **स्थापत्य** का उत्कर्ष यहाँ दिखाई देता है।

16. उत्तर-(d)

व्याख्याः राष्ट्रीय हल्दी बोर्ड (National Turmeric Board) की स्थापना **14 जनवरी, 2025** को **नई दिल्ली** में किया गया था, जिसका मुख्यालय **तेलंगाना के निजामाबाद** में है। भारत विश्व का सबसे बड़ा हल्दी उत्पादक देश है और इस **बोर्ड** का मुख्य उद्देश्य हल्दी के **वैश्विक निर्यात**, **मूल्य-वृद्धि** और **अनुसंधान** में सहायता करना है।

17. उत्तर-(c)

व्याख्याः UNESCO की स्थापना **16 नवंबर, 1945** को हुई थी, जिसका मुख्यालय **पेरिस** (फ्रांस) में स्थित है। भारत **4 नवंबर, 1946** को UNESCO का सदस्य बना। **भारत** UNESCO के माध्यम से **शिक्षा**, **विज्ञान**, **संस्कृति** और **विश्व धरोहर संरक्षण** के क्षेत्र में सक्रिय भूमिका निभाता रहा है।

18. उत्तर-(b)

व्याख्याः वैदिक-3D संग्रहालय का निर्माण उत्तर प्रदेश के वाराणसी स्थित **संपूर्णानंद संस्कृत विश्वविद्यालय परिसर** में किया जा रहा है। इसका उद्देश्य **भारतीय ज्योतिष**, **खगोल विज्ञान** एवं **वैदिक साहित्य** को **3D** तकनीक के माध्यम से प्रस्तुत करना है। इस संग्रहालय में **16 संस्कारों**, **64 कलाओं** तथा **18 विद्याओं** का **शैक्षणिक** प्रस्तुतीकरण किया जाएगा।

19. उत्तर-(c)

व्याख्याः क्वाड (QUAD) एक अनौपचारिक रणनीतिक समूह है, जिसमें **भारत**, **संयुक्त राज्य अमेरिका**, जापान और **ऑस्ट्रेलिया** शामिल हैं। इसका मुख्य उद्देश्य **इंडो-पैसिफिक** क्षेत्र में **शांति**, **स्थिरता**, **समुद्री सुरक्षा** और **नियम-आधारित अंतर्राष्ट्रीय व्यवस्था** को मजबूत करना है। यह समूह सैन्य गठबंधन नहीं है, बल्कि **रणनीतिक** और **सहयोगात्मक मंच** के रूप में कार्य करता है।

20. उत्तर-(a)

व्याख्याः भारतीय राष्ट्रीय अनुसंधान फाउंडेशन की स्थापना **राष्ट्रीय अनुसंधान फाउंडेशन अधिनियम, 2023** के अंतर्गत की गई है। इसका उद्देश्य देश में **अनुसंधान**, **नवाचार** और **शैक्षणिक शोध** को **संस्थागत समर्थन** प्रदान करना है।

21. उत्तर-(d)

व्याख्याः वाराणसी का सांस्कृतिक महत्व **शैव परंपरा** से जुड़ा है। यह प्राचीन काल से **शिव-उपासना** का केंद्र रहा है। **संगीत** और **शिक्षा** में भी इसका विशेष योगदान है।

22. उत्तर-(b)

व्याख्याः रस सिद्धांत का उद्देश्य दर्शक में **भावानुभूति** उत्पन्न करना है। **नाटक** और **काव्य** का अंतिम लक्ष्य रस निष्पत्ति माना जाता है। इससे कला का सौंदर्य अनुभव पूर्ण होता है।

23. उत्तर-(d)

व्याख्याः तबकात-ए-नासिरी के लेखक **मिनहाज- उस-सिराज** थे। यह **दिल्ली सल्तनत** के प्रारंभिक इतिहास का महत्वपूर्ण स्रोत है। इसमें **प्रशासनिक** (Administrative) और **राजनीतिक** (Political) विवरण मिलते हैं।

24. उत्तर-(b)

व्याख्याः अवध क्षेत्र की **सांस्कृतिक** पहचान **नवाबी संस्कृति** और **शास्त्रीय संगीत** से जुड़ी है। **लखनऊ** इसका प्रमुख केंद्र रहा है। **कथक** और **ठुमरी** जैसी शैलियों का विकास यहाँ हुआ।

25. उत्तर-(a)

व्याख्याः भारत का पहला **सेमीकंडक्टर** निर्माण संयंत्र **डोलेरा** (गुजरात) में स्थापित किया गया है। यह **मेक इन इंडिया** (Make in India) पहल के अंतर्गत प्रमुख परियोजना है। इस संयंत्र में उच्च तकनीकी चिप का निर्माण किया जाएगा।

26. उत्तर-(d)

व्याख्याः पश्चिमी तट पर **बैकवॉटर** का विकास **तटीय अवरोधों** और **अवसादन** के कारण होता है। **समुद्री तरंगें** (Ocean Wave) **रेत-पट्टी** बनाती हैं, जिनके पीछे **नदी-जल** फँसकर **लैगून/बैकवॉटर** का निर्माण करता है। **केरल तट** इसके प्रमुख उदाहरण हैं।

27. उत्तर-(b)

व्याख्याः दक्कन पठार (Deccan Plateau) की लावा जनित संरचना से **सीढ़ीनुमा पठार** (Stepped Plateau) बनते हैं। क्रमिक **बेसाल्ट** प्रवाहों ने परतदार **भू-आकृति** विकसित की। यह **दक्कन ट्रैप** की विशिष्ट पहचान है।

28. उत्तर-(c)

व्याख्याः भारत में **शीतकालीन वर्षा** मुख्यतः **पश्चिमी विक्षोभ** से संबंधित है। ये **भूमध्यसागर** क्षेत्र से उत्पन्न होकर **उत्तर-पश्चिम** भारत में **वर्षा/हिमपात** (Rain/Snowfall) लाते हैं। **रबी** फसलों के लिए यह वर्षा महत्वपूर्ण होती है।

29. उत्तर-(a)

व्याख्याः उत्तर प्रदेश के **गंगा-यमुना दोआब** में उच्च कृषि उत्पादकता **उपजाऊ जलोढ़ मिट्टी** और विस्तृत सिंचाई के कारण है। **नहरें**, **नलकूप** और **नदियाँ** जल उपलब्धता सुनिश्चित करती हैं। समतल **भू-आकृति** भी सहायक है।

30. उत्तर-(c)

व्याख्या: केंद्रीय बजट 2026-27 में **सबका साथ, सबका विकास प्रत्येक परिवार, समुदाय, प्रदेश** और विभिन्न क्षेत्रों तक **संसाधनों** एवं **अवसरों** की **न्यायोचित पहुँच** सुनिश्चित करने पर केंद्रित है, ताकि **समावेशी** और **संतुलित विकास** को प्राप्त किया जा सके। यह केवल **पिछड़े राज्य**, **असमानता** या **सामाजिक व्यय** तक सीमित अवधारणा नहीं है।

31. उत्तर-(c)

व्याख्या: पारिस्थितिकी तंत्र में ऊर्जा प्रवाह सामान्यत: **एकदिश** होता है। ऊर्जा **उत्पादकों** से **उपभोक्ताओं** की ओर जाती है और प्रत्येक स्तर पर ऊर्जा का क्षय होता है। इसलिए ऊर्जा चक्रित नहीं होती है।

32. उत्तर-(b)

व्याख्या: उत्तर प्रदेश के **तराई क्षेत्र** में **जलभराव** मृदा की प्रमुख समस्या है। अधिक **वर्षा**, **समतल भू-आकृति** और **अपूर्ण निकास** इसके कारण हैं। इससे **कृषि उत्पादकता** (Agriculutural Productivity) प्रभावित होती है।

33. उत्तर-(b)

व्याख्या: भारत का पहला **राष्ट्रीय जैव रोबोटिक्स केंद्र** वर्ष 2025 में **हैदराबाद** में स्थापित किया गया। इसका उद्देश्य **चिकित्सा**, **जैव-अभियांत्रिकी** और **रोबोट-सहायता** प्राप्त सर्जरी के क्षेत्र में अनुसंधान को बढ़ावा देना है। यहाँ उन्नत बायो-रोबोटिक्स प्रणालियाँ, कृत्रिम अंग, **सर्जिकल रोबोट** और **एआई-आधारित** चिकित्सा उपकरणों पर कार्य किया जाएगा।

34. उत्तर-(d)

व्याख्या: पाचन एंजाइमों का सर्वाधिक स्राव **छोटी आँत** में होता है। यहाँ **अग्न्याशयी** और **आंत्र रस** मिलकर **कार्बोहाइड्रेट**, **प्रोटीन** और **वसा** का पाचन करते हैं। यह पाचन का मुख्य स्थल है।

35. उत्तर-(c)

व्याख्या: उत्तर प्रदेश में **भूजल दोहन** की समस्या अत्यधिक **नलकूप सिंचाई** के कारण बढ़ी है। फसल-गहनता और **बिजली/डीजल** पर निर्भरता ने जलस्तर घटाया है। सतत् जल-प्रबंधन की आवश्यकता है।

36. उत्तर-(b)

व्याख्या: केंद्रीय बजट 2026-27 के अंतर्गत **इंडिया सेमीकंडक्टर मिशन 2.0**, **ISM 1.0** पर आधारित होते हुए **सेमीकंडक्टर उपकरण**, **संबंधित सामग्री** और **लचीली आपूर्ति शृंखलाओं** के विनिर्माण पर केंद्रित है। यह केवल **चिप डिजाइन**, **मोबाइल असेंबली** या **आयात-आधारित मॉडल** पर निर्भर न होकर तकनीकी संप्रभुता को सुदृढ़ करता है।

37. उत्तर-(c)

व्याख्या: कार्बन क्रेडिट एक ऐसा प्रमाण-पत्र होता है जो किसी देश, कंपनी या परियोजना को **एक टन कार्बन डाइऑक्साइड** या उसके समकक्ष **ग्रीनहाउस गैस** के उत्सर्जन की अनुमति देता है। इसका उद्देश्य **जलवायु परिवर्तन को नियंत्रित करना** और **कम उत्सर्जन** करने वाली इकाइयों को आर्थिक लाभ देना है। यह प्रणाली **कार्बन ट्रेडिंग** और **सतत विकास** को प्रोत्साहित करती है।

38. उत्तर-(d)

व्याख्या: मैंग्रोव वन वे वनस्पतियाँ हैं, जो समुद्री तटों, **नदी-मुखों** और **ज्वार-भाटा** प्रभावित **खारे जल क्षेत्रों में** विकसित होती हैं। इन पौधों की **जड़ें विशेष** रूप से अनुकूलित होती हैं, जिससे वे **लवणीय जल** और **दलदली भूमि** में जीवित रह सकें। भारत में ये मुख्यत: **सुंदरवन**, **गोदावरी-कृष्णा डेल्टा** और **अंडमान-निकोबार** क्षेत्रों में पाए जाते हैं।

39. उत्तर-(b)

व्याख्या: भारत वन स्थिति रिपोर्ट, 2023 के अनुसार **वर्ष 2023** में **उत्तर प्रदेश** का **वन क्षेत्रफल** राज्य के कुल क्षेत्रफल का लगभग **6.24 प्रतिशत** था। उत्तर प्रदेश में **वन क्षेत्र** का अनुपात **राष्ट्रीय औसत** से कम है, जिसका प्रमुख कारण उच्च **जनसंख्या घनत्व** और **कृषि भूमि** का व्यापक विस्तार है।

40. उत्तर-(a)

व्याख्या: होयसल मंदिर समूह कर्नाटक में स्थित हैं, जिनमें **बेलूर** और **हालेबीडु** के मंदिर विशेष रूप से प्रसिद्ध हैं। ये मंदिर विस्तृत **शिल्पकला**, **जटिल नक्काशी** और **स्थापत्य की उत्कृष्टता** के लिए जाने जाते हैं। **UNESCO** ने वर्ष **2023-24** में इन्हें **वैश्विक धरोहर** का दर्जा दिया। ये मंदिर **दक्षिण भारतीय** स्थापत्य परंपरा के शिखर माने जाते हैं।

41. उत्तर-(b)

व्याख्या: अपमार्जक ऐसे **रासायनिक यौगिक** होते हैं, जिनमें एक सिरा **जलस्नेही** और दूसरा सिरा **जल विरागी** होता है। जल विरागी भाग **तेल या ग्रीस** से जुड़ जाता है, जबकि जलस्नेही भाग पानी से जुड़कर गंदगी को पानी में फैला देता है। इसी गुण के कारण **अपमार्जक कठोर जल** में भी प्रभावी रहते हैं।

42. उत्तर-(b)

व्याख्या: उत्तर प्रदेश के **पूर्वांचल** में कृषि संरचना **वर्षा पर निर्भर लघु जोतों** की है। **सीमित सिंचाई** और **छोटे खेत** उत्पादन को प्रभावित करते हैं। **फसल विविधीकरण** (Crop Diversification) की जरूरत रहती है।

43. उत्तर-(c)

व्याख्या: कठोर जल में मुख्यत: **कैल्शियम** तथा **मैग्नीशियम** के घुलनशील लवण पाए जाते हैं। ये लवण साबुन के साथ अभिक्रिया करके **अघुलनशील मैल** (Scum) बनाते हैं, जिससे झाग कम बनता है। **कठोर जल** दो प्रकार का होता है- **अस्थायी कठोरता**, जो **बाइकार्बोनेट** के कारण होती है, और **स्थायी कठोरता**, जो **सल्फेट** व **क्लोराइड** जैसे लवणों से होती है। उबालने से केवल **अस्थायी कठोरता** दूर होती है, स्थायी कठोरता नहीं।

44. उत्तर-(d)

व्याख्या: नाभिक, **कोशिका** का नियंत्रण केंद्र होता है। यह कोशिका की सभी महत्वपूर्ण क्रियाओं जैसे **वृद्धि** और **विभाजन** को नियंत्रित करता है। इसमें **आनुवंशिक पदार्थ** भी पाया जाता है।

45. उत्तर-(b)

व्याख्या: उत्तर प्रदेश में **मानव-वन्यजीव संघर्ष** अधिकतर **वन-कृषि सीमा** क्षेत्रों में होता है। **आवास-संकीर्णता** और **संसाधन प्रतिस्पर्धा** इसके प्रमुख कारण हैं। सामुदायिक उपाय **मानव-वन्यजीव संघर्ष** में प्रभावी माने जाते हैं।

46. उत्तर-(a)

व्याख्या: उल्टा पिरामिड सामान्यत: **जलीय पारितंत्र** में पाया जाता है। **जलीय खाद्य शृंखला** में उत्पादक जैसे **फाइटोप्लैंकटन संख्या** और **जैवभार** में कम होते हैं, जबकि उपभोक्ता जैसे मछलियाँ उनसे अधिक हो सकती हैं। इसी कारण **पिरामिड का आकार** उल्टा दिखाई देता है।

47. उत्तर-(c)

व्याख्या: मरुस्थलीय पौधों में **मोटी क्यूटिकल** और **कांटे** जल संरक्षण के प्रमुख अनुकूलन हैं। इससे **वाष्पोत्सर्जन** घटता है। कठोर परिस्थितियों में भी जीवन संभव होता है।

48. उत्तर-(c)

व्याख्या: राष्ट्रीय टेली-चिकित्सा सेवा **वर्ष 2025** में **ग्रामीण** और **अर्ध-शहरी** क्षेत्रों को आधुनिक **स्वास्थ्य-परामर्श** से जोड़ने के लिए लॉन्च किया गया। यह **डिजिटल हेल्थ नेटवर्क** चिकित्सकों और विशेषज्ञ संस्थानों को मरीजों से ऑनलाइन जोड़ता है। इससे समय, दूरी और विशेषज्ञता की कमी जैसी समस्याओं का समाधान होता है। यह स्वास्थ्य-सेवा को डिजिटल रूप से मजबूत करने का बड़ा कदम है।

49. उत्तर-(b)

व्याख्या: अपघटक वे जीव होते हैं, जो **मृत पौधों** और **जन्तुओं** के अवशेषों को **सरल पदार्थों** में बदल देते हैं। इसमें मुख्य रूप से **कवक** (Fungi) और **जीवाणु** (Bacteria) शामिल होते हैं। ये पोषक तत्वों को पुन: मिट्टी में मिला देते हैं, जिससे **पारितंत्र** में **पोषक चक्र** (Nutrition Cycle) बना रहता है।

50. उत्तर-(d)

व्याख्या: अंतर्देशीय मत्स्य उत्पादन में उत्तर प्रदेश देशभर में **पहले स्थान** पर है। राज्य में **नदियाँ**, **तालाब**, **जलाशय** और **नहरों** की प्रचुर उपलब्धता है, जो **मछली पालन** के लिए **अनुकूल परिस्थितियाँ** प्रदान करती है। **संगठित मत्स्य विकास कार्यक्रमों** और **सरकारी सहायता** से उत्पादन में निरंतर वृद्धि हुई है।

51. उत्तर-(b)

व्याख्या: वास्तविक GDP प्राप्त करने का उद्देश्य **महँगाई** के प्रभाव को हटाना होता है। नाममात्र **GDP** में मूल्य वृद्धि का असर शामिल रहता है, जबकि वास्तविक **GDP** स्थिर कीमतों पर उत्पादन को दर्शाती है। इससे **आर्थिक वृद्धि** (Economic Growth) की वास्तविक स्थिति स्पष्ट होती है।

52. उत्तर-(b)

व्याख्या: उत्तर प्रदेश में कृषि आधारित उद्योग **ग्रामीण रोजगार सृजन** और **मूल्य संवर्धन** में सहायक होते हैं। **कच्चे कृषि** उत्पादों का **स्थानीय स्तर** पर **प्रसंस्करण** होने से किसानों की आय बढ़ती है। इससे **ग्रामीण अर्थव्यवस्था** (Rural Economy) को मजबूती मिलती है।

53. उत्तर-(b)

व्याख्या: राजकोषीय नीति (Fiscal Policy) का प्रमुख उपकरण **कर** तथा **सरकारी व्यय** है। इनके माध्यम से सरकार **मांग**, **निवेश** और **रोजगार** को प्रभावित करती है। **आर्थिक स्थिरता** (Economic Stability) बनाए रखने में इसकी महत्वपूर्ण भूमिका होती है।

54. उत्तर-(d)

व्याख्या: भारत की **पहली वॉटर मेट्रो** सेवा 25 अप्रैल, 2023 को **कोच्चि शहर** में शुरू की गई है। यह परियोजना **भारत** की **पहली वॉटर मेट्रो** और **एशिया** की **पहली एकीकृत जल परिवहन प्रणाली** है, जो **बैटरी** चालित **इलेक्ट्रिक हाइब्रिड नौकाओं** का उपयोग करती है।

55. उत्तर-(b)

व्याख्या: उत्तर प्रदेश में **औद्योगिक गलियारों** का विकास **निवेश आकर्षित** करने और **लॉजिस्टिक्स सुधार** के लिए किया जा रहा है। बेहतर **परिवहन**, **ऊर्जा** और **भूमि** उपलब्धता से **औद्योगिक गतिविधियाँ** बढ़ती हैं। इससे रोजगार के अवसर भी सृजित होते हैं।

56. उत्तर-(b)

व्याख्या: पद्म पुरस्कार 2026 में **विजय अमृतराज** को खेल क्षेत्र में **पद्म भूषण** प्रदान किया गया है तथा उनकी संबद्धता **संयुक्त राज्य अमेरिका** से दर्शाई गई है। जबकि **रोहित शर्मा**, **सविता पुनिया** और **हरमनप्रीत कौर भुल्लर** को **पद्म श्री** प्रदान किया गया है।

57. उत्तर-(a)

व्याख्याः सुल्तान जोहोर कप एक **अंतर्राष्ट्रीय जूनियर पुरुष हॉकी टूर्नामेंट** है। इसका आयोजन **मलेशिया** में किया जाता है और इसमें विभिन्न देशों की **अंडर-21 हॉकी** टीमें भाग लेती हैं। यह प्रतियोगिता **युवा खिलाड़ियों** को अंतर्राष्ट्रीय अनुभव प्रदान करने के लिए जानी जाती है।

58. उत्तर-(c)

व्याख्याः रबी की फसलों की उगाई सामान्यतः **अक्टूबर-नवंबर** में की जाती हैं। इनकी कटाई **मार्च-अप्रैल** में की जाती है। **गेहूँ, चना** और **सरसों** रबी मौसम की प्रमुख फसलें हैं।

59. उत्तर-(d)

व्याख्याः नाथुला दर्रा सिक्किम राज्य में स्थित है। यह **भारत** और **चीन** (तिब्बत क्षेत्र) को जोड़ने वाला एक महत्वपूर्ण पर्वतीय दर्रा है। प्राचीन **रेशम मार्ग** (Silk Route) का यह प्रमुख हिस्सा रहा है और **सामरिक दृष्टि** से भी इसका विशेष महत्व है।

60. उत्तर-(c)

व्याख्याः डूरंड रेखा, अफगानिस्तान और **पाकिस्तान** के बीच खींची गई **अंतर्राष्ट्रीय सीमा** रेखा है। यह रेखा लगभग **2640 किमी.** लंबी है और **वर्ष 1893** में ब्रिटिश राज के प्रतिनिधि सर **मोर्टिमर डूरंड** तथा उस समय के अफगान शासक के बीच समझौते के तहत स्थापित की गई थी। आधुनिक समय में भी यही रेखा पाकिस्तान और अफगानिस्तान के बीच सीमांकन के रूप में कार्य करती है, हालांकि **अफगानिस्तान** इसे औपचारिक रूप से मान्यता नहीं देता है।

61. उत्तर-(b)

व्याख्याः उत्तर प्रदेश में **लघु उद्योगों** के लिए क्लस्टर दृष्टिकोण **साझा अवसंरचना** और **दक्षता** (Imparting Skills) प्रदान करता है। इससे लागत घटती है और **तकनीकी सहयोग** बढ़ता है। **प्रतिस्पर्धात्मक क्षमता** में सुधार होता है।

62. उत्तर-(c)

व्याख्याः अल्काइन असंतृप्त हाइड्रोकार्बन होते हैं जिनमें कम से कम एक **त्रि-बंधन** (Triple Bond) पाया जाता है। इस त्रि-बंधन के कारण इनमें **हाइड्रोजन** की संख्या कम होती है। इसलिए **अल्काइन** का सामान्य **सूत्र** C_nH_{2n-2} होता है।

63. उत्तर-(c)

व्याख्याः डांडिया, गुजरात का प्रसिद्ध **लोकनृत्य** है। यह नृत्य सामान्यतः **नवरात्रि** के अवसर पर किया जाता है। इसमें **रंग-बिरंगी पोशाक** पहनकर लकड़ी की **छड़ियों** (डांडिया) के साथ समूह में नृत्य किया जाता है। यह नृत्य **आनंद, उत्सव** और **सामूहिक सहभागिता** का प्रतीक माना जाता है।

64. उत्तर-(d)

व्याख्याः उत्तर प्रदेश में **डीएनए बैंक लखनऊ** में स्थापित किया गया है। इसका उपयोग **अपराधों की जाँच, अपराधियों की पहचान** और **फोरेंसिक विश्लेषण** के लिए किया जाता है। **डीएनए प्रोफाइलिंग** से मामलों के निस्तारण में **तेजी** और **सटीकता** आती है।

65. उत्तर-(c)

व्याख्याः कोलडैम जलविद्युत परियोजना हिमाचल प्रदेश के **बिलासपुर** जिले में सतलुज नदी पर स्थित है। यह **NTPC** द्वारा निर्मित **800 मेगावाट** क्षमता की प्रमुख **जलविद्युत परियोजना** है।

66. उत्तर-(c)

व्याख्याः थारू जनजाति मुख्य रूप से तराई क्षेत्र में पायी जाती है, जो **उत्तर प्रदेश** और **उत्तराखंड** के सीमावर्ती भागों में फैला है। यह क्षेत्र घने **वनों** और **नदियों** के कारण जाना जाता है। **थारू जनजाति** पारंपरिक रूप से कृषि और **वन-आधारित** जीवन शैली से जुड़ी रही है तथा **मलेरिया-प्रभावित** क्षेत्रों में रहने की ऐतिहासिक क्षमता के लिए भी जानी जाती है।

67. उत्तर-(b)

व्याख्याः उत्तर प्रदेश में **दुग्ध प्रसंस्करण** इकाइयों के विस्तार से **किसानों** की **आय** में **वृद्धि** और **मूल्य संवर्धन** होता है। संगठित **विपणन** और **प्रसंस्करण** से दुग्ध क्षेत्र सुदृढ़ होता है। **ग्रामीण रोजगार** को भी लाभ मिलता है।

68. उत्तर-(b)

व्याख्याः दीनदयाल बंदरगाह गुजरात राज्य में स्थित है। यह **कच्छ की खाड़ी** में अवस्थित एक प्रमुख बंदरगाह है। पूर्व में इसे **कांडला बंदरगाह** के नाम से जाना जाता था। यह पश्चिमी **भारत** में व्यापार और **आयात-निर्यात** के लिए महत्वपूर्ण भूमिका निभाता है।

69. उत्तर-(a)

व्याख्याः 16वें वित्त आयोग का गठन भारतीय संविधान के **अनुच्छेद-280** के तहत किया गया है और इसके वर्तमान अध्यक्ष के रूप में **डॉ. अरविंद पनगढ़िया** को नियुक्त किया गया है। वे एक प्रमुख अर्थशास्त्री हैं और पहले **नीति आयोग** के उपाध्यक्ष भी रह चुके हैं।

70. उत्तर-(b)

व्याख्याः उत्तर प्रदेश में **बुनियादी ढाँचे** के विकास से **उद्योग** और **सेवाओं** को **प्रत्यक्ष लाभ** मिलता है। **परिवहन** और **ऊर्जा** सुधार से निवेश आकर्षित होता है। आर्थिक गतिविधियों में तेजी आती है।

71. उत्तर-(a)

व्याख्याः जब लोहे में **जंग** लगती है, तो लोहा **वायु** में उपस्थित **ऑक्सीजन** और **नमी** के साथ अभिक्रिया करता है। इस अभिक्रिया से लोहे की सतह पर **आयरन ऑक्साइड** बनता है। इस प्रक्रिया में ऑक्सीजन लोहे के साथ संयोजित हो जाती है, जिससे लोहे का कुल **द्रव्यमान** बढ़ जाता है और परिणामस्वरूप उसका वजन बढ़ जाता है।

72. उत्तर-(d)

व्याख्याः **ब्रह्म समाज** की स्थापना (1828) **राजा राममोहन राय** ने की थी। इसका उद्देश्य समाज में फैली **कुरीतियों** (Evil Practices) का **विरोध करना** और **धार्मिक** व **सामाजिक सुधार** को बढ़ावा देना था। **ब्रह्म समाज** ने **एकेश्वरवाद**, **सामाजिक समानता** और **तर्कसंगत** (Logical) **सोच** पर बल दिया तथा **आधुनिक सुधार आंदोलनों** की नींव रखी।

73. उत्तर-(b)

व्याख्याः उत्तर प्रदेश में **सहकारी दुग्ध संघ ग्रामीण आय** और **बाजार पहुँच** बढ़ाने में महत्वपूर्ण भूमिका निभाते हैं। ये किसानों को **स्थिर मूल्य** और **संगठित विपणन** प्रदान करते हैं। दुग्ध क्षेत्र को **संस्थागत समर्थन** मिलता है।

74. उत्तर-(b)

व्याख्याः **स्टील** में **कार्बन** जोड़ने से उसकी कठोरता और मजबूती बढ़ती है। इससे संरचनात्मक उपयोगों में **स्टील** अधिक उपयोगी बनता है। हालाँकि अधिक **कार्बन** से भंगुरता भी बढ़ सकती है।

75. उत्तर-(b)

व्याख्याः **राष्ट्रीय ड्रोन नीति** का प्रमुख उद्देश्य **ड्रोन इकोसिस्टम** और **नवाचार** को बढ़ावा देना है। इससे **कृषि**, **लॉजिस्टिक्स** और **सर्वेक्षण** जैसे क्षेत्रों में एवं **तकनीकी स्टार्टअप्स** का भी अवसर मिलता है।

76. उत्तर-(b)

व्याख्याः **राज्यसभा** के गठन का प्रमुख उद्देश्य राज्यों के **हितों का प्रतिनिधित्व** करना है। यह **संघीय ढाँचे** में राज्यों की आवाज को केंद्र की **विधायी प्रक्रिया** में स्थान देती है। राज्यसभा **स्थायी सदन** है, जिससे **निरंतरता** और **स्थिरता** बनी रहती है।

77. उत्तर-(a)

व्याख्याः **मदर टेरेसा** भारत की **पहली महिला नोबेल पुरस्कार विजेता** थीं। उन्हें **वर्ष 1979** में **शांति का नोबेल पुरस्कार** मिला। उनका जीवन गरीबों और रोगियों की सेवा को समर्पित था।

78. उत्तर-(b)

व्याख्याः **IUCN रेड लिस्ट** जीवों की संरक्षण स्थिति को दर्शाती है। यह **संकटग्रस्त**, **दुर्लभ** और **विलुप्तप्राय** प्रजातियों की जानकारी देती है। **नीति निर्माण** और **संरक्षण योजना** में इसका विशेष महत्त्व है। **IUCN** का मुख्यालय **ग्लैंड**, **स्विट्जरलैंड** है।

79. उत्तर-(b)

व्याख्याः **लीजन ऑफ ऑनर**, **फ्रांस** का सर्वोच्च नागरिक सम्मान है। यह सम्मान **प्रधानमंत्री नरेंद्र मोदी** को **भारत-फ्रांस** रणनीतिक साझेदारी को मजबूत करने में उनके योगदान के लिए प्रदान किया गया।

80. उत्तर-(c)

व्याख्याः लोकसभा में **धन विधेयक** (Money Bill) **वित्त मंत्री** द्वारा प्रस्तुत किया जाता है। **धन विधेयक** केवल **लोकसभा** में ही पेश किया जाता है। यह सरकार के वित्तीय अधिकारों से संबंधित होता है।

81. उत्तर-(b)

व्याख्याः भारत का **डिजिटल पब्लिक इंफ्रास्ट्रक्चर मॉडल G20** मंच पर वैश्विक रूप से प्रस्तुत किया गया। इसमें **पहचान**, **भुगतान** और **डेटा प्लेटफॉर्म** शामिल हैं। यह **समावेशी डिजिटल विकास** का मॉडल माना जा रहा है।

82. उत्तर-(d)

व्याख्याः **अंतर्राष्ट्रीय आलू केंद्र** की **दक्षिण एशिया क्षेत्रीय इकाई** (CSARC) की स्थापना उत्तर प्रदेश के **आगरा** जिले के **सिंघना गाँव** में की जा रही है। यह इकाई **आलू** और **शकरकंद** की **उत्पादकता बढ़ाने**, **पोषण सुरक्षा** को सुदृढ़ करने तथा **किसानों की आय में वृद्धि** के लिए **अनुसंधान**, **नवाचार** और **तकनीकी सहयोग** पर केंद्रित होगी। **अंतर्राष्ट्रीय आलू केंद्र** का मुख्यालय **लीमा** (पेरू) में स्थित है तथा इसकी स्थापना **वर्ष 1971** है।

83. उत्तर-(b)

व्याख्याः एआई गवर्नेंस फ्रेमवर्क **(AI Governance Framework)** को **G20 पहल** के तहत आगे बढ़ाया गया है। इसका उद्देश्य जिम्मेदार और नैतिक **AI** विकास को प्रोत्साहित करना है। **वैश्विक मानकों** (Global Standards) के निर्माण में भारत की भूमिका को यह सुदृढ़ करता है।

84. उत्तर-(c)

व्याख्याः **राष्ट्रीय क्वांटम मिशन** उन्नत प्रौद्योगिकी से संबंधित है। इसका लक्ष्य **क्वांटम कंप्यूटिंग**, **संचार** और **संवेदन क्षमताओं** का विकास करना है। इससे **तकनीकी आत्मनिर्भरता** को बल मिलेगा।

85. उत्तर-(d)

व्याख्याः स्यूडोकार्प या **असत्य फल** (False Fruit) वह फल होता है, जिसमें **अंडाशय** के अतिरिक्त **पुष्पासन** (Thalamus) भी फल के निर्माण में भाग लेता है। **सेब** खाने योग्य भाग **पुष्पासन** से विकसित होता है, इसलिए सेब को **असत्य फल** (False Fruit) कहा जाता है।

86. उत्तर-(d)

व्याख्याः संचार साथी मोबाइल एप **भारत सरकार** के **दूरसंचार विभाग** (DoT) द्वारा **16 मई, 2023** को लॉन्च किया गया है। इस एप के माध्यम से नागरिक अपने नाम पर जारी मोबाइल **सिम कनेक्शनों** की जानकारी प्राप्त कर सकते हैं, **खोए** या **चोरी** हुए मोबाइल को **ब्लॉक/अनब्लॉक** कर सकते हैं तथा **दूरसंचार** से संबंधित **धोखाधड़ी** की शिकायत दर्ज कर सकते हैं।

87. उत्तर-(c)

व्याख्याः वंदे मातरम की रचना **वर्ष 1875** में **बंकिमचंद्र चटर्जी** द्वारा की गई थी। इस आधार पर **वर्ष 2025** में इसके **150 वर्ष** पूर्ण होते हैं। **वंदे मातरम** भारतीय **स्वतंत्रता आंदोलन** के दौरान **राष्ट्रभक्ति** और **राष्ट्रीय चेतना** का प्रमुख प्रतीक रहा है।

88. उत्तर-(c)

व्याख्याः पद्म पुरस्कार 2026 की सूची के अनुसार **सुश्री ल्यूडमिला विक्टोरोवना खोखलोवा** को **रूस** से संबंधित **विदेशी नागरिक** के रूप में **साहित्य एवं शिक्षा क्षेत्र** में **पद्म श्री** प्रदान किया गया है।

89. उत्तर-(b)

व्याख्याः उत्तर प्रदेश में **ग्राम पंचायत** का कार्यकाल **5 वर्षों** का होता है। यह अवधि **पंचायती राज अधिनियम** के अंतर्गत निर्धारित है। नियमित चुनाव **लोकतांत्रिक विकेंद्रीकरण** सुनिश्चित करते हैं।

90. उत्तर-(c)

व्याख्याः न्यूटन का प्रथम गति का नियम **जड़त्व** से संबंधित है। यह बताता है कि कोई वस्तु अपनी **अवस्था** में तब तक बनी रहती है जब तक उस पर **बाह्य बल** न लगे। यह गति के **मूल सिद्धांत** को स्पष्ट करता है।

91. उत्तर-(b)

व्याख्याः पुलित्जर पुरस्कार पत्रकारिता से संबंधित है। यह **अंतर्राष्ट्रीय स्तर** का **प्रतिष्ठित पुरस्कार** है। यह पुरस्कार **पत्रकारिता**, **साहित्य** और **संगीत** के क्षेत्र में दिया जाता है।

92. उत्तर-(c)

व्याख्याः उत्तर प्रदेश में **नगर निगम** का प्रमुख **महापौर** होता है। महापौर का चुनाव जनता द्वारा **प्रत्यक्ष** रूप से **5 वर्ष** के लिए किया जाता है, और वे निगम की बैठकों की **अध्यक्षता** करते हैं।

93. उत्तर-(c)

व्याख्याः विद्युत धारा का SI मात्रक **एम्पियर** है। यह प्रति सेकंड प्रवाहित **आवेश की मात्रा** को दर्शाता है। **विद्युत परिपथों** के विश्लेषण में यह मूल इकाई है।

94. उत्तर-(b)

व्याख्याः यदि वस्तु समान चाल से चल रही है, तो उसका **त्वरण** शून्य होता है। क्योंकि **वेग** में कोई परिवर्तन नहीं होता। **त्वरण** केवल **वेग परिवर्तन** पर निर्भर करता है।

95. उत्तर-(c)

व्याख्याः उत्तर प्रदेश के **उच्च न्यायालय** की मुख्य पीठ **प्रयागराज** में स्थित है। **लखनऊ** में इसकी **खंडपीठ** है। यह व्यवस्था न्याय तक पहुँच को सुगम बनाती है।

96. उत्तर-(b)

व्याख्याः ICC महिला क्रिकेट विश्व कप 2025 की मेजबानी **भारत और श्रीलंका** द्वारा संयुक्त रूप से की गई। यह महिला क्रिकेट विश्व कप का **13वाँ संस्करण** था। **भारतीय महिला क्रिकेट टीम** में पहली बार आईसीसी महिला विश्व कप का खिताब अपने नाम किया।

97. उत्तर-(c)

व्याख्याः कार्य और **ऊर्जा** के बीच संबंध को **कार्य-ऊर्जा प्रमेय** से समझाया जाता है। इसके अनुसार किसी वस्तु पर किया गया कुल कार्य उसकी **गतिज ऊर्जा** में परिवर्तन के बराबर होता है। यह **यांत्रिकी** का **मूल सिद्धांत** है।

98. उत्तर-(d)

व्याख्याः भारतीय संविधान में **मूल कर्तव्यों** की कुल संख्या 11 है। मूल रूप से **वर्ष 1976** के **42वें संविधान संशोधन** अधिनियम द्वारा **10 मूल कर्तव्य** जोड़े गए थे। बाद में **वर्ष 2002** के **86वें संविधान संशोधन अधिनियम** के माध्यम से एक अतिरिक्त मूल कर्तव्य जोड़ा गया, जिससे इनकी **संख्या** 11 हो गई। ये **मूल कर्तव्य संविधान के भाग IVA** (अनुच्छेद-51A) में वर्णित हैं।

99. उत्तर-(b)

व्याख्याः हिमगिरि गेहूँ की एक उन्नत किस्म है, जिसे **भारतीय कृषि अनुसंधान परिषद** (ICAR) द्वारा विकसित किया गया। यह किस्म विशेष रूप से **रस्ट** (किट्ट) जैसे प्रमुख **फफूंद रोगों** के प्रति **प्रतिरोधी** है तथा **ठंडे** एवं **पर्वतीय** क्षेत्रों में बेहतर उत्पादन देती है।

100. उत्तर-(a)

व्याख्याः प्रकाश तरंगें **अनुप्रस्थ तरंगें** (Transverse waves) होती हैं, क्योंकि इनमें **विद्युत** और **चुंबकीय क्षेत्र** के **कंपन तरंग** प्रसार की दिशा के **लंबवत** (Perpendicular) होते हैं

होमगार्ड प्रैक्टिस सैट-5

1. **जैन धर्म में गृहस्थों के लिए किस व्रत का पालन आवश्यक था?**
(a) महाव्रत (b) यज्ञ
(c) अणुव्रत (d) तप

2. **पानीपत के प्रथम युद्ध में बाबर की विजय का प्रमुख कारण क्या था?**
(a) तोपखाना और युद्ध कौशल
(b) हाथियों का प्रयोग
(c) विशाल सेना
(d) विश्वासघात

3. **विजयनगर की ओर से तालीकोटा के युद्ध में सेनापति कौन था?**
(a) कृष्णदेवराय (b) देवराय द्वितीय
(c) सदाशिव राय (d) रामराय

4. **असम में अहोम राज्य की स्थापना किसने की?**
(a) सुहूंगमुंग (b) सुकफा
(c) चिलाराय (d) नरनारायण

5. **मौर्योत्तर काल में भूमि दान प्रथा के बढ़ने का प्रमुख परिणाम क्या हुआ?**
(a) सामंतवादी प्रवृत्तियाँ (b) कृषि पतन
(c) शहरीकरण (d) व्यापार वृद्धि

6. **उत्तर प्रदेश में स्थित अहिच्छत्र का ऐतिहासिक महत्व किससे जुड़ा है?**
(a) हड़प्पा सभ्यता (b) मौर्य राजधानी
(c) पांचाल महाजनपद (d) कुषाण व्यापार

7. **भारतीय स्थापत्य में अमरावती शैली की प्रमुख विशेषता क्या है?**
(a) भारी अलंकरण
(b) बौद्ध कथा-दृश्यों का सूक्ष्म उत्कीर्णन
(c) ऊँचे शिखर
(d) पाषाण स्तंभ

8. **भक्ति आंदोलन में निर्गुण परंपरा का मूल विचार क्या था?**
(a) मूर्ति पूजा
(b) राजाश्रय
(c) यज्ञ प्रधानता
(d) ईश्वर का निराकार स्वरूप

9. **उत्तर प्रदेश की लोकनाट्य परंपरा नौटंकी का मुख्य विषय क्या होता है?**
(a) वीरता, प्रेम और सामाजिक कथानक
(b) केवल धार्मिक कथाएँ
(c) शास्त्रीय दर्शन
(d) आधुनिक राजनीति

10. **निम्नलिखित में पुष्यभूति वंश का राजा कौन था?**
(a) अजातशत्रु (b) बिम्बिसार
(c) चन्द्रगुप्त (d) हर्षवर्धन

11. **भारत का प्रथम समुद्री राष्ट्रीय उद्यान** (Marine National Park) **कौन सा है?**
(a) सुंदरबन समुद्री राष्ट्रीय उद्यान
(b) कच्छ की खाड़ी समुद्री राष्ट्रीय उद्यान
(c) मन्नार की खाड़ी समुद्री राष्ट्रीय उद्यान
(d) अंडमान समुद्री राष्ट्रीय उद्यान

12. **उत्तर प्रदेश में स्थित देवरिया का संबंध किस महाजनपद से जोड़ा जाता है?**
(a) मगध (b) मल्ल
(c) वज्जि (d) काशी

13. **बौद्ध धर्म में अष्टांगिक मार्ग का उद्देश्य क्या है?**
(a) राजनीतिक सत्ता (b) निर्वाण की प्राप्ति
(c) सामाजिक संगठन (d) व्यापार विस्तार

14. **मध्यकालीन भारत में फारसी भाषा के व्यापक प्रयोग का प्रमुख कारण क्या था?**
(a) प्रशासनिक और दरबारी भाषा (b) धार्मिक बाध्यता
(c) जनभाषा (d) शिक्षा निषेध

15. **विजयनगर साम्राज्य की अर्थव्यवस्था किस पर निर्भर थी?**
(a) समुद्री व्यापार (b) दास व्यापार
(c) खनन (d) कृषि और सिंचाई व्यवस्था

16. **केंद्रीय बजट 2026-27 में कोस्टल कार्गो प्रमोशन स्कीम के अंतर्गत वर्ष 2047 तक कोस्टल शिपिंग की हिस्सेदारी कितनी करने का लक्ष्य रखा गया है?**
(a) 8% (b) 10%
(c) 12% (d) 15%

17. रिहंद बाँध परियोजना किस नदी पर स्थित है?
(a) गोमती नदी (b) सोन नदी
(c) रिहंद नदी (d) केन नदी

18. उत्तर प्रदेश से संबंधित किस सांस्कृतिक परंपरा को राष्ट्रीय/अंतर्राष्ट्रीय मंच पर मान्यता मिली है?
(a) ब्रज होली परंपरा (b) आधुनिक चित्रकला
(c) फिल्म उद्योग (d) वास्तुकला सम्मेलन

19. ग्रामीण भारत महोत्सव 2025 का उद्घाटन किसने किया?
(a) प्रधानमंत्री नरेंद्र मोदी
(b) राष्ट्रपति द्रौपदी मुर्मू
(c) ग्रामीण विकास मंत्री
(d) उपराष्ट्रपति सी.पी. राधाकृष्णन

20. प्राचीन भारतीय इतिहास लेखन में पुराणों का महत्व किस रूप में मिलता है?
(a) केवल धार्मिक ग्रंथ
(b) राजवंशीय और सांस्कृतिक स्रोत
(c) वैज्ञानिक ग्रंथ
(d) प्रशासनिक दस्तावेज

21. उत्तर प्रदेश में स्थित चित्रकूट का धार्मिक-सांस्कृतिक महत्व किससे सम्बंधित है?
(a) बौद्ध संघ (b) जैन तीर्थ
(c) रामायण परंपरा (d) सूफी परंपरा

22. भारतीय संगीत में घराना परंपरा का आशय क्या है?
(a) क्षेत्रीय भाषा
(b) आधुनिक प्रयोग
(c) राजकीय संरक्षण
(d) वंशानुगत शैली और प्रशिक्षण

23. अकबरनामा के लेखक कौन थे?
(a) बदायूँनी (b) अबुल फजल
(c) नजीर अकबराबादी (d) फरिश्ता

24. उत्तर प्रदेश का प्रमुख लोकगीत क्या है?
(a) धमार (b) बिरहा
(c) टप्पा (d) कव्वाली

25. निम्नलिखित व्यक्तियों में से किन्हें भारत रत्न नहीं मिला हैं?
(a) मुलायम सिंह यादव (b) अटल बिहारी वाजपेयी
(c) सत्यजीत रे (d) गोविन्द वल्लभ पंत

26. भारत के पश्चिमी तट पर लैगून/बैकवॉटर के विकास में किस प्रक्रिया की प्रमुख भूमिका होती है?
(a) हिमानी अपरदन
(b) विवर्तनिक धँसाव
(c) तटीय अवरोध एवं अवसादन
(d) ज्वालामुखीय क्रिया

27. दक्कन ट्रैप क्षेत्र की परतदार संरचना का निर्माण मुख्यत: किससे हुआ?
(a) अवसादी चट्टानों से (b) ग्रेनाइटिक अंत:क्षेपों से
(c) कायांतरित चट्टानों से (d) बेसाल्टिक लावा प्रवाहों से

28. भारत में रबी फसलों के लिए शीतकालीन वर्षा का प्रमुख स्रोत कौन-सा है?
(a) उत्तर-पूर्व मानसून (b) दक्षिण-पश्चिम मानसून
(c) पश्चिमी विक्षोभ (d) स्थानीय संवहनीय वर्षा

29. कर्क रेखा भारत की जलवायु को किस प्रकार प्रभावित करती है?
(a) शीत कटिबंधीय बनाकर (b) ध्रुवीय प्रभाव देकर
(c) उष्ण कटिबंधीय बनाकर (d) समुद्री प्रभाव बढ़ाकर

30. मेघालय की राजधानी क्या है?
(a) गुवाहाटी (b) शिलांग
(c) आइजोल (d) कोहिमा

31. पारिस्थितिकी तंत्र में ऊर्जा के प्रवाह का सामान्य नियम क्या दर्शाता है?
(a) ऊर्जा चक्रीय होती है
(b) ऊर्जा पुन: उत्पन्न होती है
(c) ऊर्जा स्थिर रहती है
(d) ऊर्जा एकदिश प्रवाहित होती है

32. उत्तर प्रदेश में भूजल स्तर के गिरने का सबसे प्रमुख कारण कौन-सा है?
(a) वनों की वृद्धि (b) पर्वतीय भू-आकृति
(c) कम जनसंख्या (d) अत्यधिक नलकूप सिंचाई

33. हॉटस्पॉट (Hot Spot) अवधारणा में किसी क्षेत्र को प्राथमिकता देने का आधार क्या है?
(a) उच्च स्थानिक प्रजातियाँ एवं संकट
(b) उच्च जनसंख्या
(c) औद्योगिक विकास
(d) खनिज संपदा

34. केंद्रीय बजट 2026-27 में मेडिकल वैल्यू टूरिज्म के अंतर्गत कितने क्षेत्रीय मेडिकल हब स्थापित करने का प्रस्ताव है?
(a) तीन (b) चार
(c) पाँच (d) छह

35. उत्तर प्रदेश के पूर्वांचल क्षेत्र में कृषि की प्रमुख विशेषता क्या है?
(a) शुष्क कृषि (b) केवल बागवानी
(c) वर्षा पर निर्भर लघु जोतें (d) पर्वतीय कृषि

36. उत्तर प्रदेश की सबसे ऊँची पर्वत चोटी कौन सी है?
(a) धूपगढ़ (b) गुरु शिखर
(c) अमसोत (d) पारसनाथ

37. भूकंप की तीव्रता एवं उससे उत्पन्न भूकंपीय तरंगों को मापने के लिए किस यंत्र का उपयोग किया जाता है?
(a) बैरोमीटर (b) सिस्मोग्राफ
(c) थर्मामीटर (d) हाइड्रोमीटर

38. जेवर हवाई अड्डा उत्तर प्रदेश के किस जनपद में स्थित है?
(a) गाजियाबाद (b) गौतम बुद्ध नगर
(c) बुलंदशहर (d) अलीगढ़

39. राजकोषीय घाटा (Fiscal Deficit) से क्या तात्पर्य है?
(a) सरकार की कुल आय और कुल व्यय के बीच अंतर
(b) सरकार की कुल व्यय और कुल प्राप्तियों (उधार को छोड़कर) के बीच अंतर
(c) सरकार की कर आय और गैर-कर आय का अंतर
(d) सरकार की कुल बचत और कुल निवेश का अंतर

40. मानव रक्त में श्वेत रक्त कणों (White Blood Cells) का मुख्य कार्य क्या है?
(a) ऑक्सीजन परिवहन (b) पोषक तत्व परिवहन
(c) रोग प्रतिरोध (d) रक्त का थक्का जमाना

41. भारत की प्रथम महिला मुस्लिम शासिका कौन थीं?
(a) नूरजहाँ (b) रजिया सुल्तान
(c) बेगम हजरत महल (d) चाँद बीबी

42. डेविस कप (Davis Cup) किस खेल से संबंधित है?
(a) क्रिकेट (b) फुटबॉल
(c) टेनिस (d) हॉकी

43. विटीकल्चर (Viticulture) का संबंध किससे है?
(a) गेहूँ की खेती (b) अंगूर की खेती
(c) कपास की खेती (d) चाय की खेती

44. भारतीय संविधान में न्यायिक पुनरावलोकन (Judicial Review) का प्रावधान किस देश से लिया गया है?
(a) ब्रिटेन (b) ऑस्ट्रेलिया
(c) आयरलैंड (d) अमेरिका

45. अयोध्या किस नदी के किनारे स्थित है?
(a) गंगा (b) सरयू
(c) गोमती (d) घाघरा

46. रेडक्लिफ रेखा (Radcliffe Line) किन दो देशों को विभाजित करती है?
(a) भारत और बांग्लादेश
(b) भारत और श्रीलंका
(c) भारत और पाकिस्तान
(d) पाकिस्तान और अफगानिस्तान

47. ऐल्काइन (Alkyne) किस प्रकार का हाइड्रोकार्बन होता है?
(a) संतृप्त हाइड्रोकार्बन
(b) असंतृप्त हाइड्रोकार्बन
(c) सुगंधित हाइड्रोकार्बन
(d) चक्रीय हाइड्रोकार्बन

48. अरावली पर्वत श्रेणी (Aravalli Range) किन-किन क्षेत्रों में विस्तृत है?
(a) केवल राजस्थान में
(b) राजस्थान और हरियाणा में
(c) राजस्थान, हरियाणा और दिल्ली में
(d) राजस्थान और उत्तर प्रदेश में

49. माउंट एवरेस्ट (Mount Everest) कहाँ स्थित है?
(a) भारत और नेपाल की सीमा पर
(b) नेपाल और तिब्बत (चीन) की सीमा पर
(c) भारत और चीन की सीमा पर
(d) भूटान और चीन की सीमा पर

50. पेलाग्रा रोग किस विटामिन की कमी के कारण होता है?
(a) विटामिन D_3 (b) विटामिन B_1
(c) विटामिन B_3 (d) विटामिन C

51. भारत की सबसे बड़ी खारे पानी की झील के संबंध में निम्नलिखित में से कौन-सा कथन सही है?

(a) सांभर झील भारत की सबसे बड़ी खारे पानी की झील है और समुद्र से जुड़ी हुई है।

(b) चिल्का झील भारत की सबसे बड़ी अंतर्देशीय खारे पानी की झील है।

(c) सांभर झील भारत की सबसे बड़ी अंतर्देशीय खारे पानी की झील है।

(d) चिल्का झील पूर्णतः अंतर्देशीय झील है।

52. उत्तर प्रदेश में खाद्य प्रसंस्करण उद्योगों के विस्तार से प्रत्यक्ष लाभान्वित वर्ग या क्षेत्र कौन-सा है?

(a) केवल शहरी उपभोक्ता (b) किसान और ग्रामीण रोजगार

(c) आयातक (d) खनन क्षेत्र

53. मौद्रिक नीति का प्रमुख उद्देश्य क्या है?

(a) कर निर्धारण

(b) मूल्य स्थिरता और वृद्धि संतुलन

(c) राजकोषीय घाटा समाप्ति

(d) आयात नियंत्रण

54. भारतीय संविधान की सातवीं अनुसूची में किसका उल्लेख किया गया है?

(a) संघ, राज्य और समवर्ती सूचियाँ

(b) भाषाओं की सूची

(c) मौलिक अधिकार

(d) शपथ

55. उत्तर प्रदेश में MSME क्लस्टर नीति का मुख्य लाभ क्या है?

(a) प्रतिस्पर्धा कम करना

(b) कर वृद्धि

(c) आयात निर्भरता बढ़ाना

(d) साझा अवसंरचना व तकनीकी सहयोग

56. राष्ट्रीय आय में लाभ (Profit) किस कारक आय को दर्शाता है?

(a) श्रम (b) भूमि

(c) पूँजी (d) उद्यमिता

57. रेपो रेट (Repo Rate) से क्या तात्पर्य है?

(a) वह ब्याज दर जिस पर बैंक ग्राहकों को ऋण देते हैं

(b) वह ब्याज दर जिस पर सरकार उधार लेती है

(c) वह ब्याज दर जिस पर RBI वाणिज्यिक बैंकों को अल्पकालिक ऋण देता है

(d) वह ब्याज दर जिस पर बैंक आपस में ऋण लेते हैं

58. रोहतांग दर्रा (Rohtang Pass) कहाँ स्थित है?

(a) उत्तराखंड (b) जम्मू और कश्मीर

(c) हिमाचल प्रदेश (d) सिक्किम

59. उत्तर प्रदेश का वह कौन-सा जिला है, जो सर्वाधिक राज्यों की सीमा से लगता है?

(a) मिर्जापुर (b) चंदौली

(c) सोनभद्र (d) बलिया

60. ब्रह्मोस मिसाइल की उत्पादन इकाई का उद्घाटन कहाँ किया गया है?

(a) कानपुर (b) झाँसी

(c) आगरा (d) लखनऊ

61. वर्ष 2011 की जनगणना के अनुसार, उत्तर प्रदेश में लिंगानुपात के आधार पर क्रमशः सर्वाधिक एवं न्यूनतम लिंगानुपात वाला जिला कौन-सा है?

(a) आजमगढ़ - गाजियाबाद

(b) जौनपुर - कानपुर नगर

(c) जौनपुर - गौतम बुद्ध नगर

(d) बलिया - लखनऊ

62. दिल्ली को किस अनुच्छेद के तहत विशेष दर्जा प्राप्त है?

(a) अनुच्छेद 239 (b) अनुच्छेद 239A

(c) अनुच्छेद 240 (d) अनुच्छेद 239AA

63. स्टेट ऑफ वर्ल्ड पॉपुलेशन रिपोर्ट (State of World Population Report) किसके द्वारा जारी की जाती है?

(a) विश्व स्वास्थ्य संगठन

(b) संयुक्त राष्ट्र विकास कार्यक्रम

(c) संयुक्त राष्ट्र जनसंख्या कोष

(d) विश्व बैंक

64. पद्म पुरस्कार 2026 की सूची के अनुसार जर्मनी के किस व्यक्ति को पद्म श्री (Padma Shri) प्रदान किया गया है?

(a) प्रो. लार्स-क्रिश्चियन कोच

(b) सुश्री ल्यूडमिला विक्टोरोवना खोखलोवा

(c) डॉ. नोरी दत्तात्रेयुडु

(d) श्री व्लादिमेर मेस्त्विरिश्विली

65. ईरान-इजरायल संघर्ष के दौरान ऑपरेशन सिंधु (Operation Sindhu) के तहत भारत सरकार ने भारतीय नागरिकों की निकासी किस देश से की?

(a) ईरान (b) यूक्रेन

(c) इजराइल (d) सूडान

66. **S-400 ट्रायम्फ** (S-400 Triumph) **किस प्रकार की रक्षा प्रणाली है?**

(a) अंतरमहाद्वीपीय बैलिस्टिक मिसाइल

(b) सतह से सतह पर मार करने वाली मिसाइल

(c) लंबी दूरी की सतह से हवा में मार करने वाली वायु रक्षा प्रणाली

(d) पनडुब्बी रोधी मिसाइल प्रणाली

67. **फुटबॉल से संबंधित भारत में आयोजित होने वाली प्रमुख राष्ट्रीय प्रतियोगिता कौन-सी है?**

(a) रणजी ट्रॉफी (b) संतोष ट्रॉफी

(c) विजय हजारे ट्रॉफी (d) डूरंड कप

68. **AI का पूरा नाम क्या है?**

(a) उन्नत बुद्धिमत्ता (Advanced Intelligence)

(b) स्वचालित सूचना (Automated Information)

(c) अनुप्रयुक्त बुद्धिमत्ता (Applied Intelligence)

(d) कृत्रिम बुद्धिमत्ता (Artificial Intelligence)

69. **राष्ट्रपति भवन किस पर्वत शृंखला पर स्थित है?**

(a) शिवालिक पर्वत (b) सतपुड़ा पर्वत

(c) नीलगिरि पर्वत (d) अरावली पर्वत

70. **राज्य के मुख्य चुनाव आयुक्त की नियुक्ति कौन करता है?**

(a) राष्ट्रपति (b) प्रधानमंत्री

(c) राज्यपाल (d) भारत निर्वाचन आयोग

71. **भारत से बांग्लादेश में प्रवेश करने के बाद गंगा नदी को किस नाम से जाना जाता है?**

(a) ब्रह्मपुत्र (b) पद्मा

(c) मेघना (d) तीस्ता

72. **घूमर नृत्य** (Ghoomar Dance) **भारत के किस राज्य से संबंधित है?**

(a) राजस्थान (b) गुजरात

(c) मध्य प्रदेश (d) हरियाणा

73. **भारत रत्न सम्मान प्राप्त करने वाले प्रसिद्ध शहनाई वादक कौन थे?**

(a) पंडित रवि शंकर

(b) उस्ताद अमजद अली खान

(c) पंडित हरिप्रसाद चौरसिया

(d) उस्ताद बिस्मिल्लाह खान

74. **स्वर्ण मंदिर** (Golden Temple) **भारत के किस शहर में स्थित है?**

(a) चंडीगढ़ (b) अमृतसर

(c) लुधियाना (d) पटियाला

75. **चंद्रशेखर आजाद के जन्म स्थान एवं शहादत स्थल के संबंध में निम्नलिखित में से कौन-सा विकल्प सही है?**

(a) जन्म-कानपुर / शहादत-लखनऊ

(b) जन्म-झाँसी / शहादत-वाराणसी

(c) जन्म-भाबरा (अलीराजपुर) / शहादत-प्रयागराज

(d) जन्म-प्रयागराज / शहादत-कानपुर

76. **भारतीय संविधान में संघीय व्यवस्था की मुख्य विशेषता क्या मानी जाती है?**

(a) केंद्र-राज्य के बीच शक्तियों का विभाजन

(b) शक्तियों का केंद्रीकरण

(c) एकात्मक शासन

(d) न्यायपालिका का अधीन होना

77. **बांग्लादेश की मुद्रा क्या है?**

(a) रुपया (b) टका

(c) रियाल (d) क्यात

78. **स्वतंत्र भारत में डाक विभाग द्वारा पहली बार किस महिला के सम्मान में डाक टिकट जारी किया गया?**

(a) सरोजिनी नायडू (b) रानी लक्ष्मीबाई

(c) मीरा बाई (d) कस्तूरबा गांधी

79. **फूलों की घाटी राष्ट्रीय उद्यान** (Valley of Flowers National Park) **किस राज्य में स्थित है?**

(a) हिमाचल प्रदेश (b) उत्तराखंड

(c) सिक्किम (d) अरुणाचल प्रदेश

80. **चारमीनार** (Charminar) **कहाँ स्थित है?**

(a) लखनऊ (b) हैदराबाद

(c) आगरा (d) औरंगाबाद

81. **राष्ट्रपति के चुनाव में किस प्रकार की मतदान प्रणाली अपनाई जाती है?**

(a) साधारण बहुमत (b) प्रत्यक्ष मतदान

(c) समान मत प्रणाली (d) आनुपातिक प्रतिनिधित्व

82. **SSB का पूरा नाम क्या है?**

(a) विशेष सुरक्षा बटालियन

(b) राज्य सुरक्षा बोर्ड

(c) सशस्त्र सीमा बल

(d) सर्वोच्च सुरक्षा ब्यूरो

83. मानव विकास सूचकांक (HDI) का प्रकाशन निम्नलिखित में से कौन-सा संगठन करता है?

(a) संयुक्त राष्ट्र विकास कार्यक्रम (UNDP)

(b) अंतर्राष्ट्रीय मुद्रा कोष (IMF)

(c) विश्व बैंक (World Bank)

(d) विश्व स्वास्थ्य संगठन (WHO)

84. भारतीय लघु उद्योग विकास बैंक (SIDBI) का मुख्यालय कहाँ स्थित है?

(a) नई दिल्ली (b) मुंबई

(c) लखनऊ (d) कोलकाता

85. EVM का पूरा नाम क्या है?

(a) इलेक्ट्रॉनिक वोटिंग मशीन

(b) इलेक्ट्रिकल वोटिंग विधि

(c) इलेक्ट्रॉनिक वोट तंत्र

(d) निर्वाचन वोटिंग मशीन

86. वायुमंडल में सर्वाधिक मात्रा में कौन-सी गैस पायी जाती है?

(a) ऑक्सीजन (b) कार्बन डाइऑक्साइड

(c) नाइट्रोजन (d) आर्गन

87. अर्जुन किससे संबंधित है?

(a) भारत की मिसाइल प्रणाली

(b) भारत का लड़ाकू विमान

(c) भारत का मुख्य युद्धक टैंक

(d) भारत का नौसैनिक पोत

88. भोजन में उपयोग होने वाले सामान्य नमक का रासायनिक सूत्र क्या है?

(a) सोडियम कार्बोनेट (Na_2CO_3)

(b) सोडियम क्लोराइड (NaCl)

(c) सोडियम बाइकार्बोनेट ($NaHCO_3$)

(d) कैल्शियम क्लोराइड ($CaCl_2$)

89. होम गार्ड (Home Guard) का मुख्य कार्य क्या है?

(a) सीमा सुरक्षा करना

(b) आंतरिक सुरक्षा और आपदा में सहायता करना

(c) केवल यातायात नियंत्रण करना

(d) विदेशी खुफिया गतिविधियाँ संचालित करना

90. भारत में होम गार्ड (Home Guard) संगठन की स्थापना किस वर्ष की गई थी?

(a) वर्ष 1956 (b) वर्ष 1962

(c) वर्ष 1965 (d) वर्ष 1971

91. दिल्ली चलो (Delhi Chalo) का नारा किसने दिया था?

(a) महात्मा गांधी

(b) पंडित जवाहरलाल नेहरू

(c) सुभाष चंद्र बोस

(d) भगत सिंह

92. पद्म पुरस्कार 2026 में जॉर्जिया (Georgia) से संबंधित किस विदेशी व्यक्तित्व को खेल के क्षेत्र में मरणोपरांत (Posthumous) पद्म सम्मान प्रदान किया गया है?

(a) विजय अमृतराज

(b) प्रो. लार्स-क्रिश्चियन कोच

(c) श्री व्लादिमेर मेस्त्विरिश्विली

(d) रोहित शर्मा

93. एडम स्मिथ के अनुसार, अर्थशास्त्र का संबंध किससे है?

(a) राष्ट्रीय आय (b) धन का सृजन

(c) मानव कल्याण (d) दुर्लभता

94. झीलों की नगरी किस शहर को कहा जाता है?

(a) नैनीताल (b) उदयपुर

(c) भोपाल (d) श्रीनगर

95. भारत की सबसे बड़ी मीठे पानी की झील कौन-सी है?

(a) डल झील (b) चिल्का झील

(c) वूलर झील (d) लोकटक झील

96. COP 30 का आयोजन कहाँ किया गया था?

(a) पेरिस, फ्रांस (b) दुबई, संयुक्त अरब अमीरात

(c) बेलेम, ब्राजील (d) ग्लासगो, यूनाइटेड किंगडम

97. मानव शरीर की सबसे बड़ी अस्थि (हड्डी) कौन-सी है?

(a) ह्यूमरस (b) टिबिया

(c) खोपड़ी (d) फीमर

98. उत्तर प्रदेश के दक्षिणी भाग की स्थलाकृति किस पर्वतीय श्रेणी से जुड़ी मानी जाती है?

(a) अरावली (b) सतपुड़ा

(c) विंध्य (d) शिवालिक

99. गंडक नदी उत्तर प्रदेश में किस नदी की सहायक नदी के रूप में प्रवाहित होती है?

(a) यमुना (b) घाघरा

(c) गंगा (d) गोमती

100. उत्तर प्रदेश की प्रमुख रबी फसल कौन-सी है?

(a) धान (b) मक्का

(c) गेहूँ (d) ज्वार

उत्तर : व्याख्या-सहित

1. उत्तर-(c)

व्याख्याः जैन धर्म में **गृहस्थों** के लिए **अणुव्रत** निर्धारित किए गए। ये **महाव्रतों** का सरल रूप था। इससे सामान्य व्यक्ति भी धर्म का पालन कर सके। यह **जैन धर्म** की **व्यावहारिकता** दिखाता है।

2. उत्तर-(a)

व्याख्याः बाबर की विजय का प्रमुख कारण **तोपखाने** का प्रभावी प्रयोग था। **लोदी सेना पारंपरिक हथियारों** पर निर्भर थी, जबकि बाबर ने **आधुनिक युद्ध तकनीक** के तहत तोपखाने का उपयोग किया। जो कि बाबर की जीत में निर्णायक सिद्ध हुआ।

3. उत्तर-(d)

व्याख्याः रामराय, **तालीकोटा के युद्ध** में विजयनगर की ओर से सेनापति था। उसने **गठबंधन** (बीजापुर, गोलकुंडा, अहमदनगर और बीदर) का सामना किया। इस युद्ध में **रामराय** के मृत्यु हो हुई। यह युद्ध **दक्षिण भारत** के इतिहास में एक महत्वपूर्ण मोड़ था।

4. उत्तर-(b)

व्याख्याः अहोम राज्य की स्थापना **सुकफा** ने की थी। यह **असम क्षेत्र** में स्थित था। अहोमों ने दीर्घकाल तक शासन किया। उन्होंने मुगलों का भी सामना किया।

5. उत्तर-(a)

व्याख्याः मौर्योत्तर काल में राजाओं द्वारा ब्राह्मणों, मंदिरों तथा अधिकारियों को कर-मुक्त भूमि दान देने की परंपरा तेजी से बढ़ी। इससे **दानग्राहियों** को प्रशासनिक और आर्थिक अधिकार प्राप्त हो गए, **केंद्रीय सत्ता कमजोर हुई** तथा स्थानीय स्तर पर शक्तिशाली भू-स्वामी वर्ग का उदय हुआ। परिणामस्वरूप भारतीय समाज में **सामंतवादी व्यवस्था** (Feudal System) की नींव पड़ी और सामंतवादी प्रवृत्तियाँ विकसित हुई।

6. उत्तर-(c)

व्याख्याः अहिच्छत्र पांचाल महाजनपद का प्रमुख केंद्र था। यह प्राचीन उत्तर भारत की **राजनीतिक** और **सांस्कृतिक** गतिविधियों का महत्वपूर्ण स्थल रहा। इसके पुरातात्विक अवशेष **महाजनपदीय इतिहास** को दर्शाते हैं।

7. उत्तर-(b)

व्याख्याः अमरावती शैली की विशेषता **बौद्ध कथाओं** के **सूक्ष्म** और **जीवंत** उत्कीर्णन हैं। इसमें कथा-दृश्यों को **गति** और **भाव** के साथ दर्शाया गया है। यह **शैली दक्षिण** भारत की विशिष्ट पहचान है।

8. उत्तर-(d)

व्याख्याः निर्गुण भक्ति परंपरा ईश्वर के निराकार स्वरूप में विश्वास करती थी। इसमें **बाह्य आडंबर** और **मूर्ति पूजा** पर बल नहीं था। **कबीर** जैसे संत इसके प्रमुख प्रवर्तक माने जाते हैं।

9. उत्तर-(a)

व्याख्याः नौटंकी लोकनाट्य में **वीरता**, **प्रेम** और **सामाजिक** कथानक, प्रमुख होते हैं। यह जनसामान्य के **जीवन** और **भावनाओं** को नाटकीय रूप में प्रस्तुत करती है। उत्तर प्रदेश की लोकसंस्कृति में इसका विशेष स्थान है।

10. उत्तर-(d)

व्याख्याः पुष्यभूति वंश (जिसे वर्धन वंश भी कहा जाता है) के सबसे प्रमुख और अंतिम प्रतापी राजा **हर्षवर्धन** (शासनकालः 606-647 ईस्वी) थे। उन्होंने अपने भाई **राज्यवर्धन** की मृत्यु के बाद **थानेश्वर** और **कन्नौज** के सिंहासन को संभाला।

11. उत्तर-(b)

व्याख्याः भारत का पहला समुद्री राष्ट्रीय उद्यान **कच्छ की खाड़ी समुद्री राष्ट्रीय उद्यान** है, जिसकी स्थापना **वर्ष** 1982 में गुजरात में की गई थी। यह क्षेत्र **प्रवाल भित्तियों** (Coral Reefs), **मैंग्रोव वनस्पति** और **समुद्री जैव-विविधता** के संरक्षण के लिए प्रसिद्ध है। भारत सरकार द्वारा समुद्री पारिस्थितिकी तंत्र के संरक्षण की दिशा में यह पहला राष्ट्रीय उद्यान घोषित किया गया था।

12. उत्तर-(b)

व्याख्याः उत्तर प्रदेश के **देवरिया जिले** का संबंध प्राचीन **मल्ल महाजनपद** से जोड़ा जाता है। मल्ल एक गणराज्य था जिसकी राजधानियाँ **कुशीनारा** (आधुनिक कुशीनगर) और **पावा** (आधुनिक देवरिया/फाजिलनगर) थीं। यह 16 **महाजनपदों** में से एक था जो **पूर्वी उत्तर प्रदेश** क्षेत्र में स्थित था

13. उत्तर-(b)

व्याख्याः अष्टांगिक मार्ग का उद्देश्य निर्वाण की प्राप्ति है। यह सम्यक **दृष्टि**, **आचरण** और **ध्यान** के माध्यम से **दुःखों** से **मुक्ति का मार्ग** बताता है। **बौद्ध** दर्शन का यह केंद्रीय सिद्धांत है।

14. उत्तर-(a)

व्याख्याः मध्यकालीन भारत में **फारसी प्रशासनिक** और **दरबारी भाषा** थी। शासकीय **अभिलेख**, **इतिहास** और **साहित्य** फारसी में रचे गए। इससे इसका व्यापक विकास हुआ।

15. उत्तर-(d)

व्याख्याः विजयनगर साम्राज्य की **अर्थव्यवस्था कृषि** और **उन्नत सिंचाई** व्यवस्था पर आधारित थी। **नहरों** और **जलाशयों** ने उत्पादन बढ़ाया। इससे राज्य की **आर्थिक स्थिरता** और **समृद्धि** बनी रही।

16. उत्तर-(c)

व्याख्याः केंद्रीय बजट 2026-27 में **कोस्टल कार्गो प्रमोशन स्कीम** (Coastal Cargo Promotion Scheme) के अंतर्गत वर्ष 2047 तक **कोस्टल शिपिंग** (Coastal Shipping) की हिस्सेदारी **6% से बढ़ाकर** 12% करने का लक्ष्य रखा गया है, जिससे **सड़क** (Road) और **रेल परिवहन** (Rail Transport) पर दबाव कम हो सके तथा **पर्यावरणीय रूप से सतत परिवहन** (Environmentally Sustainable Transport) को बढ़ावा मिले।

17. उत्तर-(c)

व्याख्याः रिहंद बाँध परियोजना **रिहंद नदी** पर स्थित है। रिहंद नदी, **सोन नदी** की एक प्रमुख सहायक नदी है। जिसमें **300 मेगावाट** क्षमता का रिहंद बांध और **एशिया** की सबसे बड़ी **कृत्रिम झील**, **गोविंद वल्लभ पंत सागर** जलाशय भी शामिल हैं। यह **सिंचाई** और **जल प्रबंधन** में भी महत्वपूर्ण भूमिका निभाती है।

18. उत्तर-(a)

व्याख्याः ब्रज होली परंपरा को हाल में राष्ट्रीय/अंतर्राष्ट्रीय पहचान मिली है। यह **रंग**, **संगीत** और **सामुदायिक सहभागिता** का अनूठा उदाहरण है। यह उत्तर प्रदेश की सांस्कृतिक विविध ता को दर्शाती है।

19. उत्तर-(a)

व्याख्याः ग्रामीण भारत महोत्सव 2025 का उद्घाटन **प्रधानमंत्री नरेंद्र मोदी** द्वारा किया गया। यह महोत्सव **नई दिल्ली** में आयोजित हुआ। कार्यक्रम का उद्देश्य **ग्रामीण भारत की संस्कृति**, **हस्तशिल्प**, **स्वयं सहायता समूहों**, **कृषि** एवं **स्थानीय उत्पादों** को **राष्ट्रीय स्तर** पर बढ़ावा देना था।

20. उत्तर-(b)

व्याख्याः पुराण इतिहास अध्ययन में **राजवंशीय** और **सांस्कृतिक स्रोत** के रूप में महत्वपूर्ण हैं। इनमें **वंशावली**, **परंपराएँ** और **सामाजिक जीवन** का विवरण मिलता है। ये ऐतिहासिक स्रोत माने जाते हैं।

21. उत्तर-(c)

व्याख्याः चित्रकूट का **धार्मिक-सांस्कृतिक** महत्व **रामायण परंपरा** से जुड़ा है। इसे **राम**, **सीता** और **लक्ष्मण** के वनवास से जोड़ा जाता है। यह आस्था और तीर्थ का प्रमुख केंद्र है।

22. उत्तर-(d)

व्याख्याः घराना परंपरा वंशानुगत शैली और **गुरु-शिष्य परंपरा** को दर्शाती है। इसमें संगीत का **विशिष्ट प्रशिक्षण** और **प्रस्तुति शैली** विकसित होती है। भारतीय **शास्त्रीय संगीत** की पहचान इसी से बनी है।

23. उत्तर-(b)

व्याख्याः अकबरनामा के लेखक **अबुल फजल** थे। यह ग्रंथ **अकबर** के शासनकाल का विस्तृत इतिहास प्रस्तुत करता है, जिसमें **अकबर** कालीन **प्रशासनिक** और **सांस्कृतिक** विवरण मिलता है।

24. उत्तर-(b)

व्याख्याः उत्तर प्रदेश का प्रमुख लोकगीत **बिरहा** है। उत्तर प्रदेश में लोकगीतों की एक **परंपरा** रही है। यहाँ के प्रमुख लोकगीत कजरी, बिरहा, नकटा, झूमर, सोहनी, कराही, भर्तृहरि, कव्वाली, रसिया, सोहर आदि है।

25. उत्तर-(a)

व्याख्याः प्रश्नगत विकल्पों के अनुसार मुलायम सिंह यादव के अतिरिक्त सभी को **भारत रत्न** मिला है। गोबिंद वल्लभ पंत को **वर्ष 1957** का और सत्यजीत रे को **वर्ष 1992** का तथा अटल बिहारी वाजपेयी को **वर्ष 2015** का भारत रत्न मिला।

26. उत्तर-(c)

व्याख्याः पश्चिमी तट पर **लैगून/बैकवॉटर** का विकास **तटीय अवरोध** और **अवसादन** से होता है। समुद्री तरंगें रेत-पट्टियाँ बनाती हैं, जिनके पीछे नदी-जल फँसकर **लैगून** का निर्माण करता है। **केरल तट** इसके प्रमुख उदाहरण हैं, जहाँ शांत जल-निकाय पाए जाते हैं।

27. उत्तर-(d)

व्याख्याः दक्कन ट्रैप की परतदार संरचना **बेसाल्टिक लावा** प्रवाहों के क्रमिक निक्षेप से बनी है। अनेक **ज्वालामुखीय उद्गारों** ने परतें बनाईं, जिससे **सीढ़ीनुमा** भू-आकृति विकसित हुई।

28. उत्तर-(c)

व्याख्याः रबी फसलों के लिए शीतकालीन वर्षा का प्रमुख स्रोत **पश्चिमी विक्षोभ** हैं। ये **भूमध्यसागर** क्षेत्र से उत्पन्न होकर **उत्तर-पश्चिम** भारत में वर्षा/हिमपात लाते हैं। **गेहूँ** जैसी फसलों के लिए यह वर्षा **लाभकारी** होती है।

29. उत्तर-(c)

व्याख्याः कर्क रेखा भारत को **उष्ण कटिबंधीय** क्षेत्र में रखती है। इससे **भारत की जलवायु** पर उष्णता का प्रभाव अधिक रहता है, जो कि **मानसूनी प्रकृति** का आधार है।

30. उत्तर-(b)

व्याख्याः मेघालय की राजधानी **शिलांग** है। शिलांग राज्य का प्रमुख **प्रशासनिक**, **सांस्कृतिक** और **शैक्षणिक** केंद्र है। यह शहर पूर्वोत्तर भारत में स्थित है और अपनी **प्राकृतिक सुंदरता** तथा **ठंडी जलवायु** के लिए प्रसिद्ध है। **मेघालय** राज्य का गठन **वर्ष 1972** में हुआ था, जिसके बाद शिलांग को इसकी राजधानी घोषित किया गया।

31. उत्तर-(d)

व्याख्याः पारिस्थितिकी तंत्र में ऊर्जा का प्रवाह **एकदिशीय** होता है। ऊर्जा **उत्पादकों** से **उपभोक्ताओं** की ओर प्रवाहित होती है तथा प्रत्येक **ट्रॉफिक स्तर** पर ऊर्जा का कुछ भाग **क्षय** हो जाता है। इसलिए ऊर्जा **चक्रीय** नहीं होती है।

32. उत्तर-(d)

व्याख्याः उत्तर प्रदेश में **भूजल स्तर** गिरने का प्रमुख कारण **अत्यधिक नलकूप सिंचाई** है। **फसल-गहनता** और **अनियमित दोहन** ने जलस्तर घटाया है। जिसके कारण **सतत जल-प्रबंधन** की आवश्यकता बढ़ गई है।

33. उत्तर-(a)

व्याख्याः हॉटस्पॉट की अवधारणा में प्राथमिकता का आधार **उच्च स्थानिक प्रजातियाँ** और उनके **विलुप्ति का संकट** है। **सीमित क्षेत्र** में **अत्यधिक जैव-विविधता** होने से संरक्षण का महत्व बढ़ता है। यह **संसाधन-कुशल संरक्षण रणनीति** है।

34. उत्तर-(c)

व्याख्याः केंद्रीय बजट 2026-27 में **मेडिकल वैल्यू टूरिज्म** को बढ़ावा देने के लिये **निजी क्षेत्र** की साझेदारी से **पाँच क्षेत्रीय मेडिकल हब** स्थापित करने का प्रस्ताव किया गया है, जिनमें **आयुष केंद्र, निदान सुविधाएँ, उपचारोत्तर देखभाल** और **पुनर्वास सेवाएँ** एकीकृत रूप से उपलब्ध कराई जाएगी।

35. उत्तर-(c)

व्याख्याः पूर्वांचल में **कृषि** की प्रमुख विशेषता **वर्षा पर निर्भरता** है। **सीमित सिंचाई** और **लघु जोतें** उत्पादन को प्रभावित करती है। **फसल विविधीकरण** और **सिंचाई विस्तार** की आवश्कता रहती है।

36. उत्तर-(c)

व्याख्याः अमसोत उत्तर प्रदेश की सबसे ऊँची पर्वत चोटी है। यह पर्वत **सहारनपुर** जनपद में स्थित है। इसकी ऊँचाई लगभग **957 मीटर** है। **भौगोलिक दृष्टि** से यह शिवालिक पहाड़ियों का हिस्सा है तथा **धार्मिक** और पर्यटन की दृष्टि से भी इसका विशेष महत्व है।

37. उत्तर-(b)

व्याख्याः भूकंप की तीव्रता तथा पृथ्वी में उत्पन्न **भूकंपीय तरंगों** को मापने और अभिलेखित करने के लिए **सिस्मोग्राफ** नामक यंत्र का उपयोग किया जाता है। यह यंत्र पृथ्वी की सतह में होने वाले **सूक्ष्म कंपन** से लेकर **तीव्र झटकों** तक को दर्ज करता है। **सिस्मोग्राफ से प्राप्त आँकड़े** भूकंप के **केंद्र, समय** और **प्रभाव** का **वैज्ञानिक विश्लेषण** करने में सहायक होते हैं।

38. उत्तर-(b)

व्याख्याः जेवर हवाई अड्डा, जिसे **नोएडा अंतर्राष्ट्रीय हवाई अड्डा** के नाम से जाना जाता है, उत्तर प्रदेश के **गौतम बुद्ध नगर जनपद** में स्थित है। यह हवाई अड्डा **राष्ट्रीय राजधानी क्षेत्र** (NCR) के लिए एक प्रमुख अंतर्राष्ट्रीय हवाई अड्डा के रूप में विकसित किया जा रहा है। इसके निर्माण से **पश्चिमी उत्तर प्रदेश में औद्योगिक, व्यापारिक** तथा **परिवहन सुविधाओं** को बढ़ावा मिलने की अपेक्षा है।

39. उत्तर-(b)

व्याख्याः राजकोषीय घाटा वह स्थिति होती है, जब किसी वित्तीय वर्ष में सरकार का **कुल व्यय**, उसकी **कुल प्राप्तियों** (उधार को छोड़कर) से अधिक हो जाता है। इस अंतर को पूरा करने के लिए सरकार को बाजार या अन्य स्रोतों से उधार लेना पड़ता है। यह सरकार की वित्तीय स्थिति और बजटीय संतुलन का एक महत्वपूर्ण संकेतक माना जाता है।

40. उत्तर-(c)

व्याख्याः श्वेत रक्त कणों का मुख्य कार्य रोग प्रतिरोध है। ये **रोगजनकों** को पहचानकर नष्ट करते हैं और **प्रतिरक्षा प्रतिक्रिया** संचालित करते हैं। संक्रमण से सुरक्षा में इनकी केंद्रीय भूमिका होती है।

41. उत्तर-(b)

व्याख्याः भारत की **प्रथम महिला मुस्लिम शासिका** रजिया सुल्तान थीं। उन्होंने दिल्ली सल्तनत पर **1236 से 1240 ईस्वी** तक शासन किया। रजिया सुल्तान **इल्तुतमिश की पुत्री** थीं और उन्होंने पुरुष प्रधान शासन व्यवस्था में सशक्त नेतृत्व प्रदान किया। उन्हें भारतीय इतिहास में एक **सक्षम, साहसी** और **दूरदर्शी शासिका** के रूप में जाना जाता है।

42. उत्तर-(c)

व्याख्याः डेविस कप अंतर्राष्ट्रीय स्तर की एक प्रमुख पुरुष टीम **टेनिस प्रतियोगिता** है। इसमें विभिन्न देशों की पुरुष टेनिस टीमें आपस में मुकाबला करती हैं। इस प्रतियोगिता का आयोजन अंतर्राष्ट्रीय टेनिस महासंघ (ITF) द्वारा किया जाता है। डेविस कप को टेनिस का विश्व कप भी कहा जाता है।

43. उत्तर-(b)

व्याख्याः विटीकल्चर वह कृषि विज्ञान है, जो **अंगूर की खेती** से संबंधित होता है। इसके अंतर्गत **अंगूर की किस्मों** का **विकास, रोपण, देखभाल, कटाई** तथा उनसे संबंधित उत्पादन तकनीकों का अध्ययन किया जाता है। अंगूर का उपयोग **ताजे फल, किशमिश** और **वाइन** का निर्माण में किया जाता है।

44. उत्तर-(d)

व्याख्याः न्यायिक पुनरावलोकन की व्यवस्था अमेरिका से ली गई है। इसके अंतर्गत **न्यायालय कानूनों** की **संवैधानिकता** की जाँच कर सकता है। यह संविधान की सर्वोच्चता बनाए रखती है और इससे नागरिक अधिकारों की रक्षा करती है।

45. उत्तर-(b)

व्याख्याः अयोध्या, सरयू नदी के किनारे स्थित है। सरयू नदी का धार्मिक और सांस्कृतिक महत्व अत्यधिक है तथा अयोध्या को भगवान **श्रीराम की जन्मभूमि** के रूप में जाना जाता है। प्राचीन काल से ही सरयू नदी अयोध्या के धार्मिक अनुष्ठानों और ऐतिहासिक परंपराओं से जुड़ी रही है।

46. उत्तर-(c)

व्याख्याः रेडक्लिफ रेखा भारत और पाकिस्तान को विभाजित करती है। इसका निर्धारण **वर्ष 1947** में भारत के विभाजन के समय किया गया था। इस रेखा के आधार पर **पंजाब** और **बंगाल प्रांतों** का विभाजन हुआ, जिससे भारत और पाकिस्तान दो स्वतंत्र राष्ट्र बने।

47. उत्तर-(b)

व्याख्याः ऐल्काइन ऐसे हाइड्रोकार्बन होते हैं, जिनमें **कार्बन-कार्बन** के बीच कम से कम एक **त्रि-बंध** (Triple Bond) पाया जाता है। त्रि-बंध की उपस्थिति के कारण इन्हें **असंतृप्त हाइड्रोकार्बन** की श्रेणी में रखा जाता है। ऐल्काइन का सामान्य सूत्र C_nH_{2n-2} होता है। **एसिटिलीन** (C_2H_2) ऐल्काइन का सबसे सरल उदाहरण है।

48. उत्तर-(c)

व्याख्याः अरावली पर्वत श्रेणी भारत की प्राचीनतम पर्वत श्रेणियों में से एक है। इसका विस्तार **राजस्थान** से प्रारंभ होकर **हरियाणा** से होते हुए दिल्ली तक पाया जाता है। दिल्ली में अरावली की **अवशिष्ट पहाड़ियाँ** दक्षिणी दिल्ली क्षेत्र में दिखाई देती हैं, जैसे रिज क्षेत्र। अरावली पर्वत का पर्यावरणीय महत्व अत्यधिक है, क्योंकि यह मरुस्थलीकरण को रोकने तथा **पारिस्थितिक संतुलन** बनाए रखने में सहायक है।

49. उत्तर-(b)

व्याख्याः माउंट एवरेस्ट नेपाल और तिब्बत (चीन) की सीमा पर स्थित है। यह **विश्व की सबसे ऊँची पर्वत चोटी** है और हिमालय पर्वत श्रृंखला का हिस्सा है। **एवरेस्ट** का दक्षिणी ढलान नेपाल में तथा उत्तरी ढलान तिब्बत स्वायत्त क्षेत्र (चीन) में पड़ता है।

50. उत्तर-(c)

व्याख्याः पेलाग्रा रोग **विटामिन B_3** (नियासिन) की कमी के कारण होता है, न कि **विटामिन D_3** की कमी से। इस रोग में त्वचा पर डर्मेटाइटिस, पाचन तंत्र में **डायरिया** तथा **तंत्रिका तंत्र** में डिमेंशिया जैसे लक्षण दिखाई देते हैं। यदि समय पर उपचार न किया जाए तो यह रोग घातक भी हो सकता है। इन्हीं चार प्रमुख प्रभावों-डर्मेटाइटिस, डायरिया, डिमेंशिया और डेथ-के कारण इसे **'4D रोग'** कहा जाता है।

51. उत्तर-(c)

व्याख्याः भारत की **सबसे बड़ी अंतर्देशीय खारे पानी** की झील **सांभर झील** है, जो **राजस्थान** में स्थित है, और देश में नमक उत्पादन का एक प्रमुख केंद्र मानी जाती है। **सांभर झील** को रामसर स्थल के रूप में भी मान्यता प्राप्त है।

52. उत्तर-(b)

व्याख्याः उत्तर प्रदेश में **खाद्य प्रसंस्करण उद्योगों** के विस्तार से किसानों और ग्रामीण रोजगार को सीधा लाभ मिलता है। मूल्य संवर्धन स्थानीय स्तर पर होने से किसानों की आय बढ़ती है। आपूर्ति-श्रृंखला सुदृढ़ होती है और अपव्यय घटता है।

53. उत्तर-(b)

व्याख्याः मौद्रिक नीति का प्रमुख उद्देश्य मूल्य स्थिरता बनाए रखते हुए वृद्धि का संतुलन साधना है। ब्याज दरों और तरलता के माध्यम से **माँग-आपूर्ति** प्रभावित की जाती है। इससे **मुद्रास्फीति** का नियंत्रण और निवेश प्रोत्साहन को संभव बनाया जाता है।

54. उत्तर-(a)

व्याख्याः भारतीय संविधान की **सातवीं अनुसूची** में **संघ सूची**, **राज्य सूची** और **समवर्ती सूची** का उल्लेख किया गया है। यह **केंद्र** और **राज्यों** के बीच **शक्तियों के विभाजन** को स्पष्ट करती है। जिससे **संघीय संतुलन** बना रहता है।

55. उत्तर-(d)

व्याख्याः उत्तर प्रदेश की **MSME क्लस्टर नीति** साझा अवसंरचना और तकनीकी सहयोग उपलब्ध कराती है। इससे इकाइयों की लागत घटती है और उत्पादकता बढ़ती है। बाजार पहुँच और गुणवत्ता में सुधार होता है।

56. उत्तर-(d)

व्याख्याः राष्ट्रीय आय में **लाभ** उद्यमिता से प्राप्त आय को दर्शाता है। जोखिम **उठाने** और **संगठनात्मक** क्षमता का प्रतिफल लाभ के रूप में मिलता है। यह उत्पादन के चार प्रमुख कारकों में से एक है।

57. उत्तर-(c)

व्याख्याः रेपो रेट वह ब्याज दर होती है, जिस पर **भारतीय रिजर्व बैंक** (RBI) वाणिज्यिक बैंकों को अल्पकाल के लिए धन उपलब्ध कराता है। इसका उपयोग केंद्रीय बैंक द्वारा **मौद्रिक नीति** के अंतर्गत बाजार में तरलता को नियंत्रित करने के लिए किया जाता है। रेपो रेट में परिवर्तन से ऋण की लागत और अर्थव्यवस्था में धन प्रवाह पर प्रभाव पड़ता है।

58. उत्तर-(c)

व्याख्याः रोहतांग दर्रा हिमाचल प्रदेश राज्य में स्थित है। यह दर्रा **मनाली** को **लाहौल-स्पीति घाटी** से जोड़ता है, और हिमालय पर्वत श्रृंखला का एक महत्वपूर्ण दर्रा माना जाता है। **भौगोलिक, सामरिक** तथा **पर्यटन** की दृष्टि से **रोहतांग दर्रे** का विशेष महत्व है।

59. उत्तर-(c)

व्याख्याः उत्तर प्रदेश का **सोनभद्र** जिला सर्वाधिक राज्यों की सीमा से लगता है। यह जिला मध्य प्रदेश, छत्तीसगढ़, झारखंड और बिहार-चार राज्यों से सटा हुआ है। इसी जिले में **रेनुकूट** औद्योगिक स्थल स्थित है, जो विशेष रूप से **एल्युमिनियम उद्योग** और भारी औद्योगिक इकाइयों के लिए जाना जाता है।

60. उत्तर-(d)

व्याख्याः ब्रह्मोस मिसाइल की उत्पादन इकाई का उद्घाटन लखनऊ में किया गया है। ब्रह्मोस मिसाइल **भारत और रूस** के संयुक्त सहयोग से विकसित एक **सुपरसोनिक क्रूज मिसाइल** है, जिसे **रक्षा अनुसंधान एवं विकास संगठन** (DRDO) और **रूसी रक्षा अनुसंधान एवं मिसाइल विकास संस्था** (NPO Mashinostroyeniya) के सहयोग से विकसित किया गया है। यह मिसाइल **स्थल**, **जल** और **वायु**-तीनों प्लेटफॉर्म से प्रक्षेपित की जा सकती है और इसकी गति **2.8-3.0 मैक** तक होती है।

61. उत्तर-(c)

व्याख्याः वर्ष 2011 की जनगणना के अनुसार उत्तर प्रदेश में लिंगानुपात के आधार पर सर्वाधिक लिंगानुपात **जौनपुर** जिले में पाया गया, जहाँ प्रति 1000 **पुरुषों** पर लगभग 1024 **महिलाएँ** थीं। वहीं, न्यूनतम लिंगानुपात गौतम बुद्ध नगर जिले में दर्ज किया गया, जो लगभग 851 था। उत्तर प्रदेश का औसत लिंगानुपात 912 है।

62. उत्तर-(d)

व्याख्याः दिल्ली को विशेष दर्जा **अनुच्छेद 239AA** के अंतर्गत प्राप्त है। इसमें विधानसभा और मंत्रिपरिषद का प्रावधान है।

63. उत्तर-(c)

व्याख्याः स्टेट ऑफ वर्ल्ड पॉपुलेशन रिपोर्ट संयुक्त राष्ट्र **जनसंख्या कोष** द्वारा जारी की जाती है। यह रिपोर्ट वैश्विक जनसंख्या रुझानों, प्रजनन स्वास्थ्य, लैंगिक समानता तथा जनसांख्यिकीय चुनौतियों पर केंद्रित होती है।

64. उत्तर-(a)

व्याख्याः पद्म पुरस्कार 2026 की आधिकारिक सूची में **प्रो. (डॉ.) लार्स-क्रिश्चियन कोच** को **जर्मनी** से संबंधित **विदेशी नागरिक** के रूप में **कला क्षेत्र** में **पद्म श्री** प्रदान किया गया है। अन्य विकल्पों में **ल्यूडमिला खोखलोवा रूस** से, **डॉ. नोरी दत्तात्रेयुडु अमेरिका** से तथा **व्लादिमेर मेस्त्विरिश्विली जॉर्जिया** से संबंधित हैं।

65. उत्तर-(a)

व्याख्याः ईरान-इजरायल संघर्ष के बीच भारत सरकार ने **ऑपरेशन सिंधु** के अंतर्गत ईरान में फँसे भारतीय नागरिकों और छात्रों को सुरक्षित स्वदेश वापस लाने का मिशन शुरू किया। इस अभियान के तहत **18 जून, 2025** को पहला विशेष विमान 110 भारतीय नागरिकों को सुरक्षित भारत लाया गया।

66. उत्तर-(c)

व्याख्याः S-400 ट्रायम्फ विश्व की सबसे सक्षम लंबी दूरी की **सतह से हवा** में मार करने वाली **मिसाइल प्रणालियों** (SAM) में से एक है। इसकी अधिकतम मारक क्षमता लगभग **400** किलोमीटर तक है, जबकि इसका रडार लगभग **600** किलोमीटर की दूरी से ही खतरों का पता लगा सकता है। भारत ने मई 2025 के दौरान **ऑपरेशन सिंदूर** (Operation Sindoor) में S-400 प्रणाली (जिसे भारत में **सुदर्शन चक्र** नाम दिया गया है) का पहली बार वास्तविक युद्ध स्थितियों में सफलतापूर्वक उपयोग किया था।

67. उत्तर-(b)

व्याख्याः संतोष ट्रॉफी की स्थापना वर्ष **1941** में की गई थी और इसका नाम संतोष के **महाराजा सर मनमथ नाथ रॉय चौधरी** के नाम पर रखा गया। इस प्रतियोगिता का आयोजन **अखिल भारतीय फुटबॉल महासंघ** (AIFF) द्वारा किया जाता है, जिसमें विभिन्न राज्य एवं क्षेत्रीय टीमें भाग लेती हैं। **वर्ष 2024** में इस प्रतियोगिता का **चैंपियन सर्विसेज** रहा।

68. उत्तर-(d)

व्याख्याः AI का पूरा नाम Artificial Intelligencegs, जिसका अर्थ **कृत्रिम बुद्धिमत्ता** होता है। यह कंप्यूटर विज्ञान की वह शाखा है, जिसमें मशीनों को मानव जैसी सोच, सीखने, निर्णय लेने और समस्या समाधान की क्षमता प्रदान की जाती है। AI का उपयोग वर्तमान मे शिक्षा, स्वास्थ्य, रक्षा, बैंकिंग और तकनीक जैसे अनेक क्षेत्रों में किया जा रहा है।

69. उत्तर-(d)

व्याख्या: **राष्ट्रपति भवन** रायसीनां पहाड़ी पर स्थित है। रायसीना पहाड़ी भौगोलिक रूप से **अरावली पर्वत श्रेणी** का ही एक अवशिष्ट भाग मानी जाती है। नई दिल्ली के **प्रशासनिक क्षेत्र** का विकास ब्रिटिश काल में इसी पहाड़ी पर किया गया था, जिसके अंतर्गत राष्ट्रपति भवन सहित प्रमुख **शासकीय भवनों** का निर्माण हुआ।

70. उत्तर-(c)

व्याख्या: राज्य के **मुख्य चुनाव आयुक्त** की नियुक्ति **राज्यपाल** द्वारा की जाती है। यह नियुक्ति संविधान के **अनुच्छेद 243K** के अंतर्गत की जाती है। राज्य निर्वाचन आयोग **पंचायती राज संस्थाओं** और **नगर निकायों** के चुनावों के संचालन, नियंत्रण और पर्यवेक्षण के लिए उत्तरदायी होता है।

71. उत्तर-(b)

व्याख्या: भारत से **बांग्लादेश** में प्रवेश करने के बाद **गंगा नदी** को **पद्मा नदी** कहा जाता है। आगे चलकर पद्मा नदी **ब्रह्मपुत्र** (जिसे बांग्लादेश में जमुना कहा जाता है) तथा फिर **मेघना नदी** से मिलती है। इन नदियों के संगम से विश्व का **सबसे बड़ा डेल्टा** बनता है, जिसमें **सुंदरबन** क्षेत्र शामिल है। यह नदी प्रणाली बांग्लादेश की **कृषि**, **सिंचाई**, **अर्थव्यवस्था** और **पारिस्थितिकी तंत्र** के लिए जीवनरेखा मानी जाती है।

72. उत्तर-(a)

व्याख्या: **घूमर नृत्य** राजस्थान का एक प्रसिद्ध **लोकनृत्य** है। यह नृत्य विशेष रूप से महिलाओं द्वारा पारंपरिक घाघरा, ओढ़नी और आभूषण पहनकर किया जाता है। घूमर नृत्य उत्सवों, विवाह समारोहों और सामाजिक आयोजनों में किया जाता है तथा इसकी गोल-घूमती गतियाँ राजस्थान की सांस्कृतिक पहचान को दर्शाती हैं।

73. उत्तर-(d)

व्याख्या: **उस्ताद बिस्मिल्लाह खान** भारत के महान शहनाई वादक थे, जिन्हें **वर्ष 2001** में देश के सर्वोच्च नागरिक सम्मान **भारत रत्न** से सम्मानित किया गया था। उन्होंने **शहनाई** को लोकवाद्य से उठाकर **शास्त्रीय संगीत** में प्रतिष्ठित स्थान दिलाया। वाराणसी से उनका गहरा संबंध रहा और उन्होंने **स्वतंत्रता दिवस** के अवसर पर लाल किले से **शहनाई वादन** कर एक ऐतिहासिक परंपरा की शुरुआत की।

74. उत्तर-(b)

व्याख्या: **स्वर्ण मंदिर** पंजाब राज्य के अमृतसर शहर में स्थित है। इसे **हरमंदिर साहिब** भी कहा जाता है और यह सिख ध र्म का **सबसे पवित्र धार्मिक स्थल** माना जाता है। स्वर्ण मंदिर अपनी **आध्यात्मिक महत्ता**, **स्थापत्य सौंदर्य** और **लंगर परंपरा** के लिए विश्व भर में प्रसिद्ध है।

75. उत्तर-(c)

व्याख्या: **चंद्रशेखर आजाद** का जन्म भाबरा (वर्तमान चन्द्रशेखर आजाद नगर) गाँव में हुआ था, जो वर्तमान में **मध्य प्रदेश** के **अलीराजपुर** जिले में स्थित है। वे **उत्तर प्रदेश** के **प्रयागराज** में **27 फरवरी, 1931** को अंग्रेजी पुलिस से घिर ज़ाने पर अल्फ्रेड पार्क (वर्तमान आजाद पार्क) में आत्मसमर्पण के बजाय वीरगति को प्राप्त हुए।

76. उत्तर-(a)

व्याख्या: भारतीय संविधान में संघीय व्यवस्था की मुख्य विशेषता केंद्र और राज्यों के बीच **शक्तियों का विभाजन** है (Division of Powers)- संविधान की सातवीं अनुसूची में संघ, राज्य और समवर्ती सूची के माध्यम से यह विभाजन किया गया है। इससे शासन में संतुलन और संघीय ढाँचा सुदृढ़ होता है।

77. उत्तर-(b)

व्याख्या: **बांग्लादेश** की आधिकारिक मुद्रा **टका** है। इसे **बांग्लादेशी टका** (Bangladeshi Taka) कहा जाता है। देश की मौद्रिक प्रणाली और वित्तीय लेन-देन इसी मुद्रा में किए जाते हैं।

78. उत्तर-(c)

व्याख्या: स्वतंत्र भारत में **डाक विभाग** ने पहली बार **मीरा बाई** के सम्मान में डाक टिकट जारी किया था। यह डाक टिकट 1 **अक्टूबर, 1952** को जारी हुआ था और इसमें **"मीरा"** का नाम अंकित था। मीरा बाई भक्ति आंदोलन की प्रसिद्ध संत कवि एवं भगवान कृष्ण की आराध्य भजन-परंपरा के लिए विख्यात थीं।

79. उत्तर-(b)

व्याख्या: **फूलों की घाटी राष्ट्रीय उद्यान** उत्तराखंड राज्य में स्थित है। यह उद्यान हिमालयी क्षेत्र की **समृद्ध जैव विविधता** और दुर्लभ पुष्प प्रजातियों के लिए प्रसिद्ध है। इसे यूनेस्को विश्व धरोहर स्थल के रूप में भी मान्यता प्राप्त है और यह **नंदा देवी बायोस्फीयर रिजर्व** का हिस्सा है।

80. उत्तर-(b)

व्याख्या: **चारमीनार** तेलंगाना राज्य के **हैदराबाद** शहर में स्थित है। इसका निर्माण **1591 ईस्वी** में **कुतुब शाही वंश** के शासक **मुहम्मद कुली कुतुब शाह** द्वारा कराया गया था। चारमीनार की ऊँचाई लगभग **48.7 मीटर** है और इसमें **चार ऊँचे मीनार** हैं, जिनके कारण इसका नाम चारमीनार पड़ा। यह स्मारक हैदराबाद की ऐतिहासिक, सांस्कृतिक और स्थापत्य पहचान का प्रमुख प्रतीक माना जाता है।

81. उत्तर-(d)

व्याख्या: राष्ट्रपति के चुनाव में **आनुपातिक प्रतिनिधित्व प्रणाली** अपनायी जाती है, जिसमें **एकल संक्रमणीय मत** का प्रयोग होता है। इससे प्रत्येक मत का मूल्य सुनिश्चित होता है। यह प्रणाली निष्पक्ष चुनाव सुनिश्चित करती है।

82. उत्तर-(c)

व्याख्याः SSB का पूरा नाम **सशस्त्र सीमा बल** है। यह भारत का एक केंद्रीय सशस्त्र पुलिस बल है, जो मुख्य रूप से **भारत-नेपाल** और **भारत-भूटान** सीमाओं की सुरक्षा का दायित्व निभाता है तथा **गृह मंत्रालय** के अधीन कार्य करता है। वर्तमान में सशस्त्र सीमा बल के **महानिदेशक** (DG) के रूप में **श्री संजय सिंघल** कार्यरत हैं।

83. उत्तर-(a)

व्याख्याः मानव विकास सूचकांक (HDI) का प्रकाशन संयुक्त **राष्ट्र विकास कार्यक्रम** (UNDP) द्वारा किया जाता है। HDI के माध्यम से देशों के विकास स्तर का आकलन **स्वास्थ्य**, **शिक्षा** और आय जैसे **मानव-केंद्रित संकेतकों** के आधार पर किया जाता है। यह सूचकांक केवल आर्थिक वृद्धि नहीं, बल्कि समग्र मानव विकास को दर्शाने पर केंद्रित होता है।

84. उत्तर-(c)

व्याख्याः भारतीय लघु उद्योग विकास बैंक की स्थापना **2 अप्रैल, 1990** में की गई थी। यह बैंक भारत में सूक्ष्म, लघु एवं मध्यम उद्यमों को वित्तीय सहायता प्रदान करने के उद्देश्य से कार्य करता है। इसका मुख्यालय **लखनऊ**, उत्तर प्रदेश में स्थित है, जबकि इसके क्षेत्रीय और शाखा कार्यालय देश के विभिन्न भागों में फैले हुए हैं।

85. उत्तर-(a)

व्याख्याः EVM का पूरा नाम **इलेक्ट्रॉनिक वोटिंग मशीन** है। इसका उपयोग भारत में **चुनावों के दौरान** मतदाताओं द्वारा **मतदान** करने के लिए किया जाता है। इस प्रणाली में मतदाता बटन दबाकर अपना मत दर्ज करता है, जिससे मतदान प्रक्रिया सरल और शीघ्र हो जाती है। EVM के माध्यम से मतगणना में समय की बचत होती है और अमान्य मतों की संभावना कम होती है। भारत में EVM के प्रयोग और संपूर्ण चुनाव प्रक्रिया का संचालन **भारत निर्वाचन आयोग** द्वारा करवाई जाती है।

86. उत्तर-(c)

व्याख्याः वायुमंडल में नाइट्रोजन की मात्रा सर्वाधिक होती है, जो कुल वायुमंडल का लगभग **78 प्रतिशत भाग** है। नाइट्रोजन एक निष्क्रिय गैस है, जो सीधे दहन में भाग नहीं लेती। यह पौधों के लिए **नाइट्रोजन चक्र** के माध्यम से आवश्यक पोषक तत्व प्रदान करती है। इसके बाद ऑक्सीजन लगभग **21 प्रतिशत** पाई जाती है, जबकि अन्य गैसें बहुत कम मात्रा में उपस्थित होती हैं।

87. उत्तर-(c)

व्याख्याः अर्जुन भारत में विकसित एक मुख्य **युद्धक टैंक** है। इसे रक्षा **अनुसंधान एवं विकास संगठन** (DRDO) द्वारा स्वदेशी रूप से विकसित किया गया है। यह टैंक आधुनिक **तोप प्रणाली**, **उन्नत फायर कंट्रोल सिस्टम** तथा **मजबूत सुरक्षा कवच से युक्त** है। अर्जुन टैंक भारतीय थल सेना की बख्तरबंद इकाइयों में शामिल है और स्वदेशी रक्षा उत्पादन को दर्शाता है।

88. उत्तर-(b)

व्याख्याः भोजन में प्रयुक्त सामान्य नमक रासायनिक रूप से **सोडियम क्लोराइड** कहलाता है। यह सोडियम और क्लोरीन के आयनों से मिलकर बना एक आयनिक यौगिक है। यह यौगिक जल में घुलनशील होता है और शरीर में द्रव संतुलन बनाए रखने में सहायक भूमिका निभाता है।

89. उत्तर-(b)

व्याख्याः होम गार्ड एक स्वैच्छिक बल है, जिसका गठन नागरिक प्रशासन और पुलिस को सहयोग प्रदान करने के उद्देश्य से किया गया है। यह बल आंतरिक सुरक्षा बनाए रखने, प्राकृतिक आपदाओं, दुर्घटनाओं तथा आपात स्थितियों में राहत एवं बचाव कार्य में सक्रिय भूमिका निभाता है। **चुनाव**, **त्योहारों** और **कानून-व्यवस्था** से संबंधित कार्यों में भी **होम गार्ड** की सहायता ली जाती है। इसका उद्देश्य समाज में **सुरक्षा** और **सेवा भावना** को मजबूत करना है।

90. उत्तर-(b)

व्याख्याः भारत में होम गार्ड (Home Guards) की स्थापना **वर्ष 1962** में की गई थी। इसका उद्देश्य **आपदा प्रबंधन**, **नागरिक सुरक्षा**, **आंतरिक सुरक्षा** तथा **प्रशासन** को आपात स्थितियों में सहयोग प्रदान करना है। यह एक **स्वैच्छिक नागरिक** बल है, जो पुलिस एवं सिविल डिफेंस के साथ समन्वय में कार्य करता है।

91. उत्तर-(c)

व्याख्याः दिल्ली चलो का नारा नेताजी **सुभाष चंद्र बोस** ने दिया था। यह नारा **भारतीय राष्ट्रीय सेना** (Indian National Army) के माध्यम से अंग्रेजी शासन को चुनौती देने और भारत की स्वतंत्रता के लिए निर्णायक संघर्ष का प्रतीक था। इस नारे ने **स्वतंत्रता आंदोलन** में जन-उत्साह और क्रांतिकारी चेतना को सशक्त किया।

92. उत्तर-(c)

व्याख्याः पद्म पुरस्कार 2026 की आधिकारिक सूची के अनुसार **श्री व्लादिमेर मेस्त्विरिश्विली** को **जॉर्जिया** से संबंधित विदेशी व्यक्तित्व के रूप में खेल क्षेत्र में **पद्म श्री** (मरणोपरांत) प्रदान किया गया है। **विजय अमृतराज अमेरिका से खेल क्षेत्र में पद्म भूषण** प्राप्तकर्ता हैं, जबकि **प्रो. लार्स-क्रिश्चियन कोच** है।

93. उत्तर-(b)

व्याख्याः एडम स्मिथ ने अर्थशास्त्र को धन के **सृजन** और **राष्ट्रीय संपत्ति** के अध्ययन से सम्बंधित बताया। स्मिथ का मानना था कि **श्रम विभाजन** से उत्पादन क्षमता बढ़ती है।

94. उत्तर-(b)

व्याख्याः उदयपुर को **झीलों की नगरी** कहा जाता है, क्योंकि यहाँ **पिछोला झील, फतेह सागर झील, उदय सागर** और **स्वरूप सागर** जैसी अनेक प्रसिद्ध झीलें स्थित हैं। इन झीलों के कारण उदयपुर को यह उपनाम प्राप्त हुआ है और यह **राजस्थान** का एक प्रमुख पर्यटन केंद्र भी है।

95. उत्तर-(c)

व्याख्याः वुलर झील भारत की **सबसे बड़ी मीठे पानी की झील** है, जो **जम्मू और कश्मीर** में स्थित है। यह झील **झेलम नदी** द्वारा पोषित होती है और क्षेत्र की जल-व्यवस्था तथा जैव-विविधता में महत्वपूर्ण भूमिका निभाती है।

96. उत्तर-(c)

व्याख्याः COP-30 का आयोजन **नवंबर 2025** में ब्राजील के **बेलेम शहर** में किया गया। यह सम्मेलन **संयुक्त राष्ट्र जलवायु परिवर्तन रूपरेखा सम्मेलन** (UNFCCC) के तहत आयोजित हुआ, जिसमें जलवायु परिवर्तन, कार्बन उत्सर्जन में कटौती, अनुकूलन तथा जलवायु वित्त जैसे प्रमुख वैश्विक मुद्दों पर चर्चा की गई। इसके बाद **COP-31** का आयोजन वर्ष 2026 में **अंताल्या, तुर्की** में प्रस्तावित है, जिसका उद्देश्य वैश्विक सहयोग के माध्यम से **जलवायु कार्रवाई** को मजबूत करना है।

97. उत्तर-(d)

व्याख्याः फीमर (Femur) मानव शरीर की **सबसे लंबी** और सबसे **मजबूत अस्थि** होती है, जो शरीर का भार सहन करने तथा चलने-दौड़ने में सहायक होती है। वहीं मानव शरीर की सबसे छोटी अस्थि **स्टेप्स** (Stapes) होती है, जो कान के **मध्य भाग** में स्थित होती है और **श्रवण** क्रिया से संबंधित है।

98. उत्तर-(c)

व्याख्याः उत्तर प्रदेश का दक्षिणी भाग **विंध्य पर्वतीय श्रेणी** से जुड़ा माना जाता है। यही श्रेणी बुंदेलखंड के पठारी स्वरूप का आधार है। यह क्षेत्र **मैदानी भाग** से भिन्न भौगोलिक पहचान रखता है।

99. उत्तर-(c)

व्याख्याः गंडक नदी उत्तर प्रदेश में गंगा की सहायक नदी के रूप में प्रवाहित होती है। यह **नेपाल** से निकलकर **बिहार** होते हुए **उत्तर प्रदेश की सीमा** को प्रभावित करती है। बाढ़ के संदर्भ में इसका महत्व विशेष रूप से उल्लेखनीय है।

100.उत्तर-(c)

व्याख्याः गेहूँ उत्तर प्रदेश की प्रमुख **रबी फसल** है। इसकी बुवाई **अक्टूबर-नवंबर** में तथा कटाई **मार्च-अप्रैल** में होती है। उपजाऊ **जलोढ़ मिट्टी** और **पर्याप्त सिंचाई सुविधाएँ** गेहूँ उत्पादन को बढ़ावा देती हैं। राष्ट्रीय स्तर पर **गेहूँ उत्पादन** में उत्तर प्रदेश अग्रणी राज्यों में है।

होमगार्ड प्रैक्टिस सैट-6

1. केंद्रीय बजट 2026-27 में नया आयकर अधिनियम, 2025 किस तिथि से प्रभावी होगा?
(a) 1 अप्रैल 2025 (b) 1 जुलाई 2025
(c) 1 अप्रैल 2026 (d) 1 जनवरी 2026

2. पद्म पुरस्कार 2026 की सूची में निम्नलिखित में से किस व्यक्ति को चिकित्सा के क्षेत्र में पद्म भूषण प्रदान किया गया है?
(a) डॉ. प्रतीक शर्मा (b) डॉ. पद्मा गुरमेट
(c) डॉ. नोरी दत्तात्रेयुडु (d) डॉ. सुरेश हनगावडी

3. गुप्तकालीन मुद्रा व्यवस्था में स्वर्ण दीनार का महत्व किस कारण से था?
(a) केवल आंतरिक व्यापार
(b) अंतर्राष्ट्रीय व्यापार व समृद्धि का संकेत
(c) कर-मुक्ति
(d) कृषि भुगतान

4. सल्तनत काल में बरीद (Barid) व्यवस्था का उद्देश्य क्या था?
(a) कर वसूली (b) गुप्तचर व सूचना तंत्र
(c) भूमि मापन (d) न्यायिक अपील

5. चोल काल की प्रशासनिक विशेषता के रूप में उर और सभा का संबंध किससे था?
(a) सैन्य संगठन (b) स्थानीय स्वशासन
(c) धार्मिक दान (d) व्यापार नियंत्रण

6. उत्तर प्रदेश में स्थित पिपरहवा (पिपरहवा स्तूप) का ऐतिहासिक महत्व किससे जुड़ा है?
(a) जैन परिषद (b) बौद्ध अवशेष
(c) वैदिक यज्ञ (d) गुप्त विश्वविद्यालय

7. बनी-ठनी चित्रकला किस शैली से संबंधित है?
(a) मुगल शैली (b) पहाड़ी शैली
(c) किशनगढ़ शैली (d) राजपूतानी शैली (मेवाड़)

8. सूफी परंपरा में खानकाह का प्रमुख कार्य क्या था?
(a) सैन्य प्रशिक्षण
(b) आध्यात्मिक साधना व सामाजिक सेवा
(c) कर संग्रह
(d) न्यायालय

9. मृगतृष्णा (Mirage) का बनना किसका उदाहरण है?
(a) अपवर्तन का (b) विवर्तन का
(c) कुल आंतरिक परावर्तन का (d) विविक्षेप का

10. ध्वनि सिद्धांत (Dhvani Theory) के प्रवर्तक कौन थे?
(a) दण्डी (b) भामह
(c) आनंदवर्धन (d) मम्मट

11. आधुनिक हिंदी साहित्य में प्रयोगवाद की केंद्रीय विशेषता क्या है?
(a) राष्ट्रवाद
(b) शिल्पगत प्रयोग व आधुनिक संवेदना
(c) सामाजिक यथार्थ
(d) लोक परंपरा

12. भारतीय संविधान के किस अनुच्छेद में राज्य निर्वाचन आयोग के गठन का प्रावधान है?
(a) अनुच्छेद-243 K (b) अनुच्छेद-243 B
(c) अनुच्छेद-243 E (d) अनुच्छेद-243 F

13. बौद्ध संघ में प्रतिमोक्ष (Pratimoksha) का संबंध किससे है?
(a) दार्शनिक ग्रंथ
(b) दान विधि
(c) ध्यान पद्धति
(d) भिक्षुओं के अनुशासन के नियम

14. मध्यकालीन भारत में फारसी इतिहास लेखन की परंपरा का प्रमुख कारण क्या था?
(a) जनभाषा (b) दरबारी-प्रशासनिक संरक्षण
(c) धार्मिक अनिवार्यता (d) शैक्षिक निषेध

15. उत्तर प्रदेश में कथक की लखनऊ घराना परंपरा की प्रमुख विशेषता क्या थी?
(a) वीर रस (b) नृत्य-नाट्य
(c) नजाकत व भाव-प्रदर्शन (d) लोकगतियाँ

16. झूला (Jhula) नृत्य किस राज्य से संबंधित है?
(a) बिहार (b) राजस्थान
(c) उत्तर प्रदेश (d) मध्य प्रदेश

17. भारत के उत्तर-पूर्वी क्षेत्र के सात बहनों (Seven Sisters of India) में निम्नलिखित में से कौन-सा राज्य शामिल नहीं है?
(a) असम (b) मणिपुर
(c) त्रिपुरा (d) सिक्किम

18. शुष्क बर्फ (Dry Ice) है-
(a) ठोस अमोनिया (b) ठोस सल्फर डाइऑक्साइड
(c) ठोस कार्बन डाइऑक्साइड (d) ठोस नाइट्रोजन

19. हाइड्रोपोनिक्स क्या है?
(a) जलीय पौधों का संवर्धन
(b) फसली पौधों का संवर्धन
(c) मृदा रहित पौधे का संवर्धन
(d) प्लावक जलीय पौधों का संवर्धन

20. प्राचीन भारतीय इतिहास के अध्ययन में शिलालेख (Inscriptions) क्यों महत्वपूर्ण हैं?

(a) साहित्यिक सौंदर्य (b) प्रत्यक्ष समकालीन साक्ष्य

(c) धार्मिक कथा (d) लोककथा

21. उत्तर प्रदेश में स्थित अयोध्या का सांस्कृतिक महत्व मुख्यतः किस परंपरा से जुड़ा है?

(a) बौद्ध (b) शैव

(c) वैष्णव (d) जैन

22. भारतीय संगीत में ताल की अवधारणा का मूल उद्देश्य क्या है?

(a) राग निर्धारण (b) लयात्मक संरचना

(c) गायन शैली (d) वाद्य चयन

23. तारीख-ए-फिरोजशाही के लेखक कौन थे?

(a) जियाउद्दीन बरनी (b) अमीर खुसरो

(c) बदायूँनी (d) अबुल फजल

24. उत्तर प्रदेश की सांस्कृतिक पहचान में काशी घराना का प्रमुख योगदान किस क्षेत्र में है?

(a) तबला (b) शास्त्रीय गायन

(c) शहनाई (d) कथक

25. लोक साहित्य के अध्ययन से इतिहासकारों को क्या लाभ मिला?

(a) केवल मनोरंजन

(b) जनजीवन की मानसिकता व परंपराओं की समझ

(c) प्रशासनिक विवरण

(d) तकनीकी ज्ञान

26. हिमालय में भूस्खलन (Landslide) की अधिकता का प्रमुख भौगोलिक कारण क्या है?

(a) समतल भू-आकृति

(b) कम वर्षा

(c) तीव्र ढाल और अस्थिर चट्टानें

(d) मरुस्थलीय जलवायु

27. दक्कन पठार की नदियाँ सामान्यतः किस दिशा में प्रवाहित होती हैं?

(a) उत्तर से दक्षिण (b) दक्षिण से उत्तर

(c) पूर्व से पश्चिम (d) पश्चिम से पूर्व

28. उत्तर प्रदेश में गंगा नदी के मैदानी भाग में बाढ़ की आवृत्ति बढ़ने का मुख्य कारण क्या है?

(a) हिमपात

(b) नदी की कम ढाल और अधिक अवसादन

(c) ज्वालामुखीय गतिविधि

(d) भूकंपीय हलचल

29. पृथ्वी की घूर्णन गति का प्रमुख भौगोलिक प्रभाव क्या है?

(a) दिन-रात का होना (b) ऋतुओं का परिवर्तन

(c) मानसून वर्षा (d) ज्वार-भाटा

30. निम्नलिखित में से कौन-सी रामसर साइट (Ramsar Site) उत्तर प्रदेश में स्थित है?

(a) लोकटक झील (b) चिल्का झील

(c) समसपुर पक्षी विहार (d) सांभर झील

31. रुहेलखंड क्षेत्र में प्रचलित चार बैत लोक-सांस्कृतिक परंपरा किससे संबंधित है?

(a) लोकनृत्य (b) लोकनाट्य

(c) कव्वाली गायन शैली (d) लोककथा वाचन

32. पूर्वांचल क्षेत्र की प्रसिद्ध लोकगाथा/लोकगायन शैली कौन-सी है?

(a) आल्हा (b) कजरी

(c) बिरहा (d) लावणी

33. जल चक्र (Hydrological Cycle) में वाष्पीकरण का मुख्य स्रोत क्या है?

(a) नदियाँ (b) महासागर

(c) हिमनद (d) भूजल

34. मानव श्वसन तंत्र में श्वसन की दर (Respiratory Rate) मुख्यतः किससे नियंत्रित होती है?

(a) हृदय (b) फेफड़े

(c) मस्तिष्क का मेडुला (d) यकृत

35. अमन सेहरावत ने वर्ष 2024 के ओलंपिक खेलों में कौन-सा पदक जीता था?

(a) स्वर्ण पदक (b) रजत पदक

(c) कांस्य पदक (d) कोई पदक नहीं

36. वर्ष 2025-26 में भारत की राष्ट्रीय जलवायु कार्ययोजना (NAPCC) की शुरुआत किस उद्देश्य से की गई?

(a) औद्योगिक विस्तार (b) जलवायु शमन और अनुकूलन

(c) कृषि सब्सिडी (d) शहरीकरण

37. COVID-19 रोग किस वायरस के कारण होता है?

(a) इन्फ्लुएंजा वायरस (b) इबोला वायरस

(c) SARS-CoV&2 (d) निपाह वायरस

38. खरीफ फसल की बुवाई सामान्यतः किस अवधि में की जाती है?

(a) अक्टूबर-नवंबर (b) मार्च-अप्रैल

(c) दिसंबर-जनवरी (d) जून-जुलाई

39. झुलसा (Blight) रोग निम्नलिखित में से किन फसलों में पाया जाता है?

(a) केवल गेहूँ में (b) केवल मक्का में

(c) आलू और धान में (d) गन्ना और कपास में

40. मानव शरीर का सबसे बड़ा अंग कौन-सा है?
(a) यकृत (Liver) (b) मस्तिष्क (Brain)
(c) फेफड़े (Lungs) (d) त्वचा (Skin)

41. प्रकाश संश्लेषण की अंधकार अभिक्रिया (Dark Reaction / Calvin Cycle) कहाँ होती है?
(a) थायलाकोइड (b) ग्राना
(c) स्ट्रोमा (d) कोशिका भित्ति

42. निम्नलिखित में से किस जिले से होकर गंगा नदी नहीं बहती है?
(a) प्रयागराज (b) वाराणसी
(c) कानपुर नगर (d) झाँसी

43. 38वें राष्ट्रीय खेल 2025 का शुभंकर (Mascot) क्या था?
(a) मौली (b) हिमवीर
(c) गिरी (d) शेरू

44. मानव नेत्र (Human Eye) में पुतली (Pupil) का कार्य क्या है?
(a) रंग पहचान
(b) प्रकाश की मात्रा को नियंत्रित करना
(c) छवि बनाना
(d) अपवर्तन

45. उत्तर प्रदेश का सहारनपुर जिला किस शिल्प कला के लिए विशेष रूप से प्रसिद्ध है?
(a) पीतल शिल्प (b) जरी-जरदोजी
(c) लकड़ी की नक्काशी (d) कालीन उद्योग

46. उत्तर प्रदेश का राजकीय जीव कौन-सा है?
(a) शेर (b) हाथी
(c) नीलगाय (d) बारहसिंगा

47. शुष्क क्षेत्रों के पौधों में पत्तियों का काँटों में बदल जाना, किसके अनुकूलन का उदाहरण है?
(a) संरचनात्मक (b) शारीरिक
(c) व्यवहारिक (d) अनुवांशिक

48. रानीखेत रोग मुख्य रूप से किन जीवों को प्रभावित करता है?
(a) गाय और भैंस (b) भेड़ और बकरी
(c) मुर्गी एवं अन्य पक्षी (d) घोड़ा और ऊँट

49. जैव विविधता में कमी से पारिस्थितिकी तंत्र पर क्या प्रभाव पड़ता है?
(a) स्थिरता बढ़ती है (b) स्थिरता घटती है
(c) कोई प्रभाव नहीं (d) केवल वन प्रभावित होते हैं

50. पद्म पुरस्कार 2026 में निम्नलिखित में से किस व्यक्ति को कला के क्षेत्र में पद्म श्री से सम्मानित किया गया?
(a) प्रो. शफी शौक
(b) प्रो. (डॉ.) लार्स-क्रिश्चियन कोच
(c) ल्यूडमिला विक्टोरोवना खोखलोवा
(d) व्लादिमेर मेस्त्विरिश्विली

51. वास्तविक आय (Real Income) का अर्थ क्या है?
(a) कुल अर्जित धन
(b) बचत की गई आय
(c) कर कटौती के बाद आय
(d) मूल्य स्तर के अनुसार समायोजित आय

52. उत्तर प्रदेश में लघु उद्योग (Small Industries) ग्रामीण अर्थव्यवस्था के लिए क्यों महत्वपूर्ण हैं?
(a) आयात बढ़ाने के लिए
(b) स्थानीय रोजगार सृजन के लिए
(c) केवल शहरी विकास के लिए
(d) कर बढ़ाने के लिए

53. निम्नलिखित में से भैंस की कौन-सी नस्ल उत्तर प्रदेश में पायी जाती है?
(a) गिर (b) साहीवाल
(c) रेड सिंधी (d) मुर्रा

54. निम्नलिखित में से कौन-सा एक जड़ नहीं है?
(a) आलू (b) गाजर
(c) शकरकंद (d) मूली

55. उत्तर प्रदेश में सहकारी समितियों (Cooperative Societies) का प्रमुख लाभ क्या है?
(a) आयात नियंत्रण
(b) किसानों की सामूहिक शक्ति और बेहतर बाजार
(c) निजीकरण
(d) कर वृद्धि

56. शुद्ध जल (Pure Water) का pH मान कितना होता है?
(a) 5 (b) 6
(c) 7 (d) 8

57. राष्ट्रीय आय में मजदूरी (Wages) किस कारक आय को दर्शाती है?
(a) भूमि (b) श्रम
(c) पूँजी (d) उद्यमिता

58. उत्तर प्रदेश में सेवा क्षेत्र (Service Sector) की वृद्धि का एक कारण क्या है?
(a) केवल कृषि
(b) वन उत्पाद
(c) खनन
(d) व्यापार, परिवहन और शहरी सेवाएँ

59. उत्तर प्रदेश राज्य सहकारी संघ की स्थापना किस वर्ष की गई थी?
(a) वर्ष 1904 (b) वर्ष 1912
(c) वर्ष 1920 (d) वर्ष 1935

60. डिजिटल सार्वजनिक अवसंरचना का मुख्य लाभ क्या है?
(a) कर वृद्धि (b) समावेशी और सुलभ सेवाएँ
(c) निजी एकाधिकार (d) आयात बढ़ाना

61. मीथेन (Methane) का रासायनिक सूत्र क्या है?
(a) CO_2 (b) CH_4
(c) C_2H_6 (d) NH_3

62. वैश्विक भुखमरी सूचकांक किसके द्वारा जारी किया जाता है?
(a) विश्व बैंक (World Bank)
(b) संयुक्त राष्ट्र विकास कार्यक्रम (UNDP)
(c) विश्व स्वास्थ्य संगठन (WHO)
(d) कंसर्न वर्ल्डवाइड एवं वेल्टहंगरहिल्फ (CWW)

63. मानवीय सहायता एवं विकास-भूजल गुणवत्ता रिपोर्ट 2025 किसके द्वारा जारी की गई है?
(a) पर्यावरण, वन एवं जलवायु परिवर्तन मंत्रालय (MoEFCC)
(b) नीति आयोग (NITI Aayog)
(c) भारतीय भू-वैज्ञानिक सर्वेक्षण (GSI)
(d) केंद्रीय भू-जल बोर्ड (Central Ground Water Board – CGWB)

64. मुख्यमंत्री युवा उद्यमी योजना किस राज्य से संबंधित है?
(a) मध्य प्रदेश (b) बिहार
(c) उत्तर प्रदेश (d) राजस्थान

65. निम्नलिखित में से कौन-सी धातु सबसे अधिक कठोर है?
(a) सोना (b) चाँदी
(c) लोहा (d) टंग्स्टन

66. राष्ट्रीय हरित हाइड्रोजन मिशन का मुख्य उद्देश्य क्या है?
(a) कोयला उत्पादन
(b) स्वच्छ ऊर्जा का विकास
(c) परमाणु ऊर्जा विस्तार
(d) जलविद्युत निजीकरण

67. उत्तर प्रदेश में वेयरहाउसिंग और कोल्ड-चेन के विस्तार से किसे लाभ होता है?
(a) केवल शहरी खुदरा (b) कृषि आपूर्ति-शृंखला
(c) खनन (d) कर प्रशासन

68. एक जिला, एक खेल योजना के संदर्भ में असत्य युग्म का चयन करें।
(a) बहराइच – फुटबॉल (b) गोंडा – कुश्ती
(c) श्रावस्ती – कबड्डी (d) फतेहपुर – एथलेटिक्स

69. निम्नलिखित में से कौन-सा देश शंघाई सहयोग संगठन (SCO) का सदस्य नहीं है?
(a) भारत (b) पाकिस्तान
(c) ईरान (d) जापान

70. उत्तर प्रदेश में एक्सप्रेसवे नेटवर्क के विस्तार का प्रमुख लाभ क्या है?
(a) केवल पर्यटन
(b) उद्योग और लॉजिस्टिक्स का विकास
(c) वन संरक्षण
(d) कर वृद्धि

71. केंद्रीय बजट 2026-27 में उल्लिखित आकांक्षाओं को पूरा करना मुख्यतः किससे संबंधित है?
(a) ग्रामीण मांग को प्रोत्साहन
(b) नागरिकों, विशेषकर युवा आबादी की क्षमता निर्माण
(c) सामाजिक सुरक्षा योजनाओं का विस्तार
(d) निजी निवेश हेतु कर प्रोत्साहन

72. भारत लॉजिस्टिक्स रिपोर्ट (India Logistics Report) किसके द्वारा जारी की जाती है?
(a) नीति आयोग
(b) भारतीय रिजर्व बैंक
(c) वाणिज्य एवं उद्योग मंत्रालय
(d) वाणिज्य उद्योग मंत्रालय और आंतरिक व्यापार संवर्धन विभाग

73. शुभांशु शुक्ला किस क्षेत्र से संबंधित हैं?
(a) भारतीय नौसेना (b) भारतीय थलसेना
(c) भारतीय वायुसेना (d) इसरो का प्रशासनिक कैडर

74. स्टेनलेस स्टील (Stainless Steel) में जंग न लगने का मुख्य कारण क्या है?
(a) इसमें कार्बन की अधिक मात्रा (b) इसमें निकेल की उपस्थिति
(c) इसमें क्रोमियम की उपस्थिति (d) इसमें लोहा नहीं होता

75. ड्रोन (Drone) क्या होता है?
(a) मानव द्वारा चलाया जाने वाला विमान
(b) पानी के अन्दर चलने वाला यंत्र
(c) बिना पायलट का उड़ने वाला यान
(d) केवल सैन्य हथियार

76. भारतीय संविधान में मौलिक अधिकारों (Fundamental Rights) का मुख्य उद्देश्य क्या है?
(a) सरकार की शक्तियाँ बढ़ाना
(b) नागरिक स्वतंत्रताओं की रक्षा करना
(c) कर संग्रह
(d) न्यायालयों की शक्तियाँ सीमित करना

77. वर्तमान में उत्तर प्रदेश विधानसभा के अध्यक्ष कौन हैं?
(a) हृदय नारायण दीक्षित (b) माता प्रसाद पांडेय
(c) सुरेश खन्ना (d) सतीश महाना

78. भारतीय संविधान के अनुच्छेद 32 के अंतर्गत कितने प्रकार की रिट (Writ) जारी की जा सकती हैं?
(a) 3 (b) 4
(c) 5 (d) 6

79. मुख्यमंत्री की नियुक्ति भारतीय संविधान के किस अनुच्छेद के तहत की जाती है?
(a) अनुच्छेद 74 (b) अनुच्छेद 163
(c) अनुच्छेद 164 (d) अनुच्छेद 168

80. लोकसभा में अविश्वास प्रस्ताव (No–Confidence Motion) पारित होने पर क्या प्रभाव पड़ता है?
(a) राष्ट्रपति का इस्तीफा (b) मंत्रिपरिषद का इस्तीफा
(c) संसद का स्वत: विघटन (d) न्यायिक जांच

81. निम्नलिखित में से कौन पित्तनाशक (Antacid) नहीं है?
(a) सोडियम हाइड्रोजन कार्बोनेट (b) सोडियम कार्बोनेट
(c) हिस्टामिन (d) मैग्नीशियम हाइड्रॉक्साइड

82. फिल्मफेयर पुरस्कार की शुरुआत किस वर्ष की गई थी?
(a) वर्ष 1950 (b) वर्ष 1954
(c) वर्ष 1960 (d) वर्ष 1972

83. भारत में G20 शिखर सम्मेलन का आयोजन कब किया गया था?
(a) 15-16 अगस्त 2022 (b) 9-10 सितंबर 2025
(c) 9-10 सितंबर 2023 (d) 2-3 अक्टूबर 2023

84. राष्ट्रीय हरित हाइड्रोजन मिशन किस मंत्रालय से संबंधित है?
(a) पर्यावरण, वन एवं जलवायु परिवर्तन मंत्रालय
(b) पेट्रोलियम एवं प्राकृतिक गैस मंत्रालय
(c) नवीन एवं नवीकरणीय ऊर्जा मंत्रालय
(d) विज्ञान एवं प्रौद्योगिकी मंत्रालय

85. होम गार्ड संगठन में सबसे उच्च पद कौन-सा होता है?
(a) कंपनी कमांडर (b) जिला कमांडेंट
(c) कमांडेंट जनरल (d) महानिदेशक

86. भारत के प्रथम लोकसभा अध्यक्ष कौन थे?
(a) हुकुम सिंह (b) नीलम संजीव रेड्डी
(c) जी. वी. मावलंकर (d) गुरुदयाल सिंह ढिल्लों

87. वर्तमान में उत्तर प्रदेश में कुल कितने नगर निगम हैं?
(a) 13 (b) 15
(c) 17 (d) 20

88. BNS का पूरा नाम क्या है?
(a) भारतीय न्याय संहिता (b) भारतीय नागरिक संहिता
(c) भारतीय न्याय सेवा (d) भारतीय दंड नियम

89. नाबार्ड (NABARD) की स्थापना किस वर्ष की गई थी?
(a) वर्ष 1978 (b) वर्ष 1982
(c) वर्ष 1991 (d) वर्ष 2000

90. अवनि लेखरा किस खेल से संबंधित हैं?
(a) एथलेटिक्स (b) बैडमिंटन
(c) तीरंदाजी (d) निशानेबाजी (शूटिंग)

91. मानव शरीर की सबसे छोटी अंत:स्रावी ग्रंथि कौन-सी है?
(a) पिट्यूटरी ग्रंथि (b) थायरॉयड ग्रंथि
(c) एड्रिनल ग्रंथि (d) पीनियल ग्रंथि

92. मानव शरीर की कोशिकाओं में गुणसूत्रों (Chromosomes) की कुल संख्या कितनी होती है?
(a) 44 (b) 46
(c) 48 (d) 23

93. जाइलम ऊतक (Xylem Tissue) का मुख्य कार्य क्या है?
(a) भोजन का निर्माण
(b) भोजन का परिवहन
(c) जल एवं खनिज लवणों का परिवहन
(d) गैसों का आदान-प्रदान

94. भारत का प्रथम उपग्रह (Satellite) कौन-सा था?
(a) भास्कर–I (b) रोहिणी
(c) आर्यभट्ट (d) इनसैट–1B

95. E20 ईंधन का क्या अर्थ है?
(a) पेट्रोल में 10% एथनॉल मिश्रण
(b) डीजल में 15% एथनॉल मिश्रण
(c) पेट्रोल में 20% एथनॉल मिश्रण
(d) डीजल में 20% एथनॉल मिश्रण

96. निम्नलिखित में से कौन-सा तत्व धातु है?
(a) हाइड्रोजन (b) मरकरी (पारा)
(c) ऑक्सीजन (d) नाइट्रोजन

97. वेग और समय के अनुपात से कौन-सी राशि प्राप्त होती है?
(a) त्वरण (b) वेग
(c) संवेग (d) कार्य

98. 106वां संविधान संशोधन अधिनियम, 2023 किससे संबंधित है?
(a) आर्थिक रूप से कमजोर वर्गों के आरक्षण से
(b) पंचायतों के सशक्तिकरण से
(c) महिलाओं के लिए आरक्षण से
(d) एक राष्ट्र-एक चुनाव से

99. भारत का सबसे बड़ा सौर ऊर्जा पार्क कौन-सा है?
(a) पावगड़ा सोलर पार्क (b) कर्नूल सोलर पार्क
(c) रेवा सोलर पार्क (d) भड़ला सोलर पार्क

100. बिस्मिल किस्म किस फसल से संबंधित है?
(a) मक्का की किस्म (b) गेहूँ की किस्म
(c) गन्ने की उन्नत किस्म (d) धान की किस्म

उत्तर : व्याख्या-सहित

1. उत्तर-(c)

व्याख्या: केंद्रीय बजट 2026-27 में वर्तमान **आयकर अधिनियम, 1961** को प्रतिस्थापित करते हुए **नया आयकर अधिनियम, 2025** लाया गया है, जिसे **1 अप्रैल, 2026** से प्रभावी करने का प्रावधान किया गया है।

2. उत्तर-(c)

व्याख्या: पद्म पुरस्कार 2026 में **डॉ. नोरी दत्तात्रेयुडु** को **चिकित्सा के क्षेत्र** में **पद्म भूषण** प्रदान किया गया है। **डॉ. प्रतीक शर्मा** और **डॉ. पद्मा गुरमेट** को इसी क्षेत्र में **पद्म श्री** मिला है।

3. उत्तर-(d)

व्याख्या: गुप्तकालीन स्वर्ण दीनार **अंतरराष्ट्रीय व्यापार** और **आर्थिक समृद्धि** का प्रतीक था। इसकी **शुद्धता** और **व्यापक प्रचलन** विदेशी व्यापारिक संपर्कों को दर्शाता है। इससे गुप्त अर्थव्यवस्था की मजबूती सिद्ध होती है।

4. उत्तर-(c)

व्याख्या: **बरीद** (Barid) व्यवस्था **सल्तनत काल** का **गुप्तचर** और **सूचना तंत्र** (Intelligence System) थी। इसका कार्य प्रांतीय गतिविधियों की **सूचना केंद्र** तक पहुँचाना था। इससे सुल्तान प्रशासन पर नियंत्रण रखता था।

5. उत्तर-(b)

व्याख्या: चोल काल में **उर** और **सभा स्थानीय स्वशासन** (Local Self–Government) की संस्थाएँ थीं। ये ग्राम स्तर पर **प्रशासनिक** और **आर्थिक निर्णय** लेती थीं। यह दक्षिण भारत में विकसित विकेंद्रीकरण को दर्शाता है।

6. उत्तर-(b)

व्याख्या: **पिपरहवा स्तूप** का ऐतिहासिक महत्व **बौद्ध अवशेषों** (Buddhist Relics) से जुड़ा है। इसे **बुद्ध** के **अस्थि-अवशेषों** से संबंधित माना जाता है। यह **उत्तर प्रदेश** के **बौद्ध विरासत** स्थलों में महत्वपूर्ण है।

7. उत्तर-(c)

व्याख्या: **बनी-ठनी किशनगढ़ शैली** की सर्वाधिक प्रसिद्ध कृति मानी जाती है। यह चित्र अपनी **लंबी**, **बादाम जैसी आँखों**, **कोमल चेहरे** की **बनावट** और **सौम्य भाव-भंगिमा** के लिए जाना जाता है। इसे **18वीं शताब्दी** में **किशनगढ़ दरबार** से जुड़े चित्रकार **निहाल चंद** द्वारा निर्मित माना जाता है और यह **राधा** के आदर्शीकृत रूप का प्रतीक है।

8. उत्तर-(b)

व्याख्या: **खानकाह** सूफी परंपरा में **आध्यात्मिक साधना** और **सामाजिक सेवा** (Spiritual Practice & Social Service) का केंद्र थी। यहाँ शिष्य **दीक्षा**, **शिक्षा** और **सेवा** कार्य होते थे। इससे **सूफी विचार** जनसामान्य तक पहुँचे।

9. उत्तर-(c)

व्याख्या: **मृगतृष्णा** का निर्माण कुल **आंतरिक परावर्तन** के कारण होता है। **गर्म सतह** के पास **वायु की परतें** भिन्न-भिन्न **घनत्व** की होती हैं, जिससे **प्रकाश किरणें** नीचे की ओर जाते-जाते **कुल आंतरिक परावर्तन** का अनुभव करती हैं और दूर पानी जैसा **भ्रम** उत्पन्न होता है।

10. उत्तर-(c)

व्याख्या: **ध्वनि सिद्धांत** (Dhvani Theory) के प्रवर्तक **आनंदवर्धन** थे, जिन्होंने **19वीं शताब्दी** में अपने ग्रंथ **ध्वन्यालोक** (Dhvanyaloka) में इस सिद्धांत का प्रतिपादन किया, जिसमें काव्य की **आत्मा ध्वनि** (Soul Sound) को माना गया है और **अभिनवगुप्त** तथा **मम्मट** इस सिद्धांत का समर्थन किया।

11. उत्तर-(b)

व्याख्या: **प्रयोगवाद** की केंद्रीय विशेषता **शिल्पगत प्रयोग** और **आधुनिक संवेदना** (Modern Sensibility) है। इसमें पारंपरिक काव्य ढाँचों से हटकर नए प्रयोग किए गए। इसके मुख्य लेखक **सच्चिदानंद हीरानंद वात्स्यायन अज्ञेय** थे।

12. उत्तर-(a)

व्याख्या: **अनुच्छेद-243 K** में राज्य **निर्वाचन आयोग** के गठन का प्रावधान किया गया है। यह आयोग **पंचायती राज** संस्थाओं के चुनावों के **संचालन**, **नियंत्रण** और **पर्यवेक्षण** के लिए उत्तरदायी होता है। इसका उद्देश्य **स्थानीय स्वशासन** संस्थाओं में **स्वतंत्र**, **निष्पक्ष** और **नियमित चुनाव** सुनिश्चित करना है।

13. उत्तर-(d)

व्याख्या: **प्रतिमोक्ष** में **बौद्ध संघ** से संबंधित **भिक्षुओं के अनुशासन के नियमों** (Monastic Discipline Rules) का संकलन है। इसका पाठ नियमित रूप से किया जाता था। इससे संघ में नैतिक अनुशासन बना रहता था।

14. उत्तर-(b)

व्याख्या: **मध्यकालीन भारत** में फारसी इतिहास लेखन को **दरबारी-प्रशासनिक संरक्षण** (Court Patronage) प्राप्त था। **शासक वर्ग फारसी** को सत्ता की भाषा मानते थे। इसलिए **इतिहास** और **साहित्य** की रचना फारसी में हुई।

15. उत्तर-(c)

व्याख्या: लखनऊ घराने की **कथक परंपरा** की प्रमुख विशेषता **बारीकी** और **भाव-प्रदर्शन** (Grace – Abhinaya) **कोमल भाव**, **ठहराव** और **शृंगार** की प्रधानता थी। इसमें **नवाबी संस्कृति** का प्रभाव स्पष्ट रूप से दिखाई देता है।

16. उत्तर-(c)

व्याख्या: झूला नृत्य, **उत्तर प्रदेश** का **पारंपरिक लोकनृत्य** है, जिसका विशेष संबंध **ब्रज क्षेत्र** से माना जाता है। यह नृत्य प्रायः **सावन के महीने में**, **झूलों** और **लोकगीतों** के साथ किया जाता है। इसमें **कृष्ण-भक्ति** और **ग्रामीण लोकजीवन** की भावनाएँ प्रमुख रूप से अभिव्यक्त होती हैं।

17. उत्तर-(d)

व्याख्या: भारत के **सेवन सिस्टर्स राज्य** (Seven Sisters of India) में **असम**, **अरुणाचल प्रदेश**, **मणिपुर**, **मेघालय**, **मिजोरम**, **नागालैंड** और **त्रिपुरा** शामिल हैं। सिक्किम भौगोलिक रूप से **उत्तर-पूर्व** भारत में स्थित होने के बावजूद भी पारंपरिक रूप से **सात बहन राज्यों** में शामिल नहीं किया जाता है; **सिक्किम 36वें संविधान संशोधन अधिनियम, 1975** के द्वारा भारत का **22वाँ पूर्ण राज्य** बना।

18. उत्तर-(c)

व्याख्या: शुष्क बर्फ वास्तव में **ठोस अवस्था** में **कार्बन डाइऑक्साइड** (CO_2) होती है। इसे **शुष्क बर्फ** इसलिए कहा जाता है क्योंकि यह पिघलने के बजाय **सीधे ठोस** से **गैस** में बदल जाती है इस प्रक्रिया को **उर्ध्वपातन** कहते हैं।

19. उत्तर-(c)

व्याख्या: हाइड्रोपोनिक्स एक **आधुनिक कृषि तकनीक** है, जिसमें **पौधों** का **संवर्धन** मिट्टी के बिना, **पोषक तत्वों** से युक्त **जल घोल** के माध्यम से किया जाता है। इस विधि में पौधों को आवश्यक **खनिज तत्व** सीधे जल से प्राप्त होते हैं, जिससे संसाधनों का **कुशल उपयोग**, **नियंत्रित उत्पादन** तथा **उच्च उत्पादकता** प्राप्त होती है।

20. उत्तर-(b)

व्याख्या: शिलालेख इतिहास के **प्रत्यक्ष समकालीन साक्ष्य** (Contemporary Evidence) होते हैं। इनमें **तिथियाँ**, **शासक**, **दान** और **प्रशासनिक विवरणों** की प्रत्यक्ष जानकारी मिलती हैं। इसलिए **शिलालेख** अत्यंत **विश्वसनीय स्रोत** माने जाते हैं।

21. उत्तर-(c)

व्याख्या: अयोध्या का सांस्कृतिक महत्व **वैष्णव परंपरा** से जुड़ा है। क्योंकि **भगवान राम विष्णु** के अवतार माने जाते हैं। इनका जन्म **अयोध्या** में हुआ था। **रामायण विष्णु परंपरा** पर आधारित ग्रंथ है।

22. उत्तर-(b)

व्याख्या: ताल का मूल उद्देश्य संगीत में **लयात्मक संरचना** (Rhythmic Structure) प्रदान करना है। यह **गायन** और **वादन** को **समयबद्ध/व्यवस्थित** आधार प्रदान करती है। भारतीय संगीत में **ताल अनिवार्य** तत्व है।

23. उत्तर-(a)

व्याख्या: **तारीख -ए-फिरोजशाही** के लेखक **जियाउद्दीन बरनी** थे। यह **तुगलक काल** का महत्वपूर्ण **ऐतिहासिक ग्रंथ** है। इसमें **प्रशासनिक** और **राजनीतिक** विवरण मिलता हैं।

24. उत्तर-(b)

व्याख्या: काशी घराने का प्रमुख योगदान **शास्त्रीय गायन** में माना जाता है। इसमें कई कलाकारों ने जैसे– **पंडित कंठे महाराज**, **पंडित किशन महाराज** और **अनोखेलाल महाराज** (तबलावादक) **छन्नूलाल मिश्रा** (गायन परंपरा) से जुड़े थे। यह **घराना बनारस** की **सांस्कृतिक** परंपरा से जुड़ा है।

25. उत्तर-(b)

व्याख्या: लोक साहित्य के **अध्ययन** से इतिहासकारों को **समाज** की **मानसिकता और परंपराओं** (Social Mentality – Traditions) की जानकारी मिलती है। यह **आम जनता** के दृष्टिकोण को उजागर करता है।

26. उत्तर-(c)

व्याख्या: हिमालय में **भूस्खलन** की अधिकता का प्रमुख कारण **तीव्र ढाल** और **अस्थिर चट्टानें** हैं। **युवा पर्वतीय संरचना** होने के कारण यहाँ **अपरदन** तेज होता है। **अधिक वर्षा** और **भूकंपीय सक्रियता** भी **भूस्खलन** को बढ़ाती है।

27. उत्तर-(d)

व्याख्या: दक्कन पठार की अधिकांश नदियाँ **पश्चिम से पूर्व दिशा में प्रवाहित** (West to East Flow) होती हैं इसका कारण पठार का पूर्व की ओर ढलान होना **गोदावरी**, **कृष्णा** और **कावेरी** इसके प्रमुख उदाहरण हैं।

28. उत्तर-(b)

व्याख्या: उत्तर प्रदेश के **गंगा के मैदानी** भाग में बाढ़ की आवृत्ति बढ़ने का मुख्य कारण **नदी** की **कम ढाल और अधिक अवसादन** है। इससे **नदी** की **जल वहन क्षमता घट** जाती है। इसके परिणामस्वरूप **बाढ़** की बारंबारता होती है।

29. उत्तर-(a)

व्याख्या: पृथ्वी की **घूर्णन गति** का प्रमुख प्रभाव **दिन-रात का होना** (Day–Night Cycle) है। **पृथ्वी** अपने **अक्ष** पर **घूमती है**, जिससे **सूर्य** के सामने वाला भाग **प्रकाशित** और दूसरा **अंधकार** में रहता है। यह दैनिक **समय-चक्र** का आधार है।

30. उत्तर-(c)

व्याख्याः समसपुर पक्षी विहार उत्तर प्रदेश के **रायबरेली** जिले में स्थित है और इसे **वर्ष 2019** में **रामसर साइट** का दर्जा प्राप्त हुआ। यह एक महत्वपूर्ण **आर्द्रभूमि** है, जहाँ बड़ी संख्या में **प्रवासी** और **स्थानीय पक्षी** पाए जाते हैं। यह स्थल **जैव-विविधता संरक्षण** और **जल-पारिस्थितिकी** के दृष्टिकोण से अत्यंत महत्वपूर्ण माना जाता है।

31. उत्तर-(c)

व्याख्याः चार बैंत रुहेलखंड क्षेत्र की एक विशिष्ट **कव्वाली गायन शैली** है, जिसमें **चार पंक्तियों** (बैत) के माध्यम से **धार्मिक**, **सूफी** और **सामाजिक भावनाओं** की अभिव्यक्ति की जाती है। यह परंपरा विशेष रूप से **उर्स**, **मेलों** और **सांस्कृतिक आयोजनों** में प्रस्तुत की जाती है और **रुहेलखंड** की साझा **गंगा-जमुनी तहजीब** का **महत्वपूर्ण अंग** मानी जाती है।

32. उत्तर-(c)

व्याख्याः बिरहा पूर्वांचल क्षेत्र की एक प्रमुख **लोकगायन शैली** है, जिसमें **सामाजिक जीवन**, **विरह**, **संघर्ष** और **श्रमिक** वर्ग की **गायन परंपराओं** को स्वर दिया जाता है। यह **परंपरा** विशेष रूप से **बनारस**, **आजमगढ़**, **गाजीपुर** और **बलिया** क्षेत्रों में लोकप्रिय है। **बिरहा गायन** पूर्वांचल की **लोकसंस्कृति** और **जनजीवन** की **सशक्त अभिव्यक्ति** माना जाता है।

33. उत्तर-(b)

व्याख्याः जल चक्र में **वाष्पीकरण** का मुख्य स्रोत **महासागर** (Oceans) हैं। पृथ्वी की सतह पर उपलब्ध अधिकांश **जल महासागरों** में है। **सूर्य** की ऊष्मा के द्वारा **सर्वाधिक वाष्पीकरण** महासागरीय जल से होता है।

34. उत्तर-(c)

व्याख्याः मानव श्वसन की दर **मस्तिष्क** के **मेडुला ऑब्लोंगाटा** द्वारा नियंत्रित होती है। यह **श्वसन केंद्र** CO_2 स्तर के अनुसार श्वास की दर और लय को विनियमित करता है।

35. उत्तर-(c)

व्याख्याः अमन सेहरावत ने **पेरिस ओलंपिक 2024** (Paris Olympics 2024) में **पुरुष फ्रीस्टाइल कुश्ती** 57 किलोग्राम भार वर्ग में **कांस्य पदक** (Bronze Medal) जीता था। इस पदक के साथ, वे **ओलंपिक** में **पदक** जीतने वाले सबसे कम उम्र के **भारतीय पहलवानों** के **समूह** में शामिल हो गए।

36. उत्तर-(b)

व्याख्याः राष्ट्रीय जलवायु कार्ययोजना (NAPCC) की शुरुआत **जलवायु शमन और अनुकूलन** (Mitigation – Adaptation) के लिए किया गया है। इसका उद्देश्य **ग्रीनहाउस गैसों में कमी** और **जलवायु जोखिमों** से निपटना है।

37. उत्तर-(c)

व्याख्याः COVID-19 एक **संक्रामक रोग** है, जो SARS-CoV-2 नामक **कोरोना वायरस** के कारण होता है। यह वायरस मुख्य रूप से **श्वसन तंत्र** को प्रभावित करता है और **संक्रमित व्यक्ति** की **खाँसी**, **छींक** या **निकट संपर्क** से फैलता है। वर्ष 2020 में इसे **वैश्विक महामारी** घोषित किया गया था।

38. उत्तर-(d)

व्याख्याः खरीफ फसलों की बुवाई **मानसून** के आगमन के साथ **जून-जुलाई** में की जाती है। ये फसलें वर्षा पर निर्भर होती हैं सामान्यतः ये फसलें **सितंबर-अक्टूबर** में काटी जाती हैं। **धान**, **मक्का**, **ज्वार**, **बाजरा** और **कपास** प्रमुख खरीफ फसलें हैं।

39. उत्तर-(c)

व्याख्याः झुलसा (Blight) एक प्रमुख **फफूँदी रोग** है, जो **आलू** तथा **धान** दोनों फसलों में लगता है। **आलू** में यह **अर्ली ब्लाइट** और **लेट ब्लाइट** के रूप में जबकि धान की फसल में **झुलसा** (Blight) के नाम से जाना जाता है। यह रोग पत्तियों को सुखाकर पौधे की **वृद्धि** और **उत्पादन** को **मुख्य रूप** से **प्रभावित** करता है।

40. उत्तर-(d)

व्याख्याः त्वचा (Skin) **मानव शरीर** का सबसे बड़ा अंग है, जो शरीर की बाहरी वातावरण से रक्षा करती है तथा ताप नियंत्रित करती है और मानव शरीर में त्वचा का वजन कुल शरीर के वजन का लगभग 16 प्रतिशत होता है, जो शरीर को बाहरी **रोगाणुओं** और **भौतिक खतरों** से सुरक्षा प्रदान करती है।

41. उत्तर-(c)

व्याख्याः प्रकाश संश्लेषण की **अंधकार अभिक्रिया क्लोरोक्लास्ट** के **स्ट्रोमा** (Stroma) में होती है। यहाँ CO_2 का **स्थिरीकरण** होने पर **ग्लूकोज** का निर्माण होता है। इसे **केल्विन चक्र** (Calvin Cycle) भी कहते हैं।

42. उत्तर-(d)

व्याख्याः गंगा नदी उत्तर प्रदेश के **प्रयागराज**, **वाराणसी** और **कानपुर** नगर जैसे कई जिलों से होकर बहती है। **झांसी**, **बुंदेलखंड** क्षेत्र में स्थित है, जहाँ से **गंगा नदी** का प्रवाह नहीं होता। इस क्षेत्र में **बेतवा** और **केन** जैसी नदियाँ प्रमुख हैं।

43. उत्तर-(a)

व्याख्याः 38वें राष्ट्रीय खेल 2025 का आयोजन **वर्ष 2025** में **उत्तराखंड** राज्य में किया गया था। इन खेलों का शुभंकर **मौली** था, जो **उत्तराखंड** की **सांस्कृतिक पहचान**, **ऊर्जा** और **खेल भावना** का **प्रतीक** है। इन खेलों का आयोजन **28 जनवरी से 14 फरवरी 2025** तक चला, जिसमें **देशभर** के **खिलाड़ियों** ने **विभिन्न खेलों** में भाग लिया।

44. उत्तर-(b)

व्याख्या: मानव नेत्र में पुतली **प्रकाश की मात्रा को नियंत्रित** करती है। **अधिक प्रकाश** में यह **सिकुड़ती** है और **कम प्रकाश में फैलती** है। इससे **रेटिना सुरक्षित** रहती है।

45. उत्तर-(c)

व्याख्या: सहारनपुर जिला **लकड़ी** की **नक्काशी** के लिए **अंतर्राष्ट्रीय स्तर पर प्रसिद्ध** है। यहाँ निर्मित **नक्काशीदार फर्नीचर** और **सजावटी वस्तुएँ देश-विदेश** में निर्यात की जाती हैं।

46. उत्तर-(d)

व्याख्या: बारहसिंगा उत्तर प्रदेश का **राजकीय जीव** है। यह मुख्य रूप से **दलदली** एवं **घास के मैदानों** में पाया जाता है और **दुधवा राष्ट्रीय उद्यान** इसका प्रमुख **आवास** माना जाता है। इसके **सींगों** पर **अनेक शाखाएँ** (बारह तक) होने के कारण इसे **बारहसिंगा** कहा जाता है।

47. उत्तर-(a)

व्याख्या: पत्तियों का **काँटों** में बदल जाना **संरचनात्मक अनुकूलन** (Structural Adaptation) का उदाहरण है। इससे **वाष्पोत्सर्जन कम** होता है और **शुष्क परिस्थितियों** में **जल संरक्षण** संभव होता है।

48. उत्तर-(c)

व्याख्या: रानीखेत रोग एक **विषाणु जनित संक्रामक रोग** है, जो मुख्य रूप से **मुर्गी**, **चूजा** और अन्य **घरेलू पक्षियों** में पाया जाता है। इसे **न्यूकैसल रोग** भी कहा जाता है और यह **मुर्गी** (पोल्ट्री) उद्योग के लिए अत्यंत **हानिकारक** माना जाता है।

49. उत्तर-(b)

व्याख्या: जैव विविधता में कमी से **पारिस्थितिकी तंत्र** की **स्थिरता घटती** (Reduced Stability) है। इससे **प्रजातियों** की कमी से **कार्यात्मक संतुलन** बिगड़ता है। **पारिस्थितिकी तंत्र** बाहरी खतरों के प्रति अधिक **संवेदनशील** हो जाता है।

50. उत्तर-(b)

व्याख्या: पद्म पुरस्कार 2026 की सूची के अनुसार **प्रो. (डॉ.) लार्स-क्रिश्चियन कोच** को **कला क्षेत्र** में **पद्म श्री** से सम्मानित किया गया है। जबकि **प्रो. शफी शौक साहित्य** एवं **शिक्षा** से, **ल्यूडमिला खोखलोवा साहित्य** से तथा **व्लादिमेर मेस्त्विरिश्विली खेल क्षेत्र** से संबंधित हैं।

51. उत्तर-(d)

व्याख्या: वास्तविक आय का अर्थ उस आय से है जिसे **मूल्य स्तर** के अनुसार **समायोजित** किया गया हो (Adjusted for Price Level)- इससे यह पता चलता है कि **व्यक्ति** वास्तव में कितनी **वस्तुएँ** और **सेवाएँ** खरीद सकता है। **महँगाई बढ़ने** पर **वास्तविक आय** घट सकती है।

52. उत्तर-(b)

व्याख्या: उत्तर प्रदेश में लघु **उद्योग ग्रामीण क्षेत्रों** में **स्थानीय रोजगार** (Local Employment) सृजित करते हैं। इससे पलायन कम होता है और **आय** के **अवसर** बढ़ते हैं तथा **ग्रामीण अर्थव्यवस्था** को मजबूती मिलती है।

53. उत्तर-(d)

व्याख्या: मुर्रा भैंस भारत की प्रमुख **नस्लों** में से एक है, जो विशेष रूप से **उत्तर प्रदेश** और **हरियाणा** में पायी जाती है। यह **अधिक दूध उत्पादन**, **मजबूत शरीर** और **उच्च दुग्ध वसा** प्रतिशत के लिए जानी जाती है।

54. उत्तर-(a)

व्याख्या: आलू वास्तव में **तना** (Stem) का **परिवर्तित रूप** होता है, जिसे **तना कंद** (Stem tuber) कहा जाता है। जबकि **गाजर**, **शकरकंद** और **मूली परिवर्तित जड़ें** (Modified Roots) हैं, जिनका उपयोग **भोजन संग्रह** के लिए होता है।

55. उत्तर-(b)

व्याख्या: उत्तर प्रदेश में **सहकारी समितियाँ** किसानों को **सामूहिक शक्ति** (Collective Strength) प्रदान करती हैं। इससे बेहतर **मूल्य** और **बाजार** तक **सीधी पहुँच** सुनिश्चित होती है। **ग्रामीण विकास** में इनकी **अहम भूमिका** है।

56. उत्तर-(c)

व्याख्या: pH किसी **द्रव** की **अम्लीयता** या **क्षारीयता** को दर्शाता है। **pH** का मान 0 से 14 के बीच होता है। **pH = 7** होने पर द्रव **सामान्य/तटस्थ** (Neutral) माना जाता है, जबकि 7 से कम होने पर **अम्लीय** और 7 से अधिक होने पर **क्षारीय** होता है। **शुद्ध जल** का **pH मान** 7 होता है, इसलिए वह न तो **अम्लीय** होता है और न ही **क्षारीय**।

57. उत्तर-(b)

व्याख्या: मजदूरी, **श्रम** से प्राप्त **आय** को दर्शाती है। **श्रमिक** अपनी **सेवाओं** के बदले **मजदूरी** प्राप्त करते हैं। यह **राष्ट्रीय आय** का एक **प्रमुख घटक** है।

58. उत्तर-(d)

व्याख्या: उत्तर प्रदेश में **सेवा** क्षेत्र की **वृद्धि का मुख्य** कारण **व्यापार**, **परिवहन** और **शहरी सेवाएँ** हैं। **शहरीकरण** और **बुनियादी ढाँचे** के **विकास** से सेवाओं की माँग बढ़ी है।

59. उत्तर-(b)

व्याख्या: उत्तर प्रदेश में **सहकारी संघ** की स्थापना **वर्ष 1912** में की गई थी। इसका उद्देश्य **सहकारी समितियों** को **संगठित** करना, उनके कार्यों का **मार्गदर्शन करना** तथा **सहकारिता आंदोलन** को मजबूत बनाना था। यह **संघ** और **राज्यों** के बीच में **सहकारी व्यवस्था** के विकास में महत्वपूर्ण भूमिका निभाता है।

60. उत्तर-(b)

व्याख्या: डिजिटल सार्वजनिक अवसंरचना का मुख्य लाभ **समावेशी** और **सुगम सेवाएँ** (Inclusive Services) प्रदान करना है। इससे सरकारी सेवाएँ **तेज** और **पारदर्शी** बनती हैं। नागरिकों की **डिजिटल** सेवाओं तक **पहुँच** सुनिश्चित होती है।

61. उत्तर-(b)

व्याख्या: मीथेन का **रासायनिक सूत्र** CH_4 होता है। यह सबसे सरल **हाइड्रोकार्बन** है और **प्राकृतिक गैस** का प्रमुख घटक है। मीथेन **रंगहीन**, **गंधहीन** और **ज्वलनशील गैस** होती है, जिसका उपयोग **ईंधन** के रूप में किया जाता है।

62. उत्तर-(d)

व्याख्या: वैश्विक भुखमरी सूचकांक (Global Hunger Index – GHI) का प्रकाशन **कंसर्न वर्ल्डवाइड** (Concern Worldwide) तथा **वेल्टहंगरहिल्फ** (Welthungerhilfe) द्वारा संयुक्त रूप से किया जाता है। यह **सूचकांक** विभिन्न देशों में **भुखमरी** की स्थिति का आकलन करने के लिए अंतर्राष्ट्रीय स्तर पर प्रयोग में लाया जाता है।

63. उत्तर-(d)

व्याख्या: भू-जल गुणवत्ता रिपोर्ट 2025 (Groundwater Quality Report 2025) का **प्रकाशन**, **केंद्रीय भू-जल बोर्ड** (Central Ground Water Board) द्वारा किया गया है, जो **जल शक्ति मंत्रालय** (Ministry of Jal Shakti) के अंतर्गत कार्य करता है। यह रिपोर्ट देश के विभिन्न क्षेत्रों में **भू-जल** में उपस्थित **रासायनिक तत्वों**, **प्रदूषण स्तर** तथा **पेयजल गुणवत्ता** का **वैज्ञानिक आकलन** प्रस्तुत करती है। यह रिपोर्ट जल प्रबंधन और सार्वजनिक **स्वास्थ्य नीति** के लिए अत्यंत महत्वपूर्ण मानी जाती है।

64. उत्तर-(c)

व्याख्या: मुख्यमंत्री युवा उद्यमी योजना उत्तर प्रदेश **संरकार** द्वारा शुरू की गई है। इस योजना का उद्देश्य **राज्य के युवाओं** को **स्वरोजगार** एवं **उद्यमिता** के लिए **प्रोत्साहित करना** है, जिसके अंतर्गत आसान शर्तों पर **ऋण**, **सब्सिडी** और **प्रशिक्षण** की सुविधा प्रदान की जाती है। यह योजना **युवाओं** को **आत्मनिर्भर** बनाने की दिशा में एक महत्वपूर्ण पहल है।

65. उत्तर-(d)

व्याख्या: टंगस्टन अत्यधिक **कठोर धातु** है और इसका **गलनांक** भी बहुत अधिक होता है। इसकी **कठोरता** और **मजबूती** के कारण इसका उपयोग **बल्ब** की **फिलामेंट**, **औद्योगिक उपकरण** बनाने में किया जाता है।

66. उत्तर-(b)

व्याख्या: राष्ट्रीय हरित हाइड्रोजन मिशन का उद्देश्य **स्वच्छ ऊर्जा** (Clean Energy) का विकास करना है। इससे **कार्बन उत्सर्जन** घटेगा एवं **सतत् विकास** को बढ़ावा मिलेगा।

67. उत्तर-(b)

व्याख्या: वेयरहाउसिंग और **कोल्ड-चेन** के विस्तार से **कृषि आपूर्ति- श्रृंखला** को लाभ होगा। इससे फसलों की बर्बादी कम होगी।। किसानों को फसल का अधिक मूल्य मिलेगा।

68. उत्तर-(d)

व्याख्या: एक जिला, एक खेल योजना उत्तर प्रदेश सरकार द्वारा वर्ष **2018** में प्रारंभ की गई, जिसका उद्देश्य प्रत्येक जिले को एक विशिष्ट खेल से जोड़कर स्थानीय खेल प्रतिभाओं का विकास करना है। इस योजना के अंतर्गत **बहराइच** को फुटबॉल, **गोंडा** को कुश्ती तथा **श्रावस्ती** को कबड्डी से जोड़ा गया है। फतेहपुर जिले को किसी भी खेल से नहीं जोड़ा गया है।

69. उत्तर-(d)

व्याख्या: शंघाई सहयोग संगठन (SCO) की स्थापना **वर्ष 2001** में हुई थी। इसके सदस्य देशों में **चीन**, **रूस**, **भारत**, **पाकिस्तान**, **कजाखस्तान**, **किर्गिजस्तान**, **ताजिकिस्तान**, **उज्बेकिस्तान**, **बेलारूस** और **ईरान** शामिल हैं। **जापान** न तो **SCO** का सदस्य है और न ही **पर्यवेक्षक देश**।

70. उत्तर-(b)

व्याख्या: उत्तर प्रदेश में **एक्सप्रेसवे नेटवर्क** के विस्तार से **उद्योग** और **परिवहन संसाधनों** का विकास हुआ है। जिससे **परिवहन** का **समय घटता** है और **निवेशक** आकर्षित होते हैं।

71. उत्तर-(c)

व्याख्या: केंद्रीय बजट 2026-27 में **आकांक्षाओं को पूरा करने** का **उद्देश्य नागरिकों**, **विशेषकर भारत की युवा आबादी** की **क्षमता निर्माण** से जुड़ा है, जिससे वे **कौशल**, **शिक्षा** और **अवसरों के माध्यम** से देश की **आर्थिक प्रगति** में सक्रिय भागीदार बन सकें।

72. उत्तर-(d)

व्याख्या: भारत लॉजिस्टिक रिपोर्ट (India Logistics Report) **भारत सरकार** के **वाणिज्य** एवं **उद्योग मंत्रालय** के अंतर्गत **उद्योग** और **आंतरिक व्यापार संवर्धन विभाग** (DPIIT) द्वारा जारी की जाती है। इस रिपोर्ट का उद्देश्य देश के संसाधनों की **दक्षता**, **लागत** और **अवसंरचना** का आकलन कर सुधार के लिए **नीतिगत दिशा निर्देश** देना है।

73. उत्तर-(c)

व्याख्या: शुभांशु शुक्ला, **भारतीय वायुसेना** के **प्रशिक्षित पायलट** हैं और **गगनयान मानव अंतरिक्ष मिशन** के लिए चयनित **अंतरिक्ष यात्री** (Astronaut) भी हैं। उन्होंने **रूस** में **अंतरिक्ष उड़ान** से संबंधित विशेष **प्रशिक्षण** प्राप्त किया है। **जुलाई 2025** में वे **Axiom Mission 4** (Ax-4) के **पायलट** के रूप में **अंतर्राष्ट्रीय अंतरिक्ष स्टेशन** (ISS) गए, जिससे वे अंतरिक्ष जाने वाले दूसरे **भारतीय** और **ISS** की यात्रा करने वाले **प्रथम भारतीय अंतरिक्ष यात्री** बन गये हैं।

74. उत्तर-(c)

व्याख्याः स्टेनलेस स्टील में **क्रोमियम** (लगभग 10.5% या अधिक) होता है, जिसकी सतह पर एक पतली **ऑक्साइड परत** बन जाती है। यह परत **धातु** को **हवा** और **नमी** से बचाती है, जिससे जंग नहीं लगती। इसी गुण के कारण **स्टेनलेस स्टील** का उपयोग **बर्तन**, **चिकित्सा उपकरण** और **उद्योगों** में व्यापक रूप से किया जाता है।

75. उत्तर-(c)

व्याख्याः ड्रोन एक ऐसा उड़ने वाला **यान** है, जिसे बिना **पायलट** के दूर से नियंत्रित किया जाता है या स्वचालित प्रणाली से संचालित किया जाता है। भारत में प्रमुख **ड्रोन प्रणालियों** में **रुस्तम निशांत**, **नेत्र** और **हेरॉन** (इजराइल से प्राप्त) शामिल हैं। इनमें से कई **ड्रोन** का विकास **रक्षा अनुसंधान** एवं **विकास संगठन** (DRDO) द्वारा किया गया है। इनका उपयोग **निगरानी**, **सीमा सुरक्षा**, **आपदा प्रबंधन** और **सैन्य अभियानों** में किया जाता है।

76. उत्तर-(b)

व्याख्याः मौलिक अधिकारों का मुख्य उद्देश्य **नागरिकों की स्वतंत्रताओं** (Civil Liberties) की रक्षा करना है। ये अधिकार व्यक्ति को राज्य के **मनमाने हस्तक्षेप** से बचाते हैं। **अभिव्यक्ति**, **समानता** और **जीवन** की **गरिमा** इसी के अंतर्गत आती है।

77. उत्तर-(d)

व्याख्याः सतीश महाना वर्तमान में **उत्तर प्रदेश विधानसभा** के **अध्यक्ष** हैं और उन्होंने यह पद **वर्ष 2022** में संभाला। **भारतीय संविधान के अनुच्छेद** 178 के अंतर्गत प्रत्येक **राज्य की विधानसभा** अपने सदस्यों में से **अध्यक्ष** और **उपाध्यक्ष** का निर्वाचन करती है। अध्यक्ष का मुख्य दायित्व सदन की **कार्यवाही** का निष्पक्ष **संचालन** तथा **विधायी** मर्यादा बनाए रखना होता है।

78. उत्तर-(c)

व्याख्याः भारतीय संविधान के **अनुच्छेद-32** के तहत नागरिक अपने **मूल अधिकारों** के संरक्षण के लिए **सर्वोच्च न्यायालय** में **रिट याचिका** दाखिल कर सकते हैं। इसके अंतर्गत **पाँच प्रकार** की **रिट** जारी की जाती हैं।

79. उत्तर-(c)

व्याख्याः भारतीय संविधान के **अनुच्छेद-164** के अनुसार **राज्य** के **मुख्यमंत्री** की नियुक्ति **राज्यपाल** द्वारा की जाती है। **मुख्यमंत्री** की सलाह पर अन्य **मंत्रियों की नियुक्ति** भी **राज्यपाल** करता है। **मुख्यमंत्री** और **मंत्रिपरिषद** सामूहिक रूप से **राज्य विधानसभा** के प्रति **उत्तरदायी** होते हैं।

80. उत्तर-(b)

व्याख्याः लोकसभा में अविश्वास प्रस्ताव पारित होने पर **मंत्रिपरिषद को इस्तीफा** (Resignation of Council of Ministers) देना पड़ता है, इससे सरकार का **कार्यकाल** समाप्त हो जाता है। यह **कार्यपालिका** पर **विधायिका** का **नियंत्रण** दर्शाता है।

81. उत्तर-(c)

व्याख्याः पित्तनाशक (Antacid) ऐसे पदार्थ होते हैं, जो **आमाशय** में उपस्थित अधिक **अम्लता** को निष्क्रिय करते हैं। **सोडियम हाइड्रोजन कार्बोनेट**, **सोडियम कार्बोनेट** और **मैग्नीशियम हाइड्रॉक्साइड अम्ल** को **निष्क्रिय** करने वाले क्षारीय पदार्थ हैं। जबकि **हिस्टामिन** एक **जैव-रासायनिक** द्रव्य है, जो **आमाशय** में **अम्ल स्राव** को बढ़ाता है, इसलिए यह **पित्तनाशक** नहीं है।

82. उत्तर-(b)

व्याख्याः फिल्मफेयर पुरस्कारों की शुरुआत **वर्ष 1954** में की गई थी। ये पुरस्कार **भारतीय सिनेमा** में **अभिनय**, **निर्देशन** और **तकनीकी** क्षेत्रों में **उत्कृष्ट योगदान** के लिए प्रदान किए जाते हैं ये **हिंदी फिल्म उद्योग** के सबसे **प्रतिष्ठित पुरस्कारों** में से एक हैं।

83. उत्तर-(c)

व्याख्याः भारत में **G20 शिखर सम्मेलन** का आयोजन **9-10 सितंबर 2023** को **नई दिल्ली** के भारत मंडपम में किया गया था। इस सम्मेलन की **अध्यक्षता भारत** ने की और इसमें **विश्व** की प्रमुख **अर्थव्यवस्थाओं** वाले **देशों** के **नेताओं** ने भाग लिया। यह सम्मेलन **वैश्विक अर्थव्यवस्था**, **विकास**, **जलवायु परिवर्तन** और **बहुपक्षीय सहयोग** के **दृष्टिकोण** से **अत्यंत महत्वपूर्ण** माना गया।

84. उत्तर-(c)

व्याख्याः राष्ट्रीय हरित हाइड्रोजन मिशन, **नवीन** एवं **नवीकरणीय ऊर्जा मंत्रालय** (MNRE) के अंतर्गत संचालित किया जाता है। इसका उद्देश्य **स्वच्छ ऊर्जा** के रूप में **हरित हाइड्रोजन** के **उत्पादन**, **उपयोग** और **निर्यात** को बढ़ावा देना है, ताकि **कार्बन उत्सर्जन** में कमी लायी जा सके और **ऊर्जा आत्मनिर्भरता** को **सुदृढ़** किया जा सके।

85. उत्तर-(d)

व्याख्याः होम गार्ड संगठन में **महानिदेशक** (DG) सबसे **उच्च पद** होता है। सामान्यतः इस पद पर **भारतीय पुलिस सेवा** (IPS) के **वरिष्ठ अधिकारी** की **नियुक्ति** की जाती है। यह पद **होम गार्ड बल** के **प्रशासन**, **संचालन** और **नीति-निर्धारण** की **सर्वोच्च जिम्मेदारी** निभाता है।

86. उत्तर-(c)

व्याख्याः जी. वी. मावलंकर भारत की **प्रथम लोकसभा** (1952-1956) के **पहले अध्यक्ष** (Speaker) थे। उन्हें **लोकसभा का पिता** (Father of the Lok Sabha) कहा जाता है। उन्होंने **लोकसभा** की **कार्यप्रणाली**, **नियमों** तथा **संसदीय परंपराओं** की **नींव रखी** और **भारतीय संसदीय व्यवस्था** को **सुव्यवस्थित** किया।

87. उत्तर-(c)

व्याख्याः उत्तर प्रदेश में वर्तमान समय में कुल **17 नगर निगम** (Municipal Corporations) हैं। **नगर निगम शहरी स्थानीय शासन** के **उच्चतम निकाय** होते हैं, जो बड़े शहरों में नागरिक **सुविधाओं**, **स्वच्छता**, **सड़कों**, **जल आपूर्ति** और **नागरिक कल्याण** जैसी सेवाओं का प्रबंधन करते हैं।

88. उत्तर-(a)

व्याख्याः BNS (भारतीय न्याय संहिता) **भारत** का नया **आपराधिक कानून** है, जिसने **भारतीय दंड संहिता**, 1860 (IPC) का स्थान लिया है। इसे **1 जुलाई, 2024** से पूरे देश में लागू किया गया। इसका उद्देश्य **आपराधिक कानूनों** को **आधुनिक बनाना**, न्याय प्रक्रिया में तेजी लाना है।

89. उत्तर-(b)

व्याख्याः नाबार्ड (National Bank for Agriculture and Rural Development) की स्थापना **12 जुलाई, 1982** को की गई थी। यह **भारत** में **कृषि** और **ग्रामीण वित्त व्यवस्था** से संबंधित शीर्ष संस्थान है। इसका मुख्यालय **मुंबई** में स्थित है।

90. उत्तर-(d)

व्याख्याः अवनि लेखरा, **भारत** की **शीर्ष पैरा निशानेबाज** हैं। उन्होंने **टोक्यो पैरा ओलंपिक 2020** में **स्वर्ण** और **कांस्य पदक** जीता। इसके बाद **पेरिस पैरा ओलंपिक 2024** में भी **स्वर्ण पदक** जीतकर **इतिहास** रच दिया।

91. उत्तर-(d)

व्याख्याः पीनियल ग्रंथि मस्तिष्क के **मध्य भाग** में स्थित सबसे छोटी **अंतःस्रावी ग्रंथि** है। यह **मेलाटोनिन हार्मोन** का **स्राव** करती है, जो **नींद-जागरण चक्र** (Biological Clock) और **जैविक लय** को नियंत्रित करता है। आकार की दृष्टि से यह **शरीर** की सबसे छोटी **अंतःस्रावी ग्रंथि** है।

92. उत्तर-(b)

व्याख्याः मानव शरीर की प्रत्येक **सामान्य** (दैहिक) **कोशिका** में **46 गुणसूत्र** पाए जाते हैं, जो **23 जोड़ों** में व्यवस्थित होते हैं। इनमें से **22 जोड़े ऑटोसोम** होते हैं और **1 जोड़ा लैंगिक गुणसूत्र** (XX या XY) होते है। **जनन कोशिकाओं** (शुक्राणु और अंडाणु) में **गुणसूत्रों** की **संख्या 23** होती है।

93. उत्तर-(c)

व्याख्याः जाइलम एक **संवहनी ऊतक** है, जिसका प्रमुख कार्य **जड़ों** से **पौधे** के अन्य भागों तक **जल** और **खनिज** लवणों का परिवहन करना है। **जाइलम** पौधे को यांत्रिक सहारा भी प्रदान करता है। इसमें **ट्रैकिड**, **वाहिकाएँ**, **जाइलम पैरेंकाइमा** और **जाइलम फाइबर** शामिल होते हैं।

94. उत्तर-(c)

व्याख्याः आर्यभट्ट, **भारत** का **पहला उपग्रह** था, जिसे **19 अप्रैल 1975** को प्रक्षेपित किया गया। इसका नाम **प्राचीन भारतीय गणितज्ञ आर्यभट्ट** के नाम पर रखा गया था। इस उपग्रह से **भारत** के **अंतरिक्ष** कार्यक्रम की नींव रखी गई। इसने **वैज्ञानिक अनुसंधान** में महत्वपूर्ण **योगदान** दिया।

95. उत्तर-(c)

व्याख्याः E20 ईंधन का अर्थ है **पेट्रोल** में **20 प्रतिशत एथेनॉल** और **80 प्रतिशत पेट्रोल** का मिश्रण। यह भारत सरकार की **एथेनॉल मिश्रण नीति** (Ethanol Blending Programme) का हिस्सा है, जिसका उद्देश्य ईंधन **आयात में कमी**, **पर्यावरण संरक्षण** और **कृषि उत्पादों** के प्रयोग को बढ़ावा देना है।

96. उत्तर-(b)

व्याख्याः हाइड्रोजन, **ऑक्सीजन** और **नाइट्रोजन अधातु** तत्व हैं तथा **सामान्य ताप** पर **गैसीय अवस्था** में पाए जाते हैं, जबकि **मरकरी** (पारा) एक धातु है और **सामान्य ताप** पर **द्रव अवस्था** में पाया जाने वाला **एकमात्र धातु** है।

97. उत्तर-(a)

व्याख्याः वेग और **समय** के **अनुपात** से **त्वरण** (Acceleration) प्राप्त होता है। **त्वरण**, **वेग** में परिवर्तन की दर को दर्शाता है। यह **गति विज्ञान** (Kinematics) की **मूल राशि** है।

98. उत्तर-(c)

व्याख्याः 106वाँ संविधान संशोधन अधिनियम, 2023 को **नारी शक्ति वंदन अधिनियम** के नाम से जाना जाता है। इसके अंतर्गत **लोकसभा** और **राज्य विधानसभाओं** में महिलाओं के लिए 33 **प्रतिशत आरक्षण** का **प्रावधान** किया गया है। यह **संशोधन महिलाओं की राजनीतिक भागीदारी** बढ़ाने और **नीति-निर्माण** में उनकी **भूमिका** को **सशक्त** करने के उद्देश्य से लाया गया है।

99. उत्तर-(d)

व्याख्याः भड़ला सोलर पार्क राजस्थान के **जोधपुर** जिले (फलोदी क्षेत्र) में स्थित है। यह भारत ही नहीं, बल्कि **विश्व का सबसे बड़ा सौर ऊर्जा पार्क** है। यह लगभग 5700 हेक्टेयर क्षेत्र में फैला है और इसकी स्थापित क्षमता लगभग 2245 मेगावाट है।

100. उत्तर-(c)

व्याख्याः बिस्मिल गन्ने की **एक उन्नत किस्म** है। इसका उपयोग **उत्पादन बढ़ाने** और **रोग-प्रतिरोधक क्षमता** में **सुधार** के लिए किया जाता है।

होमगार्ड प्रैक्टिस सैट-7

1. राजपूत चित्रकला का प्रमुख विषय क्या रहा है?
(a) औद्योगिक जीवन (b) समुद्री व्यापार
(c) प्रेम, भक्ति और वीरता (d) वैज्ञानिक प्रयोग

2. मौर्य काल में अमात्य (Amatya) का प्रमुख कार्य क्या था?
(a) धार्मिक अनुष्ठान (b) प्रशासनिक कार्य
(c) सैन्य प्रशिक्षण (d) न्यायिक अपील

3. गुप्त काल में समुद्रगुप्त को भारत का नेपोलियन क्यों कहा गया?
(a) प्रशासनिक सुधारों के कारण
(b) सांस्कृतिक विकास के कारण
(c) व्यापक सैन्य अभियानों के कारण
(d) धार्मिक सहिष्णुता के कारण

4. निम्नलिखित योजनाओं एवं उनके प्रारंभिक वर्षों में से कौन-सा युग्म असत्य है?
(a) स्कूल चलो अभियान - 2002
(b) मिड-डे-मील - 1995
(c) किसान बही योजना - 1992-93
(d) किसान मित्र योजना - 2001

5. विजयनगर साम्राज्य की राजधानी हम्पी किससे संबंधित है?
(a) समुद्री व्यापार
(b) मंदिर स्थापत्य और नगर नियोजन
(c) खनन गतिविधियाँ
(d) बौद्ध शिक्षा

6. उत्तर प्रदेश में स्थित कौशाम्बी का ऐतिहासिक महत्व किस काल से संबंधित है?
(a) हड़प्पा काल (b) वैदिक काल
(c) महाजनपद काल (d) गुप्त काल

7. प्राचीन भारत में जनपद शब्द का मूल अर्थ क्या था?
(a) नगर
(b) जनजातीय क्षेत्र
(c) लोगों के रहने का भू-क्षेत्र
(d) राजधानी

8. भक्ति आंदोलन में सगुण भक्ति का मुख्य विचार क्या था?
(a) निराकार ईश्वर
(b) मूर्ति-पूजा सहित साकार ईश्वर
(c) यज्ञ प्रधानता
(d) केवल ज्ञान मार्ग

9. कामायनी महाकाव्य के रचयिता कौन हैं?
(a) निराला (b) प्रसाद
(c) पंत (d) अज्ञेय

10. संस्कृत नाटकों में रस सिद्धांत (Rasa Theory) का प्रतिपादन किसने किया?
(a) आनंदवर्धन (b) भरतमुनि
(c) कालिदास (d) भामह

11. आधुनिक हिंदी साहित्य में यथार्थवाद की मुख्य विशेषता क्या है?
(a) सामाजिक यथार्थ का चित्रण
(b) रहस्यवाद
(c) प्रकृति वर्णन
(d) राष्ट्रवाद

12. उत्तर प्रदेश में स्थित सारनाथ का महत्व किस धर्म से जुड़ा है?
(a) जैन धर्म (b) बौद्ध धर्म
(c) शैव धर्म (d) वैष्णव धर्म

13. बौद्ध धर्म में त्रिरत्न (Three Jewels) का क्या अर्थ है?
(a) बुद्ध, धम्म और संघ (b) बुद्ध, करुणा और अहिंसा
(c) ध्यान, ज्ञान और भक्ति (d) संघ, विहार और स्तूप

14. एक प्लेट, एक थैला अभियान किसके द्वारा शुरू किया गया?
(a) विश्व स्वास्थ्य संगठन (b) भारत सरकार
(c) राष्ट्रीय स्वयंसेवक संघ (d) उत्तर प्रदेश सरकार

15. केंद्रीय बजट 2026-27 में इलेक्ट्रॉनिक घटक विनिर्माण योजना का आवंटन बढ़ाने का प्रमुख उद्देश्य क्या है?
(a) केवल विदेशी निवेश आकर्षित करना
(b) घरेलू मूल्य शृंखला को गहरा करना
(c) उपभोक्ता इलेक्ट्रॉनिक्स आयात बढ़ाना
(d) कर संग्रह में त्वरित वृद्धि

16. भारत सरकार द्वारा शुरू की गई विरासत संरक्षण योजना (Heritage Conservation Scheme) का मुख्य उद्देश्य क्या है?
(a) शहरी विस्तार
(b) सांस्कृतिक धरोहरों का संरक्षण
(c) औद्योगिक विकास
(d) निजी निवेश

17. यूनेस्को की विश्व धरोहर सूची (World Heritage List) में शामिल होने का प्रमुख लाभ क्या है?
(a) अंतर्राष्ट्रीय संरक्षण और पहचान
(b) कर में वृद्धि
(c) निजी स्वामित्व
(d) सैन्य सुरक्षा

18. मंजीरा किस श्रेणी का वाद्य यंत्र है?
(a) तंत्री (b) सुषिर
(c) अवनद्ध (d) घन

19. भारत ने किस देश के साथ सांस्कृतिक सहयोग समझौता (Cultural Cooperation Agreement) किया?
(a) जापान (b) फ्रांस
(c) नेपाल (d) श्रीलंका

20. उत्तर प्रदेश में दीवारों व जमीन पर बनाई जाने वाली पारंपरिक लोक कला को क्या कहा जाता है?
(a) पट्टचित्र (b) भित्ति कला
(c) मधुबनी (d) वारली

21. बाँदा कृषि विश्वविद्यालय का प्रमुख उद्देश्य किस क्षेत्र की कृषि समस्याओं का समाधान है?
(a) तराई क्षेत्र (b) पश्चिमी मैदान
(c) बुंदेलखंड क्षेत्र (d) मध्य गंगा मैदान

22. भारतीय संगीत में राग का मुख्य उद्देश्य क्या है?
(a) ताल निर्धारण (b) भाव और स्वर-संयोजन
(c) वाद्य चयन (d) लय नियंत्रण

23. केंद्रीय बजट 2026-27 में विदेश यात्रा पैकेज तथा LRS के अंतर्गत शिक्षा व चिकित्सा प्रेषण पर TCS की समान दर कितनी निर्धारित की गई है?
(a) 1% (b) 1.5%
(c) 2% (d) 5%

24. पद्म पुरस्कार 2026 में विदेशी / NRI श्रेणी के अंतर्गत किस के व्यक्ति को साहित्य एवं शिक्षा (Literature and Education) क्षेत्र में पद्म श्री प्रदान किया गया है?
(a) जर्मनी (b) रूस
(c) जॉर्जिया (d) संयुक्त राज्य अमेरिका

25. लोकसंस्कृति के अध्ययन से इतिहासकारों को क्या सहायता मिलती है?
(a) केवल मनोरंजन
(b) तकनीकी ज्ञान
(c) जनजीवन और परंपराओं की समझ
(d) सैन्य इतिहास

26. पृथ्वी की अक्षीय झुकाव (Axial Tilt) का प्रमुख प्रभाव क्या है?
(a) दिन-रात (b) ऋतुओं का परिवर्तन
(c) ज्वार-भाटा (d) भूकंप

27. दक्कन पठार की मिट्टी काली मिट्टी (Black Soil) किस फसल के लिए उपयुक्त मानी जाती है?
(a) गेहूँ (b) धान
(c) कपास (d) जूट

28. उत्तर प्रदेश में बॉक्साइट के भंडार मुख्यत: किस क्षेत्र में मिले हैं?
(a) तराई क्षेत्र (b) बुंदेलखंड क्षेत्र
(c) पश्चिमी मैदान (d) पूर्वी मैदान

29. भारत में मानसून की अनिश्चितता का प्रमुख कारण क्या है?
(a) हिमालय की ऊँचाई
(b) अक्षांशीय स्थिति
(c) पृथ्वी का घूर्णन
(d) समुद्री तापमान में परिवर्तन

30. मुरादाबाद किस हस्तशिल्प उद्योग के लिए प्रसिद्ध है?
(a) पीतल शिल्प (b) लकड़ी शिल्प
(c) काँच शिल्प (d) मिट्टी शिल्प

31. पारिस्थितिकी तंत्र में उपभोक्ता (Consumers) का कार्य क्या है?
(a) ऊर्जा उत्पादन (b) ऊर्जा का उपभोग
(c) अपघटन (d) ऊर्जा संचय

32. जौनसारी जनजाति की प्रचलित बोली कौन-सी है?
(a) अवधी (b) ब्रज
(c) जौनसारी (d) भोजपुरी

33. जल चक्र (Water Cycle) में संघनन (Condensation) का अर्थ क्या है?

(a) जलवाष्प का जल में बदलना

(b) जल का वाष्पीकरण

(c) वर्षा होना

(d) जल का प्रवाह

34. निम्नलिखित में से सोडियम को केरोसिन में रखने का प्रमुख कारण क्या है?

(a) गलने से बचाने के लिए

(b) वायु और जल से अभिक्रिया रोकने के लिए

(c) चमक बनाए रखने के लिए

(d) वजन घटाने के लिए

35. उत्तर प्रदेश में गन्ना उत्पादन अधिक होने का प्रमुख कारण क्या है?

(a) शुष्क जलवायु (b) पर्वतीय ढाल

(c) उपजाऊ मिट्टी और सिंचाई (d) कम जनसंख्या

36. प्लास्टर ऑफ पेरिस का रासायनिक सूत्र क्या है?

(a) $CaSO_4.2H_2O$ (b) $CaSO_4.½H_2O$

(c) $CaCO_3$ (d) CaO

37. वर्ष 2025 में विश्व महिला दिवस की थीम क्या थी?

(a) लैंगिक समानता अब (b) समान भविष्य

(c) उसे सशक्त बनाएँ (d) समावेशन के लिए प्रेरित करें

38. द इंडियन सोशियोलॉजिस्ट पत्रिका का प्रकाशन किसने किया?

(a) श्यामजी कृष्ण वर्मा (b) सावरकर

(c) हरदयाल (d) ढींगरा

39. उत्तर प्रदेश में वनों के संरक्षण के लिए किस उपाय पर अधिक जोर दिया जा रहा है?

(a) औद्योगिक कटाई (b) सामुदायिक भागीदारी

(c) शहरी विस्तार (d) निजीकरण

40. टोकन मुद्रा का प्रयोग किस सुल्तान ने किया?

(a) बलबन (b) अलाउद्दीन खिलजी

(c) मुहम्मद बिन तुगलक (d) फिरोजशाह तुगलक

41. मानव हृदय की धड़कन नियंत्रित करने वाला प्राकृतिक पेसमेकर क्या है?

(a) एवी नोड (b) एस.ए. नोड

(c) पुरकिंजे फाइबर (d) बंडल ऑफ हिज

42. सितम्बर 2025 में भारत-फ्रांस के बीच लॉन्च हुआ एआई-डिफेंस एक्सेलरेटर किस क्षेत्र से संबंधित है?

(a) साइबर सुरक्षा (b) नैविगेशन

(c) मिसाइल टेक्नोलॉजी (d) ड्रोन ऑपरेशन

43. दूध का रंग किस प्रोटीन की उपस्थित के कारण श्वेत होता है?

(a) एल्ब्यूमिन (b) कोलेजन

(c) कैसीन (d) ग्लूटेन

44. मानव नेत्र में रेटिना (Retina) का कार्य क्या है?

(a) प्रकाश प्रवेश नियंत्रित करना

(b) छवि बनाना

(c) फोकस करना

(d) रंग बदलना

45. भोपाल गैस त्रासदी (1984) में किस गैस का रिसाव हुआ था?

(a) क्लोरीन गैस (Cl_2) (b) सल्फर डाइऑक्साइड (SO_2)

(c) अमोनिया गैस (NH_3) (d) मिथाइल आइसोसाइनेट (MIC)

46. खाद्य शृंखला (Food Chain) की लंबाई सीमित क्यों होती है?

(a) ऊर्जा का क्षय (b) जीवों की कमी

(c) जल की कमी (d) तापमान परिवर्तन

47. मरुस्थलीय पौधों में मोटी छाल (Thick Cuticle) किसके लिए होती है?

(a) प्रकाश संश्लेषण बढ़ाने (b) जल संरक्षण

(c) वृद्धि बढ़ाने (d) प्रजनन

48. सरसई नावर झील उत्तर प्रदेश के किस जिले में स्थित है?

(a) मैनपुरी (b) फिरोजाबाद

(c) इटावा (d) कन्नौज

49. जैव-विविधता संरक्षण क्यों आवश्यक है?

(a) केवल पर्यटन के लिए

(b) औद्योगिक विकास के लिए

(c) कर बढ़ाने के लिए

(d) पारिस्थितिकी संतुलन बनाए रखने के लिए

50. पर्यावरण संरक्षण में व्यक्तिगत स्तर पर सबसे प्रभावी उपाय क्या है?

(a) अधिक उपभोग

(b) औद्योगिक विस्तार

(c) संसाधनों का विवेकपूर्ण उपयोग

(d) शहरीकरण

51. दहन क्षमता के आधार पर कोयले का सही आरोही क्रम कौन-सा है?
(a) लिग्नाइट → बिटुमिनस → एन्थ्रासाइट → पीट
(b) पीट → लिग्नाइट → बिटुमिनस → एन्थ्रासाइट
(c) एन्थ्रासाइट → बिटुमिनस → लिग्नाइट → पीट
(d) बिटुमिनस → लिग्नाइट → पीट → एन्थ्रासाइट

52. भारत की प्रमुख गैस पाइपलाइन हजीरा विजयनगर-जगदीशपुर (HVJ) का संचालन किस संस्था द्वारा किया जाता है?
(a) इंडियन ऑयल कॉर्पोरेशन
(b) ऑयल एंड नेचुरल गैस कॉर्पोरेशन
(c) गेल (इंडिया) लिमिटेड
(d) भारत पेट्रोलियम कॉर्पोरेशन लिमिटेड

53. पद्म पुरस्कार 2026 में संयुक्त राज्य अमेरिका (USA) से संबंधित किस व्यक्ति को चिकित्सा (Medicine) क्षेत्र में पद्म श्री प्रदान किया गया है?
(a) डॉ. नोरी दत्तात्रेयुडु (b) डॉ. प्रतीक शर्मा
(c) डॉ. पद्मा गुरमेट (d) डॉ. सुरेश हनगावड़ी

54. प्रधानमंत्री विश्वकर्मा योजना (PM Vishwakarma Yojana) का मुख्य उद्देश्य क्या है?
(a) केवल कृषि सहायता
(b) पारंपरिक कारीगरों को सहायता
(c) शहरी आवास
(d) स्वास्थ्य बीमा

55. उत्तर प्रदेश में स्वयं सहायता समूह (SHGs) का प्रमुख लाभ क्या है?
(a) आयात नियंत्रण
(b) निजीकरण
(c) कर वृद्धि
(d) महिलाओं का आर्थिक सशक्तिकरण

56. मुद्रास्फीति (Inflation) का सरल अर्थ क्या है?
(a) कीमतों में सामान्य वृद्धि (b) वस्तुओं की कमी
(c) कर में वृद्धि (d) आय में वृद्धि

57. UPI Lite किससे संबंधित है?
(a) छोटे डिजिटल भुगतान (b) विदेशी व्यापार
(c) कर सुधार (d) ऋण माफी

58. उत्तर प्रदेश में पर्यटन क्षेत्र के विकास का एक प्रमुख लाभ क्या है?
(a) रोजगार सृजन और आय (b) केवल शहरीकरण
(c) कृषि ह्रास (d) प्रदूषण वृद्धि

59. अम्ल-क्षार अभिक्रिया (Acid-Base Reaction) का सामान्य परिणाम क्या होता है?
(a) केवल गैस (b) धातु
(c) लवण और जल (d) अवक्षेप

60. डिजिटल भुगतान प्रणाली (Digital Payment System) का मुख्य लाभ क्या है?
(a) कर चोरी
(b) तेज और पारदर्शी लेन-देन
(c) नकदी पर निर्भरता
(d) देरी

61. सिकल सेल एनीमिया किस प्रकार का रोग है?
(a) विषाणु जनित रोग
(b) जीवाणु जनित रोग
(c) आनुवंशिक (वंशानुगत) रोग
(d) पोषण-अभाव जनित रोग

62. सहसंयोजक यौगिक (Covalent Compounds) की एक विशेषता क्या है?
(a) जल में विद्युत चालक (b) निम्न गलनांक
(c) कठोर और भंगुर (d) धात्विक चमक

63. हालिया बजट में सामाजिक क्षेत्र पर व्यय बढ़ाने का उद्देश्य क्या है?
(a) मानव पूँजी विकास (b) कर वृद्धि
(c) आयात नियंत्रण (d) निजीकरण

64. उत्तर प्रदेश स्टार्टअप नीति से किसे लाभ होता है?
(a) केवल सरकारी विभाग (b) केवल कृषि क्षेत्र
(c) विदेशी कंपनियाँ (d) युवा उद्यमी

65. सूरीनाम का सर्वोच्च राष्ट्रीय सम्मान ग्रैंड ऑर्डर ऑफ द चेन ऑफ द येलो स्टार किस भारतीय को प्रदान किया गया?
(a) नरेंद्र मोदी (b) प्रणब मुखर्जी
(c) द्रौपदी मुर्मू (d) रामनाथ कोविंद

66. नेशनल बायो एनर्जी मिशन (National Bio-Energy Mission) का उद्देश्य क्या है?
(a) कोयला उत्पादन (b) जैव-ऊर्जा का विकास
(c) परमाणु ऊर्जा (d) जलविद्युत

67. उत्तर प्रदेश में फूड प्रोसेसिंग उद्योग के विस्तार से क्या लाभ होता है?
(a) केवल निर्यात (b) खनन
(c) कृषि मूल्य संवर्धन (d) कर वृद्धि

68. क्षार (Base) जलीय विलयन में क्या देता है?

(a) H^+ (b) OH^-

(c) Na^+ (d) Cl^-

69. भारतीय संविधान में राज्य सूची (State List) का उल्लेख किस अनुसूची में है?

(a) सातवीं अनुसूची (b) आठवीं अनुसूची

(c) नौवीं अनुसूची (d) दसवीं अनुसूची

70. उत्तर प्रदेश में औद्योगिक गलियारों (Industrial Corridors) का प्रमुख लाभ क्या है?

(a) केवल पर्यटन (b) उद्योग और रोजगार

(c) वन संरक्षण (d) कर वृद्धि

71. अपचयन (Reduction) का सरल अर्थ क्या है?

(a) इलेक्ट्रॉन त्याग (b) इलेक्ट्रॉन ग्रहण

(c) ऑक्सीजन ग्रहण (d) ऊर्जा क्षय

72. पेट्रोलियम एवं प्राकृतिक गैस विनियामक बोर्ड का प्रमुख कार्य क्या है?

(a) कच्चे तेल का आयात करना

(b) पेट्रोलियम उत्पादों की कीमतें तय करना

(c) पेट्रोलियम व प्राकृतिक गैस के परिवहन, वितरण और विपणन का विनियमन करना

(d) तेल कुओं की खुदाई करना

73. उत्तर प्रदेश में हथकरघा और हस्तशिल्प उद्योग किससे संबंधित है?

(a) आयात नियंत्रण (b) कारीगरों की आय वृद्धि

(c) कर वृद्धि (d) औद्योगिक लाइसेंस

74. धातुओं में ऊष्मा चालकता (Thermal Conductivity) का कारण क्या है?

(a) मुक्त इलेक्ट्रॉन (b) आयनिक बंध

(c) गैसीय संरचना (d) सहसंयोजक बंध

75. राष्ट्रीय अंतरिक्ष नीति (National Space Policy) का प्रमुख उद्देश्य क्या है?

(a) अंतरिक्ष क्षेत्र में नवाचार और निजी भागीदारी

(b) अंतरिक्ष पर प्रतिबंध

(c) केवल सैन्य उपयोग

(d) आयात नियंत्रण

76. भारतीय संविधान में धर्मनिरपेक्षता (Secularism) का अर्थ क्या है?

(a) किसी एक धर्म का समर्थन

(b) सभी धर्मों के प्रति समान व्यवहार

(c) धर्म का निषेध

(d) केवल सरकारी धर्म

77. निम्नलिखित में से कौन-सा उत्तर प्रदेश का लोक नृत्य नहीं है?

(a) चर्कुला (b) कर्मा

(c) फगुआ (d) पाई-डंडा

78. संविधान के किस अनुच्छेद में जीवन और व्यक्तिगत स्वतंत्रता का अधिकार दिया गया है?

(a) अनुच्छेद 14 (b) अनुच्छेद 19

(c) अनुच्छेद 21 (d) अनुच्छेद 32

79. निम्नलिखित में से कौन उत्तर प्रदेश का लोक गीत नहीं है?

(a) देहद ताल (b) कजरी

(c) सोहर (d) चौती

80. लोकसभा का सामान्य कार्यकाल कितने वर्ष का होता है?

(a) 3 वर्ष (b) 4 वर्ष

(c) 5 वर्ष (d) 6 वर्ष

81. नई आपराधिक संहिता (New Criminal Codes) का मुख्य उद्देश्य क्या है?

(a) दंड बढ़ाना

(b) त्वरित और पीड़ित-केंद्रित न्याय

(c) कर सुधार

(d) पुलिस विस्तार

82. डिजिटल इंडिया एक्ट (Digital India Act) किससे संबंधित है?

(a) कृषि सुधार

(b) डिजिटल सेवाओं का नियमन

(c) रक्षा उत्पादन

(d) शिक्षा नीति

83. वर्ष 2024-25 में भारत ने किस पहल के माध्यम से जलवायु वित्त (Climate Finance) पर बल दिया?

(a) जी-20 (b) आईएसए

(c) एससीओ (d) बिम्सटेक

84. **राष्ट्रीय इलेक्ट्रिक मोबिलिटी मिशन योजना का मुख्य उद्देश्य क्या है?**
(a) स्वच्छ और सतत परिवहन
(b) ईंधन सब्सिडी
(c) आयात नियंत्रण
(d) कर वृद्धि

85. **निम्नलिखित में से कौन-सा एक वेदांग नहीं है?**
(a) कल्प (b) निरुक्त
(c) स्मृति (d) शिक्षा

86. **शक्ति (Power) की SI इकाई क्या है?**
(a) जूल (b) न्यूटन
(c) वाट (d) पास्कल

87. **विजय सागर पक्षी विहार निम्नलिखित में से उत्तर प्रदेश के किस स्थान पर स्थित है?**
(a) महोबा (b) मेरठ
(c) मुरादाबाद (d) महराजगंज

88. **त्वरण (Acceleration) और द्रव्यमान (Mass) के गुणनफल को क्या कहते हैं?**
(a) कार्य (b) बल
(c) शक्ति (d) दाब

89. **मोनोकल्चर किसकी विशिष्ट विशेषता है?**
(a) स्थानांतरित खेती
(b) निर्वाह खेती
(c) विशिष्ट बागवानी
(d) वाणिज्यिक अनाज की खेती

90. **केंद्रीय प्रदूषण नियंत्रण बोर्ड (CPCB) की स्थापना किस वर्ष हुई थी?**
(a) वर्ष 1971 (b) वर्ष 1974
(c) वर्ष 1981 (d) वर्ष 1986

91. **नए श्रम संहिता (Labour Codes) का मुख्य उद्देश्य क्या है?**
(a) कर वृद्धि
(b) श्रमिकों का सामाजिक सुरक्षा कवच
(c) उद्योग बंद करना
(d) केवल निजीकरण

92. **महात्मा गांधी ने अहमदाबाद में साबरमती आश्रम की स्थापना कब की?**
(a) वर्ष 1915 (b) वर्ष 1916
(c) वर्ष 1917 (d) वर्ष 1918

93. **भारत में शीत ऋतु के दौरान चलने वाली पछुआ पवनें मुख्यतः किस दिशा से चलती हैं?**
(a) पश्चिम से पूर्व (b) पूर्व से पश्चिम
(c) उत्तर से दक्षिण (d) दक्षिण से उत्तर

94. **निम्नलिखित में से कौन-सा युग्म सही सुमेलित नहीं है?**

	ऐतिहासिक स्थल		**राज्य**
(a)	बोधगया	–	बिहार
(b)	सारनाथ	–	उत्तर प्रदेश
(c)	सोमनाथ	–	गुजरात
(d)	अजंता	–	मध्य प्रदेश

95. **उत्तर प्रदेश लोक सेवा आयोग के अध्यक्ष की नियुक्ति कौन करता है?**
(a) मुख्यमंत्री (b) राष्ट्रपति
(c) राज्यपाल (d) विधानसभा

96. **ग्रीन हाइड्रोजन पॉलिसी (Green Hydrogen Policy) का उद्देश्य क्या है?**
(a) कोयला उत्पादन
(b) हरित ऊर्जा को बढ़ावा
(c) परमाणु ऊर्जा
(d) जलविद्युत

97. **किसी वस्तु के वेग में समय के साथ परिवर्तन को क्या कहते हैं?**
(a) वेग (b) दूरी
(c) त्वरण (d) कार्य

98. **भारत में डाक टिकट का चलन किसने प्रारम्भ किया?**
(a) वॉरेन हेस्टिंग्स (b) लॉर्ड कार्नवालिस
(c) लॉर्ड डलहौजी (d) लॉर्ड वेवल

99. **फिल्म मोहल्ला अस्सी किसके उपन्यास पर आधारित है?**
(a) नामवर सिंह
(b) केदारनाथ सिंह
(c) शिव मंगल सिंह 'सुमन'
(d) काशीनाथ सिंह

100. **उत्तर प्रदेश सरकार द्वारा अपनाया गया राजकीय चिन्ह मछली का संबंध किस ऐतिहासिक स्मारक से है?**
(a) बुलंद दरवाजा (b) रूमी दरवाजा
(c) लखी दरवाजा (d) दिल्ली गेट

उत्तर : व्याख्या-सहित

1. उत्तर-(c)

व्याख्याः राजपूत चित्रकला का प्रमुख विषय **प्रेम**, **भक्ति** और **वीरता** रहा है। **रामायण**, **महाभारत** और **कृष्ण से जुड़े प्रसंगों** को चित्रों के माध्यम से दर्शाया गया है। साथ ही राजाओं के **युद्ध कौशल** और **साहसिक कार्य** को भी प्रदर्शित किया गया है।

2. उत्तर-(b)

व्याख्याः मौर्य काल में **अमात्य प्रशासनिक अधिकारी** होते थे। वे **कर**, **कानून** और **शासन** से जुड़े कार्य देखते थे। राज्य के **दैनिक प्रशासन** में उनकी महत्वपूर्ण भूमिका थी।

3. उत्तर-(c)

व्याख्याः समुद्रगुप्त को **भारत का नेपोलियन** उनके व्यापक सैन्य अभियानों के कारण कहा गया। उन्होंने अनेक राज्यों को जीतकर अपने साम्राज्य का विस्तार किया। **प्रयाग प्रशस्ति** से इसकी जानकारी मिलती है।

4. उत्तर-(a)

व्याख्याः 6-11 वर्ष एवं **11-14** वर्ष के उम्र के सभी बच्चों की प्रारंभिक शिक्षा के लिए **स्कूल चलो अभियान** उत्तर प्रदेश सरकार द्वारा **जुलाई, 2000** में प्रारंभ किया गया था।

5. उत्तर-(b)

व्याख्याः हम्पी का महत्व उसके **भव्य मंदिर स्थापत्य**, **सुव्यवस्थित नगर नियोजन** तथा **उन्नत जल प्रबंधन प्रणाली** से जुड़ा है। यहाँ **विशाल मंदिर**, **चौड़ी सड़कों**, **बाजारों** और **जलाशयों** की **सुविकसित व्यवस्था** देखने को मिलती है। यह नगर **विजयनगर साम्राज्य** की **समृद्धि**, **स्थापत्य कौशल** और **प्रशासनिक क्षमता** को स्पष्ट रूप से दर्शाता है।

6. उत्तर-(c)

व्याख्याः कौशाम्बी का संबंध **महाजनपद काल** से है। यह **वत्स महाजनपद** की **राजधानी** थी। **व्यापार** और **बौद्ध गतिविधियों** के कारण यह एक महत्वपूर्ण नगर था।

7 उत्तर-(c)

व्याख्याः जनपद का अर्थ लोगों के रहने का **भू-क्षेत्र** है। जब लोग **किसी क्षेत्र में स्थायी रूप से बसने** लगे, तो वह जनपद कहलाया। आगे चलकर इन्हीं जनपदों से राज्यों का विकास हुआ। यह प्राचीन भारत की **प्रारंभिक प्रशासनिक इकाई** थी।

8. उत्तर-(b)

व्याख्याः सगुण भक्ति में **साकार ईश्वर** और **मूर्ति-पूजा** में विश्वास किया जाता था। **राम** और **कृष्ण** की भक्ति इसी परंपरा से जुड़ी है। यह भक्ति को **सरल** और **भावनात्मक** बनाती है।

9. उत्तर-(b)

व्याख्याः कामायनी महाकाव्य के रचयिता **जयशंकर प्रसाद** हैं। यह **छायावादी साहित्य** की श्रेष्ठ रचना मानी जाती है। इसमें **मानव भावनाओं** और **दर्शन** का चित्रण है।

10. उत्तर-(b)

व्याख्याः रस सिद्धांत का प्रतिपादन **भरतमुनि** ने किया। इसके अनुसार **काव्य** और **नाटक** का उद्देश्य **रस की अनुभूति** कराना है। **नाट्यशास्त्र** में **नौ रसों** का वर्णन मिलता है।

11. उत्तर-(a)

व्याख्याः यथार्थवाद की मुख्य विशेषता सामाजिक **यथार्थ का चित्रण** है। इसमें आम लोगों की **समस्याएँ** और **जीवन** को दिखाया जाता है। **प्रेमचंद** इसके प्रमुख लेखक माने जाते हैं।

12. उत्तर-(b)

व्याख्याः सारनाथ का महत्व **बौद्ध धर्म** से जुड़ा है। यहाँ **भगवान बुद्ध ने अपना पहला उपदेश** दिया था। इसे **धम्मचक्र प्रवर्तन स्थल** कहा जाता है।

13. उत्तर-(a)

व्याख्याः त्रिरत्न का अर्थ **बुद्ध**, **धम्म** और **संघ** है। ये **बौद्ध धर्म** के **तीन आधार स्तंभ** हैं। बौद्ध अनुयायी इन्हीं में शरण लेते और यह तीनों आदर्श, दुख से मुक्ति पाने का मार्ग दिखाते हैं।

14. उत्तर-(c)

व्याख्याः जनवरी 2025 में प्रयागराज में महाकुंभ मेले के दौरान **प्लास्टिक के उपयोग** को खत्म करने के लिए **राष्ट्रीय स्वयंसेवक संघ** (RSS) द्वारा एक प्लेट-एक थैला अभियान शुरु किया गया।

15. उत्तर-(b)

व्याख्याः केंद्रीय बजट 2026-27 में **इलेक्ट्रॉनिक घटक विनिर्माण योजना** का आवंटन बढ़ाने का उद्देश्य **घरेलू मूल्य शृंखला** को बढ़ोत्तरी करना और **इलेक्ट्रॉनिक्स विनिर्माण** में **आत्मनिर्भरता बढ़ाना** है। यह कदम केवल **विदेशी निवेश आकर्षण**, **उपभोक्ता आयात विस्तार** या **त्वरित कर संग्रह** तक सीमित न होकर दीर्घकालीन औद्योगिक क्षमता निर्माण से जुड़ा है।

16. उत्तर-(b)

व्याख्या: विरासत संरक्षण योजना का मुख्य उद्देश्य **ऐतिहासिक** और **सांस्कृतिक धरोहरों** की रक्षा करना है। इससे स्मारकों का संरक्षण होता है एवं पर्यटन को भी बढ़ावा मिलता है।

17. उत्तर-(a)

व्याख्या: विश्व धरोहर सूची में शामिल होने से अंतर्राष्ट्रीय पहचान मिलती है। **संरक्षण** के लिए **वैश्विक सहयोग** मिलता है। इससे विरासत स्थलों की सुरक्षा बेहतर होती है।

18. उत्तर-(d)

व्याख्या: मंजीरा घन वाद्य यंत्र है, जो **धातु** से बनी होती है। इसे आपस में टकराकर बजाया जाता है। **भजन**, **कीर्तन** और **लोकगीतों** में इसका व्यापक प्रयोग किया जाता है।

19. उत्तर-(b)

व्याख्या: भारत और **फ्रांस** के बीच **सांस्कृतिक सहयोग** समझौता किया गया है। इससे **कला** और **विरासत** के क्षेत्र में दोनों देशों के बीच परस्पर सहयोग को बढ़ावा मिला है।

20. उत्तर-(b)

व्याख्या: दीवारों और **जमीन** पर बनाई जाने वाली **लोक कला** को **भित्ति कला** कहा जाता है। यह **घरों के आँगन** और **पूजा स्थलों** पर बनाई जाती है। इसमें शुभ प्रतीकों का प्रयोग किया जाता है।

21. उत्तर-(c)

व्याख्या: बांदा कृषि विश्वविद्यालय का प्रमुख उद्देश्य **बुंदेलखंड क्षेत्र** की **कृषि समस्याओं** का समाधान करना है। यह क्षेत्र **सूखा-प्रवण** है और **जल संकट** से ग्रस्त रहता है। बांदा कृषि विश्वविद्यालय मुख्य रूप से **सूखा-रोधी फसलों** और **तकनीक विकसित** करने पर कार्य कर रहा है।

22. उत्तर-(b)

व्याख्या: राग का मुख्य उद्देश्य **स्वर** और **भाव** के माध्यम से संगीत की भावना को व्यक्त करना है। प्रत्येक राग का अपना विशेष भाव होता है। इससे संगीत को भावनात्मक बनाया जाता है।

23. उत्तर-(c)

व्याख्या: केंद्रीय बजट 2026-27 में **TCS तर्क संगतीकरण** के अंतर्गत **विदेश यात्रा पैकेज** और **LRS** के माध्यम से **शिक्षा** एवं **चिकित्सा उद्देश्यों** के लिये की जाने वाली **विदेशी प्रेषण** पर किसी भी सीमा के बिना समान **2% TCS** लागू करने का प्रावधान किया गया है।

24. उत्तर-(b)

व्याख्या: पद्म पुरस्कार 2026 में **रूस** से संबंधित **ल्यूडमिला विक्टोरोवना खोखलोवा** को **साहित्य** एवं **शिक्षा क्षेत्र** में **पद्म श्री** प्रदान किया गया है। **जर्मनी** से **कला**, **जॉर्जिया** से **खेल** और **अमेरिका** से **खेल** व **चिकित्सा क्षेत्र** में पुरस्कार दिये गये हैं, पर **साहित्य** एवं **शिक्षा** में **रूस** का ही प्रतिनिधित्व है।

25. उत्तर-(c)

व्याख्या: लोकसंस्कृति के अध्ययन से **जनजीवन** और **परंपराओं की समझ** मिलती है। इससे आम लोगों का इतिहास सामने आता है। सामाजिक इतिहास के लिए यह बहुत उपयोगी है।

26. उत्तर-(b)

व्याख्या: पृथ्वी की **अक्षीय झुकाव** के कारण ऋतुओं का परिवर्तन होता है। पृथ्वी सूर्य के चारों ओर घूमते समय अलग-अलग झुकाव पर रहती है। इससे **सूर्य की किरणें** अलग-अलग मात्रा में पड़ती हैं। इसी कारण **गर्मी**, **सर्दी** और **वर्षा ऋतु** होती हैं।

27. उत्तर-(c)

व्याख्या: काली मिट्टी कपास की खेती के लिए उपयुक्त मानी जाती है। इसमें **नमी धारण** करने की क्षमता अधिक होती है। **दक्कन पठार** में यह मिट्टी व्यापक रूप से पायी जाती है।

28. उत्तर-(b)

व्याख्या: उत्तर प्रदेश में **बॉक्साइट** के भंडार मुख्यतः **बुंदेलखंड** क्षेत्र में मिले हैं। यह क्षेत्र **पठारी संरचना** वाला है। **बॉक्साइट एल्यूमिनियम** का प्रमुख अयस्क है। हालाँकि इसका व्यावसायिक दोहन सीमित स्तर पर हुआ है।

29. उत्तर-(d)

व्याख्या: भारत में मानसून की अनिश्चितता का प्रमुख कारण **समुद्री तापमान में परिवर्तन** है। **हिंद महासागर** के तापमान में बदलाव से **मानसूनी पवनें** प्रभावित होती हैं। इससे कभी अतिवृष्टि तो कभी अनावृष्टि होती है। किसानों पर इसका प्रतिकूल प्रभाव पड़ता है।

30. उत्तर-(a)

व्याख्या: मुरादाबाद पीतल शिल्प उद्योग के लिए प्रसिद्ध है। यहाँ **पीतल के बर्तन** और **सजावटी वस्तुएँ** बनाई जाती हैं। यह उद्योग **हस्तशिल्प** पर आधारित है।

31. उत्तर-(b)

व्याख्या: उपभोक्ता, **पारिस्थितिकी तंत्र** में **ऊर्जा का उपभोग** करते हैं। ये अपने भोजन के लिए **उत्पादकों** या अन्य जीवों पर निर्भर रहते हैं। **शाकाहारी** और **मांसाहारी जीव** उपभोक्ता होते हैं। **खाद्य शृंखला** में इनका स्थान **मध्य** में होता है।

32. उत्तर-(c)

व्याख्या: जौनसारी जनजाति में **जौनसारी बोली** प्रचलित है। यह बोली **हिंदी की उपबोली** के रूप में मानी जाती है। जौनसारी बोली इस समुदाय की सांस्कृतिक पहचान है।

33. उत्तर-(a)

व्याख्या: संघनन का अर्थ **जलवाष्प का जल में बदलना** है। जब जलवाष्प **ठंडी** होती है, तो वह **जलकण** बन जाती है। यही प्रक्रिया बादल बनने में सहायक होती है, इसके बाद वर्षा होती है।

34. उत्तर-(b)

व्याख्या: सोडियम अत्यधिक **अभिक्रियाशील धातु** है। यह **वायु** और **जल** से **तीव्र अभिक्रिया** करता है। इसलिए इसे **केरोसिन** में रखा जाता है जिसस **अभिक्रिया रोकी** जा सके।

35. उत्तर-(c)

व्याख्या: उत्तर प्रदेश में **गन्ना उत्पादन** अधिक होने का कारण **उपजाऊ मिट्टी** और पर्याप्त **सिंचाई** सुविधाएँ है। **नहरों** और **नलकूपों** के माध्यम से **जल की निरंतर** उपलब्धता बनी रहती है। साथ ही यहाँ की अनुकूल जलवायु परिस्थिति भी गन्ने की खेती के लिए सहायक होती है। इसलिए यहाँ **चीनी उद्योग** का विकास हुआ है।

36. उत्तर-(b)

व्याख्या: प्लास्टर ऑफ पेरिस का सूत्र **$CaSO_4.½H_2O$** है। जल मिलाने पर यह पुनः **जिप्सम** में बदल जाता है। इसी गुण के कारण इसका उपयोग **साँचे** और **मूर्तियाँ** बनाने में होता है।

37. उत्तर-(d)

व्याख्या: अंतर्राष्ट्रीय महिला दिवस 2025 का विषय **सभी महिलाओं एवं बालिकाओं के लिए-अधिकार, समानता और सशक्तिकरण** है। इसका उद्देश्य **महिलाओं की भागीदारी** और **समान अवसर** को बढ़ावा देना था। यह **सामाजिक समावेशन** पर केंद्रित विष य है। **लैंगिक समानता** की दिशा में उठाया एक महत्वपूर्ण कदम है।

38. उत्तर-(a)

व्याख्या: द इंडियन सोशियोलॉजिस्ट पत्रिका का प्रकाशन **श्याम जी कृष्ण वर्मा** ने किया। इस पत्रिका में **ब्रिटिश शासन** की **नीतियों** की **आलोचना** की जाती थी तथा यह पत्रिका **यूरोप** और **अमेरिका** में भी प्रमुखता से पढ़ी जाती थी।

39. उत्तर-(b)

व्याख्या: उत्तर प्रदेश में **वनों के संरक्षण** के लिए **सामुदायिक भागीदारी** पर बल दिया जा रहा है। स्थानीय लोगों की **सहभागिता** से **संरक्षण** प्रभावी होता है। इससे **आजीविका** और **पर्यावरण** दोनों सुरक्षित रहते हैं।

40. उत्तर-(c)

व्याख्या: टोकन मुद्रा का प्रयोग **मुहम्मद बिन तुगलक** ने किया। उसने **ताँबे की मुद्रा** चलाई। लोग **नकली सिक्के** बनाने लगे जिससे आर्थिक संकट उत्पन्न हुआ।

41. उत्तर-(b)

व्याख्या: SA Node (Sino-Atrial Node) **मानव हृदय** का **प्राकृतिक पेसमेकर** है। यह **दाहिने आलिंद** में स्थित होता है और **हृदय** की **विद्युत आवेग प्रणाली** का प्रारंभिक बिंदु है। **SA Node** की **विद्युत तरंगें हृदय** की धड़कन की लय को निर्धारित करती हैं। यही प्रणाली **हृदय के संकुचन** को नियंत्रित करती है।

42. उत्तर-(a)

व्याख्या: भारत-फ्रांस द्वारा **सितम्बर 2025** में शुरू किया गया **एआई-डिफेंस एक्सेलरेटर** (AI-Defence Accelerator) मुख्यतः **साइबर सुरक्षा, एआई-आधारित रक्षा उपकरणों** (AI-based defence tools) और **सुरक्षित नेटवर्क** के विकास पर **केंद्रित** है। इस सहयोग का उद्देश्य **उन्नत एआई तकनीकों** का उपयोग **सैन्य** एवं **सामरिक संचालन** में करना है।

43. उत्तर-(c)

व्याख्या: दूध में **कैसीन प्रोटीन** पाया जाता है जो दूध में मिलने वाले कुल प्रोटीन का **लगभग 80 प्रतिशत** तक होता है। **पनीर** और **दही** का निर्माण **कैसीन प्रोटीन** के कारण संभव होता है। **एल्ब्यूमिन** अंडे में सर्वाधिक होता है और **कोलेजन** त्वचा में पाया जाता है।

44. उत्तर-(b)

व्याख्या: रेटिना का कार्य छवि बनाना है। **प्रकाश रेटिना** पर पड़कर **विद्युत संकेतों** में बदलता है। ये संकेत **मस्तिष्क** तक पहुँचते हैं, तभी हमें वस्तुएँ दिखाई देती हैं।

45. उत्तर-(d)

व्याख्या: भोपाल गैस त्रासदी में **यूनियन कार्बाइड** कारखाने से **मिथाइल आइसोसाइनेट** (MIC) नामक अत्यंत विषैली गैस का रिसाव हुआ था, जो **कीटनाशक निर्माण** में प्रयुक्त होती थी, जबकि **क्लोरीन गैस** सामान्यतः जल-शोधन में, **अमोनिया गैस उर्वरक** व **शीतलन प्रणालियों** में तथा **सल्फर डाइऑक्साइड औद्योगिक प्रदूषण** एवं **अम्ल वर्षा** से संबंधित होती है।

46. उत्तर-(a)

व्याख्या: खाद्य शृंखला की लंबाई ऊर्जा के क्षय के कारण सीमित होती है। प्रत्येक स्तर पर कुछ ऊर्जा नष्ट हो जाती है। ऊपरी स्तरों तक कम ऊर्जा पहुँचती है। इसलिए **खाद्य शृंखला छोटी** होती है।

47. उत्तर-(b)

व्याख्याः मरुस्थलीय पौधों में **मोटी क्यूटिकल** जल संरक्षण के लिए होती है। इससे **वाष्पोत्सर्जन** कम होता है। पौधे लंबे समय तक पानी बचा पाते हैं। यह **शुष्क जलवायु** के प्रति अनुकूलन का उदाहरण है।

48. उत्तर-(c)

व्याख्याः सरसई नावर झील उत्तर प्रदेश के **इटावा** जिले में स्थित एक महत्त्वपूर्ण **आर्द्रभूमि** है, जो **सारस क्रेन** के संरक्षण के लिए प्रसिद्ध है।

49. उत्तर-(d)

व्याख्याः जैव-विविधता संरक्षण पारिस्थितिकी संतुलन बनाए रखने के लिए आवश्यक है। इससे **खाद्य शृंखला** और **प्राकृतिक चक्र** सही रहते हैं।

50. उत्तर-(c)

व्याख्याः पर्यावरण संरक्षण में संसाधनों का विवेकपूर्ण उपयोग सबसे प्रभावी उपाय है। **पानी**, **ऊर्जा** और **कच्चे माल** की बचत करनी चाहिए। इससे प्रदूषण कम होता है।

51. उत्तर-(b)

व्याख्याः कोयले की **दहन क्षमता** उसमें उपस्थित **कार्बन प्रतिशत** पर निर्भर करती है। **पीट** में कार्बन की मात्रा सबसे कम होने के कारण इसकी **दहन क्षमता न्यूनतम** होती है। **लिग्नाइट** में पीट की तुलना में **अधिक कार्बन** पाया जाता है, इसलिए इसकी दहन क्षमता अधिक होती है। **बिटुमिनस** कोयले में **उच्च कार्बन** और **कम नमी** होने से इसकी **दहन क्षमता** और अधिक होती है, जबकि **एन्थ्रासाइट** में कार्बन की मात्रा सर्वाधिक तथा नमी न्यूनतम होने के कारण इसकी **दहन क्षमता सर्वाधिक** होती है।

52. उत्तर-(c)

व्याख्याः हजीरा-विजयपुर-जगदीशपुर (HVJ) गैस पाइपलाइन भारत की सबसे महत्वपूर्ण प्राकृतिक गैस पाइपलाइनों में से एक है, जो **पश्चिमी तट** के **हजीरा** (गुजरात) से शुरू होकर **मध्य भारत** होते हुए **जगदीशपुर** (उत्तर प्रदेश) तक जाती है। इस पाइपलाइन का स्वामित्व और संचालन **गेल इंडिया लिमिटेड** द्वारा किया जाता है।

53. उत्तर-(b)

व्याख्याः पद्म पुरस्कार 2026 की सूची के अनुसार **डॉ. प्रतीक शर्मा** को **संयुक्त राज्य अमेरिका** से संबंधित **NRI** के रूप में **चिकित्सा क्षेत्र** में **पद्म श्री** प्रदान किया गया है। **डॉ. नोरी दत्तात्रेयुडु** को इसी क्षेत्र में **पद्म भूषण** मिला है, जबकि **डॉ. पद्मा गुरमेट** और **डॉ. सुरेश हनगावड़ी** भारत से संबंधित हैं।

54. उत्तर-(b)

व्याख्याः प्रधानमंत्री विश्वकर्मा योजना (PM Vishwakarma Yojana) का उद्देश्य पारंपरिक कारीगरों को सहायता देना है। इससे उन्हें **प्रशिक्षण**, **ऋण** और **बाजार** से जोड़ा जाता है। कारीगरों की आय बढ़ती है जिससे पारंपरिक कौशल सुरक्षित रहते हैं।

55. उत्तर-(d)

व्याख्याः उत्तर प्रदेश में **स्वयं सहायता समूह** महिलाओं को **आर्थिक रूप से सशक्त** बनाते हैं। महिलाएँ सामूहिक रूप से **बचत** और **ऋण** का उपयोग करती हैं। इससे **आत्मनिर्भरता** बढ़ती है एवं **ग्रामीण विकास** को **गति** मिलती है।

56. उत्तर-(a)

व्याख्याः मुद्रास्फीति का अर्थ **वस्तुओं** और **सेवाओं** की **कीमतों** में **सामान्य वृद्धि** से है। इससे **समान आय** में कम वस्तुएँ खरीदी जा सकती हैं। आम लोगों की **क्रय शक्ति** घटती है। इसलिए मुद्रास्फीति महत्वपूर्ण आर्थिक समस्या है।

57. उत्तर-(a)

व्याख्याः UPI Lite छोटे **डिजिटल भुगतान** से संबंधित है। यह **कम राशि** को **तीव्र** और **आसान** भुगतान की सुविधा देता है। इसमें बार-बार पिन डालने की आवश्यकता नहीं होती जिससे छोटे लेन-देन आसान हो जाते हैं।

58. उत्तर-(a)

व्याख्याः उत्तर प्रदेश में **पर्यटन** के **विकास** से रोजगार और **आय में वृद्धि** होती है। **होटल**, **परिवहन** और **हस्तशिल्प** जैसे क्षेत्रों को लाभ मिलता है। स्थानीय लोगों के लिए राजेगार के अवसर उपलब्ध होते हैं। राज्य की अर्थव्यवस्था को बल मिलता है।

59. उत्तर-(c)

व्याख्याः अम्ल-क्षार अभिक्रिया का परिणाम सामान्यतः **लवण** और **जल** होता है। इसे **उदासीनीकरण अभिक्रिया** (Neutralisation) कहते हैं। यह दैनिक जीवन में भी उपयोगी है। जैसे पेट की अम्लता कम करना।

60. उत्तर-(b)

व्याख्याः डिजिटल भुगतान प्रणाली का मुख्य लाभ **तीव्र** और **पारदर्शी** लेन-देन है। नकदी पर निर्भरता कम होती है जिससे **समय** और **लागत** दोनों की बचत होती है एवं **धोखाधड़ी** की संभावना भी कम होती है।

61. उत्तर-(c)

व्याख्याः सिकल सेल एनीमिया एक **आनुवंशिक** (Genetic) रक्त रोग है, जिसमें **हीमोग्लोबिन** की संरचना में दोष होने के कारण **लाल रक्त कणिकाएँ** (RBC) **दरांती** (सिकल) के आकार के हो जाते हैं। यह रोग माता-पिता से संतानों में **वंशानुगत** रूप से फैलता है, न कि **संक्रमण** या **पोषण** की कमी से।

62. उत्तर-(b)

व्याख्या: **सहसंयोजक यौगिकों** का **गलनांक** सामान्यतः कम होता है। इनके अणुओं के बीच **आकर्षण बल** कमजोर होते हैं। इसलिए ये आसानी से पिघल जाते हैं। **मोम** इसका उदाहरण है।

63. उत्तर-(a)

व्याख्या: **सामाजिक क्षेत्र** पर व्यय बढ़ाने का उद्देश्य **मानव पूँजी विकास** है। **शिक्षा** और **स्वास्थ्य** में निवेश से लोगों की क्षमता बढ़ती है। इससे दीर्घकाल में अर्थव्यवस्था मजबूत होती है और **समाजिक जीवन स्तर** में सुधार होता है।

64. उत्तर-(d)

व्याख्या: उत्तर प्रदेश **स्टार्टअप नीति** से **युवा उद्यमियों** को लाभ होता है। उन्हें **प्रशिक्षण**, **ऋण** और **प्रोत्साहन** मिलता है और रोजगार के नये अवसर सृजित होते हैं।

65. उत्तर-(c)

व्याख्या: **सूरीनाम** सरकार ने अपना सर्वोच्च नागरिक सम्मान **ग्रैंड ऑर्डर ऑफ द चेन ऑफ द येलो स्टार** भारत की राष्ट्रपति **द्रौपदी मुर्मू** को प्रदान किया। यह सम्मान **भारत-सूरीनाम संबंधों**, **लोकतांत्रिक मूल्यों** और भारतीय मूल के प्रवासी समुदाय के योगदान को मान्यता देने के लिए दिया गया।

66. उत्तर-(b)

व्याख्या: **राष्ट्रीय जैव ऊर्जा मिशन** (National Bio–Energy Mission) का उद्देश्य **जैव-ऊर्जा** का विकास करना है। इससे **अपशिष्ट** से ऊर्जा प्राप्त की जाती है। **स्वच्छ ऊर्जा** को बढ़ावा मिलता है। **जीवाश्म ईंधनों** पर निर्भरता घटती है।

67. उत्तर-(c)

व्याख्या: **फूड प्रोसेसिंग** उद्योग के विस्तार से **कृषि उत्पादों** का **मूल्य संवर्धन** होता है। किसानों को बेहतर मूल्य मिलता है। **खाद्य अपव्यय** कम होता है और **ग्रामीण रोजगार** में वृद्धि होती है।

68. उत्तर-(b)

व्याख्या: **क्षार जलीय विलयन** में OH^- आयन प्रदान करता है। यही इसकी **क्षारीय** प्रकृति को दर्शाता है। **साबुन** इसका सामान्य उदाहरण है। यह अम्ल को उदासीन करता है।

69. उत्तर-(a)

व्याख्या: **राज्य सूची** का उल्लेख **सातवीं अनुसूची** में है। इसी अनुसूची में **संघ**, **राज्य** और **समवर्ती** सूचियाँ दी गई हैं। इससे **शक्तियों का विभाजन** स्पष्ट होता है एवं **संघीय व्यवस्था** मजबूत होती है।

70. उत्तर-(b)

व्याख्या: औद्योगिक गलियारों से **उद्योग** और **रोजगार** को बढ़ावा मिलता है। **परिवहन** और **अवसंरचना** में सुधार होता है। निवेश आकर्षित होता है। इससे **क्षेत्रीय विकास** में तेजी आती है।

71. उत्तर-(b)

व्याख्या: **अपचयन** का अर्थ **इलेक्ट्रॉन का ग्रहण** करना है। यह **ऑक्सीकरण** की विपरीत प्रक्रिया है। **रासायनिक अभिक्रियाओं** में दोनों साथ-साथ होती हैं। इसे **रेडॉक्स अभिक्रिया** कहते हैं।

72. उत्तर-(c)

व्याख्या: **पेट्रोलियम एवं प्राकृतिक गैस विनियामक बोर्ड** का मुख्य कार्य **पेट्रोलियम** और **प्राकृतिक गैस** क्षेत्र में **पाइपलाइन नेटवर्क**, **शहर गैस वितरण** (CGD) तथा **विपणन** गतिविधियों का विनियमन करना है।

73. उत्तर-(b)

व्याख्या: **हथकरघा** और **हस्तशिल्प** से कारीगरों की आय में वृद्धि होती है। **पारंपरिक कला** संरक्षित रहती है। **स्थानीय** स्तर पर **रोजगार** सृजित होते हैं। **ग्रामीण** और **शहरी** दोनों क्षेत्रों को लाभ मिलता है।

74. उत्तर-(a)

व्याख्या: धातुओं में **ऊष्मा चालकता** का प्रमुख कारण **मुक्त इलेक्ट्रॉन** होते हैं। ये इलेक्ट्रॉन धातु के भीतर **ऊष्मा ऊर्जा** को एक स्थान से दूसरे स्थान तक शीघ्रता से स्थानांतरित करते हैं। इसी कारण धातुएँ कुशल **ऊष्मा चालक** होती है। खाना पकाने के बर्तनों में धातुओं का उपयोग इसका सामान्य उदाहरण है।

75. उत्तर-(a)

व्याख्या: **राष्ट्रीय अंतरिक्ष नीति** का उद्देश्य अंतरिक्ष क्षेत्र में **नवाचार** और **निजी भागीदारी** को बढ़ावा देना है। इससे **तकनीकी विकास में** तेजी आती है एवं रोजगार के नए अवसर सृजित होते हैं।

76. उत्तर-(b)

व्याख्या: **धर्मनिरपेक्षता** का अर्थ है राज्य का सभी धर्मों के प्रति समान व्यवहार करना है। इसमें किसी एक धर्म का समर्थन या विरोध नहीं किया जाता। सभी नागरिकों को **धार्मिक स्वतंत्रता** मिलती है। यह **भारतीय लोकतंत्र** का महत्वपूर्ण सिद्धांत है।

77. उत्तर-(d)

व्याख्या: **चर्कुला**, **कर्मा** और **फगुआ** उत्तर प्रदेश के विभिन्न क्षेत्रों में प्रचलित प्रमुख लोक नृत्य हैं। **चर्कुला** ब्रज क्षेत्र से संबंधित है, **कर्मा** आदिवासी अंचलों में तथा **फगुआ होली** के अवसर पर किया जाने वाला **लोक नृत्य** है। जबकि **पाई-डंडा उत्तराखंड** का पारंपरिक लोक नृत्य है।

78. उत्तर-(c)

व्याख्याः जीवन और व्यक्तिगत स्वतंत्रता का अधिकार **अनुच्छेद 21** में दिया गया है। यह प्रत्येक नागरिक का मूलभूत अधिकार है। इसमें **गरिमापूर्ण जीवन** का अधिकार शामिल है। न्यायालय ने इसकी व्यापक व्याख्या की है।

79. उत्तर-(a)

व्याख्याः कजरी, **सोहर** और **चैती** उत्तर प्रदेश के प्रमुख और व्यापक रूप से प्रचलित लोक गीत हैं। कजरी **वर्षा ऋतु** से संबंधित गीत है, सोहर **जन्म** एवं **मांगलिक** अवसरों पर गाया जाता है, जबकि चैती **चैत्र मास** में गाया जाने वाला लोक गीत है।

80. उत्तर-(c)

व्याख्याः लोकसभा का सामान्य कार्यकाल **पाँच वर्ष** का होता है। **आपातकाल** की स्थिति में इसे बढ़ाया जा सकता है। **राष्ट्रपति** द्वारा **लोकसभा** भंग भी की जा सकती है। यह **जनप्रतिनिधि** सदन है।

81. उत्तर-(b)

व्याख्याः नई आपराधिक संहिता का उद्देश्य **त्वरित**, **प्रभावी तथा पीड़ित-केंद्रित न्याय** प्रदान करना है। इससे न्याय प्रक्रिया अधिक **सरल**, **पारदर्शी** और **समयबद्ध** बनती है। औपनिवेशिक काल के पुराने कानूनों के स्थान पर नई आपराधिक संहिता लागू होने से **न्याय प्रणाली** की **कार्यकुशलता** और **विश्वसनीयता** सुदृढ़ हुई है।

82. उत्तर-(b)

व्याख्याः डिजिटल इंडिया अधिनियम (Digital India Act) डिजिटल सेवाओं के नियमन से संबंधित है। इसका उद्देश्य **ऑनलाइन प्लेटफॉर्मों** की **जवाबदेही** सुनिश्चित करना तथा **उपभोक्ताओं के अधिकारों** और सुरक्षा को सुदृढ़ करना है। इससे **डिजिटल अर्थव्यवस्था** के लिए **स्पष्ट** और **सुव्यवस्थित नियामक ढाँचा** उपलब्ध होता है।

83. उत्तर-(a)

व्याख्याः भारत ने **G20** मंच के माध्यम से **जलवायु वित्त** के मुद्दे पर विशेष बल दिया है। इसका उद्देश्य **विकासशील देशों** को **जलवायु परिवर्तन** से निपटने हेतु **वित्तीय सहायता** प्रदान करना है। इससे **हरित परियोजनाओं** को प्रोत्साहन मिलता है और **वैश्विक सहयोग** को मजबूती मिलती है। **G20** की **2025** की बैठक **दक्षिण अफ्रीका** में आयोजित की गई।

84. उत्तर-(a)

व्याख्याः राष्ट्रीय विद्युत गतिशीलता मिशन (National Electric Mobility Mission) का उद्देश्य **स्वच्छ**, **टिकाऊ** और **पर्यावरण अनुकूल परिवहन** को बढ़ावा देना है। इस मिशन के अंतर्गत **इलेक्ट्रिक वाहनों** के उपयोग में **वृद्धि** तथा **वायु प्रदूषण** में कमी लाने, **जीवाश्म ईंधनों** पर **निर्भरता घटाने** तथा **ऊर्जा आयात** में कमी करने पर बल दिया जाता है।

85. उत्तर-(c)

व्याख्याः वेदों को समझने और उनके सही उच्चारण, **अर्थ** तथा **प्रयोग** के लिए **छह वेदांग** माने गए हैं- **शिक्षा**, **कल्प**, **व्याकरण**, **निरुक्त**, **छंद** और **ज्योतिष**। इनमें शिक्षा उच्चारण से, **कल्प विधि-विधान** से और **निरुक्त** शब्दों के अर्थ से संबंधित है। जबकि **स्मृति वेदांग** नहीं है, बल्कि यह **धर्मशास्त्र** से संबंधित **ग्रंथ परंपरा** का भाग है।

86. उत्तर-(c)

व्याख्याः शक्ति की **SI इकाई वाट** (Watt) है। शक्ति **कार्य करने की दर** को दर्शाती है। अधिक शक्ति का अर्थ कम समय में अधिक कार्य है। यह भौतिकी की मूल अवधारणा है।

87. उत्तर-(a)

व्याख्याः विजय सागर पक्षी विहार उत्तर प्रदेश के **महोबा** जिले में स्थित है। यह एक **प्राकृतिक जलाशय** आधारित पक्षी विहार है। यहाँ प्रमुख रूप से **सारस क्रेन**, **पेलिकन**, **बार-हेडेड गूज**, **ग्रे लैग गूज**, **कॉमन कूट**, **पोचार्ड**, बत्तखों की विभिन्न प्रजातियाँ तथा **जलचर पक्षी** पाए जाते हैं।

88. उत्तर-(b)

व्याख्याः द्रव्यमान और त्वरण के गुणनफल को बल कहा जाता है। **बल = द्रव्यमान × त्वरण** (F = ma)। बल की इकाई न्यूटन होता है।

89. उत्तर-(d)

व्याख्याः मोनोकल्चर का अर्थ **एक ही फसल को विशाल क्षेत्र** में उगाना है। यह विशेषता वाणिज्यिक अनाज की खेती में पायी जाती है, जहाँ **गेहूँ**, **मक्का** या **जौ** जैसी एक ही फसल का बड़े पैमाने पर उत्पादन बाजार के लिए किया जाता है।

90. उत्तर-(b)

व्याख्याः केंद्रीय प्रदूषण नियंत्रण बोर्ड (Central Pollution Control Board – CPCB) की स्थापना जल (प्रदूषण निवारण एवं नियंत्रण) अधिनियम, 1974 के अंतर्गत की गई थी। बाद में इसे वायु (प्रदूषण निवारण एवं नियंत्रण) अधिनियम, 1981 के कार्य भी सौंपे गए।

91. उत्तर-(b)

व्याख्याः नए **श्रम संहिता** का उद्देश्य श्रमिकों को **सामाजिक सुरक्षा** देना है। इससे **वेतन**, **बीमा** और **कार्य परिस्थितियाँ** बेहतर होती हैं। **श्रमिक अधिकारों** की रक्षा होती है। उद्योगों में संतुलन बनता है।

92. उत्तर-(c)

व्याख्याः महात्मा गांधी ने दक्षिण अफ्रीका से भारत लौटने के बाद **17 जून, 1917** में अहमदाबाद के निकट साबरमती नदी के तट पर **साबरमती आश्रम** की स्थापना की। यह आश्रम गांधीजी के **सामाजिक**, **नैतिक** और **राजनीतिक** प्रयोगों का प्रमुख केंद्र बना और आगे चलकर **असहयोग आंदोलन** तथा **दांडी मार्च** जैसी ऐतिहासिक गतिविधियों से जुड़ा।

93. उत्तर-(a)

व्याख्या: भारत में **शीत ऋतु** के समय **पछुआ** पवनें (सामान्यत: शुष्क) **पश्चिम से पूर्व** की ओर चलती हैं। ये पवनें मुख्यत: उत्तर भारत के **मैदानी क्षेत्रों**, **विशेषकर पंजाब**, **हरियाणा**, **राजस्थान**, **उत्तर प्रदेश** तथा **दिल्ली** क्षेत्र में प्रभावी रहती हैं।

94. उत्तर-(d)

व्याख्या: बोधगया बिहार राज्य में स्थित है और भगवान बुद्ध के **ज्ञान प्राप्ति स्थल** के रूप में प्रसिद्ध है। **सारनाथ** उत्तर प्रदेश में स्थित है, जहाँ बुद्ध ने **प्रथम उपदेश** दिया था। **सोमनाथ** गुजरात में स्थित एक प्रसिद्ध **ज्योतिर्लिंग मंदिर** है। जबकि **अजंता गुफाएँ** मध्य प्रदेश में नहीं, बल्कि महाराष्ट्र राज्य में स्थित हैं।

95. उत्तर-(c)

व्याख्या: उत्तर प्रदेश लोक सेवा आयोग के **अध्यक्ष** की नियुक्ति **राज्यपाल** द्वारा की जाती है। आयोग राज्य सेवाओं में भर्ती करता है। यह निष्पक्ष चयन सुनिश्चित करता है।

96. उत्तर-(b)

व्याख्या: ग्रीन हाइड्रोजन पॉलिसी (Green Hydrogen Policy) का उद्देश्य **हरित ऊर्जा को बढ़ावा** देना है। इससे **कार्बन उत्सर्जन घटता** है। **स्वच्छ ईंधन** का उपयोग बढ़ता है जिससे **ऊर्जा संक्रमण** में सहायता मिलती है।

97. उत्तर-(c)

व्याख्या: वेग में समय के साथ परिवर्तन को **त्वरण** (Acceleration) कहते हैं। यह **गति की दर** में बदलाव दर्शाता है। यह **धनात्मक** (+) या **ऋणात्मक** (–) हो सकता है। **गति विज्ञान** में इसका महत्व है।

98. उत्तर-(c)

व्याख्या: भारत में **डाक व्यवस्था** का **आधुनिकीकरण** और **डाक टिकट** का प्रचलन **लॉर्ड डलहौजी** के कार्यकाल में प्रारम्भ हुआ। उन्हीं के समय **वर्ष 1854 में डाक सुधार** (Postal Reforms) किए गए और पहले डाक टिकट जारी किया गया।

99. उत्तर-(d)

व्याख्या: फिल्म **मोहल्ला अस्सी** प्रसिद्ध हिंदी लेखक **काशीनाथ सिंह** के इसी नाम के उपन्यास **मोहल्ला अस्सी** पर आधारित है। यह उपन्यास **वाराणसी** के अस्सी क्षेत्र के **सामाजिक**, **सांस्कृतिक** और **राजनीतिक** जीवन को **व्यंग्यात्मक शैली** में प्रस्तुत करता है।

100. उत्तर-(b)

व्याख्या: उत्तर प्रदेश सरकार द्वारा अपनाया गया **मछली** का **राजचिह्न अवध** के नवाबों की परंपरा से जुड़ा है, जिसका ऐतिहासिक संबंध **लखनऊ** स्थित **रूमी दरवाजा** से माना जाता है। रूमी दरवाजा **अवधकालीन** स्थापत्य का प्रमुख प्रतीक है और **अवध शासन** में **दो मछलियों** का **चिह्न राजसत्ता** एवं **समृद्धि** का प्रतीक था।

होमगार्ड प्रैक्टिस सैट-8

1. **संस्कृत व्याकरण की प्रसिद्ध पुस्तक अष्टाध्यायी के रचयिता कौन हैं?**
(a) पतंजलि (b) पाणिनि
(c) कात्यायन (d) भर्तृहरि

2. **बौद्ध धर्म में अष्टांगिक मार्ग का प्रतिपादन किसने किया?**
(a) महावीर (b) अशोक
(c) बुद्ध (d) नागार्जुन

3. **गुप्तकालीन प्रयाग प्रशस्ति की रचना किसने की?**
(a) कालिदास (b) हरिषेण
(c) दण्डी (d) भवभूति

4. **निम्नलिखित में से कौन-सा विकल्प स्वतंत्रता के बाद उत्तर प्रदेश के मुख्यमंत्रियों का सही कालानुक्रमिक क्रम दर्शाता है?**
(a) गोविंद बल्लभ पंत → सम्पूर्णानंद → चंद्रभानु गुप्त → सुचेता कृपलानी
(b) सम्पूर्णानंद → गोविंद बल्लभ पंत → सुचेता कृपलानी → चंद्रभानु गुप्त
(c) गोविंद बल्लभ पंत → चंद्रभानु गुप्त → सम्पूर्णानंद → सुचेता कृपलानी
(d) चंद्रभानु गुप्त → गोविंद बल्लभ पंत → सम्पूर्णानंद → सुचेता कृपलानी

5. **विजयनगर साम्राज्य के संस्थापक कौन थे?**
(a) देवराय (b) हरिहर और बुक्का
(c) कृष्णदेवराय (d) सदाशिव

6. **बुद्ध का प्रथम उपदेश किस ग्रंथ में वर्णित है?**
(a) त्रिपिटक (b) महावंश
(c) दीपवंश (d) जातक

7. **भारतीय शास्त्रीय नृत्य कथक का प्रमुख केंद्र कौन-सा शहर माना जाता है?**
(a) जयपुर (b) लखनऊ
(c) चेन्नई (d) कोलकाता

8. **निम्नलिखित में बेसल** (BASEL) **मानक किससे संबंधित है?**
(a) पर्यावरण (b) बीमा
(c) बैंकिंग (d) सूक्ष्म वित्त

9. **निम्नलिखित में से कौन-सा एक कोलॉइड नहीं है?**
(a) रक्त (b) कुहासा
(c) शहद (d) दूध

10. **निम्नलिखित में से कौन-सा मौलिक कर्तव्य नहीं है?**
(a) राष्ट्रीय गीत का आदर करना
(b) सार्वजनिक संपत्ति की रक्षा करना
(c) स्मारक एवं सार्वजनिक महत्व के स्थानों का संरक्षण करना
(d) प्राकृतिक पर्यावरण की रक्षा करना व सुधार करना

11. **मेघदूत महाकाव्य के रचयिता कौन हैं?**
(a) भवभूति (b) कालिदास
(c) भास (d) माघ

12. **सप्तांग सिद्धांत किससे संबंधित है?**
(a) धर्म (b) राज्य
(c) समाज (d) अर्थव्यवस्था

13. **कौन-सा एक सही सुमेलित है?**
(a) रेडियो - मारकोनी
(b) स्कूटर - एफ.जी. ओटिस
(c) लिफ्ट - कार्ल बेंज
(d) बिजली का पंखा - गिलेट

14. **अर्थशास्त्र के लेखक कौन हैं?**
(a) भास (b) कौटिल्य (चाणक्य)
(c) मेगस्थनीज (d) अश्वघोष

15. **रामचरितमानस के रचयिता कौन हैं?**
(a) तुलसीदास (b) कबीर
(c) सूरदास (d) विद्यापति

16. **निम्नलिखित युग्मों में से कौन-सा एक सही सुमेलित नहीं है?**
(a) फ्रिऑन – रेफ्रिजरेशन
(b) आयोडोफॉर्म – एण्टीसेप्टिक
(c) ट्राइ-नाइट्रोग्लिसरीन – विस्फोटक
(d) टेफ्लॉन – जिलेटिन

17. **निम्नलिखित में से कौन-सा युग्म पशु रोग - कारण के रूप में सही सुमेलित है?**

पशु रोग	–	कारण
(a) खुरपका-मुँहपका	–	वायरस
(b) एन्थ्रेक्स	–	वायरस
(c) गलाघोंटू	–	कवक
(d) रिंडरपेस्ट	–	बैक्टीरिया

18. **निमनलिखित में से किसे भौगोलिक संकेत** (GI Tag) **प्रदान किया गया है?**
(a) काशी लड्डू और बनारसी पान
(b) बनारसी साड़ी और मथुरा के पेड़े
(c) बनारसी शहनाई और बनारसी तबला
(d) मिर्जापुर गुलाब और अलीगढ़ ताला

19. बेंती पक्षी अभयारण्य, जिसे डॉ. भीमराव अंबेडकर पक्षी विहार भी कहा जाता है, कहाँ स्थित है?
(a) उन्नाव (b) प्रतापगढ़
(c) लखीमपुर खीरी (d) बहराइच

20. आधुनिक हिंदी साहित्य में छायावाद के प्रमुख कवि कौन माने जाते हैं?
(a) हरिवंश राय बच्चन (b) सुमित्रानंदन पंत
(c) रामधारी सिंह दिनकर (d) प्रेमचंद

21. केंद्रीय बजट 2026-27 में प्रस्तावित इंफ्रास्ट्रक्चर रिस्क गारंटी फंड का प्रमुख उद्देश्य क्या है?
(a) राज्यों को अनुदान देना
(b) निर्माण चरण में ऋणदाताओं को आंशिक क्रेडिट गारंटी देना
(c) निजीकरण को बढ़ावा देना
(d) केवल सड़क परियोजनाओं को वित्त देना

22. निम्नलिखित में से विक्रम संवत् की शुरुआत कब हुई थी?
(a) 57 ई. पू. (b) 78 ई. पू.
(c) 57 ई. (d) 78 ई.

23. गीतांजलि के रचयिता कौन थे?
(a) बंकिमचंद्र (b) रवींद्रनाथ टैगोर
(c) शरतचंद्र (d) विवेकानंद

24. उत्तर प्रदेश के किस शहर को संगीत की नगरी कहा जाता है?
(a) आगरा (b) मथुरा
(c) वाराणसी (d) प्रयागराज

25. निम्नलिखित में से कौन-सी धातु तेल में संग्रहित नहीं की जाती है?
(a) लिथियम (b) सोडियम
(c) पोटैशियम (d) मैग्नीशियम

26. निम्नलिखित में से कौन-सा राज्य पश्चिमी क्षेत्रीय परिषद का सदस्य नहीं है?
(a) महाराष्ट्र (b) गुजरात
(d) राजस्थान (d) उपर्युक्त में से कोई नहीं

27. निम्नलिखित फसल-कीट युग्मों में से कौन-सा युग्म सही नहीं है?

	फसल		कीट
(a)	मक्का	–	तना छेदक
(b)	धान	–	बंका
(c)	चना	–	फली छेदक
(d)	मूँगफली	–	फली छेदक

28. उत्तर प्रदेश में तराई क्षेत्र का विस्तार मुख्यत: किन जिलों में पाया जाता है?
(a) बुंदेलखंड क्षेत्र
(b) पश्चिमी मैदान
(c) नेपाल सीमा से सटे उत्तरी जिले
(d) विंध्य क्षेत्र

29. मानसून पवनों के आगमन का तात्कालिक कारण क्या है?
(a) पृथ्वी का घूर्णन
(b) स्थल और समुद्र के तापमान में अंतर
(c) अक्षांशीय स्थिति
(d) पर्वतीय अवरोध

30. भारत के संविधान के अन्तर्गत प्रशासनिक अधिकरण का सम्बन्ध है-
(a) अनुच्छेद 322 से (b) अनुच्छेद 323 से
(c) अनुच्छेद 323A से (d) अनुच्छेद 323B से

31. प्रतिरक्षी प्रोटीन जो कोशिकाओं को विषाणु संक्रमण से रक्षा करता है, है-
(a) इम्यूनोग्लोबुलिन (b) इंटरफेरॉन
(c) एंटीजन (d) थ्रोम्बिन

32. उत्तर प्रदेश में वर्षा का प्रमुख स्रोत क्या है?
(a) पश्चिमी विक्षोभ (b) उत्तर-पूर्वी मानसून
(c) दक्षिण-पश्चिम मानसून (d) चक्रवात

33. सिख गुरु जिन्होंने एक सैन्य सम्प्रदाय खालसा की स्थापना की थी-
(a) गुरु हर राय (b) गुरु गोबिंद सिंह
(c) गुरु तेग बहादुर (d) गुरु हरिकिशन

34. मानव श्वसन तंत्र में गैसों का आदान-प्रदान कहाँ होता है?
(a) श्वासनली (b) ब्रोंकस
(c) एल्वियोली (d) फेफड़े की झिल्ली

35. शिवाजी के शासकीय परिषद को कहा जाता था-
(a) मंत्री परिषद (b) मंत्री सभा
(c) मंत्री मंडल (d) अष्ट प्रधान मंडल

36. राष्ट्रीय स्वच्छ वायु कार्यक्रम (NCAP) के अंतर्गत किस लक्ष्य पर बल दिया गया?
(a) जल संरक्षण (b) वायु प्रदूषण में कमी
(c) वन विस्तार (d) खनन नियंत्रण

37. इंडियन नेशनल कांग्रेस की प्रथम महिला अध्यक्ष कौन थीं?
(a) सरोजिनी नायडू (b) एनी बेसेंट
(c) सुचेता कृपलानी (d) मैडम भीकाजी कामा

38. भारत के मुख्य वन्यजीव वार्डन (Chief Wildlife Warden) का संबंध किससे है?
(a) रक्षा (b) वन एवं वन्यजीव संरक्षण
(c) स्वास्थ्य (d) शिक्षा

39. उत्तर प्रदेश में वनों के संरक्षण हेतु किस विभाग की प्रमुख भूमिका होती है?
(a) कृषि विभाग (b) सिंचाई विभाग
(c) वन विभाग (d) उद्योग विभाग

40. भारत में स्थानीय स्वशासन की अवधारणा को व्यवहार में लागू करने की पहल किस गवर्नर-जनरल द्वारा की गई थी?
(a) लॉर्ड कर्जन (b) लॉर्ड रिपन
(c) लॉर्ड मिण्टो (d) लॉर्ड लिटन

41. प्रकाश संश्लेषण में ऑक्सीजन किस प्रक्रिया से निकलती है?
(a) CO_2 स्थिरीकरण (b) जल का अपघटन
(c) केल्विन चक्र (d) श्वसन

42. सत्य शोधक समाज की स्थापना किसने की?
(a) स्वामी विवेकानंद (b) बी.आर. अम्बेडकर
(c) ज्योतिबा फुले (d) महात्मा गांधी

43. अपघटक (Decomposers) का मुख्य कार्य क्या है?
(a) भोजन बनाना (b) ऊर्जा उपभोग
(c) मृत पदार्थों का विघटन (d) ऑक्सीजन उत्पादन

44. भारतीय अंतरिक्ष अनुसंधान संगठन (ISRO) के अंतर्गत कार्यरत भारतीय सुदूर संवेदन संस्थान (IIRS) किस नगर में स्थित है?
(a) नागपुर (b) देहरादून
(c) हैदराबाद (d) अहमदाबाद

45. भारत और म्यांमार को पृथक करने वाली भौगोलिक सीमा का नाम क्या है?
(a) अरावली पर्वतमाला (b) विंध्याचल पर्वतमाला
(c) पटकाई पर्वतमाला (d) सतपुड़ा पर्वतमाला

46. वायुमंडल की आर्द्रता नापी जाती है-
(a) रेडियोमीटर द्वारा (b) हाइड्रोमीटर द्वारा
(c) हाइग्रोमीटर द्वारा (d) रोटोमीटर द्वारा

47. शुष्क क्षेत्रों के पौधों में पत्तियाँ छोटी या काँटों में क्यों बदल जाती हैं?
(a) वृद्धि बढ़ाने के लिए (b) जल संरक्षण के लिए
(c) प्रजनन के लिए (d) प्रकाश संश्लेषण रोकने के लिए

48. भारत की निम्नलिखित जलविद्युत परियोजनाओं में से कौन सही सुमेलित है?

जलविद्युत परियोजना		राज्य
(a) टाटा जलविद्युत परियोजना	-	तमिलनाडु
(b) पायकारा परियोजना	-	कर्नाटक
(c) पल्लिवासल परियोजना	-	केरल
(d) शरावती परियोजना	-	महाराष्ट्र

49. केंद्रीय बजट 2026-27 के बजट अनुमान के अनुसार राजकोषीय घाटा GDP का कितना प्रतिशत लक्षित किया गया है?
(a) 4.0% (b) 4.2%
(c) 4.3% (d) 4.5%

50. पर्यावरण संरक्षण में Reduce का अर्थ क्या है?
(a) पुनः उपयोग (b) पुनर्चक्रण
(c) उपभोग कम करना (d) अपशिष्ट बढ़ाना

51. राष्ट्रीय आय में वेतन (Wages) किस कारक आय को दर्शाता है?
(a) भूमि (b) श्रम
(c) पूँजी (d) उद्यमिता

52. भारतीय शहर को दक्षिण का चेरापूँजी कहा जाता है?
(a) अगुम्बे (b) अगस्ते
(c) शिमोगा (d) मूसिराम

53. सनद पिया उपनाम से ठुमरी की बंदिशें किसने तैयार की?
(a) बिंदादीन (b) वाजिद अली शाह
(c) अमीर खुसरो (d) मिर्जा गालिब

54. वित्त आयोग (Finance Commission) का मुख्य कार्य क्या है?
(a) कर लगाना
(b) केंद्र-राज्य वित्तीय वितरण की सिफारिश
(c) बजट बनाना
(d) मुद्रा जारी करना

55. उत्तर प्रदेश में सहकारी बैंकों की भूमिका मुख्यतः किसमें है?
(a) विदेशी व्यापार (b) कृषि और ग्रामीण ऋण
(c) रक्षा वित्त (d) औद्योगिक लाइसेंस

56. निम्नलिखित में से कौन-सा क्षेत्र उत्तर प्रदेश में बौद्ध परिपथ (Buddhist Circuit) का भाग नहीं है?
(a) संकिसा (Sankisa) (b) श्रावस्ती (Shravasti)
(c) प्रयागराज (Prayagraj) (d) कुशीनगर (Kushinagar)

57. निम्नलिखित में से किसे जीवोम (Biome) की श्रेणी में शामिल नहीं किया जाता है?
(a) पारिस्थितिक तंत्र (b) टुण्ड्रा
(c) रेगिस्तान (d) घास का स्थल

58. भारत में काली मिट्टी का मुख्य क्षेत्र कौन-सा है?
(a) गंगा मैदान (b) दक्कन पठार
(c) थार मरुस्थल (d) हिमालय क्षेत्र

59. निम्नलिखित में से कौन-सा युग्म सही सुमेलित नहीं है?

समिति		स्थापना वर्ष
(a) खुसरो समिति	-	1989
(b) मीरासेठ समिति	-	1986
(c) मालेगाम समिति	-	2018
(d) पारिख समिति	-	2013

60. टिटनेस रोग का मुख्य कारण क्या है?
(a) वायरस (b) बैक्टीरिया
(c) माइकोप्लाज्मा (d) कवक

61. निम्नलिखित में से कौन-सा आयकर (Income Tax) के अंतर्गत नहीं आता है?
(a) वेतन से प्राप्त आय (b) व्यवसाय से प्राप्त आय
(c) संपत्ति से प्राप्त आय (d) विक्रय कर (Sales Tax)

62. निम्नलिखित में से कौन-सा युग्म सही सुमेलित है?

राज्य		स्थानांतरण कृषि का स्थानीय नाम
(a) असम	–	कुरुवा
(b) ओडिशा	–	पोडू
(c) मध्य भारत	–	झूम
(d) झारखंड	–	बेवर

63. भारत के संविधान के अंतर्गत कोई भी व्यक्ति ग्राम पंचायत का सदस्य चुना जा सकता है, यदि उसने आयु पूरी कर ली हो-
(a) 18 वर्ष की (b) 21 वर्ष की
(c) 25 वर्ष की (d) 30 वर्ष की

64. चीन की राष्ट्रीय मुद्रा क्या है?
(a) येन (b) वॉन
(c) युआन (d) डॉलर

65. पैरालंपिक 2024 में उत्तर प्रदेश से पदक जीतने वाली भारतीय पैरा एथलीट कौन थीं?
(a) प्रीति पाल (b) सुमित अंतिल
(c) अवनि लेखरा (d) हरविंदर सिंह

66. कोपेन (Köppen) के जलवायु वर्गीकरण में भारत के अधिकांश भाग को किस जलवायु प्रकार में रखा गया है?
(a) भूमध्यसागरीय जलवायु (b) उष्ण मरुस्थलीय जलवायु
(c) उष्ण मानसूनी जलवायु (d) शीतोष्ण समुद्री जलवायु

67. निम्नलिखित में से कौन-सा युग्म नदी-शहर के रूप में सही सुमेलित नहीं है?
(a) बेलगाव – कृष्णा नदी (b) जयपुर – बाणगंगा नदी
(c) सांबा – बसंतर नदी (d) कटक – गंगा नदी

68. एक हॉर्स पावर का मान होता है-
(a) 647 वॉट (b) 1746 वॉट
(c) 746 वॉट (d) 476 वॉट

69. निम्नलिखित में से किसने पारिस्थितिकी तंत्र (Ecosystem) शब्द को प्रतिपादित किया?
(a) ओडम (b) टैंसले
(c) चार्ल्स एल्टन (d) फोर्ब्स

70. प्रथम स्थायी ब्रिटिश व्यापारिक कारखाना कहाँ स्थापित किया गया था?
(a) सूरत में (b) मसूलीपट्टनम में
(c) हुगली में (d) मद्रास में

71. मानव शरीर में किडनी का प्रमुख कार्य किससे संबंधित है?
(a) श्वसन प्रक्रिया (b) रक्त परिसंचरण
(c) पोषण ग्रहण (d) अपशिष्ट पदार्थों का निष्कासन

72. भारतीय कृषि सांख्यिकीय अनुसंधान संस्थान (IASRI) किस नगर में स्थित है?
(a) कोलकाता (b) लखनऊ
(c) नई दिल्ली (d) जयपुर

73. भारत में एक रुपये के नोट का निर्गमन (Issue) किस संस्था द्वारा किया जाता है?
(a) भारतीय रिजर्व बैंक (b) भारतीय स्टेट बैंक
(c) नेशनल स्टोक एक्सचेंज (d) भारत सरकार

74. धातुओं में विद्युत चालकता (Electrical Conductivity) का कारण क्या है?
(a) आयनिक बंध (b) मुक्त इलेक्ट्रॉन
(c) सहसंयोजक बंध (d) गैसीय अवस्था

75. राष्ट्रीय सौर मिशन (National Solar Mission) का प्रमुख उद्देश्य क्या है?
(a) कोयला उत्पादन (b) सौर ऊर्जा का विस्तार
(c) परमाणु ऊर्जा (d) जलविद्युत

76. भारतीय संविधान में मौलिक अधिकारों का उल्लेख किस भाग में है?
(a) भाग II (b) भाग III
(c) भाग IV (d) भाग V

77. नेशनल स्टॉक एक्सचेंज (NSE) का मुख्यालय कहाँ स्थित है?
(a) नई दिल्ली (b) कोलकाता
(c) चेन्नई (d) मुंबई

78. प्रकाश संश्लेषण की प्रक्रिया में पौधों द्वारा कौन-सी गैस ग्रहण की जाती है?
(a) ऑक्सीजन (b) नाइट्रोजन
(c) कार्बन डाइऑक्साइड (d) हाइड्रोजन

79. निम्नलिखित में से कौन-सा कथन सही है?
(a) जाइलम मानव शरीर में जल का परिवहन करता है
(b) फ्लोएम मानव शरीर में भोजन पहुँचाता है
(c) तंत्रिका ऊतक पौधों में पाया जाता है
(d) जाइलम पौधों में जल और खनिजों का परिवहन करता है

80. भारत किस पड़ोसी देश के साथ लंबाई के मामले में दूसरी सबसे बड़ी स्थलीय सीमा साझा करता है?
(a) पाकिस्तान (b) बांग्लादेश
(c) नेपाल (d) चीन

81. वर्तमान में भारत के मुख्य न्यायाधीश (Chief Justice of India) कौन हैं?
(a) न्यायमूर्ति डी.वाई. चंद्रचूड़ (b) न्यायमूर्ति यू.यू. ललित
(c) न्यायमूर्ति सूर्यकांत (d) न्यायमूर्ति एन.वी. रमना

82. भारत के प्रथम मुख्य चुनाव आयुक्त कौन थे?
(a) सुकुमार सेन (b) टी.एन. शेषन
(c) के.वी.के. सुंदरम (d) एम.एस. गिल

83. ग्राम सभा की शक्तियाँ और कार्य का प्रावधान भारतीय संविधान के किस अनुच्छेद में है?

(a) अनुच्छेद 40 (b) अनुच्छेद 243A

(c) अनुच्छेद 243B (d) अनुच्छेद 243C

84. पद्म पुरस्कार 2026 में निम्नलिखित में से किस व्यक्ति को खेल के क्षेत्र में मरणोपरांत पद्म सम्मान प्रदान किया गया है?

(a) रोहित शर्मा (b) विजय अमृतराज

(c) व्लादिमेर मेस्त्विरिश्विली (d) सविता पुनिया

85. उत्तर प्रदेश में राज्य वित्त आयोग (State Finance Commission) का मुख्य कार्य क्या है?

(a) संसद चुनाव

(b) स्थानीय निकायों के लिए वित्तीय सिफारिश

(c) न्यायिक अपील

(d) कर वसूली

86. बोमडिला दर्रा किन दो क्षेत्रों को जोड़ता है?

(a) तवांग क्षेत्र और असम का मैदानी भाग

(b) ईटानगर क्षेत्र और दिबांग घाटी

(c) नामचा बरवा क्षेत्र और चीन

(d) सिक्किम और तिब्बत क्षेत्र

87. उत्तर प्रदेश में महाधिवक्ता (Advocate General) की नियुक्ति कौन करता है?

(a) राष्ट्रपति (b) मुख्यमंत्री

(c) राज्यपाल (d) विधानसभा

88. मानव श्वसन तंत्र के संबंध में निम्नलिखित कथनों में से कौन-सा कथन असत्य है।

(a) फेफड़े वक्ष गुहा में स्थित होते हैं

(b) एल्वियोली गैसों के आदान-प्रदान का प्रमुख स्थान हैं

(c) लाल रक्त कणिकाएँ ऑक्सीजन को प्लाज्मा में घोलकर ले जाती हैं

(d) श्वसन के दौरान कार्बन डाइऑक्साइड शरीर से बाहर निकाली जाती है

89. उत्तर प्रदेश में पंचायत स्तर पर कार्यपालिका प्रमुख कौन होता है?

(a) जिला मजिस्ट्रेट (b) ग्राम प्रधान

(c) पंचायत सचिव (d) ब्लॉक प्रमुख

90. न्यूटन का द्वितीय गति नियम किससे संबंधित है?

(a) जड़त्व (b) बल और त्वरण

(c) संवेग संरक्षण (d) गुरुत्वाकर्षण

91. डॉ. भीमराव अंबेडकर ने भारतीय संविधान के किस अनुच्छेद को संविधान की आत्मा और हृदय कहा था?

(a) अनुच्छेद 14 (b) अनुच्छेद 19

(c) अनुच्छेद 32 (d) अनुच्छेद 226

92. उत्तर प्रदेश उच्च न्यायालय की लखनऊ पीठ की स्थापना किस वर्ष हुई थी?

(a) वर्ष 1947 (b) वर्ष 1948

(c) वर्ष 1950 (d) वर्ष 1955

93. पार्वती अरगा पक्षी अभयारण्य कहाँ स्थित है?

(a) बहराइच (b) गोण्डा

(c) लखीमपुर खीरी (d) श्रावस्ती

94. वर्ष 2011 के जनगणना के अनुसार उत्तर प्रदेश का सबसे कम साक्षर जिला कौन-सा है?

(a) बलरामपुर (b) सिद्धार्थनगर

(c) बहराइच (d) श्रावस्ती

95. रेग्युलेटिंग एक्ट, 1773 के अंतर्गत भारत का पहला गवर्नर-जनरल किसे नियुक्त किया गया था?

(a) लॉर्ड वेलेजली (b) वॉरेन हेस्टिंग्स

(c) लॉर्ड कॉर्नवालिस (d) लॉर्ड कर्जन

96. निम्नलिखित में से कौन-सा एक स्वर्णिम चतुर्भुज से जुड़ा नहीं है?

(a) बेलगाम (b) सूरत

(c) गुंटूर (d) नागपुर

97. किसी चालक (Conductor) का प्रतिरोध (Resistance) किस पर निर्भर करता है?

(a) केवल तापमान (b) लंबाई और अनुप्रस्थ क्षेत्रफल

(c) केवल दाब (d) केवल द्रव्यमान

98. ZSU-23-4 Shilka किस प्रकार का सैन्य हथियार तंत्र है?

(a) टैंक रोधी मिसाइल प्रणाली

(b) लड़ाकू विमान

(c) स्वचालित विमान-रोधी तोप प्रणाली

(d) पनडुब्बी रोधी हथियार

99. निम्नलिखित में से कौन-सा विकल्प भारतीय स्वतंत्रता आंदोलनों का सही कालानुक्रमिक क्रम दर्शाता है?

(a) असहयोग आंदोलन → सविनय अवज्ञा आंदोलन → भारत छोड़ो आंदोलन

(b) सविनय अवज्ञा आंदोलन → असहयोग आंदोलन → भारत छोड़ो आंदोलन

(c) भारत छोड़ो आंदोलन → असहयोग आंदोलन → सविनय अवज्ञा आंदोलन

(d) असहयोग आंदोलन → भारत छोड़ो आंदोलन → सविनय अवज्ञा आंदोलन

100. अल नजाह (Al-Najah) संयुक्त सैन्य अभ्यास भारत और किस देश के बीच आयोजित किया जाता है?

(a) संयुक्त अरब अमीरात (b) सऊदी अरब

(c) ओमान (d) कतर

उत्तर : व्याख्या-सहित

1. उत्तर-(b)

व्याख्याः अष्टाध्यायी के रचयिता **पाणिनि** थे। यह **संस्कृत व्याकरण** का आधार ग्रंथ है। इसमें भाषा के नियम सूत्रों के रूप में दिए गए हैं। आज भी संस्कृत अध्ययन में इसका महत्व है।

2. उत्तर-(c)

व्याख्याः अष्टांगिक मार्ग का प्रतिपादन **बुद्ध** ने किया था। यह **दु:ख निवारण** का मार्ग बताता है। बौद्ध धर्म की यह मुख्य शिक्षा है।

3. उत्तर-(b)

व्याख्याः गुप्तकालीन **प्रयाग प्रशस्ति** की रचना **हरिषेण** ने की थी। यह **समुद्रगुप्त** की उपलब्धियों का वर्णन करती है। इससे **गुप्तकालीन इतिहास** की महत्वपूर्ण जानकारी मिलती है।

4. उत्तर-(a)

व्याख्याः स्वतंत्रता के बाद उत्तर प्रदेश के **पहले मुख्यमंत्री गोविंद बल्लभ पंत** (1947-1954) बने। उनके बाद **सम्पूर्णानंद** (1954-1960) मुख्यमंत्री रहे। इसके पश्चात **चंद्रभानु गुप्त** (1960-1963) ने मुख्यमंत्री पद संभाला। आगे चलकर **सुचेता कृपलानी** (1963-1967) उत्तर प्रदेश की मुख्यमंत्री बनीं।

5. उत्तर-(b)

व्याख्याः विजयनगर साम्राज्य की स्थापना **संगम वंश** के **हरिहर** और **बुक्का** ने **1336 ई.** में की थी। इस साम्राज्य ने दक्षिण भारत को **सांस्कृतिक** और **राजनीतिक** स्थिरता दी। **हम्पी** इसकी राजधानी थी।

6. उत्तर-(a)

व्याख्याः सारनाथ में बुद्ध के द्वारा दिए गए **प्रथम उपदेश** का वर्णन त्रिपिटक में मिलता है। इसे **धम्मचक्र प्रवर्तन** कहा जाता है। यह बौद्ध धर्म का महत्वपूर्ण प्रसंग है।

7. उत्तर-(b)

व्याख्याः कथक नृत्य का प्रमुख केंद्र **लखनऊ** (उत्तर प्रदेश) माना जाता है। यहाँ कथक की विशिष्ट शैली विकसित हुई। जिस पर **नवाबी संस्कृति** का प्रभाव रहा है।

8. उत्तर-(c)

व्याख्याः बेसल (Basel) मानक बैंकिंग क्षेत्र से संबंधित अंतर्राष्ट्रीय नियम हैं, जिन्हें **बेसल समिति** (Basel Committee on Banking Supervision) द्वारा बनाया गया है। इनका उद्देश्य बैंकों की **पूँजी पर्याप्तता**, **जोखिम प्रबंधन** और **वित्तीय स्थिरता** सुनिश्चित करना है। वर्तमान में भारत में **बेसल-III** (Basel III) मानक लागू है, जिसे **भारतीय रिजर्व बैंक** (RBI) द्वारा चरणबद्ध रूप से लागू किया गया है।

9. उत्तर-(c)

व्याख्याः कोलॉइड वह मिश्रण होता है जिसमें एक पदार्थ के अत्यंत सूक्ष्म कण दूसरे माध्यम में समान रूप से फैले रहते हैं। दूध एक **इमल्शन कोलॉइड** है, **कुहासा गैस** में तरल कणों का **एरोसोल कोलॉइड** है तथा रक्त में **प्लाज्मा प्रोटीनों** के कारण **कोलॉइडल** गुण पाए जाते हैं। इसके विपरीत शहद एक **वास्तविक विलयन** (True Solution) है, जिसमें शर्करा के कण जल में पूर्णतः घुले होते हैं, इसलिए इसे **कोलॉइड** नहीं माना जाता है।

10. उत्तर-(a)

व्याख्याः भारतीय संविधान के **अनुच्छेद 51A** के अंतर्गत **राष्ट्रीय ध्वज** और **राष्ट्रगान** का सम्मान करना **मौलिक कर्तव्य** है, **राष्ट्रीय गीत** का नहीं। शेष विकल्प-सार्वजनिक संपत्ति की **रक्षा**, **स्मारकों** का **संरक्षण** तथा **पर्यावरण** की रक्षा स्पष्ट रूप से मौलिक कर्तव्यों में शामिल हैं।

11. उत्तर-(b)

व्याख्याः मेघदूत के रचयिता **कालिदास** हैं। यह संस्कृत का प्रसिद्ध खण्डकाव्य है। इसमें **प्रेम**, **विरह** और **प्रकृति** का अद्‌भुत वर्णन किया गया है।

12. उत्तर-(b)

व्याख्याः सप्तांग सिद्धांत राज्य से संबंधित है। इसमें **राजा**, **मंत्री**, **सेना**, **भूमि** आदि राज्य के **सात अंग** बताए गए हैं। यह प्राचीन राज्य व्यवस्था को समझाता है।

13. उत्तर-(a)

व्याख्याः रेडियो संचार प्रणाली के विकास का श्रेय **गुग्लिएल्मो मारकोनी** को दिया जाता है। **एफ.जी. ओटिस** (Elisha Otis) **लिफ्ट** (Elevator) के सुरक्षा तंत्र से संबंधित हैं। **कार्ल बेंज** आधुनिक **मोटर कार** के आविष्कारक माने जाते हैं। वहीं **किंग कैंप** का संबंध **गिलेट सेफ्टी रेजर** से है।

14. उत्तर-(b)

व्याख्याः मौर्य काल का प्रसिद्ध ग्रंथ **अर्थशास्त्र** कौटिल्य (चाणक्य) द्वारा रचित है। इसमें **शासन**, **अर्थव्यवस्था** और **प्रशासन** के नियम दिए गए हैं। इस ग्रंथ से प्राचीन भारत की **राजनीतिक व्यवस्था** को समझने में मदद मिलती है।

15. उत्तर-(a)

व्याख्याः रामचरितमानस के रचयिता **तुलसीदास** हैं। यह **अवधी भाषा** में रचित है। इसमें **राम** के आदर्श जीवन का वर्णन किया गया है।

16. उत्तर-(d)

व्याख्याः टेफ्लॉन (PTFE) एक **सिंथेटिक पॉलिमर** है, जिसका उपयोग **नॉन-स्टिक कोटिंग**, **विद्युत इन्सुलेशन** आदि में किया जाता है, जबकि **जिलेटिन** एक **प्राकृतिक प्रोटीन** है जो **पशु ऊतकों** से प्राप्त होता है। इसलिए **टेफ्लॉन** और **जिलेटिन** के बीच कोई वैज्ञानिक सुमेल नहीं है। **फ्रिऑन** का उपयोग **रेफ्रिजरेशन में**, **आयोडोफॉर्म** का **एण्टीसेप्टिक** के रूप में तथा **ट्राइ-नाइट्रोग्लिसरीन** का विस्फोटक के रूप में उपयोग सही सुमेलन दर्शाता है।

17. उत्तर-(a)

व्याख्याः खुरपका-मुँहपका रोग पशुओं में होने वाला एक **संक्रामक रोग** है, जो वायरस के कारण होता है और मुख्यतः **गाय**, **भैंस** आदि को प्रभावित करता है। **एन्थ्रेक्स मिट्टी** में **मौजूद बैक्टीरिया** (Bacillus anthracis) से होता है। **गलघोंटू** एक **बैक्टीरियल संक्रमण** है, न कि **कवक जनित**। **रिंडरपेस्ट** एक **विषाणु जनित** रोग था, जो **मॉर्बिलिवायरस** के कारण होता था।

18. उत्तर-(c)

व्याख्याः हाल ही में वाराणसी की **बनारसी शहनाई** तथा **बनारसी तबला** को **भौगोलिक संकेत** (GI Tag) प्रदान किया गया है! **GI टैग** मिलने से इन पारंपरिक **वाद्ययंत्रों** की विशिष्ट पहचान सुरक्षित रहेगी, नकली उत्पादों पर रोक लगेगी और इनके निर्माण से जुड़े स्थानीय कारीगरों एवं कलाकारों को **कानूनी संरक्षण** और **बेहतर बाजार** अवसर प्राप्त होंगे।

19. उत्तर-(b)

व्याख्याः बेंती पक्षी अभयारण्य को आधिकारिक रूप से **डॉ. भीमराव अंबेडकर** पक्षी विहार कहा जाता है और यह उत्तर प्रदेश के **प्रतापगढ़** जनपद में स्थित है। यह क्षेत्र **बेंती** तथा आसपास के गाँवों से घिरा हुआ है और भौगोलिक रूप से गंगा के मैदानी इलाके का हिस्सा है। आर्द्रभूमि होने के कारण यह प्रवासी और स्थानीय पक्षियों के लिए उपयुक्त **प्राकृतिक आवास** प्रदान करता है।

20. उत्तर-(b)

व्याख्याः छायावाद के प्रमुख कवि **सुमित्रानंदन पंत** माने जाते हैं। इस धारा में **प्रकृति** और **भावनाओं** का वर्णन मिलता है। यह आधुनिक हिंदी साहित्य की महत्वपूर्ण धारा है।

21. उत्तर-(b)

व्याख्याः केंद्रीय बजट 2026-27 में प्रस्तावित **इंफ्रास्ट्रक्चर रिस्क गारंटी फंड** का उद्देश्य **अवसंरचना विकास** और **विनिर्माण चरण** के दौरान **ऋणदाताओं** को विवेकपूर्ण रूप से आंशिक **क्रेडिट गारंटी** प्रदान करना है, ताकि परियोजनाओं में निवेश **जोखिम कम** हो और **निजी भागीदारी** बढ़े।

22. उत्तर-(a)

व्याख्याः विक्रम संवत् अत्यंत प्राचीन संवत् है। विक्रम संवत का प्रणेता **सम्राट विक्रमादित्य** को माना जाता है। जिन्होंने लगभग **57 ईसा पूर्व** विक्रम संवत् की स्थापना की थी। **शक संवत्** की शुरूआत **78 ई.** में कनिष्क द्वारा की गई थी।

23. उत्तर-(b)

व्याख्याः गीतांजलि के रचयिता **रवींद्रनाथ टैगोर** हैं। यह काव्य-संग्रह आध्यात्मिक भावनाओं से भरपूर है। **गीतांजलि** के लिए उन्हें **वर्ष 1913** में **साहित्य का नोबेल** पुरस्कार प्रदान किया गया था।

24. उत्तर-(c)

व्याख्याः वाराणसी को **संगीत की नगरी** कहा जाता है। यहाँ **शास्त्रीय संगीत** की समृद्ध परंपरा है। यह उत्तर प्रदेश की सांस्कृतिक पहचान का केंद्र है।

25. उत्तर-(d)

व्याख्याः सोडियम, **पोटैशियम** और **लिथियम** अत्यधिक अभिक्रियाशील क्षार धातुएँ हैं, जो **वायु** और **नमी** के संपर्क में आते ही **तीव्र प्रतिक्रिया** कर सकती हैं, इसलिए इन्हें **केरोसीन तेल** में संग्रहित किया जाता है। इसके विपरीत **मैग्नीशियम** अपेक्षाकृत **कम अभिक्रियाशील** धातु है और सामान्य परिस्थितियों में **वायु से तीव्र प्रतिक्रिया** नहीं करती, इसलिए इसे तेल में रखने की आवश्यकता नहीं होती है।

26. उत्तर-(d)

व्याख्याः पश्चिमी क्षेत्रीय परिषद में **महाराष्ट्र**, **गुजरात**, **राजस्थान** और **गोवा** राज्य शामिल हैं तथा **दादरा एवं नगर हवेली** और **दमन एवं दीव** केंद्रशासित प्रदेश भी इसके अंतर्गत आते हैं।

27. उत्तर-(b)

व्याख्याः धान की फसल के प्रमुख कीटों में **तना छेदक** (Stem Borer) और **भूरा फुदका** (Brown Plant Hopper) आदि शामिल होते हैं। **बंका** (Bollworm) मुख्यतः **कपास** की फसल का प्रमुख कीट होता है। अन्य युग्म **फसल-कीट** संबंध के अनुसार सही हैं।

28. उत्तर-(c)

व्याख्याः उत्तर प्रदेश में **तराई क्षेत्र** नेपाल सीमा से सटे **उत्तरी जिलों** में पाया जाता है। यह क्षेत्र **समतल** और **उपजाऊ** होता है। यहाँ वर्षा अधिक होती है और जल की उपलब्धता बनी रहती है। कृषि के लिए यह क्षेत्र बहुत अनुकूल है।

29. उत्तर-(b)

व्याख्याः मानसून पवनों के आगमन का मुख्य कारण **स्थल** और **समुद्र के ताप** में अंतर है। गर्मियों के मौसम में स्थल अधिक गर्म हो जाता है। इससे निम्न दाब का क्षेत्र बनता है और समुद्र से पवनें स्थल की ओर चलती हैं।

30. उत्तर-(c)

व्याख्याः 42वें संविधान संशोधन अधिनियम, 1976 द्वारा **भारतीय संविधान में अनुच्छेद 323A** जोड़ा गया, जिसके अंतर्गत **प्रशासनिक अधिकरणों** (Administrative Tribunals) की स्थापना का प्रावधान किया गया। इन अधिकरणों का उद्देश्य **सरकारी सेवाओं** एवं **कर्मचारियों** से संबंधित सेवा विवादों का त्वरित और विशेषज्ञतापूर्ण निपटारा करना है। इसी प्रावधान के तहत **केंद्रीय प्रशासनिक अधिकरण** (CAT) जैसे अधिकरण स्थापित किए गए।

31. उत्तर-(b)

व्याख्याः इंटरफेरॉन एक विशेष प्रकार का **प्रतिरक्षी प्रोटीन** है, जो **विषाणु संक्रमण** के दौरान शरीर की कोशिकाओं द्वारा स्रावित किया जाता है और **वायरस** की **प्रतिकृति** (Replication) को रोकने में सहायक होता है, जिससे आस-पास की कोशिकाएँ संक्रमण से सुरक्षित रहती हैं। **इम्यूनोग्लोबुलिन एंटीबॉडी** होते हैं जो **एंटीजन** के विरुद्ध कार्य करते हैं, एंटीजन **स्वयं प्रतिरक्षा प्रतिक्रिया** को उत्प्रेरित करते हैं, जबकि **थ्रोम्बिन** रक्त के थक्के बनने की प्रक्रिया से संबंधित एंजाइम है।

32. उत्तर-(c)

व्याख्याः उत्तर प्रदेश में **वर्षा** का प्रमुख स्रोत **दक्षिण-पश्चिम मानसून** है। यह **जून से सितंबर** के बीच सक्रिय रहता है। इसी से **कृषि** और **जल संसाधनों** की पूर्ति होती है। राज्य की अर्थव्यवस्था पर इसका सीधा प्रभाव पड़ता है।

33. उत्तर-(b)

व्याख्याः गुरु गोविंद सिंह ने **1699 ई.** में **बैसाखी** के अवसर पर **आनंदपुर साहिब** में **खालसा पंथ** की स्थापना की। **खालसा** को एक **धार्मिक-सैन्य समुदाय** के रूप में संगठित किया गया, जिसका उद्देश्य **अत्याचार** का विरोध करना और **धर्म** की **रक्षा** करना था। उन्होंने **पाँच ककार- केश**, **कंघा**, **कड़ा**, **कच्छा** और **कृपाण** की परंपरा प्रारंभ की, जिससे सिखों में **अनुशासन**, **एकता** और **साहस** का विकास हुआ।

34. उत्तर-(c)

व्याख्याः गैसों का आदान-प्रदान **एल्वियोली** (Alveoli) में होता है। ये **फेफड़ों** में स्थित **सूक्ष्म वायुकोष** होते हैं। यहाँ से **ऑक्सीजन** रक्त में जाती है और **कार्बन डाइऑक्साइड** बाहर निकलती है। यह श्वसन की मुख्य प्रक्रिया है।

35. उत्तर-(d)

व्याख्याः छत्रपति शिवाजी की शासन व्यवस्था में मंत्रियों की एक सुव्यवस्थित परिषद थी, जिसे **अष्ट प्रधान मंडल** कहा जाता था। इसमें आठ मंत्री शामिल होते थे- जैसे **पेशवा**, **अमात्य**, **सचिव**, **सुमंत**, **सेनापति** आदि। यह परिषद **प्रशासन**, **सैन्य**, **वित्त** और **कूटनीति** से जुड़े कार्यों में **राजा की सहायता** करती थी।

36. उत्तर-(b)

व्याख्याः राष्ट्रीय स्वच्छ वायु कार्यक्रम का लक्ष्य **वायु प्रदूषण में कमी** लाना है। इसके तहत शहरों में **PM स्तर** घटाने पर बल दिया गया है। इससे **स्वच्छ ईंधन** और **हरित परिवहन** को बढ़ावा मिलता है। स्वास्थ्य लाभ इसका मुख्य उद्देश्य है।

37. उत्तर-(b)

व्याख्याः एनी बेसेंट भारतीय राष्ट्रीय कांग्रेस की **प्रथम महिला अध्यक्ष** थीं। उन्होंने **1917 ई.** में कलकत्ता (कोलकाता) अधिवेशन की अध्यक्षता की। एनी बेसेंट **आयरिश मूल** की **समाज सुधारक**, **शिक्षाविद्** और **स्वतंत्रता सेनानी** थीं तथा **होमरूल आंदोलन** से भी सक्रिय रूप से जुड़ी रहीं। उल्लेखनीय है कि **सरोजिनी नायडू भारतीय राष्ट्रीय कांग्रेस** की अध्यक्ष बनने वाली **प्रथम भारतीय महिला** थीं, जिन्होंने **1925 ई.** में **कानपुर अधिवेशन** की अध्यक्षता की।

38. उत्तर-(b)

व्याख्याः मुख्य **वन्यजीव वार्डन** का संबंध **वन** एवं **वन्यजीव संरक्षण** से है। वे राज्य में **वन्यजीव संरक्षण कानूनों** के **क्रियान्वयन** के लिए जिम्मेदार होते हैं। **अभयारण्यों** और **राष्ट्रीय उद्यानों** सहित सभी संरक्षित क्षेत्रों पर प्रशासनिक नियंत्रण रखते हैं।

39. उत्तर-(c)

व्याख्याः उत्तर प्रदेश में **वनों के संरक्षण** की प्रमुख जिम्मेदारी **वन विभाग** की होती है। यह **वृक्षारोपण** और **संरक्षण** का कार्य करता है। अवैध कटाई रोकने में इसकी भूमिका अहम होती है।

40. उत्तर-(b)

व्याख्याः भारत में **स्थानीय स्वशासन** का जनक **लॉर्ड रिपन** को माना जाता है। उनके कार्यकाल में **1882 ई.** का **स्थानीय स्वशासन प्रस्ताव** (Local Self–Government Resolution) लागू किया गया, जिसके माध्यम से **नगरपालिकाओं** और **स्थानीय निकायों** में **निर्वाचित प्रतिनिधियों** की भागीदारी को बढ़ावा दिया गया। इस पहल का उद्देश्य **प्रशासन में जनसहभागिता** और **लोकतांत्रिक भावना** को प्रोत्साहित करना था, जिससे **स्थानीय स्तर** पर **उत्तरदायित्व** और **स्वशासन** की नींव पड़ी।

41. उत्तर-(b)

व्याख्याः प्रकाश संश्लेषण में **ऑक्सीजन जल** के **अपघटन** (Photolysis) से निकलती है। यह प्रक्रिया **प्रकाश अभिक्रिया** के दौरान होती है। जल अणु टूटकर **ऑक्सीजन** छोड़ता है। यह **पौधों द्वारा छोड़ी गई** ऑक्सीजन का स्रोत है।

42. उत्तर-(c)

व्याख्याः महात्मा ज्योतिबा फुले ने **1873 ई.** में **सत्य शोधक समाज** की स्थापना की। इस समाज का मुख्य उद्देश्य **जाति-भेद**, **सामाजिक असमानता** और **अंधविश्वास** का विरोध करना तथा **शिक्षा**, **समानता** और **सामाजिक** न्याय को बढ़ावा देना था। यह आंदोलन विशेष रूप से **शूद्रों** और **अतिशूद्रों** के **सामाजिक उत्थान** पर केंद्रित रहा।

43. उत्तर-(c)

व्याख्याः अपघटक मृत पदार्थों का **विघटन** करते हैं। इससे पोषक तत्व मिट्टी में वापस जाते हैं। जो पौधों के लिए लाभदायक होते हैं। **पारिस्थितिकी संतुलन** बनाए रखने में इनकी भूमिका अहम होती है।

44. उत्तर-(b)

व्याख्याः भारतीय सुदूर संवेदन संस्थान (Indian Institute of Remote Sensing – IIRS), **भारतीय अंतरिक्ष अनुसंधान संगठन** का एक प्रमुख **प्रशिक्षण एवं शोध संस्थान** है। इसकी स्थापना **वर्ष 1966** में की गई थी और यह **देहरादून** (उत्तराखंड) में स्थित है। यह संस्थान **रिमोट सेंसिंग**, **जियोइन्फॉर्मेटिक्स**, **GIS** तथा **उपग्रह डेटा** के उपयोग से संबंधित प्रशिक्षण, शिक्षा और अनुसंधान कार्य करता है।

45. उत्तर-(c)

व्याख्याः भारत और **म्यांमार** के बीच प्राकृतिक सीमा के रूप में **पटकाई पर्वतमाला** स्थित है, जो भारत के **उत्तर-पूर्वी** भाग में फैली हुई है। यह पर्वतमाला **अरुणाचल प्रदेश**, **नागालैंड** और **मणिपुर** क्षेत्रों के पास **भारत-म्यांमार सीमा** को स्पष्ट रूप से अलग करती है।

46. उत्तर-(c)

व्याख्याः वायुमंडल में उपस्थित **जलवाष्प** की मात्रा को **आर्द्रता** कहा जाता है और इसकी माप **हाइग्रोमीटर** द्वारा की जाती है। **मौसम विज्ञान** में आर्द्रता का अध्ययन **वर्षा**, **बादल निर्माण** और **मौसम पूर्वानुमान** के लिए अत्यंत महत्त्वपूर्ण होता है।

47. उत्तर-(b)

व्याख्याः शुष्क क्षेत्रों के पौधों में **पत्तियाँ छोटी** या **काँटों** में बदल जाती हैं ताकि **जल संरक्षण** हो सके। इससे **वाष्पोत्सर्जन** कम होता है एवं **पौधे कम पानी** में जीवित रह पाते हैं। यह **अनुकूलन** का उदाहरण है।

48. उत्तर-(c)

व्याख्याः पल्लिवासल जलविद्युत परियोजना केरल में स्थित है और यह भारत की प्रारंभिक जलविद्युत परियोजनाओं में से एक मानी जाती है। **पायकारा परियोजना तमिलनाडु में**, **शरावती परियोजना कर्नाटक** में तथा **टाटा जलविद्युत परियोजना महाराष्ट्र** से संबंधित है।

49. उत्तर-(c)

व्याख्याः केंद्रीय बजट 2026-27 के बजट अनुमान में **राजकोषीय घाटा GDP** का **4.3%** निर्धारित किया गया है, जो पूर्व वर्ष के संशोधित अनुमान **4.4%** से कम है और **4.5%** से नीचे लाने की लक्ष्य-रेखा के अनुरूप **राजकोषीय अनुशासन** को दर्शाता है।

50. उत्तर-(c)

व्याख्याः पर्यावरण संरक्षण में **Reduce** का अर्थ **उपभोग कम करना** है। कम उपयोग से अपशिष्ट कम बनता है। इससे **संसाधनों की बचत** होती है। पर्यावरण संरक्षण में यह पहला और सबसे महत्वपूर्ण कदम है।

51. उत्तर-(b)

व्याख्याः राष्ट्रीय आय में वेतन **श्रम की कारक आय** को दर्शाता है। श्रमिक अपने **कार्य के बदले वेतन** प्राप्त करते हैं। यह उत्पादन प्रक्रिया में **श्रम के योगदान** का प्रतिफल होता है।

52. उत्तर-(a)

व्याख्याः पश्चिमी घाट क्षेत्र में **अगुम्बे** कर्नाटक राज्य के **शिमोगाा जिले** में स्थित है। यहाँ औसतन वार्षिक वर्षा की मात्रा **लगभग 8000 मी.मी** है। **अगुम्बे** को **दक्षिण का चेरापूंजी** भी कहा जाता है।

53. उत्तर-(a)

व्याख्याः सनद पिया उपनाम से **ठुमरी** की प्रसिद्ध बंदिशें **बिंदादीन महाराज** द्वारा तैयार की गई थीं। वे 19वीं सदी के लखनऊ के महान **कथक** नर्तक और संगीतकार थे, जिन्होंने **नवाब वाजिद अली शाह** के दरबार में रहते हुए **कृष्ण-लीला** पर आधारित हजारों ठुमरी रचनाएँ कीं, जो कलांतर में कथक नृत्य का अभिन्न अंग बनीं।

54. उत्तर-(b)

व्याख्याः वित्त आयोग का मुख्य कार्य केंद्र और **राज्यों के बीच करों के वितरण की सिफारिश** करना है। इससे **संघीय व्यवस्था** संतुलित रहती है। राज्यों को उनकी वित्तीय आवश्यकता के अनुसार हिस्सा मिलता है। **वित्त आयोग** एक **संवैधानिक निकाय** (Constitutional Body) और **अर्द्ध-न्यायिक** (Quasi-Judicial body) संस्था है।

55. उत्तर-(b)

व्याख्याः उत्तर प्रदेश में **सहकारी बैंक** मुख्यतः **कृषि** और **ग्रामीण ऋण** प्रदान करते हैं। किसान इन्हीं बैंकों से **सस्ता ऋण** लेते हैं। इससे **कृषि उत्पादन** में **वृद्धि** होती है एवं **ग्रामीण अर्थव्यवस्था** मजबूत होती है।

56. उत्तर-(c)

व्याख्याः उत्तर प्रदेश का बौद्ध परिपथ उन स्थलों से संबंधित है जो भगवान बुद्ध के जीवन से जुड़े हैं, जैसे श्रावस्ती जहाँ बुद्ध ने वर्षावास किया, कुशीनगर जहाँ बुद्ध का महापरिनिर्वाण हुआ तथा संकिसा बुद्ध के अवतरण से जुड़ा माना जाता है, जबकि प्रयागराज मुख्यतः संगम एवं हिंदू तीर्थ स्थल के रूप में प्रसिद्ध है और बौद्ध परिपथ का भाग नहीं है।

57. उत्तर-(a)

व्याख्याः बायोम एक विस्तृत **भौगोलिक क्षेत्र** होता है, जहाँ समान प्रकार की **जलवायु**, **वनस्पति** और **जीव-जंतु** पाए जाते हैं, जैसे- **रेगिस्तान**, **घास का स्थल** और **टुण्ड्रा**। इसके विपरीत **पारिस्थितिक तंत्र** एक व्यापक वैज्ञानिक अवधारणा है, जिसमें किसी क्षेत्र के **जीवित घटकों** (पौधे, प्राणी) और **अजैविक घटकों** (मिट्टी, जल, वायु) के बीच **पारस्परिक संबंधों** का अध्ययन किया जाता है। इसलिए पारिस्थितिक तंत्र को बायोम नहीं माना जाता है।

58. उत्तर-(b)

व्याख्याः काली मिट्टी का मुख्य क्षेत्र **दक्कन पठार** है। यह मिट्टी **ज्वालामुखीय चट्टानों** से बनी होती है। इसमें **नमी धारण** करने की क्षमता अधिक होती है। इसलिए यह **कपास** की खेती के लिए उपयुक्त मानी जाती है।

59. उत्तर-(c)

व्याख्याः समिति किसी विशेष विषय की **जाँच**, **समीक्षा** या **सिफारिश** के लिए गठित की जाती है। **मालेगाम समिति** का गठन वर्ष 2010 में हुआ था, जबकि **खुसरो समिति** का गठन वर्ष 1989 एवं **मीरासेठ समिति** का गठन वर्ष 1986 और **पारिख समिति** का गठन वर्ष 2013 में हुआ था।

60. उत्तर-(b)

व्याख्याः टिटनेस एक **संक्रामक रोग** है, जो **क्लोस्ट्रीडियम टेटानी** (Clostridium Tetani) नामक **बैक्टीरिया** के कारण होता है। यह जीवाणु सामान्यतः **गहरे** या **गंदे घावों** के माध्यम से शरीर में प्रवेश करता है और **एक शक्तिशाली विष** (टॉक्सिन) उत्पन्न करता है। यह विष **माँसपेशियों** और **तंत्रिका तंत्र** को प्रभावित करता है, जिससे **माँसपेशियों में जकड़न**, **ऐंठन** और **अकड़न** की स्थिति उत्पन्न होती है।

61. उत्तर-(d)

व्याख्याः आयकर **व्यक्ति की आय** पर लगाया जाने वाला **प्रत्यक्ष कर** है, जिसमें **वेतन से आय**, **व्यवसाय** या **पेशे से आय** तथा **संपत्ति से प्राप्त आय** शामिल होती है। इसके विपरीत विक्रय कर वस्तुओं की बिक्री पर लगाया जाने वाला **अप्रत्यक्ष कर** है, जिसका आयकर से कोई संबंध नहीं होता है।

62. उत्तर-(b)

व्याख्याः स्थानांतरण कृषि को भारत के विभिन्न भागों में अलग-अलग नामों से जाना जाता है। ओडिशा में इसे **पोडू** कहा जाता है। असम में इसे **झूम** कहा जाता है वहीं मध्य भारत (मध्य प्रदेश/छत्तीसगढ़) में यह **बेवर** नाम से प्रचलित है। जबकि झारखंड में इसे **कुरुवा** कहते हैं।

63. उत्तर-(b)

व्याख्याः 73वें संविधान संशोधन अधिनियम, 1992 के अनुसार **ग्राम पंचायत** के सदस्य बनने के लिए न्यूनतम आयु **21 वर्ष** निर्धारित की गई है। इस प्रावधान का उद्देश्य **ग्रामीण स्तर पर अधिकतम जनभागीदारी** सुनिश्चित करना और **लोकतांत्रिक सहभागिता** को सुदृढ़ करना है।

64. उत्तर-(c)

व्याख्याः चीन की आधिकारिक मुद्रा **युआन** है, जिसे औपचारिक रूप से **रेनमिन्बी** कहा जाता है। युआन चीन के **केंद्रीय बैंक** द्वारा जारी की जाती है और देश के भीतर सभी प्रकार के मौद्रिक **लेन-देन** में प्रयोग होती है। **येन** जापान की मुद्रा है, **वॉन** दक्षिण कोरिया की मुद्रा है, जबकि **डॉलर** संयुक्त राज्य अमेरिका की मुद्रा है।

65. उत्तर-(a)

व्याख्याः प्रीती पाल उत्तर प्रदेश के मेरठ की **पैरा एथलीट** हैं, जिन्होंने **पैरालंपिक 2024 में T35 श्रेणी** की **100 मीटर** एवं **200 मीटर** दौड़ में **कांस्य पदक** जीतकर इतिहास रचा। वे **ट्रैक स्पर्धाओं** में **पैरालंपिक पदक** जीतने वाली भारत की पहली **महिला पैरा एथलीट** बनीं। उनकी इस उपलब्धि के लिए उत्तर प्रदेश सरकार द्वारा उन्हें **रानी लक्ष्मीबाई पुरस्कार** से सम्मानित किया गया

66. उत्तर-(c)

व्याख्याः कोपेन के **जलवायु वर्गीकरण** के अनुसार, भारत के अधिकांश भाग में **उष्ण मानसूनी जलवायु** पायी जाती है, जिसे अधिक **वर्षा**, **उच्च तापमान** और **मानसून पवनों की प्रधानता** से पहचाना जाता है। इस जलवायु में **वर्षा** मुख्यतः **दक्षिण-पश्चिमी मानसून** के कारण होती है। **भूमध्यसागरीय**, **उष्ण मरुस्थलीय** और **शीतोष्ण समुद्री जलवायु** भारत के अधिकांश भाग में नहीं पायी जाती है।

67. उत्तर-(d)

व्याख्याः कटक ओडिशा राज्य का एक प्रमुख शहर है, जो **महानदी** के तट पर स्थित है, न कि **गंगा नदी** के। **जयपुर** का संबंध **बाणगंगा** नदी से माना जाता है, जबकि **सांबा** (जम्मू क्षेत्र) **बसंतर नदी** के तट पर स्थित है। **बेलगाव** क्षेत्र **कृष्णा नदी घाटी** से संबंधित माना जाता है।

68. उत्तर-(c)

व्याख्याः हॉर्स पावर (Horse Power – HP) शक्ति मापने की एक **गैर-SI इकाई** है, जबकि **शक्ति** का SI मात्रक **वाट** (Watt) होता है। यांत्रिक प्रणालियों में **1 हॉर्स पावर** का मान लगभग **746 वाट** के बराबर माना जाता है।

69. उत्तर-(b)

व्याख्याः ए.जी. टैंसले ने 1935 ई. में **पारिस्थितिकी तंत्र** (Ecosystem) शब्द का प्रतिपादन किया था। यह शब्द **जीवों** (पौधे, प्राणी) तथा उनके **भौतिक पर्यावरण** (मिट्टी, जल, वायु आदि) के बीच होने वाले पारस्परिक संबंधों को दर्शाता है। **ओडम** ने बाद में पारिस्थितिकी तंत्र की अवधारणा को व्यवस्थित रूप से विकसित किया, जबकि **चार्ल्स एल्टन** और **फोर्ब्स** ने पारिस्थितिकी के अन्य पहलुओं पर कार्य किया।

70. उत्तर-(a)

व्याख्याः भारत में अंग्रेजों का **पहला व्यापारिक कारखाना 1613 ई.** में **सूरत** में स्थापित किया गया था। यह **ईस्ट इंडिया कंपनी** का भारत में पहला **व्यापारिक केंद्र** था। सूरत उस समय एक महत्वपूर्ण बंदरगाह था, जहाँ से अंग्रेजों ने भारत में अपने **व्यापारिक** और बाद में **राजनीतिक** प्रभाव की शुरुआत की।

71. उत्तर-(d)

व्याख्याः किडनी (ब्रिक) मानव शरीर के **उत्सर्जन तंत्र** का मुख्य अंग है, जो **रक्त** से अपशिष्ट पदार्थों जैसे **यूरिया** और **क्रिएटिनिन** को छानकर मूत्र के रूप में बाहर निकालती है। इसके साथ-साथ यह शरीर में **जल** और **लवण** संतुलन बनाए रखने में भी महत्वपूर्ण भूमिका निभाती है।

72. उत्तर-(c)

व्याख्याः भारतीय कृषि सांख्यिकीय अनुसंधान संस्थान (IASRI) नई दिल्ली में स्थित है और यह **भारतीय कृषि अनुसंधान परिषद** (ICAR) के अंतर्गत कार्य करता है। यह संस्थान **कृषि सांख्यिकी**, **कंप्यूटर अनुप्रयोग** और **अनुसंधान** के क्षेत्र में राष्ट्रीय स्तर पर महत्वपूर्ण भूमिका निभाता है।

73. उत्तर-(d)

व्याख्याः भारत में **एक रुपये का नोट** भारत सरकार के **वित्त मंत्रालय** (Ministry of Finance) द्वारा जारी किया जाता है। जिस पर भारत के **वित्त सचिव** के हस्ताक्षर होते हैं। अन्य सभी मूल्यवर्ग के नोट RBI द्वारा जारी किए जाते हैं।

74. उत्तर-(b)

व्याख्याः धातुओं में **विद्युत चालकता** का कारण **मुक्त इलेक्ट्रॉन** होते हैं। ये आसानी से गति कर **विद्युत प्रवाह** कराते हैं। इसलिए धातुएँ अच्छे **चालक** होती हैं। तार बनाने में इनका उपयोग होता है।

75. उत्तर-(b)

व्याख्याः राष्ट्रीय सौर मिशन का उद्देश्य **सौर ऊर्जा का विस्तार** करना है। इससे **नवीकरणीय ऊर्जा** को बढ़ावा मिलता है एवं **जीवाश्म ईंधनों** पर निर्भरता घटती है। यह **पर्यावरण संरक्षण** में मदद करती है।

76. उत्तर-(b)

व्याख्याः भारतीय संविधान में **मौलिक अधिकारों** का उल्लेख **भाग III** (अनुच्छेद 12-35) में है। ये अधिकार नागरिकों की **स्वतंत्रता** और **समानता** की रक्षा करते हैं। राज्य इन अधिकारों का उल्लंघन नहीं कर सकता। लोकतांत्रिक व्यवस्था की यह आधारशिला है।

77. उत्तर-(d)

व्याख्याः नेशनल स्टॉक एक्सचेंज (NSE) का मुख्यालय **मुंबई** में स्थित है। यह भारत का प्रमुख **इलेक्ट्रॉनिक शेयर बाजार** है, जहाँ **शेयरों**, **डेरिवेटिव्स**, **बॉन्ड** और अन्य प्रतिभूतियों का व्यापार किया जाता है। **NSE का मुख्य कार्य निवेशकों को पारदर्शी**, **सुरक्षित** और **कुशल ट्रेडिंग** प्लेटफॉर्म उपलब्ध कराना, **पूँजी बाजार** के **विकास** को बढ़ावा देना तथा **शेयर लेन-देन में तेज** और **निष्पक्ष मूल्य खोज** (Price Discovery) सुनिश्चित करना है।

78. उत्तर-(c)

व्याख्याः प्रकाश संश्लेषण की प्रक्रिया में पौधे **कार्बन डाइऑक्साइड** और **जल** की सहायता से **सूर्य के प्रकाश** की उपस्थिति में **भोजन** (ग्लूकोज) का निर्माण करते हैं। इस प्रक्रिया के दौरान **ऑक्सीजन** उप-उत्पाद के रूप में बाहर निकलती है। **नाइट्रोजन** और **हाइड्रोजन**, **प्रकाश संश्लेषण** में प्रत्यक्ष रूप से प्रयुक्त नहीं होतीं, इसलिए वे सही विकल्प नहीं हैं।

79. उत्तर-(d)

व्याख्या: जाइलम पौधों का एक प्रमुख ऊतक है, जिसका कार्य जड़ों से पत्तियों तक **जल** और **खनिज लवणों** का परिवहन करना होता है। **फ्लोएम** भी पौधों का ऊतक है, लेकिन वह पौधों में **भोजन का परिवहन** करता है, मानव शरीर में नहीं। **तंत्रिका ऊतक** केवल **मानव** और **पशुओं** में पाया जाता है, पौधों में नहीं।

80. उत्तर-(d)

व्याख्या: भारत-चीन सीमा लगभग **3,488 किमी.** है, जो लंबाई के आधार पर **दूसरी सबसे बड़ी** सीमा है। **भारत-बांग्लादेश** सीमा लगभग **4,096 किमी.** लंबी है, जो भारत की **सबसे लंबी स्थलीय सीमा** है। **भारत-पाकिस्तान** सीमा की लंबाई लगभग **3,323 किमी.** तथा **भारत-नेपाल सीमा** की लंबाई लगभग **1,751 किमी.** है।

81. उत्तर-(c)

व्याख्या: वर्तमान में भारत के मुख्य न्यायाधीश **न्यायमूर्ति सूर्यकांत** हैं। सर्वोच्च न्यायालय के न्यायाधीश, जिनमें मुख्य न्यायाधीश भी शामिल हैं, की नियुक्ति राष्ट्रपति द्वारा **अनुच्छेद** 124(2) के तहत की जाती है।

82. उत्तर-(a)

व्याख्या: सुकुमार सेन भारत के **प्रथम मुख्य चुनाव आयुक्त** थे। उन्होंने **21 मार्च, 1950** से **19 दिसंबर, 1958** तक इस पद पर कार्य किया और **वर्ष 1951-52** के पहले आम चुनावों का सफल संचालन किया।

83. उत्तर-(b)

व्याख्या: अनुच्छेद 243A में **ग्राम सभा** की शक्तियाँ और कार्य का स्पष्ट प्रावधान है। **अनुच्छेद** 40 राज्य को केवल **ग्राम पंचायतों** के गठन का निर्देश देता है, **अनुच्छेद 243B पंचायतों के गठन** से तथा **अनुच्छेद 243C पंचायतों की संरचना** से संबंधित है, इसलिए ये ग्राम सभा की शक्तियों से सीधे संबंधित नहीं हैं।

84. उत्तर-(c)

व्याख्या: पद्म पुरस्कार 2026 की सूची में **व्लादिमेर मेस्त्विरिश्विली** को **खेल के क्षेत्र** में **मरणोपरांत पद्म श्री** प्रदान किया गया है।

85. उत्तर-(b)

व्याख्या: उत्तर प्रदेश राज्य वित्त आयोग स्थानीय निकायों के लिए वित्तीय सिफारिश करता है। इससे पंचायतों और नगर निकायों को धन मिलता है। वित्तीय विकेंद्रीकरण को बल मिलता है। यह संवैधानिक निकाय है।

86. उत्तर-(a)

व्याख्या: बोमडी-ला दर्रा अरुणाचल प्रदेश में स्थित एक महत्वपूर्ण **हिमालयी दर्रा** है, जो **तवांग क्षेत्र** को असम के **मैदानी भाग** से जोड़ता है। यह दर्रा **पश्चिमी अरुणाचल प्रदेश** में आवागमन का प्रमुख मार्ग है और भौगोलिक तथा सामरिक दृष्टि से राज्य के महत्वपूर्ण दर्रों में शामिल किया जाता है।

87. उत्तर-(c)

व्याख्या: उत्तर प्रदेश में **महाधिवक्ता** की नियुक्ति **राज्यपाल** करता है। महाधिवक्ता राज्य सरकार का **प्रमुख कानूनी सलाहकार** होता है। यह संवैधानिक पद है। यह न्यायिक मामलों में सरकार का प्रतिनिधित्व करता है।

88. उत्तर-(c)

व्याख्या: मानव श्वसन तंत्र में फेफड़े वक्ष गुहा में स्थित होते हैं और **एल्वियोली गैसों** के आदानख्प्रदान का मुख्य स्थान होती हैं। श्वसन के दौरान शरीर **ऑक्सीजन** ग्रहण करता है तथा **कार्बन डाइऑक्साइड** बाहर निकालता है। ऑक्सीजन का परिवहन **लाल रक्त कणिकाओं** में उपस्थित हीमोग्लोबिन से जुड़कर होता है।

89. उत्तर-(b)

व्याख्या: पंचायत स्तर पर **कार्यपालिका प्रमुख** ग्राम **प्रधान** होता है। वह **ग्राम पंचायत** का निर्वाचित प्रमुख होता है। स्थानीय विकास कार्यों की जिम्मेदारी उसी की होती है। यह ग्रामीण लोकतंत्र की इकाई है।

90. उत्तर-(b)

व्याख्या: न्यूटन का द्वितीय गति नियम बल द्रव्यमान और त्वरण से संबंधित है। इसके अनुसार **बल = द्रव्यमान × त्वरण** (Force = Mass × Acceleration) होता है। यह गति परिवर्तन का गणितीय आधार देता है। भौतिकी का प्रमुख नियम है।

91. उत्तर-(c)

व्याख्या: डॉ. भीमराव अंबेडकर ने भारतीय संविधान के **अनुच्छेद 32** को संविधान की **आत्मा और हृदय** कहा था, क्योंकि यह नागरिकों को उनके **मौलिक अधिकारों** के प्रवर्तन के लिए सीधे सर्वोच्च न्यायालय जाने का अधिकार प्रदान करता है। इस अनुच्छेद के अंतर्गत सर्वोच्च न्यायालय विभिन्न **रिट** जारी कर सकता है, जिससे मौलिक अधिकार प्रभावी रूप से सुरक्षित रहते हैं। **अनुच्छेद 226** उच्च न्यायालय से संबंधित है। जबकि **अनुच्छेद** 14 कानून के समक्ष समानता प्रदान करता है और **अनुच्छेद** 19 स्वतंत्रता का अधिकार देता है।

92. उत्तर-(b)

व्याख्या: उत्तर प्रदेश **उच्च न्यायालय** की **लखनऊ पीठ** की स्थापना **वर्ष 1948** में हुई थी। इससे पश्चिमी और मध्य उत्तर प्रदेश के लोगों को न्याय सुलभ हुआ। **प्रयागराज मुख्य पीठ** है।

93. उत्तर-(b)

व्याख्याः पार्वती अरगा पक्षी अभयारण्य भारत के उत्तर प्रदेश राज्य के गोण्डा जिले में स्थित एक महत्वपूर्ण आर्द्रभूमि (Wetland) है, जो **1084 हेक्टेयर** क्षेत्र में फैला है। इसे हाल ही में **इको-सेंसिटिव जोन** (ESZ) घोषित किया गया है। यह **मध्य एशिया** और **तिब्बत** से आने वाले प्रवासी पक्षियों का प्रमुख शीतकालीन प्रवास स्थल है। अभयारण्य दो मीठे पानी की झीलों-पार्वती और अरगा से मिलकर बना है।

94. उत्तर-(d)

व्याख्याः वर्ष 2011 की जनगणना के अनुसार **श्रावस्ती जिले** की **साक्षरता दर** लगभग **47.0 प्रतिशत** थी, जो उत्तर प्रदेश में **सबसे कम** है। जिले में ग्रामीण आबादी का अधिक अनुपात, सीमित शैक्षणिक अवसंरचना और सामाजिक-आर्थिक चुनौतियाँ साक्षरता स्तर को प्रभावित करती हैं।

95. उत्तर-(b)

व्याख्याः रेग्युलेटिंग एक्ट, **1773** के अंतर्गत **वॉरेन हेस्टिंग्स** को भारत का **पहला गवर्नर-जनरल** नियुक्त किया गया। इस अधिनियम का उद्देश्य **ईस्ट इंडिया कंपनी** के प्रशासन को नियंत्रित करना और **ब्रिटिश संसद** का प्रभाव स्थापित करना था। **वॉरेन हेस्टिंग्स** से पहले बंगाल में केवल गवर्नर होते थे, गवर्नर-जनरल का पद इसी अधिनियम से अस्तित्व में आया है।

96. उत्तर-(a)

व्याख्याः स्वर्णिम चतुर्भुज (Golden Quadrilateral) भारत का प्रमुख राष्ट्रीय राजमार्ग नेटवर्क है, जो **दिल्ली-मुंबई-चेन्नई-कोलकाता** को आपस में जोड़ता है। इस मार्ग से **सूरत**, **गुंटूर** और **नागपुर** जैसे प्रमुख नगर सीधे या निकटवर्ती रूप से जुड़े हैं। **बेलगाम** (कर्नाटक) इस नेटवर्क के मार्ग पर स्थित नहीं है, इसलिए यह स्वर्णिम चतुर्भुज से संबंधित नहीं माना जाता है।

97. उत्तर-(b)

व्याख्याः किसी चालक का प्रतिरोध उसकी लंबाई और अनुप्रस्थ क्षेत्रफल पर निर्भर करता है। लंबाई बढ़ने पर प्रतिरोध बढ़ता है। क्षेत्रफल बढ़ने पर प्रतिरोध घटता है। यह ओम के नियम से संबंधित है।

98. उत्तर-(c)

व्याख्याः ZSU-23-4 Shilka एक स्वचालित विमान-रोधी तोप प्रणाली (Self-Propelled Anti-Aircraft Gun) है, जिसे मुख्यतः निम्न ऊँचाई पर उड़ने वाले शत्रु विमानों और हेलीकॉप्टरों को नष्ट करने के लिए विकसित किया गया था। इसमें 23 मिमी की चार तोपें लगी होती हैं और यह रडार-नियंत्रित प्रणाली पर कार्य करती है। इसका व्यापक उपयोग सोवियत संघ द्वारा किया गया और बाद में कई देशों की सेनाओं में इसे शामिल किया गया।

99. उत्तर-(a)

व्याख्याः भारतीय स्वतंत्रता संग्राम में पहले **असहयोग आंदोलन** (1920-1922) प्रारम्भ हुआ। इसके बाद **सविनय अवज्ञा आंदोलन** (1930-1934) चलाया गया, जिसकी शुरुआत **दांडी मार्च** से हुई अंत में **भारत छोड़ो आंदोलन** (1942) आरम्भ हुआ, जिसने ब्रिटिश शासन के विरुद्ध निर्णायक संघर्ष का रूप लिया।

100.उत्तर-(c)

व्याख्याः अल नजाह (Al-Najah) **भारत** और **ओमान** के बीच आयोजित एक **द्विपक्षीय संयुक्त सैन्य अभ्यास** है। यह अभ्यास मुख्य रूप से आतंकवाद-रोधी अभियानों और रेगिस्तानी परिस्थितियों में सैन्य प्रशिक्षण पर केंद्रित होता है। **सितंबर 2024** में यह अभ्यास **ओमान** में **आयोजित** किया गया था, जिसमें **भारतीय मैकेनाइज्ड इन्फैंट्री** और **रॉयल ओमान आर्मी** ने भाग लिया। यह अभ्यास दोनों देशों की सेनाओं के बीच आपसी सहयोग और परिचालन समन्वय को मजबूत करता है।

होमगार्ड प्रैक्टिस सैट-9

1. ऋग्वैदिक काल में पूषन किन्हें कहा जाता था?
(a) युद्ध का देवता (b) वर्षा का देवता
(c) पशुओं का संरक्षक देवता (d) अग्नि का देवता

2. बजट 2026-27 में पूंजीगत व्यय कितना निर्धारित किया गया?
(a) 10.2 लाख करोड़ (b) 11.0 लाख करोड़
(c) 12.2 लाख करोड़ (d) 14.5 लाख करोड़

3. गुप्त काल में सार्थवाह शब्द किसके लिए प्रयुक्त होता था?
(a) व्यापारी संघ प्रमुख (b) सैनिक
(c) कृषक (d) शिल्पकार

4. केंद्रीय बजट 2026-27 में AVGC कंटेंट क्रिएटर लैब्स स्थापित करने के लिये किस संस्थान के माध्यम से सहायता प्रदान की जाएगी?
(a) FTII पुणे
(b) इंडियन इंस्टिट्यूट ऑफ क्रिएटिव टेक्नोलॉजी, मुंबई
(c) NIFT दिल्ली
(d) राष्ट्रीय फिल्म विकास निगम

5. कुषाण काल में स्वर्ण मुद्राओं के प्रचलन का मुख्य कारण क्या था?
(a) कृषि विस्तार (b) कर व्यवस्था
(c) धार्मिक दान (d) अंतर्राष्ट्रीय व्यापार

6. मौर्य काल में राजुक अधिकारी का संबंध किससे था?
(a) सैन्य प्रशासन (b) राजस्व
(c) न्याय एवं भूमि मापन (d) धार्मिक कार्य

7. भारत की परंपरा में राज्य द्वारा संकट के समय नागरिकों की रक्षा की अवधारणा का आधुनिक उदाहरण निम्न में से कौन-सा है?
(a) ऑपरेशन अजय (b) ऑपरेशन गंगा
(c) ऑपरेशन कावेरी (d) ऑपरेशन ब्रह्मा

8. हर्षवर्धन के शासन में चीनी यात्री ह्वेनसांग ने किस व्यवस्था की विशेष प्रशंसा की?
(a) न्याय प्रणाली (b) दास प्रथा
(c) सैन्य संगठन (d) कर प्रणाली

9. सोहर लोकगीत मुख्यतः किस अवसर पर गाया जाता है?
(a) विवाह (b) फसल कटाई
(c) संतान जन्म (d) त्योहार

10. उत्तर प्रदेश में दीवारों व जमीन पर बनाई जाने वाली पारंपरिक लोक कला को क्या कहा जाता है?
(a) पट्टचित्र (b) भित्ति कला
(c) मधुबनी (d) वारली

11. सातवाहन काल में प्रचलित गाथा सप्तशती किस भाषा में रचित है?
(a) संस्कृत (b) पालि
(c) प्राकृत (d) अपभ्रंश

12. मौर्य काल में व्यापार मार्गों की सुरक्षा का ऐतिहासिक महत्व किससे जुड़ा है?
(a) सांस्कृतिक आदान-प्रदान (b) राज्य की आर्थिक शक्ति
(c) धार्मिक प्रचार (d) जनसंख्या नियंत्रण

13. भारतीय इतिहास में संयुक्त थल सैन्य सहयोग की परंपरा का आधुनिक रूप किस अभ्यास में दिखाई देता है?
(a) शक्ति (b) इन्द्र
(c) मालावार (d) धर्म गार्डियन

14. जयसंहिता का संबंध किस महाकाव्य (Epic) के मूल नाम से है?
(a) रामायण (b) महाभारत
(c) हरिवंश पुराण (d) विष्णु पुराण

15. उत्तर भारत में प्राचीन काल में संपर्क मार्गों का विकास किस कारण से हुआ?
(a) मरुस्थलीकरण (b) वन विस्तार
(c) पर्वतीय बाधा (d) नदियों का जाल

16. मौर्य प्रशासन में दण्डनीति का मुख्य उद्देश्य क्या था?
(a) धार्मिक नियंत्रण (b) सामाजिक अनुशासन
(c) कर संग्रह (d) व्यापार नियंत्रण

17. आधुनिक भारत में आपदा या संकट के समय मानवीय सहायता की ऐतिहासिक निरंतरता किससे जुड़ी हुई है?
(a) ऑपरेशन राहत (b) ऑपरेशन सिन्धु
(c) ऑपरेशन सागर बंधु (d) ऑपरेशन सिन्दूर

18. गुप्त कालीन मंदिर वास्तुकला की प्रमुख विशेषता क्या थी?
(a) गुफा स्थापत्य (b) शिखरयुक्त मंदिर
(c) स्तूप (d) लकड़ी निर्माण

19. प्राचीन भारतीय इतिहास में जनपद की अवधारणा का संबंध किससे था?
(a) धार्मिक इकाई (b) व्यापारिक संघ
(c) राजनीतिक-भौगोलिक क्षेत्र (d) सैन्य शिविर

20. उत्तर प्रदेश की भौगोलिक स्थिति ने ऐतिहासिक रूप से किस कार्य में सहायता की?
(a) समुद्री व्यापार (b) स्थलीय व्यापार मार्ग
(c) मत्स्य पालन (d) पर्वतीय कृषि

21. मौर्य काल में सीताध्यक्ष किससे संबंधित अधिकारी था?
(a) कृषि भूमि (b) खनन
(c) सेना (d) व्यापार

22. भारत-रूस संयुक्त अभ्यास INDRA का ऐतिहासिक महत्व किस दृष्टि से है?
(a) सांस्कृतिक (b) सामरिक सहयोग
(c) धार्मिक (d) आर्थिक

23. प्राचीन भारत में नगरों के विकास का प्रमुख कारण क्या था?
(a) वन विस्तार (b) जनसंख्या नियंत्रण
(c) पर्वतीय सुरक्षा (d) कृषि अधिशेष और व्यापार

24. गुप्त काल में शिक्षा का प्रमुख केंद्र कौन-सा था?
(a) तक्षशिला (b) नालंदा
(c) वल्लभी (d) कांची

25. संयुक्त राष्ट्र जलवायु परिवर्तन सम्मेलन का 30वाँ संस्करण (COP-30) का आयोजन कहाँ किया गया?
(a) बाकू, अजरबैजान (b) पेरिस, फ्रांस
(c) बेलेम, ब्राजील (d) ग्लासगो, यूनाइटेड किंगडम

26. भारत में सर्वाधिक वर्षा प्राप्त करने वाला क्षेत्र कौन-सा है?
(a) पश्चिमी घाट (b) असम-मेघालय क्षेत्र
(c) कोंकण तट (d) सुंदरबन

27. जैवमंडल आरक्षित क्षेत्र का मूल उद्देश्य क्या है?
(a) औद्योगिक विकास (b) खनन गतिविधि
(c) शहरी विस्तार (d) जैव विविधता का संरक्षण

28. गुप्तकाल में प्रचलित चाँदी के सिक्कों को क्या कहा जाता था?
(a) रूपक (b) निष्क
(c) दीनार (d) पण

29. पृथ्वी के वायुमंडल में सर्वाधिक मात्रा में पायी जाने वाली गैस कौन-सी है?
(a) ऑक्सीजन (b) कार्बन डाइऑक्साइड
(c) नाइट्रोजन (d) ओजोन

30. भारत में लाल मिट्टी का निर्माण मुख्यतः किन शैलों से हुआ है?
(a) बेसाल्ट (b) ग्रेनाइट एवं नीस
(c) जलोढ़ निक्षेप (d) चूना पत्थर

31. पारिस्थितिक पदचिह्न (Ecological Footprint) शब्द का आशय क्या है?
(a) मानव गतिविधियों से संसाधनों पर दबाव
(b) वन क्षेत्र का विस्तार
(c) मृदा अपरदन की दर
(d) जलवायु परिवर्तन

32. पश्चिमी उत्तर प्रदेश किस फसल उत्पादन के लिए विशेष रूप से प्रसिद्ध है?
(a) गेहूँ (b) धान
(c) गन्ना (d) ज्वार

33. राइबोसोम (Ribosome) का मुख्य कार्य क्या है?
(a) ऊर्जा का उत्पादन करना (b) प्रोटीन का निर्माण करना
(c) वसा का पाचन करना (d) कोशिका विभाजन कराना

34. पूर्वी घाट की सबसे ऊँची चोटी कौन-सी है?
(a) अनाईमुड़ी (b) नंदा देवी
(c) गुरु शिखर (d) जिंदगड़ा

35. जैव विविधता हॉटस्पॉट की पहचान किस आधार पर की जाती है?
(a) अधिक जनसंख्या
(b) खनिज भंडार
(c) उच्च प्रजातीय विविधता एवं संकट
(d) कृषि उत्पादन

36. पद्म पुरस्कार 2026 में निम्नलिखित में से किस व्यक्ति को साहित्य एवं शिक्षा के क्षेत्र में पद्म श्री प्रदान किया गया है?
(a) प्रो. शफी शौक
(b) प्रो. (डॉ.) लार्स-क्रिश्चियन कोच
(c) विजय अमृतराज
(d) रोहित शर्मा

37. रक्त में पाया जाने वाला प्लाज्मा (Plasma) क्या होता है?
(a) रक्त का ठोस भाग (b) रक्त का द्रव भाग
(c) लाल रक्त कण (d) श्वेत रक्त कण

38. ग्रीनहाउस प्रभाव के लिए मुख्य रूप से उत्तरदायी गैस कौन-सी है?
(a) नाइट्रोजन (b) ऑक्सीजन
(c) कार्बन डाइऑक्साइड (d) हीलियम

39. भारत में प्राकृतिक वनस्पति का वितरण मुख्यतः किस कारक पर निर्भर करता है?
(a) अक्षांश (b) वर्षा एवं तापमान
(c) जनसंख्या घनत्व (d) खनिज संसाधन

40. एनडीआरएफ (NDRF) का पूरा नाम क्या है?
(a) राष्ट्रीय आपदा राहत बल
(b) राष्ट्रीय आपदा सुरक्षा बल
(c) राष्ट्रीय रक्षा बचाव बल
(d) राष्ट्रीय आपदा प्रतिक्रिया बल

41. वह कोशिका विभाजन प्रक्रिया जिसमें गुणसूत्रों की संख्या आधी हो जाती है उसे क्या कहते है?
(a) माइटोसिस (b) मेयोसिस
(c) बाइनरी फिशन (d) पुनरुत्पादन

42. राष्ट्रीय जलवायु परिवर्तन कार्य योजना (NAPCC) का मुख्य उद्देश्य क्या है?
(a) औद्योगिक उत्पादन बढ़ाना
(b) कृषि विस्तार
(c) शहरीकरण
(d) जलवायु परिवर्तन के दुष्प्रभावों को कम करना

43. उत्तर प्रदेश के तराई क्षेत्र का विस्तार मुख्यतः किन जिलों में पाया जाता है?
(a) झांसी-ललितपुर (b) प्रयागराज-मिर्जापुर
(c) पीलीभीत-लखीमपुर खीरी (d) मेरठ-गाजियाबाद

44. मानव पाचन तंत्र में प्रोटीन का पाचन मुख्यतः कहाँ होता है?
(a) मुख (b) आमाशय
(c) बृहदान्त्र (d) मलाशय

45. ओजोन परत का प्रमुख कार्य क्या है?
(a) वर्षा नियंत्रण
(b) वायु दबाव संतुलन
(c) तापमान बढ़ाना
(d) पराबैंगनी किरणों से पृथ्वी की रक्षा

46. उत्तर प्रदेश के किस क्षेत्र में मृदा अपरदन की समस्या अधिक पायी जाती है?
(a) तराई (b) गंगा दोआब
(c) बुंदेलखंड (d) पश्चिमी मैदान

47. खाद्य श्रृंखला का सही क्रम कौन-सा है?
(a) उपभोक्ता → उत्पादक → अपघटक
(b) उत्पादक → उपभोक्ता → अपघटक
(c) अपघटक → उपभोक्ता → उत्पादक
(d) उपभोक्ता → अपघटक → उत्पादक

48. भारत में रामसर स्थल किससे संबंधित हैं?
(a) पर्वतीय क्षेत्र (b) मरुस्थल
(c) आर्द्रभूमि संरक्षण (d) वन क्षेत्र

49. उत्तर प्रदेश में डॉल्फिन मुख्यतः किस नदी में पायी जाती है?
(a) यमुना (b) सरयू
(c) राप्ती (d) गंगा

50. मानव शरीर में प्रतिरक्षा तंत्र का प्रमुख कार्य क्या है?
(a) ऊर्जा उत्पादन (b) हार्मोन स्राव
(c) रोगों से रक्षा (d) श्वसन

51. राष्ट्रीय आय में शुद्ध राष्ट्रीय आय (NNI) की गणना किसके आधार पर की जाती है?
(a) बाजार मूल्य पर (b) कारक लागत पर
(c) मूल मूल्य पर (d) स्थिर मूल्य पर

52. भारत में मुद्रा प्रणाली का नियंत्रण किस संस्था के पास है?
(a) भारतीय रिजर्व बैंक (b) वित्त मंत्रालय
(c) नीति आयोग (d) योजना आयोग

53. सिरका का pH मान सामान्यतः किस सीमा में होता है?
(a) 1–2 (b) 3–4
(c) 6–7 (d) 8–9

54. राजकोषीय नीति (Fiscal Policy) का प्रमुख उद्देश्य क्या है?
(a) जनसंख्या नियंत्रण
(b) विदेश नीति
(c) जलवायु नियंत्रण
(d) आर्थिक स्थिरता एवं विकास

55. भारत में सर्वप्रथम किस धातु का प्रयोग किया गया था?
(a) लोहा (b) ताँबा
(c) सोना (d) चाँदी

56. रासायनिक बंधन का वह प्रकार जिसमें इलेक्ट्रॉनों का स्थानांतरण होता है, कहलाता है-
(a) सहसंयोजक बंधन (b) धात्विक बंधन
(c) आयनिक बंधन (d) हाइड्रोजन बंधन

57. मुद्रास्फीति का सीधा प्रभाव किस पर पड़ता है?
(a) क्रय शक्ति (b) जनसंख्या
(c) वर्षा (d) निर्यात मात्रा

58. भारतीय संविधान का अनुच्छेद 338 किससे संबंधित है?
(a) निर्वाचन आयोग
(b) नियंत्रक एवं महालेखा परीक्षक
(c) अनुसूचित जाति राष्ट्रीय आयोग
(d) पिछड़ा वर्ग आयोग

59. अम्ल, क्षार एवं लवण का अध्ययन रसायन विज्ञान की किस शाखा के अंतर्गत आता है?
(a) कार्बनिक रसायन (b) अकार्बनिक रसायन
(c) भौतिक रसायन (d) जैव रसायन

60. पद्म पुरस्कार 2026 में विदेशी / NRI / PIO / OCI श्रेणी से संबंधित व्यक्तियों के बारे में निम्नलिखित में से कौन-सा कथन तथ्यात्मक रूप से सही है?
(a) सभी को केवल पद्म श्री मिला है
(b) इनमें खेल और चिकित्सा क्षेत्र शामिल नहीं हैं
(c) इनमें पद्म भूषण और पद्म श्री दोनों श्रेणियाँ शामिल हैं
(d) इनमें कोई मरणोपरांत पुरस्कार शामिल नहीं है

61. राष्ट्रीय आय की गणना में किसे शामिल नहीं किया जाता है?
(a) कृषि उत्पादन (b) औद्योगिक उत्पादन
(c) घरेलू कार्य (d) सेवा क्षेत्र

62. **आवर्त सारणी** (Periodic Table) **में तत्वों को किस आधार पर व्यवस्थित किया गया है?**
(a) परमाणु भार (b) परमाणु संख्या
(c) घनत्व (d) संयोजकता

63. **बजट घाटा** (Budget Deficit) **का आशय है-**
(a) आय - व्यय (b) व्यय - आय
(c) निर्यात - आयात (d) बचत - निवेश

64. **हाल ही में गणतंत्र दिवस परेड 2026 में मुख्य अतिथि के रूप में किन दो यूरोपीय नेताओं को आमंत्रित किया गया है?**
(a) जर्मनी और फ्रांस के राष्ट्रपति
(b) नाटो महासचिव और यूरोपीय संसद अध्यंक्ष
(c) एंटोनियो कोस्टा और उर्सुला वॉन डेर लेयेन
(d) ब्रिटेन और इटली के प्रधानमंत्री

65. **उत्तर प्रदेश राज्य के कितने जिलों को अलग कर उत्तराखण्ड राज्य का निर्माण किया गया?**
(a) 9 (b) 11
(c) 12 (d) 13

66. **आर्थिक नियोजन का मुख्य उद्देश्य क्या है?**
(a) क्षेत्रीय असमानता बढ़ाना
(b) केवल औद्योगीकरण
(c) निजीकरण
(d) संसाधनों का संतुलित उपयोग

67. **उत्तर प्रदेश में किस क्षेत्र का सर्वाधिक औद्योगिक विकास हुआ है?**
(a) बुंदेलखंड (b) तराई
(c) पश्चिमी उत्तर प्रदेश (d) पूर्वी मैदान

68. **किस पदार्थ में विद्युत चालकता** (Electrical Conductivity) **सबसे अधिक पायी जाती है?-**
(a) रबर (b) काँच
(c) लकड़ी (d) ताँबा

69. **भारत में नीति आयोग की स्थापना किस वर्ष हुई?**
(a) वर्ष 2012 (b) वर्ष 2014
(c) वर्ष 2015 (d) वर्ष 2016

70. **गोरखनाथ का संबंध किस पंथ से माना जाता है?**
(a) नाथ पंथ (b) शैव पंथ
(c) वैष्णव पंथ (d) शाक्य पंथ

71. **प्रति व्यक्ति आय का उपयोग किसके आकलन हेतु किया जाता है?**
(a) जनसंख्या वृद्धि (b) जीवन स्तर
(c) औद्योगिक उत्पादन (d) निर्यात क्षमता

72. **भारत का राष्ट्रीय पंचांग किस पर आधारित है?**
(a) सौर कैलेंडर (b) चंद्र कैलेंडर
(c) चंद्र-सौर कैलेंडर (d) ग्रेगोरियन कैलेंडर

73. **कृत्रिम वर्षा** (Artificial Rain) **के लिए सामान्यतः किस रसायन का उपयोग किया जाता है?**
(a) सोडियम क्लोराइड (b) कैल्शियम कार्बोनेट
(c) सिल्वर आयोडाइड (d) अमोनियम नाइट्रेट

74. **कर** (Tax) **का प्रमुख उद्देश्य क्या है?**
(a) निजी लाभ (b) सरकारी राजस्व प्राप्ति
(c) निर्यात बढ़ाना (d) मुद्रा नियंत्रण

75. **उत्तर प्रदेश में सर्वाधिक चीनी मिलें किस क्षेत्र में स्थित हैं?**
(a) बुंदेलखंड (b) विंध्य क्षेत्र
(c) पश्चिमी उत्तर प्रदेश (d) पूर्वांचल

76. **भारतीय संविधान का कौन-सा अनुच्छेद कानून के समक्ष समानता से संबंधित है?**
(a) अनुच्छेद 13 (b) अनुच्छेद 14
(c) अनुच्छेद 15 (d) अनुच्छेद 16

77. **संविधान की उद्देशिका में कौन-सा आदर्श स्पष्ट रूप से उल्लिखित नहीं है?**
(a) न्याय (b) स्वतंत्रता
(c) समानता (d) धर्म

78. **राष्ट्रपति अपना त्यागपत्र किसे संबोधित करता है?**
(a) प्रधानमंत्री (b) लोकसभा अध्यक्ष
(c) उपराष्ट्रपति (d) मुख्य न्यायाधीश

79. **सूडान से भारतीय नागरिकों की निकासी हेतु कौन-सा अभियान संचालित किया गया था?**
(a) ऑपरेशन गंगा (b) ऑपरेशन कावेरी
(c) ऑपरेशन अजय (d) ऑपरेशन राहत

80. **विश्व प्रेस स्वतंत्रता सूचकांक** (World Press Freedom Index) **किसके द्वारा जारी किया जाता है?**
(a) संयुक्त राष्ट्र विकास कार्यक्रम (UNDP)
(b) अंतर्राष्ट्रीय पत्रकार महासंघ (IFJ)
(c) यूनेस्को (UNESCO)
(d) रिपोर्टर्स विदाउट बॉर्डर्स (RWB)

81. **धर्म गार्डियन** (Dharma Guardian) **संयुक्त सैन्य अभ्यास का आयोजन भारत और किस देश के बीच किया जाता है?**
(a) फ्रांस (b) रूस
(c) जापान (d) अमेरिका

82. शक्ति पृथक्करण सिद्धांत भारतीय संविधान में किस देश से लिया गया है?
(a) ब्रिटेन (b) अमेरिका
(c) फ्रांस (d) आयरलैंड

83. इजराइल-गाजा संकट के दौरान भारतीय नागरिकों की स्वदेश वापसी हेतु कौन-सा ऑपरेशन चलाया गया था?
(a) ऑपरेशन सिन्दूर (b) ऑपरेशन अजय
(c) ऑपरेशन सिन्धु (d) ऑपरेशन ब्रह्मा

84. उत्तर प्रदेश में राज्य लोक सेवा आयोग का गठन संविधान के किस अनुच्छेद के अंतर्गत किया गया है?
(a) अनुच्छेद 315 (b) अनुच्छेद 320
(c) अनुच्छेद 322 (d) अनुच्छेद 324

85. संचार साथी मोबाइल एप (Sanchar Saathi App) किसके द्वारा लॉन्च किया गया है?
(a) इलेक्ट्रॉनिक्स एवं सूचना प्रौद्योगिकी मंत्रालय (MeitY)
(b) भारतीय दूरसंचार विनियामक प्राधिकरण (TRAI)
(c) गृह मंत्रालय (MHA)
(d) दूरसंचार विभाग (DoT)

86. मौलिक कर्तव्यों को भारतीय संविधान में किस संशोधन द्वारा जोड़ा गया?
(a) 24वाँ संशोधन (b) 42वाँ संशोधन
(c) 44वाँ संशोधन (d) 52वाँ संशोधन

87. टाइगर्स ट्रायम्फ (Tigers Triumph) अभ्यास किस प्रकार का है?
(a) केवल नौसैनिक (b) केवल थल सेना
(c) त्रि-सेवा HADR अभ्यास (d) वायु युद्धाभ्यास

88. लोकसभा में विपक्ष के नेता का पद भारतीय संविधान के किस अनुच्छेद में वर्णित है?
(a) अनुच्छेद 74
(b) अनुच्छेद 79
(c) अनुच्छेद 105
(d) किसी भी अनुच्छेद में नहीं

89. भौतिकी में वेग और चाल में मूल अंतर किसका है?
(a) परिमाण (b) दिशा
(c) समय (d) दूरी

90. मालाबार (MALABAR) अभ्यास मुख्यत: किससे संबंधित है?
(a) थल सेना (b) वायु सेना
(c) नौसेना (d) साइबर सुरक्षा

91. खरवार जनजाति मुख्य रूप से कहाँ पायी जाती है?
(a) राजस्थान (b) उत्तर प्रदेश
(c) केरल (d) गुजरात

92. भोजपुरी चित्रकला मुख्य रूप से किस क्षेत्र से संबंधित मानी जाती है?
(a) ब्रज क्षेत्र
(b) मिथिला क्षेत्र
(c) पूर्वी उत्तर प्रदेश पश्चिमी बिहार
(d) बुंदेलखंड क्षेत्र

93. मैत्री (MAITREE-XIV) किस दो देशों के बीच आयोजित सैन्य अभ्यास है?
(a) भारत और थाईलैंड (b) भारत और नेपाल
(c) भारत और बांग्लादेश (d) भारत और म्यांमार

94. हैजा (Cholera) किस कारण से होता है?
(a) वायरस (b) बैक्टीरिया
(c) फंगस (d) प्रोटोजोआ

95. अलीगढ़ मुस्लिम विश्वविद्यालय (AMU) की स्थापना किसने की थी?
(a) महात्मा गांधी
(b) मौलाना अबुल कलाम आजाद
(c) सर सैयद अहमद खान
(d) जवाहरलाल नेहरू

96. भारत द्वारा प्राकृतिक आपदा प्रभावित देश में मानवीय सहायता हेतु चलाया गया अभियान कौन-सा था?
(a) ऑपरेशन ब्रह्मा (b) ऑपरेशन राहत
(c) ऑपरेशन सिन्धु (d) ऑपरेशन सिंदूर

97. उत्तर प्रदेश विधान परिषद किस प्रकार का सदन है?
(a) प्रत्यक्ष निर्वाचित (b) अस्थायी सदन
(c) नामित सदन (d) स्थायी सदन

98. भौतिकी में ऊर्जा संरक्षण का नियम किससे संबंधित है?
(a) राजस्थान
(b) ऊर्जा उत्पन्न होती है
(c) ऊर्जा न तो उत्पन्न होती है न नष्ट, केवल रूप बदलती है
(d) ऊर्जा केवल यांत्रिक होती है

99. वज्र प्रहार (Vajra Prahar) अभ्यास किन देशों के विशेष बलों के बीच होता है?
(a) भारत-रूस (b) भारत-फ्रांस
(c) भारत-जापान (d) भारत-अमेरिका

100. चरकुला किस राज्य की लोक नृत्य शैली है?
(a) बिहार (b) मध्य प्रदेश
(c) उत्तर प्रदेश (d) राजस्थान

उत्तर : व्याख्या-सहित

1. उत्तर-(c)

व्याख्या: ऋग्वैदिक काल में **पूषन** को यात्रियों का **मार्गदर्शक**, **पशुओं का रक्षक** तथा **रास्ता दिखाने** वाला देवता माना जाता था। वह खोई हुई वस्तुओं और पशुओं को ढूँढने में सहायता करने वाला **देवता** भी माना गया है।

2. उत्तर-(c)

व्याख्या: बजट 2026-27 में सरकार ने **पूंजीगत व्यय लगभग 12.2 लाख करोड़** निर्धारित किया है, जो **अवसंरचना निवेश** को बढ़ाने पर बल देता है।

3. उत्तर-(a)

व्याख्या: गुप्त काल में **सार्थवाह** शब्द **व्यापारी संघ** के प्रमुख के लिए प्रयुक्त होता था। वह दूरस्थ व्यापार मार्गों पर व्यापारियों का नेतृत्व करता था। इस व्यवस्था से **संगठित व्यापार** और **आर्थिक समृद्धि** को बल मिला। यह **गुप्तकालीन वाणिज्यिक** विकास को दर्शाता है।

4. उत्तर-(b)

व्याख्या: **केंद्रीय बजट 2026-27** में **AVGC कंटेंट क्रिएटर लैब्स** की स्थापना के लिये मुंबई स्थित **इंडियन इंस्टिट्यूट ऑफ क्रिएटिव टेक्नोलॉजी** के माध्यम से **15,000 स्कूलों** और **500 महाविद्यालयों** को समर्थन देने का प्रावधान किया गया है, ताकि **ऑरेंज इकोनॉमी** से जुड़े **कौशलों में युवाओं** की क्षमता का विकास किया जा सके।

5. उत्तर-(d)

व्याख्या: कुषाण काल में **स्वर्ण मुद्राओं** (Gold coins) का प्रचलन मुख्यत: **अंतर्राष्ट्रीय व्यापार** के कारण हुआ। **रोमन साम्राज्य** से व्यापार में स्वर्ण का बड़े पैमाने पर आगमन हुआ। इससे आर्थिक समृद्धि और शासकों की शक्ति प्रदर्शित हुई। यह भारत के **वैश्विक व्यापारिक** संपर्कों को दर्शाता है।

6. उत्तर-(c)

व्याख्या: **राजुक** मौर्य प्रशासन में **न्याय** एवं **भूमि** मापन से संबंधित अधिकारी था। वह **ग्रामीण** स्तर पर प्रशासनिक और न्यायिक कार्य देखता था। **अशोक** के **अभिलेखों** में राजुकों को विशेष अधिकार दिए जामे का उल्लेख मिलता है। इससे **विकेंद्रीकृत प्रशासन** की झलक मिलती है।

7. उत्तर-(b)

व्याख्या: **ऑपरेशन गंगा** आधुनिक **भारत** में संकट के समय नागरिकों की सुरक्षा की **राज्य जिम्मेदारी** का उदाहरण है। **यूक्रेन** संकट के दौरान इसे संचालित किया गया था। यह प्राचीन राजधर्म की आधुनिक अभिव्यक्ति है। इतिहास में वर्णित प्रजा-रक्षा की अवधारणा इससे जुड़ती है।

8. उत्तर-(a)

व्याख्या: **ह्वेनसांग** ने **हर्षवर्धन** के शासन में **न्याय व्यवस्था** की विशेष प्रशंसा की थी। उसने **कानून व्यवस्था** और **दंड प्रणाली** को संतुलित बताया। इससे तत्कालीन **प्रशासनिक दक्षता** का प्रमाण मिलता है। यह **हर्षकालीन सुशासन** को दर्शाता है।

9. उत्तर-(c)

व्याख्या: **सोहर** लोकगीत संतान **जन्म के अवसर** पर गाया जाता है। यह गीत **नवजात शिशु** के आगमन की खुशी को व्यक्त करता है। इसमें माँ, परिवार और समाज की भावनाएँ झलकती हैं।

10. उत्तर-(b)

व्याख्या: **दीवारों** और **जमीन** पर बनाई जाने वाली लोक कला को **भित्ति कला** कहा जाता है। यह घरों के आँगन और पूजा स्थलों पर बनाई जाती है। इसमें शुभ प्रतीकों का प्रयोग होता है।

11. उत्तर-(c)

व्याख्या: **गाथा सप्तशती** प्राकृत भाषा में रचित है और **सातवाहन काल** की महत्वपूर्ण **कृति** है। यह तत्कालीन **सामाजिक जीवन**, **प्रेम** और **लोकसंस्कृति** को दर्शाती है। प्राकृत का प्रयोग जनभाषा के रूप में उसके महत्व को दिखाता है। यह **साहित्यिक विकास** का प्रमाण है।

12. उत्तर-(b)

व्याख्या: **मौर्य काल** में **व्यापार मार्गों** की सुरक्षा से राज्य की आर्थिक शक्ति सुदृढ़ हुई। सुरक्षित मार्गों से **व्यापार बढ़ा** और कर आय में वृद्धि हुई। यह **संगठित प्रशासन** और **आर्थिक दूरदर्शिता** को दर्शाता है। **अर्थशास्त्र** में इसका स्पष्ट उल्लेख मिलता है।

13. उत्तर-(a)

व्याख्या: **शक्ति (SHAKTI)** अभ्यास **भारत** और **फ्रांस** के बीच **संयुक्त थल सैन्य** सहयोग को दर्शाता है। यह **आतंकवाद-रोधी** और **संयुक्त संचालन** क्षमता को बढ़ाता है। ऐतिहासिक रूप से सैन्य सहयोग आधुनिक कूटनीति का महत्वपूर्ण अंग है। यह **रणनीतिक साझेदारी** को मजबूत करता है।

14. उत्तर-(b)

व्याख्या: जयसंहिता, जिसे केवल **जय** भी कहा जाता है, **महाभारत** का प्रारंभिक एवं मूल नाम माना जाता है। **ऋषि वेदव्यास** द्वारा रचित इस ग्रंथ में प्रारंभ में लगभग **8,800** श्लोक थे। कालांतर में इसका विस्तार होकर पहले **भारत** और फिर महाभारत के रूप में इसका व्यापक रूप सामने आया, जिससे यह **भारतीय साहित्य** का सबसे विशाल महाकाव्य बन गया।

15. उत्तर-(d)

व्याख्या: उत्तर भारत में **नदियों के जाल** के कारण संपर्क मार्गों का विकास हुआ। **गंगा नदी प्रणाली** ने व्यापार और आवागमन को सरल बनाया। इससे **नगरों** और **सभ्यताओं** का विकास संभव हुआ। यह भौगोलिक कारकों का ऐतिहासिक प्रभाव दर्शाता है।

16. उत्तर-(b)

व्याख्या: दण्डनीति का मुख्य उद्देश्य समाज में **अनुशासन** और **व्यवस्था** बनाए रखना था। यह केवल दंड देने की नीति नहीं थी बल्कि शासन का नैतिक आधार भी थी। **कौटिल्य** ने इसे राज्य की स्थिरता के लिए आवश्यक माना। इससे **प्रशासनिक** संतुलन बना रहता था।

17. उत्तर-(a)

व्याख्या: ऑपरेशन राहत संकट के समय **मानवीय सहायता** की **आधुनिक नीति** का उदाहरण है। यह **आपदा प्रबंधन** और **नागरिक सुरक्षा** से जुड़ा है। **प्राचीन काल** में भी राज्य का यही दायित्व माना गया था। यह ऐतिहासिक निरंतरता को दर्शाता है।

18. उत्तर-(b)

व्याख्या: गुप्त कालीन मंदिर वास्तुकला की प्रमुख विशेषता **शिखरयुक्त** मंदिर थी। यह **नागर शैली** की शुरुआत मानी जाती है। **देवगढ़** और **भितरगांव** इसके उदाहरण हैं। इससे धार्मिक और स्थापत्य विकास स्पष्ट होता है।

19. उत्तर-(c)

व्याख्या: जनपद, राजनीतिक-भौगोलिक क्षेत्र को दर्शाता था। यह राज्य निर्माण की प्रारंभिक इकाई थी। जनपदों से **महाजनपदों** का विकास हुआ। यह भारतीय राजनीतिक इतिहास की नींव है।

20. उत्तर-(b)

व्याख्या: उत्तर प्रदेश की भौगोलिक स्थिति ने **स्थलीय व्यापार मार्गों** के विकास में सहायता की। यह उत्तर और दक्षिण **भारत** को जोड़ने वाला क्षेत्र रहा है। इससे **ऐतिहासिक**, **आर्थिक** और **सांस्कृतिक** संपर्क बढ़ा।

21. उत्तर-(a)

व्याख्या: सीताध्यक्ष मौर्य प्रशासन में **कृषि भूमि** और **राज्य खेतों** का अधिकारी था। वह **खेती, बीज** और **उत्पादन** की निगरानी करता था। इससे राज्य की कृषि नीति स्पष्ट होती है। कृषि **मौर्य अर्थव्यवस्था** की आधारशिला थी।

22. उत्तर-(b)

व्याख्या: INDRA अभ्यास **भारत** और **रूस** के बीच **सामरिक सहयोग** का प्रतीक है। यह **सैन्य समन्वय** और **विश्वास निर्माण** में सहायक है। आधुनिक कूटनीति में ऐसे अभ्यास महत्वपूर्ण भूमिका निभाते हैं। यह **दीर्घकालिक रक्षा** संबंधों को दर्शाता है।

23. उत्तर-(d)

व्याख्या: प्राचीन भारत में नगरों का विकास **कृषि अधिशेष** और **व्यापार** के कारण हुआ। अधिशेष उत्पादन से **शिल्प** और **वाणिज्य** को बढ़ावा मिला। इससे **शहरी केंद्र** विकसित हुए। यह **आर्थिक आधार** पर नगर सभ्यता का उदाहरण है।

24. उत्तर-(b)

व्याख्या: नालंदा **गुप्त काल** का प्रमुख शिक्षा केंद्र था। यहाँ **अंतर्राष्ट्रीय स्तर** के छात्र अध्ययन करते थे। यह उच्च शिक्षा, बौद्ध दर्शन और विज्ञान का केंद्र था। इससे भारत की शैक्षिक परंपरा का **वैश्विक** प्रभाव स्पष्ट होता है।

25. उत्तर-(c)

व्याख्या: COP-30, **संयुक्त राष्ट्र जलवायु परिवर्तन ढाँचा सम्मेलन** (UNFCCC) का **30वाँ** सत्र था, जिसका आयोजन 10 से 21 नवंबर 2025 के बीच **ब्राजील के बेलेम** (Belém) शहर में किया गया। इस सम्मेलन की मुख्य थीम **प्रतिबद्धताओं से कार्यान्वयन तक** (From Commitments to Implementation) रही, जिसका उद्देश्य देशों द्वारा किए गए जलवायु वादों को ठोस नीतिगत और व्यावहारिक कार्यों में बदलना।

26. उत्तर-(b)

व्याख्या: भारत में सर्वाधिक वर्षा **असम-मेघालय** क्षेत्र में होती है, जहाँ **मौसिनराम** और **चेरापूँजी** जैसे स्थान स्थित हैं। **बंगाल की खाड़ी** से आने वाली **आर्द्र मानसूनी** हवाएँ यहाँ पहाड़ियों से टकराकर **तीव्र वर्षा** कराती हैं। यह क्षेत्र पर्वतीय वर्षा Orographic Rainfall का प्रमुख उदाहरण है। इससे यहाँ **सघन वनस्पति** और उच्च **जैव विविधता** पायी जाती है।

27. उत्तर-(d)

व्याख्या: जैवमंडल आरक्षित क्षेत्र का मुख्य उद्देश्य **जैव विविधता** का संरक्षण करना है। इसमें मानव और प्रकृति के बीच संतुलित सह-अस्तित्व को बढ़ावा दिया जाता है। यह क्षेत्र **कोर, बफर** और **संक्रमण क्षेत्र** में विभाजित होता है। **सतत विकास** की अवधारणा इससे जुड़ी है।

28. उत्तर-(a)

व्याख्या: गुप्तकाल में चाँदी के सिक्कों को **रूपक** कहा जाता था। **दीनार** गुप्त शासकों द्वारा जारी किए गए **स्वर्ण सिक्के** थे। निष्क, **वैदिक काल** में प्रयुक्त **स्वर्ण आभूषण** अथवा **मुद्रा इकाई** के रूप में जाना जाता है। वहीं पण प्राचीन भारत में प्रचलित **छोटी मुद्रा** इकाई थी, जिसका प्रयोग प्रायः ताम्र या निम्न मूल्य के लेन-देन में किया जाता था।

29. उत्तर-(c)

व्याख्या: पृथ्वी के वायुमंडल में **नाइट्रोजन** की मात्रा लगभग 78% है। यह **जैविक चक्रों**, विशेषकर **नाइट्रोजन चक्र**, में महत्वपूर्ण भूमिका निभाती है। यद्यपि यह सीधे श्वसन में प्रयुक्त नहीं होती, फिर भी जीवन के लिए अनिवार्य है। इसकी स्थिरता **वायुमंडलीय** संतुलन बनाए रखती है।

30. उत्तर-(b)

व्याख्या: भारत में **लाल मिट्टी** का निर्माण मुख्यत: **ग्रेनाइट** और **नीस** जैसी **आग्नेय** एवं **रूपांतरित** शैलों से हुआ है। **लौह तत्व** की अधिकता के कारण इसका रंग **लाल** होता है। इस मिट्टी में पोषक तत्वों की कमी पाई जाती है।

31. उत्तर-(a)

व्याख्या: पारिस्थितिक पदचिह्न मानव गतिविधियों द्वारा **प्राकृतिक संसाधनों** पर डाले गए दबाव को दर्शाता है। यह बताता है कि कोई जनसंख्या कितनी भूमि और संसाधन उपभोग कर रही है। अत्यधिक पदचिह्न **अस्थिर विकास** या जीवन शैली को दर्शाता है। यह **पर्यावरणीय नीति** निर्धारण में सहायक है।

32. उत्तर-(c)

व्याख्या: पश्चिमी उत्तर प्रदेश **गन्ना उत्पादन** के लिए प्रसिद्ध है। उपजाऊ **जलोढ़ मिट्टी**, **समतल भूमि** और **पर्याप्त सिंचाई** इसकी प्रमुख वजह हैं। इस क्षेत्र में **चीनी उद्योग** का भी व्यापक विकास हुआ है। इससे **क्षेत्रीय अर्थव्यवस्था** को बल मिलता है।

33. उत्तर-(b)

व्याख्या: राइबोसोम का मुख्य कार्य **प्रोटीन संश्लेषण** करना होता है, जहाँ **mRNA** के निर्देशानुसार **अमीनो अम्ल** आपस में जुड़कर प्रोटीन बनाते हैं। ऊर्जा उत्पादन का कार्य **माइटोकॉन्ड्रिया** द्वारा किया जाता है, **वसा** के पाचन से संबंधित क्रियाएँ **लाइसोसोम** या पाचन तंत्र से जुड़ी होती हैं, जबकि **कोशिका विभाजन** का नियंत्रण **नाभिक** द्वारा किया जाता है।

34. उत्तर-(d)

व्याख्या: पूर्वी घाट की सबसे ऊँची चोटी **जिंदगड़ा** है, यह **आंध्र प्रदेश** के विशाखापत्तनम जिले में **अराकू घाटी** में स्थित है। इसकी ऊँचाई समुद्र तल से लगभग 1690 मी. है। **अनाईमुड़ी** पश्चिमी घाट की **सबसे ऊँची चोटी है, नंदा देवी** हिमालय में स्थित है, जबकि **गुरु शिखर** अरावली पर्वतमाला की सबसे ऊँची चोटी के रूप में जाना जाता है।

35. उत्तर-(c)

व्याख्या: जैव विविधता हॉटस्पॉट ऐसे क्षेत्र होते हैं, जहाँ **प्रजातीय विविधता** अत्यधिक होती है और वे संकटग्रस्त भी होती हैं। यहाँ **स्थानिक प्रजातियाँ** बड़ी संख्या में पायी जाती हैं। संरक्षण की दृष्टि से ये क्षेत्र अत्यंत महत्वपूर्ण हैं। **भारत** में पश्चिमी घाट एक प्रमुख हॉटस्पॉट है।

36. उत्तर-(a)

व्याख्या: पद्म पुरस्कार 2026 में **प्रो. शफी शौक** को **साहित्य** एवं **शिक्षा** क्षेत्र में **पद्म श्री** प्रदान किया गया है। जबकि **प्रो. लार्स-क्रिश्चियन कोच कला** क्षेत्र से, जबकि **विजय अमृतराज** और **रोहित शर्मा खेल** क्षेत्र से संबंधित हैं।

37. उत्तर-(b)

व्याख्या: प्लाज्मा रक्त का **द्रव भाग** होता है, जिसमें रक्त के कण जैसे **लाल रक्त कण**, **श्वेत रक्त कण** और **प्लेटलेट्स** तैरते रहते हैं। प्लाज्मा में मुख्य रूप से **पानी**, **प्रोटीन**, **हार्मोन**, **पोषक तत्व** और **अपशिष्ट पदार्थ** पाए जाते हैं, और यह शरीर में पदार्थों के परिवहन में महत्वपूर्ण भूमिका निभाता है।

38. उत्तर-(c)

व्याख्या: ग्रीनहाउस प्रभाव के लिए मुख्य रूप से **कार्बन डाइऑक्साइड** उत्तरदायी है। यह पृथ्वी से निकलने वाली **ऊष्मा** को रोककर तापमान बढ़ाती है। अत्यधिक ग्रीनहाउस प्रभाव से **वैश्विक तापन** की समस्या उत्पन्न होती है। मानव गतिविधियों के कारण इसकी मात्रा बढ़ रही हैं।

39. उत्तर-(b)

व्याख्या: भारत में प्राकृतिक वनस्पति का वितरण मुख्यत: **वर्षा** और **तापमान** पर निर्भर करता है। अधिक वर्षा वाले क्षेत्रों में **सघन वन** पाए जाते हैं। शुष्क क्षेत्रों में **कांटेदार वनस्पति** विकसित होती है। यह **जलवायु** और **वनस्पति** के घनिष्ठ संबंध को दर्शाता है।

40. उत्तर-(d)

व्याख्या: एनडीआरएफ का पूरा नाम **राष्ट्रीय आपदा मोचन बल** है, जिसका गठन (2006) देश में **प्राकृतिक** एवं **मानव-निर्मित** आपदाओं के दौरान **त्वरित खोज, बचाव** और **राहत कार्यों** के लिए किया गया है। यह बल बाढ़, भूकंप, चक्रवात और अन्य प्राकृतिक आपदाओं में सक्रिय भूमिका निभाता है।

41. उत्तर-(b)

व्याख्या: मेयोसिस (Meiosis) वह **कोशिका विभाजन** प्रक्रिया है जिसमें **गुणसूत्रों** की संख्या आधी हो जाती है। यह **लैंगिक जनन** में **युग्मकों** के निर्माण के लिए आवश्यक है। इससे **आनुवंशिक विविधता** उत्पन्न होती है। यह विकास की दृष्टि से महत्वपूर्ण प्रक्रिया है।

42. उत्तर-(d)

व्याख्या: राष्ट्रीय **जलवायु परिवर्तन** कार्य योजना का उद्देश्य **जलवायु परिवर्तन** के दुष्प्रभावों को कम करना है। इसके अंतर्गत विभिन्न **राष्ट्रीय मिशन संचालित** किए जाते हैं। **ऊर्जा, जल, कृषि** और **वन क्षेत्र** पर विशेष ध्यान दिया जाता है। यह **भारत** की **जलवायु नीति** का आधार है।

43. उत्तर-(c)

व्याख्या: उत्तर प्रदेश का तराई क्षेत्र मुख्यत: **पीलीभीत** और **लखीमपुर खीरी** जिलों में विस्तृत है। यह क्षेत्र **शिवालिक** से निकलने वाली **नदियों** से प्रभावित है। यहाँ अधिक **वर्षा** और **दलदली** भूमि पायी जाती है। **कृषि** और **वन्यजीव** दोनों के लिए यह महत्वपूर्ण है।

44. उत्तर-(b)

व्याख्या: मानव पाचन तंत्र में **प्रोटीन** का पाचन मुख्यत: **आमाशय** में होता है। यहाँ **पेप्सिन एंजाइम** प्रोटीन को सरल यौगिकों में तोड़ता है। **अम्लीय** माध्यम इस क्रिया में सहायक होता है।

45. उत्तर-(d)

व्याख्या: ओजोन परत का प्रमुख कार्य **पराबैंगनी किरणों** से **पृथ्वी की रक्षा** करना है। ये किरणें जीवों के लिए हानिकारक होती हैं। ओजोन परत **सूर्य** की हानिकारक किरणों को अवशोषित कर लेती है।

46. उत्तर-(c)

व्याख्या: उत्तर प्रदेश के **बुंदेलखंड** क्षेत्र में मृदा अपरदन की समस्या अधिक पायी जाती है। **अनियमित वर्षा** और **चट्टानी भूमि** इसका मुख्य कारण है। **वन आवरण** की कमी से समस्या और बढ़ जाती है। इससे **कृषि** उत्पादकता प्रभावित होती है।

47. उत्तर-(b)

व्याख्या: खाद्य शृंखला का सही क्रम **उत्पादक → उपभोक्ता → अपघटक** होता है। उत्पादक **सूर्य ऊर्जा** को भोजन में बदलते हैं। **उपभोक्ता** उत्पादकों या अन्य उपभोक्ताओं पर निर्भर होते हैं। अपघटक **मृत जैव पदार्थ** को विघटित करते हैं।

48. उत्तर-(c)

व्याख्या: रामसर स्थल आर्द्रभूमि संरक्षण से संबंधित हैं। यह **अंतर्राष्ट्रीय** महत्व की **आर्द्रभूमियों** की पहचान के लिए है। भारत में कई **झीलें** और **दलदली** क्षेत्र रामसर सूची में शामिल हैं। यह **जैव विविधता** के संरक्षण में सहायक है।

49. उत्तर-(d)

व्याख्या: उत्तर प्रदेश में **डॉल्फिन** मुख्यत: **गंगा नदी** में पायी जाती है। यह भारत की राष्ट्रीय **जलीय जीव** है। स्वच्छ जल और पर्याप्त प्रवाह इसके अस्तित्व के लिए आवश्यक है। इसका संरक्षण **जैव विविधता** की दृष्टि से महत्वपूर्ण है।

50. उत्तर-(c)

व्याख्या: मानव शरीर में **प्रतिरक्षा तंत्र** का मुख्य कार्य रोगों से रक्षा करना है। यह शरीर को **रोगजनकों** से बचाता है। **श्वेत रक्त** कणिकाएँ इसमें प्रमुख भूमिका निभाती हैं। यह शरीर की प्राकृतिक सुरक्षा प्रणाली है।

51. उत्तर-(b)

व्याख्या: शुद्ध राष्ट्रीय आय (NNI) की गणना कारक लागत पर की जाती है। यह **सकल राष्ट्रीय आय** से **मूल्यह्रास** घटाकर प्राप्त की जाती है। इससे उत्पादन में लगे कारकों की **वास्तविक आय** का आकलन होता है। **आर्थिक विश्लेषण** में इसे अधिक उपयुक्त माना जाता है।

52. उत्तर-(a)

व्याख्या: भारत में **मुद्रा प्रणाली** का नियंत्रण भारतीय **रिजर्व बैंक** के पास है। **RBI नोट निर्गमन**, **मौद्रिक नीति** और **बैंकिंग नियंत्रण** का कार्य करता है। यह देश की **वित्तीय स्थिरता** बनाए रखने में महत्वपूर्ण भूमिका निभाता है। इसकी स्थापना **1 अप्रैल, 1935** में हुई थी।

53. उत्तर-(b)

व्याख्या: सिरका एक **अम्लीय पदार्थ** है जिसमें मुख्य रूप से **एसिटिक अम्ल** पाया जाता है, इसलिए इसका **pH मान** सामान्यत: **3-4** के बीच होता है। बहुत कम pH जैसे **1-2** प्रबल अम्लों का होता है, **6-7** तटस्थ के निकट माना जाता है, जबकि **8-9** क्षारीय प्रकृति को दर्शाता है, और **शुद्ध जल** का **pH मान 7** होता है जिसे तटस्थ माना जाता है।

54. उत्तर-(d)

व्याख्या: राजकोषीय नीति का मुख्य उद्देश्य **आर्थिक स्थिरता** और **विकास** सुनिश्चित करना है। इसके अंतर्गत सरकारी **व्यय** और **कर नीति** आती है। इसके माध्यम से सरकार **मंदी** या **मुद्रास्फीति** को नियंत्रित करती है। यह **समष्टि अर्थव्यवस्था** का प्रमुख उपकरण है।

55. उत्तर-(b)

व्याख्या: भारत में सर्वप्रथम **ताँबे** का प्रयोग किया गया था। **ताम्रपाषाण** काल इसका प्रमाण है। इसके बाद **कांस्य** और **लोहे** का प्रयोग आरंभ हुआ। यह मानव सभ्यता के **तकनीकी विकास** को दर्शाता है।

56. उत्तर-(c)

व्याख्या: आयनिक बंधन में एक परमाणु से दूसरे में **इलेक्ट्रॉनों** का स्थानांतरण होता है। इससे **धनायन** और **ऋणायन** बनते हैं। इनके बीच **वैद्युत आकर्षण** से बंधन बनता है। **NaCl** इसका प्रमुख उदाहरण है।

57. उत्तर-(a)

व्याख्या: मुद्रास्फीति का सीधा प्रभाव **क्रय शक्ति** पर पड़ता है। **कीमतें बढ़ने** से समान आय में कम वस्तुएँ खरीदी जा सकती हैं। इससे आम जनजीवन प्रभावित होता है। यह **आर्थिक असंतुलन** का संकेत है।

58. उत्तर-(c)

व्याख्याः भारतीय संविधान का **अनुच्छेद 338** अनुसूचित जातियों के लिए **राष्ट्रीय आयोग** से संबंधित है, जिसका उद्देश्य **अनुसूचित जातियों** के अधिकारों की सुरक्षा, उनके **कल्याण** की **निगरानी** और **शिकायतों** की जाँच करना है।

59. उत्तर-(b)

व्याख्याः अम्ल, **क्षार** और **लवण** का अध्ययन **अकार्बनिक रसायन** के अंतर्गत आता है। यह **रसायन विज्ञान** की मूल शाखा है। दैनिक जीवन और उद्योग में इसका व्यापक उपयोग है। यह **रासायनिक अभिक्रियाओं** की समझ विकसित करता है।

60. उत्तर-(c)

व्याख्याः पद्म पुरस्कार 2026 की आधिकारिक सूची के अनुसार विदेशी **/ NRI / PIO / OCI श्रेणी** में आने वाले व्यक्तियों को **पद्म भूषण** और **पद्म श्री दोनों श्रेणियों** में सम्मानित किया गया है। इनमें **चिकित्सा, खेल, कला** तथा **साहित्य एवं शिक्षा** जैसे विविध क्षेत्र शामिल हैं।

61. उत्तर-(c)

व्याख्याः राष्ट्रीय आय की गणना में **घरेलू कार्य** शामिल नहीं किए जाते। क्योंकि इनका बाजार मूल्य नहीं होता है।

62. उत्तर-(b)

व्याख्याः आधुनिक आवर्त (Modern peridodic table) सारणी में तत्वों को **परमाणु संख्या** के आधार पर व्यवस्थित किया गया है। यह **मेंडलीफ** की आवर्त सारणी से अधिक वैज्ञानिक है। इससे तत्वों के गुणों की बेहतर व्याख्या संभव हुई। यह **आधुनिक रसायन विज्ञान** की आधारशिला है।

63. उत्तर-(b)

व्याख्याः बजट घाटा का अर्थ है जब सरकारी **व्यय आय** से अधिक हो जाता है, इसे **बजट घाटा** कहा जाता है। **बजट घाटा = कुल व्यय – कुल प्राप्तियाँ** यह सरकार की उधारी की आवश्यकता को दर्शाता है। अधिक बजट घाटा आर्थिक दबाव उत्पन्न कर सकता है।

64. उत्तर-(c)

व्याख्याः गणतंत्र दिवस परेड के अवसर पर **यूरोपीय परिषद** के अध्यक्ष **एंटोनियो कोस्टा** और **यूरोपीय आयोग** की अध्यक्ष **उर्सुला वॉन डेर लेयेन** को मुख्य अतिथि के रूप में आमंत्रित किया गया, जो भारत और **यूरोपीय संघ** के बीच बढ़ते राजनीतिक, आर्थिक और सामरिक संबंधों को दर्शाता है।

65. उत्तर-(d)

व्याख्याः उत्तराखण्ड राज्य का गठन **वर्ष 2000** में किया गया था, जिसमें उत्तर प्रदेश के कुल **13 जिलों** को अलग कर नया राज्य बनाया गया। यह विभाजन प्रशासनिक सुविधा तथा क्षेत्रीय विकास को ध्यान में रखते हुए किया गया।

66. उत्तर-(d)

व्याख्याः आर्थिक नियोजन (Economic planning) का मुख्य उद्देश्य **संसाधनों का संतुलित** और **न्यायसंगत** उपयोग करना है। इससे **क्षेत्रीय** और **सामाजिक असमानता** कम होती है। भारत में यह प्रक्रिया **पंचवर्षीय योजनाओं** से जुड़ी रही है। यह **विकास की दिशा** को निर्धारित करता है।

67. उत्तर-(c)

व्याख्याः उत्तर प्रदेश में सर्वाधिक **औद्योगिक विकास** पश्चिमी उत्तर प्रदेश में हुआ है। बेहतर अवसंरचना और NCR की निकटता इसका कारण है। यहाँ **चीनी**, **सीमेंट** और **MSME** उद्योग विकसित हैं। यह **क्षेत्रीय असंतुलन** को भी दर्शाता है।

68. उत्तर-(d)

व्याख्याः ताँबा एक अच्छा **विद्युत चालक** है, क्योंकि इसमें **मुक्त इलेक्ट्रॉनों** की संख्या अधिक होती है, जिससे **विद्युत धारा** आसानी से प्रवाहित हो सकती है। **रबर**, **काँच** और **लकड़ी** विद्युत के **कुचालक** होते हैं, इसलिए उनमें विद्युत धारा का प्रवाह बहुत कम या नहीं के बराबर होता है, इसी कारण **विद्युत तारों** में **ताँबे** का व्यापक रूप से उपयोग किया जाता है।

69. उत्तर-(c)

व्याख्याः नीति आयोग की स्थापना वर्ष **1 जनवरी, 2015** में की गई थी। यह **योजना आयोग** का स्थानापन्न है। इसका उद्देश्य सहकारी **संघवाद** (Federalism) को बढ़ावा देना है। यह नीति निर्माण में **राज्यों की भूमिका** को मजबूत करता है।

70. उत्तर-(a)

व्याख्याः गोरखनाथ **नाथ पंथ** के प्रमुख योगी और संत माने जाते हैं, जिनका संबंध योग, साधना और शैव परंपरा से जुड़ा हुआ है। **उत्तर प्रदेश** के **गोरखपुर** क्षेत्र में उनका विशेष प्रभाव रहा है और उनके नाम पर **गोरखपुर नगर** का नामकरण माना जाता है, जबकि वैष्णव, शाक्त या अन्य पंथों से उनका प्रत्यक्ष संबंध नहीं माना जाता है।

71. उत्तर-(b)

व्याख्याः प्रति व्यक्ति आय का उपयोग **जीवन स्तर** के आकलन हेतु किया जाता है। यह **औसत आय** को दर्शाती है। हालाँकि यह आय वितरण की असमानता नहीं दिखाती। फिर भी विकास का सामान्य संकेतक है।

72. उत्तर-(a)

व्याख्याः भारत का राष्ट्रीय पंचांग **सौर कैलेंडर** पर आधारित है। इसे **शक संवत** भी कहा जाता है। सरकारी कार्यों में इसका उपयोग होता है। यह **भारतीय समय** गणना की परंपरा को दर्शाता है।

73. उत्तर-(c)

व्याख्या: **कृत्रिम वर्षा** के लिए सामान्यतः **सिल्वर आयोडाइड** का उपयोग किया जाता है क्योंकि इसकी संरचना **बर्फ** के **क्रिस्टल** जैसी होती है, जिससे बादलों में **जलवाष्प** का **संघनन** होकर वर्षा होने लगती है। **सोडियम क्लोराइड** और **कैल्शियम कार्बोनेट** सामान्य लवण हैं जिनका उपयोग इस प्रक्रिया में नहीं किया जाता, जबकि **अमोनियम नाइट्रेट**, **उर्वरक** और **विस्फोटक** के रूप में जाना जाता है।

74. उत्तर-(b)

व्याख्या: **कर** का प्रमुख उद्देश्य सरकारी राजस्व प्राप्त करना है। इससे सरकार विकासात्मक कार्य करती है। **कर नीति सामाजिक** और **आर्थिक संतुलन** में भी सहायक होती है। यह राज्य की वित्तीय शक्ति का आधार है।

75. उत्तर-(c)

व्याख्या: उत्तर प्रदेश में सर्वाधिक **चीनी मिलें** पश्चिमी उत्तर प्रदेश में स्थित हैं। **गन्ना** उत्पादन की अधिकता इसका कारण है। इससे **ग्रामीण अर्थव्यवस्था** को बल मिलता है। यह **कृषि-उद्योग** संबंध को दर्शाता है।

76. उत्तर-(b)

व्याख्या: अनुच्छेद 14 **कानून के समक्ष समानता** और **कानून के समान संरक्षण** की गारंटी देता है। यह भारतीय संविधान के मूल अधिकारों का आधार है। इसका उद्देश्य मनमाने भेदभाव को रोकना है। **विधि का शासन** इसी अनुच्छेद से सुदृढ़ होता है।

77. उत्तर-(d)

व्याख्या: संविधान की **उद्देशिका** में **न्याय**, **स्वतंत्रता**, **समानता** और **बंधुत्व** का उल्लेख है। **धर्म** शब्द का प्रत्यक्ष उल्लेख उद्देशिका में नहीं है। **पंथनिरपेक्ष** को बाद में **42वें संशोधन** द्वारा जोड़ा गया। उद्देशिका को **संविधान की आत्मा** भी कहा जाता है।

78. उत्तर-(c)

व्याख्या: **राष्ट्रपति** अपना **लिखित त्यागपत्र उपराष्ट्रपति** को संबोधित करता है। यह व्यवस्था **अनुच्छेद 56** में दी गई है। इससे **संवैधानिक** निरंतरता बनी रहती है। उपराष्ट्रपति ही राष्ट्रपति पद के रिक्त होने पर **कार्यभार** संभालता है।

79. उत्तर-(b)

व्याख्या: **ऑपरेशन कावेरी वर्ष 2023** में **सूडान** से भारतीय नागरिकों की सुरक्षित निकासी के लिए चलाया गया था। यह भारत की **सक्रिय विदेश नीति** का उदाहरण है। संकट के समय **नागरिक सुरक्षा** राज्य का प्रमुख दायित्व है।

80. उत्तर-(d)

व्याख्या: **विश्व प्रेस स्वतंत्रता सूचकांक** (World Press Freedom Index) का प्रकाशन **रिपोर्टर्स विदाउट बॉर्डर्स** (Reporters Without Borders – RSF) द्वारा किया जाता है। यह सूचकांक विभिन्न देशों में **पत्रकारों की स्वतंत्रता**, **सुरक्षा** और **मीडिया के कार्य-परिवेश** का आकलन करने हेतु अंतरराष्ट्रीय स्तर पर प्रयुक्त होता है।

81. उत्तर-(c)

व्याख्या: **धर्म गार्जियन** अभ्यास भारत और जापान के बीच आयोजित होता है। यह **संयुक्त थल सैन्य** अभ्यास है। इसका उद्देश्य आपसी **सामरिक सहयोग** और **आतंकवाद-रोधी** क्षमता को बढ़ाना है। यह **भारत-जापान** रणनीतिक साझेदारी को मजबूत करता है।

82. उत्तर-(b)

व्याख्या: **शक्ति पृथक्करण सिद्धांत** अमेरिका से लिया गया है। इसमें **विधायिका**, **कार्यपालिका** और **न्यायपालिका** को अलग-अलग रखा गया है। **भारतीय संविधान** में यह कठोर रूप में नहीं बल्कि संतुलन के साथ लागू है। यह सत्ता के दुरुपयोग पर अंकुश लगाता है।

83. उत्तर-(b)

व्याख्या: **ऑपरेशन अजय वर्ष 2023** में **इजराइल-गाजा संकट** के दौरान भारतीय नागरिकों की वापसी के लिए चलाया गया था। यह त्वरित कूटनीतिक और **सैन्य समन्वय** का उदाहरण है। इससे भारत की **वैश्विक जिम्मेदारी** स्पष्ट होती है। यह **नागरिक सुरक्षा** नीति का भाग है।

84. उत्तर-(a)

व्याख्या: **राज्य लोक सेवा आयोग** का गठन **अनुच्छेद 315** के अंतर्गत किया गया है। यह राज्य में **भर्ती** और **सेवा मामलों** से संबंधित है। आयोग की **स्वतंत्रता निष्पक्ष प्रशासन** सुनिश्चित करती है। यह **संवैधानिक संस्था** है।

85. उत्तर-(d)

व्याख्या: **संचार साथी** मोबाइल एप भारत सरकार के **दूरसंचार विभाग** (DoT) द्वारा लॉन्च किया गया है। इस एप के माध्यम से नागरिक अपने नाम पर जारी **मोबाइल सिम कनेक्शनों** की जानकारी प्राप्त कर सकते हैं, खोए या चोरी हुए मोबाइल को ब्लॉक/अनब्लॉक कर सकते हैं तथा **दूरसंचार** से संबंधित धोखाधड़ी की शिकायत दर्ज कर सकते हैं। यह एप **उपभोक्ता सुरक्षा** और **डिजिटल पारदर्शिता** को मजबूत करता है।

86. उत्तर-(b)

व्याख्या: मौलिक कर्तव्यों को **42वें संविधान संशोधन अधिनियम, 1976** के द्वारा जोड़ा गया। इसका उद्देश्य नागरिकों में **संवैधानिक** जिम्मेदारी की भावना विकसित करना था। प्रारंभ में मौलिक कर्तव्यों की संख्या 10 थी, जबकि वर्तमान में 11 हैं।

87. उत्तर-(c)

व्याख्याः टाइगर ट्राइंफ एक **त्रि-सेवा** मानवीय सहायता एवं आपदा राहत अभ्यास है। इसमें **थल**, **जल** और **वायु** सेनाएँ भाग लेती हैं। यह **भारत** और **अमेरिका** के बीच आयोजित किया जाता है। यह **आपदा प्रबंधन** में संयुक्त क्षमता को बढ़ावा देता है।

88. उत्तर-(d)

व्याख्याः लोकसभा में विपक्ष के नेता का पद भारतीय संविधान के किसी भी अनुच्छेद में वर्णित नहीं है, बल्कि यह पद विपक्ष के नेताओं का **वेतन और भत्ते अधिनियम, 1977** के अंतर्गत निर्धारित किया गया है। **अनुच्छेद 74** मंत्रिपरिषद् से संबंधित है, **अनुच्छेद 79** संसद की संरचना से जुड़ा है और **अनुच्छेद 105** संसद सदस्यों के विशेषाधिकारों से संबंधित है, इसलिए विपक्ष के नेता का पद **संवैधानिक** नहीं बल्कि **वैधानिक** माना जाता है।

89. उत्तर-(b)

व्याख्याः वेग और **चाल** में मूल अंतर **दिशा** का होता है। **चाल** केवल परिमाण दर्शाती है जबकि वेग दिशा सहित होता है। वेग **सदिश** राशि है, जबकि चाल अदिश राशि है।

90. उत्तर-(c)

व्याख्याः मालाबार अभ्यास एक **नौसैनिक अभ्यास** है। इसमें **भारत**, **अमेरिका**, **जापान** और **ऑस्ट्रेलिया** भाग लेते हैं। यह समुद्री सुरक्षा और सहयोग को मजबूत करता है। **इंडो-पैसिफिक** क्षेत्र में इसका विशेष महत्व है।

91. उत्तर-(b)

व्याख्याः खरवार जनजाति मुख्य रूप से उत्तर प्रदेश में पायी जाती है, विशेषकर **मिर्जापुर**, **सोनभद्र** और आसपास के क्षेत्रों में, जबकि इसकी आबादी **बिहार**, **झारखंड** और **छत्तीसगढ़** के कुछ हिस्सों में भी मिलती है। यह जनजाति परंपरागत रूप से **वन** एवं **पहाड़ी** क्षेत्रों में निवास करती है और **कृषि** व **वनोपज** पर निर्भर रहती है।

92. उत्तर-(c)

व्याख्याः भोजपुरी-चित्रकला का संबंध **भोजपुर सांस्कृतिक क्षेत्र** से माना जाता है, जिसमें **पूर्वी उत्तर प्रदेश** और **पश्चिमी बिहार** के क्षेत्र शामिल हैं। इस **चित्रकला** में **लोकजीवन**, **देवी-देवता**, **विवाह**, **त्योहार** और **ग्रामीण जीवन** से जुड़े विषयों का चित्रण किया जाता है, जबकि **ब्रज क्षेत्र कृष्ण कला**, **मिथिला क्षेत्र मधुबनी चित्रकला** और **बुंदेलखंड क्षेत्र** अपनी अलग लोक शैलियों के लिए जाना जाता है।

93. उत्तर-(a)

व्याख्याः मैत्री (MAITREE-XIV) **भारत और थाईलैंड** के बीच आयोजित एक **संयुक्त सैन्य अभ्यास** है, जिसका उद्देश्य दोनों देशों की सेनाओं के बीच आपसी सहयोग, **समन्वय** और **रणनीतिक क्षमता** को मजबूत करना है। **भारत-बांग्लादेश** के बीच **अभ्यास सम्प्रीति**, **भारत-नेपाल** के बीच **सूर्य किरण** और **भारत-म्यांमार** के बीच **IMBAX** अभ्यास आयोजित किए जाते हैं।

94. उत्तर-(b)

व्याख्याः हैजा रोग **बैक्टीरिया** के कारण होता है, जिसे **वाइब्रियो कॉलरी** (Vibrio cholerae) कहा जाता है और यह रोग मुख्य रूप से दूषित जल व भोजन के सेवन से फैलता है। **वायरस** से होने वाले रोगों में **चेचक** और **खसरा** आते हैं, **फंगस** त्वचा रोगों से अधिक संबंधित होते हैं, जबकि **प्रोटोजोआ** से **मलेरिया** जैसे रोग होते हैं।

95. उत्तर-(c)

व्याख्याः अलीगढ़ मुस्लिम विश्वविद्यालय की स्थापना **सर सैय्यद अहमद खान** ने की थी, जिन्होंने पहले वर्ष 1875 में **मोहम्मडन एंग्लो-ओरिएंटल कॉलेज** की स्थापना की, जो बाद में वर्ष 1920 में **अलीगढ़ मुस्लिम विश्वविद्यालय** बना। उनका उद्देश्य भारतीय मुसलमानों में **आधुनिक शिक्षा** का प्रसार करना था।

96. उत्तर-(a)

व्याख्याः ऑपरेशन ब्रह्मा वर्ष 2024 में **प्राकृतिक आपदा** से प्रभावित देश को मानवीय सहायता देने हेतु चलाया गया। यह भारत की मानवीय सहायता नीति का उदाहरण है। इससे वैश्विक स्तर पर भारत की भूमिका स्पष्ट होती है। यह **सॉफ्ट पावर** को भी बढ़ाता है।

97. उत्तर-(d)

व्याख्याः उत्तर प्रदेश विधान परिषद् एक स्थायी सदन है। इसका कभी विघटन नहीं होता। इसके सदस्यों का कार्यकाल **छह वर्ष** का होता है। यह **द्विसदनीय** व्यवस्था का भाग है।

98. उत्तर-(c)

व्याख्याः ऊर्जा संरक्षण का नियम कहता है कि ऊर्जा न तो उत्पन्न होती है न नष्ट, केवल एक रूप से दूसरे रूप में परिवर्तित होती है। यह भौतिकी का **मूल नियम** है। सभी यांत्रिक प्रक्रियाएँ इसी पर आधारित हैं। यह प्रकृति में संतुलन दर्शाता है।

99. उत्तर-(d)

व्याख्याः वज्र प्रहार अभ्यास **भारत और अमेरिका** के विशेष बलों के बीच होता है। यह **आतंकवाद-रोधी** और विशेष अभियानों पर केंद्रित है। इससे **सामरिक तालमेल** बढ़ता है। यह **आधुनिक सैन्य सहयोग** का उदाहरण है।

100. उत्तर-(c)

व्याख्याः चरकुला उत्तर प्रदेश की एक प्रसिद्ध **लोक नृत्य शैली** है, जो मुख्य रूप से ब्रज क्षेत्र में **कृष्ण जन्माष्टमी** और अन्य धार्मिक अवसरों पर प्रस्तुत की जाती है। इस नृत्य में **नर्तक सिर पर दीये रखकर** संतुलन के साथ नृत्य करते हैं, जो **भक्ति** और **लोक परंपरा** का प्रतीक माना जाता है।

होमगार्ड प्रैक्टिस सैट-10

1. पद्म श्री से सम्मानित होने वाली भारत की प्रथम ट्रांसजेंडर कौन थीं?
(a) लक्ष्मी नारायण त्रिपाठी (b) अप्सरा रेड्डी
(c) नर्तकी नटराज (d) जोयिता मंडल

2. उत्तर वैदिक काल में भूमि स्वामित्व की अवधारणा किस रूप में विकसित हुई?
(a) सामूहिक स्वामित्व (b) राज्य स्वामित्व
(c) निजी स्वामित्व (d) धार्मिक स्वामित्व

3. मौर्य काल में अमात्य शब्द का प्रयोग किसके लिए किया जाता था?
(a) ग्राम प्रमुख (b) राजकीय अधिकारी
(c) व्यापारी (d) सैनिक

4. केंद्रीय बजट 2026-27 में STEM क्षेत्रों में बालिकाओं को प्रोत्साहित करने हेतु किस प्रकार की सुविधा प्रस्तावित की गई है?
(a) प्रत्यक्ष छात्रवृत्ति
(b) ऑनलाइन प्रशिक्षण पोर्टल
(c) प्रत्येक जिले में बालिका छात्रावास की स्थापना
(d) कर प्रोत्साहन योजना

5. गुप्त काल में प्रशासन की प्रमुख विशेषता क्या थी?
(a) अत्यधिक केंद्रीकरण (b) विकेंद्रीकरण की प्रवृत्ति
(c) सैन्य शासन (d) दास प्रथा

6. सातवाहन शासकों की राजभाषा मुख्यतः कौन-सी थी?
(a) संस्कृत (b) अपभ्रंश
(c) पालि (d) प्राकृत

7. प्राचीन भारत में नगर श्रेष्ठि का कार्य क्या था?
(a) धार्मिक नेतृत्व
(b) नगर प्रशासन एवं व्यापारिक संगठन
(c) न्यायिक निर्णय
(d) सैन्य संचालन

8. गुप्त कालीन मूर्तिकला की प्रमुख विशेषता क्या मानी जाती है?
(a) कठोर आकृतियाँ (b) भावहीनता
(c) सौम्यता एवं संतुलन (d) अत्यधिक अलंकरण

9. हर्षवर्धन के शासनकाल में किस धर्म को राज्याश्रय प्राप्त था?
(a) केवल ब्राह्मण धर्म (b) केवल बौद्ध धर्म
(c) जैन धर्म (d) बौद्ध एवं ब्राह्मण दोनों

10. स्वतंत्र भारत में प्रथम ओलंपिक पदक किस खिलाड़ी ने जीता था?
(a) खाशाबा दादासाहेब जाधव (b) मिल्खा सिंह
(c) नॉर्मन प्रिचार्ड (d) ध्यानचंद

11. उत्तर प्रदेश होम गार्ड का कार्य निम्नलिखित में से किससे संबंधित नहीं है?
(a) आपदा राहत कार्य (b) चुनाव ड्यूटी में सहायता
(c) न्यायिक निर्णय देना (d) ट्रैफिक नियंत्रण

12. उत्तर प्रदेश में होम गार्ड की तैनाती सामान्यतः किसके आदेश पर की जाती है?
(a) मुख्यमंत्री (b) राज्यपाल
(c) उच्च न्यायालय (d) जिला प्रशासन/पुलिस प्रशासन

13. होम गार्ड को सहायक बल क्यों कहा जाता है?
(a) क्योंकि यह स्थायी सैन्य बल है
(b) क्योंकि यह पुलिस व प्रशासन की सहायक शक्ति है
(c) क्योंकि यह निजी संगठन है
(d) क्योंकि यह केवल प्रशिक्षण संस्था है

14. कालिदास द्वारा रचित मेघदूत किस प्रकार का काव्य है?
(a) महाकाव्य (b) नाटक
(c) खंडकाव्य (d) गद्य काव्य

15. प्राचीन भारत में शिक्षा का प्रमुख उद्देश्य क्या था?
(a) रोजगार प्राप्ति (b) नैतिक एवं चरित्र निर्माण
(c) औद्योगिक प्रशिक्षण (d) सैन्य दक्षता

16. वर्ष 2011 की जनगणना के अनुसार सर्वाधिक अनुसूचित जनजाति प्रतिशत वाले जिले कौन-से हैं? (घटते क्रम में)
(a) ललितपुर, देवरिया, बलिया (b) बलिया, देवरिया, ललितपुर
(c) बागपत, बरेली, बहराइच (d) लखनऊ, कानपुर, मेरठ

17. भारत में सर्वाधिक लाख (Lac) का उत्पादन कहाँ होता है?
(a) छत्तीसगढ़ (b) ओडिशा
(c) झारखंड (d) मध्य प्रदेश

18. हड़प्पा सभ्यता में जल निकास प्रणाली का प्रमुख उद्देश्य क्या था?
(a) सिंचाई (b) शुद्ध पेयजल
(c) स्वच्छता एवं स्वास्थ्य (d) व्यापार

19. बौद्ध संघ की प्रशासनिक इकाई क्या कहलाती थी?
(a) विहार (b) संघ
(c) गण (d) परिषद

20. वर्ष 2011 की जनगणना के अनुसार उत्तर प्रदेश के निम्नलिखित 10 लाख या उससे अधिक जनसंख्या वाले नगरों का सही क्रम है-
(a) गाजियाबाद, आगरा, वाराणसी, मेरठ
(b) वाराणसी, आगरा, मेरठ, गाजियाबाद
(c) मेरठ, वाराणसी, आगरा, गाजियाबाद
(d) आगरा, मेरठ, वाराणसी, गाजियाबाद

21. गुप्त काल में विज्ञान के क्षेत्र में प्रमुख उपलब्धि किससे जुड़ी है?

(a) आयुर्वेद (b) खगोल एवं गणित

(c) भौतिक विज्ञान (d) रसायन विज्ञान

22. मर्डेका कप किस खेल से संबंधित है?

(a) हॉकी (b) क्रिकेट

(c) बैडमिंटन (d) फुटबॉल

23. प्राचीन भारतीय इतिहास में महाजनपद की संख्या कितनी थी?

(a) 12 (b) 14

(c) 16 (d) 18

24. पुराणों का मुख्य उद्देश्य क्या था?

(a) ऐतिहासिक दस्तावेज बनाना

(b) धार्मिक-सांस्कृतिक परंपराओं का प्रचार

(c) कर व्यवस्था लागू करना

(d) प्रशासनिक नियम बनाना

25. भारतीय सांस्कृतिक इतिहास में गुरुकुल प्रणाली की प्रमुख विशेषता क्या थी?

(a) शहरी शिक्षा (b) राज्य नियंत्रित शिक्षा

(c) गुरु-शिष्य परंपरा (d) औद्योगिक प्रशिक्षण

26. निम्नलिखित जिलों का भौगोलिक क्षेत्रफल की दृष्टि से सही आरोही क्रम क्या है?

(a) सोनभद्र, मिर्जापुर, वाराणसी, गौतमबुद्ध नगर, बागपत

(b) बागपत, गौतमबुद्ध नगर, वाराणसी, मिर्जापुर, सोनभद्र

(c) सोनभद्र, वाराणसी, गौतमबुद्ध नगर, बागपत, मिर्जापुर

(d) वाराणसी, बागपत, मिर्जापुर, सोनभद्र, गौतमबुद्ध नगर

27. मैराथन दौड़ में आधिकारिक रूप से कितनी दूरी तय की जाती है?

(a) 40 किमी. (24.8 मील) (b) 41 किमी. (25 मील)

(c) 42.195 किमी. (26.2 मील) (d) 45 किमी. (28 मील)

28. भारत में जैव विविधता अधिनियम किस वर्ष पारित किया गया था?

(a) वर्ष 1986 (b) वर्ष 1973

(c) वर्ष 2002 (d) वर्ष 2010

29. मानव शरीर में श्वसन क्रिया का मुख्य उद्देश्य क्या है?

(a) भोजन का पाचन (b) ऊर्जा उत्पादन

(c) रक्त शुद्धिकरण (d) अपशिष्ट निष्कासन

30. निम्नलिखित में से कौन-सी नदी उत्तर प्रदेश से होकर नहीं बहती है?

(a) गोमती (b) घाघरा

(c) यमुना (d) नर्मदा

31. भारत वन स्थिति रिपोर्ट 2023 के अनुसार उत्तर प्रदेश में सर्वाधिक वनावरण प्रतिशत वाले जिलों का सही क्रम क्या है? (घटते क्रम में)

(a) सोनभद्र, चंदौली, श्रावस्ती (b) चंदौली, श्रावस्ती, सोनभद्र

(c) श्रावस्ती, चंदौली, सोनभद्र (d) श्रावस्ती, सोनभद्र, चंदौली

32. खुले सागरों (Open Seas) में सामान्यतः लवणता कितनी पायी जाती है?

(a) 20% से 25% (b) 28% से 32%

(c) 33% से 37% (d) 38% से 45%

33. आपदा की स्थिति में गृह रक्षक/होम गार्ड की मुख्य भूमिका क्या होती है?

(a) राहत एवं बचाव कार्य में सहायता

(b) न्यायिक कार्य

(c) कर संग्रह

(d) सैन्य कार्रवाई

34. प्राकृतिक आपदाओं के दौरान गृह रक्षक/होम गार्ड सामान्यतः किसके साथ समन्वय करता है?

(a) न्यायालय

(b) जिला प्रशासन एवं आपदा प्रबंधन प्राधिकरण

(c) वित्त विभाग

(d) निर्वाचन आयोग

35. भारत वन स्थिति रिपोर्ट 2023 के अनुसार उत्तर प्रदेश में न्यूनतम वनावरण प्रतिशत वाले जिलों का सही क्रम क्या है? (बढ़ते क्रम में)

(a) संभल, भदोही, मैनपुरी (b) भदोही, संभल, मैनपुरी

(c) मैनपुरी, भदोही, संभल (d) संभल, मैनपुरी, भदोही

36. उत्तर प्रदेश का पहला रामसर स्थल (Ramsar Site) कौन-सा है?

(a) नवाबगंज पक्षी विहार (b) समसपुर पक्षी विहार

(c) सरसई नावर झील (d) हैदरपुर आर्द्रभूमि

37. उत्तर प्रदेश से रामसर स्थल में हाल के वर्षों में जोड़ी गई आर्द्रभूमि कौन-सी है?

(a) हैदरपुर आर्द्रभूमि (b) लोकटक झील

(c) चिल्का झील (d) वेम्बनाड झील

38. फरवरी 2026 तक भारत में कुल कितनी रामसर स्थल हैं?

(a) 80 (b) 85

(c) 90 (d) 98

39. भारतीय मानक ब्यूरो (Bureau of Indian Standards – BIS) की स्थापना कब की गई थी?

(a) वर्ष 1947 (b) वर्ष 1956

(c) वर्ष 1986 (d) वर्ष 2000

40. ग्रीनहाउस गैसें मुख्यतः किस वैश्विक समस्या से संबंधित हैं?

(a) अम्ल वर्षा (b) वैश्विक तापन

(c) ओजोन क्षरण (d) भूकंप

41. उत्तर प्रदेश में डॉल्फिन संरक्षण परियोजना मुख्यतः किस नदी से संबंधित है?

(a) यमुना (b) सरयू

(c) गंगा (d) बेतवा

42. ओजोन परत के क्षरण के लिए मुख्य रूप से कौन-सी गैस उत्तरदायी है?
(a) क्लोरो-फ्लोरो-कार्बन (CFC) (b) मीथेन
(c) कार्बन डाइऑक्साइड (d) नाइट्रोजन

43. ज्ञानपीठ पुरस्कार किस संस्था द्वारा प्रदान किया जाता है?
(a) भारत सरकार (b) साहित्य अकादमी
(c) भारतीय ज्ञानपीठ (d) राष्ट्रीय पुस्तक न्यास

44. उत्तर प्रदेश की जलवायु को किस रूप में वर्गीकृत किया गया है?
(a) विषुवतीय (b) उपोष्णकटिबंधीय मानसूनी
(c) मरुस्थलीय (d) भूमध्यसागरीय

45. पारिस्थितिकी तंत्र में उत्पादक (Producers) कौन होते हैं?
(a) मांसाहारी जीव (b) अपघटक
(c) हरित पौधे (d) परजीवी

46. वर्ष 2011 की जनगणना के अनुसार सर्वाधिक साक्षरता दर वाले जिलों का सही क्रम क्या है? (घटते क्रम में)
(a) कानपुर नगर, गाजियाबाद, इटावा
(b) कानपुर नगर, इटावा, गाजियाबाद
(c) इटावा, कानपुर नगर, गाजियाबाद
(d) गाजियाबाद, इटावा, कानपुर नगर

47. निम्नलिखित रोगों में से किस पर प्रतिजैविक (Antibiotics) दवाओं का उपचार प्रभावी नहीं होता है?
(a) टिटनेस (b) हैजा
(c) खसरा (d) क्षयरोग

48. रामसर सम्मेलन (Ramsar Convention) का मुख्य उद्देश्य क्या है?
(a) वन संरक्षण (b) आर्द्रभूमि संरक्षण
(c) पर्वतीय संरक्षण (d) मरुस्थल विकास

49. बजट 2026-27 में आयकर स्लैब (Income Tax Slabs) के संबंध में क्या निर्णय लिया गया?
(a) सभी स्लैब घटा दिए गए
(b) नए स्लैब जोड़े गए
(c) स्लैब यथावत रखे गए
(d) केवल उच्च आय वर्ग के स्लैब बदले गए

50. उत्तर प्रदेश में सर्वाधिक वन क्षेत्र किस भौगोलिक क्षेत्र में पाये जाते है?
(a) दोआब क्षेत्र (b) तराई क्षेत्र
(c) पश्चिमी मैदान (d) बुंदेलखंड

51. राष्ट्रीय आय की गणना की कौन-सी विधि भारत में प्रमुख रूप से प्रयुक्त होती है?
(a) आय विधि (b) उत्पादन विधि
(c) व्यय विधि (d) उपर्युक्त सभी

52. भारत में मौद्रिक नीति का निर्धारण कौन करता है?
(a) वित्त मंत्रालय (b) नीति आयोग
(c) भारतीय रिजर्व बैंक (d) संसद

53. वर्ष 2011 की जनगणना के अनुसार न्यूनतम साक्षरता दर वाले जिलों का सही क्रम क्या है? (बढ़ते क्रम में)
(a) रामपुर, बदायूँ, बलरामपुर (b) बलरामपुर, बदायूँ, रामपुर
(c) रामपुर, बलरामपुर, बदायूँ (d) बदायूँ, बलरामपुर, रामपुर

54. निम्नलिखित युग्मों में से कौन-सा सही सुमेलित नहीं है?
(a) कम्प्यूटर : चार्ल्स बैबेज (b) रेडियो : कार्ल बेंज
(c) बैरोमीटर : टॉरिसेली (d) डायनमो : माइकल फैराडे

55. भारत का राष्ट्रीय प्रतीक अशोक स्तंभ कहाँ से लिया गया है?
(a) साँची (b) सारनाथ
(c) वैशाली (d) कुशीनगर

56. रसायन विज्ञान में pH मान किसका सूचक है?
(a) तापमान का (b) दाब का
(c) अम्लीय या क्षारीय प्रकृति का (d) घनत्व का

57. संचार उपग्रह सदैव-
(a) अपनी चाल से ही भ्रमण करते रहते हैं
(b) स्थिर रहते हैं
(c) भू-स्थिर रहते हैं
(d) अपना पथ एवं चाल बदलते रहते हैं

58. निम्नलिखित पदार्थों में से किसकी चालकता तापक्रम के साथ बढ़ती है?
(a) ताँबा (b) एल्युमिनियम
(c) चाँदी (d) लोहा

59. भारत की अर्थव्यवस्था को किस प्रकार की अर्थव्यवस्था कहा जाता है?
(a) पूँजीवादी (b) समाजवादी
(c) मिश्रित (d) साम्यवादी

60. स्वतंत्रता के बाद भारतवर्ष में अब तक कितनी बार वित्तीय आपात की घोषणा की गई है?
(a) एक बार (b) दो बार
(c) चार बार (d) कभी नहीं

61. उत्तर प्रदेश गृह रक्षक/होम गार्ड का नियंत्रण प्रशासनिक रूप से किस विभाग के अंतर्गत आता है?
(a) शिक्षा विभाग (b) गृह विभाग
(c) राजस्व विभाग (d) विधि विभाग

62. बाबर की सैन्य रणनीति तुलुगमा किससे संबंधित थी?
(a) तोपखाना (b) घेराबंदी युद्ध
(c) पार्श्व आक्रमण (d) नौसैनिक युद्ध

63. कपास किस प्रकार की फसल है?
(a) खरीफ फसल (b) रबी फसल
(c) जायद फसल (d) बहुवर्षीय फसल

64. **निम्नलिखित युद्धों को सही कालक्रम (क्रमानुसार) में व्यवस्थित कीजिए-**

1. पानीपत का प्रथम युद्ध
2. खानवा का युद्ध
3. चौसा का युद्ध
4. कन्नौज (बिलग्राम) का युद्ध

(a) 1 – 2 – 3 – 4 (b) 2 – 1 – 3 – 4
(c) 1 – 3 – 2 – 4 (d) 1 – 2 – 4 – 3

65. **वर्ष 2025 में शंघाई सहयोग संगठन (SCO) का शिखर सम्मेलन किस देश में आयोजित हुआ था?**

(a) भारत (b) रूस
(c) चीन (d) कजाख स्तान

66. **निम्नलिखित में से कौन-सा युग्म सही सुमेलित है?**

(a) विटामिन A — स्कर्वी (b) विटामिन B_1 — बेरी-बेरी
(c) विटामिन C — रिकेट्स (d) विटामिन D — एनीमिया

67. **निम्नलिखित में से कौन-सी रामसर स्थल उत्तर प्रदेश में स्थित नहीं है?**

(a) सांडी पक्षी विहार (b) नवाबगंज पक्षी विहार
(c) सूर सरोवर (d) कांवर ताल झील

68. **जल में वायु का बुलबुला किसकी भाँति व्यवहार करता है?**

(a) उत्तल दर्पण (b) उत्तल लेंस
(c) अवतल दर्पण (d) अवतल लेंस

69. **रिलैक्सिन (Relaxin) क्या है?**

(a) हार्मोन (b) एंजाइम
(c) औषधि (d) प्रोटीन

70. **हिंदू विवाह अधिनियम, 1955 के संबंध में निम्नलिखित में से कौन-सा कथन सही है?**

(a) यह अधिनियम 1950 में लागू किया गया था और केवल विवाह से संबंधित है।
(b) यह अधिनियम बहुपत्नी प्रथा को वैध मान्यता देता है।
(c) यह अधिनियम 18 मई, 1955 से लागू हुआ और विवाह, तलाक व न्यायिक पृथक्करण को कानूनी रूप देता है।
(d) यह अधिनियम केवल पुरुषों के अधिकारों की रक्षा के लिए बनाया गया था।

71. **निम्नलिखित का सही मिलान कीजिए-**

सूची-I	सूची-II
A. रैयतवाड़ी प्रथा	1. किसान से प्रत्यक्ष लगान वसूली
B. स्थायी बंदोबस्त	2. लगान स्थायी रूप से निर्धारित
C. जमींदारी प्रथा	3. जमींदार मध्यस्थ के रूप में
D. महालवारी प्रथा	4. गाँव/महल को कर की इकाई मानना

सही मिलान है-

(a) A–1, B–2, C–3, D–4 (b) A–2, B–1, C–4, D–3
(c) A–3, B–4, C–1, D–2 (d) A–1, B–3, C–2, D–4

72. **सिराज-ए-हिंद के नाम से किस ऐतिहासिक नगर को जाना जाता है?**

(a) कन्नौज (b) जौनपुर
(c) बदायूँ (d) कानपुर

73. **निम्नलिखित में से किन फसलों के उत्पादन में उत्तर प्रदेश देश में अग्रणी राज्य है?**

(a) गेहूँ, आलू, मूँगफली (b) गेहूँ, आलू, गन्ना
(c) आलू, गन्ना, कपास (d) आलू, गन्ना, धान

74. **उत्तर प्रदेश में संगीत शिक्षा प्रदान करने हेतु स्थापित प्रथम संगीत विश्वविद्यालय कौन-सा है?**

(a) भारत कला भवन, वाराणसी
(b) भातखंडे हिन्दुस्तानी संगीत महाविद्यालय, लखनऊ
(c) प्रयाग संगीत समिति, इलाहाबाद
(d) उपर्युक्त में से कोई नहीं

75. **केंद्रीय पक्षी अनुसंधान संस्थान (CARI) कहाँ स्थित है?**

(a) कानपुर (b) आगरा
(c) बरेली (d) लखनऊ

76. **उत्तर प्रदेश के किस जनपद में अगरिया जनजाति का निवास प्रमुख रूप से पाया जाता है?**

(a) गाजीपुर (b) सौनभद्र
(c) आगरा (d) गाजियाबाद

77. **संविधान की उद्देशिका में निम्नलिखित में से कौन-सा शब्द मूल रूप से शामिल नहीं था?**

(a) समाजवादी (b) बंधुत्व
(c) संप्रभु (d) गणराज्य

78. **भारत के राष्ट्रपति का निर्वाचन किस प्रकार किया जाता है?**

(a) प्रत्यक्ष चुनाव (b) साधारण बहुमत
(c) आनुपातिक प्रतिनिधित्व प्रणाली (d) नामांकन

79. **अंतर्राष्ट्रीय मुद्रा कोष (IMF) का मुख्य कार्य क्या है?**

(a) विश्व व्यापार को नियंत्रित करना
(b) विकासशील देशों को दीर्घकालीन ऋण देना
(c) सदस्य देशों को भुगतान संतुलन संकट में वित्तीय सहायता देना
(d) कृषि एवं खाद्य सुरक्षा को बढ़ावा देना

80. **वर्ष 2011 की जनगणना के अनुसार भारत में सर्वाधिक साक्षरता दर किस जिले की थी?**

(a) एर्नाकुलम जिला (केरल) (b) आइजोल जिला (मिजोरम)
(c) कोच्चि जिला (केरल) (d) सेरछिप जिला (मिजोरम)

81. **मिट्टी के घड़े में रखा पानी ठंडा क्यों रहता है?**

(a) संघनन के कारण (b) वाष्पीकरण के कारण
(c) ऊर्ध्वपातन के कारण (d) इनमें से कोई नहीं

82. **उत्तर प्रदेश गृह रक्षक/होम गार्ड का महानिदेशक (DG) कौन होता है?**

(a) जिला मजिस्ट्रेट (b) DGP स्तर का अधिकारी
(c) मुख्यमंत्री (d) गृह सचिव

83. पद्म पुरस्कार 2026 में कितने विदेशी (Foreigners/NRI/PIO/OCI) तथा कितनी महिलाएँ सम्मानित की गईं?
(a) 4 विदेशी, 15 महिलाएँ
(b) 6 विदेशी, 19 महिलाएँ
(c) 8 विदेशी, 21 महिलाएँ
(d) 10 विदेशी, 25 महिलाएँ

84. भारत की मिसाइल लेडी (Missile Lady of India) किसे कहा जाता है?
(a) टेसी थॉमस (b) किरण बेदी
(c) कल्पना चावला (d) सुनीता विलियम्स

85. पृथ्वी की सतह से ऊपर की ओर वायुमंडल की परतों का सही क्रम कौन-सा है?
(a) क्षोभमंडल → समतापमंडल → मध्यमंडल → आयनमंडल बहिर्मंडल
(b) समतापमंडल → क्षोभमंडल → मध्यमंडल → बहिर्मंडल आयनमंडल
(c) क्षोभमंडल → मध्यमंडल → समतापमंडल → आयनमंडल बहिर्मंडल
(d) मध्यमंडल → क्षोभमंडल → समतापमंडल → आयनमंडल बहिर्मंडल

86. पूर्ण आंतरिक परावर्तन तब होता है जब-
(a) प्रकाश विरल माध्यम से सघन माध्यम में जाए
(b) प्रकाश सघन माध्यम से विरल माध्यम में जाए और आपतन कोण क्रांतिक कोण से अधिक हो
(c) आपतन कोण शून्य हो
(d) प्रकाश सीधी रेखा में चले

87. फलों को जल्दी पकाने के लिए सामान्यतः किस रसायन का प्रयोग किया जाता है?
(a) पोटेशियम क्लोराइड (b) कैल्शियम कार्बाइड
(c) सोडियम क्लोराइड (d) इनमें से कोई नहीं

88. निम्नलिखित में से कौन-सा भारतीय राज्य द्विसदनीय है?
(a) केरल (b) तमिलनाडु
(c) उत्तर प्रदेश (d) हरियाणा

89. एम्फाइसीमा (Emphysema) रोग का संबंध मुख्यतः शरीर के किस अंग से होता है?
(a) हृदय (b) यकृत
(c) फेफड़े (d) वृक्क

90. निम्नलिखित में से कौन-सा हार्मोन पाचन तंत्र से संबंधित नहीं है?
(a) गैस्ट्रिन (b) सीक्रेटिन
(c) पेप्सिन (d) कोलेसिस्टोकिनिन

91. बासमती चावल में खुशबू और स्वाद का मुख्य कारण क्या है?
(a) अधिक प्रोटीन होने से (b) एमाइलोज की अधिक मात्रा से
(c) शर्करा की अधिकता से (d) तेल की उपस्थिति से

92. भारत और बांग्लादेश के बीच अंतर्राष्ट्रीय सीमा की निगरानी व सुरक्षा का दायित्व किस बल के पास है?
(a) केंद्रीय रिजर्व पुलिस बल (CRPF)
(b) राष्ट्रीय सुरक्षा गार्ड (NSG)
(b) सीमा सुरक्षा बल (BSF)
(d) सशस्त्र सीमा बल (SSB)

93. रेमन मैग्सेसे पुरस्कार प्राप्त करने वाले पहले भारतीय कौन थे?
(a) विनोबा भावे (b) टी. एन. शेषन
(c) किरण बेदी (d) इन्दिरा गांधी

94. निम्नलिखित में से कौन-सा जिला राष्ट्रीय राजधानी क्षेत्र (NCR) में सम्मिलित नहीं है?
(a) गाजियाबाद (b) मेरठ
(c) बुलंदशहर (d) गुरुग्राम

95. भारत की सबसे लंबी सुरंग कौन-सी है?
(a) जवाहर सुरंग (b) अटल सुरंग
(c) पीर पंजाल सुरंग (d) नाथू-ला सुरंग

96. निम्नलिखित में से सही सुमेलित युग्म कौन-सा है?

	समाधि स्थल		संबंधित व्यक्ति
(a)	महाप्रयाण घाट	–	महात्मा गाँधी
(b)	शांति वन	–	जवाहरलाल नेहरू
(c)	राजघाट	–	लाल बहादुर शास्त्री
(d)	विजय घाट	–	राजेन्द्र प्रसाद

97. वर्ष 2011 की जनगणना के अनुसार सर्वाधिक दशकीय वृद्धि करने वाले जिलों का सही क्रम क्या है? (घटते क्रम में)
(a) श्रावस्ती, बहराइच, बलरामपुर (b) बहराइच, बलरामपुर, श्रावस्ती
(c) बलरामपुर, बहराइच, श्रावस्ती (d) श्रावस्ती, बलरामपुर, बहराइच

98. निम्नलिखित फसलों में से रबी फसलों का सही समूह कौन-सा है?
(a) गेहूँ, चना, सरसों, जौ (b) धान, मक्का, कपास, ज्वार
(c) बाजरा, ज्वार, मक्का, धान (d) चावल, कपास, सरसों, मूंग

99. सेब में मुख्य रूप से कौन-सा विटामिन सर्वाधिक मात्रा में पाया जाता है?
(a) विटामिन A (b) विटामिन B_1
(c) विटामिन C (d) विटामिन D

100. भारत की पहली परमाणु पनडुब्बी (Nuclear Submarine) कौन-सी है?
(a) आईएनएस अरिहंत (b) आईएनएस विराट
(c) आईएनएस विक्रमादित्य (d) आईएनएस कलवरी

उत्तर : व्याख्या-सहित

1. उत्तर-(c)

व्याख्याः नर्तकी नटराज एक प्रसिद्ध **भरतनाट्यम नृत्यांगना** एवं **ट्रांसजेंडर कलाकार** हैं। उन्हें **वर्ष 2019** में कला के क्षेत्र में उत्कृष्ट योगदान के लिए **पद्म श्री** सम्मान प्रदान किया गया था। वे **पद्म श्री** से सम्मानित होने वाली भारत की **प्रथम ट्रांसजेंडर महिला** हैं।

2. उत्तर-(c)

व्याख्याः उत्तर वैदिक काल में कृषि के विस्तार के साथ भूमि पर निजी स्वामित्व की भावना विकसित हुई। इससे **सामाजिक-आर्थिक असमानता** बढ़ी और यही आगे चलकर सामाजिक व्यवस्था का आधार बन गयी।

3. उत्तर-(b)

व्याख्याः मौर्य काल में **अमात्य** शब्द का प्रयोग उच्च राजकीय अधिकारियों के लिए किया जाता था। ये **प्रशासन**, **न्याय** और **राजस्व** से जुड़े कार्य संभालते थे। **अर्थशास्त्र** में इनके कार्यों का विस्तृत वर्णन मिलता है। इससे **मौर्य प्रशासन** की संगठित प्रकृति स्पष्ट दिखती है।

4. उत्तर-(c)

व्याख्याः केंद्रीय बजट 2026-27 में **STEM** क्षेत्रों में **बालिकाओं** की भागीदारी बढ़ाने हेतु व्यवहार्यता अंतर वित्तपोषण या पूंजी सहायता के माध्यम से **प्रत्येक जिले** में **एक बालिका छात्रावास** स्थापित करने का प्रावधान किया गया है, जिससे **शिक्षा** में निरंतरता और अवसरों तक पहुँच सुनिश्चित की जा सके।

5. उत्तर-(b)

व्याख्याः गुप्तकालीन प्रशासन में **विकेंद्रीकरण** की प्रवृत्ति दिखाई देती है। **प्रांतीय** और **स्थानीय स्तर** पर अधिकारियों को पर्याप्त अधिकार दिए गए। इससे प्रशासन अधिक **लचीला** और **प्रभावी** बना। यही से **सामंतवाद** के **प्रारंभिक लक्षण** भी दिखाई देते है।

6. उत्तर-(d)

व्याख्याः सातवाहन शासकों की **राजभाषा** प्राकृत थी, जो **जनसामान्य** की **भाषा** थी। इससे उनके शासन की लोकमुखी प्रकृति स्पष्ट दिखती है। **अभिलेखों** और **साहित्य** में **प्राकृत भाषा** का व्यापक प्रयोग मिलता है।

7. उत्तर-(b)

व्याख्याः नगर श्रेष्ठि, नगर का **प्रमुख व्यापारी** और **संगठनकर्ता** होता था। वह **व्यापारिक गतिविधियों** और **नगर प्रशासन** में महत्वपूर्ण भूमिका निभाता था। इससे **शहरी अर्थव्यवस्था सुदृढ़** हुई। यह प्राचीन **नगर व्यवस्था** की संगठित प्रकृति संस्था थी।

8. उत्तर-(c)

व्याख्याः गुप्त कालीन मूर्तिकला की विशेषता **सौम्यता**, **संतुलन** और **भावभिव्यक्ति** है। **मूर्तियाँ स्वाभाविक** और **जीवंत** प्रतीत होती हैं। **सारनाथ शैली** इसका श्रेष्ठ उदाहरण है। यह **भारतीय शास्त्रीय कला** के उत्कर्ष को दर्शाती है।

9. उत्तर-(d)

व्याख्याः हर्षवर्धन ने **बौद्ध** और **ब्राह्मण** दोनों **धर्मों** को संरक्षण दिया। स्वयं **बौद्ध** होते हुए भी वह **धार्मिक सहिष्णुता** में विश्वास रखता था। **ह्वेनसांग** ने अपनी पुस्तक **सी-यू-की** में **हर्षवर्धन** के **शासन काल** के **सामाजिक**, **आर्थिक**, **धार्मिक** और **सांस्कृतिक** आदि का वर्णन किया है।

10. उत्तर-(a)

व्याख्याः खाशाबा दादासाहेब जाधव ने **वर्ष 1952** में **हेलसिंकी ओलंपिक खेलों** में **कुश्ती स्पर्धा** में **कांस्य पदक** जीतकर **इतिहास** रचा था। यह **स्वतंत्र भारत** का पहला व्यक्तिगत **ओलंपिक पदक** था। **नॉर्मन प्रिचार्ड** द्वारा जीते गए पदक भारत की **स्वतंत्रता** से **पूर्व** के थे, जबकि **मिल्खा सिंह** और **ध्यानचंद** व्यक्तिगत **ओलंपिक पदक** नहीं जीत पाए।

11. उत्तर-(c)

व्याख्याः होम गार्ड का कार्य न्यायिक निर्णय देना नहीं है। **होम गार्ड** एक **सहायक बल** है जो **प्रशासन**, **पुलिस** और **आपदा प्रबंधन** में सहायता करता है। न्यायिक कार्य केवल न्यायालयों के अधिकार क्षेत्र में आते हैं।

12. उत्तर-(d)

व्याख्याः उत्तर प्रदेश में **होम गार्ड** की तैनाती सामान्यतः **जिला प्रशासन** या **पुलिस प्रशासन** के **आदेश** पर की जाती है। इसका उद्देश्य स्थानीय स्तर पर **सुरक्षा** और **सहायता** प्रदान करना है। इससे प्रशासनिक नियंत्रण बना रहे है। यह **व्यावहारिक संचालन** व्यवस्था को दर्शाता है।

13. उत्तर-(b)

व्याख्याः होम गार्ड को **सहायक बल** (Auxiliary Force) इसलिए कहा जाता है क्योंकि यह **पुलिस** और **प्रशासन** की सहायक शक्ति के रूप में कार्य करता है। यह **स्थायी सशस्त्र** बल नहीं होता है। आवश्यकता के समय इसे सक्रिय किया जाता है।

14. उत्तर-(c)

व्याख्याः मेघदूत, **कालिदास** द्वारा रचित एक **प्रसिद्ध खंडकाव्य** है। इसमें **विरह** और **प्रकृति** का **सुंदर चित्रण** किया गया है। यह **संस्कृत साहित्य** की **उत्कृष्ट कृति** मानी जाती है। इससे **कालिदास** की **काव्यात्मक प्रतिभा** दिखती है।

15. उत्तर-(b)

व्याख्याः प्राचीन भारत में **शिक्षा** का उद्देश्य केवल ज्ञान नहीं बल्कि **नैतिक** और **चरित्र निर्माण** था। **शिक्षा** को जीवन मूल्यों से जोड़ा गया। **गुरुकुल प्रणाली** इसी सिद्धांत पर आधारित थी। यह व्यक्ति के समग्र व्यक्तित्व विकास को दर्शाती है।

16. उत्तर-(a)

व्याख्याः वर्ष 2011 की जनगणना के अनुसार उत्तर प्रदेश में **अनुसूचित जनजाति** जनसंख्या का सर्वाधिक प्रतिशतता **ललितपुर** जिले में पाया जाता है, इसके बाद **देवरिया** और फिर **बलिया** का स्थान आता है।

17. उत्तर-(c)

व्याख्याः भारत में **लाख** का सबसे अधिक उत्पादन **झारखंड राज्य** में होता है, क्योंकि यहाँ की **जलवायु** और **वनस्पति लाख** की खेती के लिए अत्यंत अनुकूल है। **झारखंड** के साथ-साथ **छत्तीसगढ़**, **मध्य प्रदेश**, **ओडिशा** और **पश्चिम बंगाल** भी लाख उत्पादन के प्रमुख राज्य हैं, परंतु उत्पादन की दृष्टि से **झारखंड प्रथम स्थान** पर है।

18. उत्तर-(c)

व्याख्याः हड़प्पा सभ्यता की **जल निकास प्रणाली** का मुख्य उद्देश्य **स्वच्छता** और **स्वास्थ्य** था। **नालियाँ ढकी** हुई थीं। यह **नगर नियोजन** की **उन्नत अवस्था** को दर्शाता है। इस **सभ्यता** में वैज्ञानिक दृष्टिकोण की झलक दिखाई देती है।

19. उत्तर-(b)

व्याख्याः बौद्ध संघ, **बौद्ध भिक्षुओं** की **संगठित संस्था** थी। इसका प्रशासन **सामूहिक निर्णयों** पर आधारित था। संघ ने **बौद्ध धर्म** के **प्रसार** में **महत्वपूर्ण भूमिका** निभाई। **बौद्ध संघ** से संबंधित नियम **विनय पिटक** में दिये गये है।

20. उत्तर-(a)

व्याख्याः वर्ष 2011 की जनगणना के अनुसार उत्तर प्रदेश के जिन नगरों की जनसंख्या **10 लाख** या उससे अधिक थी, उनमें **गाजियाबाद** सबसे अधिक जनसंख्या वाला नगर है, इसके बाद **आगरा**, फिर **वाराणसी** और उसके बाद **मेरठ** का स्थान आता है।

21. उत्तर-(b)

व्याख्याः गुप्त काल में **खगोल** और **गणित** के क्षेत्र में उल्लेखनीय प्रगति हुई। **आर्यभट्ट** जैसे विद्वानों ने महत्वपूर्ण सिद्धांत दिए। **दशमलव प्रणाली** और **शून्य** का विकास इसी काल में हुआ। यह **वैज्ञानिक उत्कर्ष** को दर्शाता है।

22. उत्तर-(d)

व्याख्याः मर्डेका कप एक **अंतर्राष्ट्रीय फुटबॉल टूर्नामेंट** है, जिसकी शुरुआत **वर्ष 1957** में **मलाया** (वर्तमान मलेशिया) की **स्वतंत्रता** की **स्मृति** में की गई थी। इसे **एशिया** के सबसे पुराने **फुटबॉल टूर्नामेंटों** में से एक माना जाता है। **मलय भाषा** में **मर्डेका** शब्द का अर्थ स्वतंत्रता होता है। इस प्रतियोगिता में **भारतीय फुटबॉल टीम** ने भी भाग लिया है और **वर्ष 1964** में **उपविजेता** रही थी।

23. उत्तर-(c)

व्याख्याः प्राचीन भारत में **16 महाजनपदों** की स्थापना हुई हैं। ये **राजनीतिक-प्रशासनिक इकाइयाँ** थीं। उस समय की **16 महाजनपदों** की जानकारी बौद्ध ग्रंथ **अंगुत्तर निकाय** और **जैन ग्रंथ भगवती सूत्र** से मिलती है।

24. उत्तर-(b)

व्याख्याः पुराणों का उद्देश्य **धार्मिक** और **सांस्कृतिक परंपराओं** का प्रसार था। इनमें **सृष्टि**, **वंशावली** और **धर्मकथाएँ** वर्णित हैं। ये **जनसामान्य** के लिए रचे गए थे। इससे **सांस्कृतिक निरंतरता** बनी रही।

25. उत्तर-(c)

व्याख्याः गुरुकुल प्रणाली की प्रमुख विशेषता **गुरु-शिष्य** परंपरा थी। शिक्षा **आश्रम** में रहकर ग्रहण की जाती थी। यह **अनुशासन**, **सेवा** और **नैतिकता** पर आधारित थी। इससे **भारतीय शिक्षा परंपरा** की **विशिष्टता** स्पष्ट दिखाई देती है।

26. उत्तर-(b)

व्याख्याः भौगोलिक क्षेत्रफल की दृष्टि से **बागपत** का क्षेत्रफल (1321 किमी.) **सबसे कम** है, इसके बाद **गौतमबुद्ध नगर** (1442 किमी.), फिर **वाराणसी** (1535 किमी.) उसके बाद **मिर्जापुर** (4521 किमी.) और सबसे अधिक क्षेत्रफल **सोनभद्र** (6788 किमी.) का है।

27. उत्तर-(c)

व्याख्या: मैराथन दौड़ की आधिकारिक दूरी **42 किमी. 195 मीटर** निर्धारित है, जो मील में **26.2 मील** के बराबर होती है। यह दूरी **अंतर्राष्ट्रीय एथलेटिक्स मानकों** के अनुसार तय की गई है। **ओलंपिक** सहित सभी मान्यता प्राप्त **मैराथन प्रतियोगिताओं** में इसी दूरी पर दौड़ आयोजित की जाती है।

28. उत्तर-(c)

व्याख्या: जैव विविधता का अर्थ जीवों की प्रजातीय विविधता से है। इसमें **वनस्पति, जीव-जंतु** तथा **सूक्ष्म जीव** सभी सम्मिलित होते हैं। **जैव विविधता पारिस्थितिकी तंत्र** की स्थिरता बनाए रखती है। इसका संरक्षण **सतत विकास** के लिए आवश्यक है। **जैव विविधता अधिनियम** भारत की संसद द्वारा **वर्ष 2002** में पारित किया गया था।

29. उत्तर-(b)

व्याख्या: मानव शरीर में **श्वसन क्रिया** का मुख्य उद्देश्य **ऊर्जा** का **उत्पादन** करना है। **श्वसन** के दौरान **ऑक्सीजन** की सहायता से **भोजन** का **ऑक्सीकरण** होता है। इससे **ऊर्जा मुक्त** होती है जो शरीर की क्रियाओं के लिए आवश्यक है। यह जीवन की **मूल प्रक्रिया** है।

30. उत्तर-(d)

व्याख्या: नर्मदा नदी, उत्तर प्रदेश से होकर नहीं बहती है। इसका उद्गम **मध्यप्रदेश** के **अमरकंटक पहाड़ी** से पाया जाता और ये **अरब सागर** में गिरती है। **घाघरा, गोमती** और **यमुना** उत्तर प्रदेश की **प्रमुख नदियाँ** हैं।

31. उत्तर-(a)

व्याख्या: भारत वन स्थिति रिपोर्ट 2023 के अनुसार उत्तर प्रदेश में वनावरण का सर्वाधिक प्रतिशत **सोनभद्र** जिले में पाया जाता है, इसके बाद **चंदौली** और फिर **श्रावस्ती** का स्थान आता है।

32. उत्तर-(c)

व्याख्या: खुले सागर वे **समुद्री क्षेत्र** होते हैं, जहाँ **नदियों** से आने वाले **मीठे जल** का प्रभाव बहुत कम होता है। इस कारण यहाँ **लवणता** अपेक्षाकृत **अधिक** और **स्थिर** बनी रहती है। सामान्यत: खुले सागरों में लवणता **33ppt** से **37ppt** के बीच पायी जाती है। **वाष्पीकरण, तापमान** और **समुद्री धाराएँ** लवणता को नियंत्रित करती हैं। इसी कारण **खुले सागरों** की लवणता **बंद समुद्रों** या **नदी-प्रभावित** क्षेत्रों की तुलना में अधिक मानी जाती है।

33. उत्तर-(a)

व्याख्या: आपदा की स्थिति में **गृह रक्षक/होम गार्ड राहत** एवं **बचाव** कार्य में सहायता करता है। यह **प्रशासन** और **पुलिस** के साथ मिलकर कार्य करते है। **बाढ़, भूकंप** और **अग्निकांड** में इसकी भूमिका महत्त्वपूर्ण होती है। **गृह रक्षक/होम गार्ड** एक सहायक बल है।

34. उत्तर-(b)

व्याख्या: प्राकृतिक आपदाओं के दौरान **गृह रक्षक/होम गार्ड, जिला प्रशासन** एवं **आपदा प्रबंधन** प्राधिकरण के साथ समन्वय करता है। इससे **राहत** कार्य **सुचारु रूप** से संचालित किये जाते हैं। **प्रशासनिक नियंत्रण** बना रहता है।

35. उत्तर-(a)

व्याख्या: भारत वन स्थिति रिपोर्ट 2023 के अनुसार उत्तर प्रदेश में न्यूनतम वनावरण प्रतिशत वाले जिलों का सही क्रम **संभल, भदोही** एवं **मैनपुरी** है।

36. उत्तर-(c)

व्याख्या: सरसई नावर झील उत्तर प्रदेश की पहली **रामसर स्थल** (Ramsar Site) है। यह **इटावा-मैनपुरी** क्षेत्र में स्थित है। यह पक्षियों के संरक्षण की दृष्टि से महत्त्वपूर्ण है।

37. उत्तर-(a)

व्याख्या: हाल के वर्षों में **हैदरपुर आर्द्रभूमि** को रामसर स्थल में शामिल किया गया है। यह पश्चिमी उत्तर प्रदेश में स्थित क्षेत्र है। यह **जैव विविधता** संरक्षण के लिए महत्त्वपूर्ण है।

38. उत्तर-(d)

व्याख्या: वर्तमान में **भारत** में कुल **98 रामसर स्थल** हैं। जिसे फरवरी, 2026 में **उत्तर प्रदेश का पटना पक्षी अभयारण्य और गुजरात का छारी-ढांड (कच्छ)** क्रमश: **97 और 98 रामसर स्थल** के रूप में घोषित किया गया है। **रामसर स्थल जैव विविधता** और **पारिस्थितिकी संतुलन** के लिए महत्त्वपूर्ण हैं।

39. उत्तर-(c)

व्याख्या: भारतीय मानक ब्यूरो (Bureau of Indian Standards) भारत की **राष्ट्रीय मानक** निर्धारण संस्था है। इसकी स्थापना **वर्ष 1986** में BIS **अधिनियम, 1986** के अंतर्गत की गई थी। इससे पहले **भारत** में **मानकीकरण** का कार्य **भारतीय मानक संस्था** (ISI) द्वारा किया जाता था। **BIS** का मुख्य कार्य वस्तुओं और सेवाओं के लिए गुणवत्ता मानक निर्धारित करना, **ISI** चिह्न BIS द्वारा प्रमाणित उत्पादों पर दिया जाता है, जो गुणवत्ता का प्रतीक माना जाता है।

40. उत्तर-(b)

व्याख्या: ग्रीनहाउस गैसें **वैश्विक तापन** से संबंधित हैं। ये **पृथ्वी** की **ऊष्मा** को बाहर जाने से रोकती हैं। इससे औसत तापमान बढ़ने लगता है। यह **जलवायु परिवर्तन** का प्रमुख कारण है।

41. उत्तर-(c)

व्याख्या: उत्तर प्रदेश में **डॉल्फिन** संरक्षण परियोजना **गंगा नदी** से संबंधित है। गंगा **डॉल्फिन** भारत की राष्ट्रीय जलीय जीव है। **स्वच्छ जल** इसके जीवन के लिए आवश्यक है। भारत में **डाल्फिन संरक्षण** के लिए **प्रोजेक्ट डॉल्फिन** की शुरुआत **15 अगस्त, 2020** को **प्रधानमंत्री नरेन्द्र मोदी** द्वारा की गयी थी। इसका संरक्षण **जैव विविधता** के लिए महत्त्वपूर्ण है।

42. उत्तर-(a)

व्याख्या: ओजोन परत के क्षरण के लिए **क्लोरो-फ्लोरो-कार्बन** (CFC) उत्तरदायी है। ये गैसें **ओजोन अणुओं** को नष्ट करती हैं। इससे **पराबैंगनी किरणें** पृथ्वी तक पहुँचती हैं। यह **मानव स्वास्थ्य** के लिए हानिकारक है।

43. उत्तर-(c)

व्याख्या: ज्ञानपीठ पुरस्कार की शुरुआत **वर्ष 1961** में **भारतीय ज्ञानपीठ** द्वारा की गई थी। यह पुरस्कार भारत का **सर्वोच्च साहित्यिक सम्मान** है। यह पुरस्कार भारतीय भाषाओं के **साहित्यकारों** को उनके समग्र **साहित्यिक योगदान** के लिए प्रदान किया जाता है, न कि किसी एक पुस्तक के लिए। यह पुरस्कार भारत सरकार द्वारा नहीं, बल्कि एक स्वतंत्र साहित्यिक संस्था द्वारा दिया जाता है।

44. उत्तर-(b)

व्याख्या: उत्तर प्रदेश की जलवायु **उपोष्णकटिबंधीय मानसूनी** है। यहाँ **गर्मी**, **सर्दी** और **वर्षा** तीनों **ऋतुएँ** स्पष्ट दिखती हैं। मानसून **कृषि** के लिए अत्यंत महत्त्वपूर्ण है। यह जलवायु राज्य की **कृषि संरचना** को प्रभावित करती है।

45. उत्तर-(c)

व्याख्या: पारिस्थितिकी तंत्र में उत्पादक **हरित पौधे** होते हैं। ये **प्रकाश संश्लेषण** द्वारा भोजन बनाते हैं। और उपभोक्ता इन्हीं पर निर्भर होते हैं। उत्पादक **खाद्य श्रृंखला** की मुख्य आधार हैं।

46. उत्तर-(b)

व्याख्या: वर्ष 2011 की जनगणना के आधार पर प्रश्नगत विकल्पों के अनुसार उत्तर प्रदेश में **साक्षरता दर** सबसे अधिक **कानपुर नगर** जिले में दर्ज की गई है। इसके बाद **इटावा** और फिर **गाजियाबाद** का स्थान आता है।

47. उत्तर-(c)

व्याख्या: खसरा एक **विषाणुजनित** रोग है, जिस पर **प्रतिजैविक** (Antibiotics) प्रभावी नहीं होते, क्योंकि **एंटीबायोटिक** केवल जीवाणुजनित रोगों पर कार्य करते हैं। इसके विपरीत **टिटनेस**, **हैजा** और **क्षयरोग** जीवाणुजनित रोग हैं, जिनका उपचार **प्रतिजैविक** दवाओं से किया जाता है।

48. उत्तर-(b)

व्याख्या: रामसर सम्मेलन (Ramsar Convention) का मुख्य उद्देश्य **आर्द्रभूमि संरक्षण** है। इसकी शुरुआत **2 फरवरी, 1971** में **ईरान** के **रामसर शहर** में हुई थी इसने **वर्ष 1975** में कार्य करना प्रारंभ किया भारत इसका **वर्ष 1982** से सदस्य है। इसका उद्देश्य **जैव विविधता** की रक्षा करना है। भारत इस सम्मेलन का सक्रिय सदस्य है।

49. उत्तर-(c)

व्याख्या: केंद्रीय बजट 2026-27 में व्यक्तिगत आयकर की **दरों** और **स्लैब संरचना** में कोई परिवर्तन नहीं किया गया। सरकार ने **कर-प्रणाली** की स्थिरता बनाए रखने तथा **करदाताओं** को अनिश्चितता से बचाने के उद्देश्य से पूर्ववर्ती कर-स्लैब व्यवस्था को ही जारी रखा गया।

50. उत्तर-(b)

व्याख्या: उत्तर प्रदेश में सर्वाधिक वन क्षेत्र **तराई क्षेत्र** में पाये जाते है। यहाँ वर्षा अधिक होती है। **दुधवा राष्ट्रीय उद्यान** इसी क्षेत्र में स्थित है। यह **वन्यजीव संरक्षण** की दृष्टि से महत्त्वपूर्ण क्षेत्र है।

51. उत्तर-(d)

व्याख्या: भारत में **राष्ट्रीय आय** की गणना **आय**, **उत्पादन** और **व्यय** तीनों विधियों से की जाती है। व्यवहार में इनका संयुक्त उपयोग किया जाता है ताकि अधिक **सटीक अनुमान** लगाया जा सके।

52. उत्तर-(c)

व्याख्या: भारत में **मौद्रिक नीति** का निर्धारण **भारतीय रिजर्व बैंक** करता है। RBI **ब्याज दर**, **रेपो दर** और **नकद आरक्षित अनुपात** जैसे उपकरणों का उपयोग करता है। इसका उद्देश्य **मूल्य स्थिरता** और **आर्थिक विकास** जारी रहे। यह **केंद्रीय बैंक** की संवैधानिक भूमिका है।

53. उत्तर-(b)

व्याख्या: वर्ष 2011 की जनगणना के अनुसार उत्तर प्रदेश में साक्षरता दर सबसे कम **बलरामपुर** जिले में दर्ज की गई है। इसके बाद **बदायूँ** और फिर **रामपुर** का स्थान आता है।

54. उत्तर-(b)

व्याख्या: रेडियो का आविष्कार **गुग्लिएल्मो मार्कोनी** द्वारा किया गया था, जबकि **कार्ल बेंज** का संबंध मोटर कार के आविष्कार से है। **चार्ल्स बैबेज** को कम्प्यूटर का जनक माना जाता है, **टॉरिसेली** ने **बैरोमीटर** का आविष्कार किया था तथा **माइकल फैराडे** ने **विद्युत-चुंबकत्व** के क्षेत्र में महत्वपूर्ण कार्य करते हुए **डायनमो** के विकास में योगदान दिया।

55. उत्तर-(b)

व्याख्या: भारत का **राष्ट्रीय प्रतीक** अशोक स्तंभ **सारनाथ** से लिया गया है। यह मौर्य सम्राट अशोक द्वारा स्थापित किया गया था। चार **सिंह शक्ति** और **धर्म चक्र** और नीचे **सत्यमेव जयते** अंकित है। हैं। इसे **26 जनवरी, 1950** को राष्ट्रीय प्रतीक के रूप में अपनाया गया।

56. उत्तर-(c)

व्याख्या: pH मान किसी पदार्थ की **अम्लीय** या **क्षारीय** प्रकृति को दर्शाता है। इसका मान **0 से 14** के बीच होता है। **pH** 7 सामान्य मान माना जाता है। **यह रसायन विज्ञान** की मूल अवधारणा है।

57. उत्तर-(c)

व्याख्या: संचार उपग्रह पृथ्वी के एक समान **कोणीय वेग** से उसकी परिक्रमा करते हैं, जिसके कारण वे पृथ्वी के किसी एक निश्चित स्थान के ऊपर स्थिर प्रतीत होते हैं। इस विशेष कक्षा को **भू-स्थिर कक्षा** कहा जाता है। वास्तव में ये उपग्रह पूर्ण रूप से स्थिर नहीं होते, बल्कि पृथ्वी के साथ-साथ घूमते रहते हैं। यही कारण है कि **संचार उपग्रह** न तो बार-बार अपना **पथ** बदलते हैं और न ही स्वतंत्र रूप से भ्रमण करते हैं।

58. उत्तर-(d)

व्याख्या: सामान्य विज्ञान के अनुसार **लोहा** ऐसा पदार्थ माना जाता है जिसकी **विद्युत चालकता** तापक्रम बढ़ने पर बढ़ती है। इसके विपरीत **तांबा, एल्युमिनियम** और **चांदी** जैसी अच्छी चालक धातुओं में ताप बढ़ने पर **इलेक्ट्रॉनों** का प्रकीर्णन बढ़ जाता है, जिससे उनकी चालकता सामान्यत: घट जाती है।

59. उत्तर-(c)

व्याख्या: भारत की अर्थव्यवस्था को **मिश्रित अर्थव्यवस्था** कहा जाता है। इसमें **सार्वजनिक** और **निजी** दोनों क्षेत्रों की भूमिका होती है। यह **संतुलित विकास** का मॉडल है। पूँजीवादी अर्थव्यवस्था उत्पादों के **माँग-आपूर्ति** पर आधारित है जबकि **समाजवादी अर्थव्यवस्था** में उत्पादन पर सरकार का नियंत्रण होता है।

60. उत्तर-(d)

व्याख्या: भारतीय संविधान के **अनुच्छेद-360** के अंतर्गत **वित्तीय आपात** की व्यवस्था की गई है, जिसका उद्देश्य देश की **वित्तीय स्थिरता** को **सुरक्षित रखना** है। हालांकि स्वतंत्रता के बाद से आज तक **भारत** में कभी भी **वित्तीय आपात** लागू नहीं किया गया है। इसके विपरीत **राष्ट्रीय आपात** (अनुच्छेद-352) और **राष्ट्रपति शासन** (अनुच्छेद-356) का प्रयोग अनेक बार किया जा चुका है।

61. उत्तर-(b)

व्याख्या: उत्तर प्रदेश **गृह रक्षक/होम गार्ड प्रशासनिक** रूप से **गृह विभाग** के अंतर्गत आता है। यह विभाग **आंतरिक सुरक्षा** से संबंधित है। **गृह रक्षक/होम गार्ड पुलिस** और **प्रशासन** की सहायता करता है। यह एक **सहायक बल** है।

62. उत्तर-(c)

व्याख्या: तुलुगमा रणनीति पार्श्व (पीछे से) आक्रमण पर आधारित **युद्ध नीति** थी, जिसमें **शत्रु सेना** को दोनों ओर से घेरकर पीछे से **आक्रमण** किया जाता था। यह **मध्य एशियाई युद्ध** शैली थी, जिसका बाबर ने भारत में सफलतापूर्वक प्रयोग किया, विशेष रूप से **पानीपत** के **प्रथम युद्ध** (1526) में, जिससे शत्रु सेना भ्रमित होकर चारों तरफ से घिर जाती थी और उसकी शक्ति कमजोर हो जाती थी।

63. उत्तर-(a)

व्याख्या: कपास एक **खरीफ फसल** है, जिसकी बुवाई सामान्यत: **मानसून** के **आगमन** के साथ **जून-जुलाई** में की जाती है और कटाई **अक्टूबर** से **जनवरी** के बीच होती है। इसके लिए अधिक **तापमान** और **पर्याप्त वर्षा** की आवश्यकता होती है। **भारत** के कई भागों में कपास की खेती वर्षा पर निर्भर होती है।

64. उत्तर-(a)

व्याख्या: पानीपत का **प्रथम युद्ध 1526 ई.** में **बाबर** और **इब्राहिम लोदी** के बीच लड़ा गया, जिसमें **बाबर** विजय हुआ। जबकि **खानवा का युद्ध 1527 ई.** में **बाबर** और **राणा सांगा** के बीच हुआ; **चौसा का युद्ध 1539 ई.** में **हुमायूँ** और **शेरशाह सूरी** के बीच हुआ, जिसमें हुमायूँ पराजित हुआ; इसके पश्चात् **कन्नौज** (बिलग्राम) का युद्ध 1540 ई. में हुआ, और **शेरशाह सूरी** ने **दिल्ली** पर **अधिकार** कर लिया।

65. उत्तर-(c)

व्याख्या: वर्ष 2025 में **शंघाई सहयोग संगठन** (Shanghai Cooperation Organisation) का **शिखर सम्मेलन चीन** के **तियानजिन** (Tianjin) शहर में आयोजित किया गया था। इस **शिखर सम्मेलन** की आधिकारिक थीम **प्रमोटिंग द शंघाई समिट एससीओ इन एक्शन** (Advancing the Shanghai Spirit: SCO in Action) रखी गई थी, जिसका उद्देश्य **क्षेत्रीय सुरक्षा**, **आर्थिक सहयोग** और **बहुपक्षीय समन्वय** को मजबूत करना था। इसी **शिखर सम्मेलन** के बाद **SCO** की **अध्यक्षता क्रम** के अनुसार यह तय किया गया कि **वर्ष 2026** में **SCO शिखर सम्मेलन किर्गिस्तान** में आयोजित किया जाएगा।

66. उत्तर-(b)

व्याख्या: विटामिन B को **थायमिन** कहा जाता है और इसकी कमी से **बेरी-बेरी** नामक रोग होता है, जिसमें **तंत्रिका तंत्र** और **मांसपेशियों** पर प्रतिकूल प्रभाव पड़ता है। **विटामिन A** की कमी से **रतौंधी**, **विटामिन C** की कमी से **स्कर्वी** तथा **विटामिन D** की कमी से **रिकेट्स** रोग होता है।

67. उत्तर-(d)

व्याख्या: कांवरताल झील (कंवर झील) **बिहार** के **बेगूसराय** जिले में स्थित है और यह **बिहार** की पहली **रामसर स्थल** है, इसके विपरीत **सांडी पक्षी विहार** उत्तर प्रदेश के **हरदोई** जिले में, **नवाबगंज पक्षी विहार** (शहीद चंद्रशेखर आजाद पक्षी विहार) **उत्तर प्रदेश** के **उन्नाव** जिले में तथा **सूर सरोवर** (कीठम झील) **उत्तर प्रदेश** के **आगरा** जिले में स्थित प्रमुख **रामसर स्थल** हैं।

68. उत्तर-(d)

व्याख्या: जल में **वायु** का बुलबुला **अवतल लेंस** की तरह व्यवहार करता है क्योंकि **वायु** का **अपवर्तनांक जल** से कम होता है, इसलिए जब प्रकाश जल से वायु के बुलबुले में प्रवेश करता है तो **किरणें अपसारित** (Diverge) हो जाती हैं।

69. उत्तर-(a)

व्याख्या: रिलैक्सिन एक **हार्मोन** है, जो **गर्भावस्था** के दौरान मुख्यत: **प्लेसेंटा** और **अंडाशय** द्वारा **स्रावित** होता है; यह महिलाओं की **श्रोणि मेखला** (Pelvic girdle) तथा **प्यूबिक सिम्फाइसिस** में **शिथिलता** उत्पन्न करता है, जिससे **प्रसव** के समय **शिशु का जन्म** आसान हो जाता है।

70. उत्तर-(c)

व्याख्या: हिंदू विवाह अधिनियम, 1955 हिंदुओं के **विवाह**, **तलाक** तथा **न्यायिक पृथक्करण** को कानूनी रूप प्रदान करने वाला एक महत्वपूर्ण कानून है। यह अधिनियम **18 मई, 1955** से लागू हुआ था। इसके अंतर्गत **विवाह** को **एकांगी** एवं **विधिसम्मत संस्था** के रूप में मान्यता दी गई है। साथ ही, यह अधिनियम **लैंगिक समानता** को बढ़ावा देने तथा **महिलाओं** के अधिकारों की **रक्षा** के उद्देश्य से लाया गया था।

71. उत्तर-(a)

व्याख्या: रैयतवाड़ी प्रथा में सरकार सीधे **किसान** (रैयत) से **भूमि-राजस्व** की वसूली करती थी। **स्थायी बंदोबस्त** में **भूमि-राजस्व** को **स्थायी रूप** से निश्चित कर दिया गया था। जबकि **जमींदारी प्रथा** में **जमींदार सरकार** और **किसान** के **बीच मध्यस्थ** की **भूमिका** निभाता था। **महालवारी प्रथा** में **गाँव** या **महल** को **कर निर्धारण** की इकाई माना गया।

72. उत्तर-(b)

व्याख्या: सिराज-ए-हिंद का अर्थ **भारत** का **दीपक** या **प्रकाश स्तंभ** होता है। यह उपाधि **मध्यकाल** में **जौनपुर** नगर को दी गई थी, क्योंकि **तुगलक काल** में यह नगर एक महत्वपूर्ण **प्रशासनिक**, **सांस्कृतिक** और **शैक्षिक केंद्र** के रूप में प्रसिद्ध था।

73. उत्तर-(b)

व्याख्या: उत्तर प्रदेश **भारत** में **गेहूँ**, **आलू** और **गन्ना** के उत्पादन में **प्रथम स्थान** पर है, इसलिए इन तीनों फसलों के संदर्भ में **उत्तर प्रदेश** को देश का **अग्रणी राज्य** माना जाता है।

74. उत्तर-(b)

व्याख्या: भातखंडे हिन्दुस्तानी संगीत महाविद्यालय, **लखनऊ उत्तर प्रदेश** का **प्रथम संगीत शिक्षण संस्थान** है। **भारत कला भवन**, **वाराणसी एक संग्रहालय** एवं **कला** केंद्र है। **प्रयाग संगीत समिति** एक सांस्कृतिक संस्था है।

75. उत्तर-(c)

व्याख्या: केंद्रीय पक्षी अनुसंधान संस्थान (CARI) उत्तर प्रदेश के **बरेली** जिले के **इज्जतनगर** में स्थित है और इसकी स्थापना **वर्ष 1979** में हुई थी। यह संस्थान **पोल्ट्री** (कुक्कुट) **अनुसंधान** और **प्रशिक्षण** का **राष्ट्रीय** प्रमुख केंद्र है। कानपुर **औद्योगिक** व **शैक्षिक केंद्र** है, **आगरा एक पर्यटन** एवं **ऐतिहासिक नगर** है।

76. उत्तर-(b)

व्याख्याः अगरिया जनजाति, **उत्तर प्रदेश** की एक प्रमुख **जनजाति** है, जिसका मुख्य निवास **सोनभद्र** और **मिर्जापुर** जिलों में है; **गाजीपुर** और **गाजियाबाद** में इनकी जनसंख्या **नगण्य** है।

77. उत्तर-(a)

व्याख्याः संविधान की उद्देशिका में **समाजवादी** और **धर्मनिरपेक्ष** एवं **अखंडता** शब्द मूल रूप से शामिल नहीं थे। इन्हें **42वें संविधान संशोधन अधिनियम** 1976 के द्वारा जोड़ा गया। प्रारंभिक उद्देशिका में **संप्रभु**, **लोकतांत्रिक** और **गणराज्य** शब्द थे।

78. उत्तर-(c)

व्याख्याः भारत के **राष्ट्रपति** का निर्वाचन **आनुपातिक प्रतिनिधित्व प्रणाली** द्वारा **एकल संक्रमणीय** मत के माध्यम से किया जाता है। इसमें **निर्वाचक मंडल** भाग लेता है। यह प्रणाली **अल्पमत** को भी प्रतिनिधित्व देती है। इससे **निष्पक्ष चुनाव** सुनिश्चित होता है।

79. उत्तर-(c)

व्याख्याः IMF का प्रमुख कार्य सदस्य देशों को **भुगतान संतुलन** (Balance of Payments) की समस्या से निपटने हेतु **वित्तीय सहायता देना** और **वैश्विक मौद्रिक स्थिरता** बनाए रखना है।

80. उत्तर-(d)

व्याख्याः वर्ष 2011 की जनगणना के अनुसार **मिजोरम** राज्य का **सेरछिप** जिला **भारत** में सर्वाधिक **साक्षरता दर** वाला जिला था। इस जिले की साक्षरता दर **लगभग 98.76 प्रतिशत** दर्ज की गई थी, जिससे यह देश में **प्रथम स्थान** पर है। **सेरछिप** जिले के बाद **आइजोल** जिला **लगभग 98.50 प्रतिशत** साक्षरता दर के साथ **दूसरे स्थान** पर था।

81. उत्तर-(b)

व्याख्याः मिट्टी के घड़े में **सूक्ष्म छिद्र** होते हैं, जिनसे पानी **धीरे-धीरे** बाहर आकर **वाष्पीकरण** करता है। **वाष्पीकरण** की प्रक्रिया में पानी अपने आसपास से **ऊष्मा** ले लेता है, जिससे शेष पानी का तापमान कम हो जाता है और वह **ठंडा महसूस** होता है।

82. उत्तर-(b)

व्याख्याः उत्तर प्रदेश **गृह रक्षक/होम गार्ड** का **महानिदेशक** (Director General) सामान्यतः पुलिस महानिदेशक स्तर का अधिकारी होता है। वह संगठन का प्रशासनिक प्रमुख होता है। **DG नीति**, **प्रशिक्षण** और **तैनाती** का संचालन करता है। यह पद **गृह विभाग** के अंतर्गत आता है।

83. उत्तर-(b)

व्याख्याः वर्ष 2026 के **पद्म पुरस्कारों** की सूची में **कुल 19 महिलाएँ** सम्मानित की गईं, जबकि **Foreigners/NRI/PIO/OCI श्रेणी** के **6 व्यक्तियों** को भी पुरस्कार प्रदान किया गया, जो पुरस्कारों में **अंतरराष्ट्रीय सहभागिता** को दर्शाता है।

84. उत्तर-(a)

व्याख्याः टेसी थॉमस को **भारत** की **मिसाइल लेडी** के नाम से जाना जाता है क्योंकि वे **DRDO** की महिला वैज्ञानिक हैं और **अग्नि-IV** व **अग्नि-V** मिसाइल परियोजनाओं की प्रमुख रही हैं। **किरण बेदी** पहली महिला **IPS** अधिकारी हैं एवं **कल्पना चावला** और **सुनीता विलियम्स NASA** की अंतरिक्ष यात्री एवं महिला वैज्ञानिक हैं।

85. उत्तर-(a)

व्याख्याः पृथ्वी के चारों ओर **वायुमंडल** की परतों का सही क्रम नीचे से ऊपर की ओर **क्षोभमंडल**, **समतापमंडल**, **मध्यमंडल**, **आयनमंडल** और **बहिर्मंडल** होता है; **क्षोभमंडल** में मौसम संबंधी घटनाएँ होती हैं, **समतापमंडल** में ओजोन परत पायी जाती है, **मध्यमंडल** में उल्काएँ जलती हैं, **आयनमंडल रेडियो तरंगों** के परावर्तन में सहायक होता है और **बहिर्मंडल** सबसे बाहरी परत है।

86. उत्तर-(b)

व्याख्याः जब प्रकाश **सघन माध्यम** से **विरल माध्यम** में जाता है और आपतन कोण **क्रांतिक कोण** से अधिक होता है, तब प्रकाश पूरी तरह उसी माध्यम में लौट आता है, इसे ही **पूर्ण आंतरिक परावर्तन** कहते हैं।

87. उत्तर-(b)

व्याख्याः फलों को **कृत्रिम रूप** से पकाने के लिए **कैल्शियम कार्बाइड** (CaC_2) का उपयोग किया जाता है, क्योंकि यह नमी के संपर्क में आने पर **एसीटिलीन गैस** (C_2H_2) उत्पन्न करता है, जो **एथिलीन** की तरह कार्य करके फलों के पकने की प्रक्रिया को तेज कर देता है।

88. उत्तर-(c)

व्याख्याः उत्तर प्रदेश, **भारत** का **द्विसदनीय** राज्य है। जिसमें **विधान सभा** और **विधान परिषद** दोनों हैं। **विधान परिषद** एक **स्थायी सदन** है। राज्य में उच्च सदन के निर्माण और उन्मूलन का प्रावधान **भारतीय संविधान** के **अनुच्छेद-169** में है।

89. उत्तर-(c)

व्याख्याः एम्फाइसीमा एक **श्वसन** रोग है, जिसमें **फेफड़ों** की **वायु थैलियाँ** (Alveoli) **क्षतिग्रस्त** हो जाती हैं, जिससे **ऑक्सीजन** का **आदान-प्रदान** ठीक से नहीं हो पाता और रोगी को साँस लेने में कठिनाई होती है।

90. उत्तर-(c)

व्याख्या: **पेप्सिन** एक **एंजाइम** है, जो **प्रोटीन** के **पाचन** में सहायता करता है, जबकि **गैस्ट्रिन**, **सीक्रेटिन** और **कोलेसिस्टोकिनिन** सभी **पाचन** से संबंधित **हार्मोन** हैं, जो **जठर**, **अग्न्याशय** और **पित्ताशय** की क्रियाओं को नियंत्रित करते हैं।

91. उत्तर-(b)

व्याख्या: **बासमती चावल** में **एमाइलोज** (Amylose) नामक **स्टार्च** की मात्रा अधिक होती है, जिसके कारण पकने पर दाने **लंबे**, **खिले-खिले** रहते हैं और विशेष **खुशबू** व **स्वाद** आता है; जबकि **शर्करा**, **तेल** या **प्रोटीन** इसका मुख्य कारण नहीं होते।

92. उत्तर-(c)

व्याख्या: **भारत-बांग्लादेश** सीमा की सुरक्षा का कार्य **सीमा सुरक्षा बल** (BSF) करता है, जो **भारत** की **अर्धसैनिक बल** है और **अंतर्राष्ट्रीय सीमाओं** की **निगरानी**, **अवैध घुसपैठ रोकना** तथा **सीमा पर कानून-व्यवस्था बनाए रखना** इसका प्रमुख कार्य है, जबकि **CRPF आंतरिक सुरक्षा**, **NSG आतंकवाद-रोधी** और **SSB नेपाल-भूटान** सीमा की सुरक्षा करता है।

93. उत्तर-(a)

व्याख्या: **विनोबा भावे** को **वर्ष 1958** में **रेमन मैग्सेसे पुरस्कार** प्रदान किया गया था। वे इस पुरस्कार को पाने वाले पहले भारतीय थे। यह पुरस्कार **एशिया** में **सामाजिक सेवा**, **नेतृत्व** और **जनकल्याण** के क्षेत्र में **उत्कृष्ट योगदान** के लिए दिया जाता है और इसे **एशिया** का **नोबेल पुरस्कार** भी कहा जाता है। इस पुरस्कारों की शुरुआत **वर्ष 1957** से हुई थी।

94. उत्तर-(c)

व्याख्या: **राष्ट्रीय राजधानी क्षेत्र** (NCR) में उत्तर प्रदेश के **गाजियाबाद**, **मेरठ**, **गौतम बुद्ध नगर**, **हापुड़**, **बागपत** आदि जिले शामिल हैं, जबकि **बुलंदशहर** NCR का हिस्सा नहीं है।

95. उत्तर-(c)

व्याख्या: **पीर पंजाल रेलवे सुरंग** (जिसे बनिहाल-काजीगुंड सुरंग भी कहते हैं) **जम्मू-कश्मीर** में स्थित है और इसकी लंबाई लगभग **11.2 किमी.** है। यह भारत की सबसे **लंबी रेलवे सुरंग** है और **जम्मू** को **कश्मीर घाटी** से रेल मार्ग द्वारा जोड़ती है।

96. उत्तर-(b)

व्याख्या: **शांति वन**, **पंडित जवाहरलाल नेहरू** का **समाधि स्थल** है, जबकि **राजघाट महात्मा गांधी** का **समाधि** स्थल माना जाता है। इसी प्रकार **विजय घाट** भारत के दूसरे **प्रधानमंत्री लाल बहादुर शास्त्री** का समाधि स्थल है तथा महाप्रयाण घाट देश के प्रथम राष्ट्रपति **डॉ. राजेन्द्र प्रसाद** का समाधि स्थल है।

97. उत्तर-(a)

व्याख्या: वर्ष 2011 की जनगणना के अनुसार उत्तर प्रदेश में दशकीय वृद्धि सबसे अधिक श्रावस्ती जिले में (30.5%) दर्ज की गई है। इसके बाद बहराइच जिले में (29.3%) एवं बलरामपुर जिले में (27.7%) दर्ज किया गया है।

98. उत्तर-(a)

व्याख्या: **गेहूँ**, **चना**, **सरसों** और **जौ** सभी **रबी** फसलें हैं, जिन्हें **वर्षा ऋतु** में बोया जाता है; जबकि **धान**, **मक्का**, **कपास**, **ज्वार**, **बाजरा** आदि फसलें **खरीफ फसल** के अंतर्गत आती है।

99. उत्तर-(c)

व्याख्या: **सेब** में सर्वाधिक **विटामिन C** प्रचुर मात्रा में पाया जाता है, जो शरीर की **रोग प्रतिरोधक** क्षमता बढ़ाने और **त्वचा** को **स्वस्थ** रखने में सहायक होता है।

100. उत्तर-(a)

व्याख्या: **आईएनएस अरिहंत** भारत की **पहली स्वदेशी परमाणु पनडुब्बी** है, जिसे **वर्ष 2016** में **भारतीय नौसेना** में शामिल किया गया था और यह **भारत** की **न्यूक्लियर ट्रायड** क्षमता का महत्वपूर्ण हिस्सा है।

होमगार्ड प्रैक्टिस सैट-11

1. हड़प्पा सभ्यता के किस स्थल से नर्तकी की कांस्य मूर्ति प्राप्त हुई थी?
   (a) लोथल (b) राखीगढ़ी
   (c) मोहनजोदड़ो (d) बनावली

2. बौद्ध धर्म के प्रचार के लिए अशोक ने श्रीलंका किसे भेजा था?
   (a) महेंद्र और संघमित्रा (b) उपगुप्त
   (c) भद्रबाहु (d) वसुमित्र

3. गुप्त काल के दौरान भारत का नेपोलियन किसे कहा गया है?
   (a) चंद्रगुप्त प्रथम (b) समुद्रगुप्त
   (c) स्कंदगुप्त (d) कुमारगुप्त

4. निम्नलिखित सूची-I को सूची-II से सुमेलित कीजिए-

सूची-I	सूची-II
A. तराइन का प्रथम युद्ध	1. 1192 ई.
B. तराइन का द्वितीय युद्ध	2. 1191 ई.
C. चंदावर का युद्ध	3. 1526 ई.
D. पानीपत का प्रथम युद्ध	4. 1194 ई.

   कूट:
   (a) A-2, B-1, C-4, D-3 (b) A-1, B-2, C-3, D-4
   (c) A-2, B-1, C-3, D-4 (d) A-4, B-3, C-2, D-1

5. अष्टदिग्गज किस प्रसिद्ध मध्यकालीन शासक के दरबार की शोभा बढ़ाते थे?
   (a) शिवाजी महाराज (b) कृष्णदेव राय
   (c) अकबर (d) चंद्रगुप्त द्वितीय

6. दिल्ली के किस सुल्तान ने लौह एवं रक्त की नीति अपनाई थी?
   (a) इल्तुतमिश (b) अलाउद्दीन खिलजी
   (c) बलबन (d) मुहम्मद बिन तुगलक

7. मुगल सम्राट अकबर द्वारा दीन-ए-इलाही की स्थापना किस वर्ष की गई थी?
   (a) 1575 ई० (b) 1581 ई०
   (c) 1582 ई० (d) 1585 ई०

8. भारत में स्थानीय स्वशासन का जनक किसे माना जाता है?
   (a) लॉर्ड डफरिन (b) लॉर्ड कर्जन
   (c) लॉर्ड रिपन (d) लॉर्ड लिटन

9. स्वराज मेरा जन्मसिद्ध अधिकार है और मैं इसे लेकर रहूँगा यह नारा किसने दिया?
   (a) लाला लाजपत राय (b) बाल गंगाधर तिलक
   (c) सुभाष चंद्र बोस (d) बिपिन चंद्र पाल

10. निम्नलिखित में से किसने आर्य समाज की स्थापना 1875 में की थी?
   (a) स्वामी दयानंद सरस्वती (b) राजा राममोहन राय
   (c) स्वामी विवेकानंद (d) केशव चंद्र सेन

11. चंपारण सत्याग्रह (वर्ष 1917) महात्मा गांधी का भारत में पहला सत्याग्रह था, यह किससे संबंधित था?
   (a) नमक कर (b) नील की खेती
   (c) मिल मजदूरों की हड़ताल (d) राजस्व वृद्धि

12. वर्नाकुलर प्रेस एक्ट (वर्ष 1878) किस वायसराय द्वारा पारित किया गया था?
   (a) लॉर्ड लिटन (b) लॉर्ड रिपन
   (c) लॉर्ड मेयो (d) लॉर्ड डलहौजी

13. सुभाष चंद्र बोस ने आजाद हिंद फौज की कमान किस वर्ष संभाली थी?
   (a) वर्ष 1941 (b) वर्ष 1942
   (c) वर्ष 1943 (d) वर्ष 1945

14. कैबिनेट मिशन किस वर्ष भारत आया था?
   (a) वर्ष 1942 (b) वर्ष 1945
   (c) वर्ष 1946 (d) वर्ष 1947

15. निम्नलिखित सूची-I को सूची-II से सुमेलित कीजिए-

सूची-I (संस्था)	सूची-II (संस्थापक)
A. फॉरवर्ड ब्लॉक	1. ज्योतिबा फुले
B. सत्यशोधक समाज	2. सुभाष चंद्र बोस
C. गदर पार्टी	3. एनी बेसेंट
D. होम रूल लीग	4. लाला हरदयाल

   कूट:
   (a) A-2, B-1, C-4, D-3 (b) A-1, B-2, C-3, D-4
   (c) A-2, B-3, C-4, D-1 (d) A-3, B-1, C-2, D-4

16. कुचिपुड़ी शास्त्रीय नृत्य मुख्य रूप से किस राज्य से संबंधित है?
   (a) तमिलनाडु (b) कर्नाटक
   (c) ओडिशा (d) आंध्र प्रदेश

17. प्रसिद्ध महाबोधि मंदिर, जिसे यूनेस्को विरासत स्थल घोषित किया गया है, कहाँ स्थित है?
(a) कुशीनगर (b) बोधगया
(c) सारनाथ (d) लुम्बिनी

18. छऊ नृत्य भारत के किन राज्यों में प्रचलित है?
(a) उत्तर प्रदेश और बिहार
(b) पश्चिम बंगाल, ओडिशा और झारखंड
(c) राजस्थान और गुजरात
(d) केरल और तमिलनाडु

19. सबसे प्राचीन तमिल व्याकरण ग्रंथ कौन सा है?
(a) तोल्काप्पियम (b) मणिमेकलाई
(c) सिलप्पदिकारम (d) जीवक चिंतामणि

20. सबसे पहले संस्कृत व्याकरण की रचना किसने की थी?
(a) वेदव्यास (b) वाल्मीकि
(c) पाणिनी (d) पतंजलि

21. भारतीय संविधान की प्रस्तावना में समाजवादी और पंथनिरपेक्ष शब्द किस संशोधन द्वारा जोड़े गए?
(a) 40वाँ संशोधन (b) 42वाँ संशोधन
(c) 44वाँ संशोधन (d) 52वाँ संशोधन

22. अस्पृश्यता (Untouchability) का अंत संविधान के किस अनुच्छेद में वर्णित है?
(a) अनुच्छेद 15 (b) अनुच्छेद 16
(c) अनुच्छेद 17 (d) अनुच्छेद 18

23. भारत के राष्ट्रपति को पद की शपथ कौन दिलाता है?
(a) उपराष्ट्रपति (b) प्रधानमंत्री
(c) भारत के मुख्य न्यायाधीश (d) लोकसभा अध्यक्ष

24. निम्नलिखित को सूची-I से सूची-II सुमेलित कीजिए-

सूची-I (संवैधानिक प्रावधान)	सूची-II (स्रोत देश)
A. मौलिक अधिकार	1. आयरलैंड
B. नीति निदेशक तत्व	2. अमेरिका
C. संसदीय प्रणाली	3. दक्षिण अफ्रीका
D. संविधान संशोधन	4. ब्रिटेन

कूट:
(a) A-2, B-1, C-4, D-3 (b) A-1, B-2, C-3, D-4
(c) A-2, B-4, C-1, D-3 (d) A-4, B-1, C-2, D-3

25. ग्राम पंचायतों का संगठन संविधान के किस अनुच्छेद के अंतर्गत आता है?
(a) अनुच्छेद 38 (b) अनुच्छेद 40
(c) अनुच्छेद 44 (d) अनुच्छेद 48

26. संविधान के किस भाग को भारत का मैग्नाकार्टा कहा जाता है?
(a) भाग II (b) भाग III
(c) भाग IV (d) भाग IX

27. समान नागरिक संहिता का उल्लेख किस अनुच्छेद में है?
(a) अनुच्छेद 40 (b) अनुच्छेद 42
(c) अनुच्छेद 44 (d) अनुच्छेद 46

28. संसद के संयुक्त अधिवेशन को कौन बुलाता है?
(a) राष्ट्रपति (b) प्रधानमंत्री
(c) लोकसभा अध्यक्ष (d) उपराष्ट्रपति

29. वित्त आयोग (Finance Commission) का गठन किस अनुच्छेद के तहत किया जाता है?
(a) अनुच्छेद 263 (b) अनुच्छेद 280
(c) अनुच्छेद 315 (d) अनुच्छेद 324

30. भारतीय संविधान की 8वीं अनुसूची का संबंध किससे है?
(a) दल-बदल (b) पंचायतें
(c) आधिकारिक भाषाएँ (d) नगर पालिकाएँ

31. भारत का मानक समय रेखा कहाँ से गुजरती है?
(a) प्रयागराज (नैनी) (b) पटना
(c) अहमदाबाद (d) कोलकाता

32. भारत की सबसे लंबी तटरेखा वाला राज्य कौन सा है?
(a) आंध्र प्रदेश (b) गुजरात
(c) महाराष्ट्र (d) तमिलनाडु

33. शिवसमुद्रम जलप्रपात किस नदी पर स्थित है?
(a) नर्मदा (b) कृष्णा
(c) कावेरी (d) गोदावरी

34. निम्नलिखित सूची-I को सूची-II से सुमेलित कीजिए-

सूची-I	सूची-II
A. जोजिला दर्रा	1. सिक्किम
B. नाथुला दर्रा	2. लद्दाख
C. शिपकी ला	3. अरुणाचल प्रदेश
D. बोमडिला	4. हिमाचल प्रदेश

कूट:
(a) A-2, B-1, C-4, D-3 (b) A-1, B-2, C-3, D-4
(c) A-2, B-4, C-1, D-3 (d) A-3, B-1, C-2, D-4

35. अंडमान और निकोबार द्वीप समूह को कौन सा चैनल अलग करता है?
(a) 8 डिग्री चैनल (b) 9 डिग्री चैनल
(c) 10 डिग्री चैनल (d) पाक जलडमरूमध्य

36. भारत में सबसे पुरानी तेल रिफाइनरी कहाँ स्थित है?
(a) जामनगर (b) डिगबोई (असम)
(c) हल्दिया (d) बरौनी

37. किस मिट्टी को रेगुर मिट्टी के नाम से जाना जाता है?

(a) जलोढ़ मिट्टी (b) लाल मिट्टी

(c) काली मिट्टी (d) लेटेराइट मिट्टी

38. धुआंधार जलप्रपात किस नदी द्वारा निर्मित है?

(a) चंबल (b) नर्मदा

(c) ताप्ती (d) माही

39. काजीरंगा राष्ट्रीय उद्यान किस राज्य में स्थित है?

(a) पश्चिम बंगाल (b) असम

(c) उत्तराखंड (d) मणिपुर

40. हिमालय की सबसे बाहरी पर्वत श्रेणी कौन सी है?

(a) हिमाद्रि (b) हिमाचल

(c) शिवालिक (d) अरावली

41. पारिस्थितिकी तंत्र में ऊर्जा का प्राथमिक स्रोत क्या है?

(a) हरे पौधे (b) सूर्य का प्रकाश

(c) चंद्रमा का प्रकाश (d) सूक्ष्मजीव

42. क्योटो प्रोटोकॉल निम्नलिखित में से किससे संबंधित है?

(a) ओजोन क्षरण (b) जलवायु परिवर्तन

(c) समुद्री प्रदूषण (d) वन्यजीव व्यापार

43. पर्यावरण संरक्षण अधिनियम भारत में किस वर्ष पारित किया गया था?

(a) वर्ष 1972 (b) वर्ष 1980

(c) वर्ष 1986 (d) वर्ष 1992

44. वायुमंडल में ऑक्सीजन का प्रतिशत लगभग कितना है?

(a) 78% (b) 21%

(c) 0.03% (d) 0.9%

45. निम्नलिखित को सूची-। से सूची-॥ सुमेलित कीजिए-

सूची-। (दिवस)	सूची-॥ (तिथि)
A. विश्व ओजोन दिवस	1. 22 मार्च
B. विश्व जल दिवस	2. 16 सितंबर
C. विश्व पृथ्वी दिवस	3. 5 जून
D. विश्व पर्यावरण दिवस	4. 22 अप्रैल

कूट:

(a) A-2, B-1, C-4, D-3 (b) A-1, B-2, C-3, D-4

(c) A-3, B-1, C-2, D-4 (d) A-2, B-4, C-1, D-3

46. निम्नलिखित में से कौन-सी एक ग्रीनहाउस गैस नहीं है?

(a) कार्बन डाइऑक्साइड (b) मीथेन

(c) नाइट्रोजन (d) जलवाष्प

47. जैव विविधता का अंतर्राष्ट्रीय कार्यालय कहाँ स्थित है?

(a) रोम (b) जेनेवा

(c) पेरिस (d) नैरोबी

48. रेड डेटा बुक (Red Data Book) में किनकी जानकारी होती है?

(a) लाल फूलों वाले पौधे (b) संकटग्रस्त प्रजातियाँ

(c) विलुप्त जीव (d) केवल पक्षी

49. अम्लीय वर्षा (Acid Rain) किन गैसों के कारण होती है?

(a) CO और CO_2 (b) SO_2 और NOx

(c) CH_4 और CO_2 (d) O_3 और N_2

50. चिपको आंदोलन मूल रूप से किसके विरुद्ध था?

(a) जल प्रदूषण (b) शोर प्रदूषण

(c) परमाणु परीक्षण (d) वनों की कटाई

51. वाशिंग सोडा (धोने का सोडा) का रासायनिक नाम क्या है?

(a) सोडियम बाइकार्बोनेट (b) सोडियम क्लोराइड

(c) सोडियम कार्बोनेट (d) कैल्शियम कार्बोनेट

52. मानव शरीर की सबसे छोटी हड्डी कौन सी है?

(a) फीमर (b) स्टेपीज

(c) टिबिया (d) ह्यूमरस

53. प्रकाश के प्रकीर्णन के कारण आकाश का रंग नीला दिखाई देता है, यह घटना क्या कहलाती है?

(a) परावर्तन (b) अपवर्तन

(c) टिंडल प्रभाव (d) विवर्तन

54. निम्नलिखित सूची-। को सूची-॥ से सुमेलित कीजिए-

सूची-।	सूंची-॥
A. बैरोमीटर	1. वायुमंडल की आर्द्रता
B. हाइग्रोमीटर	2. वायुमंडलीय दाब
C. लैक्टोमीटर	3. उच्च ताप
D. पाइरोमीटर	4. दूध की शुद्धता

कूट:

(a) A-2, B-1, C-4, D-3 (b) A-1, B-2, C-3, D-4

(c) A-2, B-4, C-1, D-3 (d) A-3, B-1, C-2, D-4

55. विटामिन C का सबसे समृद्ध स्रोत कौन सा है?

(a) सेब (b) आंवला

(c) दूध (d) गाजर

56. इंसुलिन का उत्पादन मानव शरीर के किस अंग में होता है?

(a) यकृत (b) तिल्ली

(c) पित्ताशय (d) अग्न्याशय

57. पीतल किन दो धातुओं का मिश्रण है?

(a) तांबा और टिन (b) तांबा और जस्ता

(c) लोहा और क्रोमियम (d) जस्ता और मैग्नीशियम

58. कार्य का मात्रक क्या है?

(a) जूल (b) वाट

(c) न्यूटन (d) एम्पीयर

59. किस रक्त समूह को सर्वदाता (Universal Donor) कहा जाता है?
(a) A+ (b) B+
(c) AB+ (d) O−

60. पेंसिल में प्रयोग होने वाला काला पदार्थ क्या है?
(a) कोयला (b) लैम्प ब्लैक
(c) ग्रेफाइट (d) हीरा

61. भारत में जीएसटी (GST) किस प्रकार का कर है?
(a) प्रत्यक्ष कर (b) अप्रत्यक्ष कर
(c) कॉर्पोरेट कर (d) आय कर

62. नीति आयोग का उपाध्यक्ष किसके द्वारा नियुक्त किया जाता है?
(a) राष्ट्रपति (b) प्रधानमंत्री
(c) गृह मंत्री (d) मुख्य न्यायाधीश

63. मुद्रास्फीति (Inflation) के दौरान क्या होता है?
(a) वस्तुओं के मूल्य घटते हैं (b) मुद्रा का मूल्य बढ़ता है
(c) वस्तुओं के मूल्य बढ़ते हैं (d) कोई परिवर्तन नहीं

64. निम्नलिखित सूची-I को सूची-II से सुमेलित कीजिए-

सूची-I	सूची-II
A. नीली क्रांति	1. उर्वरक उत्पादन
B. पीली क्रांति	2. मछली उत्पादन
C. भूरी क्रांति	3. अंडा उत्पादन
D. रजत क्रांति	4. तिलहन उत्पादन

कूट:
(a) A-2, B-4, C-1, D-3 (b) A-1, B-2, C-3, D-4
(c) A-2, B-1, C-4, D-3 (d) A-4, B-2, C-1, D-3

65. भारतीय रिजर्व बैंक का मुख्यालय कहाँ स्थित है?
(a) दिल्ली (b) कोलकाता
(c) मुंबई (d) चेन्नई

66. मिश्रित अर्थव्यवस्था से क्या तात्पर्य है?
(a) कृषि और उद्योग का साथ होना
(b) सार्वजनिक और निजी क्षेत्र का सह-अस्तित्व
(c) लघु और भारी उद्योग का साथ होना
(d) अमीर और गरीब का साथ होना

67. ₹ 100 के नोट पर किसके हस्ताक्षर होते हैं?
(a) वित्त सचिव (b) वित्त मंत्री
(c) आरबीआई गवर्नर (d) प्रधानमंत्री

68. भारत में पंचवर्षीय योजनाओं को अंतिम स्वीकृति कौन देता था?
(a) नीति आयोग (b) राष्ट्रीय विकास परिषद
(c) वित्त आयोग (d) संसद

69. सेबी (SEBI) का मुख्य कार्य क्या है?
(a) बैंकों का नियमन (b) शेयर बाजार का नियमन
(c) ग्रामीण विकास (d) विदेशी निवेश का प्रबंधन

70. कौन-सा बैंक भारत का सेंट्रल बैंक है?
(a) SBI (b) PNB
(c) RBI (d) HDFC

71. उत्तर प्रदेश का राजकीय वृक्ष कौन सा है?
(a) बरगद (b) पीपल
(c) अशोक (d) पलाश

72. उत्तर प्रदेश के किस जिले को पीतल नगरी कहा जाता है?
(a) अलीगढ़ (b) मुरादाबाद
(c) फिरोजाबाद (d) आगरा

73. दुधवा राष्ट्रीय उद्यान उत्तर प्रदेश के किस जिले में स्थित है?
(a) पीलीभीत (b) लखीमपुर खीरी
(c) गोंडा (d) श्रावस्ती

74. निम्नलिखित सूची-I को सूची-II से सुमेलित कीजिए-

सूची-I	सूची-II
A. कन्नौज	1. ताला नगरी
B. अलीगढ़	2. इत्र नगरी
C. वाराणसी	3. चूड़ी नगरी
D. फिरोजाबाद	4. मोक्ष नगरी

कूट:
(a) A-2, B-1, C-4, D-3 (b) A-1, B-2, C-3, D-4
(c) A-2, B-3, C-1, D-4 (d) A-3, B-1, C-2, D-4

75. उत्तर प्रदेश में विधानसभा सीटों की कुल संख्या कितनी है?
(a) 400 (b) 403
(c) 404 (d) 405

76. कथक शास्त्रीय नृत्य का मुख्य केंद्र उत्तर प्रदेश का कौन सा शहर है?
(a) कानपुर (b) वाराणसी
(c) लखनऊ (d) प्रयागराज

77. उत्तर प्रदेश की सबसे लंबी नहर कौन सी है?
(a) ऊपरी गंगा नहर (b) निचली गंगा नहर
(c) शारदा नहर (d) केन नहर

78. गोविंद वल्लभ पंत सागर परियोजना कहाँ स्थित है?
(a) बुलंदशहर (b) मिर्जापुर
(c) सोनभद्र (d) ललितपुर

79. उत्तर प्रदेश का सर्वाधिक साक्षरता वाला जिला (2011 जनगणना) कौन सा है?
(a) लखनऊ (b) कानपुर नगर
(c) गौतम बुद्ध नगर (d) गाजियाबाद

80. बखीरा पक्षी अभयारण्य कहाँ स्थित है?
(a) बस्ती (b) संत कबीर नगर
(c) रायबरेली (d) गोंडा

81. अंतर्राष्ट्रीय न्यायालय (ICJ) का मुख्यालय कहाँ है?
(a) न्यूयॉर्क (b) द हेग (नीदरलैंड)
(c) जिनेवा (d) वियना

82. एग्जाम वारियर्स (Exam Warriors) पुस्तक के लेखक कौन हैं?
(a) अटल बिहारी वाजपेयी (b) नरेंद्र मोदी
(c) प्रणब मुखर्जी (d) मनमोहन सिंह

83. संयुक्त राष्ट्र संघ (UNO) की स्थापना कब हुई थी?
(a) वर्ष 1944 (b) वर्ष 1945
(c) वर्ष 1946 (d) वर्ष 1947

84. बुल्स आई शब्द किस खेल से संबंधित है?
(a) गोल्फ (b) निशानेबाजी
(c) पोलो (d) शतरंज

85. निम्नलिखित सूची-I को सूची-II से सुमेलित कीजिए-

सूची-I	सूची-II
A. जापान	1. सियोल
B. दक्षिण कोरिया	2. टोक्यो
C. रूस	3. बीजिंग
D. चीन	4. मॉस्को

कूट:
(a) A-2, B-1, C-4, D-3 (b) A-1, B-2, C-3, D-4
(c) A-2, B-4, C-1, D-3 (d) A-3, B-1, C-2, D-4

86. ज्ञानपीठ पुरस्कार किस क्षेत्र में दिया जाता है?
(a) खेल (b) विज्ञान
(c) साहित्य (d) समाज सेवा

87. भारत का सबसे ऊँचा बांध कौन-सा है?
(a) हीराकुंड (b) भाखड़ा नांगल
(c) टिहरी बांध (d) सरदार सरोवर

88. बिहू किस राज्य का प्रसिद्ध लोक नृत्य है?
(a) उड़ीसा (b) असम
(c) त्रिपुरा (d) मणिपुर

89. इसरो (ISRO) का मुख्यालय कहाँ स्थित है?
(a) बेंगलुरु (b) चेन्नई
(c) तिरुवनंतपुरम (d) हैदराबाद

90. विश्व रेड क्रॉस दिवस कब मनाया जाता है?
(a) 1 मई (b) 8 मई
(c) 1 जून (d) 5 जून

91. मई 2025 में किस राज्य ने मो स्कूल पहल के लिए यूनेस्को पुरस्कार जीता है?
(a) उत्तर प्रदेश (b) ओडिशा
(c) केरल (d) राजस्थान

92. अगस्त 2025 में आयोजित 79वें स्वतंत्रता दिवस समारोह का मुख्य विषय (Theme) क्या था?
(a) आत्मनिर्भर भारत (b) विकसित भारत / 2047
(c) राष्ट्र पहले, हमेशा पहले (d) अमृत काल का उदय

93. सितंबर 2025 में भारत के किस नए टाइगर रिजर्व को मंजूरी दी गई?
(a) वीरांगना दुर्गावती (b) धौलपुर-करौली
(c) कुंभलगढ़ (d) रानीपुर

94. निम्नलिखित को सूची-I से सूची-II सुमेलित कीजिए-

सूची-I	सूची-II
A. मुख्य चुनाव आयुक्त	1. जनरल उपेंद्र द्विवेदी
B. इसरो अध्यक्ष	2. बी.वी.आर. सुब्रह्मण्यम
C. थल सेना प्रमुख	3. ज्ञानेश कुमार
D. नीति आयोग CEO	4. डॉ. वी. नारायणन

कूट:
(a) A-3, B-4, C-1, D-2 (b) A-1, B-2, C-3, D-4
(c) A-2, B-1, C-4, D-3 (d) A-4, B-3, C-2, D-1

95. अक्टूबर 2025 में 69वें राष्ट्रीय फिल्म पुरस्कारों में सर्वश्रेष्ठ अभिनेता का पुरस्कार किसे मिला?
(a) अल्लू अर्जुन (b) रणबीर कपूर
(c) विक्की कौशल (d) ऋषभ शेट्टी

96. भारत का पहला पशु स्टेम सेल बायोबैंक किस शहर में स्थित हैं?
(a) मुंबई (b) हैदराबाद
(c) चेन्नई (d) पुणे

97. दिसंबर 2025 में उत्तर प्रदेश के किस शहर में अंतर्राष्ट्रीय क्रूज टर्मिनल का उद्घाटन किया गया?
(a) प्रयागराज (b) अयोध्या
(c) मथुरा (d) वाराणसी

98. जून 2025 में जारी विश्व प्रेस स्वतंत्रता सूचकांक में भारत की रैंकिंग क्या रही?
(a) 150वीं (b) 161वीं
(c) 159वीं (d) 165वीं

99. अफ्रीका के सबसे बड़े बाँध ग्रैन्ड इथियोपियन रेनेसां डैम का निर्माण किस नदी पर किया गया है?
(a) श्वेत नील (b) कांगो नदी
(c) ब्लू नील (d) नाइजर नदी

100. दिसंबर 2025 में कॉप-30 (COP-30) जलवायु सम्मेलन का आयोजन कहाँ हुआ?
(a) ब्राजील (b) अजरबैजान
(c) यूएई (d) मिस्र

उत्तर : व्याख्या-सहित

1. उत्तर-(c)

व्याख्या: **मोहनजोदड़ो** सिंधु घाटी सभ्यता का एक प्रमुख शहर था, जिसका अर्थ **मृतकों का टीला** है। यहाँ खुदाई के दौरान **कांसे की बनी एक नर्तकी की मूर्ति** मिली, जो तत्कालीन धातु विज्ञान और कलात्मक कौशल का उत्कृष्ट उदाहरण प्रस्तुत करती है।

2. उत्तर-(a)

व्याख्या: **मौर्य सम्राट अशोक** ने **कलिंग युद्ध** के बाद **बौद्ध धर्म अपना** लिया था। उन्होंने **धर्म प्रचार के लिए अपने पुत्र महेंद्र** और **पुत्री संघमित्रा** को **श्रीलंका** भेजा, जिससे वहां बौद्ध धर्म का व्यापक प्रसार हुआ।

3. उत्तर-(b)

व्याख्या: **समुद्रगुप्त गुप्त** वंश का एक **प्रतापी राजा** था। उसकी सैन्य विजयों और कभी न हारने की क्षमता के कारण इतिहासकार **वी.ए. स्मिथ** ने उसे **भारत का नेपोलियन** कहा था। प्रयाग प्रशस्ति में उसकी उपलब्धियों का वर्णन मिलता है।

4. उत्तर-(a)

व्याख्या: **तराइन का प्रथम युद्ध** 1191 में **पृथ्वीराज चौहान** और **गोरी** के बीच हुआ। **द्वितीय युद्ध 1192** में हुआ जिसमें मोहम्मद गोरी जीता। **चंदावर का युद्ध 1194 ई०** में जयचंद के विरुद्ध हुआ और **पानीपत का प्रथम युद्ध** 1526 ई० में बाबर और इब्राहिम लोदी के बीच हुआ।

5. उत्तर-(b)

व्याख्या: **विजयनगर साम्राज्य** के महान शासक **कृष्णदेव राय** के दरबार में आठ सर्वश्रेष्ठ तेलुगु कवि रहते थे, जिन्हें **अष्टदिग्गज** कहा जाता था। उनके समय को **तेलुगु साहित्य का स्वर्ण युग** माना जाता है।

6. उत्तर-(c)

व्याख्या: **गयासुद्दीन बलबन** ने दिल्ली सल्तनत में विद्रोहियों और मंगोलों से निपटने के लिए **लौह एवं रक्त** की कठोर नीति अपनाई थी। उसने सुल्तान की प्रतिष्ठा को दैवीय अधिकार मानकर शासन किया और सिजदा प्रथा शुरू की।

7. उत्तर-(c)

व्याख्या: **अकबर** ने 1582 ईस्वी में **दीन-ए-इलाही** नामक एक नया **धर्म** या **सामाजिक आचार संहिता** शुरू की थी। इसका उद्देश्य सभी धर्मों के बीच **सुलह-ए-कुल** (शांति) और **एकता स्थापित** करना था। **बीरबल** इसे अपनाने वाला **एकमात्र हिंदू** था।

8. उत्तर-(c)

व्याख्या: **लॉर्ड रिपन** को भारत में **स्थानीय स्वशासन का जनक** माना जाता है क्योंकि वर्ष 1882 में उन्होंने **स्थानीय नगर पालिकाओं** और **जिला बोर्डों** की स्थापना का प्रस्ताव पारित किया था, जिससे प्रशासनिक विकेंद्रीकरण की शुरुआत हुई।

9. उत्तर-(b)

व्याख्या: **बाल गंगाधर तिलक** भारतीय स्वतंत्रता आंदोलन के **गरम दल** के प्रमुख नेता थे। उन्होंने **केसरी** और **मराठा** समाचार पत्रों के माध्यम से जनता में राष्ट्रवाद की भावना जगाई और **स्वराज मेरा जन्मसिद्ध अधिकार है और मैं इसे लेकर रहूँगा** का नारा दिया।

10. उत्तर-(a)

व्याख्या: **स्वामी दयानंद सरस्वती** ने वर्ष 1875 में बंबई में **आर्य समाज** की स्थापना की। उन्होंने **वेदों की ओर लौटो** का नारा दिया और **सत्यार्थ प्रकाश** नामक **प्रसिद्ध पुस्तक** लिखी। उन्होंने जातिवाद और मूर्तिपूजा का विरोध किया।

11. उत्तर-(b)

व्याख्या: वर्ष 1917 का **चंपारण सत्याग्रह गांधीजी** का भारत में **पहला बड़ा आंदोलन** था। यह बिहार के किसानों को **नील की खेती** (तिनकठिया प्रणाली) के लिए मजबूर किए जाने के विरोध में था। इसकी सफलता ने गांधीजी को राष्ट्रीय नेता बनाया।

12. उत्तर-(a)

व्याख्या: **लॉर्ड लिटन** ने भारतीय समाचार पत्रों पर प्रतिबंध लगाने के लिए **वर्ष 1878** में **वर्नाकुलर प्रेस एक्ट** पारित किया था। इसे **मुंह बंद करने वाला कानून** भी कहा गया। बाद में **लॉर्ड रिपन** ने **वर्ष 1882** में इसे **निरस्त** कर दिया था।

13. उत्तर-(c)

व्याख्या: **सुभाष चंद्र बोस** ने **वर्ष 1943** में सिंगापुर में **आजाद हिंद फौज (INA)** की कमान संभाली थी। उन्होंने **तुम मुझे खून दो, मैं तुम्हें आजादी दूँगा** और **जय हिंद** जैसे नारों से भारतीय सैनिकों में जोश भर दिया था।

14. उत्तर-(c)

व्याख्या: **कैबिनेट मिशन वर्ष 1946** में भारत आया था। इसके सदस्य **पैथिक लारेंस**, **स्टेफोर्ड क्रिप्स** और **ए.वी. अलेक्जेंडर** थे। इसका मुख्य उद्देश्य भारत के लिए एक संविधान सभा का गठन करना और सत्ता हस्तांतरण की योजना बनाना था।

15. उत्तर-(a)

व्याख्या: फॉरवर्ड ब्लॉक की स्थापना **सुभाष चंद्र बोस** (वर्ष 1939) ने की, **सत्यशोधक समाज ज्योतिबा फुले** (वर्ष 1873), **गदर पार्टी लाला हरदयाल** (वर्ष 1913) और **होम रूल लीग आंदोलन एनी बेसेंट** व **तिलक** (वर्ष 1916) से संबंधित है।

16. उत्तर-(d)

व्याख्या: कुचिपुड़ी आंध्र प्रदेश का प्रसिद्ध **शास्त्रीय नृत्य** है। इसका नाम कृष्णा जिले के **कुचेलपुरम** गाँव से पड़ा है। यह नृत्य गीत, अभिनय और भाव-भंगिमाओं का सुंदर मिश्रण है, जो पौराणिक कथाओं पर आधारित होता है।

17. उत्तर-(b)

व्याख्या: बिहार के बोधगया में स्थित **महाबोधि मंदिर** वह स्थान है जहाँ **गौतम बुद्ध** को ज्ञान की प्राप्ति हुई थी। यहाँ का **बोधि वृक्ष** आज भी पूजनीय है। **यूनेस्को** ने इसे विश्व विरासत स्थल घोषित किया है।

18. उत्तर-(b)

व्याख्या: छऊ एक **अर्ध-शास्त्रीय भारतीय नृत्य** है जिसमें **मुखौटों का प्रयोग** किया जाता है। इसकी **तीन शैलियाँ हैं:** सरायकेला (झारखंड), **मयूरभंज** (ओडिशा) और **पुरुलिया** (पश्चिम बंगाल)। यह **मार्शल आर्ट** और लोक परंपराओं का संगम है।

19. उत्तर-(a)

व्याख्या: तोल्काप्पियम सबसे प्राचीन ज्ञात **तमिल व्याकरण ग्रंथ** है। इसकी रचना **तोल्काप्पियार** ने की थी और इसका संबंध दूसरे संगम काल से है। यह ग्रंथ तमिल भाषा के व्याकरण के नियमों के साथ-साथ प्राचीन **तमिल समाज, कविता** और **रीति-रिवाजों** की भी जानकारी देता है, जिससे यह संगम युग को समझने के लिए एक मूलभूत पाठ बन जाता है।

20. उत्तर-(c)

व्याख्या: सबसे पहले **संस्कृत व्याकरण** की रचना **पाणिनी** ने लगभग ईसा पूर्व **पाँचवीं** या **चौथी शताब्दी** में **अष्टाध्यायी** नामक ग्रंथ में की थी। यह ग्रंथ संस्कृत भाषा के स्वरूप और नियमों को वैज्ञानिक ढंग से प्रस्तुत करता है। **पाणिनी** का कार्य भारतीय **भाषाविज्ञान** और **व्याकरण के इतिहास** में एक असाधारण उपलब्धि मानी जाती है।

21. उत्तर-(b)

व्याख्या: वर्ष 1976 में हुए **42वें संविधान संशोधन** को **लघु संविधान** कहा जाता है। इसके द्वारा संविधान की प्रस्तावना में **तीन नए** शब्द: **समाजवादी, पंथनिरपेक्ष** (धर्मनिरपेक्ष) और **अखंडता** जोड़े गए थे, जो भारत के स्वरूप को परिभाषित करते हैं।

22. उत्तर-(c)

व्याख्या: भारतीय संविधान का **अनुच्छेद 17 अस्पृश्यता** या **छुआछूत का पूर्णतः निषेध** करता है और इसे एक दंडनीय अपराध बनाता है। यह समानता के अधिकार को सुनिश्चित करने की दिशा में एक क्रांतिकारी कदम है।

23. उत्तर-(c)

व्याख्या: भारतीय संविधान के **अनुच्छेद 60** के अनुसार, राष्ट्रपति को पद की **शपथ भारत के मुख्य न्यायाधीश** (CJI) द्वारा दिलाई जाती है। मुख्य न्यायाधीश की **अनुपस्थिति** में **सर्वोच्च न्यायालय के वरिष्ठतम न्यायाधीश शपथ** दिलाते हैं।

24. उत्तर-(a)

व्याख्या: मौलिक अधिकार अमेरिका से, **नीति निदेशक तत्व आयरलैंड** से, **संसदीय प्रणाली ब्रिटेन** से और **संविधान संशोधन** की **प्रक्रिया दक्षिण अफ्रीका** से ली गई है।

25. उत्तर-(b)

व्याख्या: अनुच्छेद 40 राज्य को **ग्राम पंचायतों के गठन का निर्देश** देता है। यह गांधीवादी विचारधारा पर आधारित है, जिसका उद्देश्य शासन का विकेंद्रीकरण करना और ग्रामीण जनता को शासन में भागीदार बनाना है।

26. उत्तर-(b)

व्याख्या: संविधान के **भाग III** (अनुच्छेद 12 से 35) को **भारत का मैग्नाकार्टा** कहा जाता है क्योंकि इसमें **नागरिकों के मौलिक अधिकारों का विस्तृत** विवरण है। यह राज्य की **शक्तियों के विरुद्ध** नागरिकों को सुरक्षा प्रदान करता है।

27. उत्तर-(c)

व्याख्या: अनुच्छेद 44 राज्य के नीति निदेशक तत्वों के तहत **समान नागरिक संहिता** (UCC) का प्रावधान करता है। इसका उद्देश्य पूरे देश में सभी नागरिकों के लिए विवाह, तलाक और उत्तराधिकार के समान कानून लागू करना है।

28. उत्तर-(a)

व्याख्या: अनुच्छेद 108 के अनुसार, किसी **विधेयक पर दोनों** सदनों के बीच गतिरोध होने पर **राष्ट्रपति** संयुक्त अधिवेशन बुलाता है। हालांकि, इस अधिवेशन की **अध्यक्षता लोकसभा अध्यक्ष** द्वारा की जाती है, न कि राष्ट्रपति द्वारा।

29. उत्तर-(b)

व्याख्या: अनुच्छेद 280 के तहत **राष्ट्रपति प्रत्येक पांच वर्ष** में **एक वित्त आयोग का गठन** करता है। इसका मुख्य कार्य **केंद्र** और **राज्यों के बीच करों** (Taxes) के **वितरण के संबंध** में सिफारिशें करना और वित्तीय संतुलन बनाना है।

30. उत्तर-(c)

व्याख्या: भारतीय संविधान की **8वीं अनुसूची** में वर्तमान में 22 **आधिकारिक भाषाओं** को मान्यता दी गई है। मूल संविधान में **केवल 14 भाषाएँ** थीं। बाद में **सिंधी**, **कोंकणी**, **मणिपुरी**, **नेपाली**, **डोगरी**, **मैथिली**,**बोडो** और **संथाली** जोड़ी गई।

31. उत्तर-(a)

व्याख्या: भारत की **मानक समय रेखा** 82.5° (82°30'E) **पूर्वी देशांतर** है, जो उत्तर प्रदेश के **प्रयागराज** (इलाहाबाद) के **निकट नैनी से गुजरती** है। यह समय **ग्रीनविच मीन टाइम** (GMT) से **5 घंटा 30 मिनट** आगे रहता है।

32. उत्तर-(b)

व्याख्या: गुजरात राज्य की तटरेखा भारत में **सबसे लंबी** है, जिसकी **लंबाई लगभग 1,600 किमी** है। इसके बाद **आंध्र प्रदेश** और **तमिलनाडु** का स्थान आता है। लंबी तटरेखा **समुद्री व्यापार** और **मत्स्य पालन** के लिए लाभदायक होती है।

33. उत्तर-(c)

व्याख्या: शिवसमुद्रम जलप्रपात कर्नाटक में **कावेरी नदी** पर स्थित है। यह भारत के सबसे पुराने जलविद्युत उत्पादन केंद्रों में से एक है। **कावेरी** को **दक्षिण भारत की पवित्र नदी** के रूप में पूजा जाता है।

34. उत्तर-(a)

व्याख्या: जोजिला दर्रा लद्दाख को श्रीनगर से जोड़ता है। **नाथुला दर्रा** सिक्किम में **भारत-चीन सीमा** पर है। **शिपकी ला** हिमाचल प्रदेश को **तिब्बत** से जोड़ता है और **बोमडिला** अरुणाचल प्रदेश में स्थित सामरिक महत्व का दर्रा है।

35. उत्तर-(c)

व्याख्या: 10 डिग्री चैनल एक जलडमरूमध्य है, जो बंगाल की खाड़ी में **अंडमान द्वीप समूह** को **निकोबार द्वीप समूह** से अलग करता है। यह भौगोलिक रूप से दोनों द्वीपों के बीच एक **प्राकृतिक विभाजक रेखा** का कार्य करता है।

36. उत्तर-(b)

व्याख्या: असम का डिगबोई **एशिया की सबसे पुरानी** और **भारत की पहली तेल रिफाइनरी** है। यहाँ सन् 1901 में परिचालन शुरू हुआ था। यह स्थान भारत में **पेट्रोलियम उद्योग के जन्मस्थान** के रूप में जाना जाता है।

37. उत्तर-(c)

व्याख्या: काली मिट्टी को रेगुर या **कपास की मिट्टी** भी कहते हैं। इसमें **जल धारण** करने की क्षमता अधिक होती है और यह **ज्वालामुखी बेसाल्ट चट्टानों** से बनी है। **महाराष्ट्र** और **गुजरात** में यह बहुतायत में पाई जाती है।

38. उत्तर-(b)

व्याख्या: धुआंधार जलप्रपात मध्य प्रदेश के जबलपुर में **नर्मदा नदी** पर स्थित है। यहाँ नदी **संगमरमर की चट्टानों** से नीचे गिरती है, जिससे पानी के धुएँ जैसा दृश्य उत्पन्न होता है, इसीलिए इसे **धुआंधार** कहा जाता है।

39. उत्तर-(b)

व्याख्या: काजीरंगा राष्ट्रीय उद्यान असम राज्य में स्थित है। यह विश्व के दो-तिहाई **एक सींग वाले गैंडों** का निवास स्थान है। इसे **यूनेस्को विश्व धरोहर स्थल** का दर्जा प्राप्त है और यह जैव विविधता का केंद्र है।

40. उत्तर-(c)

व्याख्या: हिमालय पर्वतमाला को **तीन मुख्य श्रेणियों** में बांटा गया है। **शिवालिक श्रेणी** हिमालय की सबसे दक्षिणी और सबसे बाहरी श्रेणी है। यह नई पर्वत श्रेणी है जो **कंकड़** और **जलोढ़ मिट्टी** से बनी है।

41. उत्तर-(b)

व्याख्या: किसी भी **पारिस्थितिकी तंत्र** में ऊर्जा का अंतिम और प्राथमिक स्रोत **सूर्य का प्रकाश** है। हरे पौधे **प्रकाश संश्लेषण** के माध्यम से **सौर ऊर्जा को रासायनिक ऊर्जा** में बदलते हैं, जिसे अन्य जीव उपभोग करते हैं।

42. उत्तर-(b)

व्याख्या: क्योटो प्रोटोकॉल एक अंतर्राष्ट्रीय संधि है, जो वर्ष 1997 में अपनाई गई थी। इसका मुख्य उद्देश्य पर्यावरण में **ग्रीनहाउस गैसों के उत्सर्जन** को कम करना है ताकि **ग्लोबल वार्मिंग** और **जलवायु परिवर्तन** के खतरों को कम किया जा सके।

43. उत्तर-(c)

व्याख्या: पर्यावरण संरक्षण अधिनियम, 1986 भारत की संसद द्वारा पारित एक महत्वपूर्ण कानून है। इसे वर्ष 1984 की **भोपाल गैस त्रासदी** के बाद **पर्यावरण की रक्षा** और **सुधार** के व्यापक उद्देश्य से लागू किया गया था।

44. उत्तर-(b)

व्याख्या: पृथ्वी के वायुमंडल में **नाइट्रोजन** लगभग 78% और **ऑक्सीजन** लगभग 21% है। शेष 1% में **आर्गन**, **कार्बन डाइऑक्साइड** और अन्य गैसें शामिल हैं।

45. उत्तर-(a)

व्याख्या: विश्व जल दिवस **22 मार्च**, पृथ्वी दिवस **22 अप्रैल**, पर्यावरण दिवस **5 जून** और ओजोन दिवस **16 सितंबर** को मनाया जाता है। ये दिवस **पर्यावरण के प्रति वैश्विक जागरूकता** और **संरक्षण** प्रयासों को प्रोत्साहित करने के लिए हैं।

46. उत्तर-(c)

व्याख्या: नाइट्रोजन **ग्रीनहाउस गैस** नहीं है, क्योंकि यह **ऊष्मा** को अवशोषित नहीं करती। **कार्बन डाइऑक्साइड**, **मीथेन**, **ओजोन** और **जलवाष्प** ग्रीनहाउस गैसें हैं, जो पृथ्वी के तापमान को बनाए रखने में मदद करती हैं लेकिन इनकी अधिकता ग्लोबल वार्मिंग बढ़ाती है।

47. उत्तर-(a)

व्याख्या: **बायोवर्सिटी इंटरनेशनल** (जैव विविधता का अंतरराष्ट्रीय कार्यालय) का मुख्यालय **रोम**, **इटली** में स्थित है। यह संगठन **कृषि जैव विविधता** के **संरक्षण** और **सतत उपयोग** के माध्यम से वैश्विक खाद्य सुरक्षा सुनिश्चित करने का कार्य करता है।

48. उत्तर-(b)

व्याख्या: **रेड डेटा बुक** का प्रकाशन **IUCN** द्वारा किया जाता है। इसमें विश्व भर की उन प्रजातियों (पौधों और जानवरों) का विवरण होता है, जो **विलुप्त** होने की कगार पर हैं या **संकटग्रस्त** हैं, ताकि उनके संरक्षण पर विशेष ध्यान दिया जाए।

49. उत्तर-(b)

व्याख्या: जब वायुमंडल में **सल्फर डाइऑक्साइड** (SO_2) और **नाइट्रोजन ऑक्साइड** (NOx) नमी के साथ क्रिया करते हैं, तो वे **सल्फ्यूरिक** और **नाइट्रिक एसिड** बनाते हैं। यही अम्लीय वर्षा का रूप लेकर गिरते हैं, जो स्मारकों और मिट्टी को नुकसान पहुँचाते हैं।

50. उत्तर-(d)

व्याख्या: **चिपको आंदोलन 1970** के दशक में **उत्तराखंड** (चमोली) में शुरू हुआ था। **सुंदरलाल बहुगुणा** और **गौरा देवी** के नेतृत्व में **ग्रामीण महिलाओं** ने पेड़ों से चिपक कर उन्हें कटने से बचाया था। यह वनों के **व्यावसायिक कटान** के विरुद्ध था।

51. उत्तर-(c)

व्याख्या: **वाशिंग सोडा** का रासायनिक नाम **सोडियम कार्बोनेट** (Na_2CO_3) है। यह जल की कठोरता दूर करने और कांच व साबुन उद्योग में प्रयुक्त होता है। **सोडियम बाइकार्बोनेट** को **बेकिंग सोडा** (खाने का सोडा) कहा जाता है।

52. उत्तर-(b)

व्याख्या: मानव शरीर की सबसे छोटी हड्डी **स्टेपीज** है, जो मध्य कान में स्थित होती है। इसके विपरीत, **फीमर** (जांघ की हड्डी) **शरीर की सबसे लंबी** और **सबसे मजबूत हड्डी** (अस्थि) होती है। मानव कंकाल तंत्र 206 हड्डियों से बना है।

53. उत्तर-(c)

व्याख्या: जब **सूर्य का प्रकाश** वायुमंडल के सूक्ष्म कणों से टकराता है, तो वह **चारों ओर** बिखर जाता है। **नीले रंग** का **प्रकीर्णन** सबसे अधिक होने के कारण हमें **आकाश नीला** दिखाई देता है। इसे **टिंडल प्रभाव** या **प्रकाश का प्रकीर्णन** कहते हैं।

54. उत्तर-(a)

व्याख्या: **बैरोमीटर** से वायुमंडलीय दाब मापा जाता है। **हाइग्रोमीटर** आर्द्रता मापने के काम आता है। **लैक्टोमीटर** दूध का घनत्व या शुद्धता बताता है और **पाइरोमीटर** का उपयोग बहुत उच्च तापमान (जैसे भट्टी) मापने के लिए किया जाता है।

55. उत्तर-(b)

व्याख्या: **विटामिन C** (एस्कॉर्बिक एसिड) जल में घुलनशील विटामिन है। **आंवला** इसका सबसे बेहतरीन **प्राकृतिक स्रोत** है। इसकी कमी से **स्कर्वी** रोग होता है, जिसमें **मसूड़ों से खून आना** और **घावों** का धीरे भरना जैसे लक्षण होते हैं।

56. उत्तर-(d)

व्याख्या: **इंसुलिन** एक हार्मोन है, जो **अग्न्याशय** (Pancreas) की **बीटा कोशिकाओं** द्वारा स्रावित होता है। यह रक्त में **शर्करा** (Glucose) के स्तर को नियंत्रित करता है। इसकी कमी से **मधुमेह** (Diabetes) नामक बीमारी हो जाती है।

57. उत्तर-(b)

व्याख्या: **पीतल** (Brass) एक **मिश्र धातु** है, जो **तांबा** (Cu) और **जस्ता** (Zn) को मिलाकर बनाई जाती है। तांबा और टिन के मिश्रण से **कांसा** (Bronze) तैयार किया जाता है।

58. उत्तर-(a)

व्याख्या: **भौतिकी** में जब किसी वस्तु पर बल लगाकर उसे **विस्थापित** किया जाता है, तो उसे **कार्य** कहते हैं। क़ार्य की **एसआई** (SI) इकाई **जूल** है। शक्ति का मात्रक **वाट**, बल का **न्यूटन** और विद्युत धारा का **एम्पीयर** है।

59. उत्तर-(d)

व्याख्या: **रक्त समूह O-** को **सर्वदाता** कहा जाता है, क्योंकि इसमें कोई **एंटीजन** नहीं होता, जिससे यह किसी भी व्यक्ति को चढ़ाया जा सकता है। **AB+** को **सर्वग्राही** कहा जाता है, क्योंकि यह किसी भी समूह का रक्त ले सकता है।

60. उत्तर-(c)

व्याख्या: **पेंसिल** की **लीड** वास्तव में **ग्रेफाइट** की बनी होती है। ग्रेफाइट **कार्बन** का एक **अपररूप** है, जो मुलायम, काला और चिकना होता है। यह **विद्युत का सुचालक** भी है। **कोयला** और **हीरा** भी कार्बन के ही रूप हैं।

61. उत्तर-(b)

व्याख्या: वस्तु एवं सेवा कर (GST) एक व्यापक **अप्रत्यक्ष कर** है जिसने **केंद्र** और **राज्यों** के कई अन्य **करों** (Taxes) को हटा दिया है। यह उपभोक्ता द्वारा भुगतान किया जाता है, लेकिन **विक्रेता के माध्यम** से सरकार तक पहुँचता है।

62. उत्तर-(b)

व्याख्या: नीति आयोग (NITI Aayog) भारत सरकार का प्रमुख **नीति निर्धारक संस्थान** है। इसके **अध्यक्ष प्रधानमंत्री** होते हैं और **उपाध्यक्ष** की नियुक्ति भी सीधे प्रधानमंत्री द्वारा की जाती है। इसका गठन **1 जनवरी 2015** को किया गया था।

63. उत्तर-(c)

व्याख्या: मुद्रास्फीति वह स्थिति है जब बाजार में **वस्तुओं** और **सेवाओं** की कीमतों में निरंतर वृद्धि होती है और **मुद्रा की क्रय शक्ति** घट जाती है। इससे आम जनता की क्रय क्षमता पर **नकारात्मक प्रभाव** पड़ता है और लागत बढ़ती है।

64. उत्तर-(a)

व्याख्या: भारत में **कृषि उत्पादन** बढ़ाने के लिए **विभिन्न क्रांतियाँ** चलाई गईं। **मछली उत्पादन** के लिए **नीली क्रांति**, तिलहन के लिए **पीली क्रांति**, उर्वरक के लिए **भूरी क्रांति** और **अंडा उत्पादन** को बढ़ावा देने के लिए **रजत क्रांति** का नाम दिया गया।

65. उत्तर-(c)

व्याख्या: भारतीय रिजर्व बैंक (RBI) की स्थापना **1 अप्रैल 1935** को कोलकाता में हुई थी, लेकिन वर्ष **1937** में इसका मुख्यालय स्थायी रूप से **मुंबई** (महाराष्ट्र) में स्थानांतरित कर दिया गया। यह भारत का **केंद्रीय बैंक** है, जो **मौद्रिक नीति** बनाता है।

66. उत्तर-(b)

व्याख्या: मिश्रित अर्थव्यवस्था एक ऐसी आर्थिक प्रणाली है जिसमें उत्पादन के साधनों पर **सरकार** (सार्वजनिक) और **निजी व्यक्तियों** (निजी) दोनों का नियंत्रण होता है। भारत आजादी के बाद से ही एक मिश्रित अर्थव्यवस्था का अनुसरण कर रहा है।

67. उत्तर-(c)

व्याख्या: ₹1 के नोट को छोड़कर (जिस पर वित्त सचिव के हस्ताक्षर होते हैं), अन्य सभी नोटों पर **आरबीआई गवर्नर के हस्ताक्षर** होते हैं। यह नोट पर अंकित मूल्य के **भुगतान का वचन** (Guarantee) प्रदान करता है।

68. उत्तर-(b)

व्याख्या: राष्ट्रीय विकास परिषद (NDC) की स्थापना वर्ष **1952** में हुई थी। इसका मुख्य **कार्य योजना आयोग** (अब नीति आयोग) द्वारा तैयार की गई **पंचवर्षीय योजनाओं की समीक्षा** करना और उन्हें अंतिम रूप से अनुमोदित करना था।

69. उत्तर-(b)

व्याख्या: सेबी (Securities and Exchange Board of India) भारत में **प्रतिभूति बाजार** और **शेयर बाजार** का **नियामक** है। इसका मुख्य उद्देश्य निवेशकों के हितों की रक्षा करना और शेयर बाजार में धोखाधड़ी या हेरफेर को रोकना है।

70. उत्तर-(c)

व्याख्या: भारतीय रिजर्व बैंक (RBI) **भारत का केंद्रीय बैंक** है। यह **नोट जारी करने**, **बैंकों के बैंक के रूप** में **कार्य करने**, **विदेशी मुद्रा भंडार का प्रबंधन** करने और देश की मुद्रा एवं साख प्रणाली को नियंत्रित करने का कार्य करता है।

71. उत्तर-(c)

व्याख्या: उत्तर प्रदेश का राजकीय वृक्ष **अशोक** है। राजकीय पुष्प **पलाश**, राजकीय पक्षी **सारस** (क्रेन) और राजकीय पशु **बारहसिंगा** है। ये प्रतीक राज्य की प्राकृतिक और सांस्कृतिक पहचान को प्रदर्शित करते हैं।

72. उत्तर-(b)

व्याख्या: मुरादाबाद को विश्व भर में **पीतल नगरी** (Brass City) के रूप में जाना जाता है। यहाँ **पीतल के बर्तनों** और **सजावटी वस्तुओं** पर की गई **नक्काशी** और **हस्तशिल्प** का काम बहुत प्रसिद्ध है, जिसका बड़े पैमाने पर निर्यात होता है।

73. उत्तर-(b)

व्याख्या: दुधवा राष्ट्रीय उद्यान उत्तर प्रदेश के **लखीमपुर खीरी** जिले में स्थित है। यह प्रदेश का **सबसे बड़ा** और **प्रमुख वन्यजीव अभयारण्य** है, जो विशेष रूप से बाघों और दुर्लभ बारहसिंगा के संरक्षण के लिए जाना जाता है।

74. उत्तर-(a)

व्याख्या: कन्नौज इत्र के लिए प्रसिद्ध है, **अलीगढ़** तालों के लिए, वाराणसी अपनी धार्मिक मान्यता (मोक्ष नगरी) के लिए और **फिरोजाबाद** काँच की चूड़ियों के लिए विख्यात है।

75. उत्तर-(b)

व्याख्या: उत्तर प्रदेश की **विधानसभा** में कुल 403 निर्वाचित सीटें हैं। यह **भारत का सबसे बड़ा राज्य विधानमंडल** है। लोकसभा में भी **उत्तर प्रदेश** की **सर्वाधिक 80 सीटें** हैं।

76. उत्तर-(c)

व्याख्याः कथक उत्तर प्रदेश का **एकमात्र शास्त्रीय नृत्य** है। **लखनऊ घराना** (विशेषकर **बिंदादीन महाराज** और **बिरजू महाराज**) कथक के विकास और प्रचार का **मुख्य केंद्र** रहा है। इसमें नृत्य और अभिनय का कलात्मक संगम होता है।

77. उत्तर-(c)

व्याख्या: शारदा नहर उत्तर प्रदेश की **सबसे लंबी** और महत्वपूर्ण **नहर प्रणाली** है। यह **वनबसा** (नेपाल सीमा) से निकलती है और प्रदेश के कई जिलों में सिंचाई का मुख्य स्रोत है, जिससे कृषि उत्पादन में बड़ी सहायता मिलती है।

78. उत्तर-(c)

व्याख्याः गोविंद वल्लभ पंत सागर उत्तर प्रदेश के **सोनभद्र** जिले में स्थित **भारत की सबसे बड़ी कृत्रिम झील** है। यह **रिहंद बांध परियोजना का हिस्सा** है, जो जलविद्युत उत्पादन और सिंचाई के लिए अत्यंत महत्वपूर्ण है।

79. उत्तर-(c)

व्याख्याः वर्ष 2011 की **जनगणना** के अनुसार, **गौतम बुद्ध नगर** (नोएडा) **उत्तर प्रदेश का सर्वाधिक साक्षरता वाला जिला** है। शिक्षा और रोजगार के केंद्रों की उपस्थिति के कारण यहाँ की साक्षरता दर प्रदेश के औसत से काफी अधिक है।

80. उत्तर-(b)

व्याख्या: बखीरा पक्षी अभयारण्य उत्तर प्रदेश के **संतकबीरनगर** जिले में स्थित है। यह एक विशाल प्राकृतिक झील है जहाँ सर्दियों के मौसम में विदेशों से हजारों प्रवासी पक्षी आते हैं। यह जैव विविधता का एक प्रमुख केंद्र है।

81. उत्तर-(b)

व्याख्या: अंतर्राष्ट्रीय न्यायालय (ICJ) **संयुक्त राष्ट्र** का मुख्य **न्यायिक अंग** है। इसका मुख्यालय नीदरलैंड के शहर **द हेग** के पीस **पैलेस** में स्थित है। इसमें **15 न्यायाधीश** होते हैं जो विभिन्न देशों के कानूनी विवादों को सुलझाते हैं।

82. उत्तर-(b)

व्याख्याः एग्जाम वारियर्स पुस्तक **प्रधानमंत्री नरेंद्र मोदी** द्वारा लिखी गई है। यह पुस्तक विद्यार्थियों को परीक्षा के तनाव से मुक्त रहने और आत्मविश्वास के साथ परीक्षा का सामना करने के लिए प्रेरित करती है।

83. उत्तर-(b)

व्याख्याः द्वितीय विश्व युद्ध के बाद दुनिया में **शांति** और **सुरक्षा** बनाए रखने के लिए **24 अक्टूबर 1945** को **संयुक्त राष्ट्र संघ** (UNO) **की स्थापना** की गई थी। इसीलिए प्रतिवर्ष **24 अक्टूबर** को **संयुक्त राष्ट्र दिवस** मनाया जाता है।

84. उत्तर-(b)

व्याख्याः बुल्स आई शब्द **निशानेबाजी** (Shooting) से संबंधित है। यह **लक्ष्य** (Target) के बिल्कुल मध्य वाले हिस्से को कहा जाता है, जहाँ निशाना लगाने पर सबसे अधिक अंक प्राप्त होते हैं। यह **सटीकता का प्रतीक** है।

85. उत्तर-(a)

व्याख्याः जापान की राजधानी **टोक्यो**, **दक्षिण कोरिया** की **सियोल**, **रूस** की **मॉस्को** और **चीन** की राजधानी **बीजिंग** है। ये सभी प्रमुख एशियाई और यूरोपीय राष्ट्रों के राजनीतिक और आर्थिक केंद्र हैं।

86. उत्तर-(c)

व्याख्याः ज्ञानपीठ पुरस्कार भारतीय साहित्य के क्षेत्र में दिया जाने वाला सर्वोच्च सम्मान है। इसकी शुरुआत **वर्ष 1961** में हुई थी। यह भारतीय भाषाओं के लेखकों को उनके उत्कृष्ट साहित्यिक योगदान के लिए प्रदान किया जाता है।

87. उत्तर-(c)

व्याख्याः उत्तराखंड में स्थित **टिहरी बांध भारत का सबसे ऊँचा बांध** है, जिसकी **ऊँचाई लगभग 260.5 मीटर** है। यह भागीरथी नदी पर बना है। **हीराकुंड बांध भारत का सबसे लंबा बांध** है, जो **महानदी** (ओडिशा) पर स्थित है।

88. उत्तर-(b)

व्याख्याः बिहू असम राज्य का सबसे **लोकप्रिय लोक नृत्य** और उत्सव है। यह **साल में तीन बार** मनाया जाता है और असमिया संस्कृति की पहचान है। यह कृषि चक्र और प्रकृति के साथ गहरे संबंधों को दर्शाता है।

89. उत्तर-(a)

व्याख्याः भारतीय अंतरिक्ष अनुसंधान संगठन (ISRO) का मुख्यालय **बेंगलुरु** (कर्नाटक) में स्थित है। इसकी स्थापना **15 अगस्त 1969** को हुई थी। यह भारत के अंतरिक्ष कार्यक्रमों के प्रबंधन और अनुसंधान की सर्वोच्च संस्था है।

90. उत्तर-(b)

व्याख्याः प्रतिवर्ष 8 मई को **विश्व रेड क्रॉस दिवस** मनाया जाता है। यह दिन रेड क्रॉस के संस्थापक **हेनरी ड्यूनेंट** के **जन्मदिवस की याद** में मनाया जाता है, जिन्होंने युद्ध और आपदा में मानवता की सेवा का विचार दिया था।

91. उत्तर-(b)

व्याख्याः ओडिशा सरकार की **मो स्कूल** (मेरा स्कूल) पहल ने शिक्षा के क्षेत्र में सामुदायिक भागीदारी और स्कूल रूपांतरण के लिए **अंतर्राष्ट्रीय स्तर पर सराहना** और **यूनेस्को पुरस्कार** प्राप्त किया है। यह सरकारी स्कूलों को आधुनिक बनाने का मिशन है।

92. उत्तर-(b)

व्याख्या: अगस्त 2025 में मनाए गए भारत के **79वें स्वतंत्रता दिवस** का मुख्य विषय **विकसित भारत/2047** रहा। यह लक्ष्य भारत को आजादी के **100 साल पूरे होने तक** एक **विकसित** और **समृद्ध राष्ट्र** बनाने के संकल्प को दर्शाता है।

93. उत्तर-(c)

व्याख्या: राजस्थान के **कुंभलगढ़** में स्थित नए टाइगर रिजर्व को **राष्ट्रीय बाघ संरक्षण प्राधिकरण** द्वारा मंजूरी दी गई है। यह भारत का एक महत्वपूर्ण संरक्षित क्षेत्र बनेगा, जिससे क्षेत्र में **पर्यटन** और **वन्यजीव संरक्षण** को बढ़ावा मिलेगा।

94. उत्तर-(b)

व्याख्या: वर्तमान में नए मुख्य चुनाव आयुक्त **ज्ञानेश कुमार**, इसरो के अध्यक्ष **डॉ. वी. नारायणन** और नीति आयोग के **मुख्य कार्यकारी अधिकारी** (CEO) **श्री बी.वी. आर. सुब्रह्मण्यम** तथा थल सेना प्रमुख **लेफ्टिनेंट जनरल उपेंद्र द्विवेदी** हैं।

95. उत्तर-(d)

व्याख्या: कन्नड़ अभिनेता ऋषभ शेट्टी को उनकी ब्लॉकबस्टर फिल्म **कांतारा** के लिए राष्ट्रीय फिल्म पुरस्कारों में **सर्वश्रेष्ठ अभिनेता का सम्मान** दिया गया। यह फिल्म भारतीय लोक संस्कृति और प्रकृति के संघर्ष को बेहतरीन ढंग से चित्रित करती है।

96. उत्तर-(b)

व्याख्या: भारत का पहला **पशु स्टेम सेल बायोबैंक हैदराबाद** (तेलंगाना) शहर में स्थित है, जो राष्ट्रीय पशु जैव प्रौद्योगिकी संस्थान (NIAB), गाचीबोवली में स्थापित किया गया है।

97. उत्तर-(d)

व्याख्या: प्रधानमंत्री ने **वाराणसी में गंगा तट** पर एक **अत्याधुनिक अंतर्राष्ट्रीय क्रूज टर्मिनल** का उद्घाटन किया। इससे जल परिवहन के माध्यम से पर्यटन को बढ़ावा मिलेगा।

98. उत्तर-(b)

व्याख्या: रिपोर्टर्स विदाउट बॉर्डर्स द्वारा जारी **2025** के **प्रेस स्वतंत्रता सूचकांक** में भारत की रैंकिंग **151वीं** थी। यह सूचकांक **पत्रकारों की सुरक्षा, कानूनी ढांचे** और **मीडिया की स्वतंत्रता** के आधार पर देशों को स्थान देता है।

99. उत्तर-(c)

व्याख्या: ग्रैंड इथियोपियन रेनेसां डैम (GERD) का निर्माण **ब्लू नील** (Blue Nile) **नदी** पर किया गया है। यह नदी **इथियोपिया** से निकलकर **सूडान** और **मिस्र** की ओर बहती है। ब्लू नील, **नील नदी** (Nile River) की मुख्य **सहायक नदी** है।

100.उत्तर-(a)

व्याख्या: जलवायु परिवर्तन पर **संयुक्त राष्ट्र का सम्मेलन COP-30** वर्ष **2025** के अंत में ब्राजील में आयोजित किया गया। इस सम्मेलन का मुख्य केंद्र **अमेजन वर्षावनों का संरक्षण** और **पेरिस समझौते के लक्ष्यों** को प्राप्त करना रहा।

होमगार्ड प्रैक्टिस सैट-12

1. हड़प्पा सभ्यता का वह स्थल कौन-सा है जहाँ से जुते हुए खेत के साक्ष्य मिले हैं?
(a) धौलावीरा (b) कालीबंगा
(c) बनावली (d) रंगपुर

2. ऋग्वेद में अघन्या शब्द का प्रयोग किस पशु के लिए किया गया है?
(a) घोड़ा (b) हाथी
(c) गाय (d) बकरी

3. कनिष्क के शासनकाल में चतुर्थ बौद्ध संगीति का आयोजन कहाँ हुआ था?
(a) राजगृह (b) वैशाली
(c) पाटलिपुत्र (d) कुंडलवन (कश्मीर)

4. विक्रमशिला विश्वविद्यालय की स्थापना किस पाल शासक ने की थी?
(a) गोपाल (b) धर्मपाल
(c) देवपाल (d) महिपाल

5. निम्नलिखित सूची-I को सूची-II से सुमेलित कीजिए-

सूची-I (राजवंश)	सूची-II (संस्थापक)
A. पल्लव वंश	1. दन्तिदुर्ग
B. राष्ट्रकूट वंश	2. सिंह विष्णु
C. चोल वंश	3. कोकल प्रथम
D. कलचुरी वंश	4. विजयालय

कूट:
(a) A-2, B-1, C-4, D-3 (b) A-1, B-2, C-3, D-4
(c) A-2, B-3, C-1, D-4 (d) A-4, B-1, C-2, D-3

6. दिल्ली सल्तनत के किस शासक ने बाजार नियंत्रण प्रणाली लागू की थी?
(a) इल्तुतमिश (b) जलालुद्दीन खिलजी
(c) अलाउद्दीन खिलजी (d) गयासुद्दीन तुगलक

7. मुगल काल में बख्शी पद का मुख्य कार्य क्या था?
(a) न्याय विभाग का प्रमुख (b) राजस्व का लेखा-जोखा
(c) सैन्य विभाग की देखरेख (d) शाही खजाने का रक्षक

8. शिवाजी महाराज के अष्टप्रधान में अमात्य का क्या कार्य था?
(a) प्रधानमंत्री (b) वित्त एवं राजस्व मंत्री
(c) विदेश मंत्री (d) धार्मिक मामलों का प्रधान

9. राजा राममोहन राय को राजा की उपाधि किस मुगल सम्राट ने दी थी?
(a) शाह आलम द्वितीय (b) अकबर द्वितीय
(c) बहादुर शाह जफर (d) आलमगीर द्वितीय

10. इंडियन ओपिनियन पत्रिका का प्रकाशन महात्मा गांधी ने कहाँ से शुरू किया था?
(a) भारत (b) इंग्लैंड
(c) दक्षिण अफ्रीका (d) अमेरिका

11. वर्ष 1916 के लखनऊ समझौते (कांग्रेस-लीग पैक्ट) की अध्यक्षता किसने की थी?
(a) मजूमदार (ए.सी. मजूमदार) (b) एनी बेसेंट
(c) बाल गंगाधर तिलक (d) दादाभाई नौरोजी

12. नील दर्पण नाटक के लेखक कौन हैं, जिसमें नील की खेती करने वाले किसानों के शोषण का वर्णन है?
(a) बंकिम चंद्र चटर्जी (b) दीनबंधु मित्र
(c) रवींद्रनाथ टैगोर (d) शरतचंद्र चट्टोपाध्याय

13. सुभाष चंद्र बोस के राजनीतिक गुरु कौन थे?
(a) गोपाल कृष्ण गोखले (b) चितरंजन दास
(c) बी.जी. तिलक (d) एम.जी. रानाडे

14. निम्नलिखित को सूची-I और सूची-II से सुमेलित कीजिए-

सूची-I (घटना)	सूची-II (वर्ष)
A. रॉलेट एक्ट	1. वर्ष 1928
B. साइमन कमीशन	2. वर्ष 1919
C. गांधी-इरविन समझौता	3. वर्ष 1930
D. दांडी मार्च	4. वर्ष 1931

कूट:
(a) A-2, B-1, C-4, D-3 (b) A-1, B-2, C-3, D-4
(c) A-2, B-3, C-1, D-4 (d) A-4, B-1, C-3, D-3

15. हिंद स्वराज पुस्तक के लेखक कौन हैं?
(a) जवाहरलाल नेहरू (b) सरदार पटेल
(c) महात्मा गांधी (d) मौलाना आजाद

16. भरतनाट्यम किस राज्य का प्राचीन शास्त्रीय नृत्य है?
(a) केरल (b) तमिलनाडु
(c) कर्नाटक (d) आंध्र प्रदेश

17. आर्टिफिशियल इंटेलिजेंस के आविष्कारक कौन हैं?
(a) जेफ्री हिंटन (b) एंड्रयू एनजी
(c) जॉन मैक्कार्थी (d) जुर्गन श्मिधुबर

18. **खजुराहो के मंदिर का निर्माण किन शासकों ने करवाया था?**
(a) परमार शासक (b) चंदेल शासक
(c) प्रतिहार शासक (d) राष्ट्रकूट शासक

19. **भारतीय शास्त्रीय संगीत का जनक किस वेद को माना जाता है?**
(a) ऋग्वेद (b) यजुर्वेद
(c) सामवेद (d) अथर्ववेद

20. **उस्ताद अमजद अली खान का संबंध किस वाद्ययंत्र से है?**
(a) सरोद (b) सितार
(c) संतूर (d) शहनाई

21. **संविधान सभा की प्रथम बैठक कब आयोजित की गई थी?**
(a) 26 नवंबर 1949 (b) 9 दिसंबर 1946
(c) 15 अगस्त 1947 (d) 26 जनवरी 1950

22. **भारतीय संविधान का अनुच्छेद 32 किससे संबंधित है?**
(a) समानता का अधिकार
(b) शोषण के विरुद्ध अधिकार
(c) संवैधानिक उपचारों का अधिकार
(d) धार्मिक स्वतंत्रता का अधिकार

23. **पॉकेट वीटो का प्रयोग करने वाले भारत के एकमात्र राष्ट्रपति कौन थे?**
(a) डॉ. राजेंद्र प्रसाद (b) डॉ. ए.पी.जे. अब्दुल कलाम
(c) ज्ञानी जैल सिंह (d) के.आर. नारायणन

24. **निम्नलिखित सूची-I को सूची-II से सुमेलित कीजिए-**

सूची-I (भाग)	सूची-II (विषय)
A. भाग II	1. मौलिक कर्तव्य
B. भाग IV	2. नागरिकता
C. भाग IV (A)	3. निर्वाचन
D. भाग XV	4. राज्य के नीति निदेशक तत्व

कूट:
(a) A-2, B-4, C-1, D-3 (b) A-1, B-2, C-3, D-4
(c) A-2, B-1, C-4, D-3 (d) A-3, B-4, C-1, D-B

25. **किस संविधान संशोधन द्वारा मतदान की आयु 21 वर्ष से घटाकर 18 वर्ष की गई?**
(a) 42वाँ संशोधन (b) 44वाँ संशोधन
(c) 61वाँ संशोधन (d) 73वाँ संशोधन

26. **राज्यसभा का सभापति कौन होता है?**
(a) राष्ट्रपति
(b) प्रधानमंत्री
(c) उपराष्ट्रपति
(d) राज्यसभा के निर्वाचित सदस्य द्वारा चुना गया सदस्य

27. **शिक्षा को किस सूची में रखा गया है?**
(a) संघ सूची (b) राज्य सूची
(c) समवर्ती सूची (d) अवशिष्ट शक्तियां

28. **भारत के प्रथम लोकपाल कौन थे?**
(a) जस्टिस पिनाकी चंद्र घोष (b) जस्टिस दीपक मिश्रा
(c) जस्टिस रंजन गोगोई (d) जस्टिस एन.वी. रमना

29. **अंतर्राज्यीय परिषद के गठन का प्रावधान किस अनुच्छेद में है?**
(a) अनुच्छेद 249 (b) अनुच्छेद 263
(c) अनुच्छेद 280 (d) अनुच्छेद 312

30. **पंचायतों के चुनाव कराने हेतु निर्णय किसके द्वारा लिया जाता है?**
(a) केंद्र सरकार (b) राज्य सरकार
(c) चुनाव आयोग (d) जिला मजिस्ट्रेट

31. **भारत का सबसे उत्तरतम बिंदु कौन-सा है?**
(a) इंदिरा पॉइंट (b) किबिथु
(c) इंदिरा कोल (d) गुहार मोती

32. **निम्नलिखित में से कौन-सी नदी भ्रंश घाटी (Rift Valley) से होकर बहती है?**
(a) महानदी (b) ताप्ती
(c) गोदावरी (d) कावेरी

33. **नीलगिरी और अन्नामलाई पहाड़ियों के बीच कौन-सा दर्रा स्थित है?**
(a) थाल घाट (b) भोर घाट
(c) पाल घाट (d) सेनकोट्टा दर्रा

34. **निम्नलिखित सूची-I को सूची-II से सुमेलित कीजिए-**

सूची-I (नदी)	सूची-II (बांध)
A. कृष्णा	1. हीराकुंड
B. महानदी	2. नागार्जुन सागर
C. भागीरथी	3. सरदार सरोवर
D. नर्मदा	4. टिहरी

कूट:
(a) A-2, B-1, C-4, D-3 (b) A-1, B-2, C-3, D-4
(c) A-2, B-3, C-1, D-4 (d) A-4, B-1, C-2, D-3

35. **सेलेस्टियल रिवर या सांगपो के नाम से किस नदी को जाना जाता है?**
(a) गंगा (b) सिंधु
(c) ब्रह्मपुत्र (d) तीस्ता

36. **भारत में सर्वाधिक कॉफी उत्पादक राज्य कौन-सा है?**
(a) केरल (b) कर्नाटक
(c) असम (d) पश्चिम बंगाल

37. निम्नलिखित में से पीली क्रांति किससे सम्बंधित है?
(a) दलहन (b) तिलहन
(c) आलू (d) उर्वरक

38. बैलाडीला खान (छत्तीसगढ़) किसके लिए प्रसिद्ध है?
(a) तांबा (b) कोयला
(c) लौह अयस्क (d) सोना

39. दक्षिण भारत की गंगा किस नदी को कहा जाता है?
(a) गोदावरी (b) कावेरी
(c) कृष्णा (d) वैगई

40. भारत के किस राज्य में थार मरुस्थल का सर्वाधिक विस्तार है?
(a) राजस्थान (b) गुजरात
(c) हरियाणा (d) पंजाब

41. पारिस्थितिकी तंत्र में ऊर्जा का पिरामिड सदैव कैसा होता है?
(a) उल्टा (b) सीधा
(c) अनियमित (d) पहले उल्टा फिर सीधा

42. वायु प्रदूषण का सबसे अच्छा जैव सूचक (Bio-indicator) क्या है?
(a) कवक (b) लाइकेन
(c) शैवाल (d) नीम का पेड़

43. इको मार्क उन भारतीय उत्पादों को दिया जाता है जो-
(a) शुद्ध एवं मिलावट रहित हों
(b) आर्थिक रूप से लाभदायक हों
(c) पर्यावरण के प्रति मैत्रीपूर्ण हों
(d) उच्च गुणवत्ता वाले हों

44. ग्रेट हिमालयन नेशनल पार्क जिसे यूनेस्को सूची में शामिल किया गया है, कहाँ है?
(a) उत्तराखंड (b) हिमाचल प्रदेश
(c) जम्मू कश्मीर (d) सिक्किम

45. निम्नलिखित सूची-I को सूची-II से सुमेलित कीजिए-

सूची-I (अभयारण्य)	सूची-II (राज्य)
A. गिर नेशनल पार्क	1. असम
B. मानस अभयारण्य	2. राजस्थान
C. रणथंभौर	3. गुजरात
D. बांदीपुर	4. कर्नाटक

कूट:
(a) A-3, B-1, C-2, D-4 (b) A-1, B-2, C-3, D-4
(c) A-3, B-4, C-1, D-2 (d) A-2, B-1, C-4, D-3

46. हॉटस्पॉट (Hotspot) भारत में कहाँ पाया जाता है?
(a) थार मरुस्थल (b) पूर्वी घाट
(c) पश्चिमी घाट (d) गंगा का मैदान

47. नागोया प्रोटोकॉल किससे संबंधित है?
(a) ओजोन परत (b) खतरनाक कचरा
(c) जैव विविधता (d) ग्लोबल वार्मिंग

48. ध्वनि प्रदूषण को मापने की इकाई क्या है?
(a) हर्ट्ज (b) डेसीबल
(c) डॉप्सन (d) कैंडेला

49. पारिस्थितिकी स्थायी अर्थव्यवस्था है- यह किस आंदोलन का नारा था?
(a) अप्पिको आंदोलन (b) नर्मदा बचाओ आंदोलन
(c) चिपको आंदोलन (d) मौन घाटी आंदोलन

50. जल प्रदूषण निवारण एवं नियंत्रण अधिनियम किस वर्ष पारित किया गया?
(a) वर्ष 1972 (b) वर्ष 1974
(c) वर्ष 1981 (d) वर्ष 1986

51. रॉकेट किस सिद्धांत पर कार्य करता है?
(a) बर्नोली प्रमेय (b) एवोगाड्रो परिकल्पना
(c) संवेग संरक्षण (d) पास्कल नियम

52. स्पष्ट दृष्टि की न्यूनतम दूरी कितनी होती है?
(a) 15 सेमी (b) 25 सेमी
(c) 50 सेमी (d) अनंत

53. पौधे का नर प्रजनन अंग कौन-सा है?
(a) पुंकेसर (b) स्त्रीकेसर
(c) अंडाशय (d) इनमें से कोई नहीं

54. निम्नलिखित सूची-I को सूची-II से सुमेलित कीजिए-

सूची-I (विटामिन)	सूची-II (रासायनिक नाम)
A. विटामिन A	1. थायमिन
B. विटामिन B1	2. रेटिनॉल
C. विटामिन C	3. कैल्सिफेरॉल
D. विटामिन D	4. एस्कॉर्बिक एसिड

कूट:
(a) A-2, B-1, C-4, D-3 (b) A-1, B-2, C-3, D-4
(c) A-2, B-4, C-1, D-3 (d) A-3, B-1, C-2, D-4

55. मनुष्य के हृदय में कितने कक्ष (Chambers) होते हैं?
(a) दो (b) तीन
(c) चार (d) पाँच

56. पेनिसिलिन (Penicillin) की खोज किसने की थी?
(a) एडवर्ड जेनर (b) अलेक्जेंडर फ्लेमिंग
(c) लुई पाश्चर (d) वाटसन एवं क्रिक

57. शुष्क बर्फ (Dry Ice) क्या है?
(a) ठोस नाइट्रोजन (b) ठोस ऑक्सीजन
(c) ठोस कार्बन डाइऑक्साइड (d) ठोस हाइड्रोजन

58. वायुमंडल में सर्वाधिक मात्रा में पाई जाने वाली अक्रिय गैस (Noble Gas) **कौन-सी है?**

(a) हीलियम (b) नियॉन
(c) आर्गन (d) रेडॉन

59. आनुवंशिकी का पिता (Father of Genetics) **किसे कहा जाता है?**

(a) डार्विन (b) लैमार्क
(c) ग्रेगर जॉन मेंडल (d) अरस्तू

60. वाहनों के पीछे का दृश्य देखने के लिए किस दर्पण का प्रयोग किया जाता है?

(a) अवतल दर्पण (b) उत्तल दर्पण
(c) समतल दर्पण (d) परवलयिक दर्पण

61. भारत में पहली पंचवर्षीय योजना कब शुरू हुई?

(a) वर्ष 1947 (b) वर्ष 1950
(c) वर्ष 1951 (d) वर्ष 1956

62. पंचवर्षीय योजनाओं में, योजना अवकाश की अवधि के बीच थी-

(a) वर्ष 1974-1979 (b) वर्ष 1969-1974
(c) वर्ष 1961-1966 (d) वर्ष 1966-1969

63. मुद्रास्फीति (Inflation) **से सबसे अधिक लाभ किसे होता है?**

(a) साहूकार को (b) ऋणी (कर्जदार) को
(c) बचत करने वाले को (d) पेंशनभोगी को

64. निम्नलिखित सूची-I को सूची-II से सुमेलित कीजिए-

सूची-I (समिति)		सूची-II (उद्देश्य)	
A.	राजा चेलैया समिति	1.	बैंकिंग सुधार
B.	नरसिम्हन समिति	2.	कर सुधार
C.	केलकर समिति	3.	गरीबी रेखा निर्धारण
D.	सुरेश तेंदुलकर समिति	4.	प्रत्यक्ष एवं अप्रत्यक्ष कर

कूट:

(a) A-2, B-1, C-4, D-3 (b) A-1, B-2, C-3, D-4
(c) A-2, B-3, C-1, D-4 (d) A-4, B-1, C-2, D-3

65. भारतीय जीवन बीमा निगम (LIC) **की स्थापना कब हुई थी?**

(a) वर्ष 1948 (b) वर्ष 1956
(c) वर्ष 1964 (d) वर्ष 1972

66. छिपी हुई बेरोजगारी (Disguised Unemployment) **मुख्य रूप से किस क्षेत्र में पाई जाती है?**

(a) सेवा क्षेत्र (b) औद्योगिक क्षेत्र
(c) कृषि क्षेत्र (d) विदेशी व्यापार

67. गिफिन वस्तुएँ (Giffin Goods) **किससे संबंधित हैं?**

(a) विलासिता की वस्तुएँ (b) घटिया वस्तुएँ
(c) महंगी वस्तुएँ (d) निर्यात वस्तुएँ

68. भारत में राष्ट्रीय आय का आकलन कौन-सी संस्था करती है?

(a) नीति आयोग (b) वित्त मंत्रालय
(c) भारतीय रिजर्व बैंक (d) राष्ट्रीय सांख्यिकीय कार्यालय

69. ट्राइसेम (TRYSEM) **कार्यक्रम किससे संबंधित था?**

(a) शहरी विकास
(b) औद्योगिक साक्षरता
(c) ग्रामीण युवाओं को स्वरोजगार हेतु प्रशिक्षण
(d) महिला सशक्तिकरण

70. दलाल स्ट्रीट कहाँ स्थित है?

(a) लंदन (b) न्यूयॉर्क
(c) मुंबई (d) पेरिस

71. उत्तर प्रदेश का राजकीय पक्षी कौन-सा है?

(a) मोर (b) सारस (क्रेन)
(c) कोयल (d) तोता

72. उत्तर प्रदेश के किस जिले को चाकू नगरी कहा जाता है?

(a) मेरठ (b) रामपुर
(c) सहारनपुर (d) बिजनौर

73. उत्तर प्रदेश में एक जिला एक उत्पाद (ODOP) **योजना कब शुरू हुई?**

(a) वर्ष 2017 (b) वर्ष 2018
(c) वर्ष 2019 (d) वर्ष 2020

74. निम्नलिखित सूची-I को सूची-II से सुमेलित कीजिए-

सूची-I (स्थान)		सूची-II (मेला)	
A.	मेरठ	1.	बटेश्वर मेला
B.	आगरा	2.	नौचंदी मेला
C.	बहराइच	3.	खिचड़ी मेला
D.	गोरखपुर	4.	सैयद सालार मेला

कूट:

(a) A-2, B-1, C-4, D-3 (b) A-1, B-2, C-3, D-4
(c) A-2, B-4, C-1, D-3 (d) A-3, B-1, C-2, D-4

75. उत्तर प्रदेश के किस जनपद में तेल शोधक कारखाना (Refinery) **स्थित है?**

(a) कानपुर (b) प्रयागराज
(c) मथुरा (d) वाराणसी

76. अमीर खुसरो का जन्म उत्तर प्रदेश के किस स्थान पर हुआ था?

(a) एटा (पटियाली) (b) आगरा
(c) कन्नौज (d) बागपत

77. उत्तर प्रदेश में सर्वाधिक जनजातीय जनसंख्या वाला जिला कौन-सा है?

(a) लखीमपुर खीरी (b) सोनभद्र
(c) ललितपुर (d) बिजनौर

78. उत्तर प्रदेश का प्रथम विश्वविद्यालय कौन-सा है?

(a) बनारस हिंदू विश्वविद्यालय
(b) अलीगढ़ मुस्लिम विश्वविद्यालय
(c) इलाहाबाद विश्वविद्यालय
(d) लखनऊ विश्वविद्यालय

79. कर्मा किस क्षेत्र का प्रसिद्ध लोक नृत्य है?
(a) बुंदेलखंड (b) सोनभद्र
(c) अवध (d) रुहेलखंड

80. उत्तर प्रदेश में विधान परिषद सदस्यों की संख्या कितनी है?
(a) 80 (b) 90
(c) 100 (d) 108

81. डिस्कवरी ऑफ इंडिया पुस्तक के लेखक कौन हैं?
(a) महात्मा गांधी (b) सुभाष चंद्र बोस
(c) जवाहरलाल नेहरू (d) रविंद्रनाथ टैगोर

82. अंतर्राष्ट्रीय महिला दिवस कब मनाया जाता है?
(a) 8 मार्च (b) 5 जून
(c) 24 अक्टूबर (d) 10 दिसंबर

83. ओपेक (OPEC) का मुख्यालय कहाँ स्थित है?
(a) जेनेवा (b) वियना
(c) न्यूयॉर्क (d) ब्रुसेल्स

84. कैनबरा किस देश की राजधानी है?
(a) न्यूजीलैंड (b) ऑस्ट्रेलिया
(c) कनाडा (d) दक्षिण अफ्रीका

85. निम्नलिखित सूची-I को सूची-II से सुमेलित कीजिए-

सूची-I (पुरस्कार)	सूची-II (क्षेत्र)
A. पुलित्जर पुरस्कार	1. सिनेमा
B. ऑस्कर पुरस्कार	2. पत्रकारिता
C. कलिंग पुरस्कार	3. साहित्य
D. बुकर पुरस्कार	4. विज्ञान

कूट:
(a) A-2, B-1, C-4, D-3 (b) A-1, B-2, C-3, D-4
(c) A-3, B-1, C-2, D-4 (d) A-2, B-4, C-1, D-3

86. पीर पंजाल पर्वत श्रेणी कहाँ स्थित है?
(a) हिमाचल प्रदेश (b) उत्तराखंड
(c) जम्मू कश्मीर (d) सिक्किम

87. संतोष ट्रॉफी का संबंध किस खेल से है?
(a) क्रिकेट (b) फुटबॉल
(c) हॉकी (d) बैडमिंटन

88. भाभा परमाणु अनुसंधान केंद्र (BARC) कहाँ स्थित है?
(a) तारापुर (b) ट्रॉम्बे (मुंबई)
(c) चेन्नई (d) बेंगलुरु

89. भारत की प्रथम स्वदेशी निर्मित परमाणु पनडुब्बी कौन-सी है?
(a) आईएनएस चक्र (b) आईएनएस अरिहंत
(c) आईएनएस कलवरी (d) आईएनएस विक्रमादित्य

90. काजीरंगा नेशनल पार्क किसके लिए जाना जाता है?
(a) शेर (b) गैंडा
(c) हाथी (d) बाघ

91. भारत का पहला AI शहर (AI City) किस राज्य में बनाया जायेगा?
(a) महाराष्ट्र (b) कर्नाटक
(c) उत्तर प्रदेश (d) तेलंगाना

92. अगस्त 2025 में 15वें ब्रिक्स (BRICS) शिखर सम्मेलन का आयोजन कहाँ किया गया?
(a) ब्राजील (b) भारत
(c) चीन (d) दक्षिण अफ्रीका

93. सितंबर 2025 में इसरो (ISRO) ने शुक्र मिशन के लिए किस यान को सफलतापूर्वक लॉन्च किया?
(a) शुक्रयान-1 (b) आदित्य-वी
(c) चंद्रयान-4 (d) गगनयान-2

94. वैश्विक टीबी रिपोर्ट 2025 का प्रकाशन किस अन्तर्राष्ट्रीय संगठन द्वारा किया जाता है?
(a) रेड क्रॉस
(b) संयुक्त राष्ट्र विकास कार्यक्रम
(c) विश्व स्वास्थय संगठन
(d) यूनिसेफ

95. नवम्बर 2025, UNESCO की क्रिएटिव सिटी ऑफ गैस्ट्रोनॉमी में कौन-सा शहर शामिल हुआ?
(a) दिल्ली (b) वाराणसी
(c) मुम्बई (d) लखनऊ

96. नवंबर 2025 में संपन्न हुए एशियाई खेलों में भारत ने कुल कितने स्वर्ण पदक जीते?
(a) 25 (b) 30
(c) 35 (d) 40

97. दिसंबर 2025 में उत्तर प्रदेश के किस हवाई अड्डे को अंतर्राष्ट्रीय सौर हवाई अड्डा का दर्जा मिला?
(a) कुशीनगर (b) अयोध्या (महर्षि वाल्मीकि)
(c) जेवर (नोएडा) (d) लाल बहादुर शास्त्री

98. पर्यावरण प्रदर्शन सूचकांक 2025 में भारत का कौन-सा स्थान रहा?
(a) 150वाँ (b) 165वाँ
(c) 175वाँ (d) 180वाँ

99. नवम्बर 2025 को घोषित प्रोजेक्ट सनकैचर किसके द्वारा घोषित किया गया?
(a) माइक्रोसॉफ्ट (b) अमेजन
(c) गूगल (d) टेस्ला

100. भारत और किस देश के बीच मैत्री सैन्य अभ्यास 2025 आयोजित किया गया?
(a) श्रीलंका (b) बांग्लादेश
(c) थाईलैंड (d) नेपाल

उत्तर : व्याख्या-सहित

1. उत्तर-(b)

व्याख्या: राजस्थान के हनुमानगढ़ जिले में स्थित **कालीबंगा** से **जुते हुए खेत के साक्ष्य** मिले हैं। यह स्थल **सरस्वती** (घग्घर) **नदी के किनारे** स्थित था। यहाँ से **अग्नि कुंड** और **चूड़ियों** के अवशेष भी प्राप्त हुए हैं, जो सैंधव सभ्यता की ग्रामीण संस्कृति को दर्शाते हैं।

2. उत्तर-(c)

व्याख्या: ऋग्वेद में **अघन्या** का अर्थ है **न मारने योग्य**। यह शब्द विशेष रूप से **गाय के लिए प्रयुक्त** हुआ है। प्राचीन समाज में गाय को संपत्ति का मुख्य आधार माना जाता था।

3. उत्तर-(d)

व्याख्या: कश्मीर के **कुंडलवन** में कनिष्क के शासनकाल में **चतुर्थ बौद्ध संगीति** हुई थी। इसकी **अध्यक्षता वसुमित्र** ने की थी और **अश्वघोष** इसके **उपाध्यक्ष** थे। इसी संगीति में बौद्ध धर्म **हीनयान** और **महायान** दो स्पष्ट संप्रदायों में विभाजित हो गया था।

4. उत्तर-(b)

व्याख्या: पाल वंश के प्रसिद्ध शासक **धर्मपाल** ने **8वीं शताब्दी** में **विक्रमशिला विश्वविद्यालय** की स्थापना की थी। यह बिहार के **भागलपुर** जिले में स्थित था और बौद्ध शिक्षा (विशेषकर वज्रयान) का प्रमुख केंद्र था। इसे **बख्तियार** खिलजी ने नष्ट किया था।

5. उत्तर-(a)

व्याख्या: पल्लव वंश के संस्थापक **सिंहविष्णु** थे। **राष्ट्रकूट वंश** की स्थापना **दन्तिदुर्ग** ने की थी। **चोल वंश** का संस्थापक **विजयालय** था और **कलचुरी वंश** की स्थापना **कोकल प्रथम** ने की थी।

6. उत्तर-(c)

व्याख्या: अलाउद्दीन खिलजी ने अपनी विशाल सेना के भरण-पोषण के लिए दिल्ली में **बाजार नियंत्रण प्रणाली** लागू की थी। उसने वस्तुओं की कीमतें तय कर दी थीं और **शहना-ए-मंडी** नामक **अधिकारी नियुक्त** किया था।

7. उत्तर-(c)

व्याख्या: मुगल काल में **बख्शी** सैन्य प्रशासन का प्रमुख होता था। उसका मुख्य कार्य **सैनिकों की भर्ती**, **उनका वेतन विवरण** (हालांकि वेतन दीवान देता था) और **मनसबदारों के घोड़ों** को **दागने की व्यवस्था** करना था।

8. उत्तर-(b)

व्याख्या: शिवाजी महाराज के प्रशासनिक मंत्रिमंडल **अष्टप्रधान** में **अमात्य** को **मजूमदार** भी कहा जाता था। उनका कार्य राज्य के आय-व्यय और वित्त का **लेखा-जोखा** रखना था। वे आधुनिक काल के **वित्त मंत्री** के समान पद धारण करते थे।

9. उत्तर-(b)

व्याख्या: मुगल सम्राट अकबर द्वितीय ने **राममोहन राय** को अपनी **पेंशन** के संबंध में बातचीत के लिए **इंग्लैंड भेजा** था और इसी अवसर पर उन्हें **राजा** की उपाधि दी थी। राममोहन राय को **भारतीय पुनर्जागरण का अग्रदूत** और **आधुनिक भारत** का **जनक** कहा जाता है।

10. उत्तर-(c)

व्याख्या: महात्मा गांधी ने वर्ष 1903 में दक्षिण अफ्रीका में **इंडियन ओपिनियन** अखबार शुरू किया था। इसका उद्देश्य दक्षिण अफ्रीका में भारतीयों के खिलाफ होने वाले भेदभाव के विरुद्ध आवाज उठाना और सत्याग्रह के विचारों को प्रसारित करना था। यह चार भाषाओं में निकलता था।

11. उत्तर-(a)

व्याख्या: वर्ष 1916 के **लखनऊ अधिवेशन** में कांग्रेस के **गरम दल** और **नरम दल** का पुनर्मिलन हुआ था। साथ ही कांग्रेस और मुस्लिम लीग के बीच समझौता हुआ था। इसकी **अध्यक्षता अंबिका चरण मजूमदार** (A.C. Majumdar) ने की थी।

12. उत्तर-(b)

व्याख्या: दीनबंधु मित्र द्वारा रचित **नील दर्पण** नाटक वर्ष 1860 में प्रकाशित हुआ था। यह नाटक **बंगाल** में **नील विद्रोह** (वर्ष 1859) की पृष्ठभूमि पर आधारित है, जिसमें ब्रिटिश बागान मालिकों द्वारा भारतीय किसानों पर किए जाने वाले अत्याचारों का मार्मिक चित्रण है।

13. उत्तर-(b)

व्याख्या: सुभाष चंद्र बोस, **चितरंजन दास** (C.R. Das) को अपना **राजनीतिक गुरु** मानते थे। चितरंजन दास को **देशबंधु** के नाम से भी जाना जाता है। उन्होंने **स्वराज पार्टी** की **स्थापना** में महत्वपूर्ण भूमिका निभाई थी और बोस उनके मार्गदर्शन में राजनीति में आए।

14. उत्तर-(a)

व्याख्याः रॉलेट एक्ट 1919 में पारित हुआ, जिसे **काला कानून** कहा गया। **साइमन कमीशन** वर्ष 1928 में भारत आया। **दांडी मार्च** 12 मार्च, 1930 को शुरू हुआ और **गांधी-इरविन समझौता** 5 मार्च, 1931 को हस्ताक्षरित हुआ था, जिससे सविनय अवज्ञा आंदोलन स्थगित हुआ।

15. उत्तर-(c)

व्याख्याः हिंद स्वराज महात्मा गांधी द्वारा वर्ष **1909** में लिखी गई एक छोटी लेकिन **क्रांतिकारी पुस्तक** है। उन्होंने यह पुस्तक अपनी लंदन से दक्षिण अफ्रीका की **समुद्री यात्रा** के दौरान मूल रूप से **गुजराती भाषा** में लिखी थी, जिसमें पश्चिमी सभ्यता की आलोचना की गई है।

16. उत्तर-(b)

व्याख्याः भरतनाट्यम भारत का सबसे **प्राचीन शास्त्रीय नृत्य** है जिसकी उत्पत्ति **तमिलनाडु के मंदिरों** (देवदासी परंपरा) से हुई है। इसमें **भाव**, **राग** और **ताल** का अद्भुत संगम होता है। यह नृत्य मुख्य रूप से एकल रूप में महिलाओं द्वारा प्रस्तुत किया जाता है।

17. उत्तर-(c)

व्याख्याः जॉन मैक्कार्थी आर्टिफिशियल इंटेलिजेंस अनुसंधान में **अग्रणी** थे, उन्होंने इस क्षेत्र का नाम रखने में मदद की और दशकों तक कंप्यूटर को उन अवधारणाओं को सिखाने में बिताया जो मनुष्यों के लिए सहज हैं।

18. उत्तर-(b)

व्याख्याः मध्य प्रदेश के छतरपुर जिले में स्थित **खजुराहो** के **मंदिरों का निर्माण 950 से 1050** ईस्वी के बीच **चंदेल शासकों** द्वारा कराया गया था। ये मंदिर अपनी उत्कृष्ट **नागर शैली** की वास्तुकला और कामुक मूर्तियों के लिए विश्व प्रसिद्ध हैं।

19. उत्तर-(c)

व्याख्याः सामवेद को भारतीय **शास्त्रीय संगीत** और **गायन** का **जनक** माना जाता है। इसमें ऋग्वेद की ऋचाओं को मधुर स्वर में गाने के नियम दिए गए हैं। **साम** का शाब्दिक अर्थ ही **गान** होता है, जो संगीत के सात स्वरों का आधार है।

20. उत्तर-(a)

व्याख्याः उस्ताद अमजद अली खान भारत के सुप्रसिद्ध **सरोद** वादक हैं। उन्होंने सरोद वादन की कला को अंतर्राष्ट्रीय स्तर पर पहचान दिलाई। उन्हें **पद्म विभूषण** सहित अनेक राष्ट्रीय और अंतर्राष्ट्रीय पुरस्कारों से **सम्मानित** किया जा चुका है।

21. उत्तर-(b)

व्याख्याः संविधान सभा की **पहली बैठक 9 दिसंबर 1946** को **नई दिल्ली** के **काउंसिल चैंबर** के पुस्तकालय भवन में हुई थी। **डॉ. सच्चिदानंद सिन्हा** को सभा का **अस्थाई अध्यक्ष** चुना गया था। मुस्लिम लीग ने इस बैठक का बहिष्कार किया था।

22. उत्तर-(c)

व्याख्याः अनुच्छेद 32 को **डॉ. अंबेडकर** ने **संविधान हृदय और आत्मा** कहा था। इसके तहत नागरिकों को यह अधिकार है कि वे अपने मौलिक अधिकारों के **उल्लंघन** पर **सीधे सर्वोच्च न्यायालय** जा सकें। न्यायालय इसके लिए पांच प्रकार की रिट जारी करता है।

23. उत्तर-(c)

व्याख्याः वर्ष 1986 में **भारतीय डाक संशोधन विधेयक** के संबंध में तत्कालीन **राष्ट्रपति ज्ञानी जैल सिंह** ने **पॉकेट वीटो** का प्रयोग किया था। पॉकेट वीटो का अर्थ है कि राष्ट्रपति विधेयक पर न तो सहमति देता है और न ही उसे लौटाता है, बल्कि अनिश्चितकाल तक लंबित रखता है।

24. उत्तर-(a)

व्याख्याः संविधान का भाग II नागरिकता से, **भाग IV** राज्य के **नीति निदेशक तत्वों** से, **भाग IV(a) मौलिक कर्तव्यों** से (स्वर्ण सिंह समिति की सिफारिश पर जोड़ा गया) और **भाग XV निर्वाचन आयोग** के कार्यों और शक्तियों से संबंधित है।

25. उत्तर-(c)

व्याख्याः 61वें संविधान संशोधन अधिनियम (1989) के द्वारा संविधान के **अनुच्छेद 326** में संशोधन करके **लोकसभा** और **विधानसभा** चुनावों में मतदान की **आयु 21 वर्ष से घटाकर 18 वर्ष** कर दी गई थी।

26. उत्तर-(c)

व्याख्याः भारत का **उपराष्ट्रपति राज्यसभा का पदेन** (Ex-officio) **सभापति** होता है। वह **राज्यसभा** का **सदस्य नहीं** होता है, इसलिए उसे **मतदान** का **अधिकार नहीं** है, लेकिन बराबर मत होने की स्थिति में वह **निर्णायक मत** (Casting Vote) दे सकता है।

27. उत्तर-(c)

व्याख्याः 42वें संविधान संशोधन (1976) के द्वारा **शिक्षा** को **राज्य सूची** से हटाकर **समवर्ती सूची** (Concurrent List) में डाल दिया गया था। इसका अर्थ है कि अब केंद्र और राज्य सरकारें दोनों शिक्षा पर कानून बना सकते हैं।

28. उत्तर-(a)

व्याख्याः जस्टिस पिनाकी चंद्र घोष को मार्च 2019 में भारत का **पहला लोकपाल नियुक्त** किया गया था। लोकपाल एक भ्रष्टाचार विरोधी संस्था है जो लोक सेवकों के खिलाफ भ्रष्टाचार के आरोपों की जांच करती है। इसकी **संकल्पना स्कैंडिनेवियाई ओम्बुड्समैन** से ली गई है।

29. उत्तर-(b)

व्याख्याः संविधान के **अनुच्छेद 263** के तहत **राष्ट्रपति** एक **अंतर्राज्यीय परिषद** का **गठन** कर सकता है। इसका मुख्य कार्य **केंद्र** और **राज्यों** के बीच **समन्वय** स्थापित करना और साझा हितों के विषयों पर चर्चा करना है। इसकी **अध्यक्षता प्रधानमंत्री** करते हैं।

30. उत्तर-(b)

व्याख्याः पंचायतों को **राज्य सूची** का विषय माना गया है, इसलिए पंचायत चुनाव कराने का **अंतिम निर्णय राज्य सरकार द्वारा** लिया जाता है। हालांकि, इन चुनावों का प्रबंधन और देखरेख **राज्य चुनाव आयोग** द्वारा किया जाता है।

31. उत्तर-(c)

व्याख्याः भारत का सबसे **उत्तरी बिंदु** लद्दाख में स्थित **इंदिरा कोल** है। सबसे **दक्षिणी बिंदु** मुख्य भूमि पर कन्याकुमारी और द्वीप सहित **इंदिरा पॉइंट** है। सबसे **पूर्वी बिंदु** अरुणाचल में **किबिथु** और **पश्चिमी बिंदु** गुजरात में **गुहार मोती** है।

32. उत्तर-(b)

व्याख्याः नर्मदा और **ताप्ती** नदियाँ हिमालय की तुलना में पुरानी हैं और ये **सतपुड़ा** व **विंध्याचल** की **भ्रंश घाटी** से होकर बहती हैं। ये नदियाँ पूर्व से पश्चिम की ओर बहती हुई **अरब सागर** में गिरती हैं और **डेल्टा** के स्थान पर **एस्चुरी** (ज्वारनदमुख) बनाती हैं।

33. उत्तर-(c)

व्याख्याः पाल घाट-दर्रा **केरल** और **तमिलनाडु** राज्यों को जोड़ने वाला पश्चिमी घाट का एक महत्वपूर्ण गैप है। यह **नीलगिरी पहाड़ियों** के दक्षिण और **अन्नामलाई पहाड़ियों** के उत्तर में स्थित है।

34. उत्तर-(a)

व्याख्याः नागार्जुन सागर बांध **कृष्णा नदी** (आंध्र/तेलंगाना) पर, हीराकुंड बांध **महानदी** (ओडिशा) पर, टिहरी बांध **भागीरथी** (उत्तराखंड) पर और सरदार सरोवर बांध **नर्मदा नदी** (गुजरात) पर स्थित है। ये सभी बहुउद्देशीय नदी घाटी परियोजनाएं हैं।

35. उत्तर-(c)

व्याख्याः ब्रह्मपुत्र नदी को **तिब्बत** में **सांगपो** (जिसका अर्थ शुद्ध करने वाली है) कहा जाता है। **अरुणाचल प्रदेश** में प्रवेश करने पर इसे **दिहांग** और असम में **ब्रह्मपुत्र** कहा जाता है। यह भारत की सबसे बड़ी जल मात्रा वाली नदी है।

36. उत्तर-(b)

व्याख्याः भारत में कुल **कॉफी उत्पादन** का लगभग 70% से अधिक हिस्सा अकेले कर्नाटक राज्य से आता है। यहाँ मुख्य रूप से **अरेबिका** और **रोबस्टा** किस्म की कॉफी उगाई जाती है। **चिकमंगलूर** भारत में **कॉफी** का **जन्मस्थान** माना जाता है।

37. उत्तर-(b)

व्याख्याः भारत में **खाद्य तेलों** और **तिलहन फसलों** (जैसे सरसों, सूरजमुखी, सोयाबीन) के उत्पादन में आत्मनिर्भरता प्राप्त करने के लिए वर्ष 1986 में **पीली क्रांति** शुरू की गई थी। इसके फलस्वरूप देश में तिलहन उत्पादन में भारी वृद्धि दर्ज की गई।

38. उत्तर-(c)

व्याख्याः छत्तीसगढ़ के **दंतेवाड़ा** जिले में स्थित **बैलाडीला खानें** अपने उच्च गुणवत्ता वाले **हेमेटाइट लौह अयस्क** के लिए प्रसिद्ध हैं। यहाँ का अधिकांश लोहा **विशाखापत्तनम बंदरगाह** के माध्यम से जापान और अन्य देशों को निर्यात किया जाता है।

39. उत्तर-(b)

व्याख्याः कावेरी नदी को इसकी पवित्रता और धार्मिक महत्व के कारण **दक्षिण भारत की गंगा** कहा जाता है। वहीं **गोदावरी** को इसकी लंबाई और प्राचीनता के कारण **वृद्ध गंगा** या **दक्षिण गंगा** कहा जाता है। यह एक सूक्ष्म लेकिन महत्वपूर्ण अंतर है।

40. उत्तर-(a)

व्याख्याः थार मरुस्थल (जिसे 'महान भारतीय मरुस्थल' भी कहा जाता है) का लगभग **85%** हिस्सा **भारत** में और शेष **पाकिस्तान** में है। भारत में इसका लगभग **60%** विस्तार **राजस्थान** राज्य में है, जो **अरावली** के **पश्चिम** में स्थित है।

41. उत्तर-(b)

व्याख्याः किसी भी प्राकृतिक पारिस्थितिकी तंत्र में **ऊर्जा का पिरामिड हमेशा सीधा** (Upright) होता है। इसका कारण यह है कि ऊर्जा का **प्रवाह एकदिशीय** होता है और **लिंडैमन** के **10%** नियम के अनुसार, अगले पोषण स्तर पर ऊर्जा हमेशा घटती जाती है।

42. उत्तर-(b)

व्याख्याः लाइकेन (कवक और शैवाल का सहजीवी रूप) **वायु प्रदूषण**, विशेषकर **सल्फर डाइऑक्साइड** (SO_2) के प्रति अत्यंत संवेदनशील होते हैं। जहाँ वायु प्रदूषण अधिक होता है, वहाँ लाइकेन नहीं उगते, इसलिए इन्हें **वायु गुणवत्ता** का **प्राकृतिक सूचक** माना जाता है।

43. उत्तर-(c)

व्याख्याः इको मार्क (Eco Mark) **भारतीय मानक ब्यूरो** (BIS) द्वारा उन उत्पादों को दिया जाता है जो **पर्यावरण** पर **न्यूनतम प्रभाव** डालते हैं। इसका लोगो **मिट्टी का घड़ा** है, जो पर्यावरण के अनुकूल मिट्टी और प्रकृति के संबंध को दर्शाता है।

44. उत्तर-(b)

व्याख्याः ग्रेट हिमालयन नेशनल पार्क हिमाचल प्रदेश के **कुल्लू क्षेत्र** में स्थित है। इसे वर्ष 2014 में **यूनेस्को** की **विश्व धरोहर सूची** में शामिल किया गया था। यह अपनी अल्पाइन चोटियों, घास के मैदानों और लुप्तप्राय जीवों जैसे **वेस्टर्न ट्रेगोपन** के लिए प्रसिद्ध है।

45. उत्तर-(a)

व्याख्याः गिर गुजरात में एशियाई शेरों के लिए, **मानस असम** में हाथियों और बाघों के लिए, **रणथंभौर राजस्थान** में बाघों के लिए और **बांदीपुर कर्नाटक** में बाघ संरक्षण के लिए प्रसिद्ध है। ये सभी भारत के प्रमुख वन्यजीव आरक्षित क्षेत्र हैं।

46. उत्तर-(c)

व्याख्याः पश्चिमी घाट भारत का **सबसे समृद्ध जैव विविधता** वाला क्षेत्र है और इसे वैश्विक **जैव विविधता हॉटस्पॉट** में गिना जाता है। यहाँ पौधों और जंतुओं की अनेक ऐसी प्रजातियाँ पाई जाती हैं जो विश्व में कहीं और नहीं मिलतीं है।

47. उत्तर-(c)

व्याख्याः नागोया प्रोटोकॉल (2010) एक अंतर्राष्ट्रीय समझौता है जो **जैव विविधता सम्मेलन** (CBD) के तहत **आनुवंशिक संसाधनों** तक पहुँच और उनके **लाभों के उचित बंटवारे** से संबंधित है। यह संसाधनों के दोहन को रोकने और स्थानीय समुदायों के हितों की रक्षा करता है।

48. उत्तर-(b)

व्याख्याः ध्वनि की तीव्रता मापने की इकाई **डेसीबल** (dB) है। मनुष्य के कानों के लिए **45 डेसीबल** की ध्वनि सुखद और सामान्य मानी जाती है। **80 डेसीबल** से अधिक की ध्वनि निरंतर सुनने पर स्वास्थ्य के लिए हानिकारक और ध्वनि प्रदूषण मानी जाती है।

49. उत्तर-(c)

व्याख्याः सुंदरलाल बहुगुणा के नेतृत्व वाले **चिपको आंदोलन** का यह **प्रसिद्ध नारा** था। इस आंदोलन ने विकास के नाम पर जंगलों की कटाई का विरोध किया और स्पष्ट किया कि **पारिस्थितिकी** (Ecology) ही वास्तव में स्थाई अर्थव्यवस्था है, जिसे नष्ट नहीं किया जाना चाहिए।

50. उत्तर-(b)

व्याख्याः भारत सरकार ने जल स्रोतों की स्वच्छता बनाए रखने और प्रदूषण रोकने के लिए **वर्ष 1974 में जल प्रदूषण निवारण एवं नियंत्रण अधिनियम** पारित किया था। इसी के तहत **केंद्रीय** और **राज्य प्रदूषण नियंत्रण बोर्डों** (CPCB/SPCB) की स्थापना की गई थी।

51. उत्तर-(c)

व्याख्याः रॉकेट का प्रक्षेपण न्यूटन के **गति के तीसरे नियम** (क्रिया-प्रतिक्रिया) और **संवेग संरक्षण के सिद्धांत** पर आधारित है। रॉकेट से निकलने वाली **गैसें पीछे की ओर बल** लगाती हैं। जिसके परिणामस्वरूप रॉकेट को आगे की ओर समान संवेग प्राप्त होता है।

52. उत्तर-(b)

व्याख्याः एक सामान्य **स्वस्थ मानव आँख** के लिए **स्पष्ट दृष्टि की न्यूनतम दूरी** (Least Distance of Distinct Vision) **25 सेमी.** होती है। इससे कम दूरी पर रखी वस्तुएं धुंधली दिखाई देती हैं।

53. उत्तर-(a)

व्याख्याः पौधों के प्रजनन की क्रिया **परागण** कहलाती है। पौधों में प्रजनन क्रिया **पुष्प** में होती है। पुष्प में **नर** और **मादा** यौन अंग होते हैं। नर प्रजनन अंग **पुंकेसर** एवं स्त्री प्रजनन अंग **स्त्रीकेसर** कहलाता है।

54. उत्तर-(a)

व्याख्याः विटामिन A का नाम **रेटिनॉल** (रतौंधी रोकता है), **विटामिन B1** का **थायमिन** (बेरी-बेरी रोकता है), **विटामिन C** का **एस्कॉर्बिक एसिड** (स्कर्वी रोकता है) और **विटामिन D** का रासायनिक नाम **कैल्सिफेरॉल** है जो हड्डियों की मजबूती के लिए आवश्यक है।

55. उत्तर-(c)

व्याख्याः मानव हृदय एक पेशीय अंग है जिसमें **चार कक्ष** होते हैं- **दो ऊपरी कक्ष** (दायां और बायां अलिंद) और **दो निचले कक्ष** (दायां और बायां निलय)। यह ऑक्सीजन युक्त और ऑक्सीजन रहित रक्त को आपस में मिलने से रोकने के लिए विकसित संरचना है।

56. उत्तर-(b)

व्याख्याः अलेक्जेंडर फ्लेमिंग ने वर्ष 1928 में **पेनिसिलिन** नामक **विश्व की पहली एंटीबायोटिक** की खोज की थी। यह खोज **पेनिसिलिम नोटेटम** नामक कवक से हुई थी। इसने चिकित्सा विज्ञान में क्रांति ला दी और संक्रमण से होने वाली मौतों को काफी कम कर दिया।

57. उत्तर-(c)

व्याख्याः जब **कार्बन डाइऑक्साइड** (CO_2) को अत्यधिक **उच्च दाब** और **निम्न ताप** पर जमाया जाता है, तो वह सीधे ठोस अवस्था में बदल जाती है। इसे **शुष्क बर्फ** कहते हैं क्योंकि यह पिघलने पर गीला नहीं करती बल्कि सीधे गैस बन जाती है।

58. उत्तर-(c)

व्याख्याः वायुमंडल में **आयतन** के अनुसार **आर्गन** (Ar) **सर्वाधिक मात्रा** (लगभग 0.93%) में पाई जाने वाली **अक्रिय गैस** है। **हीलियम**, **नियॉन** और **रेडॉन** बहुत कम मात्रा में पाई जाती हैं। आर्गन का उपयोग बिजली के बल्बों में किया जाता है।

59. उत्तर-(c)

व्याख्याः ग्रेगर जॉन मेंडल को **आनुवंशिकी का पिता** कहा जाता है। उन्होंने **मटर के पौधे पर** अपने **प्रयोगों** के आधार पर **वंशागति के नियम** (प्रभाविता, पृथक्करण और स्वतंत्र अपव्यूहन) प्रतिपादित किए थे, जो आधुनिक **जेनेटिक्स** का आधार हैं।

60. उत्तर-(b)

व्याख्याः वाहनों में **साइड मिरर** के रूप में **उत्तल दर्पण** (Convex Mirror) का प्रयोग किया जाता है। इसका कारण यह है कि यह हमेशा सीधा और छोटा प्रतिबिंब बनाता है, जिससे चालक को पीछे का एक बहुत बड़ा और **विस्तृत क्षेत्र** (Field of view) दिखाई देता है।

61. उत्तर-(c)

व्याख्याः भारत में **पहली पंचवर्षीय योजना** 1 अप्रैल 1951 को शुरू हुई थी। यह योजना **हेरोड-डोमर मॉडल** पर आधारित थी और इसका मुख्य उद्देश्य विभाजन के बाद शरणार्थी समस्या, खाद्यान्न संकट को दूर करना और कृषि विकास पर ध्यान केंद्रित करना था।

62. उत्तर-(d)

व्याख्याः पंचवर्षीय योजनाओं में, **योजना अवकाश** की अवधि **वर्ष 1966-1969** के बीच थी। **तीसरी योजना की विफलता** के कारण **वर्ष 1966-1969** के बीच योजना अवकाश की शुरुआत की गई, ताकि तीन वार्षिक योजनाओं के माध्यम से आर्थिक अवनति में कुछ सुधार लाया जा सके।

63. उत्तर-(b)

व्याख्याः मुद्रास्फीति (महंगाई) के दौरान **मुद्रा का मूल्य घटता** है। ऐसे में **ऋणी** (कर्जदार) को लाभ होता है क्योंकि वह जो पैसा वापस करता है, उसकी वास्तविक **क्रय शक्ति** उस समय की तुलना में कम होती है जब उसने पैसा उधार लिया था।

64. उत्तर-(a)

व्याख्याः राजा चेलैया समिति कर सुधारों से, **नरसिम्हन समिति** बैंकिंग संरचना सुधारों से, **सुरेश तेंदुलकर समिति** गरीबी रेखा के नए निर्धारण से और **केलकर समिति** प्रत्यक्ष व अप्रत्यक्ष करों (जीएसटी की रूपरेखा) से संबंधित रही है।

65. उत्तर-(b)

व्याख्याः भारतीय जीवन बीमा निगम (LIC) की स्थापना **1 सितंबर, 1956** को **245** निजी बीमा कंपनियों के **राष्ट्रीयकरण** के माध्यम से की गई थी। यह भारत की सबसे बड़ी सार्वजनिक क्षेत्र की बीमा और निवेश कंपनी है।

66. उत्तर-(c)

व्याख्याः छिपी हुई बेरोजगारी वह स्थिति है जहाँ किसी **कार्य** को करने के लिए **आवश्यकता से अधिक लोग** लगे होते हैं। यदि कुछ लोगों को हटा भी दिया जाए, तो कुल उत्पादन पर कोई फर्क नहीं पड़ता है। भारत के **कृषि क्षेत्र** में यह समस्या बहुत अधिक है।

67. उत्तर-(b)

व्याख्याः गीफिन वस्तुएं उन **घटिया वस्तुओं** को कहा जाता है जिन पर मांग का नियम लागू नहीं होता है। अर्थात् इनकी **कीमत बढ़ने पर** भी इनकी **माँग बढ़ जाती** है, क्योंकि उपभोक्ता अपनी आय का बड़ा हिस्सा इन पर खर्च करता है और उनके पास कोई विकल्प नहीं होता।

68. उत्तर-(d)

व्याख्याः भारत में **राष्ट्रीय आय** और **प्रति व्यक्ति आय** के आँकड़ों का संकलन **राष्ट्रीय सांख्यिकीय कार्यालय** (NSO) द्वारा किया जाता है। यह सांख्यिकी और कार्यक्रम कार्यान्वयन मंत्रालय के अधीन कार्य करता है। पहले यह कार्य CSO द्वारा किया जाता था।

69. उत्तर-(c)

व्याख्याः ट्राइसेम (TRYSEM) योजना वर्ष 1979 में प्रारम्भ की गई थी। इसका उद्देश्य **18-35** वर्ष के ग्रामीण युवाओं को **तकनीकी** और **व्यावसायिक कौशल** सिखाना था ताकि वे स्वरोजगार अपना सकें और **गरीबी रेखा** से ऊपर उठ सकें।

70. उत्तर-(c)

व्याख्याः मुंबई में स्थित **दलाल स्ट्रीट** भारतीय शेयर बाजार का केंद्र है। यहाँ **बॉम्बे स्टॉक एक्सचेंज** (BSE) का मुख्यालय स्थित है। जैसे **अमेरिका** में **वॉल स्ट्रीट** है, वैसे ही भारत के वित्तीय जगत के लिए दलाल स्ट्रीट का महत्व है।

71. उत्तर-(b)

व्याख्याः उत्तर प्रदेश का **राजकीय पक्षी सारस (क्रेन)** (Crane) है। यह **विश्व** का **सबसे ऊँचा उड़ने वाला पक्षी** है। उत्तर प्रदेश में इसकी संख्या सर्वाधिक पाई जाती है और यह दांपत्य निष्ठा का प्रतीक माना जाता है।

72. उत्तर-(b)

व्याख्या: उत्तर प्रदेश के **रामपुर** जिले को **चाकू नगरी** के रूप में जाना जाता है। यहाँ के बने चाकू अपनी तीक्ष्णता और कलात्मक बनावट के लिए पूरे भारत में प्रसिद्ध रहे हैं। हालांकि अब यह उद्योग मशीनीकरण की ओर बढ़ रहा है।

73. उत्तर-(b)

व्याख्या: उत्तर प्रदेश सरकार ने **24 जनवरी 2018** (उत्तर प्रदेश दिवस) को **एक जिला एक उत्पाद** (ODOP) योजना की शुरुआत की थी। इसका उद्देश्य हर जिले के पारंपरिक उद्योगों और कलाओं को वैश्विक पहचान दिलाना और रोजगार सृजन करना है।

74. उत्तर-(a)

व्याख्या: **मेरठ** में **नौचंदी मेला** (सांप्रदायिक सौहार्द का प्रतीक), **आगरा** में **बटेश्वर मेला** (पशु मेला), **बहराइच** में **सैयद सालार मेला** और **गोरखपुर** में मकर संक्रांति के अवसर पर **खिचड़ी मेला** आयोजित किया जाता है। ये प्रदेश की सांस्कृतिक विविधता दर्शाते हैं।

75. उत्तर-(c)

व्याख्या: उत्तर प्रदेश के **मथुरा** जिले में **भारतीय तेल निगम** (IOCL) की एक **बड़ी रिफाइनरी** स्थित है। इसकी स्थापना **वर्ष 1982** में की गई थी। यह उत्तर भारत के पेट्रोलियम उत्पादों की मांग को पूरा करने वाला एक प्रमुख केंद्र है।

76. उत्तर-(a)

व्याख्या: महान कवि, संगीतज्ञ और **तोता-ए-हिंद** कहे जाने वाले **अमीर खुसरो** का जन्म 1253 ईस्वी में **उत्तर प्रदेश** के **एटा जिले** (वर्तमान कासगंज) के **पटियाली** नामक स्थान पर हुआ था। उन्हें **खड़ी बोली** का **जनक** और **तबले** व **सितार** का **आविष्कारक** माना जाता है।

77. उत्तर-(b)

व्याख्या: वर्ष 2011 की जनगणना के अनुसार, **सोनभद्र** उत्तर प्रदेश का **सर्वाधिक अनुसूचित जनजाति** (ST) जनसंख्या वाला जिला है। यहाँ **गोंड**, **खरवार**, **बैगा** और **पंखा** जैसी **अनेक जनजातियाँ** निवास करती हैं। यह जिला चार राज्यों की सीमाओं को भी स्पर्श करता है।

78. उत्तर-(c)

व्याख्या: **इलाहाबाद विश्वविद्यालय** उत्तर प्रदेश का **सबसे पुराना आधुनिक विश्वविद्यालय** है, जिसकी स्थापना वर्ष 1887 में हुई थी। इसे अपनी शैक्षणिक प्रतिष्ठा के कारण **पूर्व का ऑक्सफोर्ड** (Oxord of the East) भी कहा जाता था।

79. उत्तर-(b)

व्याख्या: **कर्मा** उत्तर प्रदेश के **सोनभद्र** और **मिर्जापुर** जिले के **जनजातीय क्षेत्रों** (विशेषकर खरवार जनजाति) का एक प्रसिद्ध **लोक नृत्य** है। यह नृत्य कर्म और भाग्य की प्रधानता को दर्शाता है और खरीफ की फसल की कटाई के समय किया जाता है।

80. उत्तर-(c)

व्याख्या: उत्तर प्रदेश की **विधान परिषद** में **कुल 100 सदस्य** हैं। **उत्तर प्रदेश** उन **छह** भारतीय राज्यों में से एक है जहाँ **द्विसदनीय विधायिका** (विधानसभा और विधान परिषद्) है। विधान परिषद **एक स्थाई सदन** है जिसके **सदस्य 6 वर्ष** के लिए चुने जाते हैं।

81. उत्तर-(c)

व्याख्या: **डिस्कवरी ऑफ इंडिया** (भारत की खोज) **पंडित जवाहरलाल नेहरू** द्वारा वर्ष 1944 में **अहमदनगर जेल** में लिखी गई थी। इस पुस्तक में उन्होंने **सिंधु घाटी सभ्यता** से लेकर **ब्रिटिश शासन** तक के भारत के समृद्ध इतिहास और संस्कृति का विश्लेषण किया है।

82. उत्तर-(a)

व्याख्या: प्रतिवर्ष **8 मार्च** को **अंतर्राष्ट्रीय महिला दिवस** मनाया जाता है। इसका उद्देश्य महिलाओं के **सामाजिक**, **आर्थिक** और **राजनीतिक** अधिकारों के प्रति जागरूकता फैलाना और समाज में लैंगिक समानता को बढ़ावा देना है।

83. उत्तर-(b)

व्याख्या: **पेट्रोलियम निर्यातक देशों के संगठन** (OPEC) का मुख्यालय **ऑस्ट्रिया** की राजधानी वियना में स्थित है। इसकी **स्थापना वर्ष 1960** में **बगदाद** में हुई थी। यह विश्व के तेल उत्पादन और कीमतों को नियंत्रित करने वाला एक शक्तिशाली समूह है।

84. उत्तर-(b)

व्याख्या: **कैनबरा ऑस्ट्रेलिया की राजधानी** है। यह ऑस्ट्रेलिया का सबसे बड़ा आंतरिक शहर है। अक्सर लोग **सिडनी** या **मेलबर्न** को राजधानी समझ लेते हैं, लेकिन कैनबरा को विशेष रूप से प्रशासनिक केंद्र के रूप में विकसित किया गया है।

85. उत्तर-(a)

व्याख्या: **पुलित्जर** पत्रकारिता में, **ऑस्कर** फिल्म जगत में, **कलिंग पुरस्कार** यूनेस्को द्वारा विज्ञान को लोकप्रिय बनाने के लिए और बुकर पुरस्कार अंग्रेजी साहित्य के क्षेत्र में उत्कृष्ट लेखन के लिए दिया जाता है। ये सभी विश्व स्तर के प्रतिष्ठित सम्मान हैं।

86. उत्तर-(c)

व्याख्याः पीर पंजाल पर्वत श्रेणी **लघु हिमालय** का हिस्सा है और यह मुख्य रूप से **जम्मू-कश्मीर** राज्य में स्थित है। यह हिमालय की सबसे लंबी श्रेणी है। इसी श्रेणी में प्रसिद्ध **बनिहाल दर्रा** स्थित है जो **जम्मू** को **श्रीनगर** से जोड़ता है।

87. उत्तर-(b)

व्याख्याः संतोष ट्रॉफी भारत की एक प्रसिद्ध **फुटबाल** प्रतियोगिता है, जिसे अंतर-राज्यीय आधार पर खेला जाता है। इसकी **शुरुआत वर्ष 1941** में हुई थी।

88. उत्तर-(b)

व्याख्याः भाभा परमाणु अनुसंधान केंद्र (BARC) महाराष्ट्र के **मुंबई स्थित ट्रॉम्बे** में है। इसकी स्थापना वर्ष 1954 में **डॉ. होमी जहांगीर भाभा** के नेतृत्व में हुई थी।

89. उत्तर-(b)

व्याख्याः आईएनएस अरिहंत (INS Arihant) भारत की पहली स्वदेश निर्मित परमाणु संचालित **बैलिस्टिक मिसाइल पनडुब्बी** है। इसके चालू होने से भारत ने **न्यूक्लियर ट्रायड** (जल, थल और नभ से परमाणु हमला करने की क्षमता) पूरा कर लिया है।

90. उत्तर-(b)

व्याख्याः असम में स्थित **काजीरंगा राष्ट्रीय उद्यान** पूरी दुनिया में **एक सींग वाले गेंडे** (One horned Rhino) के संरक्षण के लिए प्रसिद्ध है। यहाँ दुनिया के **दो-तिहाई गेंडे** पाए जाते हैं।

91. उत्तर-(c)

व्याख्याः मई 2025 में उत्तर प्रदेश सरकार ने **लखनऊ** में भारत की पहली **एआई सिटी** (Artificial Intelligence City) के निर्माण की घोषणा की। इसका उद्देश्य **कृत्रिम बुद्धिमत्ता** के क्षेत्र में **स्टार्टअप्स**, **शोध** और **तकनीकी विकास** को एक छत के नीचे लाना है।

92. उत्तर-(a)

व्याख्याः वर्ष 2025 **ब्रिक्स शिखर सम्मेलन** 6-7 जुलाई को **ब्राजील** के **रियो डी जनेरियो** में हुआ जिसकी थीम थी अधिक समावेशी और टिकाउ शासन के लिए वेश्विक दक्षिण सहयोग को मजबूत करना।

93. उत्तर-(a)

व्याख्याः सितंबर 2025 में **भारतीय अंतरिक्ष अनुसंधान संगठन** (ISRO) ने अपने पहले शुक्र मिशन **शुक्रयान-1** को सफलतापूर्वक लॉन्च किया। इसका उद्देश्य शुक्र के वायुमंडल की संरचना और वहाँ की सतह के नीचे की परतों का अध्ययन करना है।

94. उत्तर-(c)

व्याख्याः वैश्विक टीबी रिपोर्ट प्रतिवर्ष **विश्व स्वास्थ्य संगठन** द्वारा प्रकाशित की जाती है। यह रिपोर्ट विश्व एवं देशों के स्तर पर भी जारी की जाती है। जो वैश्विक स्वास्थ्य नीतियों की निगरानी करता है। भारत ने 2015-24 के बीच नए **टीबी मामलों** में 21% और **मृत्यु दर** में 28% की कमी दर्ज की है।

95. उत्तर-(d)

व्याख्याः UNESCO के **क्रिएटिव सिटीज नेटवर्क की गैस्ट्रोनॉमी श्रेणी** में शामिल भारतीय शहर **लखनऊ** है। लखनऊ की अवधी पाक कला, कबाब, बिरयानी और शाही व्यंजनों की वैश्विक पहचान है, जिससे यह सूची में शामिल हुआ।

96. उत्तर-(d)

व्याख्याः नवंबर 2025 में संपन्न हुए **एशियाई खेलों** में भारतीय **एथलीटों** ने अब तक का सर्वश्रेष्ठ प्रदर्शन करते हुए **कुल 40 स्वर्ण पदक** जीते। यह भारत की बढ़ती खेल शक्ति और खिलाड़ियों के उत्कृष्ट प्रशिक्षण का परिणाम है।

97. उत्तर-(b)

व्याख्याः दिसंबर 2025 में **अयोध्या** के **महर्षि वाल्मीकि अंतर्राष्ट्रीय हवाई अड्डे** को **पूर्णतः सौर ऊर्जा संचालित** हवाई अड्डे का गौरव प्राप्त हुआ। यह पर्यावरण संरक्षण और नवीकरणीय ऊर्जा के उपयोग की दिशा में उत्तर प्रदेश का एक बड़ा योगदान है।

98. उत्तर-(d)

व्याख्याः जून 2025 में जारी **पर्यावरण प्रदर्शन सूचकांक** (EPI) में **भारत को 180 देशों में अंतिम पायदानों** पर रखा गया। हालांकि भारत ने इस रैंकिंग के मानकों पर आपत्ति जताई है, लेकिन यह वायु गुणवत्ता और अपशिष्ट प्रबंधन में सुधार की जरूरत को रेखांकित करता है।

99. उत्तर-(c)

व्याख्याः प्रोजेक्ट सनकैचर की घोषणा **4 नवम्बर 2025** को **गूगल** द्वारा की गई। इस परियोजना का उद्देश्य **स्वच्छ** और **नवीकरणीय ऊर्जा**, विशेषकर सौर ऊर्जा के उपयोग को बढ़ावा देना है। यह पहल गूगल की कार्बन-न्यूट्रल और सस्टेनेबल टेक्नोलॉजी रणनीति का हिस्सा है।

100. उत्तर-(c)

व्याख्याः दिसंबर 2025 में **भारत** और **थाईलैंड** की सेनाओं के बीच **मैत्री** (Maitree) संयुक्त **सैन्य अभ्यास** आयोजित किया गया। इस अभ्यास का **मुख्य केंद्र आतंकवाद विरोधी अभियान** और शहरी युद्ध कौशल में दोनों सेनाओं के बीच तालमेल बढ़ाना था।

होमगार्ड प्रैक्टिस सैट-13

1. ऋग्वेद के किस मंडल में पुरूष सूक्त का वर्णन है, जिसमें चारों वर्णों की उत्पत्ति का उल्लेख है?
   (a) सातवें मंडल (b) आठवें मंडल
   (c) नौवें मंडल (d) दसवें मंडल
2. जैन धर्म के पहले तीर्थंकर कौन थे?
   (a) महावीर (b) ऋषभदेव
   (c) पारस नाथ (d) पद्मब्राभ
3. कश्मीर का शासक जो कश्मीर का अकबर नाम से जाना जाता है, वह है-
   (a) शमसुद्दीन शाह (b) सिकंदर बुतशिकरन
   (c) हैदर शाह (d) जैनुल (जैन-उल) आबेदीन
4. निम्नलिखित सूची-I को सूची-II को सुमेलित कीजिए-

सूची-I (प्राचीन पुस्तकें)	सूची-II (लेखक)
A. मृच्छकटिकम्	1. विशाखदत्त
B. मुद्राराक्षस	2. शूद्रक
C. हर्षचरित	3. कल्हण
D. राजतरंगिणी	4. बाणभट्ट

   कूट:
   (a) A–2, B–1, C–4, D–3 (b) A–1, B–2, C–3, D–4
   (c) A–2, B–4, C–1, D–3 (d) A–3, B–1, C–2, D–4
5. दीवान-ए-खैरात (दान विभाग) की स्थापना किस दिल्ली सुल्तान ने की थी?
   (a) अलाउद्दीन खिलजी (b) गयासुद्दीन तुगलक
   (c) फिरोज शाह तुगलक (d) सिकंदर लोदी
6. कृष्णदेव राय ने अमुक्तमाल्यदा ग्रंथ की रचना किस भाषा में की थी?
   (a) संस्कृत (b) तमिल
   (c) तेलुगु (d) कन्नड़
7. जिंदा पीर के नाम से किस मुगल शासक को जाना जाता था?
   (a) अकबर (b) जहाँगीर
   (c) शाहजहाँ (d) औरंगजेब
8. शिवाजी का राज्याभिषेक 1674 में कहाँ हुआ था?
   (a) पुणे (b) रायगढ़
   (c) सतारा (d) जिंजी
9. स्थायी बंदोबस्त (वर्ष 1793) की शुरुआत किसने की थी?
   (a) लॉर्ड वेलेजली (b) लॉर्ड कॉर्नवालिस
   (c) लॉर्ड हेस्टिंग्स (d) लॉर्ड डलहौजी
10. अलीगढ़ मुस्लिम विश्वविद्यालय (AMU) की स्थापना का श्रेय किसे दिया जाता है।
   (a) मौलाना अबुल कलाम आजाद
   (b) मुहम्मद अली जिन्ना
   (c) सर सैयद अहमद खान
   (d) डॉ. जाकिर हुसैन
11. निम्नलिखित सूची-I को सूची-II को सुमेलित कीजिए-

सूची-I (स्वतंत्रता सेनानी)	सूची-II (उपनाम)
A. खान अब्दुल गफ्फार खान	1. देशबंधु
B. चित्तरंजन दास	2. सीमांत गांधी
C. वल्लभभाई पटेल	3. लोकनायक
D. जयप्रकाश नारायण	4. लौह पुरुष

   कूट:
   (a) A–2, B–1, C–4, D–3 (b) A–1, B–2, C–3, D–4
   (c) A–2, B–3, C–1, D–4 (d) A–3, B–1, C–2, D–4
12. 1916 के लखनऊ समझौते में कांग्रेस का प्रतिनिधित्व किसने किया था?
   (a) बाल गंगाधर तिलक (b) अंबिका चरण मजूमदार
   (c) महात्मा गांधी (d) मदन मोहन मालवीय
13. रामकृष्ण मिशन की स्थापना किसने की थी?
   (a) रामकृष्ण परमहंस (b) एम.एन. दासगुप्ता
   (c) स्वामी विवेकानंद (d) स्वामी रंगनाथनंद
14. लाठी क्लब की स्थापना निम्नलिखित में से किसने की थी?
   (a) भगत सिंह (b) लाला लाजपत राय
   (c) बाल गंगाधर तिलक (d) बिपिन चंद्र पाल
15. कांग्रेस के प्रथम अंग्रेज अध्यक्ष कौन थे?
   (a) विलियम वेडरबर्न (b) जॉर्ज यूल
   (c) ए.ओ. ह्यूम (d) हेनरी कॉटन
16. कथकली शास्त्रीय नृत्य में प्रयुक्त हरा रंग किसका प्रतीक है?
   (a) बुराई (पाप) (b) कुलीनता (गुण)
   (c) क्रोध (d) शोक

17. प्रसिद्ध लिंगराज मंदिर किस शहर में स्थित है?

(a) पुरी (b) भुवनेश्वर

(c) मदुरै (d) तंजौर

18. साँची का स्तूप किस राज्य में स्थित है?

(a) उत्तर प्रदेश (b) बिहार

(c) मध्य प्रदेश (d) राजस्थान

19. निम्नलिखित सूची-I को सूची-II को सुमेलित कीजिए-

सूची-I (नृत्य)	सूची-II (राज्य)
A. यक्षगान	1. राजस्थान
B. कालबेलिया	2. कर्नाटक
C. लावणी	3. जम्मू-कश्मीर
D. रऊफ	4. महाराष्ट्र

कूट:

(a) A–2, B–1, C–4, D–3 (b) A–1, B–2, C–3, D–4

(c) A–2, B–3, C–1, D–4 (d) A–3, B–1, C–2, D–4

20. मुगल चित्रकला किसके शासनकाल में अपने चरमोत्कर्ष (शिखर) पर पहुँची?

(a) हुमायूँ (b) अकबर

(c) जहाँगीर (d) शाहजहाँ

21. भारत सरकार को कानूनी विषयों पर कौन परामर्श देता है?

(a) अटॉर्नी जनरल

(b) उच्चतम न्यायालय के मुख्य न्यायाधीश

(c) विधि आयोग के अध्यक्ष

(d) इनमें से कोई नहीं

22. लिखित संविधान का प्रारंभ किस देश से हुआ?

(a) जापान (b) भारत

(c) ब्रिटेन (d) अमेरिका

23. संविधान संशोधन की प्रक्रिया किस देश के संविधान से ली गई है?

(a) अमेरिका (b) दक्षिण अफ्रीका

(c) कनाडा (d) आयरलैंड

24. निम्नलिखित सूची-I को सूची-II को सुमेलित कीजिए-

सूची-I (अनुच्छेद)	सूची-II (विषय)
A. अनुच्छेद 52	1. संसद का गठन
B. अनुच्छेद 79	2. भारत का राष्ट्रपति
C. अनुच्छेद 110	3. वार्षिक वित्तीय विवरण (बजट)
D. अनुच्छेद 112	4. धन विधेयक

कूट:

(a) A–2, B–1, C–4, D–3 (b) A–1, B–2, C–3, D–4

(c) A–2, B–3, C–1, D–4 (d) A–3, B–1, C–2, D–4

25. 73वें संविधान संशोधन द्वारा संविधान में कौन सी अनुसूची जोड़ी गई?

(a) नौवीं (b) दसवीं

(c) ग्यारहवीं (d) बारहवीं

26. राष्ट्रपति शासन (Article 356) अधिकतम कितनी अवधि के लिए लगाया जा सकता है?

(a) 6 माह (b) 1 वर्ष

(c) 3 वर्ष (d) अनिश्चित काल

27. भारत के संविधान की मूल संरचना (Basic Structure) का सिद्धांत किस वाद में दिया गया?

(a) गोलकनाथ वाद (b) केशवानंद भारती वाद

(c) मिनर्वा मिल्स वाद (d) मेनका गांधी वाद

28. मंत्रिपरिषद सामूहिक रूप से किसके प्रति उत्तरदायी होती है?

(a) राष्ट्रपति (b) प्रधानमंत्री

(c) लोकसभा (d) संसद

29. शिक्षा का अधिकार किस अनुच्छेद के तहत मौलिक अधिकार बनाया गया है?

(a) अनुच्छेद 19 (b) अनुच्छेद 20

(c) अनुच्छेद 21A (d) अनुच्छेद 22A

30. लोकपाल और लोकायुक्त अधिनियम किस वर्ष पारित हुआ था?

(a) वर्ष 2011 (b) वर्ष 2013

(c) वर्ष 2014 (d) वर्ष 2016

31. मालवा का पठार मुख्य रूप से किन राज्यों में फैला है?

(a) म.प्र., गुजरात, राजस्थान (b) म.प्र., यू.पी., बिहार

(c) महाराष्ट्र, कर्नाटक (d) ओडिशा, छत्तीसगढ़

32. गंगा नदी उत्तर प्रदेश के किस जिले से प्रवेश करती है?

(a) सहारनपुर (b) बिजनौर

(c) बलिया (d) गाजीपुर

33. विश्व का सबसे बड़ा गर्म मरुस्थल कौन-सा है?

(a) कालाहारी (b) गोबी

(c) थार (d) सहारा

34. निम्नलिखित सूची-I को सूची-II को सुमेलित कीजिए-

सूची-I (नदी)	सूची-II (उनके उद्गम स्थल)
A. सिन्धु	1. अमरकंटक
B. नर्मदा	2. महाबलेश्वर
C. कृष्णा	3. ब्रह्मगिरि
D. कावेरी	4. मानसरोवर झील

कूटः

(a) A–4, B–1, C–2, D–3 (b) A–1, B–2, C–3, D–4

(c) A–4, B–2, C–1, D–3 (d) A–3, B–4, C–1, D–2

35. भारत का सबसे बड़ा चावल उत्पादक राज्य कौन-सा है?

(a) उत्तर प्रदेश (b) पंजाब

(c) पश्चिम बंगाल (d) आंध्र प्रदेश

36. मैंग्रोव वन भारत में सर्वाधिक कहाँ पाए जाते हैं?

(a) कच्छ के रन (b) सुंदरवन (प. बंगाल)

(c) अंडमान निकोबार (d) मालाबार तट

37. करनाल बंट एक बीमारी है-

(a) धान की (b) मटर की

(c) राई की (d) गेहूँ की

38. भारतीय मानक समय रेखा 82.5° (82°30'E) कहाँ से होकर गुजरती है?

(a) इलाहाबाद (नैनी) (b) पटना

(c) रांची (d) उज्जैन

39. बगलिहार बाँध किस नदी पर निर्मित किया गया है?

(a) झेलम (b) चिनाब

(c) रावी (d) सतलुज

40. नीलगिरी पहाड़ियों की सबसे ऊँची चोटी कौन सी है?

(a) अनाइमुडी (b) डोडाबेट्टा

(c) गुरु शिखर (d) धूपगढ़

41. कार्टाजेना प्रोटोकॉल का संबंध है-

(a) जैव सुरक्षा समझौते से (b) प्रदूषण से

(c) ओजोन क्षरण से (d) जलवायु परिवर्तन से

42. निम्नलिखित में से कौन जैविक संसाधन नहीं है?

(a) शुद्ध जल (b) कोयला

(c) पेट्रोलियम (d) मछली

43. बांदीपुर राष्ट्रीय उद्यान भारत के निम्नलिखित राज्यों में से किस राज्य में स्थित है?

(a) कर्नाटक (b) गुजरात

(c) ओडिशा (d) असम

44. निम्नलिखित सूची-I को सूची-II को सुमेलित कीजिए-

सूची-I (प्रदूषक)	सूची-II (उनके प्रभाव)
A. पारा (Mercury)	1. इटाई-इटाई रोग
B. कैडमियम	2. मिनामाता रोग
C. नाइट्रेट	3. सिलिकोसिस
D. सिलिका धूल	4. ब्लू बेबी सिंड्रोम

कूटः

(a) A–2, B–1, C–4, D–3 (b) A–1, B–2, C–3, D–4

(c) A–2, B–4, C–1, D–3 (d) A–3, B–1, C–2, D–4

45. विश्व वन्यजीव कोष (WWF) का प्रतीक चिह्न क्या है?

(a) शेर (b) सफेद भालू

(c) विशाल पांडा (d) हाथी

46. मानव गतिविधियों से परिवर्तित पर्यावरण कहलाता है-

(a) नैसर्गिक पर्यावरण (b) एंथ्रोपोजेनिक पर्यावरण

(c) शहरी पर्यावरण (d) आधुनिक पर्यावरण

47. ग्रीन मफलर का संबंध किस प्रदूषण को कम करने से है?

(a) वायु प्रदूषण (b) जल प्रदूषण

(c) ध्वनि प्रदूषण (d) मृदा प्रदूषण

48. भारत का प्रथम बायोस्फीयर रिजर्व (जैवमंडल आरक्षित क्षेत्र) कौन सा है?

(a) नंदा देवी (b) सुंदरवन

(c) नीलगिरी (d) मन्नार की खाड़ी

49. ग्लोबल 500 पुरस्कार किस क्षेत्र में दिया जाता है?

(a) जनसंख्या नियंत्रण (b) पर्यावरण संरक्षण

(c) मादक द्रव्य नियंत्रण (d) मानवाधिकार

50. निम्नलिखित में से पायरिया रोग किससे संबंधित है?

(a) नाक (b) मसूड

(c) हृदय (d) फेफड़ों

51. वाशिंग मशीन का कार्य किस सिद्धांत पर आधारित है?

(a) अपकेंद्रण (b) अभिकेंद्रण

(c) विसरण (d) परासरण

52. आकाश का रंग नीला किस कारण दिखाई देता है?

(a) प्रकाश का परावर्तन (b) प्रकाश का अपवर्तन

(c) प्रकाश का प्रकीर्णन (d) प्रकाश का विक्षेपण

53. मृग मरीचिका (Mirage) बनने का क्या कारण है?

(a) विवर्तन (b) ध्रुवण

(c) पूर्ण आंतरिक परावर्तन (d) व्यतिकरण

54. निम्नलिखित सूची-I को सूची-II को सुमेलित कीजिए-

सूची-I (विटामिन)	सूची-II (रासायनिक नाम)
A. विटामिन A	1. एस्कॉर्बिक एसिड
B. विटामिन C	2. रेटिनॉल
C. विटामिन D	3. टोकोफेरॉल
D. विटामिन E	4. कैल्सीफेरॉल

कूटः

(a) A–2, B–1, C–4, D–3 (b) A–1, B–2, C–3, D–4

(c) A–2, B–3, C–1, D–4 (d) A–4, B–1, C–2, D–3

55. मनुष्य की लार (Saliva) में कौन सा एंजाइम पाया जाता है?

(a) पेप्सिन (b) ट्रिप्सिन
(c) टायलिन (d) रेनिन

56. नींबू में एसिड पाया जाता है-

(a) लैक्टिक एसिड (b) मैलिक एसिड
(c) सिट्रिक एसिड (d) टार्टरिक एसिड

57. हँसाने वाली गैस (Laughing Gas) का रासायनिक नाम क्या है?

(a) नाइट्रिक ऑक्साइड (b) नाइट्रस ऑक्साइड (N_2O)
(c) नाइट्रोजन डाइऑक्साइड (d) नाइट्रोजन पेंटाऑक्साइड

58. शरीर में लोहे (Iron) की कमी से कौन सा रोग होता है?

(a) रिकेट्स (b) एनीमिया (अल्प-रक्तता)
(c) स्कर्वी (d) घेंघा

59. विद्युत बल्ब का फिलामेंट किसका बना होता है?

(a) तांबा (b) नाइक्रोम
(c) टंगस्टन (d) एल्युमीनियम

60. चेचक (Smallpox) के टीके की खोज किसने की थी?

(a) लुई पाश्चर (b) अलेक्जेंडर फ्लेमिंग
(c) एडवर्ड जेनर (d) जोनास साल्क

61. भारत में वस्तु एवं सेवा कर (GST) की सिफारिश किस समिति ने की थी?

(a) चेलैया समिति (b) विजय केलकर समिति
(c) रंगराजन समिति (d) नरसिम्हन समिति

62. सफेद सोना (White Gold) किसे कहा जाता है?

(a) दूध (b) प्लेटिनम
(c) कपास (d) सफेद फास्फोरस

63. उत्तर प्रदेश में पान अनुसंधान एवं प्रशिक्षण केंद्र कहाँ स्थित है?

(a) महोबा (b) बांदा
(c) हमीरपुर (d) वाराणसी

64. निम्नलिखित सूची-I को सूची-II को सुमेलित कीजिए-

सूची-I (संस्थान)	सूची-II (मुख्यालय)
A. SIDBI	1. कोलकाता
B. NABARD	2. लखनऊ
C. UCO Bank	3. नई दिल्ली
D. NHB	4. मुंबई

कूट:

(a) A–2, B–1, C–4, D–3 (b) A–1, B–2, C–3, D–4
(c) A–2, B–4, C–1, D–3 (d) A–3, B–1, C–2, D–4

65. नीली क्रांति का जनक किसे माना जाता है?

(a) वर्गीज कुरियन (b) एम.एस. स्वामीनाथन
(c) अरुण कृष्णन (d) सैम पित्रोदा

66. इनसाइडर ट्रेडिंग (Insider Trading) का संबंध किससे है?

(a) कर चोरी (b) शेयर बाजार
(c) हवाला कारोबार (d) अंतर्राष्ट्रीय व्यापार

67. भारत में हरित क्रांति (Green Revolution) का सबसे अधिक प्रभाव किस फसल पर पड़ा था?

(a) चावल (b) गेहूँ
(c) दलहन (d) तिलहन

68. भारत की प्रथम पंचवर्षीय योजना का मुख्य उद्देश्य क्या था?

(a) औद्योगिक विकास (b) कृषि का विकास
(c) गरीबी उन्मूलन (d) आत्मनिर्भरता

69. निम्नलिखित में से कौन-सा क्षेत्र भारत का सबसे बड़ा नियोक्ता है?

(a) प्राथमिक क्षेत्र (b) चतुर्थक क्षेत्र
(c) तृतीयक क्षेत्र (d) द्वितीयक क्षेत्र

70. सकल घरेलू उत्पाद (GDP) में विदेशी प्रेषण (Remittance) प्राप्त करने में भारत का स्थान क्या है?

(a) प्रथम (b) द्वितीय
(c) तृतीय (d) चतुर्थ

71. निम्न में से किस नदी को राष्ट्रीय जलमार्ग (संख्या-1) के रूप में प्रयुक्त किया जा रहा है?

(a) गंगा (b) यमुना
(c) ब्रह्मपुत्र (d) नर्मदा

72. उत्तर प्रदेश राज्य का सबसे बड़ा उद्योग कौन-सा है?

(a) कालीन निर्माण उद्योग (b) सूचना प्रौद्योगिकी
(c) हथकरघा उद्योग (d) सीमेंट उद्योग

73. प्रसिद्ध सैयद सालार मेला कहाँ आयोजित होता है?

(a) बहराइच (b) बाराबंकी
(c) फतेहपुर सीकरी (d) गोंडा

74. निम्नलिखित सूची-I को सूची-II को सुमेलित कीजिए-

सूची-I (लोकगीत)	सूची-II (क्षेत्र)
A. बिरहा	1. अवध
B. रसिया	2. बुंदेलखंड
C. आल्हा	3. पूर्वांचल
D. होरी	4. ब्रज

कूट:

(a) A–3, B–4, C–2, D–1 (b) A–1, B–2, C–3, D–4
(c) A–3, B–1, C–2,D–4 (d) A–4, B–3, C–2, D–1

75. उत्तर प्रदेश में प्रथम खेल विश्वविद्यालय कहाँ स्थापित किया जा रहा है?
(a) लखनऊ (b) नोएडा
(c) मेरठ (d) प्रयागराज

76. कन्हैयालाल माणिकलाल मुंशी केंद्रीय हिंदी संस्थान कहाँ स्थित है?
(a) बरेली (b) आगरा
(c) गोरखपुर (d) वाराणसी

77. उत्तर प्रदेश में ताम्र पाषाणिक संस्कृति के साक्ष्य कहाँ से मिले हैं?
(a) सहारनपुर और मेरठ (b) कौशाम्बी
(c) कुशीनगर (d) महोबा

78. उत्तर प्रदेश के किस जिले में सर्वाधिक मेले आयोजित किये जाते है?
(a) हमीरपुर (b) मथुरा
(c) फतेहपुर (d) आगरा

79. सुरहाताल पक्षी विहार कहाँ स्थित है?
(a) बलिया (b) आजमगढ़
(c) प्रतापगढ़ (d) उन्नाव

80. उत्तर प्रदेश विधानसभा के प्रथम अध्यक्ष कौन थे?
(a) मदन मोहन मालवीय (b) पुरुषोत्तम दास टंडन
(c) आत्माराम गोविंद खेर (d) नफीसुल हसन

81. रिंगिट किस देश की मुद्रा है?
(a) इंडोनेशिया (b) थाईलैंड
(c) मलेशिया (d) फिलीपींस

82. भारत के प्रथम मुख्य चुनाव आयुक्त कौन थे?
(a) जी.वी. मावलंकर (b) सुकुमार सेन
(c) के.वी.के. सुंदरम (d) टी.एन. शेषन

83. विश्व की सबसे गहरी झील कौन सी है?
(a) सुपीरियर झील (b) विक्टोरिया झील
(c) कैस्पियन सागर (d) बैकाल झील

84. जादूगोड़ा की खानें किसके लिए प्रसिद्ध हैं?
(a) लोहा (b) तांबा
(c) यूरेनियम (d) सोना

85. निम्नलिखित सूची-I को सूची-II को सुमेलित कीजिए-

सूची-I (अंतर्राष्ट्रीय संगठन)	सूची-II (मुख्यालय)
A. UNESCO	1. जिनेवा
B. WHO	2. पेरिस
C. FAO	3. वियना
D. IAEA	4. रोम

कूटः
(a) A–2, B–1, C–4, D–3 (b) A–1, B–2, C–3, D–4
(c) A–2, B–4, C–1, D–3 (d) A–3, B–1, C–2, D–4

86. डेविस कप का संबंध किस खेल से है?
(a) फुटबॉल (b) लॉन टेनिस
(c) बैडमिंटन (d) टेबल टेनिस

87. भारत की पहली महिला राज्यपाल कौन थीं?
(a) सुचेता कृपलानी (b) सरोजिनी नायडू
(c) विजया लक्ष्मी पंडित (d) राजकुमारी अमृत कौर

88. केंद्रीय चावल अनुसंधान संस्थान कहाँ स्थित है?
(a) कटक (b) राजमुंद्री
(c) शिमला (d) कोयंबटूर

89. एशियाई विकास बैंक (ADB) का मुख्यालय कहाँ है?
(a) टोक्यो (b) मनीला
(c) बैंकाक (d) बीजिंग

90. विश्व साक्षरता दिवस कब मनाया जाता है?
(a) 5 सितंबर (b) 8 सितंबर
(c) 14 सितंबर (d) 2 अक्टूबर

91. नवम्बर 2025 में शहीद वीर नारायण सिंह स्मारक संग्रहालय किस राज्य में बनाया गया है?
(a) ओडिशा (b) उत्तर प्रदेश
(c) छत्तीसगढ़ (d) महाराष्ट्र

92. भारत के 85वें शतरंज ग्रैंड मास्टर कौन बने?
(a) विग्नेश एन.आर. (b) के.पी.श्यामनिखिल
(c) आदित्य सामंत (d) आर. प्रज्ञानानंद

93. सितंबर 2025 में वैश्विक नवाचार सूचकांक (GII) में भारत की रैंक क्या रही?
(a) 35वीं (b) 38वीं
(c) 40वीं (d) 42वीं

94. निम्नलिखित सूची-I को सूची-II को सुमेलित कीजिए-

सूची-I (संस्थान/समिति)	सूची-II (अध्यक्ष)
A. लोक लेखा समिति के अध्यक्ष	1. के.सी.वेणुगोपाल
B. CBI के निदेशक	2. प्रवीण सूद
C. जर्मनी का नया चांसलर	3. फ्रेडरिक मर्ज़
D. त्रिनिदाद और टौबैगो के PM	4. कमला प्रसाद बिसेसर

कूटः
(a) A–1, B–2, C–3, D–4 (b) A–2, B–1, C–3, D–4
(c) A–4, B–3, C–2, D–1 (d) A–4, B–3, C–1, D–2

95. वर्ष 2025 में चर्चा में रहा अमृत जलधारा मिशन किस मंत्रालय की पहल है?

(a) जल शक्ति मंत्रालय
(b) ग्रामीण विकास मंत्रालय
(c) कृषि मंत्रालय
(d) आवास एवं शहरी मामले

96. कौन-सा देश अंतर्राष्ट्रीय सौर गठबंधन का 100वाँ पूर्ण सदस्य बना?

(a) चिली
(b) पराग्वे
(c) हंगरी
(d) नॉर्वे

97. वर्ष 2025 में भारत के किस शहर में एशिया का सबसे बड़ा पुस्तक मेला आयोजित हुआ?

(a) नई दिल्ली
(b) कोलकाता
(c) चेन्नई
(d) मुंबई

98. किस भारतीय मूल के व्यक्ति को विश्व बैंक का प्रेसिडेंट पुनर्नियुक्त किया गया?

(a) अजय बंगा
(b) गीता गोपीनाथ
(c) अनशुला कांत
(d) इंदरमीत गिल

99. भारतीय नौसेना ने किस देश के साथ जिमेक्स-25 अभ्यास का आयोजन किया?

(a) जापान
(b) फ्रांस
(c) रूस
(d) ऑस्ट्रेलिया

100. केंद्र सरकार ने एक राष्ट्र, एक चुनाव को किस वर्ष से लागू करने की समय सीमा तय की है?

(a) 2027
(b) 2029
(c) 2031
(d) 2034

उत्तर : व्याख्या-सहित

1. उत्तर-(d)

व्याख्याः ऋग्वेद के 10वें मंडल के **पुरूष सूक्त** में पहली बार **चारों वर्णों** (ब्राह्मण, क्षत्रिय, वैश्य, शूद्र) **की उत्पत्ति** का उल्लेख मिलता है।

2. उत्तर-(b)

व्याख्याः ऋषभदेव जैन धर्म के **प्रथम तीर्थंकर** थें। जैन धर्म में कुल **24 तीर्थंकर** हुए, जिनमें पहले **ऋषभदेव**, दूसरे **अजितनाथ**, बाइंसवें **अरिष्टनेमि**, तेइसवें **पार्श्वनाथ** एवं चौबीसवें **महावीर** थे। ऋषभदेव एवं अरिष्टनेमि का उल्लेख **ऋग्वेद** में तथा अजितनाथ का उल्लेख **यजुर्वेद** में मिलता है।

3. उत्तर-(d)

व्याख्याः 1420 ई. में **अलीशाह** का भाई **शाही खां जैन-उल-आबेदीन** के नाम से कश्मीर के सिंहासन पर बैठा। वह कश्मीर का सबसे महान शासक हुआ। वह धार्मिक दृष्टि से अत्यधिक सहिष्णु था। उसकी धार्मिक उदारता के कारण उसकी **तुलना मुगल बादशाह अकबर** से की जाती है।

4. उत्तर-(a)

व्याख्याः मृच्छकटिकम् (मिट्टी का खिलौना) **शूद्रक** द्वारा रचित एक सामाजिक नाटक है। **मुद्राराक्षस विशाखदत्त की रचना** है जो मौर्य काल पर प्रकाश डालती है। **हर्षचरित बाणभट्ट** द्वारा रचित **हर्षवर्धन** की जीवनी है और **राजतरंगिणी कल्हण** द्वारा रचित **कश्मीर का इतिहास** है।

5. उत्तर-(c)

व्याख्याः फिरोज शाह तुगलक ने अनाथ मुस्लिम महिलाओं, विधवाओं और गरीब लड़कियों की मदद के लिए **दीवान-ए-खैरात** नामक एक विशेष विभाग बनाया था। उसने **रोजगार ब्यूरो** और **मुफ्त अस्पताल** (दार-उल-शफा) की भी स्थापना की थी।

6. उत्तर-(c)

व्याख्याः विजयनगर के सबसे प्रतापी **राजा कृष्णदेव राय** स्वयं एक विद्वान कवि थे। उन्होंने **तेलुगु भाषा** में **अमुक्तमाल्यद** (Aamuktamalyada) की रचना की, जो **शासन कला** और **राजनीति** पर आधारित है।

7. उत्तर-(d)

व्याख्याः औरंगजेब को उसके कठोर अनुशासित जीवन और सादगी के कारण **जिंदा पीर** (जीवित संत) कहा जाता था। वह **कुरान** के नियमों का कड़ाई से पालन करता था और अपनी निजी जरूरतों के लिए **शाही खजाने** का उपयोग नहीं करता था, बल्कि टोपियाँ सिलकर अपना खर्च चलाता था।

8. उत्तर-(b)

व्याख्याः छत्रपति शिवाजी का औपचारिक राज्याभिषेक **6 जून, 1674** को **रायगढ़** के किले में हुआ था। उन्हें **छत्रपति** की उपाधि दी गई। राज्याभिषेक समारोह का संचालन बनारस के विद्वान **पंडित गंगा भट्ट** ने किया था। इसके बाद मराठा साम्राज्य की विधिवत स्थापना हुई।

9. उत्तर-(b)

व्याख्याः लॉर्ड कॉर्नवालिस ने सन् **1793** में बंगाल, बिहार और ओडिशा में **स्थायी बंदोबस्त** (Permanent Settlement) लागू किया था। इसके तहत **जमींदारों** को भूमि का **स्थायी स्वामी** मान लिया गया और उनसे लिया जाने वाला लगान हमेशा के लिए निश्चित कर दिया गया। इसे **इस्तमरारी बंदोबस्त** भी कहते हैं।

10. उत्तर-(c)

व्याख्याः सर सैयद अहमद खान ने मुसलमानों में आधुनिक शिक्षा और सुधार के लिए सन् **1875** में अलीगढ़ में **मोहम्मडन एंग्लो ओरिएंटल कॉलेज** की स्थापना की थी। यही संस्था आगे चलकर **1920** में **अलीगढ़ मुस्लिम विश्वविद्यालय** (AMU) बनी। उन्होंने वैज्ञानिक सोच को बढ़ावा देने का प्रयास किया।

11. उत्तर-(a)

व्याख्याः खान अब्दुल गफ्फार खान को **सीमांत गांधी** कहा जाता है। **चित्तरंजन दास** को **देशबंधु** की उपाधि दी गई थी। **सरदार वल्लभभाई पटेल** को भारत का **लौह पुरुष** और **जयप्रकाश नारायण** को उनकी जनक्रांति के कारण **लोकनायक** के रूप में जाना जाता है।

12. उत्तर-(b)

व्याख्याः सन् **1916** में **लखनऊ में कांग्रेस** का वार्षिक अधिवेशन हुआ जिसकी अध्यक्षता **अंबिका चरण मजूमदार** ने की थी। इसे **लखनऊ पैक्ट** के लिए जाना जाता है क्योंकि इसमें **कांग्रेस** और **मुस्लिम लीग** के बीच समझौता हुआ था और **नरम दल** व **गरम दल** पुनः एक हुए थे।

13. उत्तर-(c)

व्याख्याः रामकृष्ण मिशन की स्थापना **स्वामी विवेकानंद** ने **1897 ई.** में की (1909 में सोसाइटी पंजीकरण अधिनियम के अंतर्गत इसे विधिवत औपचारिक रूप से पंजीकृत कराया गया)। **रामकृष्ण मिशन का मुख्यालय हाबड़ा** के **बेलूर** में खोला गया।

14. उत्तर-(c)

व्याख्या: लाठी क्लब, हिंदू अखाड़ा, गणपति महोत्सव, शिवाजी महोत्सव आदि की शुरुआत **बाल गंगाधर तिलक** ने की थी।

15. उत्तर-(b)

व्याख्या: जॉर्ज यूल भारतीय राष्ट्रीय **कांग्रेस के चौथे अधिवेशन** (1888, इलाहाबाद) के **अध्यक्ष** थे। वे कांग्रेस की अध्यक्षता करने वाले **पहले गैर-भारतीय** (अंग्रेज) व्यक्ति बने। कांग्रेस की स्थापना सन् **1885** में **ए.ओ. ह्यूम** द्वारा की गई थी।

16. उत्तर-(b)

व्याख्या: कथकली केरल का शास्त्रीय नृत्य है जिसमें **पात्रों का शृंगार** उनके स्वभाव को दर्शाता है। चेहरे पर लगाया जाने वाला **हरा रंग** (पच्चा) कुलीनता, नैतिकता और वीरता का प्रतीक है, जिसे **कृष्ण, राम** जैसे **नायक पात्रों** द्वारा धारण किया जाता है।

17. उत्तर-(b)

व्याख्या: लिंगराज मंदिर ओडिशा की राजधानी **भुवनेश्वर** में स्थित है। यह **11वीं शताब्दी** में **राजा ययाति केसरी** द्वारा निर्मित **भगवान शिव** को समर्पित एक **भव्य मंदिर** है। यह **कलिंग वास्तुकला शैली** का उत्कृष्ट उदाहरण है और अपनी **ऊँची विमान संरचना** के लिए प्रसिद्ध है।

18. उत्तर-(c)

व्याख्या: साँची का स्तूप मध्य प्रदेश के **रायसेन** जिले में स्थित है। इसका निर्माण **मौर्य सम्राट अशोक** ने करवाया था। यह **बौद्ध कला** का प्राचीनतम केंद्र है और **यूनेस्को की विश्व धरोहर सूची** में शामिल है। स्तूप के चारों ओर बने **तोरण** (प्रवेश द्वार) अपनी नक्काशी के लिए प्रसिद्ध हैं।

19. उत्तर-(a)

व्याख्या: यक्षगान कर्नाटक का पारंपरिक नृत्य-नाटक है। **कालबेलिया** राजस्थान की सपेरा जनजाति का प्रसिद्ध नृत्य है (यूनेस्को सूची में शामिल)। **लावणी** महाराष्ट्र का प्रमुख लोक नृत्य है और **रऊफ** जम्मू-कश्मीर का पारंपरिक नृत्य है जो विशेषकर महिलाओं द्वारा किया जाता है।

20. उत्तर-(c)

व्याख्या: मुगल शासक जहाँगीर के काल को **मुगल चित्रकला का स्वर्ण युग** कहा जाता है। वह स्वयं **चित्रकला** का बड़ा पारखी था। उसके समय में शिकार, युद्ध और राजदरबार के स्थान पर प्रकृति, पशु-पक्षियों और व्यक्तियों के सूक्ष्म चित्रण पर अधिक जोर दिया गया।

21. उत्तर-(a)

व्याख्या: अनुच्छेद 76(2) के अनुसार, **महान्यायवादी** (अटॉर्नी जनरल) भारत सरकार को कानूनी विषयों पर परामर्श देता है। यह **भारत सरकार** का **प्रथम विधि अधिकारी** है, जो कि **राष्ट्रपति** के द्वारा नियुक्त किया जाता है और राष्ट्रपति के प्रसादपर्यंत अपना पद धारण करता है।

22. उत्तर-(d)

व्याख्या: संयुक्त राज्य अमेरिका का संविधान प्रथम **पूर्ण लिखित संविधान** है। यह विश्व का सबसे छोटा लिखित संविधान है, जिसमें मात्र **7 अनुच्छेद** शामिल हैं। वहीं भारत का संविधान विश्व का सबसे बड़ा लिखित संविधान है, जिसमें **395 अनुच्छेद** शामिल हैं।

23. उत्तर-(b)

व्याख्या: संविधान के **अनुच्छेद 368** के तहत **संविधान में संशोधन** करने की शक्ति और प्रक्रिया **दक्षिण अफ्रीका** के संविधान से प्रेरित है। इसके तहत **संशोधन तीन प्रकार** से हो सकते हैं: साधारण बहुमत, विशेष बहुमत और विशेष बहुमत के साथ राज्यों का अनुसमर्थन।

24. उत्तर-(a)

व्याख्या: अनुच्छेद 52 भारत के राष्ट्रपति के पद का प्रावधान करता है। **अनुच्छेद 79** संसद (राष्ट्रपति, लोकसभा, राज्यसभा) के गठन से संबंधित है। **अनुच्छेद 110** में धन विधेयक की परिभाषा है और **अनुच्छेद 112** वार्षिक वित्तीय विवरण (बजट) का उल्लेख करता है।

25. उत्तर-(c)

व्याख्या: 1992 में हुए **73वें संविधान संशोधन अधिनियम** द्वारा पंचायती राज संस्थाओं को **संवैधानिक दर्जा** दिया गया। इसके तहत संविधान में एक नया **भाग IX** और **11वीं अनुसूची** जोड़ी गई, जिसमें पंचायतों के कार्य के लिए **29 विषयों** की सूची दी गई है।

26. उत्तर-(c)

व्याख्या: अनुच्छेद 356 के तहत राज्यों में **राष्ट्रपति शासन** की घोषणा की जाती है। संसद के अनुमोदन के बाद इसे एक बार में **6 माह** के लिए लगाया जाता है। इसे बार-बार बढ़ाकर **अधिकतम 3 वर्ष** तक रखा जा सकता है।

27. उत्तर-(b)

व्याख्या: 1973 के ऐतिहासिक **केशवानंद भारती बनाम केरल राज्य** मामले में सर्वोच्च न्यायालय की **13 न्यायाधीशों** की पीठ ने **मूल संरचना** का सिद्धांत दिया। इसके अनुसार संसद संविधान में संशोधन तो कर सकती है, लेकिन उसके **मूल ढाँचे** (जैसे-पंथनिरपेक्षता, लोकतंत्र) को बदल नहीं सकती।

28. उत्तर-(c)

अनुच्छेद 75 (3) के अनुसार, **केंद्रीय मंत्रिपरिषद** सामूहिक रूप से **लोकसभा** के प्रति उत्तरदायी होती है। इसका अर्थ यह है कि यदि लोकसभा में सरकार के विरुद्ध **अविश्वास प्रस्ताव** पारित हो जाता है, तो पूरे मंत्रिमंडल को इस्तीफा देना पड़ता है।

29. उत्तर-(c)

व्याख्या: 86वें संविधान संशोधन (2002) द्वारा **अनुच्छेद 21-A** को जोड़ा गया। इसके तहत **6 से 14 वर्ष** तक की आयु के **सभी बच्चों के लिए मुफ्त और अनिवार्य शिक्षा** को मौलिक अधिकार बना दिया गया। इसे प्रभावी बनाने के लिए वर्ष **2009** में **शिक्षा का अधिकार अधिनियम** (RTE) लाया गया।

30. उत्तर-(b)

व्याख्या: लोकपाल और लोकायुक्त अधिनियम 2013 में पारित हुआ और **1 जनवरी, 2014** को लागू हुआ। यह केंद्र में **लोकपाल** और राज्यों में **लोकायुक्त** की नियुक्ति का प्रावधान करता है, ताकि उच्च पदों पर बैठे लोक सेवकों के विरुद्ध **भ्रष्टाचार के आरोपों** की जाँच की जा सके।

31. उत्तर-(a)

व्याख्या: मालवा का पठार उत्तर-मध्य भारत में स्थित है। यह **ज्वालामुखी मूल** का पठार है, जो मुख्य रूप से **मध्य प्रदेश** में फैला है, लेकिन इसके कुछ हिस्से **राजस्थान** और **गुजरात** में भी आते हैं।

32. उत्तर-(b)

व्याख्या: उत्तराखंड से निकलने के बाद **गंगा नदी** उत्तर प्रदेश के **बिजनौर** जिले से राज्य की सीमा में प्रवेश करती है। उत्तर प्रदेश में गंगा नदी की **लंबाई सर्वाधिक** (लगभग 1450 किमी) है और यह राज्य के लगभग **28 जिलों** से होकर गुजरती है।

33. उत्तर-(d)

व्याख्या: सहारा, विश्व का विशालतम **गर्म मरुस्थल** है। सहारा नाम रेगिस्तान के लिए **अरबी** शब्द **सहारा** से लिया है, जिसका अर्थ **मरुस्थल** है। यह मरुस्थल **अफ्रीका महाद्वीप** में लगभग **94,00,000** वर्ग किमी. क्षेत्रफल में विस्तृत है तथा **11 देशों** में फैला हुआ है।

34. उत्तर-(a)

व्याख्या: सिंधु नदी तिब्बत में **मानसरोवर झील** के पास से निकलती है। **नर्मदा नदी** मध्य प्रदेश की **अमरकंटक** पहाड़ियों से निकलती है। **कृष्णा नदी** महाराष्ट्र के **महाबलेश्वर** से और **कावेरी नदी** कर्नाटक की **ब्रह्मगिरि पहाड़ियों** (कुर्ग) से निकलती है।

35. उत्तर-(c)

व्याख्या: पश्चिम बंगाल भारत का **सबसे बड़ा चावल उत्पादक राज्य** है। यहाँ की जलवायु और **गंगा-ब्रह्मपुत्र डेल्टा** की **उपजाऊ मिट्टी** चावल की खेती के लिए अत्यंत उपयुक्त है। यहाँ वर्ष में चावल की **तीन फसलें** (औस, अमन और बोरो) उगाई जाती हैं।

36. उत्तर-(b)

व्याख्या: खारे पानी में उगने वाले **मैंग्रोव वन** भारत में सर्वाधिक **पश्चिम बंगाल** के **सुंदरवन** डेल्टा में पाए जाते हैं। **सुंदरवन** विश्व का **सबसे बड़ा मैंग्रोव वन** क्षेत्र है। ये वन तटीय क्षेत्रों को **सुनामी** और **चक्रवात** जैसी प्राकृतिक आपदाओं से बचाते हैं।

37. उत्तर-(d)

व्याख्या: करनाल बंट (Karnal Bunt) गेहूं की एक **कवक जनित** (Fungal) **बीमारी** है। यह रोग **टिलेटिआ इंडिका** (Tilletia Indica) नामक कवक से होता है। सर्वप्रथम इस रोग की पहचान **वर्ष 1931** में हुई थी।

38. उत्तर-(a)

व्याख्या: भारत का मानक समय रेखा 82.5° (82°30'E) उत्तर प्रदेश के **इलाहाबाद** (अब प्रयागराज) के पास स्थित **नैनी** से होकर गुजरती है। यह रेखा भारत के **पाँच राज्यों** (उत्तर प्रदेश, मध्य प्रदेश, छत्तीसगढ़, ओडिशा और आंध्र प्रदेश) से गुजरती है।

39. उत्तर-(b)

व्याख्या: बगलीहार जलविद्युत परियोजना जम्मू-कश्मीर के **डोडा** जिले में **चिनाब** नदी पर स्थित है। इस परियोजना के निर्माण को लेकर **भारत** और **पाकिस्तान** के बीच विवाद रहा है।

40. उत्तर-(b)

व्याख्या: नीलगिरी पहाड़ियों (ब्लू माउंटेंस) की सबसे ऊँची चोटी **डोडाबेट्टा** (2637 मीटर) है। यह तमिलनाडु राज्य में स्थित है। **नीलगिरी पहाड़ियों** पर ही प्रसिद्ध पर्यटन स्थल **ऊटी** (उदगमंडलम) स्थित है। **दक्षिण भारत** की सबसे ऊँची चोटी **अनाइमुडी** है।

41. उत्तर-(a)

व्याख्या: कार्टाजेना प्रोटोकॉल (Cartajena Protocal) एक **अंतर्राष्ट्रीय संधि** है, जिसका संबंध **जैव सुरक्षा समझौते** से है। इसे **29 जनवरी, 2000** को स्वीकार किया गया तथा **11 सितंबर, 2003** से यह लागू हुआ। भारत ने **23 जनवरी, 2003** को जैव सुरक्षा पर कार्टाजेना प्रोटोकॉल की पुष्टि की।

42. उत्तर-(a)

व्याख्याः जैविक संसाधन जीवमंडल (किसी जीव या जैविक पदार्थ) से प्राप्त किए जाते हैं, जैसे-वन तथा पशु एवं उनसे प्राप्त हो सकने वाले पदार्थ। **जीवाश्म ईंधन,** जैसे-**कोयला एवं पेट्रोलियम** आदि इसी वर्ग में शामिल किए जाते हैं, क्योंकि ये विघटित जैविक पदार्थों से बनते हैं।

43. उत्तर-(a)

व्याख्याः बांदीपुर नेशनल पार्क की स्थापना, **प्रोजेक्ट टाइगर** के तहत् वर्ष 1974 में की गई थी। यह **कर्नाटक, तमिलनाडु** और **केरल** राज्यों के **त्रि-जंक्शन** क्षेत्र में स्थित है। यह **नीलगिरि बायोस्फीयर रिजर्व** का भी हिस्सा है। कर्नाटक में अन्य टाइगर रिजर्व **भद्रा टाइगर रिजर्व, नागरहोल टाइगर रिजर्व, डण्डेली अंशी टाइगर रिजर्व** तथा **बिलिगिरी रंगनाथ स्वामी मंदिर टाइगर रिजर्व** है।

44. उत्तर-(a)

व्याख्याः पारे (Mercury) के कारण **मिनामाता रोग** होता है। **कैडमियम** के कारण हड्डियों का रोग **इटाई-इटाई** होता है। पानी में **नाइट्रेट** की अधिकता से शिशुओं में **ब्लू बेबी सिंड्रोम** होता है और **सिलिका** की धूल से फेफड़ों का रोग **सिलिकोसिस** होता है।

45. उत्तर-(c)

व्याख्याः वर्ल्ड वाइड फंड फॉर नेचर (WWF) का आधिकारिक प्रतीक चिन्ह **विशाल पांडा** (Giant Panda) है। यह संगठन **प्रकृति संरक्षण** और **वन्यजीवों के बचाव** के लिए अंतर्राष्ट्रीय स्तर पर कार्य करता है। इसका मुख्यालय **ग्लैंड, स्विट्जरलैंड** में है।

46. उत्तर-(b)

व्याख्याः सामान्य तौर पर, प्रकृति पर मानवीय प्रभाव को **एंथ्रोपोजेनिक** कहा जाता है। स्पष्ट है कि मानव गतिविधियों से परिवर्तित पर्यावरण **एंथ्रोपोजेनिक पर्यावरण** कहलाएगा।

47. उत्तर-(c)

व्याख्याः ग्रीन मफलर तकनीक के तहत **सड़कों** और **औद्योगिक क्षेत्रों** के किनारे **घने पेड़** (जैसे अशोक और नीम) लगाए जाते हैं। ये पेड़ **ध्वनि तरंगों** को अवशोषित कर लेते हैं, जिससे ध्वनि प्रदूषण के प्रभाव को कम करने में मदद मिलती है।

48. उत्तर-(c)

व्याख्याः नीलगिरी बायोस्फीयर रिजर्व भारत का पहला जैवमंडल आरक्षित क्षेत्र था, जिसकी स्थापना वर्ष **1986** में हुई थी। यह **कर्नाटक, केरल** और **तमिलनाडु** राज्यों के मिलन बिंदु पर स्थित है। यहाँ **साइलेंट वैली** और **बांदीपुर** जैसे प्रसिद्ध क्षेत्र शामिल हैं।

49. उत्तर-(b)

व्याख्याः ग्लोबल 500 पुरस्कार संयुक्त राष्ट्र पर्यावरण कार्यक्रम (UNEP) द्वारा उन व्यक्तियों और संगठनों को दिया जाता है जिन्होंने **पर्यावरण संरक्षण** के क्षेत्र में असाधारण उपलब्धियाँ हासिल की हैं। अब इसे **चैंपियंस ऑफ द अर्थ** पुरस्कार के रूप में जाना जाता है।

50. उत्तर-(b)

व्याख्याः पायरिया एक जीवाणु संक्रमण है, जो मसूढ़ों के ऊतकों को प्रभावित करता है। इसके जीवाणु को पायरिया एलेवोलारिस के रूप में जाना जाता है। इसके प्रमुख लक्षणों में मसूढ़ों से खून आना, ढीले दाँत तथा मुँह की दुर्गंध आादि प्रमुख हैं।

51. उत्तर-(a)

व्याख्याः वाशिंग मशीन और **दूध से मक्खन** निकालने वाली मशीन **अपकेंद्रण** (Centrifugation) के सिद्धांत पर कार्य करती है। इसमें तेजी से घूमने के कारण भारी कण केंद्र से बाहर की ओर धकेले जाते हैं, जिससे गंदगी या वसा अलग हो जाती है।

52. उत्तर-(c)

व्याख्याः सूर्य का प्रकाश जब पृथ्वी के वायुमंडल में प्रवेश करता है, तो हवा के कणों और सूक्ष्म धूल के कारण **प्रकाश का प्रकीर्णन** (Scattering) होता है। **नीले रंग का प्रकीर्णन** सबसे अधिक होने के कारण हमें **आकाश नीला** दिखाई देता है।

53. उत्तर-(c)

व्याख्याः रेगिस्तान में गर्मियों के दौरान जमीन के पास की हवा गर्म होकर विरल हो जाती है। जब प्रकाश की किरणें **सघन से विरल** माध्यम में प्रवेश करती हैं, तो **पूर्ण आंतरिक परावर्तन** के कारण **जलाशय** होने का भ्रम होता है, जिसे **मृग मरीचिका** कहते हैं।

54. उत्तर-(a)

व्याख्याः विटामिन A का रासायनिक नाम **रेटिनॉल** है, विटामिन C **एस्कॉर्बिक एसिड** कहलाता है, विटामिन D का नाम **कैल्सीफेरॉल** है और विटामिन E को **टोकोफेरॉल** कहा जाता है। इन विटामिनों की कमी से क्रमशः **रतौंधी, स्कर्वी, रिकेट्स** और **प्रजनन शक्ति** में कमी होती है।

55. उत्तर-(c)

व्याख्याः मानव की लार में **टायलिन** (जिसे लार एमाइलेज भी कहते हैं) नामक **एंजाइम** पाया जाता है। यह भोजन में उपस्थित जटिल **स्टार्च** (Mand) को सरल **शर्करा** (माल्टोज) में तोड़ने का कार्य करता है। पाचन की प्रक्रिया मुख से ही शुरू हो जाती है।

56. उत्तर-(c)

व्याख्याः सिट्रिक अम्ल - एक दुर्बल कार्बनिक अम्ल है, जो नींबू, संतरे तथा अन्य खट्टे फलों में पाया जाता है।
लैक्टिक अम्ल - दूध में पाया जाता है।
टार्टरिक अम्ल - यह इमली में पाया जाता है।
मैलिक अम्ल - सेब में पाया जाता है।

57. उत्तर-(b)

व्याख्याः नाइट्रस ऑक्साइड (N_2O) को हँसाने वाली गैस कहा जाता है। इसे सूंघने पर व्यक्ति को सुखद अनुभव होता है और वह **अनियंत्रित** रूप से हँसने लगता है। इसका उपयोग चिकित्सा में हल्के **एनेस्थीसिया** के रूप में भी किया जाता है।

58. उत्तर-(b)

व्याख्याः शरीर में **आयरन** (लोहे) की कमी से **हीमोग्लोबिन** का निर्माण कम हो जाता है, जिससे **एनीमिया** (अल्प-रक्तता) रोग होता है। इसमें व्यक्ति को **थकान** और **कमजोरी** महसूस होती है। **पालक**, **सेब** और **गुड़** इसके अच्छे स्रोत हैं।

59. उत्तर-(c)

व्याख्याः विद्युत बल्ब का तंतु (Filament) **टंगस्टन** धातु का बना होता है। इसका **गलनांक** (Melting Point) बहुत ऊँचा (लगभग 3422°C) होता है, जिसके कारण यह अत्यधिक गर्म होने पर भी पिघलता नहीं है और प्रकाश उत्सर्जित करता है।

60. उत्तर-(c)

व्याख्याः एडवर्ड जेनर ने सन् **1796** में **चेचक** (Smallpox) के टीके की खोज की थी। उन्हें **प्रतिरक्षा विज्ञान का जनक** (Father of Immunology) कहा जाता है। चेचक विश्व की पहली ऐसी बीमारी थी जिसे **टीकाकरण** के माध्यम से पूरी तरह समाप्त किया गया।

61. उत्तर-(b)

व्याख्याः भारत में **जीएसटी** (GST) की रूपरेखा तैयार करने के लिए **विजय केलकर** की अध्यक्षता में **केलकर टास्क फोर्स** बनाई गई थी। इसी समिति की सिफारिशों के आधार पर **1 जुलाई, 2017** से भारत में एकीकृत कर **व्यवस्था लागू** की गई।

62. उत्तर-(c)

व्याख्याः कपास (Cotton) को अपनी **आर्थिक महत्ता** और **सफेद रंग** के कारण **सफेद सोना** कहा जाता है। भारत कपास का **प्रमुख उत्पादक** और **निर्यातक देश** है। इसी तरह पेट्रोलियम को **काला सोना** और अफीम को **हरा सोना** भी कहा जाता है।

63. उत्तर-(a)

व्याख्याः उत्तर प्रदेश में **पान अनुसंधान एवं प्रशिक्षण केन्द्र** महोबा जिले में स्थित है। **महोबा** का **देशावरी पान** अपने **स्वाद** और **खुशबू** के लिए पूरे भारत में प्रसिद्ध है। पान की खेती बुंदेलखंड क्षेत्र की **अर्थव्यवस्था** का एक महत्वपूर्ण हिस्सा रही है। **ललितपुर** और **बांदा** में भी पान की खेती होती है, लेकिन मुख्य केन्द्र महोबा है।

64. उत्तर-(c)

व्याख्याः सिडबी (SIDBI) का मुख्यालय **लखनऊ** में स्थित है। जबकि **नाबार्ड** (NABARD) का मुख्यालय **मुंबई** और **यूको बैंक** का मुख्यालय **कोलकाता** तथा **राष्ट्रीय आवास बैंक** (NHB) का मुख्यालय **नई दिल्ली** में स्थित है।

65. उत्तर-(c)

व्याख्याः भारत में **मत्स्य उत्पादन** में वृद्धि लाने के लिए **नीली क्रांति** शुरू की गई थी। इसके जनक **डॉ. अरुण कृष्णान** और **डॉ. हीरालाल चौधरी** माने जाते हैं। भारत वर्तमान में विश्व का **दूसरा सबसे बड़ा मछली उत्पादक** देश है।

66. उत्तर-(b)

व्याख्याः जब **कंपनी** के अंदर की **गुप्त जानकारी** रखने वाला व्यक्ति उस जानकारी का लाभ उठाकर शेयरों की खरीद-बिक्री करता है, तो उसे **इनसाइडर ट्रेडिंग** कहते हैं। यह शेयर बाजार में एक **अवैध गतिविधि** है, जिस पर **सेबी** (SEBI) कड़ी नजर रखता है।

67. उत्तर-(b)

व्याख्याः भारत में **1960** के दशक के मध्य में शुरू हुई, इसका उद्देश्य **उच्च उपज वाली किस्मों** (HYV) के बीज, उन्नत सिंचाई और उर्वरकों के माध्यम से **खाद्यान्न उत्पादन** को बढ़ाना था। इसका सर्वाधिक सफल और व्यापक प्रभाव **गेहूँ की फसल** पर पड़ा, विशेषकर **पंजाब**, **हरियाणा** और **पश्चिमी उत्तर प्रदेश** में, जिससे भारत खाद्यान्न के मामले में आत्मनिर्भर बन सका।

68. उत्तर-(b)

व्याख्याः भारत की **पहली पंचवर्षीय योजना** (1951-56) मुख्य रूप से **कृषि क्षेत्र के विकास** पर केंद्रित थी। इसका उद्देश्य देश में **खाद्य सुरक्षा** सुनिश्चित करना था। इसी योजना के दौरान **भाखड़ा-नांगल** और **हीराकुंड** जैसे बड़े बांधों का निर्माण शुरू हुआ।

69. उत्तर-(a)

व्याख्याः प्राथमिक क्षेत्र भारत का **सबसे बड़ा नियोक्ता** है। प्राथमिक क्षेत्र अर्थव्यवस्था का वह क्षेत्र है, जो **प्राकृतिक संसाधनों** का सीधा उपयोग करता है, जैसे- **कृषि** एवं **पशुपालन**, **वन उद्योग**, **मत्स्य पालन**, **खनन** आदि शामिल हैं।

70. उत्तर-(a)

व्याख्याः विश्व बैंक की रिपोर्ट के अनुसार, विदेशों में काम करने वाले अपने नागरिकों से **धन प्राप्त करने** (Remittance) के मामले में भारत **विश्व में प्रथम स्थान** पर है। भारत को प्रतिवर्ष **100 अरब डॉलर** से अधिक का **प्रेषण** प्राप्त होता है।

71. उत्तर-(a)

व्याख्याः राष्ट्रीय जलमार्ग **संख्या-1** के रूप में **गंगा-भागीरथी-हुगली** नदी प्रणाली का उपयोग किया जा रहा है। यह जलमार्ग उत्तर प्रदेश के **प्रयागराज** (इलाहाबाद) से **पश्चिम बंगाल** के हल्दिया तक, **बिहार** और **झारखंड** के रास्ते कुल **1,620 किलोमीटर** की लंबाई में फैला हुआ है।

72. उत्तर-(c)

व्याख्याः उत्तर प्रदेश राज्य का सबसे बड़ा उद्योग **हथकरघा** उद्योग है। यह अपनी अनूठी हाथ से की गई **कताई, बुनाई** एवं **छपाई** आदि के लिए प्रसिद्ध है।

73. उत्तर-(a)

व्याख्याः सैयद सालार मसूद गाजी की याद में प्रतिवर्ष बहराइच में **सैयद सालार मेला** आयोजित किया जाता है। इसमें **हिंदू** और **मुसलमान** दोनों ही बड़ी श्रद्धा के साथ शामिल होते हैं।

74. उत्तर-(a)

व्याख्याः बिरहा उत्तर प्रदेश के **पूर्वांचल क्षेत्र** का प्रसिद्ध लोकगीत है। **रसिया** ब्रज क्षेत्र (मथुरा-वृंदावन) में गाया जाता है। **आल्हा** बुंदेलखंड का **वीर रस** प्रधान लोकगीत है और **होरी** भी मुख्य रूप से **ब्रज क्षेत्र** में ही लोकप्रिय है।

75. उत्तर-(c)

व्याख्याः उत्तर प्रदेश के **मेरठ** जिले में **मेजर ध्यानचंद खेल विश्वविद्यालय** स्थापित किया जा रहा है। यह **राज्य का पहला खेल विश्वविद्यालय** होगा, जिसका उद्देश्य ग्रामीण स्तर पर खिलाड़ियों को अंतर्राष्ट्रीय स्तर का प्रशिक्षण और सुविधाएँ प्रदान करना है।

76. उत्तर-(b)

व्याख्याः कन्हैयालाल माणिकलाल मुंशी (KM Munshi) केंद्रीय हिंदी संस्थान **आगरा** में स्थित है। यह संस्थान हिंदी भाषा के प्रचार-प्रसार और भाषाई अनुसंधान के लिए कार्य करता है।

77. उत्तर-(a)

व्याख्याः उत्तर प्रदेश के **सहारनपुर** और **मेरठ** (हस्तिनापुर) जिलों से **ताम्र पाषाणिक संस्कृति** (Chalcolithic) और **गेरुवर्णी मृदभांड** संस्कृति के साक्ष्य मिले हैं। ये साक्ष्य दर्शाते हैं कि प्राचीन काल में **पश्चिमी उत्तर प्रदेश** मानव बस्तियों का प्रमुख केंद्र था।

78. उत्तर-(b)

व्याख्याः उत्तर प्रदेश में सर्वाधिक मेले **मथुरा** जिले (लगभग 86 मेले) में लगते हैं। इसके बाद **कानपुर** और **हमीरपुर** का स्थान आता है। उत्तर प्रदेश अपनी **समृद्ध सांस्कृतिक विविधता** के कारण मेलों और त्योहारों का प्रदेश माना जाता है।

79. उत्तर-(a)

व्याख्याः सुरहाताल पक्षी विहार उत्तर प्रदेश के **बलिया** जिले में स्थित है। यह एक विशाल **प्राकृतिक झील** है, जहाँ सर्दियों में बड़ी संख्या में **प्रवासी पक्षी** आते हैं। अब इसका नाम बदलकर **जयप्रकाश नारायण पक्षी विहार** कर दिया गया है।

80. उत्तर-(b)

व्याख्याः राजर्षि पुरुषोत्तम दास टंडन उत्तर प्रदेश विधानसभा के पहले **अध्यक्ष** (Speaker) थे। वे एक महान स्वतंत्रता सेनानी और विद्वान थे। उन्होंने **हिंदी** को भारत की **राजभाषा** बनाने में महत्वपूर्ण भूमिका निभाई थी।

81. उत्तर-(c)

व्याख्याः रिंगिट (Ringgit) मलेशिया की **आधिकारिक मुद्रा** है। **इंडोनेशिया** की मुद्रा **रुपिया** है, **थाईलैंड** की मुद्रा **बाहत** (थाई बहत) है और **फिलीपींस** की मुद्रा का नाम **पेसो** है। ये सभी **दक्षिण-पूर्वी एशियाई देश** (ASEAN) के सदस्य हैं।

82. उत्तर-(b)

व्याख्याः सुकुमार सेन भारत के **पहले मुख्य चुनाव आयुक्त** थे, जिन्होंने वर्ष **1950** से **1958** तक सेवा की। उनके नेतृत्व में ही भारत के **पहले दो आम चुनाव** (1951-52 और 1957) सफलतापूर्वक संपन्न हुए थे, जो एक बड़ी चुनौती थी।

83. उत्तर-(d)

व्याख्याः रूस के साइबेरिया क्षेत्र में स्थित **बैकाल झील** विश्व की **सबसे गहरी** और **आयतन** की दृष्टि से **मीठे पानी** की **सबसे बड़ी झील** है। इसकी गहराई लगभग **1642** मीटर है। इसे **साइबेरिया की नीली आँख** भी कहा जाता है।

84. उत्तर-(c)

व्याख्याः झारखंड के **पूर्वी सिंहभूम** जिले में स्थित **जादूगोड़ा** की **खानें** भारत की **पहली** और **सबसे महत्वपूर्ण यूरेनियम** खदानें हैं। यहाँ से प्राप्त यूरेनियम का उपयोग भारत के परमाणु ऊर्जा संयंत्रों और रणनीतिक उद्देश्यों के लिए किया जाता है।

85. उत्तर-(a)

व्याख्याः यूनेस्को का मुख्यालय **पेरिस** (फ्रांस) में है। **विश्व स्वास्थ्य संगठन** (WHO) का मुख्यालय **जिनेवा** (स्विट्जरलैंड) में है। **खाद्य एवं कृषि संगठन** (FAO) का **रोम** (इटली) में और **अंतर्राष्ट्रीय परमाणु ऊर्जा एजेंसी** (IAEA) का **वियना** (ऑस्ट्रिया) में है।

86. उत्तर-(b)

व्याख्याः डेविस कप अंतर्राष्ट्रीय लॉन टेनिस की एक प्रमुख प्रतियोगिता है, जिसे **टेनिस का विश्व कप** भी कहा जाता है। यह पुरुषों की टीम स्पर्धा है। महिलाओं के लिए इसी तरह की प्रतियोगिता को **बिली जीन किंग कप** कहा जाता है।

87. उत्तर-(b)

व्याख्याः सरोजिनी नायडू स्वतंत्र भारत की **पहली महिला राज्यपाल** थीं, जिन्होंने उत्तर प्रदेश (1947-1949) का कार्यभार संभाला था। उन्हें **भारत कोकिला** कहा जाता है। वे **कांग्रेस की अध्यक्ष** बनने वाली **पहली भारतीय महिला** भी थीं।

88. उत्तर-(a)

व्याख्याः केंद्रीय चावल अनुसंधान संस्थान (CRRI) ओडिशा के **कटक** जिले में स्थित है। यहाँ चावल की नई किस्मों और उत्पादन तकनीकों पर शोध किया जाता है। **अंतर्राष्ट्रीय चावल अनुसंधान संस्थान** (IRRI) **मनीला**, फिलीपींस में स्थित है।

89. उत्तर-(b)

व्याख्याः एशियाई विकास बैंक (ADB) का मुख्यालय फिलीपींस की राजधानी **मनीला** में स्थित है। इसकी स्थापना सन् **1966** में एशियाई देशों के **सामाजिक** और **आर्थिक विकास** के लिए **वित्तीय सहायता** प्रदान करने के उद्देश्य से की गई थी।

90. उत्तर-(b)

व्याख्याः प्रतिवर्ष **8 सितंबर** को विश्व भर में **विश्व साक्षरता दिवस** मनाया जाता है। इसका उद्देश्य **समाज में साक्षरता** के महत्व के प्रति **जागरूकता** फैलाना है। **5 सितंबर** को भारत में **शिक्षक दिवस** और **14 सितंबर** को **हिंदी दिवस** मनाया जाता है।

91. उत्तर-(c)

व्याख्याः यह संग्रहालय शहीद **वीर नारायण सिंह** को समर्पित है, जो **छत्तीसगढ़** के पहली **स्वतन्त्रता सेनानी** और **ब्रिटिश शासन के खिलाफ आदिवासी** प्रतिरोध के प्रमुख नेता थे। इसे नया रायपुर, छत्तीसगढ़ में बनाया गया है। इसे **1 नवम्बर 2025** को प्रधानमंत्री द्वारा उद्घाटन किया गया था।

92. उत्तर-(b)

व्याख्याः वर्ष **2025** तक भारत में **शतरंज** की लोकप्रियता तेजी से बढ़ी है। **आदित्य सामंत** भारत के **83वें ग्रैंडमास्टर** बने थे, उसके बाद तमिलनाडु **के.पी. श्याम निखिल** भारत के **85वें शतरंज ग्रैंड मास्टर** बने।

93. उत्तर-(c)

व्याख्याः वैश्विक नवाचार सूचकांक 2025 में भारत की रैकिंग 38वी है, वैश्विक नवाचार सूचनांक में 80 से अधिक संकेतो का प्रयोग करके 139 देशों का आकलन करता है इसमें शीर्ष देश-स्विट्रजैंड, स्वीडन और संयुक्त राज्य अमेरिका है।

94. उत्तर-(a)

लोक लेखा समिति के अध्यक्ष	के.सी.वेणुगोपाल
CBI के निदेशक	प्रवीण सूद
जर्मनी का नया चांसलर	फ्रेडरिक मर्ज़
त्रिनिदाद और टौबैगो के PM	कमला प्रसाद बिसेसर

95. उत्तर-(a)

व्याख्याः अमृत जलधारा मिशन जल शक्ति मंत्रालय की एक महत्वाकांक्षी योजना है। इसका लक्ष्य वर्ष **2025** के अंत तक देश के दूर-दराज के **ग्रामीण क्षेत्रों** में **सौर ऊर्जा** चालित पंपों के माध्यम से **शुद्ध पेयजल** की निरंतर आपूर्ति सुनिश्चित करना है।

96. उत्तर-(b)

व्याख्याः अंतर्राष्ट्रीय सौर गठबंधन (ISA) एक बढ़ता हुआ वैश्विक संगठन है। वर्ष **2025** में **पैराग्वे** गणराज्य आधिकारिक तौर पर इसका **100वाँ** पूर्ण सदस्य बन गया। यह भारत की **वन सन, वन वर्ल्ड, वन ग्रिड** की अवधारणा को वैश्विक स्तर पर मजबूती प्रदान कर रहा है।

97. उत्तर-(a)

व्याख्याः नई दिल्ली का **विश्व पुस्तक मेला** 2025 में अपनी भव्यता के कारण **एशिया का सबसे बड़ा पुस्तक मेला** बना। इसमें **डिजिटल साक्षरता** और **भारतीय भाषाओं** के **साहित्य** पर विशेष फोकस रहा, जिसमें लाखों पाठकों ने भाग लिया।

98. उत्तर-(a)

व्याख्याः अजय बंगा, जो **भारतीय मूल** के हैं, को वर्ष **2023** में **विश्व बैंक का प्रेसिडेंट** नियुक्त किया गया था। वर्ष **2025** में उनके द्वारा किए गए **जलवायु वित्त** और **गरीबी उन्मूलन** के सुधारों के कारण उनके **कार्यकाल** और **नीतियों** की वैश्विक स्तर पर सराहना की गई।

99. उत्तर-(a)

व्याख्याः जिमेक्स (JIMEX) भारत और जापान के बीच होने वाला **एक द्विपक्षीय समुद्री अभ्यास** है। वर्ष **2025** का संस्करण **संमुद्री सुरक्षा** और **हिंद-प्रशांत क्षेत्र** में दोनों देशों के बीच **रणनीतिक साझेदारी** को और अधिक मजबूत करने के उद्देश्य से आयोजित किया गया।

100.उत्तर-(b)

व्याख्याः भारत सरकार ने वर्ष **2025** के अंत में स्पष्ट किया कि **एक राष्ट्र, एक चुनाव** की प्रक्रिया को व्यवस्थित रूप से लागू करने के लिए वर्ष **2029** के **लोकसभा चुनाव** को **आधार वर्ष** माना जा सकता है, ताकि देश में बार-बार होने वाले **चुनावों के खर्च** और **आचार संहिता** के प्रभाव को कम किया जा सके।

होमगार्ड प्रैक्टिस सैट-14

1. सिंधु घाटी सभ्यता के किस स्थल को यूनेस्को विश्व विरासत सूची (वर्ष 2021) में शामिल किया गया है?
(a) लोथल (b) धौलावीरा
(c) राखीगढ़ी (d) सुत्कागेंडोर

2. प्रयाग प्रशस्ति अभिलेख की रचना किसने की थी, जिसमें समुद्रगुप्त की विजयों का वर्णन है?
(a) कालिदास (b) बाणभट्ट
(c) हरिषेण (d) रवि कीर्ति

3. गौतम बुद्ध ने अपना प्रथम उपदेश (धर्मचक्र प्रवर्तन) कहाँ दिया था?
(a) बोधगया (b) लुम्बिनी
(c) सारनाथ (d) कुशीनगर

4. निम्नलिखित सूची-I को सूची-II से सुमेलित कीजिए-

सूची-I (विदेशी यात्री)	सूची-II (समकालीन शासक)
A. मेगस्थनीज	1. हर्षवर्धन
B. फाह्यान	2. चंद्रगुप्त मौर्य
C. ह्वेनसांग	3. चंद्रगुप्त द्वितीय
D. इब्नबतूता	4. मुहम्मद बिन तुगलक

कूट:
(a) A–2, B–3, C–1, D–4 (b) A–1, B–2, C–4, D–3
(c) A–2, B–1, C–3, D–4 (d) A–3, B–2, C–1,D–4

5. गुलाम वंश का वास्तविक संस्थापक किसे माना जाता है, जिसने दिल्ली को राजधानी बनाया?
(a) कुतुबुद्दीन ऐबक (b) इल्तुतमिश
(c) गयासुद्दीन बलबन (d) रजिया सुल्तान

6. विजयनगर साम्राज्य की स्थापना किन दो भाइयों ने की थी?
(a) देवराय प्रथम और द्वितीय
(b) हरिहर और बुक्का
(c) कृष्णदेव राय और अच्युत राय
(d) सदाशिव और रामराय

7. मुगल काल में मनसबदारी प्रथा की शुरुआत किस शासक ने की थी?
(a) बाबर (b) हुमायूँ
(c) अकबर (d) औरंगजेब

8. 1857 के विद्रोह के समय भारत का गवर्नर जनरल कौन था?
(a) लॉर्ड डलहौजी (b) लॉर्ड कैनिंग
(c) लॉर्ड बेंटिक (d) लॉर्ड लिटन

9. ब्रह्म समाज की स्थापना राजा राममोहन राय ने किस वर्ष की थी?
(a) वर्ष 1815 (b) वर्ष 1828
(c) वर्ष 1875 (d) वर्ष 1897

10. भारतीय राष्ट्रीय कांग्रेस के प्रथम मुस्लिम अध्यक्ष कौन थे?
(a) मौलाना अबुल कलाम आजाद
(b) बदरुद्दीन तैयबजी
(c) रहमतुल्लाह सयानी
(d) शौकत अली

11. निम्नलिखित सूची-I को सूची-II से सुमेलित कीजिए-

सूची-I (क्रांतिकारी)	सूची-II (घटना)
A. राम प्रसाद बिस्मिल	1. चटगांव शस्त्रागार छापा
B. सूर्य सेन	2. काकोरी ट्रेन एक्शन
C. भगत सिंह	3. गदर आंदोलन
D. लाला हरदयाल	4. सॉन्डर्स हत्याकांड

कूट:
(a) A–2, B–1, C–4, D–3 (b) A–1, B–2, C–3, D–4
(c) A–2, B–3, C–1, D–4 (d) A–3, B–1, C–2, D–4

12. जलियांवाला बाग हत्याकांड (वर्ष 1919) के विरोध में किसने नाइटहुड की उपाधि त्याग दी थी?
(a) महात्मा गांधी (b) रवींद्रनाथ टैगोर
(c) सुब्रमण्यम अय्यर (d) गोपाल कृष्ण गोखले

13. भारत छोड़ो आंदोलन (वर्ष 1942) के दौरान करो या मरो का नारा किसने दिया था?
(a) जवाहरलाल नेहरू (b) सुभाष चंद्र बोस
(c) महात्मा गांधी (d) सरदार पटेल

14. असहयोग आंदोलन किस घटना के बाद स्थगित कर दिया गया था?
(a) चौरी-चौरा कांड
(b) दांडी मार्च
(c) जलियांवाला बाग हत्याकांड
(d) प्रथम विश्व युद्ध की समाप्ति

15. महात्मा गांधी के राजनीतिक गुरु कौन थे?

(a) बाल गंगाधर तिलक (b) दादाभाई नौरोजी

(c) गोपाल कृष्ण गोखले (d) लाला लाजपत राय

16. मोहिनीअट्टम शास्त्रीय नृत्य मुख्य रूप से किस राज्य से संबंधित है?

(a) तमिलनाडु (b) केरल

(c) कर्नाटक (d) ओडिशा

17. प्रसिद्ध हॉर्नबिल महोत्सव किस राज्य में मनाया जाता है?

(a) मणिपुर (b) मिजोरम

(c) नागालैंड (d) असम

18. अजंता की गुफाएं किस धर्म की कला से प्रेरित हैं?

(a) जैन धर्म (b) बौद्ध धर्म

(c) हिंदू धर्म (d) सिख धर्म

19. निम्नलिखित सूची-I को सूची-II से सुमेलित कीजिए-

सूची-I (वाद्ययंत्र)	सूची-II (वादक)
A. बिस्मिल्लाह खान	1. तबला
B. जाकिर हुसैन	2. शहनाई
C. हरिप्रसाद चौरसिया	3. सरोद
D. अमजद अली खान	4. बांसुरी

कूट:

(a) A–2, B–1, C–4, D–3 (b) A–1, B–2, C–3, D–4

(c) A–2, B–4, C–1, D–3 (d) A–3, B–1, C–2, D–4

20. बुलंद दरवाजा का निर्माण अकबर ने किस विजय के उपलक्ष्य में करवाया था?

(a) बंगाल विजय (b) गुजरात विजय

(c) मेवाड़ विजय (d) काबुल विजय

21. भारतीय संविधान की आत्मा किसे कहा जाता है?

(a) मौलिक अधिकार (b) प्रस्तावना

(c) नीति निदेशक तत्व (d) अनुच्छेद 32

22. मूल संविधान में कुल कितनी अनुसूचियाँ (Schedules) थीं?

(a) 8 (b) 10

(c) 12 (d) 22

23. राष्ट्रपति पर महाभियोग (Impeachment) की प्रक्रिया किस अनुच्छेद में वर्णित है?

(a) अनुच्छेद 52 (b) अनुच्छेद 61

(c) अनुच्छेद 72 (d) अनुच्छेद 123

24. निम्नलिखित सूची-I को सूची-II से सुमेलित कीजिए-

सूची-I (संवैधानिक संशोधन)	सूची-II (विषय)
A. 42वाँ संशोधन	1. पंचायती राज
B. 52वाँ संशोधन	2. लघु संविधान
C. 73वाँ संशोधन	3. वस्तु एवं सेवा कर
D. 101वाँ संशोधन	4. दल-बदल विरोधी कानून

कूट:

(a) A–2, B–4, C–1, D–3 (b) A–1, B–2, C–3, D–4

(c) A–2, B–1, C–4, D–3 (d) A–3, B–4, C–1, D–2

25. भारत के मुख्य चुनाव आयुक्त का कार्यकाल कितना होता है?

(a) 5 वर्ष या 65 वर्ष की आयु तक

(b) 6 वर्ष या 65 वर्ष की आयु तक

(c) 5 वर्ष या 62 वर्ष की आयु तक

(d) केवल 6 वर्ष

26. भारतवर्ष में सिक्कों की ढलाई होती है-

(a) दिल्ली, मुंबई तथा कोलकाता में

(b) दिल्ली, कोलकाता तथा हैदराबाद में

(c) मुंबई, दिल्ली तथा बंगलुरू में

(d) मुंबई, कोलकाता तथा हैदराबाद में

27. मौलिक कर्तव्यों को किस समिति की सिफारिश पर जोड़ा गया था?

(a) वर्मा समिति (b) बलवंत राय मेहता समिति

(c) स्वर्ण सिंह समिति (d) सरकारिया आयोग

28. संसद के दो सत्रों के बीच अधिकतम कितना अंतराल हो सकता है?

(a) 3 माह (b) 6 माह

(c) 9 माह (d) 1 वर्ष

29. पंचायती राज प्रणाली त्रि-स्तरीय होनी चाहिए, यह सुझाव किसने दिया था?

(a) अशोक मेहता समिति (b) बलवंत राय मेहता समिति

(c) एल.एम. सिंघवी समिति (d) जी.वी.के. राव समिति

30. नियंत्रक एवं महालेखा परीक्षक (CAG) की नियुक्ति कौन करता है?

(a) प्रधानमंत्री (b) राष्ट्रपति

(c) वित्त मंत्री (d) लोकसभा अध्यक्ष

31. भारत की सबसे ऊंची चोटी (जो पूर्णतः भारत में है) कौन सी है?

(a) के-2 (गॉडविन ऑस्टिन) (b) कंचनजंगा
(c) नंदा देवी (d) अनाइमुडी

32. चिल्का झील किस राज्य में स्थित भारत की सबसे बड़ी खारे पानी की झील है?

(a) आंध्र प्रदेश (b) ओड़िशा
(c) तमिलनाडु (d) राजस्थान

33. निम्नलिखित में से कौन-सी नदी वृद्ध गंगा (Dakshin Ganga) कहलाती है?

(a) कावेरी (b) कृष्णा
(c) गोदावरी (d) महानदी

34. निम्नलिखित सूची-I को सूची-II से सुमेलित कीजिए-

सूची-I (बहुउद्देशीय परियोजना)	सूची-II (नदी)
A. भाखड़ा नांगल	1. चिनाब
B. दुलहस्ती	2. सतलुज
C. हीराकुंड	3. चंबल
D. गांधी सागर	4. महानदी

कूटः

(a) A–2, B–1, C–4, D–3 (b) A–1, B–2, C–3, D–4
(c) A–2, B–3, C–1, D–4 (d) A–4, B–1, C–2, D–3

35. भारत का एकमात्र सक्रिय ज्वालामुखी बैरन द्वीप कहाँ स्थित है?

(a) लक्षद्वीप (b) अंडमान द्वीप समूह
(c) निकोबार द्वीप समूह (d) दमन और दीव

36. मानसून शब्द की उत्पत्ति किस भाषा से हुई है?

(a) फारसी (b) अरबी
(c) लैटिन (d) संस्कृत

37. दक्षिण भारत की सबसे ऊंची चोटी कौन-सी है?

(a) डोडाबेट्टा (b) अनाइमुडी
(c) महेंद्रगिरि (d) गुरु शिखर

38. कांडला बंदरगाह (अब दीनदयाल बंदरगाह) किस राज्य में स्थित है?

(a) महाराष्ट्र (b) गोवा
(c) गुजरात (d) कर्नाटक

39. भारत में सर्वाधिक वर्षा वाला स्थान मासिनराम किस पहाड़ी पर स्थित है?

(a) गारो (b) खासी
(c) जयंतिया (d) मिजो

40. पाक जलडमरूमध्य (Palk Strait) किन दो देशों को अलग करता है?

(a) भारत और पाकिस्तान (b) भारत और मालदीव
(c) भारत और म्यांमार (d) भारत और श्रीलंका

41. सतत विकास लक्ष्य (SDG) को किस वर्ष तक प्राप्त करने का लक्ष्य रखा गया है?

(a) वर्ष 2025 (b) वर्ष 2030
(c) वर्ष 2045 (d) वर्ष 2050

42. वायुमंडल की किस परत में ओजोन परत पाई जाती है?

(a) क्षोभमंडल (Troposphere)
(b) मध्यमंडल (Mesosphere)
(c) समतापमंडल (Stratosphere)
(d) आयनमंडल (Ionosphere)

43. इकोसिस्टम (Ecosystem) शब्द का सर्वप्रथम प्रयोग किसने किया था?

(a) ए.जी. टांसले (b) अर्नेस्ट हेकल
(c) ई.पी. ओडम (d) चार्ल्स डार्विन

44. निम्नलिखित सूची-I को सूची-II से सुमेलित कीजिए-

सूची-I (पर्यावरण सम्मेलन)	सूची-II (वर्ष)
A. स्टॉकहोम सम्मेलन	1. 1992
B. पृथ्वी सम्मेलन	2. 1972
C. क्योटो प्रोटोकॉल	3. 2015
D. पेरिस समझौता	4. 1997

कूटः

(a) A–2, B–1, C–4, D–3 (b) A–1, B–2, C–3, D–4
(c) A–2, B–3, C–1, D–4 (d) A–3, B–1, C–2, D–4

45. ओजोन परत की मोटाई मापने की इकाई क्या है?

(a) डेसीबल (b) डॉब्सन
(c) पास्कल (d) हर्ट्ज

46. भारत में प्रोजेक्ट टाइगर की शुरुआत किस वर्ष हुई थी?

(a) वर्ष 1972 (b) वर्ष 1980
(c) वर्ष 1973 (d) वर्ष 1992

47. घास के मैदान और वन किस प्रकार के पारिस्थितिकी तंत्र के उदाहरण हैं?

(a) जलीय (Aquatic) (b) स्थलीय (Terrestrial)
(c) कृत्रिम (Artificial) (d) इनमें से कोई नहीं

48. निम्नलिखित में से कौन जैव-निम्नीकरणीय (Biodegradable) प्रदूषक है?

(a) प्लास्टिक (b) पारा

(c) डी.डी.टी. (DDT) (d) घरेलू सीवेज

49. विश्व जैव विविधता दिवस कब मनाया जाता है?

(a) 22 मार्च (b) 22 अप्रैल

(c) 22 मई (d) 5 जून

50. ब्लैक कार्बन का मुख्य स्रोत क्या है?

(a) सौर ऊर्जा

(b) जीवाश्म ईंधन का अधूरा दहन

(c) परमाणु ऊर्जा

(d) प्रकाश संश्लेषण

51. गुरुत्वाकर्षण का सार्वत्रिक नियम किसने दिया था?

(a) गैलीलियो (b) न्यूटन

(c) आइंस्टीन (d) कोपरनिकस

52. निकट दृष्टि दोष (Myopia) को दूर करने के लिए किस लेंस का उपयोग किया जाता है?

(a) उत्तल लेंस (b) अवतल लेंस

(c) बेलनाकार लेंस (d) द्विफोकसी लेंस

53. निम्न में से कौन-सी अदिश राशि है?

(a) कार्य (b) वेग

(c) बल (d) त्वरण

54. निम्नलिखित सूची-I को सूची-II से सुमेलित कीजिए-

सूची-I (तत्व/पदार्थ)	सूची-II (उपयोग)
A. ग्रेफाइट	1. कीटाणुनाशक
B. आयोडीन	2. स्नेहक
C. क्लोरीन	3. कैंसर उपचार
D. कोबाल्ट-60	4. घेघा रोग उपचार

कूटः

(a) A–2, B–4, C–1, D–3 (b) A–1, B–2, C–3, D–4

(c) A–2, B–1, C–4, D–3 (d) A–3, B–4, C–1, D–2

55. मनुष्य के शरीर की सबसे बड़ी ग्रंथि (Gland) कौन-सी है?

(a) थायरॉयड (Thyroid) (b) पीयूष (Pituitary)

(c) यकृत (Liver) (d) अग्न्याशय (Pancreas)

56. रक्त का थक्का जमने में कौन-सा विटामिन सहायक होता है?

(a) विटामिन A (b) विटामिन C

(c) विटामिन D (d) विटामिन K

57. कोशिका का पावर हाउस किसे कहा जाता है?

(a) राइबोसोम (b) लाइसोसोम

(c) माइटोकॉन्ड्रिया (d) गॉल्जीकाय

58. ध्वनि की गति सर्वाधिक किसमें होती है?

(a) निर्वात में (b) वायु में

(c) जल में (d) स्टील (ठोस) में

59. खाने के नमक का रासायनिक नाम क्या है?

(a) सोडियम कार्बोनेट (b) सोडियम क्लोराइड

(c) सोडियम बाइकार्बोनेट (d) पोटेशियम क्लोराइड

60. मास्टर ग्रंथि किसे कहा जाता है?

(a) एड्रिनल (b) थाइमस

(c) पिट्यूटरी (d) थायरॉयड

61. भारत में आर्थिक नियोजन (Economic Planning) की अवधारणा किस देश से ली गई है?

(a) अमेरिका (b) सोवियत संघ (रूस)

(c) ब्रिटेन (d) फ्रांस

62. सफेद क्रांति (White Revolution) का जनक किसे माना जाता है?

(a) एम.एस. स्वामीनाथन (b) वर्गीज कुरियन

(c) सैम पित्रोदा (d) हीरालाल चौधरी

63. किस संस्था को विश्व बैंक (World Bank) के नाम से भी जाना जाता है?

(a) IMF (b) IBRD

(c) WTO (d) ADB

64. निम्नलिखित सूची-I को सूची-II से सुमेलित कीजिए-

सूची-I (समिति)	सूची-II (कार्य)
A. तेंदुलकर समिति	1. बैंकिंग सुधार
B. नरसिम्हन समिति	2. गरीबी मापन
C. राजा चेलैया समिति	3. शेयर बाजार
D. जे.आर. वर्मा समिति	4. कर सुधार

कूटः

(a) A–2, B–1, C–4, D–3 (b) A–1, B–2, C–3, D–4

(c) A–2, B–4, C–1, D–3 (d) A–4, B–1, C–2, D–3

65. भारतीय शेयर बाजार का नियामक (Regulator) कौन है?

(a) आरबीआई (b) सेबी

(c) इरडा (d) वित्त मंत्रालय

66. स्टैगफ्लेशन (Stagflation) का अर्थ क्या है?

(a) मुद्रास्फीति के साथ मंदी
(b) केवल अत्यधिक मुद्रास्फीति
(c) केवल मंदी
(d) तीव्र आर्थिक विकास

67. ₹2000 के नोट को चलन से बाहर करने की घोषणा RBI ने किस वर्ष की थी?

(a) वर्ष 2016 (b) वर्ष 2022
(c) वर्ष 2023 (d) वर्ष 2024

68. भारत में जीएसटी (GST) किस प्रधानमंत्री के कार्यकाल में लागू हुआ?

(a) मनमोहन सिंह (b) अटल बिहारी वाजपेयी
(c) नरेंद्र मोदी (d) राजीव गांधी

69. मुद्रा (MUDRA) बैंक का मुख्य उद्देश्य क्या है?

(a) कृषि ऋण
(b) सूक्ष्म उद्योगों को वित्तीय सहायता
(c) बड़े कॉर्पोरेट को ऋण
(d) केवल महिला सशक्तिकरण

70. सकल घरेलू उत्पाद (GDP) में सर्वाधिक योगदान किस क्षेत्र का है?

(a) प्राथमिक (कृषि) (b) द्वितीयक (उद्योग)
(c) तृतीयक (सेवा) (d) विनिर्माण

71. उत्तर प्रदेश का सर्वाधिक जनसंख्या वाला जिला कौन-सा है?

(a) मुरादाबाद (b) प्रयागराज
(c) गाजियाबाद (d) आजमगढ़

72. उत्तर प्रदेश दिवस प्रतिवर्ष कब मनाया जाता है?

(a) 1 जनवरी (b) 24 जनवरी
(c) 15 अगस्त (d) 1 नवंबर

73. उत्तर प्रदेश के किस जिले को इत्र नगरी (Perfume City) कहा जाता है?

(a) बरेली (b) कन्नौज
(c) जौनपुर (d) आगरा

74. निम्नलिखित सूची-I को सूची-II से सुमेलित कीजिए-

सूची-I (नगर)	सूची-II (नदी)
A. अयोध्या	1. गंगा
B. लखनऊ	2. सरयू
C. कानपुर	3. हिंडन
D. गाजियाबाद	4. गोमती

कूट:

(a) A–2, B–3, C–1, D–4 (b) A–1, B–2, C–3, D–4
(c) A–2, B–4, C–1, D–3 (d) A–3, B–4, C–2, D–1

75. उत्तर प्रदेश की राजकीय भाषा कौन-सी है?

(a) केवल हिंदी (b) हिंदी और संस्कृत
(c) हिंदी और उर्दू (d) हिंदी और ब्रजभाषा

76. प्रसिद्ध चरकुला नृत्य किस क्षेत्र से संबंधित है?

(a) बुंदेलखंड (b) ब्रजभूमि
(c) अवध (d) रुहेलखंड

77. उत्तर प्रदेश में नरोरा परमाणु ऊर्जा केंद्र कहाँ स्थित है?

(a) बुलंदशहर (b) अलीगढ़
(c) मेरठ (d) गाजीपुर

78. उत्तर प्रदेश के प्रथम मुख्यमंत्री कौन थे?

(a) चौधरी चरण सिंह
(b) गोविंद वल्लभ पंत
(c) सुचेता कृपलानी
(d) कमलापति त्रिपाठी

79. रानीपुर टाइगर रिजर्व उत्तर प्रदेश के किस जिले में स्थित है?

(a) लखीमपुर खीरी (b) पीलीभीत
(c) चित्रकूट (d) श्रावस्ती

80. उत्तर प्रदेश में कांच की चूड़ियों के लिए कौन सा शहर प्रसिद्ध है?

(a) अलीगढ़ (b) फिरोजाबाद
(c) मुरादाबाद (d) सहारनपुर

81. वंदे मातरम के रचयिता कौन हैं?

(a) रवींद्रनाथ टैगोर (b) बंकिम चंद्र चटर्जी
(c) सरोजिनी नायडू (d) अरविंद घोष

82. अंतर्राष्ट्रीय सौर गठबंधन (ISA) का मुख्यालय कहाँ स्थित है?

(a) गुरुग्राम (भारत) (b) पेरिस
(c) न्यूयॉर्क (d) जेनेवा

83. विश्व का सबसे बड़ा महाद्वीप कौन-सा है?

(a) अफ्रीका (b) एशिया
(c) उत्तरी अमेरिका (d) अंटार्कटिका

84. पुलितजर पुरस्कार किस क्षेत्र में दिया जाता है?

(a) विज्ञान (b) खेल
(c) पत्रकारिता और साहित्य (d) शांति

85. निम्नलिखित सूची-I को सूची-II से सुमेलित कीजिए-

सूची-I (देश)		सूची-II (राष्ट्रीय खेल)	
A.	भारत	1.	तीरंदाजी
B.	अमेरिका	2.	हॉकी
C.	भूटान	3.	बेसबॉल
D.	स्पेन	4.	बुल फाइटिंग

कूटः

(a) A–2, B–3, C–1, D–4 (b) A–1, B–2, C–3, D–4
(c) A–2, B–4, C–1, D–3 (d) A–3, B–1, C–2, D–4

86. भारत का प्रथम परमाणु अनुसंधान रिएक्टर कौन-सा है?

(a) अप्सरा (b) साइरस
(c) पूर्णिमा (d) ध्रुव

87. मैकमोहन रेखा किन दो देशों के बीच की सीमा है?

(a) भारत और पाकिस्तान
(b) भारत और चीन
(c) भारत और नेपाल
(d) पाकिस्तान और अफगानिस्तान

88. विश्व मानवाधिकार दिवस कब मनाया जाता है?

(a) 1 दिसंबर (b) 5 दिसंबर
(c) 10 दिसंबर (d) 25 दिसंबर

89. गरबा किस राज्य का प्रसिद्ध लोक नृत्य है?

(a) राजस्थान (b) पंजाब
(c) गुजरात (d) महाराष्ट्र

90. संयुक्त राष्ट्र संघ (UN) के वर्तमान महासचिव कौन हैं?

(a) बान की मून (b) एंटोनियो गुटेरेस
(c) कोफी अन्नान (d) टेड्रोस अधानोम

91. वर्ष 2025 में जारी विश्व प्रेस स्वतन्त्रता सूचकांक में भारत का स्थान क्या है?

(a) 161 वाँ (b) 142 वाँ
(c) 151 वाँ (d) 150 वाँ

92. अगस्त 2025 में किस भारतीय राज्य ने प्रत्येक घर को मुफ्त इंटरनेट देने की योजना का विस्तार किया?

(a) उत्तर प्रदेश (b) केरल
(c) तमिलनाडु (d) तेलंगाना

93. सितंबर 2025 में भारत ने किस देश के साथ यूपीआई (UPI) भुगतान के लिए समझौता किया?

(a) ब्राजील (b) जापान
(c) जर्मनी (d) उपर्युक्त सभी

94. निम्नलिखित सूची-I को सूची-II से सुमेलित कीजिए-

सूची-I (खिलाड़ी)		सूची-II (खेल)	
A.	नीरज चोपड़ा	1.	शतरंज
B.	लक्ष्य सेन	2.	भाला फेंक
C.	आर. प्रज्ञानंद	3.	बैडमिंटन
D.	अंतिम पंघाल	4.	कुश्ती

कूटः

(a) A–2, B–3, C–1, D–4 (b) A–1, B–2, C–3, D–4
(c) A–2, B–1, C–4, D–3 (d) A–3, B–4, C–1, D–2

95. वर्ष 2025 में नेशनल वन हेल्थ मिशन असेंबली कहाँ आयोजित हुई?

(a) नई दिल्ली (b) मुंबई
(c) हैदराबाद (d) इंदौर

96. नवंबर 2025 में संपन्न हुए जी-20 शिखर सम्मेलन (G20) की अध्यक्षता किस देश ने की?

(a) भारत (b) ब्राजील
(c) दक्षिण अफ्रीका (d) अमेरिका

97. दिसंबर 2025 में उत्तर प्रदेश के किस जिले में एशिया का सबसे बड़ा डाटा सेंटर स्थापित किया गया?

(a) नोएडा (गौतम बुद्ध नगर) (b) लखनऊ
(c) कानपुर (d) वाराणसी

98. जून 2025 में जारी ग्लोबल जेंडर गैप इंडेक्स में भारत का स्थान क्या रहा?

(a) 127वाँ (b) 131वाँ
(c) 135वाँ (d) 140वाँ

99. एससीओ (SCO) शिखर सम्मेलन का आयोजन कहाँ हुआ?

(a) समरकंद (b) अस्ताना (कजाकिस्तान)
(c) नई दिल्ली (d) तियांजिन

100. किस देश ने उन्नत नौसेना वायु रक्षा प्रणाली बराक मैगन विकसित की है?

(a) ईरान (b) इज़राइल
(c) रूस (d) यूक्रेन

उत्तर : व्याख्या-सहित

1. उत्तर-(b)

व्याख्याः गुजरात के **कच्छ** जिले में स्थित **धौलावीरा** सिंधु घाटी सभ्यता का एक प्रमुख नगर था। वर्ष 2021 में **यूनेस्को** ने इसे अपनी **विश्व विरासत सूची** में शामिल किया। यह **नगर जल प्रबंधन** की अपनी **विशिष्ट प्रणाली** और तीन भागों में विभाजित नगर संरचना के लिए प्रसिद्ध है।

2. उत्तर-(c)

व्याख्याः प्रयाग प्रशस्ति (इलाहाबाद स्तंभ लेख) की रचना समुद्रगुप्त के दरबारी कवि और मंत्री **हरिषेण** ने की थी। यह संस्कृत भाषा में **चम्पू शैली** (गद्य-पद्य मिश्रित) में लिखा गया है।

3. उत्तर-(c)

व्याख्याः ज्ञान प्राप्ति के बाद **गौतम बुद्ध** ने वाराणसी के निकट **सारनाथ** (ऋषिपत्तन) में अपने **पांच शिष्यों को प्रथम उपदेश** दिया था। बौद्ध ग्रंथों में इस घटना को **धर्मचक्र प्रवर्तन** कहा गया है। सारनाथ में स्थित **धमेख स्तूप** इस घटना की स्मृति में बना है।

4. उत्तर-(a)

व्याख्याः मेगस्थनीज चंद्रगुप्त मौर्य के दरबार में आया था, **फाह्यान** चंद्रगुप्त द्वितीय के काल में, **ह्वेनसांग** हर्षवर्धन के समय और मोरक्को का यात्री **इब्नबतूता** मुहम्मद बिन तुगलक के शासनकाल में भारत आया था।

5. उत्तर-(b)

व्याख्याः इल्तुतमिश (1211-1236 ई.) को **दिल्ली सल्तनत** का **वास्तविक संस्थापक** माना जाता है क्योंकि उसने राजधानी **लाहौर से दिल्ली स्थानांतरित** की और दिल्ली सल्तनत को प्रशासनिक स्थायित्व प्रदान किया। उसने **इक्ता प्रणाली** और **तुर्कान-ए-चिहलगानी** (चालीसा दल) की भी शुरुआत की थी।

6. उत्तर-(b)

व्याख्याः विजयनगर साम्राज्य की स्थापना **1336** ईस्वी में **हरिहर** और **बुक्का** नामक दो भाइयों ने की थी। उन्होंने **तुंगभद्रा नदी** के किनारे अपनी राजधानी **हम्पी** बसाई थी। यह साम्राज्य दक्षिण भारत में हिंदू संस्कृति और कला का संरक्षक रहा।

7. उत्तर-(c)

व्याख्याः अकबर ने अपने शासनकाल में **सैन्य** और **प्रशासनिक व्यवस्था** को सुदृढ़ करने के लिए **मनसबदारी प्रथा** शुरू की थी। **मनसब** एक पद या ओहदा होता था जो अधिकारी की स्थिति और वेतन निर्धारित करता था। यह व्यवस्था **जात** और **सवार** के आधार पर विभाजित थी।

8. उत्तर-(b)

व्याख्याः वर्ष 1857 के **प्रथम स्वतंत्रता संग्राम** के समय **लॉर्ड कैनिंग भारत** के **गवर्नर जनरल** थे। विद्रोह के बाद 1858 के अधिनियम द्वारा उन्हें भारत का पहला **वायसराय** बनाया गया।

9. उत्तर-(b)

व्याख्याः राजा राममोहन राय ने वर्ष 1828 में कलकत्ता में **ब्रह्म समाज की स्थापना** की थी। इसका मुख्य उद्देश्य **सती प्रथा**, **बाल विवाह** और **मूर्ति पूजा** जैसी सामाजिक बुराइयों का विरोध करना और **एकेश्वरवाद** का प्रचार करना था। उनके प्रयासों से वर्ष 1829 में **सती प्रथा** पर प्रतिबंध लगा।

10. उत्तर-(b)

व्याख्याः बदरुद्दीन तैयबजी भारतीय राष्ट्रीय कांग्रेस के **तीसरे अधिवेशन** (वर्ष 1887, मद्रास) के **अध्यक्ष** थे, जो कांग्रेस के **प्रथम मुस्लिम अध्यक्ष** बने। उन्होंने भारतीय एकता पर जोर दिया। **कांग्रेस** के पहले अध्यक्ष **डब्ल्यू.सी. बनर्जी** और पहले अंग्रेज अध्यक्ष **जॉर्ज यूल** थे।

11. उत्तर-(a)

व्याख्याः राम प्रसाद बिस्मिल काकोरी ट्रेन एक्शन (वर्ष 1925) के मुख्य नायक थे, **सूर्य सेन** ने **चटगांव शस्त्रागार** पर हमला किया था, **भगत सिंह** ने लाहौर में **सॉन्डर्स की हत्या** की थी और **लाला हरदयाल** ने **अमेरिका** में **गदर पार्टी की स्थापना** की थी। ये सभी महान क्रांतिकारी थे।

12. उत्तर-(a)

व्याख्याः 13 अप्रैल 1919 को **अमृतसर** में हुए **जलियांवाला बाग नरसंहार** के विरोध में **रवींद्रनाथ टैगोर** ने **ब्रिटिश सरकार** द्वारा दी गई **नाइटहुड** (Sir) की उपाधि वापस कर दी थी। इसी घटना के विरोध में गांधीजी ने भी **कैसर-ए-हिंद** पदक लौटा दिया था।

13. उत्तर-(c)

व्याख्याः 8 अगस्त 1942 को **बंबई** के **ग्वालिया टैंक मैदान** से महात्मा गांधी ने **भारत छोड़ो आंदोलन** का आह्वान किया। इसी समय उन्होंने **करो या मरो** का ऐतिहासिक नारा दिया।

14. उत्तर-(a)

व्याख्याः 4 फरवरी, 1922 को **गोरखपुर** (उत्तर प्रदेश) के **चौरी-चौरा** नामक स्थान पर उग्र भीड़ ने एक थाने में आग लगा दी, जिसमें **22 पुलिस कर्मी** मारे गए। इस हिंसा से दुखी होकर **महात्मा गांधी** ने **असहयोग आंदोलन को वापस लेने** की घोषणा कर दी थी।

15. उत्तर-(c)

व्याख्याः गोपाल कृष्ण गोखले महात्मा गांधी के **राजनीतिक गुरु** थे। उन्होंने गांधीजी को सलाह दी थी कि भारत को समझने के लिए पहले पूरे देश का भ्रमण करें। गोखले **सर्वेंट्स ऑफ इंडिया सोसाइटी** के संस्थापक थे और **उदारवादी विचारधारा** के समर्थक थे।

16. उत्तर-(b)

व्याख्याः मोहिनीअट्टम केरल का एक प्रमुख **शास्त्रीय नृत्य** है जो विशेष रूप से महिलाओं द्वारा किया जाता है। **मोहिनी** का अर्थ है **मंत्रमुग्ध करने वाली नारी** और **अट्टम** का अर्थ है नृत्य। यह **नृत्य शांत** और **आकर्षक मुद्राओं** के लिए जाना जाता है।

17. उत्तर-(c)

व्याख्याः हॉर्नबिल महोत्सव को **त्योहारों का त्योहार** कहा जाता है, जो **नागालैंड** में **प्रतिवर्ष 1 से 10 दिसंबर** तक मनाया जाता है। इसका नाम **हॉर्नबिल पक्षी** के नाम पर रखा गया है, जो नागा संस्कृति में अत्यंत सम्मानित है। यह नागा जनजातियों की विरासत का प्रदर्शन है।

18. उत्तर-(b)

व्याख्याः महाराष्ट्र के **औरंगाबाद** जिले में स्थित **अजंता की गुफाएं** मुख्य रूप से **बौद्ध धर्म की कला** और **जातक कथाओं** से प्रेरित हैं। यहाँ के **भित्ति चित्र** और **नक्काशी** दूसरी शताब्दी ईसा पूर्व से **सातवीं शताब्दी** के बीच की बौद्ध कला के उत्कृष्ट उदाहरण हैं।

19. उत्तर-(a)

व्याख्याः उस्ताद बिस्मिल्लाह खान प्रसिद्ध **शहनाई वादक** थे, **उस्ताद जाकिर हुसैन तबला वादन** के लिए विश्व विख्यात हैं, **पंडित हरिप्रसाद चौरसिया बांसुरी वादन** के उस्ताद हैं और **उस्ताद अमजद अली खान सरोद वादन** के लिए जाने जाते हैं।

20. उत्तर-(b)

व्याख्याः अकबर ने 1572-73 ई. में गुजरात पर अपनी ऐतिहासिक विजय के उपलक्ष्य में **फतेहपुर सीकरी में बुलंद दरवाजा** का निर्माण करवाया था। यह **विश्व का सबसे ऊँचा प्रवेश द्वार** माना जाता है और **भव्य मुगल वास्तुकला** का प्रतीक है।

21. उत्तर-(b)

व्याख्याः भारतीय संविधान की **प्रस्तावना** को **संविधान की आत्मा** और **कुंजी** कहा जाता है क्योंकि यह **संविधान** के **आदर्शों** और **लक्ष्यों** को स्पष्ट करती है। हालांकि, **डॉ. अंबेडकर** ने **अनुच्छेद 32** (संवैधानिक उपचारों का अधिकार) को संविधान की आत्मा कहा था।

22. उत्तर-(a)

व्याख्याः जनवरी 1950 को लागू हुए **मूल संविधान** में केवल **8 अनुसूचियाँ** थीं। **वर्तमान में** संशोधनों के माध्यम से इनकी संख्या बढ़कर **12** हो गई है। **9वीं अनुसूची भूमि सुधार**, **10वीं दल-बदल**, **11वीं पंचायती राज** और **12वीं नगर पालिकाओं** से संबंधित है।

23. उत्तर-(b)

व्याख्याः संविधान के **अनुच्छेद 61** के तहत राष्ट्रपति पर संविधान के **उल्लंघन** के आधार पर **महाभियोग** चलाया जा सकता है। यह प्रक्रिया **संसद** के किसी भी **सदन** में शुरू की जा सकती है, लेकिन इसके लिए **14** दिन पहले **राष्ट्रपति** को **सूचना देना अनिवार्य** है।

24. उत्तर-(a)

व्याख्याः 42वाँ संविधान संशोधन **लघु संविधान** कहलाता है, 52वाँ संविधान संशोधन **दल-बदल विरोधी कानून** (1985) से, 73वाँ संविधान संशोधन **पंचायती राज** (1992) को **संवैधानिक दर्जा** देने से और 101वाँ संविधान संशोधन **जीएसटी** (GST) लागू करने से संबंधित है।

25. उत्तर-(b)

व्याख्याः भारत के **मुख्य चुनाव आयुक्त** का कार्यकाल **6 वर्ष** या **65 वर्ष की आयु तक** (जो भी पहले हो) होता है। इनकी नियुक्ति **राष्ट्रपति** द्वारा की जाती है। इन्हें **हटाने की प्रक्रिया उच्चतम न्यायालय** के **न्यायाधीश** के समान ही जटिल होती है।

26. उत्तर-(d)

व्याख्याः भारत में **मुंबई, कोलकाता** तथा **हैदराबाद** में **टकसालें** (सिक्का ढ़लाई केंद्र) पूर्व में ही स्थापित की गई थीं, इसके अतिरिक्त **वर्ष 1988** में **नोएडा** में एक और टकसाल स्थापित की गई।

27. उत्तर-(c)

व्यख्याः वर्ष 1976 में **42वें संविधान संशोधन** द्वारा **स्वर्ण सिंह समिति** की **सिफारिश** पर **मौलिक कर्तव्यों** को **संविधान** के **भाग 4-A** और **अनुच्छेद 51-A** में जोड़ा गया था। प्रारंभ में इनकी संख्या **10** थी, **वर्तमान** में **11 मौलिक कर्तव्य** हैं।

28. उत्तर-(b)

व्याख्याः संविधान के अनुसार संसद के किन्हीं भी **दो सत्रों** (बजट, मानसून, शीतकालीन) के बीच अधिकतम **6 माह** से अधिक का अंतराल नहीं होना चाहिए। इस प्रकार संसद का वर्ष में कम से कम दो बार मिलना अनिवार्य है।

29. उत्तर-(b)

व्याख्या: वर्ष 1957 में **बलवंत राय मेहता समिति** ने **भारत** में **लोकतांत्रिक विकेंद्रीकरण** के लिए **त्रि-स्तरीय पंचायती राज प्रणाली** (ग्राम, ब्लॉक और जिला स्तर) का सुझाव दिया था। इसी सिफारिश के आधार पर वर्ष 1959 में **राजस्थान** के **नागौर** से **पंचायती राज** प्रारम्भ हुआ।

30. उत्तर-(b)

व्याख्या: भारत के **नियंत्रक एवं महालेखा परीक्षक** (CAG) की नियुक्ति **अनुच्छेद 148** के तहत **राष्ट्रपति** द्वारा की जाती है। CAG का मुख्य कार्य **केंद्र** और **राज्य सरकारों** के **खर्चों का ऑडिट** करना है, इसीलिए इसे **लोक वित्त का संरक्षक** कहा जाता है।

31. उत्तर-(b)

व्याख्या: **कंचनजंगा** (सिक्किम) **भारत की सबसे ऊंची चोटी** है जो पूर्णत: विवाद रहित भारतीय क्षेत्र में है। **के-2** (गॉडविन ऑस्टिन) **भारत** की **सबसे ऊंची चोटी** मानी जाती है लेकिन वह **वर्तमान** में **पाक अधिकृत कश्मीर** (PoK) में स्थित है।

32. उत्तर-(b)

व्याख्या: **ओडिशा** में स्थित **चिल्का झील** एशिया की सबसे बड़ी और **विश्व की दूसरी सबसे बड़ी खारे पानी** की **लैगून झील** है। यह एक प्रमुख **रामसर साइट** है और यहाँ सर्दियों में बड़ी संख्या में **प्रवासी पक्षी** (जैसे फ्लेमिंगो) आते हैं।

33. उत्तर-(c)

व्याख्या: **गोदावरी नदी** को इसकी **विशालता**, **प्राचीनता** और **पवित्रता** के कारण **वृद्ध गंगा** या **दक्षिण गंगा** कहा जाता है। यह **प्रायद्वीपीय भारत** की **सबसे लंबी नदी** (1465 किमी.) है और **महाराष्ट्र के नासिक** (त्रयंबकेश्वर) से निकलती है।

34. उत्तर-(a)

व्याख्या: **भाखड़ा नांगल परियोजना सतलुज नदी** (पंजाब/हिमाचल) पर है, **दुलहस्ती परियोजना चिनाब** (J–K) पर, **हीराकुंड बांध महानदी** (ओडिशा) पर और **गांधी सागर बांध चंबल नदी** (मध्य प्रदेश) पर स्थित महत्वपूर्ण **बहुउद्देशीय परियोजनाएं** हैं।

35. उत्तर-(b)

व्याख्या: **अंडमान द्वीप** में स्थित **बैरन द्वीप** भारत ही नहीं बल्कि **दक्षिण एशिया** का **एकमात्र सक्रिय ज्वालामुखी** है। इसमें अंतिम बार उद्गार वर्ष 2017 के आस-पास देखा गया था। यह **पोर्ट ब्लेयर** से लगभग **135 किमी उत्तर-पूर्व** में स्थित है।

36. उत्तर-(a)

व्याख्या: **मानसून शब्द** की **उत्पत्ति अरबी भाषा** के शब्द **मौसिम** (Mausim) से हुई है, जिसका अर्थ है **मौसम** या **ऋतु**। यह उन हवाओं को संदर्भित करता है जो मौसम के अनुसार अपनी दिशा पूरी तरह से बदल लेती हैं, जैसे भारत में **दक्षिण-पश्चिम मानसून**।

37. उत्तर-(b)

व्याख्या: **अन्नामलाई पहाड़ियों** में स्थित **अनाइमुडी** (2695 मीटर) **दक्षिण भारत** और **प्रायद्वीपीय भारत** की **सबसे ऊँची चोटी** है। यह **केरल राज्य** में स्थित है। **नीलगिरी पहाड़ी** की सबसे ऊँची चोटी **डोडाबेट्टा** है।

38. उत्तर-(c)

व्याख्या: **गुजरात** के **कच्छ** जिले में स्थित **कांडला बंदरगाह भारत** का एक प्रमुख **ज्वारीय बंदरगाह** (Tidal Port) है। इसे अब **दीनदयाल बंदरगाह** के नाम से जाना जाता है। यह **उत्तर भारत** की व्यापारिक आवश्यकताओं को पूरा करने वाला प्रमुख केंद्र है।

39. उत्तर-(b)

व्याख्या: **मेघालय** में स्थित **मासिनराम विश्व का सर्वाधिक वर्षा** वाला स्थान है। यह **खासी पहाड़ियों** के **दक्षिण** में स्थित है। यहाँ की **कीप** (Funnel) जैसी **पहाड़ी संरचना** के कारण **मानसूनी हवाएँ** यहाँ फंस जाती हैं और **अत्यधिक वर्षा** करती हैं।

40. उत्तर-(d)

व्याख्या: **पाक जलडमरूमध्य** (Palk Strait) भारत के **तमिलनाडु राज्य** और **श्रीलंका** के **उत्तरी भाग** के बीच स्थित एक **जलसंधि** है। यह **बंगाल की खाड़ी** को **मन्नार की खाड़ी** से जोड़ता है। इसी क्षेत्र में **राम सेतु** या **एडम्स ब्रिज** स्थित है।

41. उत्तर-(b)

व्याख्या: **संयुक्त राष्ट्र** के सभी सदस्य देशों ने **वर्ष 2015** में **17 सतत विकास लक्ष्यों** (SDG) को अपनाया था। इन लक्ष्यों को **वर्ष 2030** तक प्राप्त करने का संकल्प लिया गया है, जिसमें **गरीबी उन्मूलन**, **स्वास्थ्य**, **शिक्षा** और **पर्यावरण संरक्षण** जैसे मुद्दे शामिल हैं।

42. उत्तर-(c)

व्याख्या: **ओजोन परत** वायुमंडल के **समतापमंडल** (Stratosphere) में लगभग **15 से 35 किमी** की **ऊँचाई** पर पाई जाती है। यह **सूर्य** से आने वाली हानिकारक **पराबैंगनी** (UV) किरणों को अवशोषित कर **पृथ्वी पर जीवन की रक्षा** करती है।

43. उत्तर-(a)

व्याख्याः इकोसिस्टम (पारिस्थितिकी तंत्र) शब्द का प्रयोग सर्वप्रथम **ए.जी. टैन्सले** ने **वर्ष 1935** में किया था। उन्होंने इसे **पर्यावरण** के **जैविक** (सजीव) और **अजैविक** (निर्जीव) घटकों के पारस्परिक संबंधों के तंत्र के रूप में परिभाषित किया था।

44. उत्तर-(a)

व्याख्याः स्टॉकहोम सम्मेलन 1972 में पर्यावरण पर पहला वैश्विक सम्मेलन था। **पृथ्वी सम्मेलन 1992** (रियो), **क्योटो प्रोटोकॉल 1997** (ग्रीनहाउस गैस कम करना) और **पेरिस समझौता 2015** जलवायु परिवर्तन से निपटने के वैश्विक प्रयास हैं।

45. उत्तर-(b)

व्याख्याः ओजोन परत की **मोटाई डॉबसन** (Dobson Unit) में मापी जाती है। सामान्य परिस्थितियों में ओजोन की परत लगभग **300 डॉबसन** होती हैं। जब यह **220 डॉबसन** से कम हो जाती है, तो इसे **ओजोन छिद्र** कहा जाता है।

46. उत्तर-(c)

व्याख्याः भारत में **बाघों की घटती संख्या को रोकने** और **उनके संरक्षण** के लिए **1 अप्रैल, 1973** को **प्रोजेक्ट टाइगर** शुरू किया गया था। इसकी शुरुआत **जिम कॉर्बेट नेशनल पार्क** (उत्तराखंड) से हुई थी। इसके पहले निदेशक **कैलाश सांखला** थे।

47. उत्तर-(b)

व्याख्याः पारिस्थितिकी तंत्र दो प्रकार के होते हैं: **स्थलीय** और **जलीय। घास के मैदान**, **वन**, **मरुस्थल** और **टुंड्रा स्थलीय** (Terrestrial) तंत्र के उदाहरण हैं। जबकि **तालाब**, **झील**, **नदियां** और **महासागर जलीय** (Aquatic) **पारिस्थितिकी तंत्र** के अंतर्गत आते हैं।

48. उत्तर-(d)

व्याख्याः वे **प्रदूषक** जो **सूक्ष्मजीवों** द्वारा प्राकृतिक रूप से अपघटित हो जाते हैं, उन्हें **जैव-निम्नीकरणीय** (Biodegradable) कहते हैं, जैसे **घरेलू सीवेज**, **कागज**, और **जैविक कचरा। प्लास्टिक**, **डी.डी.टी.** और **भारी धातुएँ** अपघटित नहीं होतीं, इसलिए वे अधिक हानिकारक हैं।

49. उत्तर-(c)

व्याख्याः संयुक्त राष्ट्र द्वारा प्रतिवर्ष **22 मई** को **विश्व जैव विविधता दिवस** मनाया जाता है। इसका उद्देश्य **जैव विविधता** के महत्व और इसके **संरक्षण** के प्रति **वैश्विक जागरूकता बढ़ाना** है। **22 मार्च जल दिवस** और **22 अप्रैल पृथ्वी दिवस** होता है।

50. उत्तर-(b)

व्याख्याः ब्लैक कार्बन एक प्रकार का **सूक्ष्म कण** (PM 2.5) है जो **जीवाश्म ईंधन** (कोयला, डीजल), **लकड़ी** और **जैव अपशिष्ट** के **अधूरे दहन** से पैदा होता है। मीथेन **ग्लोबल वार्मिंग** में **कार्बन डाइऑक्साइड** के बाद दूसरा **सबसे बड़ा योगदानकर्ता** माना जाता है।

51. उत्तर-(b)

व्याख्याः सर आइजैक न्यूटन ने **गुरुत्वाकर्षण** का **सार्वत्रिक नियम** प्रतिपादित किया था। इस नियम के अनुसार, **ब्रह्मांड** में किन्हीं भी **दो पिंडों** के बीच लगने वाला **आकर्षण बल** उनके **द्रव्यमान** के **गुणनफल** के **समानुपाती** और उनकी दूरी के **वर्ग** के **व्युत्क्रमानुपाती** होता है।

52. उत्तर-(b)

व्याख्याः निकट दृष्टि दोष (Myopia) में व्यक्ति को पास की वस्तुएं साफ दिखती हैं लेकिन दूर की नहीं। इसे ठीक करने के लिए **अवतल लेंस** (Concave Lens) का उपयोग किया जाता है। **दूर दृष्टि दोष** (Hypermetropia) के लिए **उत्तल लेंस** का प्रयोग होता है।

53. उत्तर-(a)

व्याख्याः वे **भौतिक राशियाँ** जिन्हें व्यक्त करने के लिए केवल **परिमाण** (Magnitude) की आवश्यकता होती है, दिशा नहीं होती, वे **अदिश राशियाँ** कहलाती हैं। जैसे- **कार्य**, **द्रव्यमान**, **दूरी**, **समय**, **चाल**, **दाब**, **शक्ति**, **आवेश**, **विद्युत- धारा**, **विभव**, **ताप**, **आयतन** आदि।

54. उत्तर-(a)

व्याख्याः ग्रेफाइट का उपयोग **मशीनों** में **स्नेहक** के रूप में होता है, **आयोडीन** का उपयोग **घेघा रोग** के इलाज में, **क्लोरीन** का उपयोग **पानी** को **कीटाणुमुक्त** करने में और **कोबाल्ट-60** का उपयोग **कैंसर की रेडियोथेरेपी** में किया जाता है।

55. उत्तर-(c)

व्याख्याः यकृत (Liver) **मानव शरीर की सबसे बड़ी ग्रंथि** है। यह **पित्त** (Bile) का निर्माण करती है जो **वसा** के **पाचन** में मदद करता है। **यकृत शरीर** से **विषैले पदार्थों** को निकालने और **मेटाबॉलिज्म** को नियंत्रित करने में महत्वपूर्ण भूमिका निभाता है।

56. उत्तर-(d)

व्याख्याः विटामिन K **रक्त का थक्का** (Blood Clotting) जमने के लिए अनिवार्य है। यदि शरीर में इस **विटामिन** की कमी हो जाए, तो **चोट लगने पर रक्त बहना बंद नहीं होता**, जो **जानलेवा** हो सकता है। यह मुख्य रूप से **हरी पत्तेदार सब्जियों** में पाया जाता है।

57. उत्तर-(c)

व्याख्या: माइटोकॉन्ड्रिया को **कोशिका** का **शक्ति केंद्र** या **पावर हाउस** कहा जाता है क्योंकि यहीं पर **श्वसन प्रक्रिया** के दौरान **ए.टी.पी.** (ATP) के रूप में ऊर्जा का उत्पादन होता है। यह **ऊर्जा कोशिका** के विभिन्न कार्यों को संपन्न करने में उपयोग की जाती है।

58. उत्तर-(d)

व्याख्या: ध्वनि एक **यांत्रिक लहर** है जिसे चलने के लिए माध्यम की आवश्यकता होती है। **ध्वनि की गति माध्यम** के **घनत्व** और **प्रत्यास्थता** पर निर्भर करती है। इसीलिए **ठोस** (स्टील/लोहा) में ध्वनि की गति **वायु** या **जल** की तुलना में बहुत अधिक होती है।

59. उत्तर-(b)

व्याख्या: साधारण नमक (Table Salt) का रासायनिक नाम **सोडियम क्लोराइड** (NaCl) है। यह समुद्र के पानी के **वाष्पीकरण** से प्राप्त होता है। **सोडियम बाइकार्बोनेट** को खाने का सोडा और **सोडियम कार्बोनेट** को **कपड़े धोने का सोडा** कहा जाता है।

60. उत्तर-(c)

व्याख्या: मस्तिष्क के आधार पर स्थित **पिट्यूटरी** (पीयूष) **ग्रंथि** को **मास्टर ग्रंथि** कहा जाता है क्योंकि यह शरीर की अन्य अधिकांश **अंतःस्रावी ग्रंथियों** (जैसे थायरॉयड, एड्रिनल) के **कार्यों** और **हार्मोन स्राव** को नियंत्रित करती है।

61. उत्तर-(b)

व्याख्या: भारत ने **पंचवर्षीय योजनाओं** और **आर्थिक नियोजन** का **मॉडल तत्कालीन सोवियत संघ** (USSR) से लिया था। **भारत** में **योजना आयोग की स्थापना वर्ष** 1950 में इसी उद्देश्य से की गई थी। अब इसके स्थान पर **नीति आयोग** कार्य कर रहा है।

62. उत्तर-(b)

व्याख्या: डॉ. वर्गीज कुरियन को भारत में **सफेद क्रांति** (Operation Flood) का **जनक** माना जाता है। उनके प्रयासों से **भारत विश्व** का **सबसे बड़ा दूध उत्पादक देश** बना। उन्हें **मिल्कमैन ऑफ इंडिया** भी कहा जाता है और वे **अमूल** के संस्थापक थे।

63. उत्तर-(b)

व्याख्या: अंतर्राष्ट्रीय पुनर्निर्माण और विकास बैंक (IBRD) को ही सामान्यतः **विश्व बैंक** कहा जाता है। यह मध्यम आय वाले **विकासशील देशों** को **ऋण** और **तकनीकी सहायता** प्रदान करता है। इसका मुख्यालय **वाशिंगटन डी.सी.** में स्थित है।

64. उत्तर-(a)

व्याख्या: सुरेश तेंदुलकर समिति गरीबी रेखा के निर्धारण के लिए बनाई गई थी, **नरसिम्हन समिति** बैंकिंग सुधारों के लिए, **राजा चेलैया समिति** कर सुधारों के लिए और **जे.आर. वर्मा समिति** शेयर बाजार (रिस्क मैनेजमेंट) के लिए गठित की गई थी।

65. उत्तर-(b)

व्याख्या: भारतीय प्रतिभूति और विनिमय बोर्ड (SEBI) भारत में **शेयर बाजार** और **प्रतिभूति बाजार** का सर्वोच्च नियामक है। इसकी स्थापना वर्ष 1988 में हुई थी और 1992 में इसे **वैधानिक दर्जा** मिला। इसका मुख्यालय **मुंबई** में स्थित है।

66. उत्तर-(a)

व्याख्या: स्टैगफ्लेशन वह **आर्थिक स्थिति** है जिसमें अर्थव्यवस्था में **विकास की गति** रुक जाती है (मंदी/बेरोजगारी) और साथ ही कीमतों में **अत्यधिक वृद्धि** (मुद्रास्फीति) होती है। यह किसी भी अर्थव्यवस्था के लिए सबसे कठिन चुनौती मानी जाती है।

67. उत्तर-(c)

व्याख्या: भारतीय रिजर्व बैंक (RBI) ने 19 मई 2023 को **2000 के नोटों को चलन से बाहर करने** (Withdrawal) की घोषणा की थी। हालांकि इन्हें **वैध मुद्रा** (Legal Tender) बनाए रखा गया था लेकिन जनता को इन्हें **बैंकों में बदलने** या **जमा करने की सलाह** दी गई थी।

68. उत्तर-(c)

व्याख्या: वस्तु एवं **सेवा कर** (GST) **1 जुलाई, 2017** को **प्रधानमंत्री नरेंद्र मोदी** के कार्यकाल में लागू हुआ। यह **एक राष्ट्र, एक कर** की अवधारणा पर आधारित एक व्यापक अप्रत्यक्ष कर है, जिसने कई पुराने करों (जैसे वैट, उत्पाद शुल्क) को प्रतिस्थापित किया।

69. उत्तर-(b)

व्याख्या: प्रधानमंत्री मुद्रा योजना (PMMY) के तहत स्थापित **मुद्रा बैंक** का **मुख्य उद्देश्य छोटे** और **सूक्ष्म उद्यमों** (Non-corporate, Non-farm) को **10 लाख** तक का **ऋण प्रदान** करना है। इसमें **शिशु**, **किशोर** और **तरुण** श्रेणियों में **ऋण** दिया जाता है।

70. उत्तर-(c)

व्याख्या: वर्तमान में **भारत** की **जीडीपी** में सर्वाधिक योगदान **तृतीयक क्षेत्र** यानी **सेवा क्षेत्र** (Service Sector) का है, जो लगभग **53%** से अधिक है। इसके बाद **द्वितीयक क्षेत्र** (उद्योग) और फिर **प्राथमिक क्षेत्र** (कृषि) का स्थान आता है।

71. उत्तर-(b)

व्याख्याः 2011 की जनगणना के अनुसार, **प्रयागराज** (इलाहाबाद) **उत्तर प्रदेश का सबसे अधिक जनसंख्या वाला जिला** है। इसके बाद **मुरादाबाद** और **गाजियाबाद** का स्थान आता है।

72. उत्तर-(b)

व्याख्याः 24 जनवरी, 1950 को तत्कालीन **यूनाइटेड प्रोविंस** का नाम बदलकर **उत्तर प्रदेश** किया गया था। इसी ऐतिहासिक दिन की स्मृति में **उत्तर प्रदेश सरकार** ने वर्ष 2018 से प्रतिवर्ष 24 जनवरी को **उत्तर प्रदेश दिवस** मनाना शुरू किया है।

73. उत्तर-(b)

व्याख्याः उत्तर प्रदेश के **कन्नौज** जिले को **इत्र नगरी** (City of Perfumes) कहा जाता है। यहाँ सदियों से **पारंपरिक तरीके** से **गुलाब, चमेली** और **अन्य फूलों** से **इत्र** बनाने का काम होता है। **कन्नौज** का इत्र पूरी विश्व में निर्यात किया जाता है।

74. उत्तर-(c)

व्याख्याः अयोध्या **सरयू नदी** के तट पर स्थित है, उत्तर प्रदेश की राजधानी लखनऊ **गोमती नदी** के किनारे है, कानपुर **गंगा नदी** के तट पर बसा औद्योगिक शहर है और गाजियाबाद **हिंडन नदी** के तट पर स्थित एक औद्योगिक नगर है।

75. उत्तर-(c)

व्याख्याः उत्तर प्रदेश की **पहली आधिकारिक भाषा हिंदी** है जिसे वर्ष 1947 में अपनाया गया था। वर्ष 1989 में उत्तर प्रदेश सरकार ने **उर्दू** को राज्य की **दूसरी राजकीय भाषा** घोषित किया। इस प्रकार **हिंदी** और **उर्दू** दोनों ही राज्य की **आधिकारिक भाषाएँ** हैं।

76. उत्तर-(b)

व्याख्याः चरकुला ब्रजभूमि (मथुरा क्षेत्र) का एक बहुत प्रसिद्ध लोक नृत्य है। इसमें महिलाएँ अपने सिर पर एक **बहु-मंजिला लकड़ी का पिरामिड** (पिंजरा) रखकर उस पर **जलते हुए दीपक रखकर नृत्य** करती हैं।

77. उत्तर-(a)

व्याख्याः उत्तर प्रदेश का **एकमात्र परमाणु ऊर्जा संयंत्र बुलंदशहर** जिले के **नरोरा** में स्थित है। यह **गंगा नदी** के किनारे स्थित है और इसमें **हैवी वाटर रिएक्टर** (PHWR) का उपयोग किया जाता है।

78. उत्तर-(b)

व्याख्याः पंडित गोविंद वल्लभ पंत उत्तर प्रदेश के **प्रथम मुख्यमंत्री** थे। वे **भारत** के **गृह मंत्री** भी रहे और उन्हें **भारत रत्न** से सम्मानित किया गया था। **सुचेता कृपलानी उत्तर प्रदेश** (और भारत) की **प्रथम महिला मुख्यमंत्री** बनी थीं।

79. उत्तर-(c)

व्याख्याः उत्तर प्रदेश के **चित्रकूट** जिले में स्थित **रानीपुर टाइगर रिजर्व** को वर्ष 2022 में भारत का **53वाँ** और **उत्तर प्रदेश** का **चौथा टाइगर रिजर्व** घोषित किया गया।

80. उत्तर-(b)

व्याख्याः फिरोजाबाद को भारत की **कांच की नगरी** या **सुहाग नगरी** कहा जाता है क्योंकि यह **कांच की चूड़ियों** का **विश्व का सबसे बड़ा** उत्पादन केंद्र है।

81. उत्तर-(b)

व्याख्याः भारत का राष्ट्रीय गीत **वंदे मातरम बंकिम चंद्र चटर्जी** द्वारा रचित उपन्यास **आनंदमठ** से लिया गया है। इसे पहली बार **वर्ष 1896** में कांग्रेस के **कलकत्ता अधिवेशन** में गाया गया था। **भारत** का राष्ट्रगान **जन गण मन रवींद्रनाथ टैगोर** ने लिखा था।

82. उत्तर-(a)

व्याख्याः अंतर्राष्ट्रीय सौर गठबंधन (ISA) एक ऐसा **अंतर्राष्ट्रीय संगठन** है जिसका मुख्यालय **भारत में** (गुरुग्राम, हरियाणा) स्थित है। इसकी शुरुआत **भारत** और **फ्रांस** ने मिलकर वर्ष 2015 में **पेरिस जलवायु सम्मेलन** के दौरान की थी।

83. उत्तर-(b)

व्याख्याः एशिया विश्व का सबसे बड़ा महाद्वीप है, जो **पृथ्वी** के कुल **भू-भाग** का लगभग **30%** हिस्सा घेरता है। यह जनसंख्या की दृष्टि से भी **विश्व का सबसे बड़ा महाद्वीप** है। **अफ्रीका दूसरा सबसे बड़ा महाद्वीप** है।

84. उत्तर-(c)

व्याख्याः पुलित्जर पुरस्कार संयुक्त राज्य अमेरिका में **समाचार पत्र, पत्रिका, ऑनलाइन पत्रकारिता, साहित्य** और **संगीत रचना** में उत्कृष्टता के लिए दिया जाने वाला सबसे प्रतिष्ठित सम्मान है। इसकी स्थापना **जोसेफ पुलित्जर** की याद में वर्ष 1917 में की गई थी।

85. उत्तर-(a)

व्याख्याः भारत का पारंपरिक/लोकप्रिय **राष्ट्रीय खेल हॉकी** माना जाता है (कानूनी रूप से अघोषित), **अमेरिका का बेसबॉल, भूटान का तीरंदाजी** और **स्पेन का राष्ट्रीय खेल बुल फाइटिंग** (सांडों की लड़ाई) है।

86. उत्तर-(a)

व्याख्याः अप्सरा **भारत** और **एशिया** का पहला **परमाणु अनुसंधान रिएक्टर** था। इसे वर्ष 1956 में **भाभा परमाणु अनुसंधान केंद्र** (BARC) **ट्रॉम्बे** में स्थापित किया गया था। इसे **यूनाइटेड किंगडम** के सहयोग से बनाया गया था।

87. उत्तर-(b)

व्याख्या: मैकमोहन रेखा भारत और **चीन** के बीच की **सीमा रेखा** है, जो विशेष रूप से **अरुणाचल प्रदेश** के क्षेत्र में है। **भारत** और **पाकिस्तान** के बीच की सीमा को **रेडक्लिफ रेखा** कहा जाता है। **डूरंड रेखा पाकिस्तान** और **अफगानिस्तान** के बीच है।

88. उत्तर-(c)

व्याख्या: प्रतिवर्ष **10 दिसंबर** को **विश्व मानवाधिकार दिवस** मनाया जाता है। वर्ष 1948 में इसी दिन **संयुक्त राष्ट्र महासभा** ने मानवाधिकारों की **सार्वभौमिक घोषणा** को अपनाया था। इसका उद्देश्य हर व्यक्ति के **मूल अधिकारों** और **गरिमा** की **रक्षा** करना है।

89. उत्तर-(c)

व्याख्या: गरबा गुजरात का सबसे प्रसिद्ध **लोक नृत्य** है। यह विशेष रूप से **नवरात्रि** के **नौ दिनों** के दौरान **माँ दुर्गा** की **पूजा** के रूप में किया जाता है। **यूनेस्को** ने वर्ष 2023 में **गरबा** को **अमूर्त सांस्कृतिक विरासत** की सूची में शामिल किया है।

90. उत्तर-(b)

व्याख्या: पुर्तगाल के **पूर्व प्रधानमंत्री एंटोनियो गुटेरेस** वर्तमान में **संयुक्त राष्ट्र संघ** के **महासचिव** हैं। उन्होंने 1 जनवरी, 2017 को **पदभार** संभाला था और **वर्तमान** में वे अपने **दूसरे कार्यकाल** (वर्ष 2022-2026) की सेवा कर रहे हैं।

91. उत्तर-(c)

व्याख्या: विश्व प्रेस स्वतंत्रता सुचकांक 2025 के अनुसार, भारत की रैंकिंग **180 देशों** की सूची में **151वें** स्थान पर है, जो पिछले वर्ष **159वें** स्थान पर था। यह **रिपोर्टर्स बिदाउट बॉर्डर्स** (RSF) द्वारा जारी किया गया जिसमें भारक को बहुत गंभीर श्रेणी में रखा गया है।

92. उत्तर-(b)

व्याख्या: केरल भारत का पहला ऐसा राज्य है जिसने **इंटरनेट के अधिकार** को **बुनियादी अधिकार** घोषित किया है। **के-फोन** (KFON) परियोजना के माध्यम से **केरल** सरकार **गरीब परिवारों** को **मुफ्त इंटरनेट** और अन्य को **रियायती दरों** पर सेवाएं दे रही है।

93. उत्तर-(d)

व्याख्या: वर्ष 2025 तक भारत ने अपने **डिजिटल भुगतान** इंटरफेस **यूपीआई** (UPI) का विस्तार वैश्विक स्तर पर कर लिया है। **ब्राजील, जर्मनी, जापान, सिंगापुर** और **यूएई** जैसे देशों ने भारतीय **यूपीआई** तकनीक को स्वीकार किया है या इसके साथ समझौता किया है।

94. उत्तर-(a)

व्याख्या: नीरज चोपड़ा भाला फेंक (गोल्डन बॉय), **लक्ष्य सेन बैडमिंटन** के उदीयमान सितारे, **आर. प्रज्ञानंद शतरंज** के **ग्रैंडमास्टर** और अंतिम **पंघाल कुश्ती** की विश्व पदक विजेता खिलाड़ी हैं।

95. उत्तर-(a)

व्याख्या: वर्ष 2025 के मध्य **नेशनल वन हेल्थ मिशन असेंबली-2025** भारत मंडपम, **नई दिल्ली** में आयोजित हुआ इस दो दिवसीय कार्यक्रम का विषय है: **ज्ञान को व्यवहार में लाना - वन अर्थ, वन हेल्थ, वन फ्यूचर**। केन्द्रीय स्वास्थ्य एवं परिवार कल्याण मन्त्री और वन हेल्थ पर कार्यकारी संचालन समिति के अध्यक्ष **जगत प्रकाश नड्डा** ने इसमें भाग लिया।

96. उत्तर-(c)

व्याख्या: ग्रुप ऑफ 20 (जी20) के **राष्ट्राध्यक्षों** और **सरकार** प्रमुखों का **20वाँ शिखर सम्मेलन** नवंबर 2025 में दक्षिण अफ्रीका में आयोजित हुआ। इसकी अध्यक्षता **दक्षिण अफ्रीका** की **मेजबानी** में किया गया।

97. उत्तर-(a)

व्याख्या: उत्तर प्रदेश का **नोएडा** (गौतम बुद्ध नगर) क्षेत्र **डेटा सेंटर** के बड़े हब के रूप में उभरा है। यहाँ **योट्टा डी-1** जैसे बड़े डेटा सेंटर स्थापित किए गए हैं। वर्ष 2025 के अंत तक यह क्षेत्र **दक्षिण एशिया** के सबसे बड़े **डेटा भंडारण** केंद्रों में से एक बन जाएगा।

98. उत्तर-(b)

व्याख्या: भारत **ग्लोबल जेंडर गैप रिपोर्ट** (वैश्विक लैंगिक अंतर सूचकांक) वर्ष 2025 में 131वें स्थान पर आ गया है। **विश्व आर्थिक मंच** (WEF) द्वारा जारी **ग्लोबल जेंडर गैप रिपोर्ट** में भारत की **रैंकिंग शिक्षा** और स्वास्थ्य के क्षेत्र में सुधार को दर्शाती है, हालांकि **आर्थिक भागीदारी** में अभी सुधार की गुंजाइश है।

99. उत्तर-(d)

व्याख्या: 25वाँ SCO शिखर सम्मेलन चीन के **तियांजिन** में हुआ, जिसमें सुरक्षा, वैश्विक शासन, आर्थिक सहयोग और सतत विकास पर चर्चा केंद्रित थी। **प्रधानमंत्री मोदी** ने **तीन स्तंभों:** सुरक्षा, संपर्क और अवसर के तहत SCO के लिए **भारत के दृष्टिकोण** को उजागर किया।

100. उत्तर-(b)

व्याख्या: बराक मैगन (बराक मैगन) इजराइल की एक उन्नत नौसेना **वायु रक्षा प्रणाली** (नौसेना वायु रक्षा प्रणाली) है। इसे **इजराइल एयरोस्पेस इंडस्ट्रीज** (IAI) द्वारा विकसित किया गया है जो UAVs, क्रूज मिसाइल, उच्च-प्रक्षेपवक्र प्रोजेक्टाइल और शोर-टू-सी मिसाइल जैसी कई खतरों का मुकाबला करने में सक्षम है।

होमगार्ड प्रैक्टिस सैट-15

1. हड़प्पा सभ्यता के किस स्थल से जलाशय (Reservoir) के साक्ष्य मिले हैं?
(a) कालीबंगा (b) लोथल
(c) धौलावीरा (d) कोट दीजी

2. सुदर्शन झील का निर्माण किस शासक के काल में हुआ?
(a) बिम्बिसार (b) बिन्दुसार
(c) चंद्रगुप्त मौर्य (d) कनिष्क

3. किस मौर्य शासक ने अमित्रघात (शत्रुओं का विनाश करने वाला) की उपाधि धारण की थी?
(a) चंद्रगुप्त मौर्य (b) बिंदुसार
(c) अशोक (d) दशरथ

4. निम्नलिखित को सूची-I से सूची-II को सुमेलित कीजिए-

सूची-I (वंश)	सूची-II (संस्थापक)
A. हर्यक वंश	1. वासुदेव
B. कण्व वंश	2. बिम्बिसार
C. सातवाहन वंश	3. श्रीगुप्त
D. गुप्त वंश	4. सिमुक

कूट:
(a) A–2, B–1, C–4, D–3 (b) A–1, B–2, C–3, D–4
(c) A–2, B–4, C–1, D–3 (d) A–3, B–1, C–2, D–4

5. दिल्ली सल्तनत के किस सुल्तान ने दीवान-ए-अमीर-कोही (कृषि विभाग) की स्थापना की थी?
(a) अलाउद्दीन खिलजी
(b) फिरोज शाह तुगलक
(c) मुहम्मद बिन तुगलक
(d) बलबन

6. चीनी तीर्थयात्री जिसने छठी शताब्दी में भारत की यात्रा की थी-
(a) युआन च्वांग (b) फाहियान
(c) सुंग युन (d) इत्सिंग

7. हुमायूँनामा की रचना किसने की थी?
(a) हुमायूँ (b) गुलबदन बेगम
(c) अबुल फजल (d) फैजी

8. पानीपत का तीसरा युद्ध (1761 ई.) किनके बीच लड़ा गया था?
(a) मराठा और अहमद शाह अब्दाली
(b) मुगल और अंग्रेज
(c) बाबर और इब्राहिम लोदी
(d) अकबर और हेमू

9. रैयतवाड़ी बंदोबस्त का जनक किसे माना जाता है?
(a) लॉर्ड कॉर्नवालिस (b) थॉमस मुनरो
(c) विलियम बेंटिक (d) वारेन हेस्टिंग्स

10. सत्यार्थ प्रकाश पुस्तक के लेखक कौन थे?
(a) स्वामी विवेकानंद (b) दयानंद सरस्वती
(c) राजा राममोहन राय (d) आत्माराम पांडुरंग

11. निम्नलिखित को सूची-I से सूची-II को सुमेलित कीजिए-

सूची-I (संस्था)	सूची-II (संस्थापक)
A. अभिनव भारत	1. लाला हरदयाल।
B. गदर पार्टी	2. वी.डी. सावरकर
C. फॉरवर्ड ब्लॉक	3. एस.एन. सान्याल
D. एच.आर.ए.	4. सुभाष चंद्र बोस

कूट:
(a) A–2, B–1, C–4, D–3 (b) A–1, B–2, C–3, D–4
(c) A–2, B–3, C–1, D–4 (d) A–4, B–1, C–2, D–3

12. भारतीय राष्ट्रीय कांग्रेस के सूरत अधिवेशन (1907) की अध्यक्षता किसने की थी जिसमें कांग्रेस का विभाजन हुआ?
(a) दादाभाई नौरोजी (b) रासबिहारी घोष
(c) गोपाल कृष्ण गोखले (d) मदन मोहन मालवीय

13. गांधी-इरविन समझौता किस वर्ष हुआ था?
(a) वर्ष 1930 (b) वर्ष 1931
(c) वर्ष 1932 (d) वर्ष 1942

14. साइमन कमीशन भारत किस वर्ष आया था?
(a) वर्ष 1927 (b) वर्ष 1928
(c) वर्ष 1929 (d) वर्ष 1930

15. स्वराज मेरा जन्मसिद्ध अधिकार है का नारा तिलक ने किस अधिवेशन में दिया था?

(a) बनारस अधिवेशन (वर्ष 1905)

(b) कलकत्ता अधिवेशन (वर्ष 1906)

(c) लखनऊ अधिवेशन (वर्ष 1916)

(d) बेलगाम अधिवेशन (वर्ष 1924)

16. मुखौटा नृत्य का संबंध निम्न में से किस नृत्य-शैली से है?

(a) कथकली (b) नागा

(c) ओडिसी (d) कुचिपुड़ी

17. प्रसिद्ध अंबूवाची मेला किस मंदिर में आयोजित किया जाता है?

(a) जगन्नाथ मंदिर (b) कामाख्या मंदिर

(c) सोमनाथ मंदिर (d) मीनाक्षी मंदिर

18. मधुबनी चित्रकला शैली मुख्य रूप से किस राज्य से संबंधित है?

(a) उत्तर प्रदेश (b) बिहार

(c) मध्य प्रदेश (d) पश्चिम बंगाल

19 निम्नलिखित को सूची-I से सूची-II को सुमेलित कीजिए-

सूची-I (त्योहार)	सूची-II (राज्य)
A. पोंगल	1. केरल
B. ओणम	2. तमिलनाडु
C. बिहू	3. पंजाब
D. बैसाखी	4. असम

कूट:

(a) A–2, B–1, C–4, D–3 (b) A–1, B–2, C–3, D–4

(c) A–2, B–3, C–1, D–4 (d) A–3, B–1, C–2,D–4

20. कोणार्क का सूर्य मंदिर किसने बनवाया था?

(a) नरसिंहदेव प्रथम (b) राजराज प्रथम

(c) कृष्ण प्रथम (d) खारवेल

21. संविधान सभा के अस्थायी अध्यक्ष कौन चुने गए थे?

(a) डॉ. राजेंद्र प्रसाद (b) डॉ. सच्चिदानंद सिन्हा

(c) बी.एन. राव (d) एच.सी. मुखर्जी

22. शिक्षा को किस संविधान संशोधन द्वारा राज्य सूची से समवर्ती सूची में लाया गया?

(a) 24वाँ संशोधन (b) 42वाँ संशोधन

(c) 44वाँ संशोधन (d) 86वाँ संशोधन

23. प्रेस की स्वतंत्रता का अधिकार किस अनुच्छेद में अंतर्निहित है?

(a) अनुच्छेद 14 (b) अनुच्छेद 19(1)(A)

(c) अनुच्छेद 21 (d) अनुच्छेद 25

24. निम्नलिखित को सूची-I से सूची-II को सुमेलित कीजिए-

सूची-I (संविधान का भाग)	सूची-II (विषय)
A. भाग II	1. मौलिक अधिकार
B. भाग III	2. नागरिकता
C. भाग IV	3. मौलिक कर्तव्य
D. भाग IV–A	4. नीति निदेशक तत्व

कूट:

(a) A–2, B–1, C–4, D–3 (b) A–1, B–2, C–3, D–4

(c) A–2, B–3, C–1, D–4 (d) A–3, B–1, C–2, D–4

25. भारत का राष्ट्रपति अपना त्यागपत्र किसे संबोधित करता है?

(a) प्रधानमंत्री (b) मुख्य न्यायाधीश

(c) उपराष्ट्रपति (d) लोकसभा अध्यक्ष

26. आपदा प्रबंधन एक्ट बनाया गया था-

(a) वर्ष 2006 (b) वर्ष 2003

(c) वर्ष 2005 (d) वर्ष 2009

27. राज्यसभा के सदस्यों का कार्यकाल कितने वर्ष का होता है?

(a) 4 वर्ष (b) 5 वर्ष

(c) 6 वर्ष (d) स्थायी

28. संसद की लोक लेखा समिति में कुल कितने सदस्य होते हैं?

(a) 15 (b) 22

(c) 30 (d) 45

29. प्रथम भाषाई आधार पर गठित होने वाला राज्य कौन सा था?

(a) आंध्र प्रदेश (b) गुजरात

(c) हरियाणा (d) केरल

30. धन विधेयक (Money Bill) केवल कहाँ पेश किया जा सकता है?

(a) राज्यसभा

(b) लोकसभा

(c) दोनों सदनों की संयुक्त बैठक

(d) किसी भी सदन में

31. भारत का सबसे दक्षिणी बिंदु (Southernmost Point) क्या है?

(a) कन्याकुमारी (b) इंदिरा पॉइंट

(c) इंदिरा कॉल (d) किबिथू

32. दूधसागर जलप्रपात किस राज्य में स्थित है?

(a) कर्नाटक (b) गोवा

(c) महाराष्ट्र (d) केरल

33. क्षेत्रफल की दृष्टि से भारत का सबसे बड़ा राज्य कौन सा है?

(a) उत्तर प्रदेश (b) मध्य प्रदेश

(c) राजस्थान (d) महाराष्ट्र

34. निम्नलिखित को सूची-I से सूची-II को सुमेलित कीजिए-

सूची-I (दर्रा)	सूची-II (राज्य)
A. नाथुला	1. हिमाचल प्रदेश
B. रोहतांग	2. सिक्किम
C. जोजिला	3. उत्तराखंड
D. लिपुलेख	4. लद्दाख

कूट:

(a) A–2, B–1, C–4, D–3 (b) A–1, B–2, C–3, D–4

(c) A–2, B–4, C–1, D–3 (d) A–3, B–1, C–2, D–4

35. काली मिट्टी (Regur) सर्वाधिक किस फसल के लिए उपयुक्त होती है?

(a) गेहूँ (b) धान

(c) कपास (d) गन्ना

36. निम्न में से कौन-सा शहर गंगा नदी के किनारे स्थित नहीं है?

(a) फतेहपुर (b) भागलपुर

(c) उत्तरकाशी (d) कानपुर

37. नीली क्रांति का संबंध किससे है?

(a) उर्वरक उत्पादन (b) मत्स्य उत्पादन

(c) तिलहन उत्पादन (d) अंडा उत्पादन

38. नंदा देवी शिखर किस राज्य में स्थित है?

(a) हिमाचल प्रदेश (b) उत्तराखंड

(c) सिक्किम (d) जम्मू-कश्मीर

39. भागीरथी और अलकनंदा नदियाँ कहाँ मिलकर गंगा कहलाती हैं?

(a) रुद्रप्रयाग (b) कर्णप्रयाग

(c) देवप्रयाग (d) विष्णुप्रयाग

40. भारत में सर्वाधिक कोयला भंडार किस राज्य में पाया जाता है?

(a) ओडिशा (b) छत्तीसगढ़

(c) झारखंड (d) पश्चिम बंगाल

41. रेड डाटा बुक कौन प्रकाशित करता है?

(a) WWF (b) IUCN

(c) UNEP (d) UNESCO

42. पारिस्थितिकी पिरामिड की अवधारणा किसने दी थी?

(a) चार्ल्स एल्टन (b) ओडम

(c) टैन्सले (d) लिंडमैन

43. चिपको आंदोलन के प्रणेता कौन थे?

(a) मेधा पाटकर (b) एम.एस. स्वामीनाथन

(c) सुंदरलाल बहुगुणा (d) बाबा आम्टे

44. निम्नलिखित को सूची-I से सूची-II को सुमेलित कीजिए-

सूची-I (नेशनल पार्क)	सूची-II (राज्य)
A. काजीरंगा	1. गुजरात
B. गिर	2. असम
C. बांदीपुर	3. उत्तराखंड
D. जिम कॉर्बेट	4. कर्नाटक

कूट:

(a) A–2, B–1, C–4, D–3 (b) A–1, B–2, C–3, D–4

(c) A–2, B–3, C–1, D–4 (d) A–4, B–1, C–2, D–3

45. मॉन्ट्रियल प्रोटोकॉल (वर्ष 1987) का मुख्य उद्देश्य क्या था?

(a) जैव विविधता संरक्षण

(b) ओजोन परत का संरक्षण

(c) ग्लोबल वार्मिंग कम करना

(d) मरुस्थलीकरण रोकना

46. भारत में हाथी परियोजना (Project Elephant) कब शुरू हुई?

(a) वर्ष 1973 (b) वर्ष 1992

(c) वर्ष 2002 (d) वर्ष 2010

47. 19 नवंबर निम्न में से किस दिवस के रूप में मनाया जाता है?

(a) विश्व हरित दिवस (b) विश्व निर्धनता दिवस

(c) विश्व शौचालय दिवस (d) विश्व स्वच्छ जल दिवस

48. एजेंडा-21 का संबंध किससे है?

(a) क्योटो प्रोटोकॉल (b) रियो शिखर सम्मेलन

(c) रामसर सम्मेलन (d) पेरिस समझौता

49. खाद्य श्रृंखला (Food Chain) में ऊर्जा का प्रवाह कैसा होता है?

(a) एकदिशीय (b) द्विदिशीय

(c) बहुदिशीय (d) चक्रीय

50. विश्व का एकमात्र तैरता हुआ राष्ट्रीय उद्यान केबुल लामजाओ कहाँ है?

(a) मिजोरम (b) मणिपुर

(c) मेघालय (d) असम

51. प्रकाश वर्ष (Light Year) किसकी इकाई है?

(a) समय (b) प्रकाश की तीव्रता

(c) दूरी (d) वेग

52. दाढ़ी बनाने के लिए किस दर्पण का उपयोग किया जाता है?

(a) उत्तल दर्पण (b) अवतल दर्पण

(c) समतल दर्पण (d) उभयतल दर्पण

53. अल्जाइमर रोग में मानव शरीर का कौन-सा हिस्सा प्रभावित होता है?

(a) हृदय (b) फेफड़े

(c) मस्तिष्क (d) कान

54. निम्नलिखित सूची-I को सूची-II से सुमेलित कीजिए-

सूची-I (अम्ल)	सूची-II (प्राकृतिक स्रोत)
A. लैक्टिक अम्ल	1. सिरका
B. एसिटिक अम्ल	2. दूध/दही
C. साइट्रिक अम्ल	3. चींटी का डंक
D. फॉर्मिक अम्ल	4. नींबू

कूट:

(a) A–2, B–1, C–4, D–3 (b) A–1, B–2, C–3, D–4

(c) A–2, B–4, C–1, D–3 (d) A–3, B–1, C–2, D–4

55. निम्नलिखित में से कौन भारत में गैर-संचारी रोग है?

(a) कुष्ट रोग (b) कैंसर

(c) तपेदिक (d) हैजा

56. RBC का जीवन काल लगभग कितना है?

(a) 120 दिन (b) 110 दिन

(c) 100 दिन (d) 130 दिन

57. पीलिया (Jaundice) रोग से शरीर का कौन सा अंग प्रभावित होता है?

(a) हृदय (b) यकृत

(c) फेफड़े (d) गुर्दे

58. वाशिंग सोडा (धोने का सोडा) का रासायनिक सूत्र क्या है?

(a) $Na_2CO_3.10H_2O$ (b) $NaHCO_3$

(c) NaOH (d) $Ca(OH)_2$

59. सौर सेल बनाने में किस तत्व का प्रयोग किया जाता है?

(a) मैग्नीशियम (b) सिलिकॉन

(c) सोडियम (d) कैल्शियम

60. रक्त समूह (Blood Group) की खोज किसने की थी?

(a) विलियम हार्वे (b) रॉबर्ट हुक

(c) लैंडस्टीनर (d) लुई पाश्चर

61. भारत में राष्ट्रीय आय का आकलन सबसे पहले किसने किया था?

(a) वी.के.आर.वी. राव (b) दादाभाई नौरोजी

(c) पी.सी. महालनोबिस (d) एम.जी. रानाडे

62. भारत में बैंकों का पहली बार राष्ट्रीयकरण हुआ था-

(a) वर्ष 1950 में (b) वर्ष 1960 में

(c) वर्ष 1969 में (d) वर्ष 1979 में

63. ब्रेक ईवन पॉइंट (Break Even Point) क्या है?

(a) वह स्थिति जहाँ लाभ अधिकतम हो

(b) वह स्थिति जहाँ हानि न्यूनतम हो

(c) वह स्थिति जहाँ न लाभ हो और न हानि

(d) वह स्थिति जहाँ उत्पादन बंद हो जाए

64. निम्नलिखित सूची-I को सूची-II से सुमेलित कीजिए-

सूची-I (योजना)	सूची-II (मॉडल)
A. प्रथम पंचवर्षीय योजना	1. महालनोबिस मॉडल
B. द्वितीय पंचवर्षीय योजना	2. हैरॉड-डोमर मॉडल
C. तृतीय पंचवर्षीय योजना	3. गाडगिल योजना
D. चतुर्थ पंचवर्षीय योजना	4. सुखमय चक्रवर्ती मॉडल

कूट:

(a) A–2, B–1, C–4, D–3 (b) A–1, B–2, C–3, D–4

(c) A–2, B–3, C–1, D–4 (d) A–4, B–1, C–2, D–3

65. नरसिम्हन समिति का संबंध किस सुधार से है?

(a) कृषि सुधार (b) बैंकिंग सुधार

(c) कर सुधार (d) श्रम सुधार

66. किस दर पर RBI वाणिज्यिक बैंकों को ऋण देता है?

(a) रेपो रेट (b) रिवर्स रेपो रेट

(c) बैंक दर (d) नकद आरक्षित अनुपात

67. भारत में जीएसटी (GST) किस तारीख को लागू हुआ था?

(a) 1 अप्रैल, 2017 (b) 1 जुलाई, 2017

(c) 1 अगस्त, 2017 (d) 1 जनवरी, 2018

68. ऑपरेशन ट्विस्ट का संबंध किससे है?

(a) कृषि विकास (b) मौद्रिक नीति

(c) सड़क सुरक्षा (d) रक्षा निर्यात

69. निम्नलिखित में से कौन सा एक प्रत्यक्ष कर (Direct Tax) है?

(a) उत्पाद शुल्क (b) बिक्री कर

(c) आयकर (d) सीमा शुल्क

70. सेबी (SEBI) का मुख्यालय कहाँ स्थित है?

(a) नई दिल्ली (b) मुंबई

(c) कोलकाता (d) चेन्नई

71. उत्तर प्रदेश का राजकीय पशु कौन सा है?

(a) शेर (b) बारहसिंगा

(c) चीता (d) हाथी

72. उत्तर प्रदेश में नॉलेज पार्क की स्थापना कहाँ की जा रही है?

(a) लखनऊ (b) नोएडा

(c) ग्रेटर नोएडा (d) वाराणसी

73. प्रसिद्ध नौचंदी मेला उत्तर प्रदेश के किस जिले में लगता है?

(a) आगरा (b) सहारनपुर

(c) मुजफ्फरनगर (d) मेरठ

74. निम्नलिखित सूची-I को सूची-II से सुमेलित कीजिए-

सूची-I (जिला)	सूची-II (उद्योग)
A. अलीगढ़	1. चूड़ी उद्योग
B. फिरोजाबाद	2. ताला उद्योग
C. मुरादाबाद	3. खेल का सामान
D. मेरठ	4. पीतल उद्योग

कूट:

(a) A–2, B–1, C–4, D–3 (b) A–1, B–2, C–3, D–4

(c) A–2, B–3, C–1, D–4 (d) A–3, B–4, C–2, D–1

75. उत्तर प्रदेश के किस जिले में यूरेनियम के सीमित भंडार पाए गए हैं?

(a) बांदा (b) हमीरपुर

(c) ललितपुर (d) सोनभद्र

76. कथक नृत्य के लिए प्रसिद्ध लखनऊ घराना के प्रणेता कौन माने जाते हैं?

(a) लच्छू महाराज (b) ठाकुर प्रसाद

(c) बिरजू महाराज (d) बिंदादीन महाराज

77. प्रसिद्ध बांके बिहारी मंदिर उत्तर प्रदेश के किस शहर में स्थित है?

(a) वाराणसी (b) सारनाथ

(c) वृंदावन (d) आगरा

78. भारतीय चारागाह एवं चारा अनुसंधान संस्थान कहाँ स्थित है?

(a) झाँसी (b) कानपुर

(c) बरेली (d) मथुरा

79. ओखला पक्षी अभयारण्य उत्तर प्रदेश के किस जिले में है?

(a) उन्नाव (b) गौतम बुद्ध नगर

(c) रायबरेली (d) बलिया

80. उत्तर प्रदेश के किस शहर को चर्म नगर के नाम से जाना जाता है?

(a) आगरा (b) कानपुर

(c) लखनऊ (d) बरेली

81. वॉर एंड पीस पुस्तक के लेखक कौन हैं?

(a) लियो टॉल्स्टॉय (b) मैक्सिम गोर्की

(c) मार्क ट्वेन (d) अर्नेस्ट हेमिंग्वे

82. कम्प्यूटर निम्न में से कौन-सा कार्य नहीं करता?

(a) कम्प्यूटिंग (b) प्रोसेसिंग

(c) अंडरस्टेंडिंग (d) आउटपुटिंग

83. भारत का मैनचेस्टर किसे कहा जाता है?

(a) कोयंबटूर (b) कानपुर

(c) अहमदाबाद (d) मुंबई

84. द्रोणाचार्य पुरस्कार किसे दिया जाता है?

(a) खिलाड़ियों को

(b) खेल प्रशिक्षकों को

(c) अंपायरों को

(d) खेल पत्रकारों को

85. निम्नलिखित सूची-I को सूची-II से सुमेलित कीजिए-

सूची-I (देश)	सूची-II (संसद)
A. जापान	1. डाइट
B. रूस	2. ड्यूमा
C. इजराइल	3. नेसेट
D. नेपाल	4. राष्ट्रीय पंचायत

कूट:

(a) A–2, B–1, C–3, D–4 (b) A–2, B–1, C–4, D–3

(c) A–1, B–2, C–3, D–4 (d) A–4, B–1, C–3, D–2

86. राष्ट्रीय पुलिस अकादमी कहाँ स्थित है?

(a) हैदराबाद (b) देहरादून

(c) नई दिल्ली (d) इलाहाबाद

87. भारत रत्न से सम्मानित होने वाले पहले विदेशी कौन थे?

(a) नेल्सन मंडेला (b) खान अब्दुल गफ्फार खान

(c) मदर टेरेसा (d) बराक ओबामा

88. विश्व स्वास्थ्य संगठन (WHO) की स्थापना किस वर्ष हुई थी?

(a) वर्ष 1945 (b) वर्ष 1948

(c) वर्ष 1950 (d) वर्ष 1952

89. गुलाबी शहर (Pink City) के नाम से किसे जाना जाता है?

(a) उदयपुर (b) जयपुर

(c) जोधपुर (d) जैसलमेर

90. बुल फाइटिंग किस देश का राष्ट्रीय खेल है?

(a) ब्राजील (b) स्पेन

(c) इटली (d) फ्रांस

91. मई 2025 में किस भारतीय राज्य ने महिला स्वरोजगार के लिए लक्ष्मी पहल शुरू की?

(a) उत्तर प्रदेश (b) मध्य प्रदेश

(c) ओडिशा (d) महाराष्ट्र

92. अगस्त 2025 में आयोजित विश्व एथलेटिक्स चैंपियनशिप में स्वर्ण पदक जीतने वाले भारतीय कौन बने?

(a) नीरज चोपड़ा (b) अविनाश साबले

(c) तेजस्विन शंकर (d) मुरली श्रीशंकर

93. सितंबर 2025 में भारत के किस शहर को यूनेस्को की संगीत नगरी (City of Music) का दर्जा मिला?

(a) ग्वालियर (b) वाराणसी

(c) लखनऊ (d) जयपुर

94. भारत के 53वें मुख्य न्यायाधीश (CJI) के रूप में किसने शपथ ली?

(a) न्यायमूर्ति डी.वाई. चंद्रचूड़ (b) न्यायमूर्ति संजीव खन्ना

(c) न्यायमूर्ति बी.आर. गवई (d) न्यायमूर्ति सूर्यकांत

95. निम्नलिखित में से कौन-सा देश विश्व का पहला कैशलेस देश बन गया है?

(a) स्वीडन (b) फिनलैंड

(c) नॉर्वे (d) सिंगापुर

96. वर्ष 2025 में दादा साहेब फाल्के पुरस्कार से किन्हें सम्मानित किया गया?

(a) अमिताभ बच्चन (b) शाहरुख खान

(c) मोहन लाल (d) रजनीकांत

97. भारत और किस देश के बीच सम्प्रीति (SAMPRITI) सैन्य अभ्यास आयोजित किया जाता है?

(a) नेपाल (b) बांग्लादेश

(c) श्रीलंका (d) फ्रांस

98. जून 2025 में चर्चा में रही मिशन कर्मयोगी योजना का उद्देश्य क्या है?

(a) किसानों की आय दोगुनी करना

(b) सिविल सेवकों के क्षमता निर्माण

(c) डिजिटल साक्षरता बढ़ाना

(d) युवाओं को कौशल प्रशिक्षण

99. हेनले पासपोर्ट इंडेक्स 2026 में भारत की रैंक क्या है?

(a) 75वाँ (b) 82वाँ

(c) 77वाँ (d) 78वाँ

100. सूची-I को सूची-II से सुमेलित कीजिए-

सूची-I (व्यक्ति)	सूची-II (पद)
A. श्री ज्ञानेश कुमार	1. अध्यक्ष, इसरो
B. श्री के.संजय मूर्ति	2. मुख्य चुनाव आयुक्त
C. डॉ. टी.वी. सोमनाथन	3. नियंत्रक महालेखा परीक्षक (CAG)
D. डॉ. वी. नारायणन	4. कैबिनेट सचिव

कूट:

(a) A–2, B–3, C–4, D–1

(b) A–1, B–2, C–3, D–4

(c) A–2, B–4, C–1, D–3

(d) A–3, B–1, C–2, D–4

उत्तर : व्याख्या-सहित

1. उत्तर-(c)

व्याख्याः धौलावीरा गुजरात के कच्छ जिले में स्थित है। यहाँ से हड़प्पा सभ्यता के सबसे **उन्नत जल प्रबंधन प्रणाली** के साक्ष्य मिले हैं, जिसमें **विशाल पत्थर के बने जलाशय** शामिल हैं। यह नगर **तीन भागों** (किला, मध्य नगर, निचला नगर) में विभाजित होने के लिए भी प्रसिद्ध है।

2. उत्तर-(c)

व्याख्याः सुदर्शन झील का निर्माण **चन्द्रगुप्त मौर्य** के प्रांतीय राज्यपाल **पुष्यगुप्त वैश्य** ने करवाया था। सुदर्शन झील **गुजरात के गिरनार क्षेत्र** में स्थित है। **सम्राट अशोक** के समय **तुषास्प** ने यहाँ से **नहरें** निकाली थीं।

3. उत्तर-(b)

व्याख्याः मौर्य सम्राट चंद्रगुप्त मौर्य के पुत्र **बिंदुसार** को **अमित्रघात** कहा जाता था, जिसका शाब्दिक अर्थ है **शत्रुओं का नाश करने वाला**। यूनानी लेखकों ने उसे **अमित्रोकेट्स** के नाम से संबोधित किया है। उसने मौर्य साम्राज्य का विस्तार दक्षिण की ओर किया था।

4. उत्तर-(a)

व्याख्याः हर्यक वंश की स्थापना **बिम्बिसार** ने की थी, जो महात्मा बुद्ध के समकालीन थे। **कण्व वंश** का संस्थापक **वासुदेव** था। **सातवाहन वंश** की स्थापना **सिमुक** ने की थी और **गुप्त साम्राज्य** का वास्तविक संस्थापक **श्रीगुप्त** को माना जाता है। ये सभी वंश भारतीय इतिहास के महत्वपूर्ण चरण हैं।

5. उत्तर-(c)

व्याख्याः मुहम्मद बिन तुगलक ने कृषि के विकास और किसानों को सहायता देने के लिए **दीवान-ए-अमीर-कोही** नामक एक अलग विभाग की स्थापना की थी। उसने किसानों को **तकावी** (ऋण) भी प्रदान किया था, हालांकि उसकी यह योजना भ्रष्टाचार के कारण सफल नहीं हो पाई थी।

6. उत्तर-(c)

व्याख्याः चीनी यात्री **सुंग युन 518 ई.** में **भारत** आया और उसने अपनी तीन वर्ष की यात्रा में बौद्ध धर्म की प्रतियां एकत्रित कीं।

7. उत्तर-(b)

व्याख्याः हुमायूँनामा मुगल सम्राट **हुमायूँ की जीवनी** है, जिसे उसकी बहन **गुलबदन बेगम** ने लिखा था। इस पुस्तक में बाबर और हुमायूँ के शासनकाल के दौरान मुगल दरबार की आंतरिक स्थिति, उत्सवों और पारिवारिक संबंधों का बहुत ही जीवंत वर्णन मिलता है।

8. उत्तर-(a)

व्याख्याः पानीपत का तीसरा युद्ध 14 जनवरी 1761 को **मराठों** और **अफगान** आक्रमणकारी **अहमद शाह अब्दाली** के बीच लड़ा गया था। इस युद्ध में मराठों की हार हुई, जिसने भारत में मराठा साम्राज्य के विस्तार पर रोक लगा दी और भविष्य में अंग्रेजों के उदय का मार्ग प्रशस्त किया।

9. उत्तर-(b)

व्याख्याः रैयतवाड़ी व्यवस्था को मद्रास प्रेसीडेंसी में **थॉमस मुनरो** और **कैप्टन रीड** ने लागू किया था। इसमें सरकार और किसानों (रैयतों) के बीच सीधा समझौता था, जिसमें किसान को भूमि का स्वामी माना जाता था और वह सीधे सरकार को लगान देता था।

10. उत्तर-(b)

व्याख्याः स्वामी दयानंद सरस्वती ने वर्ष 1874 में **सत्यार्थ प्रकाश** की रचना की थी। यह ग्रंथ आर्य समाज का मुख्य आधार है। इसमें उन्होंने **वेदों की ओर लौटो** का नारा दिया और मूर्ति पूजा, जातिवाद तथा धार्मिक अंधविश्वासों का पुरजोर विरोध करते हुए वैदिक धर्म की व्याख्या की।

11. उत्तर-(a)

व्याख्याः अभिनव भारत एक क्रांतिकारी संगठन था जिसे **वी. डी. सावरकर** ने बनाया था। **गदर पार्टी** की स्थापना **लाला हरदयाल** ने अमेरिका में की थी। **फॉरवर्ड ब्लॉक सुभाष चंद्र बोस** द्वारा बनाया गया दल था और **एच.आर.ए.** (हिंदुस्तान रिपब्लिकन एसोसिएशन) की स्थापना **सान्याल** और **अन्य क्रांतिकारियों** ने की थी।

12. उत्तर-(b)

व्याख्याः कांग्रेस का **वर्ष 1907** का **सूरत अधिवेशन** अत्यंत विवादास्पद रहा है। इसकी **अध्यक्षता डॉ. रासबिहारी घोष** ने की थी। इसी अधिवेशन में नरम दल और गरम दल के बीच विचारधारात्मक मतभेदों के कारण कांग्रेस का ऐतिहासिक विभाजन हो गया, जो वर्ष 1916 तक बना रहा।

13. उत्तर-(b)

व्याख्याः 5 मार्च, 1931 को **महात्मा गांधी** और तत्कालीन **वायसराय लॉर्ड इरविन** के बीच एक समझौता हुआ, जिसे **गांधी-इरविन समझौता** कहा जाता है।

14. उत्तर-(b)

व्याख्याः साइमन कमीशन का गठन वर्ष **1927** में हुआ था, लेकिन यह **3 फरवरी, 1928** को **बॉम्बे** पहुँचा। इसमें कोई भी भारतीय सदस्य नहीं होने के कारण इसे **श्वेत कमीशन** कहा गया और पूरे भारत में **साइमन गो बैक** के नारों के साथ इसका विरोध हुआ।

15. उत्तर-(c)

व्याख्याः लोकमान्य बाल गंगाधर तिलक ने वर्ष 1916 के **लखनऊ अधिवेशन** में अपना प्रसिद्ध नारा दिया था – **स्वराज मेरा जन्मसिद्ध अधिकार है और मैं इसे लेकर रहूँगा।** यह अधिवेशन कांग्रेस और मुस्लिम लीग के बीच **लखनऊ समझौते** के लिए भी जाना जाता है।

16. उत्तर-(a)

व्याख्याः कथकली नृत्य केरल से संबंधित है, इस **नृत्य-शैली** में **मुखौटा नृत्य** का प्रयोग किया जाता है।

17. उत्तर-(b)

व्याख्याः अंबूवाची मेला असम के गुवाहाटी में स्थित प्रसिद्ध कामाख्या देवी मंदिर में प्रतिवर्ष जून के महीने में आयोजित किया जाता है। इसे **पूर्व का कुंभ** भी कहा जाता है। यह मेला देवी कामाख्या के वार्षिक रजस्वला चक्र की स्मृति में मनाया जाता है।

18. उत्तर-(b)

व्याख्याः मधुबनी पेंटिंग बिहार के मिथिला क्षेत्र की एक पारंपरिक लोक कला है। इसे मुख्य रूप से महिलाओं द्वारा दीवारों, कपड़ों और कागज पर बनाया जाता है। इसमें प्राकृतिक रंगों का उपयोग किया जाता है और रामायण, कृष्ण लीला तथा प्रकृति के चित्रों को उकेरा जाता है।

19. उत्तर-(a)

व्याख्याः पोंगल तमिलनाडु का प्रमुख फसल उत्सव है, ओणम **केरल का सबसे बड़ा त्योहार** है जो राजा बलि के स्वागत में मनाया जाता है। **बिहू असम** का प्रसिद्ध **लोक उत्सव** और नृत्य है, जबकि बैसाखी पंजाब में फसल कटने की खुशी में मनाया जाता है।

20. उत्तर-(a)

व्याख्याः ओडिशा के **पुरी** जिले में स्थित प्रसिद्ध **कोणार्क सूर्य मंदिर** का निर्माण **13वीं शताब्दी** में पूर्वी **गंग वंश** के राजा **नरसिंहदेव प्रथम** ने करवाया था। इसे **ब्लैक पैगोडा** भी कहा जाता है और यह अपनी रथनुमा वास्तुकला के लिए यूनेस्को विश्व धरोहर सूची में शामिल है।

21. उत्तर-(b)

व्याख्याः 9 दिसंबर, 1946 को संविधान सभा की **पहली बैठक** में **डॉ. सच्चिदानंद सिन्हा** को सभा का सबसे वरिष्ठ सदस्य होने के नाते **अस्थायी अध्यक्ष** चुना गया था। इसके **दो दिन** बाद **11 दिसंबर, 1946** को **डॉ. राजेंद्र प्रसाद** को **स्थायी अध्यक्ष** चुना गया।

22. उत्तर-(b)

व्याख्याः वर्ष **1976** में पारित **42वें संविधान संशोधन** द्वारा **शिक्षा** को **राज्य सूची** से हटाकर **समवर्ती सूची** में डाल दिया गया। इसका अर्थ यह है कि अब केंद्र और राज्य दोनों सरकारें शिक्षा पर कानून बना सकती हैं, लेकिन विवाद की स्थिति में केंद्र का कानून मान्य होगा।

23. उत्तर-(b)

व्याख्याः भारतीय संविधान के **अनुच्छेद 19(1)(a)** के तहत **वाक् एवं अभिव्यक्ति की स्वतंत्रता** दी गई है। सर्वोच्च न्यायालय ने अपने विभिन्न निर्णयों में यह स्पष्ट किया है कि प्रेस की स्वतंत्रता इसी अनुच्छेद के अंतर्गत एक मौलिक अधिकार है।

24. उत्तर-(a)

व्याख्याः संविधान का **भाग II नागरिकता** से संबंधित है, **भाग III मौलिक अधिकारों** का वर्णन करता है, **भाग IV** में **राज्य** के **नीति निदेशक तत्व** दिए गए हैं और **भाग IV–A** को **42वें** संशोधन द्वारा जोड़कर **नागरिकों के मौलिक कर्तव्यों** का प्रावधान किया गया है।

25. उत्तर-(c)

व्याख्याः संविधान के **अनुच्छेद 56** के अनुसार **भारत का राष्ट्रपति** अपना कार्यकाल पूरा होने से पहले किसी भी समय **उपराष्ट्रपति** को अपना त्यागपत्र सौंप सकता है। उपराष्ट्रपति इसकी सूचना तुरंत **लोकसभा अध्यक्ष** को देता है।

26. उत्तर-(c)

व्याख्याः आपदा प्रबंधन अधिनियम (Disaster Management Act) भारत की संसद द्वारा **23 दिसंबर, 2005** को बनाया (अधिनियमित) गया था। यह कानून देश में आपदाओं के कुशल प्रबंधन, राहत और उससे जुड़ी अन्य घटनाओं के लिए एक व्यापक कानूनी ढाँचा प्रदान करता है। इसके तहत राष्ट्रीय, राज्य तथा जिला स्तरों पर आपदा प्रबंधन प्राधिकरणों की व्यवस्थित संरचना का प्रावधान किया गया है।

27. उत्तर-(c)

व्याख्या: राज्यसभा एक स्थायी सदन है जो कभी भंग नहीं होता, लेकिन इसके सदस्यों का कार्यकाल **6 वर्ष** का होता है। प्रत्येक **दो वर्ष** में **एक-तिहाई सदस्य** सेवानिवृत्त हो जाते हैं और उनके स्थान पर नए सदस्यों का चुनाव होता है। राज्यसभा सदस्य बनने के लिए न्यूनतम आयु **30 वर्ष** है।

28. उत्तर-(b)

व्याख्या: लोक लेखा समिति (PAC) संसद की सबसे पुरानी वित्तीय समिति है। इसमें कुल **22** सदस्य होते हैं, जिनमें से **15** लोकसभा से और **7** राज्यसभा से चुने जाते हैं। इस समिति का **मुख्य कार्य कैग** (CAG) की रिपोर्ट की जांच करना होता है।

29. उत्तर-(a)

व्याख्या: वर्ष **1953** में **भाषाई आधार** पर गठित होने वाला भारत का पहला राज्य **आंध्र प्रदेश** था। यह गठन **तेलुगु भाषी** लोगों के लिए मद्रास राज्य से अलग करके किया गया था। इसके लिए **पोट्टी श्रीरामुलु** ने 56 दिनों का लंबा आमरण अनशन किया था।

30. उत्तर-(b)

व्याख्या: अनुच्छेद 110 के तहत **धन विधेयक** को केवल **लोकसभा** में ही पेश किया जा सकता है। **राज्यसभा** केवल 14 दिन तक अपने पास राक सकती है। कोई विधेयक धन विधेयक है या नहीं, इसका अंतिम निर्णय **लोकसभा अध्यक्ष** करता है।

31. उत्तर-(b)

व्याख्या: इंदिरा पॉइंट भारत का सबसे दक्षिणी बिंदु है, जो **अंडमान और निकोबार द्वीप समूह** के **ग्रेट निकोबार** द्वीप पर स्थित है। इसे पहले **पिग्मेलियन पॉइंट** के नाम से जाना जाता था। भारत की मुख्य भूमि का सबसे दक्षिणी बिंदु **कन्याकुमारी** है।

32. उत्तर-(b)

व्याख्या: दूधसागर जलप्रपात गोवा में **मांडवी नदी** पर स्थित है। यह भारत के **सबसे ऊँचे जलप्रपातों** में से एक है। इसकी ऊँचाई लगभग **310** मीटर है। जंगल के बीच से गिरता हुआ यह जलप्रपात दूध की सफेद धारा जैसा दिखता है, इसलिए इसे दूधसागर कहते हैं।

33. उत्तर-(c)

व्याख्या: क्षेत्रफल के मामले में **राजस्थान** भारत का **सबसे बड़ा राज्य** है। वर्ष **2000** में **मध्य प्रदेश** से **छत्तीसगढ़** के अलग होने के बाद राजस्थान प्रथम स्थान पर आ गया। इसके बाद क्रमश: **मध्य प्रदेश**, **महाराष्ट्र** और **उत्तर प्रदेश** (चौथे स्थान पर) का नंबर आता है।

34. उत्तर-(a)

व्याख्या: नाथुला दर्रा सिक्किम में है, जो चीन के साथ व्यापार का मार्ग है। **रोहतांग दर्रा** हिमाचल प्रदेश में स्थित है। **जोजिला दर्रा** लद्दाख में श्रीनगर और लेह को जोड़ता है, जबकि **लिपुलेख दर्रा** उत्तराखंड में कैलाश मानसरोवर यात्रा का मुख्य मार्ग है।

35. उत्तर-(c)

व्याख्या: काली मिट्टी को **रेगुर मिट्टी** भी कहा जाता है। यह मिट्टी मुख्य रूप से **दक्कन के पठार** (महाराष्ट्र, गुजरात, मप्र) में पाई जाती है। इसमें **जल धारण** करने की क्षमता अधिक होती है और यह **कपास की खेती** के लिए सर्वोत्तम मानी जाती है।

36. उत्तर-(c)

व्याख्या: गंगा नदी की प्रधान शाखा **भागीरथी** है, जो उत्तराखंड के **उत्तरकाशी** जिले के **गोमुख** नामक स्थान से निकलती है। **देवप्रयाग** में **भागीरथी** व **अलकनंदा** के **संगम** से **गंगा का निर्माण** होता है। अत: **उत्तरकाशी** का संबंध **भागीरथी** से है न कि **गंगा** से। **फतेहपुर, भागलपुर** व **कानपुर गंगा नदी** के किनारे स्थित हैं।

37. उत्तर-(b)

व्याख्या: नीली क्रांति का संबंध मत्स्य पालन और समुद्री उत्पादों के उत्पादन में वृद्धि से है। इसकी शुरुआत **सातवीं पंचवर्षीय योजना** के दौरान की गई थी। भारत वर्तमान में विश्व के सबसे बड़े **मछली उत्पादक** देशों में से एक है। **हीरालाल चौधरी** को इसका **जनक** माना जाता है।

38. उत्तर-(b)

व्याख्या: नंदा देवी भारत की **दूसरी सबसे ऊँची चोटी** (7816 मीटर) है और यह पूर्णत: **उत्तराखंड** राज्य में स्थित है। यह **नंदा देवी नेशनल पार्क** का हिस्सा है जो एक **यूनेस्को विश्व धरोहर स्थल** है।

39. उत्तर-(c)

व्याख्या: उत्तराखंड के **टिहरी गढ़वाल** जिले में स्थित **देवप्रयाग** वह स्थान है जहाँ **भागीरथी** और **अलकनंदा** नदियों का संगम होता है। इस संगम के बाद ही इस संयुक्त धारा को **गंगा** के नाम से कहा जाता है। यह **पंचप्रयागों** में से एक प्रयाग है।

40. उत्तर-(c)

व्याख्या: भारत में कोयले के सर्वाधिक भंडार **झारखंड** राज्य में पाए जाते हैं। झारखंड का **झरिया क्षेत्र कोयला** उत्पादन के लिए विश्व प्रसिद्ध है। भंडार के मामले में झारखंड के बाद **ओडिशा** और **छत्तीसगढ़** का स्थान आता है, हालांकि उत्पादन में छत्तीसगढ़ अग्रणी रहता है।

41. उत्तर-(c)

व्याख्या: रेड डाटा बुक **अंतर्राष्ट्रीय प्रकृति संरक्षण संघ** (IUCN) द्वारा प्रकाशित की जाती है। इसमें विश्व के विलुप्त हो रहे **पौधों**, **जानवरों** और **अन्य प्रजातियों** की सूची दी जाती है। यह **जैव विविधता** के **खतरों** को समझने का एक महत्वपूर्ण दस्तावेज है।

42. उत्तर-(a)

व्याख्या: पारिस्थितिकी पिरामिड की अवधारणा सबसे पहले ब्रिटिश पारिस्थितिकी विज्ञानी **चार्ल्स एल्टन** ने सन् 1927 में दी थी। इसीलिए इसे **एल्टोनियन पिरामिड** भी कहा जाता है। ये पिरामिड किसी तंत्र में **पोषण स्तरों के बीच ऊर्जा**, संख्या या बायोमास के संबंध को दर्शाते हैं।

43. उत्तर-(c)

व्याख्या: चिपको आंदोलन की शुरुआत वर्ष **1973** में उत्तराखंड के **चमोली** जिले से हुई थी। **सुंदरलाल बहुगुणा** इसके मुख्य प्रणेता थे। इसमें ग्रामीण लोग पेड़ों से चिपक जाते थे ताकि उन्हें कटने से बचाया जा सके।

44. उत्तर-(a)

व्याख्या: काजीरंगा नेशनल पार्क असम में **एक सींग वाले गैंडे** के लिए प्रसिद्ध है। **गिर नेशनल पार्क** गुजरात में **एशियाई शेरों** का एकमात्र प्राकृतिक आवास है। **बांदीपुर** कर्नाटक में एक महत्वपूर्ण टाइगर रिजर्व है और **जिम कॉर्बेट** उत्तराखंड में भारत का **पहला नेशनल पार्क** है।

45. उत्तर-(b)

व्याख्या: मॉन्ट्रियल प्रोटोकॉल एक अंतर्राष्ट्रीय संधि है, जिस पर वर्ष 1987 में हस्ताक्षर किए गए थे। इसका मुख्य उद्देश्य **ओजोन परत** को **नुकसान पहुँचाने** वाले पदार्थों (जैसे CFCs) के उत्पादन और उपयोग को चरणबद्ध तरीके से समाप्त करना है।

46. उत्तर-(b)

व्याख्या: हाथियों के **संरक्षण** और **उनके आवास** की रक्षा के लिए भारत सरकार के **पर्यावरण और वन मंत्रालय** ने वर्ष **1992** में **हाथी परियोजना** (Project Elephant) शुरू की थी। झारखंड के **सिंहभूम जिले** से इसकी शुरुआत हुई इसका उद्देश्य **मानव-हाथी संघर्ष** को कम करना है।

47. उत्तर-(c)

व्याख्या: 19 नवंबर प्रतिवर्ष विश्व शौचालय दिवस के रूप में मनाया जाता है। उल्लेखनीय है कि **जुलाई, 2013** में संयुक्त राष्ट्र महासभा ने **सभी के लिए स्वच्छता** संकल्प (A/RES/67/291) के माध्यम से **19 नवंबर** को **विश्व शौचालय दिवस** के रूप में मनाने का निर्णय लिया था।

48. उत्तर-(b)

व्याख्या: एजेंडा-21 सतत् विकास (Sustainable Development) के लिए एक **गैर-बाध्यकारी** कार्य योजना है, जिसे वर्ष **1992** में ब्राजील के **रियो डी जेनेरियो** में आयोजित **पृथ्वी शिखर सम्मेलन** (Earth Summit) में अपनाया गया था। इसका उद्देश्य **21वीं सदी** में पर्यावरण संरक्षण सुनिश्चित करना है।

49. उत्तर-(a)

व्याख्या: पारिस्थितिकी तंत्र की खाद्य शृंखला में **ऊर्जा का प्रवाह** हमेशा **एकदिशीय** (Unidirectional) होता है। सौर ऊर्जा **उत्पादकों** (पौधों) से **उपभोक्ताओं** की ओर बढ़ती है। **लिंडमैन** के नियम के अनुसार, अगले पोषण स्तर पर केवल **10%** ऊर्जा ही हस्तांतरित होती है।

50. उत्तर-(b)

व्याख्या: केबुल लामजाओ नेशनल पार्क मणिपुर की प्रसिद्ध **लोकटक झील** का एक हिस्सा है। यह विश्व का एकमात्र तैरता हुआ उद्यान है। यह **फुमदी** (तैरती हुई घास और मिट्टी) के लिए प्रसिद्ध है और यहाँ अत्यंत दुर्लभ **संगाई** (तैरता हुआ हिरण) पाया जाता है।

51. उत्तर-(c)

व्याख्या: प्रकाश वर्ष वह दूरी है, जो प्रकाश द्वारा एक वर्ष में तय की गई कुल दूरी है। यह **खगोलीय पिंडों** (तारों, ग्रहों) के बीच की बड़ी **दूरियों को मापने** की इकाई है। एक प्रकाश वर्ष लगभग 9.46 ट्रिलियन किलोमीटर के बराबर होता है।

52. उत्तर-(b)

व्याख्या: दाढ़ी बनाने के लिए **अवतल दर्पण** (Concave Mirror) का उपयोग किया जाता है। जब चेहरा **दर्पण के ध्रुव** और **फोकस** के बीच होता है, तो यह **सीधा** और **बड़ा प्रतिबिंब** बनाता है।

53. उत्तर-(c)

व्याख्या: अल्जाइमर रोग में मानव शरीर का **मस्तिष्क** प्रभावित होता है। यह **भूलने का रोग** है। इसका नाम **अलोइस अल्जाइमर** के नाम पर रखा गया है, जिन्होंने सबसे पहले इसका विवरण दिया। इस बीमारी के लक्षण में **याददाश्त की कमी होना**, **निर्णय न ले पाना**, **बोलने में दिक्कत आना** आदि है।

54. उत्तर-(a)

व्याख्या: लैक्टिक अम्ल खट्टे दूध या **दही** में पाया जाता है। **सिरके** में **एसिटिक अम्ल** होता है। **नींबू और संतरे** जैसे खट्टे फलों में **साइट्रिक अम्ल** प्रचुर मात्रा में होता है, जबकि **चींटी** के डंक में **फॉर्मिक अम्ल** (मेथेनोइक अम्ल) होता है जो जलन पैदा करता है।

55. उत्तर-(b)

व्याख्या: कैंसर भारत में **गैर-संचारी रोग** है। गैरसंचारी रोग ऐसी दीर्घकालिक बीमारियाँ हैं जो एक व्यक्ति से दूसरे व्यक्ति में नहीं फैलती हैं। जैसे- **कैंसर, मधुमेह** और **हृदय रोग**, जबकि संचारी रोग तेजी से संक्रमण करते हैं तथा **एक व्यक्ति से दूसरे व्यक्ति** में अति शीघ्र फैलते है जैसे- **मलेरिया, टायफॉइड, चेचक, इन्फ्लुएन्जा टी.बी., कुष्ठ रोग, हैजा** इत्यादि।

56. उत्तर-(a)

व्याख्या: रुधिर प्रायः **लाल, गाढ़ा,** स्वाद में **नमकीन** तथा **अपारदर्शी** होता है। यह हृदय तथा रुधिर वाहिनियों में होकर सम्पूर्ण शरीर में लगातार प्रवाहित होता है। रुधिर के दो अवयव हैं-**प्लाज्मा** और **रुधिर कणिकाएँ** अथवा **रुधिराणु**। रुधिर कणिकाएँ तीन प्रकार की होती हैं- **लाल रुधिर कणिका** (RBC), **श्वेत रुधिर कणिका** (WBC) और **प्लेटलेट्स**। लाल रुधिर कणिकाओं का औसत जीवन काल 120 दिन होता है। RBC का निर्माण **अस्थिमज्जा** में होता है और इसकी मृत्यु **यकृत** और **प्लीहा** में होती है।

57. उत्तर-(b)

व्याख्या: पीलिया एक ऐसी स्थिति है जिसमें रक्त में **बिलीरुबिन** (Bilirubin) का स्तर बढ़ जाता है, जिससे **त्वचा और आँखें पीली** हो जाती हैं। यह मुख्य रूप से **यकृत** (Liver) की खराबी के कारण होता है। दूषित पानी और भोजन इसका प्रमुख कारण हैं।

58. उत्तर-(a)

व्याख्या: वाशिंग सोडा का रासायनिक नाम **सोडियम कार्बोनेट** है, जिसे अक्सर **सोडियम कार्बोनेट डेकाहाइड्रेट** भी कहा जाता है और इसका सूत्र $Na_2CO_3 .10 H_2O$ है। इसका उपयोग कठोर जल को नरम करने, कपड़े धोने और कांच के निर्माण में किया जाता है। **सोडियम बाइकार्बोनेट** को **बेकिंग सोडा** कहते हैं।

59. उत्तर-(b)

व्याख्या: सौर सेल (Solar Cells) बनाने के लिए **सिलिकॉन** जैसे **अर्द्धचालक** (Semiconductor) तत्वों का प्रयोग किया जाता है। सिलिकॉन सूर्य के प्रकाश को सीधे विद्युत ऊर्जा में बदलने में सक्षम होता है।

60. उत्तर-(c)

व्याख्या: कार्ल लैंडस्टीनर ने वर्ष 1900-1901 में **मानव रक्त समूहों** (A, B, O) की **खोज** की थी। उनके इस योगदान के कारण सुरक्षित रक्तदान संभव हो पाया। इसके लिए उन्हें वर्ष 1930 में **चिकित्सा का नोबेल पुरस्कार** दिया गया था।

61. उत्तर-(b)

व्याख्या: भारत में **राष्ट्रीय आय** का **पहला वैज्ञानिक अनुमान वी.के.आर.वी. राव** ने लगाया था, लेकिन सबसे **पहला प्रयास दादाभाई नौरोजी ने वर्ष 1867-68** में किया था। उन्होंने अपनी पुस्तक **पॉवर्टी एंड अनब्रिटिश रूल इन इंडिया** में प्रति व्यक्ति आय **₹ 20** बताई थी।

62. उत्तर-(c)

व्याख्या: भारत में सर्वप्रथम **बैंकों का राष्ट्रीयकरण 19 जुलाई, 1969** को किया गया था। इस दौरान **14 वाणिज्यिक बैंकों** जिनकी जमाएं **50 करोड़ रुपये** से अधिक थी, का राष्ट्रीयकरण किया गया था। दूसरी बार कुल **6 बैंकों** का **राष्ट्रीयकरण 15 अप्रैल, 1980** को किया गया था।

63. उत्तर-(c)

व्याख्या: ब्रेक ईवन पॉइंट व्यापार की वह स्थिति है जहाँ **कुल राजस्व** (Total Revenue) **कुल लागत** (Total Cost) के बराबर हो जाता है। इस बिंदु पर कंपनी को न तो कोई लाभ होता है और न ही कोई हानि।

64. उत्तर-(a)

व्याख्या: पहली पंचवर्षीय योजना कृषि पर आधारित **हैरॉड-डोमर मॉडल** पर थी। **दूसरी पंचवर्षीय योजना उद्योगों** पर केंद्रित **पी.सी. महालनोबिस मॉडल** पर थी। **तीसरी पंचवर्षीय योजना** को **सुखमय चक्रवर्ती मॉडल** माना जाता है और **चौथी पंचवर्षीय योजना डी.आर. गाडगिल** की रणनीति पर आधारित थी।

65. उत्तर-(b)

व्याख्या: वर्ष **1991** और वर्ष **1998** में गठित **नरसिम्हन समितियों** ने भारत में **बैंकिंग क्षेत्र** में बड़े सुधारों की सिफारिश की थी। इनमें सीआरआर और एसएलआर में कमी, बैंकों का निजीकरण और ब्याज दरों का उदारीकरण शामिल था।

66. उत्तर-(a)

व्याख्या: रेपो रेट वह दर है जिस पर **भारतीय रिजर्व बैंक** (RBI) **वाणिज्यिक बैंकों को अल्पकालिक ऋण** प्रदान करता है। जब बाजार में **मुद्रास्फीति** बढ़ती है, तो **RBI रेपो रेट** बढ़ा देता है ताकि **कर्ज महंगा** हो जाए और **बाजार में नकदी कम** हो सके।

67. उत्तर-(b)

व्याख्या: भारत में **वस्तु एवं सेवा कर** (GST) 1 जुलाई, 2017 से लागू हुआ। यह स्वतंत्रता के बाद का सबसे बड़ा कर सुधार है जिसने कई अप्रत्यक्ष करों को समाप्त कर दिया। इसके लिए **101वां संविधान संशोधन अधिनियम** पारित किया गया था।

68. उत्तर-(b)

व्याख्या: ऑपरेशन ट्विस्ट भारतीय रिजर्व बैंक (RBI) द्वारा अपनाई गई एक **मौद्रिक नीति** है। इसके तहत **RBI** एक साथ लंबी अवधि के सरकारी बांड खरीदता है और छोटी अवधि के बांड बेचता है। इसका उद्देश्य लंबी अवधि की ब्याज दरों को कम करना होता है।

69. उत्तर-(c)

व्याख्या: प्रत्यक्ष कर वह होता है जिसका भुगतान उसी व्यक्ति द्वारा किया जाता है जिस पर वह लगाया जाता है, जैसे **आयकर** (Income Tax) और **कॉर्पोरेट टैक्स। उत्पाद शुल्क, बिक्री कर** और **सीमा शुल्क अप्रत्यक्ष कर** हैं क्योंकि इनका बोझ अंतिम उपभोक्ता पर स्थानांतरित हो जाता है।

70. उत्तर-(b)

व्याख्या: भारतीय प्रतिभूति और विनिमय बोर्ड (SEBI) का मुख्यालय मुंबई में **बांद्रा-कुर्ला कॉम्प्लेक्स** में स्थित है। यह भारत में शेयर बाजार और कमोडिटी बाजार का सर्वोच्च नियामक है। इसकी **स्थापना** वर्ष **1988** में हुई थी और वर्ष **1992** में इसे **वैधानिक** दर्जा मिला।

71. उत्तर-(a)

व्याख्या: बारहसिंगा (Swamp Deer) उत्तर प्रदेश का **राजकीय पशु** है। यह मुख्य रूप से तराई क्षेत्र और **दुधवा नेशनल पार्क** में पाया जाता है। उत्तर प्रदेश का राजकीय पक्षी **सारस क्रेन,** राजकीय पुष्प **पलाश** और राजकीय वृक्ष **अशोक** है।

72. उत्तर-(c)

व्याख्या: उत्तर प्रदेश सरकार द्वारा **ग्रेटर नोएडा** (गौतम बुद्ध नगर) में **नॉलेज पार्क** विकसित किया जा रहा है। यह शिक्षा, अनुसंधान और तकनीकी प्रशिक्षण का एक बड़ा केंद्र है जहाँ कई प्रमुख शिक्षण संस्थान और आईटी कंपनियाँ स्थापित हो रही हैं।

73. उत्तर-(d)

व्याख्या: प्रसिद्ध **नौचंदी मेला** उत्तर प्रदेश के **मेरठ जिले** में **प्रतिवर्ष होली** के बाद आयोजित किया जाता है। यह मेला **हिंदू-मुस्लिम एकता का प्रतीक** माना जाता है क्योंकि यहाँ **चंडी देवी का मंदिर** और महान **सूफी संत सैयद सालार मसूद गाजी** की दरगाह एक साथ स्थित हैं।

74. उत्तर-(a)

व्याख्या: अलीगढ़ अपने **ताला उद्योग** के लिए विश्व प्रसिद्ध है। **फिरोजाबाद** को **कांच की चूड़ियों** के लिए **सुहाग नगरी** कहा जाता है। **मुरादाबाद पीतल के बर्तनों** (Brassware) का प्रमुख केंद्र है और **मेरठ खेल के सामान** और **कैंची उद्योग** के लिए जाना जाता है।

75. उत्तर-(c)

व्याख्या: उत्तर प्रदेश के **ललितपुर जिले** में **यूरेनियम** के सीमित भंडारों का पता चला है। ललितपुर जिला **रॉक फॉस्फेट, तांबा** और **प्लैटिनम** जैसे खनिजों के लिए भी प्रसिद्ध है। यह जिला मध्य प्रदेश से तीन तरफ से घिरा हुआ है।

76. उत्तर-(b)

व्याख्या: लखनऊ घराने की नींव **ठाकुर प्रसाद** ने रखी थी, जो **अवध** के **नवाब वाजिद अली शाह** के दरबारी थे। हालांकि, इसे वैश्विक पहचान **बिंदादीन महाराज** और बाद में **बिरजू महाराज** ने दिलाई। लखनऊ घराना कथक नृत्य में **भाव** और **अदा** के लिए प्रसिद्ध है।

77. उत्तर-(c)

व्याख्या: बांके बिहारी मंदिर मथुरा जिले के **वृंदावन धाम** में स्थित है। यह भारत के **प्राचीन** और **प्रसिद्ध मंदिरों** में से एक है। इसका निर्माण **स्वामी हरिदास** ने करवाया था।
सारनाथ- बौद्ध तीर्थस्थल (ज्ञान प्राप्ति के पश्चात भगवान बुद्ध ने अपना प्रथम उपदेश यहीं दिया था।) **वाराणसी-** काशी विश्वनाथ मंदिर। **आगरा-** ताजमहल, कैलाश मेला।

78. उत्तर-(a)

व्याख्या: भारतीय चारागाह एवं चारा अनुसंधान संस्थान (IGFRI) उत्तर प्रदेश के **झाँसी जिले** में स्थित है। इसकी स्थापना वर्ष 1962 में की गई थी। यह संस्थान पशुओं के चारे और चरागाह प्रबंधन पर अनुसंधान करने वाला **दक्षिण एशिया का प्रमुख केंद्र** है।

79. उत्तर-(b)

व्याख्या: ओखला पक्षी अभयारण्य उत्तर प्रदेश के **गौतम बुद्ध नगर** (नोएडा) जिले में **यमुना नदी** के तट पर स्थित है। यह प्रवासी पक्षियों का एक महत्वपूर्ण पड़ाव है।

80. उत्तर-(b)

व्याख्या: कानपुर को उत्तर प्रदेश का **चर्म नगर** या **लेदर सिटी ऑफ द वर्ल्ड** कहा जाता है। यहाँ चमड़े के जूते, बेल्ट और अन्य उत्पाद बनाने की सैकड़ों इकाइयाँ हैं। कानपुर को **उत्तर भारत का मैनचेस्टर** भी कहा जाता है क्योंकि यहाँ **सूती वस्त्र उद्योग** का बड़ा केंद्र रहा है।

81. उत्तर-(a)

व्याख्या: वॉर एंड पीस (युद्ध और शांति) विश्व साहित्य के महानतम उपन्यासों में से एक है, जिसे रूसी लेखक **लियो टॉल्स्टॉय** ने लिखा था। यह उपन्यास **नेपोलियन के आक्रमण के समय** रूसी समाज और युद्ध की विभीषिका का विस्तृत वर्णन करता है।

82. उत्तर-(c)

व्याख्याः कम्प्यूटर में **स्वयं के सोचने, समझने** और **निर्णय लेने की क्षमता** नहीं होती है। यह केवल दिये गये दिशा निर्देशों पर ही काम करता है जबकि **कम्प्यूटिंग, प्रोसेसिंग, आउटपुट, प्रिंटिंग कम्प्यूटर** के महत्वपूर्ण कार्य हैं।

83. उत्तर-(c)

व्याख्याः गुजरात के **अहमदाबाद** शहर को **भारत का मैनचेस्टर** कहा जाता है क्योंकि यहाँ सूती वस्त्र मिलों की भारी संख्या है। **मैनचेस्टर इंग्लैंड** का एक शहर है जो अपने कपड़ा उद्योग के लिए प्रसिद्ध है। **दक्षिण भारत का मैनचेस्टर कोयंबटूर** को कहा जाता है।

84. उत्तर-(b)

व्याख्याः द्रोणाचार्य पुरस्कार भारत सरकार द्वारा **खेल प्रशिक्षण** (Coaching) के क्षेत्र में उत्कृष्ट कार्य करने वाले प्रशिक्षकों को दिया जाता है। इसकी शुरुआत वर्ष **1985** में हुई थी। इसमें **गुरु द्रोणाचार्य** की **कांस्य प्रतिमा** और **नकद राशि** प्रदान की जाती है।

85. उत्तर-(c)

व्याख्याः जापान की संसद को **डाइट** (Diet), **रूस की संसद** को **ड्यूमा** (Duma), **इजराइल की संसद** को **नेसेट** (Knesset) और **नेपाल की संसद** को **राष्ट्रीय पंचायत** के नाम से जाना जाता है।

86. उत्तर-(a)

व्याख्याः सरदार बल्लभ भाई पटेल **राष्ट्रीय पुलिस अकादमी**, भारतीय पुलिस सेवा के अधिकारियों के प्रशिक्षण के लिए भारतीय राष्ट्रीय संस्थान है। यह अकादमी **हैदराबाद** में स्थित है। इस अकादमी की स्थापना **15 सितंबर, 1948** को की गयी थी। **आई.पी.एस.** अधिकारियों के लिए पुलिस विषयों पर पाठ्यक्रम का संचालन करने हेतु यह **उस्मानिया** विश्वविद्यालय से संबद्ध है।

87. उत्तर-(b)

व्याख्याः खान अब्दुल गफ्फार खान (जिन्हें **सीमांत गांधी** या **फ्रंटियर गांधी** कहा जाता है) वर्ष 1987 में भारत रत्न पाने वाले **पहले विदेशी नागरिक** थे। वे **खुदाई खिदमतगार आंदोलन** के नेता थे। दूसरे विदेशी व्यक्ति **नेल्सन मंडेला** (वर्ष 1990) थे।

88. उत्तर-(b)

व्याख्याः विश्व स्वास्थ्य संगठन (WHO) की स्थापना 7 **अप्रैल 1948** को हुई थी। इसीलिए प्रतिवर्ष **7 अप्रैल** को **विश्व स्वास्थ्य दिवस** मनाया जाता है। इसका मुख्यालय **स्विट्ज़रलैंड** के **जेनेवा** में है।

89. उत्तर-(b)

व्याख्याः राजस्थान की राजधानी **जयपुर** को **गुलाबी शहर** (Pink City) कहा जाता है। वर्ष **1876** में **प्रिंस ऑफ वेल्स** के स्वागत के लिए **महाराजा सवाई राम सिंह** ने पूरे शहर को **गुलाबी रंग** से रंगवा दिया था। यह अपनी वास्तुकला और किलों के लिए प्रसिद्ध है।

90. उत्तर-(b)

व्याख्याः बुल फाइटिंग (सांडों की लड़ाई) **स्पेन** का पारंपरिक और **राष्ट्रीय खेल** है। इसमें एक मटाडोर (व्यक्ति) सांड के साथ अपनी कलाबाजी और साहस का प्रदर्शन करता है। हालांकि, पशु क्रूरता के कारण हाल के वर्षों में इसकी आलोचना भी हुई है।

91. उत्तर-(a)

व्याख्याः उत्तर प्रदेश सरकार ने **मई 2025** में **लक्ष्मी पहल** शुरू की, जिसका उद्देश्य **ग्रामीण क्षेत्रों में महिलाओं को** स्वयं सहायता समूहों के माध्यम से **आर्थिक रूप से सशक्त बनाना** और उन्हें स्वरोजगार के लिए **कम ब्याज पर ऋण** उपलब्ध कराना है।

92. उत्तर-(a)

व्याख्याः भारत के स्टार भाला फेंक खिलाड़ी **नीरज चोपड़ा** ने **अगस्त 2025** में आयोजित **विश्व एथलेटिक्स चैंपियनशिप** में अपना दबदबा बरकरार रखते हुए **स्वर्ण पदक** जीता। वे इस उपलब्धि को हासिल करने वाले पहले भारतीय एथलीट हैं जिन्होंने ओलंपिक और विश्व चैंपियनशिप दोनों में स्वर्ण जीता है।

93. उत्तर-(a)

व्याख्याः सितंबर 2025 में **मध्य प्रदेश** के **ग्वालियर को यूनेस्को** के रचनात्मक शहरों के नेटवर्क में **संगीत की नगरी** (City of Music) के रूप में शामिल किया गया। **ग्वालियर तानसेन** की जन्मस्थली है और **ग्वालियर घराना** संगीत की प्राचीन शैलियों के लिए जाना जाता है।

94. उत्तर-(d)

व्याख्याः न्यायमूर्ति सूर्यकांत ने भारत के **53वें** मुख्य न्यायाधीश (CJI) के रूप में शपथ ग्रहण की जिनका कार्यकाल **पारदर्शी एवं उत्तरदायी न्याय व्यवस्था** को सुदृढ़ करने पर केंद्रित रहा।

95. उत्तर-(a)

व्याख्या: स्वीडन (Sweden) आधिकारिक तौर पर **विश्व का पहला कैशलेस देश** बन गया है, जहाँ **नकद लेनदेन 1%** से भी कम हो गया है। यहाँ के नागरिक रोजमर्रा के कार्यों के लिए पूरी तरह से **डिजिटल भुगतान** (मोबाइल ऐप और कार्ड) पर निर्भर हैं

96. उत्तर-(c)

व्याख्या: भारतीय सिनेमा के सर्वोच्च सम्मान **दादा साहेब फाल्के पुरस्कार** (2025) से **मोहन लाल** को सम्मानित किया गया। यह पुरस्कार फिल्म उद्योग में उनके अतुलनीय योगदान का प्रतीक है।

97. उत्तर-(b)

व्याख्या: SAMPRITI अभ्यास भारत और बांग्लादेश के बीच एक **संयुक्त सैन्य अभ्यास** है जिसकी मेजबानी दोनों देशों द्वारा वैकल्पिक रूप से की जाती है। इस अभ्यास का **उद्देश्य** भारतीय और बांग्लादेशी सेनाओं के बीच पारस्परिकता और सहयोग को मजबूत और व्यापक बनाना है।

98. उत्तर-(b)

व्याख्या: मिशन कर्मयोगी भारत सरकार का एक महत्वाकांक्षी कार्यक्रम है जिसका उद्देश्य **सिविल सेवा अधिकारियों की क्षमता का निर्माण** करना है। इसके माध्यम से सरकारी कर्मचारियों को अधिक **रचनात्मक, कल्पनाशील, पारदर्शी** बनाना है।

99. उत्तर-(a)

व्याख्या: हेनले पासपोर्ट इंडेक्स 2026 में भारतीय पासपोर्ट **75वें स्थान** पर पहुँच गया है, जो पिछले वर्ष (2025) में **85वें** स्थान पर था। **भारतीय पासपोर्ट धारक** अब **56** देशों में वीजा-मुक्त या **वीजा-ऑन-अराइवल** सुविधा के साथ यात्रा कर सकते हैं। यह सुधार बेहतर राजनयिक संबंधों का संकेत है।

100. उत्तर-(a)

व्याख्या: श्री ज्ञानेश कुमार वर्तमान में भारत के **मुख्य चुनाव आयुक्त** एवं **श्री के.संजय मूर्ति** भारत के **नियंत्रक एवं महालेखा परीक्षक** के पद पर कार्यरत हैं। **डॉ. वी. नारायणन** वर्तमान में इसरो के प्रमुख हैं। भारत के वर्तमान **कैबिनेट सचिव डॉ. टी.वी. सोमनाथन** हैं।

होमगार्ड प्रैक्टिस सैट-16

1. सिंधु घाटी सभ्यता के किस स्थल से मिट्टी का हल (Terracotta Plough) प्राप्त हुआ है?
(a) लोथल (b) कालीबंगा
(c) बनावली (d) धौलावीरा

2. प्रसिद्ध गायत्री मंत्र का उल्लेख ऋग्वेद के किस मंडल में मिलता है?
(a) प्रथम (b) तृतीय
(c) नवम (d) दशम

3. मगध के किस शासक ने अपनी राजधानी राजगृह से पाटलिपुत्र स्थानांतरित की थी?
(a) बिंबिसार (b) अजातशत्रु
(c) उदयिन (d) महापद्मनंद

4. अशोक के किस अभिलेख में कलिंग युद्ध के भीषण नरसंहार का वर्णन मिलता है?
(a) 5वाँ शिलालेख (b) 10वाँ शिलालेख
(c) 12वाँ शिलालेख (d) 13वाँ शिलालेख

5. निम्नलिखित सूची-I को सूची-II से सुमेलित कीजिए-

सूची-I (वंश)	सूची-II (शासक)
A. कुषाण वंश	1. दंतिदुर्ग
B. गुप्त वंश	2. कुजुल कडफिसेस
C. राष्ट्रकूट वंश	3. श्रीगुप्त
D. चोल वंश	4. विजयालय

कूट:
(a) A-2, B-3, C-1, D-4 (b) A-1, B-2, C-3, D-4
(c) A-3, B-1, C-4, D-2 (d) A-2, B-1, C-3, D-4

6. कुतुबुद्दीन ऐबक किस राजवंश का संस्थापक था?
(a) लोदी वंश (b) तुगलक वंश
(c) गुलाम वंश (d) खिलजी वंश

7. विजयनगर साम्राज्य की यात्रा करने वाला इतालवी यात्री निकोलो कोंटी किसके शासनकाल में आया था?
(a) देवराय प्रथम (b) देवराय द्वितीय
(c) कृष्णदेव राय (d) अच्युत राय

8. अकबर द्वारा निर्मित इबादतखाना (प्रार्थना भवन) कहाँ स्थित है?
(a) आगरा (b) दिल्ली
(c) फतेहपुर सीकरी (d) लाहौर

9. भक्ति आंदोलन के प्रसिद्ध संत कबीर किसके समकालीन थे?
(a) बहलोल लोदी (b) सिकंदर लोदी
(c) इब्राहिम लोदी (d) बाबर

10. वर्नाकुलर प्रेस एक्ट (1878) को किस वायसराय ने समाप्त किया था?
(a) लॉर्ड लिटन (b) लॉर्ड रिपन
(c) लॉर्ड कर्जन (d) लॉर्ड डफरिन

11. वर्ष 1916 के लखनऊ समझौते की अध्यक्षता किसने की थी?
(a) अंबिका चरण मजूमदार (b) एनी बेसेंट
(c) बाल गंगाधर तिलक (d) दादाभाई नौरोजी

12. आत्मीय सभा की स्थापना राजा राममोहन राय ने किस वर्ष की थी?
(a) वर्ष 1815 (b) वर्ष 1828
(c) वर्ष 1833 (d) वर्ष 1839

13. सुभाष चंद्र बोस ने किस द्वीप का नाम बदलकर शहीद द्वीप रखा था?
(a) नील द्वीप (b) हैवलॉक द्वीप
(c) रॉस द्वीप (d) कार निकोबार

14. अमृत बाजार पत्रिका का संपादन किसने किया था?
(a) शिशिर कुमार घोष (b) गिरीश चंद्र घोष
(c) सुरेंद्रनाथ बनर्जी (d) बाल गंगाधर तिलक

15. भारत छोड़ो आंदोलन के दौरान समानांतर सरकार (Parallel Government) की स्थापना बलिया में किसने की थी?
(a) चित्तू पांडे (b) नाना पाटिल
(c) सतीश सामंत (d) जयप्रकाश नारायण

16. सत्रीया (Sattriya) किस राज्य का शास्त्रीय नृत्य है?
(a) मणिपुर (b) असम
(c) केरल (d) ओडिशा

17. कलमकारी हस्तशिल्प चित्रकला का संबंध किस राज्य से है?

(a) आंध्र प्रदेश (b) तेलंगाना

(c) कर्नाटक (d) महाराष्ट्र

18. प्रसिद्ध मीनाक्षी मंदिर कहाँ स्थित है?

(a) तंजावुर (b) मदुरै

(c) महाबलीपुरम (d) रामेश्वरम

19. निम्नलिखित सूची-I को सूची-II से सुमेलित कीजिए-

सूची-I (उत्सव)	सूची-II (राज्य)
A. पोंगल	1. केरल
B. ओणम	2. तमिलनाडु
C. गुड़ी पड़वा	3. पंजाब
D. बैसाखी	4. महाराष्ट्र

कूट:

(a) A-2, B-1, C-4, D-3 (b) A-1, B-2, C-3, D-4

(c) A-2, B-3, C-1, D-4 (d) A-4, B-1, C-2, D-3

20. अमीर खुसरो को किस वाद्य यंत्र का आविष्कारक माना जाता है?

(a) तबला और सितार (b) सरोद और वीणा

(c) बांसुरी (d) शहनाई

21. संविधान का कौन-सा अनुच्छेद राष्ट्रीय अनुसूचित जाति आयोग से संबंधित है?

(a) अनुच्छेद-326 (b) अनुच्छेद-333

(c) अनुच्छेद-330 (d) अनुच्छेद-338

22. किस अनुच्छेद के तहत राष्ट्रपति संयुक्त अधिवेशन (Joint Session) बुलाता है?

(a) अनुच्छेद 108 (b) अनुच्छेद 110

(c) अनुच्छेद 112 (d) अनुच्छेद 123

23. प्रेस की स्वतंत्रता का अधिकार किस अनुच्छेद में अंतर्निहित है?

(a) अनुच्छेद 19(1)(a) (b) अनुच्छेद 19(1)(b)

(c) अनुच्छेद 21 (d) अनुच्छेद 22

24. भारतीय संविधान की कौन-सी अनुसूची नगरपालिकाओं की शक्तियों से संबंधित है?

(a) 9वीं (b) 10वीं

(c) 11वीं (d) 12वीं

25. निम्नलिखित सूची-I को सूची-II से सुमेलित कीजिए-

सूची-I (संविधान के तत्व)	सूची-II (देश)
A. विधि का शासन	1. आयरलैंड
B. नीति निदेशक तत्व	2. ब्रिटेन
C. मौलिक अधिकार	3. दक्षिण अफ्रीका
D. संविधान संशोधन	4. अमेरिका

कूट:

(a) A-2, B-1, C-4, D-3 (b) A-1, B-2, C-3, D-4

(c) A-4, B-3, C-1, D-2 (d) A-2, B-4, C-1, D-3

26. लोकसभा का कोरम (गणपूर्ति) कुल सदस्य संख्या का कितना होता है?

(a) 1/5 (b) 1/10

(c) 1/12 (d) 1/15

27. उच्च न्यायालय के न्यायाधीशों को पद की शपथ कौन दिलाता है?

(a) राष्ट्रपति (b) राज्यपाल

(c) मुख्य न्यायाधीश (d) मुख्यमंत्री

28. पंचायती राज व्यवस्था को संवैधानिक दर्जा किस समिति की सिफारिश पर मिला था?

(a) बलवंत राय मेहता (b) अशोक मेहता

(c) एल.एम. सिंघवी (d) जी.वी.के. राव

29. भारत में द्विसदनीय विधायिका (Bicameral Legislature) की शुरुआत किस अधिनियम से हुई?

(a) भारत सरकार अधिनियम, 1909

(b) भारत सरकार अधिनियम, 1919

(c) भारत सरकार अधिनियम, 1935

(d) भारतीय स्वतंत्रता अधिनियम, 1947

30. भारतीय संविधान का अनुच्छेद 324 किससे संबंधित है?

(a) निर्वाचन आयोग (b) लोक सेवा आयोग

(c) वित्त आयोग (d) राजभाषा

31. निम्नलिखित में से कौन-सा जोवियन ग्रह है?-

(a) बुध (b) पृथ्वी

(c) यूरेनस (d) मंगल

32. चिल्का झील किस राज्य में स्थित है, जो भारत की सबसे बड़ी लैगून झील है?

(a) आंध्र प्रदेश (b) पश्चिम बंगाल

(c) ओडिशा (d) तमिलनाडु

33. निम्नलिखित सूची-I को सूची-II से सुमेलित कीजिए-

सूची-I (पहाड़ की चोटी)		सूची-II (राज्य)	
A.	अनाइमुडी	1.	राजस्थान
B.	गुरु शिखर	2.	केरल
C.	धूपगढ़	3.	उत्तराखंड
D.	नंदा देवी	4.	मध्य प्रदेश

कूट:

(a) A–2, B–1, C–4, D–3 (b) A–1, B–2, C–3, D–4
(c) A–2, B–4, C–1, D–3 (d) A–3, B–1, C–2, D–4

34. भारत का सबसे लंबा राष्ट्रीय राजमार्ग कौन सा है?

(a) NH–10 (b) NH–1
(c) NH–44 (d) NH–2

35. दक्षिण भारत की सबसे लंबी नदी कौन सी है?

(a) कृष्णा (b) कावेरी
(c) गोदावरी (d) नर्मदा

36. बांदीपुर टाइगर रिजर्व भारत के किस राज्य में स्थित है?

(a) मध्य प्रदेश (b) कर्नाटक
(c) राजस्थान (d) केरल

37. कौन सी नदी कर्क रेखा को दो बार काटती है?

(a) नर्मदा (b) ताप्ती
(c) माही (d) साबरमती

38. कांडला बंदरगाह का नया नाम क्या रखा गया है?

(a) दीनदयाल बंदरगाह (b) श्यामा प्रसाद मुखर्जी बंदरगाह
(c) जवाहरलाल नेहरू बंदरगाह (d) कामराजर बंदरगाह

39. भारत में सर्वाधिक वर्षा वाला स्थान मासिनराम किस राज्य में स्थित है?

(a) असम (b) मेघालय
(c) सिक्किम (d) अरुणाचल प्रदेश

40. धुआंधार जलप्रपात किस नदी पर स्थित है?

(a) नर्मदा (b) चंबल
(c) केन (d) सोन

41. पारिस्थितिकी तंत्र (Ecosystem) शब्द का सर्वप्रथम प्रयोग किसने किया था?

(a) अर्नेस्ट हेकल (b) ए.जी. टैन्सले
(c) ई.पी. ओडम (d) चार्ल्स डार्विन

42. रामसर कन्वेंशन का संबंध किसके संरक्षण से है?

(a) वनों (b) आर्द्रभूमि
(c) नदियों (d) महासागरों

43. निम्नलिखित सूची-I को सूची-II से सुमेलित कीजिए-

सूची-I (दिवस)		सूची-II (तिथि)	
A.	विश्व जल दिवस	1.	22 अप्रैल
B.	पृथ्वी दिवस	2.	22 मार्च
C.	जैव विविधता दिवस	3.	5 जून
D.	विश्व पर्यावरण दिवस	4.	22 मई

कूट:

(a) A-2, B-1, C-4, D-3 (b) A-1, B-2, C-3, D-4
(c) A-2, B-4, C-1, D-3 (d) A-4, B-3, C-2, D-1

44. भारत में जैव विविधता अधिनियम किस वर्ष पारित किया गया था?

(a) वर्ष 1986 (b) वर्ष 1992
(c) वर्ष 2002 (d) वर्ष 2005

45. किस वृक्ष को पर्यावरण का दुश्मन (आतंकवादी) कहा जाता है?

(a) सफेदा (यूकेलिप्टस) (b) नीम
(c) पीपल (d) बरगद

46. निम्नलिखित सूची-I को सूची-II से सुमेलित कीजिए-

सूची-I (घास के मैदान)		सूची-II (स्थान)	
A.	प्रेयरी	1.	अफ्रीका
B.	सवाना	2.	उत्तरी अमेरिका
C.	पम्पास	3.	ऑस्ट्रेलिया
D.	डाउंस	4.	अर्जेंटीना

कूट:

(a) A-2, B-1, C-4, D-3 (b) A-1, B-2, C-3, D-4
(c) A-3, B-1, C-2, D-4 (d) A-2, B-3, C-1, D-4

47. समुद्री जल में सर्वाधिक मात्रा में पाया जाने वाला लवण कौन सा है?

(a) मैग्नीशियम क्लोराइड (b) सोडियम क्लोराइड
(c) कैल्शियम सल्फेट (d) पोटेशियम क्लोराइड

48. वायुमंडल की किस परत में ओजोन छिद्र पाया गया है?

(a) क्षोभमंडल (b) समतापमंडल
(c) मध्यमंडल (d) आयनमंडल

49. भारत का पहला बायोस्फीयर रिजर्व (जैवमंडल आरक्षित क्षेत्र) कौन सा है?

(a) नंदा देवी (b) नीलगिरी

(c) मन्नार की खाड़ी (d) सुंदरवन

50. ब्लू बेबी सिंड्रोम बीमारी जल में किसकी अधिकता के कारण होती है?

(a) पारा (b) नाइट्रेट

(c) कैडमियम (d) आर्सेनिक

51. ध्वनि की चाल वायु में सामान्यतः कितनी होती है?

(a) 332 मी/से (b) 250 मी/से

(c) 1500 मी/से (d) 5000 मी/से

52. रक्त का थक्का जमने में कौन सा विटामिन सहायक होता है?

(a) विटामिन A (b) विटामिन C

(c) विटामिन E (d) विटामिन K

53. आनुवंशिकी (Genetics) का पिता किसे कहा जाता है?

(a) चार्ल्स डार्विन (b) ग्रेगर जॉन मेंडल

(c) जे.बी. लैमार्क (d) ह्यूगो डी व्रीज

54. निम्नलिखित सूची-I को सूची-II से सुमेलित कीजिए-

सूची-I (यंत्र)		सूची-II (उपयोग)	
A.	एनीमोमीटर	1.	हृदय की धड़कन
B.	स्टेथोस्कोप	2.	वायु की गति
C.	स्फिग्मोमैनोमीटर	3.	भूकंप की तीव्रता
D.	रिएक्टर स्केल	4.	रक्तचाप

कूटः

(a) A-2, B-1, C-4, D-3 (b) A-1, B-2, C-3, D-4

(c) A-3, B-1, C-2, D-4 (d) A-2, B-4, C-1, D-3

55. सिरका (Vinegar) में कौन सा अम्ल पाया जाता है?

(a) लैक्टिक अम्ल (b) एसिटिक अम्ल

(c) साइट्रिक अम्ल (d) मैलिक अम्ल

56. सूर्य के किस विकिरण के कारण सोलर कुकर गर्म होता है?

(a) दृश्य प्रकाश (b) अवरक्त

(c) अल्ट्रावायलेट (d) इनमें से कोई नहीं

57. न्यूमोनिया मानव शरीर के किस अंग को प्रभावित करता है?

(a) यकृत (b) अग्न्याशय

(c) पित्ताशय (d) फेफड़ा

58. प्रकाश का रंग किसके द्वारा निर्धारित होता है?

(a) वेग (b) आयाम

(c) तरंगदैर्ध्य (d) तीव्रता

59. एलपीजी (LPG) गैस के रिसाव का पता लगाने के लिए उसमें क्या मिलाया जाता है?

(a) मीथेन (b) एथिल मरकैप्टन

(c) प्रोपेन (d) बेंजीन

60. कोशिका की खोज किसने की थी?

(a) रॉबर्ट ब्राउन (b) रॉबर्ट हुक

(c) एंटोनी वॉन ल्यूवेनहॉक (d) रुडोल्फ विरचो

61. आयकर विभाग द्वारा जारी किये गए पैन कार्ड में कितने अंक का यूनिक अल्फान्यूमेरिक नंबर होता है?

(a) 8 (b) 10

(c) 12 (d) 16

62. भारतीय रिजर्व बैंक (RBI) का राष्ट्रीयकरण किस वर्ष हुआ था?

(a) वर्ष 1935 (b) वर्ष 1947

(c) वर्ष 1949 (d) वर्ष 1969

63. गोल्डन रिवोल्यूशन (स्वर्ण क्रांति) का संबंध किससे है?

(a) अनाज (b) बागवानी और शहद

(c) पेट्रोलियम (d) उर्वरक

64. सी. रंगराजन समिति के आधार पर प्रतिदिन कितने रुपये उपभोग करने वाला ग्रामीण व्यक्ति गरीब नहीं माना जाएगा?

(a) 27 रुपये (b) 32 रुपये

(c) 33 रुपये (d) 47 रुपये

65. भारत में मिश्रित अर्थव्यवस्था को किस औद्योगिक नीति में अपनाया गया?

(a) वर्ष 1948 (b) वर्ष 1956

(c) वर्ष 1991 (d) वर्ष 2014

66. सेबी (SEBI) की स्थापना किस वर्ष की गई थी?

(a) वर्ष 1988 (b) वर्ष 1992

(c) वर्ष 1995 (d) वर्ष 2000

67. भारत के किस राज्य में साक्षरता दर सबसे कम है (2011 की जनगणना)?

(a) बिहार (b) राजस्थान

(c) झारखंड (d) उत्तर प्रदेश

68. मेक इन इंडिया कार्यक्रम की शुरुआत कब की गई थी?

(a) सितंबर 2014 (b) जनवरी 2015

(c) अगस्त 2014 (d) अक्टूबर 2015

69. किस पंचवर्षीय योजना का मुख्य उद्देश्य गरीबी उन्मूलन था?

(a) तीसरी (b) चौथी

(c) पाँचवीं (d) सातवीं

70. बॉम्बे स्टॉक एक्सचेंज (BSE) एशिया का सबसे पुराना स्टॉक एक्सचेंज है, इसकी स्थापना कब हुई थी?

(a) वर्ष 1875 (b) वर्ष 1921

(c) वर्ष 1950 (d) वर्ष 1992

71. उत्तर प्रदेश का कौन सा जिला चीनी मिट्टी के बर्तनों (Ceramics) के लिए प्रसिद्ध है?

(a) खुर्जा (बुलंदशहर) (b) भदोही

(c) कन्नौज (d) संभल

72. उत्तर प्रदेश पुलिस का ध्येय वाक्य (Motto) क्या है?

(a) सत्यमेव जयते (b) सेवा सुरक्षा शांति

(c) परित्राणाय साधूनाम् (d) सुरक्षा आपकी संकल्प हमारा

73. निम्नलिखित सूची-I को सूची-II से सुमेलित कीजिए-

	सूची-I		**सूची-II**
A.	भारतीय विष विज्ञान अनुसंधान	1.	कानपुर
B.	भारतीय दलहन अनुसंधान	2.	लखनऊ
C.	केंद्रीय पक्षी अनुसंधान	3.	बरेली
D.	राष्ट्रीय गन्ना अनुसंधान	4.	लखनऊ

कूट:

(a) A-2, B-1, C-3, D-4 (b) A-1, B-2, C-3, D-4

(c) A-2, B-3, C-1, D-4 (d) A-4, B-1, C-2, D-3

74. उत्तर प्रदेश में एक जिला एक उत्पाद (ODOP) के तहत हींग उत्पादन के लिए कौन सा जिला प्रसिद्ध है?

(a) हाथरस (b) कासगंज

(c) एटा (d) मैनपुरी

75. शेरशाह सूरी की मृत्यु उत्तर प्रदेश के किस किले में हुई थी?

(a) चुनार किले (b) कालिंजर किले

(c) आगरा किले (d) झाँसी किले

76. उत्तर प्रदेश का एकमात्र शास्त्रीय नृत्य कौन सा है?

(a) कथकली (b) कथक

(c) कुचिपुड़ी (d) भरतनाट्यम

77. देवबंद आंदोलन उत्तर प्रदेश के किस जिले में शुरू हुआ था?

(a) सहारनपुर (b) मेरठ

(c) अलीगढ़ (d) बरेली

78. उत्तर प्रदेश के किस जिले को पीतल नगरी कहा जाता है?

(a) मुरादाबाद (b) फिरोजाबाद

(c) आगरा (d) कानपुर

79. गोविंद बल्लभ पंत सागर (कृत्रिम झील) किस जिले में स्थित है?

(a) मिर्जापुर (b) सोनभद्र

(c) चंदौली (d) ललितपुर

80. उत्तर प्रदेश के वर्तमान डीजीपी (DGP) कौन हैं? (जनवरी 2026 के अनुसार)

(a) प्रशांत कुमार (b) विजय कुमार

(c) मुकुल गोयल (d) राजीव कृष्णा

81. नोबेल पुरस्कार पाने वाले प्रथम भारतीय कौन थे?

(a) सी.वी. रमन (b) रवींद्रनाथ टैगोर

(c) मदर टेरेसा (d) हरगोविंद खुराना

82. एशियाई विकास बैंक (ADB) का मुख्यालय कहाँ स्थित है?

(a) टोक्यो (b) मनीला

(c) बैंकॉक (d) जकार्ता

83. निम्नलिखित सूची-I को सूची-II से सुमेलित कीजिए-

	सूची-I (पुस्तक)		**सूची-II (लेखक)**
A.	इंडिया विन्स फ्रीडम	1.	जवाहरलाल नेहरू
B.	डिस्कवरी ऑफ इंडिया	2.	मौलाना अबुल कलाम आजाद
C.	गीता रहस्य	3.	बाल गंगाधर तिलक
D.	हिंद स्वराज	4.	महात्मा गांधी

कूट:

(a) A-2, B-1, C-3, D-4 (b) A-1, B-2, C-4, D-3

(c) A-3, B-1, C-2, D-4 (d) A-4, B-3, C-2, D-1

84. अंतर्राष्ट्रीय सौर गठबंधन (ISA) का मुख्यालय कहाँ है?

(a) गुरुग्राम (भारत) (b) पेरिस

(c) जिनेवा (d) न्यूयॉर्क

85. रेड क्रॉस की स्थापना किसने की थी?

(a) हेनरी ड्यूनेंट (b) फ्लोरेंस नाइटिंगेल

(c) मदर टेरेसा (d) नेल्सन मंडेला

86. विश्व की सबसे गहरी झील बैकाल झील किस देश में है?

(a) कनाडा (b) रूस

(c) अमेरिका (d) ब्राजील

87. यूरो मुद्रा अपनाने वाला 20वाँ देश कौन सा बना?

(a) क्रोएशिया (b) यूक्रेन

(c) फिनलैंड (d) एस्टोनिया

88. दादा साहब फाल्के पुरस्कार किस क्षेत्र में दिया जाता है?

(a) खेल (b) साहित्य

(c) सिनेमा (d) पत्रकारिता

89. थॉमस कप का संबंध किस खेल से है?

(a) फुटबॉल (b) बैडमिंटन

(c) टेनिस (d) हॉकी

90. संयुक्त राष्ट्र संघ (UNO) की स्थापना कब हुई थी?

(a) 24 अक्टूबर 1945 (b) 15 अगस्त 1947

(c) 1 जनवरी 1945 (d) 26 जनवरी 1950

91. जून 2025 में किस बैंक ने नारी शक्ति बचत खाता लॉन्च किया था?

(a) भारतीय स्टेट बैंक (b) बैंक ऑफ इंडिया

(c) पंजाब नेशनल बैंक (d) केनरा बैंक

92. किस देश ने जून 2025 में चीन को पछाड़कर भारत के सबसे बड़े व्यापारिक भागीदार का स्थान लिया था?

(a) रूस (b) संयुक्त अरब अमीरात

(c) संयुक्त राज्य अमेरिका (d) सऊदी अरब

93. किसे 8वें केंद्रीय वेतन आयोग (CPC) का अध्यक्ष नियुक्त किया गया है?

(a) न्यायमूर्ति जे.के. हजारी

(b) न्यायमूर्ति रंजना प्रकाश देसाई

(c) न्यायमूर्ति अरविंद सक्सेना

(d) न्यायमूर्ति प्रशांत कुमार मिश्रा

94. वर्ष 2025 में वैश्विक अभिभावक दिवस (Global Day of Parents) की थीम क्या रखी गई थी?

(a) माता-पिता का सम्मान

(b) परिवारों की शक्ति

(c) माता-पिता का पालन-पोषण

(d) बच्चों का उज्ज्वल भविष्य

95. कौन सा राज्य 100% डिजिटल साक्षरता हासिल करने वाला भारत का पहला राज्य बन गया है?

(a) तमिलनाडु (b) केरल

(c) कर्नाटक (d) ओडिशा

96. निम्न में 2031 में FIFA महिला विश्व कप की मेजबानी कौन सा देश करेगा?

(a) ऑस्ट्रेलिया (b) कनाडा

(c) संयुक्त राज्य अमेरिका (d) यूनाइटेड किंगडम

97. हाल ही में RBI ने किस सहकारी बैंक का लाइसेंस रद्द कर दिया था?

(a) सुभद्रा स्थानीय क्षेत्र बैंक (b) सिटी को ऑपरेटिव बैंक

(c) पूर्वांचल सहकारी बैंक (d) अभिनव सहकारी बैंक

98. निम्न में से किसे भारत का नया वित्त सचिव नियुक्त किया गया है?

(a) अजय सेठ (b) अंकित जालान

(c) सौरभ शुक्ला (d) अनिल यादव

99. जी-7 शिखर सम्मेलन 2025 का आयोजन किस देश में किया गया था?

(a) जापान (b) फ्रांस

(c) कनाडा (d) जर्मनी

100. भारतीय नौसेना ने किस देश के साथ जिमेक्स (JIMEX-25) अभ्यास 2025 का आयोजन किया था?

(a) फ्रांस (b) जापान

(c) अमेरिका (d) ऑस्ट्रेलिया

उत्तर : व्याख्या-सहित

1. उत्तर-(c)

व्याख्या: हरियाणा के फतेहाबाद जिले में स्थित **बनावली से मिट्टी का बना हुआ हल** मिला है। यह स्थल **सरस्वती** (घग्गर) नदी के तट पर स्थित था।

2. उत्तर-(b)

व्याख्या: ऋग्वेद के **तीसरे मंडल** में **विश्वामित्र** द्वारा रचित प्रसिद्ध **गायत्री मंत्र** का उल्लेख है, जो **सूर्य देवता** (सावित्री) को समर्पित है। ऋग्वेद में कुल **10 मंडल** और **1028 सूक्त** हैं।

3. उत्तर-(c)

व्याख्या: **हर्यक वंश** के शासक उदयिन ने **गंगा** और **सोन** नदियों के संगम पर पाटलिपुत्र (पटना) शहर की स्थापना की और मगध की राजधानी **राजगृह** से बदलकर **पाटलिपुत्र** कर दी थी।

4. उत्तर-(d)

व्याख्या: **सम्राट अशोक** के **13वें शिलालेख** से **कलिंग युद्ध** (261 ई.पू.) की जानकारी मिलती है। इसी युद्ध के बाद **अशोक** का हृदय परिवर्तन हुआ और उसने **भेरीघोष** की जगह **धम्मघोष** को अपनाया।

5. उत्तर-(a)

व्याख्या: **कुषाण वंश** का संस्थापक **कुजुल कडफिसेस** था, **गुप्त वंश** का श्रीगुप्त, **राष्ट्रकूट** का दंतिदुर्ग और **चोल वंश** का **विजयालय** था।

6. उत्तर-(c)

व्याख्या: **गुलाम वंश** की स्थापना **1206 ई.** में **कुतुबुद्दीन ऐबक** ने किया था। यह **गौरी का गुलाम** था। इसे **लाख बख्श** भी कहा जाता था। कुतुबुद्दीन ऐबक ने अपनी राजधानी लाहौर को बनाया था। **कुतुबमीनार** की नींव, दिल्ली की **कुव्वत-उल इस्लाम मस्जिद** तथा अजमेर का **अढ़ाई दिन का झोपड़ा** नामक **मस्जिद** का निर्माण कुतुबद्दीन ऐबक ने करवाया था।

7. उत्तर-(a)

व्याख्या: **इतालवी** यात्री **निकोलो कोंटी 1420 ईस्वी** में **विजयनगर** आया था। उसने विजयनगर के त्योहारों और **दास प्रथा** का विस्तार से वर्णन किया है। वह **संगम वंश** के शासक **देवराय प्रथम** के काल में आया था।

8. उत्तर-(c)

व्याख्या: अकबर ने **1575 ईस्वी** में **फतेहपुर सीकरी** में **इबादत खाना** बनवाया था, जहाँ विभिन्न धर्मों के विद्वान चर्चा करते थे। बाद में इसे सभी धर्मों के लिए खोल दिया गया, जो **दीन-ए-इलाही** का आधार बना।

9. उत्तर-(b)

व्याख्या: **संत कबीर दास** लोदी वंश के शासक **सिकंदर लोदी** के समकालीन थे। कबीर ने **निराकार ईश्वर** की उपासना की और समाज में व्याप्त बुराइयों तथा अंधविश्वासों पर कड़ा प्रहार किया था।

10. उत्तर-(b)

व्याख्या: **वर्ष 1878** में **लॉर्ड लिटन** द्वारा लागू किए गए **वर्नाकुलर प्रेस एक्ट** (भारतीय भाषा समाचार पत्र अधिनियम) को **लॉर्ड रिपन** ने **वर्ष 1882** में रद्द कर दिया था, जिससे भारतीय प्रेस को पुनः आजादी मिली।

11. उत्तर-(a)

व्याख्या: **वर्ष 1916** के कांग्रेस के **लखनऊ अधिवेशन** में **नरम दल** और **गरम दल** का पुनर्मिलन हुआ था। इसी अधिवेशन में **मुस्लिम लीग** के साथ **लखनऊ समझौता** भी हुआ था, जिसकी अध्यक्षता **अंबिका चरण मजूमदार** ने की थी।

12. उत्तर-(a)

व्याख्या: **राजा राममोहन राय** ने **एकेश्वरवाद** के प्रचार और सामाजिक कुरीतियों को दूर करने के लिए **वर्ष 1815** में **कलकत्ता** में **आत्मीय सभा** की स्थापना की थी। बाद में यही संस्था **ब्रह्म समाज** (वर्ष 1828) में विकसित हुई।

13. उत्तर-(a)

व्याख्या: **वर्ष 1943** में अंडमान-निकोबार का नियंत्रण लेने के बाद **सुभाष चंद्र बोस** ने **नील द्वीप** का नाम **शहीद द्वीप** और **हैवलॉक द्वीप** का नाम **स्वराज द्वीप** रखा था। **रॉस द्वीप** को **नेताजी सुभाषचंद्र बोस द्वीप** कहा गया।

14. उत्तर-(a)

व्याख्या: **अमृत बाजार पत्रिका** की स्थापना **वर्ष 1868** में **शिशिर कुमार घोष** और **मोतीलाल घोष** ने की थी। यह पत्रिका मूलतः **बंगाली** में थी लेकिन **प्रेस एक्ट** से बचने के लिए रातों-रात अंग्रेजी में बदल गई थी।

15. उत्तर-(a)

व्याख्याः वर्ष 1942 के **भारत छोड़ो आंदोलन** के दौरान **बलिया** (यू.पी.) में **चित्तू पांडे** के नेतृत्व में **देश की पहली समानांतर सरकार** बनी थी।

16. उत्तर-(b)

व्याख्याः सत्रीया असम का **आठवाँ शास्त्रीय नृत्य** है, जिसे **वर्ष 2000** में **संगीत नाटक अकादमी** द्वारा मान्यता दी गई। इसकी शुरुआत **15वीं शताब्दी** में महान **संत शंकरदेव** ने **वैष्णव धर्म** के प्रचार के लिए की थी।

17. उत्तर-(a)

व्याख्याः कलमकारी चित्रकला का संबंध **आंध्र प्रदेश** से है, जिसमें **सूती कपड़ों** पर हाथ से या ब्लॉक से चित्र बनाए जाते हैं। इसमें केवल **प्राकृतिक रंगों** का प्रयोग किया जाता है और इसमें **पौराणिक दृश्य** चित्रित होते हैं।

18. उत्तर-(b)

व्याख्याः तमिलनाडु के **मदुरै शहर** में स्थित **मीनाक्षी अम्मन मंदिर देवी पार्वती** (मीनाक्षी) और **भगवान शिव** (सुंदरेश्वर) को समर्पित है। यह मंदिर **द्रविड़ वास्तुकला** का एक अद्भुत उदाहरण है, जिसमें **14 भव्य गोपुरम** हैं।

19. उत्तर-(a)

व्याख्याः पोंगल तमिलनाडु का **फसल उत्सव** है, **ओणम** केरल का, **गुड़ी पड़वा** महाराष्ट्र का **नववर्ष** है और **बैसाखी** पंजाब में **रबी की फसल** कटने पर मनाई जाती है।

20. उत्तर-(a)

व्याख्याः अमीर खुसरो को **तोता-ए-हिंद** कहा जाता है। उन्होंने **वीणा** को संशोधित कर **सितार** बनाया और **मृदंग** को काटकर **तबला** बनाया था। उन्हें **कव्वाली गायन** और **खड़ी बोली** का जनक भी माना जाता है।

21. उत्तर-(d)

व्याख्याः भारतीय संविधान का **अनुच्छेद-338** राष्ट्रीय अनुसूचित जाति आयोग से संबंधित है। इस आयोग में **एक अध्यक्ष** व **एक उपाध्यक्ष** व **तीन अन्य सदस्य** होते हैं जिनकी नियुक्ति **राष्ट्रपति** द्वारा होती है तथा इनका कार्यकाल **3 वर्ष** का होता है।

22. उत्तर-(a)

व्याख्याः जब किसी विधेयक पर **दोनों सदनों** में **गतिरोध** होता है, तो **अनुच्छेद** 108 के तहत **राष्ट्रपति संसद का संयुक्त अधिवेशन** बुलाता है। इसकी अध्यक्षता अनुच्छेद 118(4) के तहत **लोकसभा अध्यक्ष** द्वारा की जाती है, राष्ट्रपति नहीं।

23. उत्तर-(a)

व्याख्याः अनुच्छेद 19(1)(a) के तहत **विचार** और **अभिव्यक्ति** की **स्वतंत्रता का अधिकार** दिया गया है। **सुप्रीम कोर्ट** ने अपने निर्णयों में स्पष्ट किया है कि **प्रेस की स्वतंत्रता** भी इसी अनुच्छेद में **मौलिक अधिकार** के रूप में निहित है।

24. उत्तर-(d)

व्याख्याः 74वें संविधान संशोधन, 1992 द्वारा संविधान में **12वीं अनुसूची** जोड़ी गई, जिसमें नगरपालिकाओं के लिए **18 विषयों** का उल्लेख है। **73वें संविधान संशोधन** 1992 द्वारा **11वीं अनुसूची** जोड़ी गई जो **पंचायती राज** से संबंधित है जिसमें **29 विषय** दिए गए हैं।

25. उत्तर-(a)

व्याख्याः विधि का शासन **ब्रिटेन** से, नीति निदेशक तत्व **आयरलैंड** से, मौलिक अधिकार **अमेरिका** से और संविधान संशोधन की प्रक्रिया **दक्षिण अफ्रीका** से ली गई है।

26. उत्तर-(b)

व्याख्याः किसी भी सदन की कार्यवाही शुरू करने के लिए कम से कम **1/10 सदस्यों** की **उपस्थिति** अनिवार्य है, जिसे **कोरम** या **गणपूर्ति** कहते हैं। यदि कोरम पूरा न हो, तो अध्यक्ष सदन स्थगित कर देता है।

27. उत्तर-(b)

व्याख्याः उच्च न्यायालय के न्यायाधीशों की नियुक्ति तो **राष्ट्रपति** करता है, लेकिन उन्हें पद की शपथ संबंधित राज्य के **राज्यपाल** या उसके द्वारा नियुक्त कोई व्यक्ति दिलाता है। इनका कार्यकाल **62 वर्ष** की आयु तक होता है।

28. उत्तर-(c)

व्याख्याः वर्ष 1986 में गठित **एल.एम सिंघवी समिति** ने पंचायतों को **संवैधानिक दर्जा** देने और उन्हें वित्तीय रूप से आत्मनिर्भर बनाने की सिफारिश की थी। इसी आधार पर बाद में **73वाँ** और **74वाँ संविधान संशोधन** पारित हुआ।

29. उत्तर-(b)

व्याख्याः भारत सरकार अधिनियम, 1919 (मोंटेग्यू-चेम्सफोर्ड सुधार) ने **केंद्रीय विधानमंडल** को **द्विसदनीय** बना दिया, जिसमें एक सदन केंद्रीय **विधानसभा** और दूसरा **राज्य परिषद** था।

30. उत्तर-(a)

व्याख्याः संविधान के **भाग 15** में **अनुच्छेद 324** से **329** तक **निर्वाचन आयोग** और चुनावों के संचालन का वर्णन है। **अनुच्छेद 324** चुनाव आयोग की स्थापना, संरचना और शक्तियों से संबंधित एक स्वतंत्र **संवैधानिक निकाय** है।

31. उत्तर-(c)

व्याख्याः बृहस्पति, शनि, यूरेनस और **नेपच्यून** को **जोवियन** या **गैसीय विशालकाय ग्रह** कहा जाता है। इनमें **वायुमंडल** की परत पायी जाती है जिसमें ज्यादातर **हीलियम** और **हाइड्रोजन** होती है।

32. उत्तर-(c)

व्याख्याः चिल्का झील ओडिशा के तट पर स्थित **खारे पानी** की एक **लैगून झील** है। यह **एशिया** की सबसे बड़ी और **विश्व की दूसरी सबसे बड़ी** खारे पानी की झील है, जो जैव विविधता के लिए प्रसिद्ध है।

33. उत्तर-(a)

व्याख्याः दक्षिण भारत की **सबसे ऊँची चोटी** अनाइमुडी **केरल** में है, अरावली की गुरु शिखर **राजस्थान** में, सतपुड़ा की धूपगढ़ **मध्य प्रदेश** में और नंदा देवी **उत्तराखंड** की **सबसे ऊँची चोटी** है।

34. उत्तर-(c)

व्याख्याः NH-44 राजमार्ग **श्रीनगर** से शुरू होकर **कन्याकुमारी** तक जाता है। यह भारत का **सबसे लंबा राष्ट्रीय राजमार्ग** है, जो **11 राज्यों और केंद्र शासित प्रदेशों** से होकर गुजरती है और इसकी लंबाई लगभग **3,745 किलोमीटर** है। इसे पहले NH-7 के नाम से जाना जाता था।

35. उत्तर-(c)

व्याख्याः गोदावरी नदी को **वृद्ध गंगा** या **दक्षिण गंगा** भी कहा जाता है। यह **महाराष्ट्र** के **नासिक** जिले में स्थित त्र्यंबकेश्वर से निकलती है और **1465 किमी** की लंबाई के साथ दक्षिण भारत की **सबसे लंबी नदी प्रणाली** है।

36. उत्तर-(b)

व्याख्याः बांदीपुर राष्ट्रीय उद्यान और **टाइगर रिजर्व** कर्नाटक के **चामराजनगर** जिले में स्थित है। यह **प्रोजेक्ट टाइगर** के तहत **वर्ष 1974** में स्थापित किया गया था और **नीलगिरी बायोस्फीयर रिजर्व** का एक महत्वपूर्ण हिस्सा है।

37. उत्तर-(c)

व्याख्याः माही नदी भारत की एकमात्र नदी है जो **कर्क रेखा** को दो बार काटती है। यह **विंध्याचल श्रेणी** से निकलकर **खंभात की खाड़ी** में गिरती है। लिम्पोपो नदी मकर रेखा को दो बार तथा कांगों एवं जायरे नदी विषुवत रेखा को दो बार काटती है।

38. उत्तर-(a)

व्याख्याः गुजरात के **कच्छ** जिले में स्थित **कांडला बंदरगाह** का नाम बदलकर **वर्ष 2017** में **दीनदयाल बंदरगाह** कर दिया गया। यह एक **ज्वारीय बंदरगाह** (Tidal Port) है।

39. उत्तर-(b)

व्याख्याः मेघालय की **खासी पहाड़ियों** में स्थित **मासिनराम** विश्व का **सबसे अधिक वर्षा** वाला स्थान है। यहाँ **बंगाल की खाड़ी** से आने वाले **बादलों** को **पहाड़ियों की कीप जैसी बनावट** के कारण **भारी वर्षा** करनी पड़ती है।

40. उत्तर-(a)

व्याख्याः धुँआधार जलप्रपात मध्य प्रदेश के **जबलपुर** जिले में **नर्मदा नदी** पर स्थित है। यहाँ नदी का पानी **संगमरमर की चट्टानों** से नीचे गिरता है, जिससे **धुएँ** जैसा दृश्य उत्पन्न होता है। इसीलिए इसे **धुँआधार** कहते हैं।

41. उत्तर-(b)

व्याख्याः वर्ष 1935 में **आर्थर जी. टैन्सले** ने सर्वप्रथम **इकोसिस्टम** शब्द का प्रयोग किया था। उन्होंने **पारिस्थितिकी तंत्र** को पर्यावरण के **जैविक** और **अजैविक** घटकों के बीच होने वाली परस्पर क्रियाओं के तंत्र के रूप में परिभाषित किया।

42. उत्तर-(b)

व्याख्याः 2 फरवरी, **1971** को ईरान के शहर **रामसर** में विश्व की महत्वपूर्ण **आर्द्रभूमियों** (दलदली क्षेत्रों) के संरक्षण के लिए समझौता हुआ था। **भारत वर्ष 1982** में इसमें शामिल हुआ और वर्तमान में भारत में **98 रामसर स्थल** हैं।

43. उत्तर-(a)

व्याख्याः विश्व जल दिवस 22 मार्च, **पृथ्वी दिवस** 22 अप्रैल, **अंतर्राष्ट्रीय जैव विविधता दिवस** 22 मई और **विश्व पर्यावरण दिवस** 5 जून को मनाया जाता है। ये दिवस पर्यावरण संरक्षण की जागरूकता के लिए महत्वपूर्ण हैं।

44. उत्तर-(c)

व्याख्याः भारत सरकार ने जैविक संसाधनों के संरक्षण और उनके न्यायसंगत उपयोग के लिए **जैव विविधता अधिनियम, 2002** पारित किया था। इसके तहत चेन्नई में **राष्ट्रीय जैव विविधता प्राधिकरण** (NBA) की स्थापना की गई थी।

45. उत्तर-(a)

व्याख्याः यूकेलिप्टस के पेड़ को **पारिस्थितिकी का दुश्मन** माना जाता है क्योंकि यह अत्यधिक मात्रा में भूमिगत जल सोखता है, जिससे आस-पास की जमीन **बंजर** हो जाती है। यह मूल रूप से **ऑस्ट्रेलिया का पौधा** है।

46. उत्तर-(a)

व्याख्याः प्रेयरी घास के मैदान **उत्तरी अमेरिका** में, **सवाना अफ्रीका** में, **पम्पास अर्जेंटीना** (दक्षिण अमेरिका) में और **डाउंस ऑस्ट्रेलिया** में पाए जाते हैं। ये विश्व के प्रमुख **शीतोष्ण** और **उष्णकटिबंधीय** घास के मैदान हैं।

47. उत्तर-(b)

व्याख्याः समुद्री जल की कुल **लवणता** का लगभग **77.8%** भाग **सोडियम क्लोराइड** (NaCl) होता है, जो **साधारण नमक** है। इसके बाद **मैग्नीशियम क्लोराइड** और **मैग्नीशियम सल्फेट** की मात्रा सबसे अधिक होती है।

48. उत्तर-(b)

व्याख्याः ओजोन परत पृथ्वी के वायुमंडल की **समतापमंडल** (Stratosphere) परत में पाई जाती है। यह सूर्य की हानिकारक **पराबैंगनी किरणों** से हमारी रक्षा करती है। **क्लोरोफ्लोरोकार्बन** (CFC) गैसें इस परत को नुकसान पहुँचाती हैं और छिद्र का कारण बनती हैं।

49. उत्तर-(b)

व्याख्याः वर्ष 1986 में स्थापित **नीलगिरी बायोस्फीयर रिजर्व** भारत का पहला **जैवमंडल** आरक्षित क्षेत्र है। यह **तमिलनाडु, केरल** और **कर्नाटक** राज्यों के मिलन बिंदु पर स्थित है और पश्चिमी घाट की विविधता को संरक्षित करता है।

50. उत्तर-(b)

व्याख्याः पेयजल में **नाइट्रेट** की अधिकता होने से छोटे बच्चों के रक्त में **हीमोग्लोबिन** की **ऑक्सीजन** ले जाने की क्षमता कम हो जाती है, जिससे शरीर **नीला** पड़ने लगता है। इसे **मेथेमोग्लोबिनेमिया** या **ब्लू बेबी सिंड्रोम** कहते हैं।

51. उत्तर-(a)

व्याख्याः 0°C तापमान पर हवा में ध्वनि की चाल लगभग **332 मीटर प्रति सेकंड** होती है। तापमान बढ़ने के साथ **ध्वनि की चाल** भी बढ़ जाती है। ध्वनि निर्वात् में यात्रा नहीं कर सकती है।

52. उत्तर-(d)

व्याख्याः विटामिन K रक्त के **स्कंदन** (Coagulation) या **थक्का जमने** के लिए अनिवार्य है। इसकी कमी होने पर चोट लगने पर रक्त बहना बंद नहीं होता है। इसका रासायनिक नाम **फाइलोक्विनोन** है।

53. उत्तर-(b)

व्याख्याः ग्रेगर जॉन मेंडल ने **मटर के पौधों** पर प्रयोग कर आनुवंशिकता के बुनियादी नियमों की खोज की थी। उनके द्वारा प्रतिपादित नियमों को आज **मेंडल के आनुवंशिकता के नियम** के नाम से जाना जाता है।

54. उत्तर-(a)

व्याख्याः एनीमोमीटर वायु का वेग मापता है, **स्टेथोस्कोप** से दिल की धड़कन सुनी जाती है, **स्फिग्मोमैनोमीटर** से रक्तचाप (BP) मापा जाता है और **सीस्मोग्राफ** का उपयोग **भूकंप की लहरों** को रिकॉर्ड करने में होता है जबकि रिएक्टर स्केल का उपयोग भूकंप की तीव्रता को मापने के लिए किया जाता है।

55. उत्तर-(b)

व्याख्याः सिरका में लगभग **4%** से **8%** तक **एसिटिक अम्ल** (CH_3COOH) होता है। इसका उपयोग भोजन को संरक्षित करने और स्वाद बढ़ाने के लिए किया जाता है। नींबू में **साइट्रिक अम्ल** और इमली में **टार्टरिक अम्ल** होता है।

56. उत्तर-(b)

व्याख्याः सूर्य के प्रकाश में **दृश्य किरणें** (Visible Rays), **पराबैंगनी किरणें** (Ultraviolet Rays) और **अवरक्त किरणें** (Infrared Rays) शामिल होती हैं। अवरक्त किरणें, ऊष्मा ऊर्जा वहन करती हैं। **सौर कुकर** इन्हीं अवरक्त किरणों को और केंद्रित करके **भोजन पकाने** के लिए उपयोग करता है।

57. उत्तर-(d)

व्याख्याः न्यूमोनिया मानव शरीर के **फेफड़ों** को प्रभावित करता है। इससे **फेफड़ों में सूजन** की स्थिति बन जाती है। यह आमतौर पर **बैक्टीरिया के संक्रमण** से होता है लेकिन यह **वायरस** और **पैरासाइट्स** के कारण भी हो सकता है।

58. उत्तर-(c)

व्याख्याः प्रकाश का रंग उसकी **तरंगदैर्ध्य** द्वारा निर्धारित होता है। दृश्य प्रकाश में **लाल रंग** की तरंगदैर्ध्य सबसे अधिक और **बैंगनी रंग** की सबसे कम होती है। अधिक तरंगदैर्ध्य के कारण **लाल रंग** दूर से दिखाई देता है।

59. उत्तर-(b)

व्याख्याः एलपीजी (रसोई गैस) स्वयं **गंधहीन** होती है। गैस रिसाव का तुरंत पता लगाने के लिए उसमें **एथिल मरकैप्टन** नामक **गंधयुक्त यौगिक** मिलाया जाता है, जिसकी **तीखी गंध** से रिसाव की पहचान हो जाती है।

60. उत्तर-(b)

व्याख्याः रॉबर्ट हुक ने **वर्ष 1665** में सूक्ष्मदर्शी की मदद से **कॉर्क** के एक टुकड़े में **मधुमक्खी के छत्ते** जैसी **कोठरियां** देखीं, जिन्हें उन्होंने **सेल** (Cell) नाम दिया।

61. उत्तर-(b)

व्याख्याः पैन भारत में करदाताओं की विशिष्ट पहचान करता है। इसकी संरचना में **पाँच अक्षर, चार अंक** और **एक अक्षर** शामिल होता है। इसका उपयोग **आयकर दाखिले, वित्तीय लेनदेन** और **केवाईसी** आवश्यकताओं के लिए किया जाता है।

62. उत्तर-(c)

व्याख्याः भारतीय रिजर्व बैंक की स्थापना **वर्ष** 1935 में हुई थी, लेकिन आजादी के बाद **1 जनवरी, 1949** को इसका **राष्ट्रीयकरण** किया गया। इसके बाद यह भारत सरकार के पूर्ण स्वामित्व वाला **केंद्रीय बैंक** बन गया।

63. उत्तर-(b)

व्याख्याः स्वर्ण क्रांति का संबंध **फल उत्पादन**, **शहद** और **बागवानी** (Horticulture) के क्षेत्र में हुई भारी वृद्धि से है। **निरपख तुतेज** (Nirpakh Tutej) को भारत में स्वर्ण क्रांति का जनक माना जाता है।

64. उत्तर-(b)

व्याख्याः सी. रंगराजन समिति 2012 के अनुसार, **रिपोर्ट 2014** में इस समिति ने **गरीबी गणना** का आधार **संशोधित मिश्रित संदर्भ अवधि** (MMRP) को माना। इसमें खर्च का आधार **ग्रामीण क्षेत्र** में **प्रतिदिन** 32 रु. एवं **प्रतिमाह** 972 रु. एवं **शहरी क्षेत्र** में **प्रतिदिन** 47 रु. एवं **प्रतिमाह** 1407 रु. को माना गया।

65. उत्तर-(a)

व्याख्याः स्वतंत्र भारत की पहली **औद्योगिक नीति** (वर्ष 1948) में **मिश्रित अर्थव्यवस्था** के मॉडल को अपनाया गया था, जिसमें सार्वजनिक (सरकारी) और निजी दोनों क्षेत्रों को देश के आर्थिक विकास में महत्वपूर्ण भूमिका दी गई थी।

66. उत्तर-(a)

व्याख्याः भारतीय प्रतिभूति और **विनिमय बोर्ड** (SEBI) की स्थापना **12 अप्रैल, 1988** को एक गैर-सांविधिक निकाय के रूप में हुई थी। बाद में **वर्ष 1992** में एक **अध्यादेश** के माध्यम से इसे पूर्ण संवैधानिक शक्तियां प्राप्त हुईं।

67. उत्तर-(a)

व्याख्याः 2011 की जनगणना के अनुसार **बिहार की साक्षरता** दर भारत में **सबसे कम** (61.8%) है। **केरल 94%** साक्षरता के साथ शीर्ष पर है। **उत्तर प्रदेश** की औसत साक्षरता दर लगभग **67.7%** दर्ज की गई थी।

68. उत्तर-(a)

व्याख्याः भारत को वैश्विक **विनिर्माण केंद्र** (Manufacturing Hub) बनाने के उद्देश्य से **प्रधानमंत्री मोदी** ने **25 सितंबर, 2014** को **मेक इन इंडिया** अभियान की शुरुआत की थी।

69. उत्तर-(c)

व्याख्याः गरीबी हटाओ का नारा इंदिरा गांधी ने दिया था और इसे **पाँचवीं पंचवर्षीय योजना** (1974-78) का मुख्य उद्देश्य बनाया गया था। इसी योजना के दौरान **1975** में **बीस सूत्री कार्यक्रम** भी शुरू किया गया था।

70. उत्तर-(a)

व्याख्याः बॉम्बे स्टॉक एक्सचेंज की स्थापना **वर्ष 1875** में **द नेटिव शेयर एंड स्टॉक ब्रोकर्स एसोसिएशन** के रूप में हुई थी। यह न केवल भारत बल्कि पूरे **एशिया** का सबसे पुराना और **प्रमुख स्टॉक एक्सचेंज** है।

71. उत्तर-(a)

व्याख्याः खुर्जा को **सिरेमिक सिटी** कहा जाता है। यहाँ के **चीनी मिट्टी के बर्तन** और कलाकृतियाँ विश्व स्तर पर प्रसिद्ध हैं। यहाँ बड़ी संख्या में **सिरेमिक इकाइयाँ** कार्यरत हैं जो निर्यात का प्रमुख स्रोत हैं।

72. उत्तर-(d)

व्याख्याः उत्तर प्रदेश पुलिस का आधिकारिक ध्येय वाक्य **सुरक्षा आपकी, संकल्प हमारा** है। यह बल विश्व के सबसे बड़े एकल पुलिस बलों में से एक है, जो राज्य की **कानून व्यवस्था** संभालता है।

73. उत्तर-(a)

व्याख्याः भारतीय विष विज्ञान अनुसंधान **लखनऊ** में, भारतीय दलहन अनुसंधान **कानपुर** में, केंद्रीय पक्षी अनुसंधान **बरेली** में और राष्ट्रीय गन्ना अनुसंधान **लखनऊ** में स्थित है। ये संस्थान **कृषि** और **स्वास्थ्य** के क्षेत्र में महत्वपूर्ण अनुसंधान कार्य करते हैं।

74. उत्तर-(a)

व्याख्या: उत्तर प्रदेश के **हाथरस** जिले की **हींग** को विश्व स्तर पर पहचान मिली है। **एक जिला एक उत्पाद** (ODOP) योजना के तहत यहाँ की हींग को प्रमोट किया जा रहा है और इसे **GI टैग** भी प्राप्त है।

75. उत्तर-(b)

व्याख्या: 1545 ईस्वी में बांदा जिले के **कालिंजर किले** के घेरे के दौरान **उक्का** नामक **आग्नेयास्त्र** (तोप) का **गोला फटने** से **शेरशाह सूरी** की **मृत्यु** हो गई थी। इसके बाद उसे **सासाराम** (बिहार) में दफनाया गया।

76. उत्तर-(b)

व्याख्या: कथक उत्तर प्रदेश का एकमात्र **शास्त्रीय नृत्य** है। यह **ब्रज की रासलीला** और **कथा वाचन** की परंपरा से निकला है। **लखनऊ घराना** और **बनारस घराना** कथक के प्रमुख केंद्रों के रूप में जाने जाते हैं।

77. उत्तर-(a)

व्याख्या: वर्ष 1866 में **सहारनपुर** के **देवबंद कस्बे** में **मुहम्मद कासिम नानौतवी** और **राशीद अहमद गंगोही** द्वारा **दारुल उलूम देवबंद** की स्थापना की गई थी, जो **इस्लामी शिक्षा** और **समाज सुधार** का एक प्रमुख केंद्र बना।

78. उत्तर-(a)

व्याख्या: रामगंगा नदी के तट पर स्थित **मुरादाबाद** अपने बेहतरीन **पीतल के काम** (Brassware) के लिए विश्व भर में प्रसिद्ध है। यहाँ बने पीतल के सजावटी सामानों और बर्तनों का निर्यात विदेशों में किया जाता है।

79. उत्तर-(b)

व्याख्या: रिहंद नदी पर बने रिहंद बांध के जलाशय को **गोविंद बल्लभ पंत सागर** कहा जाता है। यह भारत की सबसे बड़ी कृत्रिम (मानव निर्मित) झील है, जो मुख्य रूप से **सोनभद्र** जिले में स्थित है।

80. उत्तर-(d)

व्याख्या: भारतीय पुलिस सेवा के अधिकारी **राजीव कृष्ण** को उत्तर प्रदेश का नया कार्यवाहक **पुलिस महानिदेशक** (DGP) नियुक्त किया गया है। **31 मई** को तत्कालीन कार्यवाहक **डीजीपी प्रशांत कुमार** रिटायर हुए और इसके बाद **राजीव कृष्ण** को यह जिम्मेदारी दी गई है।

81. उत्तर-(b)

व्याख्या: वर्ष 1913 में उनकी काव्य रचना **गीतांजलि** के लिए **रवींद्रनाथ टैगोर** को साहित्य का **नोबेल पुरस्कार** दिया गया था। वह नोबेल पाने वाले न केवल पहले भारतीय बल्कि पहले **एशियाई व्यक्ति** भी थे।

82. उत्तर-(b)

व्याख्या: एशियाई विकास बैंक (ADB) की स्थापना **वर्ष 1966** में हुई थी। इसका मुख्यालय **फिलीपींस** की राजधानी **मनीला** के पास **मांडलुयॉन्ग** में स्थित है। यह एशिया-प्रशांत क्षेत्र में सामाजिक और आर्थिक विकास के लिए काम करता है।

83. उत्तर-(a)

व्याख्या: इंडिया विन्स फ्रीडम मौलाना आजाद की, **डिस्कवरी ऑफ इंडिया** नेहरू जी की, **गीता रहस्य** तिलक जी की और **हिंद स्वराज** गांधी जी की प्रसिद्ध पुस्तकें हैं।

84. उत्तर-(a)

व्याख्या: अंतर्राष्ट्रीय सौर गठबंधन (ISA) का गठन भारत और फ्रांस ने मिलकर **वर्ष 2015** में किया था। यह एकमात्र प्रमुख अंतर्राष्ट्रीय संगठन है जिसका मुख्यालय भारत के **हरियाणा** राज्य के **गुरुग्राम** में स्थित है।

85. उत्तर-(a)

व्याख्या: स्विस व्यवसायी **जीन हेनरी ड्यूनेंट** ने **वर्ष 1863** में **रेड क्रॉस** की अंतर्राष्ट्रीय समिति की स्थापना की थी। उन्हें **वर्ष 1901** में दुनिया का पहला **नोबेल शांति पुरस्कार** दिया गया था। यह संगठन युद्ध पीड़ितों की सेवा करता है।

86. उत्तर-(b)

व्याख्या: रूस के **साइबेरिया** क्षेत्र में स्थित **बैकाल झील** विश्व की सबसे गहरी (लगभग 1642 मीटर) और आयतन की दृष्टि से **मीठे पानी** की सबसे बड़ी झील है। इसे **साइबेरिया की नीली आँख** भी कहा जाता है।

87. उत्तर-(a)

व्याख्या: 1 जनवरी, 2023 को **क्रोएशिया** आधिकारिक तौर पर यूरोपीय संघ की एकल मुद्रा **यूरो** अपनाने वाला **20वाँ** देश बना। इसके साथ ही वह **शेंगेन क्षेत्र** (वीजा मुक्त यात्रा क्षेत्र) में भी शामिल हो गया है।

88. उत्तर-(c)

व्याख्या: दादा साहब फाल्के पुरस्कार भारतीय **सिनेमा के क्षेत्र** में दिया जाने वाला **सर्वोच्च सम्मान** है। इसकी शुरुआत **वर्ष 1969** में हुई थी और पहली विजेता **देविका रानी** थीं।

89. उत्तर-(b)

व्याख्या: **थॉमस कप** पुरुषों की **विश्व बैडमिंटन चैंपियनशिप** है। **वर्ष 2022** में भारत ने पहली बार **इंडोनेशिया** को हराकर **थॉमस कप** जीतकर इतिहास रचा था। महिलाओं की ऐसी ही चैंपियनशिप को **उबेर कप** कहा जाता है।

90. उत्तर-(a)

व्याख्या: **द्वितीय विश्व युद्ध** के बाद वैश्विक शांति और सुरक्षा बनाए रखने के लिए **संयुक्त राष्ट्र संघ** की स्थापना की गई थी। हर साल **24 अक्टूबर** को **संयुक्त राष्ट्र दिवस** के रूप में मनाया जाता है।

91. उत्तर-(b)

व्याख्या: **बैंक ऑफ इंडिया** द्वारा कार्यरत **महिलाओं** को वित्तीय रूप से **आत्मनिर्भर** बनाने तथा उन्हें विशेष **लाभ प्रदान** करने के उद्देश्य से **नारी शक्ति बचत खाता प्रारंभ** किया गया।

92. उत्तर-(c)

व्याख्या: वाणिज्य मंत्रालय के आँकड़ों के अनुसार, वित्त **वर्ष 2024-25** में **संयुक्त राज्य अमेरिका** भारत का शीर्ष व्यापारिक भागीदार बनकर उभरा।

93. उत्तर-(b)

व्याख्या: भारत सरकार ने सुप्रीम कोर्ट की **पूर्व न्यायाधीश जस्टिस रंजना प्रकाश देसाई** (Justice Ranjana Prakash Desai) को **8वें केंद्रीय वेतन आयोग** का अध्यक्ष नियुक्त किया है।

94. उत्तर-(c)

व्याख्या: **1 जून, 2025** को मनाए गए **वैश्विक अभिभावक दिवस** के अवसर पर विशेष बल दिया गया कि माता-पिता का **पालन-पोषण** एक अर्जित एवं सीखा जाने वाला कौशल है।

95. उत्तर-(b)

व्याख्या: **केरल** 100% **डिजिटल साक्षरता** हासिल करने वाला भारत का **पहला राज्य** बन गया है। यह उपलब्धि राज्य सरकार के डिजी **केरलम** (DigiKeralam) कार्यक्रम के तहत अगस्त 2025 में हासिल की गई।

96. उत्तर-(c)

व्याख्या: फुटबॉल की वैश्विक शासी निकाय **फीफा** (FIFA) ने घोषणा की है, कि **वर्ष 2031** और **2035** में होने वाले **महिला फुटबॉल विश्व कप** क्रमश: **अमेरिका** और **ब्रिटेन** में आयोजित किए जाएंगे।

97. उत्तर-(b)

व्याख्या: पर्याप्त पूँजी की कमी एवं भविष्य में लाभ कमाने की संभावनाएँ न होने के कारण **भारतीय रिजर्व बैंक** द्वारा सिटी **को-ऑपरेटिव बैंक** का लाइसेंस **रद्द** किया गया।

98. उत्तर-(a)

व्याख्या: **आर्थिक मामलों के विभाग** (DEA) के सचिव **अजय सेठ** को भारत का **नया वित्त सचिव** नियुक्त किया गया है। 1987 बैच के **कर्नाटक कैडर** के IAS अधिकारी सेठ ने पूर्व वित्त सचिव **तुहिन कांता पांडेय** का स्थान लिया है, जिन्हें हाल ही में **सेबी** (SEBI) का नया अध्यक्ष बनाया गया था।

99. उत्तर-(c)

व्याख्या: 51वाँ **G7 शिखर सम्मेलन 2025** का आयोजन **कनाडा** (Canada) में किया गया था। यह सम्मेलन 16-17 जून 2025 के बीच **अल्बर्टा के कनानास्किस** (Kananaskis) में संपन्न हुआ।

100. उत्तर-(b)

व्याख्या: वर्ष 2025 में **भारत** और **जापान** के मध्य आयोजित **द्विपक्षीय समुद्री अभ्यास JIMEX-25** का उद्देश्य समुद्री सहयोग एवं अंत:क्रियाशीलता को सुदृढ़ करना था।

होमगार्ड प्रैक्टिस सैट-17

1. हड़प्पा सभ्यता के किस नगर को सिंध का नखलिस्तान (Oasis of Sindh) कहा जाता है?
(a) हड़प्पा (b) मोहनजोदड़ो
(c) लोथल (d) चन्हुदड़ो

2. प्रसिद्ध दस राजाओं का युद्ध (दशराज्ञ युद्ध) किस नदी के तट पर लड़ा गया था?
(a) परुष्णी (रावी) (b) वितस्ता (झेलम)
(c) विपाशा (व्यास) (d) अस्किनी (चिनाब)

3. तृतीय बौद्ध संगीति का आयोजन किसके शासनकाल में हुआ था?
(a) अजातशत्रु (b) कालाशोक
(c) अशोक (d) कनिष्क

4. गुप्त काल के दौरान चांदी के सिक्कों को किस नाम से जाना जाता था?
(a) दीनार (b) रूपक
(c) पण (d) कर्षपण

5. ह्वेनसांग किसके शासनकाल में भारत आया था?
(a) चंद्रगुप्त II (b) सम्राट हर्ष
(c) चंद्रगुप्त मौर्य (d) चंद्रगुप्त I

6. दिल्ली सल्तनत के किस कवि को हिंदुस्तान का तोता (तूतिये-हिंद) कहा जाता है?
(a) जियाउद्दीन बरनी (b) अमीर खुसरो
(c) अलबरूनी (d) फिरदौसी

7. दीवान-ए-कोही (कृषि विभाग) की स्थापना किस सुल्तान ने की थी?
(a) अलाउद्दीन खिलजी
(b) फिरोज शाह तुगलक
(c) मोहम्मद बिन तुगलक
(d) इल्तुतमिश

8. निम्नांकित जोड़ों में किसका सुमेल है?
(a) एलोरा की गुफाएँ शक
(b) मीनाक्षी मंदिर पल्लव
(c) खजुराहो मंदिर चंदेल
(d) महाबलीपुरम् के मंदिर राष्ट्रकूट

9. शिवाजी के प्रशासन में सुमंत का क्या कार्य था?
(a) धार्मिक मामले (b) सैन्य प्रधान
(c) विदेश मंत्री (d) वित्त मंत्री

10. स्थायी बंदोबस्त (Permanent Settlement) की शुरुआत 1793 ई. में किसने की थी?
(a) लॉर्ड वारेन हेस्टिंग्स (b) लॉर्ड कॉर्नवालिस
(c) लॉर्ड वेलेजली (d) लॉर्ड डलहौजी

11. वर्ष 1905 में सर्वेंट्स ऑफ इंडिया सोसाइटी की स्थापना किसने की थी?
(a) बाल गंगाधर तिलक (b) गोपाल कृष्ण गोखले
(c) लाला लाजपत राय (d) दादाभाई नौरोजी

12. सत्यार्थ प्रकाश पुस्तक की रचना किसने की थी?
(a) स्वामी विवेकानंद (b) दयानंद सरस्वती
(c) राजा राममोहन राय (d) ईश्वर चंद्र विद्यासागर

13. चौरी-चौरा की घटना (वर्ष 1922) के समय भारत का वायसराय कौन था?
(a) लॉर्ड चेम्सफोर्ड (b) लॉर्ड रीडिंग
(c) लॉर्ड इरविन (d) लॉर्ड वेवेल

14. अभिनव भारत नामक गुप्त क्रांतिकारी संगठन की स्थापना किसने की थी?
(a) प्रफुल्ल चाकी (b) वी.डी. सावरकर
(c) भगत सिंह (d) रासबिहारी बोस

15. निम्नलिखित में से किसने सर्वप्रथम भारत में एक पृथक मुस्लिम राज्य का प्रस्ताव रखा था?
(a) आगा खां (b) एम.ए. जिन्ना
(c) लियाकत अली खां (d) मुहम्मद इकबाल

16. निम्नलिखित में से कौन एक कथक कलाकार नहीं है?
(a) बिरजू महाराज (b) किशन महाराज
(c) लच्छू महाराज (d) सितारा देवी

17. तमाशा किस राज्य का पारंपरिक लोक नाट्य शैली है?
(a) उत्तर प्रदेश (b) महाराष्ट्र
(c) राजस्थान (d) गुजरात

18. निम्नलिखित सूची-I को सूची-II से सुमेलित कीजिए-

सूची-I (मंदिर)	सूची-II (स्थान)
A. लिंगराज मंदिर	1. खजुराहो
B. कंदरिया महादेव	2. भुवनेश्वर
C. स्वर्ण मंदिर	3. तंजावुर
D. बृहदेश्वर मंदिर	4. अमृतसर

कूट:
(a) A-2, B-1, C-4, D-3 (b) A-1, B-2, C-3, D-4
(c) A-3, B-4, C-1, D-2 (d) A-2, B-3, C-1, D-4

19. मोहिनीअट्टम नृत्य का संबंध किस हिंदू देवता से है?
(a) शिव (b) विष्णु
(c) ब्रह्मा (d) गणेश

20. किस राज्य में ड्री त्योहार मनाया जाता है?
(a) त्रिपुरा (b) अरूणाचल प्रदेश
(c) कर्नाटक (d) ओडिशा

21. निम्न में से कौन-सा चुनाव निर्वाचन आयोग द्वारा संपादित नहीं किया जाता हैं?
(a) लोक सभा का (b) राज्य सभा का
(c) राष्ट्रपति का (d) स्थानीय निकायों का

22. राष्ट्रपति द्वारा राज्यसभा में कितने सदस्यों को मनोनीत किया जाता है?
(a) 2 (b) 10
(c) 12 (d) 15

23. संसद के दो सत्रों के बीच अधिकतम कितना अंतराल हो सकता है?
(a) 3 माह (b) 6 माह
(c) 9 माह (d) 1 वर्ष

24. भारतीय संविधान की आठवीं अनुसूची में वर्तमान में कितनी भाषाएं हैं?
(a) 14 (b) 18
(c) 22 (d) 24

25. निम्नलिखित सूची-I को सूची-II से सुमेलित कीजिए:

सूची-I (संवैधानिक पद)	सूची-II (न्यूनतम आयु)
A. राष्ट्रपति	1. 25 वर्ष
B. राज्यपाल	2. 30 वर्ष
C. राज्यसभा सदस्य	3. 35 वर्ष
D. लोकसभा सदस्य	4. 35 वर्ष

कूट:
(a) A-3, B-4, C-2, D-1 (b) A-4, B-3, C-1, D-2
(c) A-3, B-2, C-4, D-1 (d) A-1, B-2, C-3, D-4

26. एक वर्ष में कम-से-कम कितनी बार संसद की बैठक होनी आवश्यक है?
(a) एक बार (b) दो बार
(c) तीन बार (d) चार बार

27. भारत-पाकिस्तान के किस संघर्ष के परिणामस्वरूप बांग्लादेश स्थापित हुआ?
(a) दिसंबर, 1971 (b) जनवरी, 1972
(c) फरवरी, 1972 (d) नवंबर, 1971

28. 73वें संविधान संशोधन द्वारा संविधान में कौन-सा भाग जोड़ा गया था?
(a) भाग IX (b) भाग IX-A
(c) भाग X (d) भाग IV-A

29. भारत में उच्चतम न्यायालय का उद्घाटन कब हुआ था?
(a) 27 जनवरी, 1950 (b) 28 जनवरी, 1950
(c) 29 जनवरी, 1950 (d) 30 जनवरी, 1950

30. संविधान की व्याख्या करने का अंतिम अधिकार किसे है?
(a) राष्ट्रपति (b) अटॉर्नी जनरल ऑफ इंडिया
(c) लोक सभा अध्यक्ष (d) सर्वोच्च न्यायालय

31. श्रीहरिकोटा द्वीप अवस्थित है-
(a) चिल्का झील के समीप
(b) महानदी के मुहाने के समीप
(c) पुलिकट झील के समीप
(d) गोदावरी के मुहाने के समीप

32. क्षेत्रफल की दृष्टि से भारत का विश्व में कौन-सा स्थान है?
(a) पाँचवाँ (b) छठा
(c) सातवाँ (d) आठवाँ

33. निम्नलिखित सूची-I को सूची-II से सुमेलित कीजिए:

सूची-I (परियोजना)	सूची-II (नदी)
A. भाखड़ा नांगल	1. भागीरथी
B. टिहरी बांध	2. सतलुज
C. हीराकुंड बांध	3. कृष्णा
D. नागार्जुन सागर	4. महानदी

कूट:
(a) A-2, B-1, C-4, D-3 (b) A-1, B-2, C-3, D-4
(c) A-2, B-3, C-1, D-4 (d) A-3, B-1, C-4, D-2

34. हिमालय की सबसे बाहरी श्रेणी को क्या कहा जाता है?
(a) हिमाद्रि (b) हिमाचल
(c) शिवालिक (d) सह्याद्रि

35. पुलिकट झील किन दो राज्यों की सीमा पर स्थित है?
(a) तमिलनाडु और केरल (b) आंध्र प्रदेश और तमिलनाडु
(c) ओडिशा और आंध्र प्रदेश (d) कर्नाटक और गोवा

36. भारत में लाल मिट्टी का विस्तार सबसे अधिक किस राज्य में पाया जाता है?
(a) मध्य प्रदेश (b) उत्तर प्रदेश
(c) तमिलनाडु (d) महाराष्ट्र

37. भारत के प्रथम परमाणु रिएक्टर का नाम है-
(a) अप्सरा (b) कामिनी
(c) रोहिणी (d) उर्वशी

38. गारो, खासी और जयंतिया पहाड़ियां किस राज्य में स्थित हैं?
(a) असम (b) मेघालय
(c) मिजोरम (d) नगालैंड

39. भारत का सबसे बड़ा चावल उत्पादक राज्य कौन-सा है?

(a) उत्तर प्रदेश (b) पंजाब

(c) पश्चिम बंगाल (d) आंध्र प्रदेश

40. पाक जलडमरूमध्य (Palk Strait) किन दो देशों को अलग करता है?

(a) भारत और पाकिस्तान (b) भारत और श्रीलंका

(c) भारत और मालदीव (d) भारत और म्यांमार

41. विश्व वानिकी दिवस (World Forestry Day) कब मनाया जाता है?

(a) 21 मार्च (b) 22 मार्च

(c) 22 अप्रैल (d) 5 जून

42. खाद्य श्रृंखला (Food Chain) में मनुष्य क्या है?

(a) उत्पादक (b) अपघटक

(c) उपभोक्ता (d) केवल शाकाहारी

43. निम्नलिखित सूची-I को सूची-II से सुमेलित कीजिए-

सूची-I (प्रदूषण)	सूची-II (अंग)
A. सीसा	1. मस्तिष्क
B. पारा	2. फेफड़े
C. धूल कण	3. पेट/उदर
D. कार्बन मोनोऑक्साइड	4. रक्त धाराएं

कूटः

(a) A-1, B-3, C-2, D-4 (b) A-2, B-1, C-4, D-3

(c) A-3, B-2, C-1, D-4 (d) A-4, B-3, C-2, D-1

44. अम्लीय वर्षा (Acid Rain) के लिए उत्तरदायी मुख्य गैसें कौन-सी हैं?

(a) O_2 और N_2 (b) SO_2 और NO_2

(c) CO और CO_2 (d) CH_4 और O_3

45. भारत का जल पुरुष (Waterman of India) किसे कहा जाता है?

(a) सुंदरलाल बहुगुणा (b) चंडी प्रसाद भट्ट

(c) राजेंद्र सिंह (d) एम.एस. स्वामीनाथन

46. निम्नलिखित सूची-I को सूची-II से सुमेलित कीजिए-

सूची-I (घास के मैदान)	सूची-II (स्थान)
A. वेल्ड	1. दक्षिण अफ्रीका
B. स्टेपी	2. यूरेशिया
C. कैंटरबरी	3. हंगरी
D. पुस्ताज	4. न्यूजीलैंड

कूटः

(a) A-1, B-2, C-4, D-3 (b) A-2, B-1, C-3, D-4

(c) A-3, B-4, C-1, D-2 (d) A-4, B-3, C-2, D-1

47. जैव विविधता का हॉटस्पॉट भारत में कहाँ पाया जाता है?

(a) अरावली (b) पश्चिमी घाट

(c) गंगा का मैदान (d) थार का मरुस्थल

48. वायुमंडल में ऑक्सीजन की मात्रा लगभग कितनी है?

(a) 78% (b) 21%

(c) 0.03% (d) 0.9%

49. निम्न में से किस वर्ष भारत सरकार द्वारा केंद्रीय गंगा प्राधिकरण का गठन किया गया?

(a) 1975 में (b) 1982 में

(c) 1985 में (d) 1995 में

50. उत्तर प्रदेश के किस जिले में नवाबगंज पक्षी विहार स्थित है?

(a) उन्नाव (b) रायबरेली

(c) प्रतापगढ़ (d) हरदोई

51. आकाश का रंग नीला किस कारण दिखाई देता है?

(a) परावर्तन (b) अपवर्तन

(c) प्रकीर्णन (Scattering) (d) विवर्तन

52. लोहे की कमी से मानव शरीर में कौन-सा रोग होता है?

(a) स्कर्वी (b) एनीमिया

(c) रिकेट्स (d) घेघा

53. दूध की शुद्धता मापने के लिए किस यंत्र का प्रयोग किया जाता है?

(a) हाइड्रोमीटर (b) लैक्टोमीटर

(c) बैरोमीटर (d) हाइग्रोमीटर

54. निम्नलिखित सूची-I को सूची-II से सुमेलित कीजिए-

सूची-I (खोज)	सूची-II (वैज्ञानिक)
A. प्रोटॉन	1. जे.जे. थॉमसन
B. इलेक्ट्रॉन	2. रदरफोर्ड
C. न्यूट्रॉन	3. जेम्स चैडविक
D. परमाणु नाभिक	4. अर्नेस्ट रदरफोर्ड

कूटः

(a) A-2, B-1, C-3, D-4 (b) A-1, B-2, C-4, D-3

(c) A-3, B-4, C-1, D-2 (d) A-4, B-3, C-2, D-1

55. एल्युमिनियम का सबसे महत्वपूर्ण अयस्क (Ore) कौन-सा है?

(a) हेमेटाइट (b) बॉक्साइट

(c) मैग्नेटाइट (d) पाइराइट

56. मानव शरीर की सबसे छोटी हड्डी स्टेपीज़ कहाँ पाई जाती है?

(a) नाक (b) कान

(c) उंगली (d) पैर

57. विद्युत धारा का मात्रक क्या है?

(a) वोल्ट (b) ओम

(c) एम्पियर (d) वाट

58. शरीर में इंसुलिन की कमी से कौन-सा रोग होता है?
(a) थायरॉइड (b) मधुमेह
(c) बेरी-बेरी (d) रतौंधी

59. गुब्बारों में कौन-सी गैस भरी जाती है?
(a) हाइड्रोजन (b) हीलियम
(c) नाइट्रोजन (d) ऑक्सीजन

60. नाभिकीय ऊर्जा का उपयोग प्रायः कारक है-
(a) वायु प्रदूषण (b) जल प्रदूषण
(c) ऊष्मीय प्रदूषण (d) ध्वनि प्रदूषण

61. भारत में जीएसटी (GST) लागू करने वाला पहला राज्य कौन-सा था?
(a) उत्तर प्रदेश (b) असम
(c) तेलंगाना (d) बिहार

62. सफेद क्रांति (Operation Flood) के जनक कौन माने जाते हैं?
(a) एम.एस. स्वामीनाथन (b) वर्गीज कुरियन
(c) सैम पित्रोदा (d) दुर्गेश पटेल

63. निम्नलिखित सूची-I को सूची-II से सुमेलित कीजिए:

सूची-I (संस्था)		सूची-II (मुख्यालय)	
A.	विश्व बैंक	1.	जिनेवा
B.	विश्व व्यापार संगठन	2.	न्यूयॉर्क
C.	यूनिसेफ	3.	वाशिंगटन डी.सी
D.	यूनेस्को	4.	पेरिस

कूटः
(a) A-3, B-1, C-2, D-4 (b) A-1, B-2, C-3, D-4
(c) A-2, B-3, C-4, D-1 (d) A-4, B-1, C-2, D-3

64. ₹1 के नोट पर किसके हस्ताक्षर होते हैं?
(a) वित्त सचिव (b) वित्त मंत्री
(c) गवर्नर, (आरबीआई) (d) प्रधानमंत्री

65. भारत में योजना आयोग को समाप्त कर नीति आयोग कब बनाया गया?
(a) वर्ष 2014 (b) वर्ष 2015
(c) वर्ष 2016 (d) वर्ष 2017

66. बुल और बियर (Bull and Bear) शब्द किस क्षेत्र से संबंधित हैं?
(a) पशुपालन (b) कृषि
(c) शेयर बाजार (d) बैंकिंग

67. भारत में सर्वाधिक प्रति व्यक्ति आय वाला राज्य कौन-सा है?
(a) गोवा (b) सिक्किम
(c) दिल्ली (d) महाराष्ट्र

68. अंत्योदय अन्न योजना की शुरुआत किस वर्ष की गई थी?
(a) वर्ष 1999 (b) वर्ष 2000
(c) वर्ष 2002 (d) वर्ष 2005

69. भारत का सबसे बड़ा सार्वजनिक क्षेत्र का बैंक कौन-सा है?
(a) पंजाब नेशनल बैंक (b) एचडीएफसी बैंक
(c) भारतीय स्टेट बैंक (SBI) (d) आईसीआईसीआई बैंक

70. गरीबी रेखा का निर्धारण भारत में कौन करता है?
(a) नीति आयोग (b) वित्त मंत्रालय
(c) आरबीआई (d) गृह मंत्रालय

71. उत्तर प्रदेश का राजकीय वृक्ष कौन-सा है?
(a) बरगद (b) पीपल
(c) अशोक (d) नीम

72. उत्तर प्रदेश में भारतीय दलहन अनुसंधान संस्थान कहाँ स्थित है?
(a) लखनऊ (b) कानपुर
(c) वाराणसी (d) झाँसी

73. निम्नलिखित सूची-I को सूची-II से सुमेलित कीजिए-

सूची-I (नगर)		सूची-II (उद्योग)	
A.	भदोही	1.	खेल का सामान
B.	मेरठ	2.	कालीन
C.	फिरोजाबाद	3.	इत्र
D.	कन्नौज	4.	कांच की चूड़ियां

कूटः
(a) A-2, B-1, C-4, D-3 (b) A-1, B-2, C-3, D-4
(c) A-3, B-4, C-1, D-2 (d) A-4, B-3, C-2, D-1

74. उत्तर प्रदेश का कौन-सा जिला चीनी का कटोरा कहा जाता है?
(a) मुजफ्फरनगर (b) शामली
(c) मेरठ (d) बागपत

75. उत्तर प्रदेश राज्य में महिला हेल्पलाइन की सुविधा किस नम्बर पर शुरु की गई है?
(a) 1661 (b) 1190
(c) 1009 (d) 1090

76. उत्तर प्रदेश के किस जिले में यूरेनियम के सीमित भंडार पाए गए हैं?
(a) बांदा (b) हमीरपुर
(c) ललितपुर (d) सोनभद्र

77. उत्तर प्रदेश में प्रथम फिल्म सिटी कहाँ बनाया जा रहा है?
(a) लखनऊ (b) नोएडा
(c) कानपुर (d) गोरखपुर

78. बटेश्वर मेला उत्तर प्रदेश के किस जिले में लगता है?
(a) मथुरा (b) आगरा
(c) प्रयागराज (d) इटावा

79. उत्तर प्रदेश वन निगम कब स्थापित किया गया?
(a) 25 नवम्बर, 1974 (b) 25 नवम्बर, 1975
(c) 25 नवम्बर, 1976 (d) 25 नवम्बर, 1977

80. उत्तर प्रदेश विधानसभा के प्रथम अध्यक्ष कौन थे?

(a) मदन मोहन वर्मा (b) पुरुषोत्तम दास टंडन

(c) नफीसुल हसन (d) आत्माराम गोविंद खेर

81. रॉकी पर्वत श्रृंखला किस महाद्वीप में स्थित है?

(a) दक्षिणी अमेरिका (b) उत्तरी अमेरिका

(c) अफ्रीका (d) यूरोप

82. एमनेस्टी इंटरनेशनल का मुख्यालय कहाँ स्थित है?

(a) पेरिस (b) लंदन

(c) न्यूयॉर्क (d) जिनेवा

83. निम्नलिखित सूची-I को सूची-II से सुमेलित कीजिए-

सूची-I (देश)	**सूची-II (राजधानी)**
A. जापान	1. सियोल
B. दक्षिण कोरिया	2. टोक्यो
C. वियतनाम	3. बैंकॉक
D. थाईलैंड	4. हनोई

कूट:

(a) A-2, B-1, C-4, D-3 (b) A-1, B-2, C-3, D-4

(c) A-2, B-3, C-1, D-4 (d) A-3, B-4, C-2, D-1

84. विश्व रेड क्रॉस दिवस कब मनाया जाता है?

(a) 1 मई (b) 8 मई

(c) 15 मई (d) 31 मई

85. भारत की पहली महिला मुख्यमंत्री कौन थी?

(a) सरोजिनी नायडू (b) सुचेता कृपलानी

(c) विजया लक्ष्मी पंडित (d) जयललिता

86. ऑस्कर पुरस्कार जीतने वाले प्रथम भारतीय कौन थे?

(a) सत्यजीत रे (b) भानु अथैया

(c) ए.आर. रहमान (d) गुलजार

87. कैनबरा किस देश की राजधानी है?

(a) न्यूजीलैंड (b) ऑस्ट्रेलिया

(c) ऑस्ट्रिया (d) कनाडा

88. अंतर्राष्ट्रीय श्रम संगठन (ILO) की स्थापना किस वर्ष हुई थी?

(a) वर्ष 1919 (b) वर्ष 1945

(c) वर्ष 1948 (d) वर्ष 1950

89. द विंग्स ऑफ फायर पुस्तक के लेखक कौन हैं?

(a) ए.पी.जे. अब्दुल कलाम (b) अटल बिहारी वाजपेयी

(c) मनमोहन सिंह (d) पी. चिदंबरम

90. संतोष ट्रॉफी किस खेल से संबंधित है?

(a) क्रिकेट (b) फुटबॉल

(c) हॉकी (d) टेनिस

91. फातिमा बॉश ने 74वाँ मिस यूनिवर्स का खिताब जीता है। वह किस देश का प्रतिनिधित्व करती है?

(a) ब्राजील (b) कोलंबिया

(c) वेनेजुएला (d) मेक्सिको

92. तीसरा अंतर्राष्ट्रीय आयुर्वेद सम्मेलन किस देश में आयोजित हुआ?

(a) बेल्जियम (b) जर्मनी

(c) ब्राजील (d) केन्यांत

93. विश्व स्वास्थ्य संगठन (WHO) ने हाल ही में किन देशों को मलेरिया मुक्त घोषित किया है?

(a) जॉर्जिया और सूरीनाम

(b) नेपाल और बांग्लादेश

(c) भारत और क्यूबा

(d) क्यूबा और नेपाल

94. निम्नलिखित में से ग्लोबल जेंडर गैप इंडेक्स 2025 मे भारत का स्थान कौन-सा है?

(a) 127वां (b) 108वां

(c) 131वां (d) 135वां

95. वर्ष 2025 में विश्व मरुस्थलीकरण और सूखा रोकथाम दिवस कब मनाया गया था?

(a) 15 जून (b) 17 जून

(c) 20 जून (d) 21 जून

96. हाल ही में जून 2025 में किस राज्य ने मुख्यमंत्री सुख आश्रय योजना का विस्तार किया था?

(a) उत्तराखंड (b) हिमाचल प्रदेश

(c) पंजाब (d) सिक्किम

97. अंतर्राष्ट्रीय ओलंपिक समिति की पहली महिला और अफ्रीकी अध्यक्ष कौन बनी हैं?

(a) टेगला लोरूपे (b) कर्सी कोवेंट्री

(c) फातमा समौरा (d) नवल एल मुतावकेल

98. 2025 में महिला एकदिवसीय क्रिकेट विश्व कप में भारत ने किस देश को हराया?

(a) दक्षिण अफ्रीका (b) पाकिस्तान

(c) ऑस्ट्रेलिया (d) इंग्लैंड

99. जून 2025 में सांख्यिकी दिवस किस प्रसिद्ध सांख्यिकीविद् के जन्मदिन पर मनाया गया था?

(a) सी.आर. राव (b) पी.सी. महालनोबिस

(c) श्रीनिवास रामानुजन (d) डॉ. एम.एस. स्वामीनाथन

100. रक्षा मंत्रालय ने किस देश के साथ 31MQ-9B प्रीडेटर ड्रोन के लिए समझौता किया था?

(a) इजराइल (b) रूस

(c) अमेरिका (d) फ्रांस

उत्तर : व्याख्या-सहित

1. उत्तर-(b)

व्याख्याः **सिंधी** भाषा में **मोहनजोदड़ो** का अर्थ **मृतकों का टीला** होता है। सिंधु नदी के किनारे इसकी **उर्वरता** और **उपजाऊ भूमि** के कारण इसे **सिंध का नखलिस्तान** या **सिंध का बाग** भी कहा जाता है।

2. उत्तर-(a)

व्याख्याः **ऋग्वेद** के **सातवें मंडल** में वर्णित है कि यह युद्ध **परुष्णी नदी** के तट पर **सुदास** और **दस राजाओं** के **संघ** के **बीच** हुआ था। जिसमें **सुदास** की **विजय** हुई और वे **भरत वंश** के **राजा** बने और इन्हीं के नाम पर **भारत देश** का नाम **भारत** पड़ा।

3. उत्तर-(c)

व्याख्याः **250 ई.पू.** में **पाटलिपुत्र** में **तीसरी बौद्ध संगीति सम्राट अशोक** के संरक्षण में आयोजित हुई थी। इसकी **अध्यक्षता मोग्गलिपुत्त तिस्स** ने की थी और इसमें **अभिधम्म पिटक** का संकलन किया गया था।

4. उत्तर-(b)

व्याख्याः **गुप्त काल** में **स्वर्ण मुद्राओं** को **दीनार** और **चांदी के सिक्कों** को **रूपक** कहा जाता था। **चंद्रगुप्त द्वितीय** (विक्रमादित्य) **चांदी के सिक्के** जारी करने वाला **प्रथम गुप्त शासक** था।

5. उत्तर-(b)

व्याख्याः **हर्षवर्धन** के समय में सर्वप्रथम **चीनी यात्री ह्वेनसांग** ने **भारत की यात्रा की** है। उन्होंने **7वीं शताब्दी** में बौद्ध धर्म के **ग्रंथों** का **अध्ययन** और **पवित्र स्थलों** की यात्रा के लिए **भारत भ्रमण** शुरु किया था। उन्होने अपनी **भारत** यात्रा का वर्णन **सी-यू-के नामक पुस्तक** में किया

6. उत्तर-(b)

व्याख्याः **खुसरो को सितार** और **तबले** का आविष्कारक माना जाता है। उन्होंने स्वयं को **तूती-ए-हिंद** कहा था। वे **सात सुल्तानों** के **काल** के **साक्षी** रहे और **खड़ी बोली** के प्रारंभिक कवि थे।

7. उत्तर-(c)

व्याख्याः **सुल्तान मुहम्मद बिन तुगलक** ने **कृषि सुधारों** के लिए एक अलग विभाग **दीवान-ए-कोही** बनाया था। इसका उद्देश्य **अकाल के समय किसानों** को **ऋण** (सोंधर) देना और **खेती योग्य भूमि** का विस्तार करना था।

8. उत्तर-(c)

व्याख्याः **एलोरा** आधुनिक **महाराष्ट्र** के **औरंगाबाद** में स्थित है। यह **शैलकृत गुफा मंदिरों** के लिए प्रसिद्ध है। **मीनाक्षी मंदिर पाण्ड्यों द्वारा** तथा **महाबलीपुरम्** के मंदिर **पल्लव शासकों** द्वारा निर्मित किए गए हैं। **खजुराहो** मंदिरों की स्थापना **चंदेलों** ने की थी।

9. उत्तर-(c)

व्याख्याः **शिवाजी** की **अष्टप्रधान परिषद** में **सुमंत** या **दबीर विदेश मंत्री** होता था। वह **विदेशी राज्यों** से **पत्राचार** और **राजा** को **संधि** या **युद्ध** के **मामलों** में **सलाह** देने का कार्य करता था।

10. उत्तर-(b)

व्याख्याः लार्ड कार्नवालिस वर्ष 1793 में **बंगाल**, **बिहार** और **ओडिशा** में **स्थायी बंदोबस्त** लागू किया गया। इसमें जमींदारों को भूमि का स्वामी माना गया और **लगान** का 10/11 भाग कंपनी को देना तय हुआ।

11. उत्तर-(b)

व्याख्याः गांधीजी के **राजनीतिक गुरु गोखले** ने **पुणे** में **सर्वेंट्स ऑफ इंडिया सोसाइटी** संस्था की स्थापना की थी। इसका उद्देश्य भारतीयों को **निस्वार्थ भाव** से देश की **सेवा** के लिए प्रशिक्षित करना था।

12. उत्तर-(b)

व्याख्याः **स्वामी दयानंद सरस्वती** ने वर्ष 1874 में **सत्यार्थ प्रकाश पुस्तक** की **रचना** की थी। इसमें उन्होंने **वेदों** की **सर्वोच्चता** पर बल दिया और **मूर्ति पूजा**, **अंधविश्वासों** तथा **जातिवाद** का **कड़ा विरोध** किया था।

13. उत्तर-(b)

व्याख्याः **4 फरवरी** 1922 को हुई **चौरी-चौरा हिंसा** के समय **लॉर्ड रीडिंग भारत** के **वायसराय** थे। इस घटना के कारण गांधीजी ने **12 फरवरी** 1922 को **असहयोग आंदोलन** वापस ले लिया था।

14. उत्तर-(b)

व्याख्याः **विनायक दामोदर सावरकर** ने वर्ष 1904 में नासिक में **अभिनव भारत** की स्थापना की थी। इसे पहले **मित्र मेला** के नाम से जाना जाता था, यह एक **गुप्त क्रांतिकारी संगठन** था।

15. उत्तर-(d)

व्याख्याः वर्ष 1930 में **मुस्लिम लीग** के **प्रयागराज** (इलाहाबाद) अधिवेशन के **अध्यक्षीय भाषण** के दौरान **मुहम्मद इकबाल** ने सर्वप्रथम एक **पृथक मुस्लिम राज्य** का प्रस्ताव रखा था।

16. उत्तर-(b)

व्याख्याः किशन महाराज (1923-2008) सुप्रसिद्ध **तबला वादक** थे, इनका सम्बंध **हिन्दुस्तानी शास्त्रीय संगीत** के प्रसिद्ध **बनारस घराने** से है। जबकि अन्य **तीनों कथक कलाकार** हैं

17. उत्तर-(b)

व्याख्याः तमाशा महाराष्ट्र का एक **पारंपरिक लोक मंच** है, जो अक्सर खुले मैदानों में किया जाता है। इसमें **लावणी नृत्य** और **संगीत** की प्रमुख भूमिका होती है, जो इसे **अत्यंत लोकप्रिय** बनाती है।

18. उत्तर-(a)

व्याख्याः लिंगराज मंदिर भुवनेश्वर में, **कंदरिया महादेव मंदिर खजुराहो** में, **स्वर्ण मंदिर अमृतसर** में और **बृहदेश्वर मंदिर तंजावुर** में स्थित है। ये सभी मंदिर **वास्तुकला** का उत्कृष्ट उदाहरण हैं।

19. उत्तर-(b)

व्याख्याः मोहिनीअट्टम केरल का **शास्त्रीय नृत्य** है। **मोहिनी भगवान विष्णु** का **स्त्री अवतार** था, जो उन्होंने **भस्मासुर का वध** करने के लिए लिया था। यह **नृत्य लास्य** (कोमलता) प्रधान है।

20. उत्तर-(b)

व्याख्याः ड्री त्योहार **अरुणाचल प्रदेश** में **आपातानी जनजाति** द्वारा मनाया जाता है। यह एक **कृषि उत्सव** है। यह प्रति वर्ष **5 जुलाई** को मनाया जाता है।

21. उत्तर-(d)

व्याख्याः संसद, **राज्य विधानमंडलों** तथा **राष्ट्रपति** एवं **उपराष्ट्रपति** का चुनाव **संविधान** के **अनु. 324** के तहत निर्वाचन आयोग द्वारा संपादित किया जाता है, जबकि **अनु. 243 K** एवं **243 ZA** के तहत क्रमशः **पंचायतों** एवं **नगरपालिकाओं** (अर्थात स्थानीय निकायों) का चुनाव संबंधित राज्य के राज्य **निर्वाचन आयोग** द्वारा कराया जाता है।

22. उत्तर-(c)

व्याख्याः राष्ट्रपति अनुच्छेद 80 के तहत **राज्यसभा** में **साहित्य**, **विज्ञान**, **कला** और **समाज सेवा** के **क्षेत्र** में विशेष ज्ञान या अनुभव रखने वाले **12 व्यक्तियों** को **मनोनीत** करता है। यह प्रावधान **आयरलैंड** के **संविधान** से लिया गया है।

23. उत्तर-(b)

व्याख्याः भारतीय संविधान के अनुच्छेद 85(1) अनुसार, **संसद** के **दो सत्रों** के बीच अधिकतम **6 महीने** से ज्यादा का अंतर नहीं होना चाहिए। **भारत** में सामान्यतः **तीन सत्र** (बजट, मानसून, शीतकालीन) आयोजित होते हैं।

24. उत्तर-(c)

व्याख्याः मूल संविधान की 8वीं अनुसूची में केवल **14 भाषाएँ** थीं। बाद में विभिन्न **संशोधनों के माध्यम** से इनकी **संख्या 22** हो गई। **राजस्थानी** और **अंग्रेजी** इस सूची में शामिल नहीं हैं।

25. उत्तर-(a)

व्याख्याः भारत का **राष्ट्रपति** और **राज्यपाल** बनने के लिए न्यूनतम आयु **35 वर्ष**, **राज्यसभा** सदस्य के लिए **30 वर्ष** और **लोकसभा सदस्य** या **प्रधानमंत्री** बनने के लिए **25 वर्ष** होनी चाहिए।

26. उत्तर-(b)

व्याख्याः अनुच्छेद 85(1) के अनुसार, **संसद** के प्रत्येक सदन के **एक सत्र** की **अंतिम बैठक** और **आगामी सत्र** की **प्रथम बैठक** के बीच **6 माह** से अधिक का अंतर नहीं होना चाहिए। इस प्रकार एक वर्ष में **कम-से-कम दो बार संसद** के प्रत्येक **सदन की बैठक** होना अनिवार्य है।

27. उत्तर-(a)

व्याख्याः दिसंबर, 1971 में हुए **भारत-पाकिस्तान संघर्ष** के फलस्वरूप **बांग्लादेश** का जन्म हुआ था। **16 दिसंबर, 1971** को **पाकिस्तानी सेना** ने **बिना शर्त आत्मसमर्पण** कर दिया और **पूर्वी पाकिस्तान स्वतंत्र राष्ट्र बांग्लादेश** के रूप में स्थापित हुआ। **शेख मुजीबुर रहमान** इसके **पहले प्रधानमंत्री** बने।

28. उत्तर-(a)

व्याख्याः 73वें संविधान संशोधन (1992) द्वारा पंचायतों को **संवैधानिक** दर्जा दिया गया और **संविधान** में **भाग IX** तथा **11वीं अनुसूची** जोड़ी गई। इसमें पंचायतों के लिए **29 विषय** निर्धारित किए गए हैं।

29. उत्तर-(b)

व्याख्याः भारत में **उच्चतम न्यायालय** का उद्घाटन **28 जनवरी, 1950** को हुआ था, जबकि इसकी स्थापना **भारतीय संविधान** के **अनुच्छेद 124** के तहत **26 जनवरी, 1950** को हुई थी।

30. उत्तर-(d)

व्याख्याः संविधान की व्याख्या करने का अंतिम अधिकार **सर्वोच्च न्यायालय** को है। **सर्वोच्च न्यायालय** को ही **संविधान का प्रहरी** और **संरक्षक** कहा जाता है।

31. उत्तर-(c)

व्याख्याः श्रीहरिकोटा द्वीप **आंध्र प्रदेश** में **पुलिकट झील** के समीप स्थित है। यह द्वीप **पुलिकट झील** को **बंगाल की खाड़ी** से अलग करता है। यहाँ **भारत** का **उपग्रह** प्रक्षेपण केंद्र **सतीश धवन अंतरिक्ष केंद्र** स्थित है।

32. उत्तर-(c)

व्याख्याः भारत **विश्व** का **सातवां सबसे बड़ा देश** है। इससे बड़े देश **रूस**, **कनाडा**, **चीन**, **अमेरिका**, **ब्राजील** और **ऑस्ट्रेलिया** हैं। भारत का कुल क्षेत्रफल विश्व के कुल क्षेत्रफल का लगभग **2.42%** है।

33. उत्तर-(a)

व्याख्याः भाखड़ा नांगल सतलुज पर, **टिहरी भागीरथी** पर, **हीराकुंड महानदी** पर और **नागार्जुन सागर कृष्णा नदी** पर स्थित है। ये **भारत** की प्रमुख **बहुउद्देशीय नदी घाटी परियोजनाएं** हैं।

34. उत्तर-(c)

व्याख्याः हिमालय की **सबसे दक्षिणी** और **सबसे नई श्रेणी** को **शिवालिक** कहा जाता है। यह श्रेणी **हिमालय** और **गंगा** के मैदान के बीच स्थित है और इसकी ऊंचाई **900** से **1100** मीटर है।

35. उत्तर-(b)

व्याख्याः पुलिकट भारत की **दूसरी सबसे बड़ी खारे पानी** की झील है। इसका लगभग **84%** हिस्सा **आंध्र प्रदेश** में और **16% तमिलनाडु** में आता है। **श्रीहरिकोटा द्वीप** इसी **झील** को **बंगाल की खाड़ी** से अलग करता है।

36. उत्तर-(c)

व्याख्याः लाल मिट्टी का निर्माण पुरानी **कायांतरित चट्टानों** के टूटने से होता है। **लौह ऑक्साइड** की उपस्थिति के कारण इसका **रंग लाल** होता है। यह **दक्षिण भारत** में **तमिलनाडु** और **आंध्र प्रदेश** में व्यापक रूप से पाई जाती है।

37. उत्तर-(a)

व्याख्याः भारत के **प्रथम परमाणु रिएक्टर** का नाम **अप्सरा** है। **ट्रॉम्बे** स्थित **भाभा परमाणु अनुसंधान केंद्र** (BARC) में इसका परिचालन अगस्त, 1956 में प्रारंभ हुआ था।

38. उत्तर-(b)

व्याख्याः गारो, **खासी** और **जयंतिया** यह तीनों **पहाड़ियाँ मेघालय पठार** का **हिस्सा** हैं और इनका नाम स्थानीय जनजातियों के नाम पर रखा गया है। **खासी पहाड़ी** पर स्थित **मासिनराम** में विश्व की **सर्वाधिक वर्षा** दर्ज की जाती है।

39. उत्तर-(c)

व्याख्याः भारत में **चावल** मुख्य **खाद्य फसल** है। **पश्चिम बंगाल देश** का शीर्ष **चावल उत्पादक राज्य** है, इसके बाद **उत्तर प्रदेश** और **पंजाब** का स्थान आता है। यहाँ **साल में तीन फसलें उगाई** जाती हैं।

40. उत्तर-(b)

व्याख्याः पाक जलडमरूमध्य भारत के **तमिलनाडु राज्य** और **श्रीलंका** के **मन्नार** जिले के बीच स्थित एक **संकीर्ण जलराशि** है। यह **बंगाल की खाड़ी** को **मन्नार की खाड़ी** से जोड़ता है।

41. उत्तर-(a)

व्याख्याः वनों के **महत्व** और **संरक्षण** के प्रति **जागरूकता फैलाने** के लिए प्रतिवर्ष **21 मार्च** को **विश्व वानिकी दिवस** मनाया जाता है। **22 मार्च** को **जल दिवस** और **22 अप्रैल** को **पृथ्वी दिवस** मनाते हैं।

42. उत्तर-(c)

व्याख्याः मनुष्य भोजन के लिए **पौधों** (प्राथमिक उत्पादक) और **जंतुओं** पर निर्भर है, इसलिए वह उपभोक्ता की श्रेणी में आता है। चूंकि **मनुष्य शाकाहारी** और **मांसाहारी** दोनों है, इसलिए वह **सर्वाहारी** उपभोक्ता है।

43. उत्तर-(a)

व्याख्याः सीसा मस्तिष्क को, **पारा उदर/पाचन तंत्र** को, **धूल** के **कण फेफड़ों** को और **कार्बन मोनोऑक्साइड रक्त** की **ऑक्सीजन वहन क्षमता** को प्रभावित करती है। यह **पर्यावरण प्रदूषण** का **मानव स्वास्थ्य** पर **प्रभाव** है।

44. उत्तर-(b)

व्याख्याः वायुमंडल में उपस्थित **सल्फर डाइऑक्साइड** और **नाइट्रोजन डाइऑक्साइड** जब **वर्षा जल** के साथ **क्रिया** करती हैं, तो **सल्फ्यूरिक** और **नाइट्रिक एसिड** बनाते हैं, जिससे **अम्लीय वर्षा** होती है। यह **इमारतों** के लिए **हानिकारक** है।

45. उत्तर-(c)

व्याख्याः राजस्थान के **अलवर** जिले से ताल्लुक रखने वाले **राजेंद्र सिंह** ने **जल संरक्षण** और **नदियों** के **पुनरुद्धार** के लिए अभूतपूर्व कार्य किया है, जिसके लिए उन्हें **रेमन मैगसेसे पुरस्कार** से वर्ष 2001 में सम्मानित किया गया था।

46. उत्तर-(a)

व्याख्याः वेल्ड दक्षिण अफ्रीका में, **स्टेपी यूरेशिया** में, **कैंटरबरी न्यूजीलैंड** में और **पुस्ताज हंगरी** के **घास के मैदान** हैं। ये सभी **शीतोष्ण घास** के मैदानों की श्रेणी में आते हैं।

47. उत्तर-(b)

व्याख्या: भारत में **चार प्रमुख जैव विविधता हॉटस्पॉट** हैं, जिनमें **पश्चिमी घाट** सबसे महत्वपूर्ण है। यहाँ **जीव-जंतुओं** और **वनस्पतियों** की हजारों प्रजातियाँ पाई जाती हैं, विश्व में ऐसी **जैव विविधता** और कहीं नहीं पायी जाती है।

48. उत्तर-(b)

व्याख्या: **पृथ्वी** के **वायुमंडल** में **नाइट्रोजन** लगभग **78%** और **ऑक्सीजन** लगभग **20.95%** (21%) है। **ऑक्सीजन जीवनदायिनी गैस** है जो **श्वसन** और **दहन** क्रिया के लिए अनिवार्य है।

49. उत्तर-(c)

व्याख्या: **केंद्रीय गंगा प्राधिकरण** का गठन तत्कालीन **प्रधानमंत्री राजीव गांधी** की अध्यक्षता में **फरवरी, 1985** में किया गया। **सितंबर, 1995** में इसका नाम बदल कर **राष्ट्रीय नदी संरक्षण प्राधिकरण** (NRCA) कर दिया गया। इसके प्रधानमंत्री पदेन अध्यक्ष होते हैं।

50. उत्तर-(a)

व्याख्या: **नवाबगंज पक्षी विहार** (शहीद चंद्रशेखर आजाद पक्षी विहार) **उत्तर प्रदेश** के **उन्नाव** जिले में स्थित है। यह **प्रवासी पक्षियों** के लिए एक महत्वपूर्ण **आश्रय स्थल** है इसे **19 सितंबर 2019** को **रामसर साइट** घोषित किया गया था।

51. उत्तर-(c)

व्याख्या: जब **सूर्य** का **प्रकाश वायुमंडल** से गुजरता है, तो **हवा** के कण **नीले रंग** (छोटी तरंगदैर्ध्य) में **प्रकीर्णन सबसे अधिक** होता हैं, जिससे **पूरा आकाश** हमें **नीला** दिखाई देता है।

52. उत्तर-(b)

व्याख्या: **रक्त** में **हीमोग्लोबिन** के निर्माण के लिए **आयरन** आवश्यक है। इसकी **कमी से शरीर** में **ऑक्सीजन की कमी** हो जाती है और **व्यक्ति को एनीमिया** (रक्ताल्पता) की बीमारी हो जाती है।

53. उत्तर-(b)

दूध की **शुद्धता** की जांच करने के लिए **लैक्टोमीटर** का प्रयोग किया जाता है। **आर्किमिडीज** के सिद्धांत पर आधारित **यंत्र** है इससे दूध का **आपेक्षित घनत्व** माप कर **पानी की मात्रा** का पता लगाया जाता है।

54. उत्तर-(a)

व्याख्या: **अर्नेस्ट रदरफोर्ड** ने **प्रोटॉन**, **परमाणु नाभिक** की, **थॉमसन** ने **इलेक्ट्रॉन** और **चैडविक** ने **न्यूट्रॉन** की **खोज** की थी।

55. उत्तर-(b)

व्याख्या: **बॉक्साइट** एक **अवसादी चट्टान** है जो **एल्युमिनियम** का मुख्य स्रोत है। भारत में **ओडिशा** राज्य **बॉक्साइट** का **सबसे बड़ा उत्पादक** है। इसका **शोधन** कर **एल्युमिनियम धातु** प्राप्त की जाती है।

56. उत्तर-(b)

व्याख्या: **मानव शरीर** की सबसे छोटी हड्डी **स्टेपीज़** (Stapes) है। जो कान में पायी जाती है। इसके विपरीत, **जांघ की हड्डी फीमर** शरीर की सबसे लंबी है।

57. उत्तर-(c)

व्याख्या: **विद्युत धारा** को मापने की (SI) इकाई **एम्पियर** है। इसे **अमीटर** नामक यंत्र द्वारा परिपथ में मापा जाता है। **वोल्ट विभवांतर** का और **ओम प्रतिरोध** का **मात्रक** होता है।

58. उत्तर-(b)

व्याख्या: **इंसुलिन** अग्न्याशय से **स्रावित होने वाला हार्मोन** है जो **रक्त** में **शर्करा** के **स्तर** को **नियंत्रित** करता है। इसकी **कमी** से **शरीर ग्लूकोज** का उपयोग नहीं कर पाता और **मधुमेह रोग** हो जाता है।

59. उत्तर-(b)

व्याख्या: **हीलियम** एक बहुत ही **हल्की** और **अक्रिय** (Non-flammable) गैस है। **हाइड्रोजन** इससे भी **हल्की** है, लेकिन वह **ज्वलनशील** होती है, इसलिए **गुब्बारों** में **हीलियम** का प्रयोग किया जाता है।

60. उत्तर-(c)

व्याख्या: **नाभिकीय ऊर्जा** का उपयोग प्राय: **ऊष्मीय प्रदूषण** (Thermal Pollution) का कारक है। विभिन्न उत्पादक संयंत्रों में विभिन्न **रिएक्टरों** के अतितापन के निवारण के लिए नदी एवं तालाबों के जल का उपयोग किया जाता है। शीतलन की प्रक्रिया के फलस्वरूप गर्म जल पुन: जल स्रोतों में गिराया जाता है। इस तरह के गर्म जल से जल स्रोतों के ताप में वृद्धि हो जाती है, इसे ही ऊष्मीय प्रदूषण कहा जाता है।

61. उत्तर-(b)

व्याख्या: **वस्तु** एवं **सेवा कर** (GST) **विधेयक** को **मंजूरी** देने वाला **असम** देश का **पहला राज्य** था। **12 अगस्त 2016** को **असम विधानसभा** ने **सर्वसम्मति** से इस संविधान संशोधन विधेयक को पारित किया था। भारत में **GST 101वें संविधान संशोधन अधिनियम 2016** के तहत लागू किया गया था।

62. उत्तर-(b)

व्याख्याः डॉ. वर्गीज कुरियन को भारत में **मिल्क मैन** कहा जाता है। उन्होंने **अमूल** की स्थापना में महत्वपूर्ण भूमिका निभाई और **ऑपरेशन फ्लड** के माध्यम से भारत को विश्व का **सबसे बड़ा दूध उत्पादक** देश बनाया।

63. उत्तर-(a)

व्याख्याः विश्व बैंक का **वाशिंगटन डी.सी.** में, **डब्ल्यूटीओ** का **जिनेवा** में, **यूनिसेफ** का **न्यूयॉर्क** में और **यूनेस्को** का मुख्यालय **पेरिस** में स्थित है। ये सभी महत्वपूर्ण **अंतर्राष्ट्रीय संगठन** और उनके **मुख्यालय** हैं।

64. उत्तर-(a)

व्याख्याः ₹1 के नोट (जिस पर वित्त सचिव के हस्ताक्षर होते हैं) को छोड़कर, **भारत** में **सभी करेंसी नोटों** पर **भारतीय रिजर्व बैंक के गवर्नर के हस्ताक्षर** और **भुगतान की गारंटी** देता है।

65. उत्तर-(b)

व्याख्याः भारत सरकार ने **1 जनवरी 2015** को **नीति आयोग** (नेशनल इंस्टीट्यूशन फॉर ट्रांसफॉर्मिंग इंडिया) का गठन किया। इसका गठन **योजना आयोग** के स्थान पर किया गया है और यह **सरकार** के **थिंक टैंक** के रूप में कार्य करता है।

66. उत्तर-(c)

व्याख्याः जब **शेयर बाजार** में **कीमतों के बढ़ने की उम्मीद** होती है, तो उसे **बुल** (तेजड़िया) कहते हैं और जब **कीमतों के गिरने** की संभावना होती है, तो उसे **बियर** (मंदाड़िया) कहा जाता है।

67. उत्तर-(a)

व्याख्याः कम **जनसंख्या** और **उच्च पर्यटन राजस्व** के कारण **गोवा** भारत में सबसे अधिक प्रति व्यक्ति आय वाला राज्य है। इसके बाद **सिक्किम** और **दिल्ली** जैसे **केंद्र शासित प्रदेशों** का स्थान आता है।

68. उत्तर-(b)

व्याख्याः अंत्योदय अन्न योजना की शुरुआत **दिसंबर 2000** में की गई इस **योजना** का **उद्देश्य** देश में **गरीबी रेखा** से नीचे परिवारों को **रियायती दरों** पर **खाद्य उपलब्ध कराना** था।

69. उत्तर-(c)

व्याख्याः एसबीआई भारत का **सबसे बड़ा** और इसकी स्थापना **1 जुलाई, 1955** को की गई थी। यह **सार्वजनिक क्षेत्र** का **वाणिज्यिक बैंक** है। इसकी शाखाएँ **देश** और **विदेशों** में भी फैली हुई है। इसका मुख्यालय **मुंबई** में है।

70. उत्तर-(a)

व्याख्याः भारत में **गरीबी रेखा** और **निर्धनता** का आकलन **नीति आयोग** द्वारा किया जाता है। इसके लिए **समय-समय** पर **विभिन्न कार्य समूहों** (जैसे- लकड़ावाला, तेंदुलकर, रंगराजन समिति) का **गठन** किया गया था।

71. उत्तर-(c)

व्याख्याः उत्तर प्रदेश का राजकीय वृक्ष **अशोक** है। राजकीय पुष्प **पलाश**, राजकीय पशु **बारहसिंगा** और राजकीय पक्षी **सारस** (क्रेन) है। राजकीय चिह्न में दो **मछली** और **एक तीर-धनुष** का अंकन है।

72. उत्तर-(b)

व्याख्याः भारतीय दलहन अनुसंधान संस्थान (IIPR) **कानपुर** के **कल्याणपुर** में स्थित है। यह **दालों के उत्पादन, नई किस्मों के विकास** और **उन्नत खेती** की **तकनीकों** पर शोध करने वाला देश का **प्रमुख केंद्र** है।

73. उत्तर-(a)

व्याख्याः भदोही कालीन के लिए, **मेरठ खेल सामग्री** के लिए, **फिरोजाबाद कांच की चूड़ियों** के लिए और **कन्नौज इत्र** (Perfumery) के लिए विश्व विख्यात हैं। ये **यू.पी.** के प्रमुख **औद्योगिक क्षेत्र** हैं।

74. उत्तर-(a)

व्याख्याः उत्तर प्रदेश देश का **सबसे बड़ा गन्ना उत्पादक राज्य** है। **मुजफ्फरनगर** जिले में **गन्ने की खेती** और **चीनी मिलों** की अधिकता के कारण इसे **चीनी का कटोरा** कहा जाता है।

75. उत्तर-(d)

व्याख्याः उत्तर प्रदेश राज्य की **महिला हेल्प लाइन** की सुविधा **1090** फोन नम्बर पर शुरू की गई है। **12 नवंबर, 2012** को इसकी **शुरुआत** की गई थी।

76. उत्तर-(c)

व्याख्याः उत्तर प्रदेश का **ललितपुर** जिला खनिजों की दृष्टि से महत्त्वपूर्ण है। यहाँ **यूरेनियम** के **सीमित भंडार** पाए गए हैं, साथ ही यहाँ **तांबा**, **सोना** और **प्लेटिनम** मिलने की भी संभावनाएँ हैं।

77. उत्तर-(b)

व्याख्याः उत्तर प्रदेश सरकार नोएडा (गौतम बुद्ध नगर) में देश की सबसे आधुनिक **फिल्म सिटी** का निर्माण कर रही है। इससे राज्य में **रोजगार** और **पर्यटन** के नए अवसर पैदा होने की उम्मीद है।

78. उत्तर-(b)

व्याख्याः आगरा के **बटेश्वर** नामक स्थान पर **यमुना** किनारे **ऊँटों का प्रसिद्ध मेला** लगता है। यह उत्तर प्रदेश का एक प्रमुख **पशु मेला** है और यहाँ **101 शिव मंदिरों** की एक श्रृंखला भी है।

79. उत्तर-(a)

व्याख्याः **उत्तर प्रदेश** में **वनों** को **अधिक प्रभावी** बनाने के लिए **संरक्षण**, **विकास** तथा **वनोपज** के **वैज्ञानिक** उपयोग के लिए **स्थानीय प्राधिकरण** के रूप में उत्तर प्रदेश **वन निगम अधिनियम, 1974** के अन्तर्गत **25 नवंबर, 1974** को उत्तर प्रदेश **वन निगम** की स्थापना हुई। इसका मुख्यालय लखनऊ में स्थित है।

80. उत्तर-(b)

व्याख्याः **राजर्षि पुरुषोत्तम दास टंडन** उत्तर प्रदेश **विधानसभा** के पहले **अध्यक्ष** (1937-50) थे। वे **हिंदी** के **प्रबल समर्थक** और **स्वतंत्रता सेनानी** थे। उन्हें वर्ष 1961 में **भारत रत्न** से **सम्मानित** किया गया था।

81. उत्तर-(b)

व्याख्याः **रॉकी पर्वत श्रृंखला** पश्चिमी उत्तरी अमेरिका में स्थित एक विशाल **वलित पर्वत माला** है। यह **कनाडा** से लेकर **अमेरिका** के **न्यू मैक्सिको** तक फैली हुई है। इसकी सबसे ऊँची चोटी **माउंट अल्बर्ट** है।

82. उत्तर-(b)

व्याख्याः **एमनेस्टी इंटरनेशनल** एक **अंतर्राष्ट्रीय मानवाधिकार संगठन** है। इसकी स्थापना वर्ष 1961 में हुई थी और इसका मुख्यालय **लंदन** (यूके) में है। इसे वर्ष 1977 में **नोबेल शांति पुरस्कार** से भी सम्मानित गया था।

83. उत्तर-(a)

व्याख्याः **जापान** की **टोक्यो**, **दक्षिण कोरिया** की **सियोल**, **वियतनाम** की **हनोई** और **थाईलैंड** की **बैंकॉक** राजधानी है। ये सभी **पूर्वी** और **दक्षिण-पूर्वी एशिया** के प्रमुख देश और उनकी राजधानी हैं।

84. उत्तर-(b)

व्याख्याः **रेड क्रॉस** के संस्थापक **हेनरी ड्यूनेंट** के जन्मदिन पर प्रतिवर्ष **8 मई** को **विश्व रेड क्रॉस दिवस** मनाया जाता है। यह संस्था **युद्ध** और **प्राकृतिक आपदाओं** के दौरान **मानवीय सहायता** प्रदान करती है।

85. उत्तर-(b)

व्याख्याः वर्ष 1963 में **सुचेता कृपलानी** उत्तर प्रदेश की **मुख्यमंत्री** चुनी गई थीं। वह न केवल **उत्तर प्रदेश** बल्कि पूरे **भारत** के किसी भी **राज्य** की **मुख्यमंत्री** बनने वाली **पहली महिला** थीं।

86. उत्तर-(b)

व्याख्याः वर्ष 1983 में फिल्म **गांधी** में **कॉस्ट्यूम डिजाइन** के लिए **भानु अथैया** ने **ऑस्कर पुरस्कार** जीता था। यह **ऑस्कर पुरस्कार** जीतने वाली **पहली भारतीय महिला** थी। **सत्यजीत रे** को वर्ष 1992 में **मानद ऑस्कर पुरस्कार** मिला था।

87. उत्तर-(b)

व्याख्याः **कैनबरा ऑस्ट्रेलिया** की **राजधानी** है, जिसे एक **नियोजित शहर** के रूप में बसाया गया था। **सिडनी** और **मेलबर्न ऑस्ट्रेलिया** के सबसे बड़े शहर हैं।

88. उत्तर-(a)

व्याख्याः प्रथम **विश्व युद्ध** के बाद **वर्साय की संधि** के तहत वर्ष 1919 में **अंतर्राष्ट्रीय श्रम संगठन** की स्थापना हुई थी। इसका मुख्यालय **जिनेवा** में है और यह श्रमिकों के अधिकारों के लिए कार्य करता है।

89. उत्तर-(a)

व्याख्याः **विंग्स ऑफ फायर** भारत के **पूर्व राष्ट्रपति** और **मिसाइल मैन डॉ. कलाम** की **प्रेरणादायक आत्मकथा** है। इसमें उनके बचपन से लेकर भारत के **अंतरिक्ष** और **रक्षा कार्यक्रमों** तक के सफर का वर्णन है।

90. उत्तर-(b)

व्याख्याः **संतोष ट्रॉफी** भारत की प्रमुख **अंतर-राज्यीय फुटबॉल** प्रतियोगिता है। इसकी शुरुआत वर्ष 1941 में हुई थी और इसका नाम तत्कालीन **इंडियन फुटबॉल एसोसिएशन** के अध्यक्ष **मन्मथ नाथ रॉय चौधरी** (संतोष के राजा) पर रखा गया।

91. उत्तर-(d)

व्याख्याः **फातिमा बॉस** (Fátima Bosch) ने **मेक्सिको** का प्रतिनिधित्व करते हुए **74वाँ मिस यूनिवर्स 2025** का खिताब जीता है। **थाईलैंड** में आयोजित इस प्रतिष्ठित प्रतियोगिता में, उन्होंने **120** से अधिक देशों की सुंदरियों को पीछे छोड़कर यह ताज अपने नाम किया है।

92. उत्तर-(c)

व्याख्याः **तीसरा अंतर्राष्ट्रीय आयुर्वेद सम्मेलन** ब्राजील के **साओ पाउलो** शहर में आयोजित किया गया था। यह आयोजन **14-15 नवंबर 2025** तक **स्वामी विवेकानंद सांस्कृतिक केंद्र** और **कोनायुर साओ पाउलो** द्वारा आयोजित किया गया।

93. उत्तर-(a)

व्याख्या: विश्व स्वास्थ्य संगठन **(WHO) द्वारा** हाल ही में **जॉर्जिया (जनवरी, 2025) और** सूरीनाम (जून, 2025) **को** मलेरिया-मुक्त **घोषित किया गया।**

94. उत्तर-(c)

व्याख्या: विश्व आर्थिक मंच द्वारा जारी **ग्लोबल जेंडर गैप रिपोर्ट 2025** में **भारत** को **148 देशों** में से **131वां** स्थान मिला। पिछले वर्ष 2024 के **129वां** स्थान की तुलना में भारत की **रैंकिंग में दो स्थानों की गिरावट** दर्ज की गई।

95. उत्तर-(b)

व्याख्या: जून 2025 में **विश्व मरुस्थलीकरण** और **सूखा रोकथाम दिवस 17 जून** को मनाया गया था। इसका उद्देश्य **मरुस्थलीकरण** से निपटने के लिए **अंतर्राष्ट्रीय प्रयासों** के बारे में **जन-जागरुकता** को बढ़ावा देना है।

96. उत्तर-(b)

व्याख्या: हिमाचल प्रदेश सरकार ने जून 2025 (और उससे पहले 2024 के अंत में) प्रदेश सरकार ने मुख्यमंत्री **सुख आश्रय योजना** का विस्तार किया इसमें **परित्यक्त** और **समर्पित बच्चों** को भी शामिल किया गया जिससे उनकी देखभाल हो सके।

97. उत्तर-(b)

व्याख्या: क्रिस्टी कोवेंट्री **अंतर्राष्ट्रीय ओलंपिक समिति** (IOC) की **पहली महिला** तथा **पहली अफ्रीकी** अध्यक्ष बनीं। वह **जिम्बाब्वे** की सबसे सफल **ओलंपियन** हैं, जिन्होंने देश के कुल आठ में से सात ओलंपिक पदक जीते हैं।

98. उत्तर-(a)

व्याख्या: भारतीय महिला क्रिकेट टीम ने **दक्षिण अफ्रीका** को **52 रन से हराकर 2025 का विश्व कप** का **खिताब** जीता। यह मुकाबला **नवीं मुम्बई** के **डीवाई पाटिल स्टेडियम** में खेला गया।

99. उत्तर-(b)

व्याख्या: 29 जून को **राष्ट्रीय सांख्यिकीय दिवस** के रूप में मनाया जाता है। यह दिवस **आर्थिक योजना** और **सांख्यिकीय विकास** के क्षेत्र में प्रसिद्ध **भारतीय वैज्ञानिक** और **सांख्यिकीयविद् पी.सी. महालनोबिस** के **सम्मान** में मनाया जाता है।

100. उत्तर-(c)

व्याख्या: भारत ने **फरवरी 2024** में **31 एमक्यू-9बी ड्रोन** के लिए **अमेरिका** के साथ **समझौते पर हस्ताक्षर** किए। इस **अनुबंध पर हस्ताक्षर** होने के 3 वर्ष पश्चात् **फरवरी 2027** से **डिलीवरी शुरु** हो जाएगी।

होमगार्ड प्रैक्टिस सैट-18

1. **भीमबेटका किसके लिए प्रसिद्ध है?**
(a) गुफाओं के शैल चित्र (b) खनिज
(c) बौद्ध प्रतिमाएँ (d) सोन नदी का उपागम स्थल

2. **विक्रम संवत की शुरुआत किस वर्ष हुई थी?**
(a) 57 ई.पू. (b) 78 ई.
(c) 319 ई. (d) 248 ई.

3. **16 महाजनपदों का उल्लेख किस बौद्ध महाग्रंथ में मिलता है?**
(a) अंगुत्तर निकाय (b) महावंश
(c) दीघ निकाय (d) विनय पिटक

4. **शूद्रक द्वारा रचित प्रसिद्ध प्राचीन नाटक मृच्छकटिकम् का अर्थ क्या है?**
(a) मिट्टी का खिलौना (b) मिट्टी की गाड़ी
(c) सोने का हिरण (d) राजा की कथा

5. **निम्नलिखित सूची-I को सूची-II से सुमेलित कीजिए-**

सूची-I (राजवंश)	सूची-II (राजधानी)
A. पल्लव	1. बादामी
B. चालुक्य	2. कांचीपुरम
C. होयसल	3. मान्यखेत
D. राष्ट्रकूट	4. द्वारसमुद्र

कूट:
(a) A-2, B-1, C-4, D-3 (b) A-1, B-2, C-3, D-4
(c) A-3, B-4, C-1, D-2 (d) A-2, B-3, C-1, D-4

6. **यज्ञ संबंधी विधि-विधानों का पता चलता है?**
(a) ऋग्वेद से (b) सामवेद से
(c) ब्राह्मण ग्रंथों से (d) यजुर्वेद से

7. **मध्यकालीन भारत में खराज किस प्रकार का कर (Tax) था?**
(a) व्यापारिक कर (b) भू-राजस्व कर
(c) धार्मिक कर (d) युद्ध में लूटा गया धन

8. **मुगल सम्राट हुमायूँ का मकबरा कहाँ स्थित है, जिसे ताजमहल का पूर्वगामी कहा जाता है?**
(a) आगरा (b) काबुल
(c) दिल्ली (d) सासाराम

9. **अष्टछाप की स्थापना किसके द्वारा की गई थी?**
(a) वल्लभाचार्य (b) विट्ठलनाथ
(c) चैतन्य महाप्रभु (d) सूरदास

10. **सहायक संधि (Subsidiary Alliance) को स्वीकार करने वाला पहला राज्य कौन-सा था?**
(a) अवध (b) मैसूर
(c) हैदराबाद (d) तंजौर

11. **1857 के विद्रोह के समय इलाहाबाद (प्रयागराज) का नेतृत्व किसने किया था?**
(a) लियाकत अली (b) खान बहादुर खान
(c) बेगम हजरत महल (d) कुंवर सिंह

12. **महात्मा गांधी ने किस आंदोलन के दौरान करो या मरो का नारा दिया था?**
(a) असहयोग आंदोलन (b) सविनय अवज्ञा आंदोलन
(c) चंपारण सत्याग्रह (d) भारत छोड़ो आंदोलन

13. **हिंदू महिला संपत्ति अधिनियम किस वर्ष पारित किया गया था?**
(a) वर्ष 1937 (b) वर्ष 1956
(c) वर्ष 1929 (d) वर्ष 1947

14. **भारतीय स्वतंत्रता संग्राम के दौरान शक्ति के विरुद्ध अधिकार की इस लड़ाई में मैं विश्व की सहानुभूति चाहता हूँ - यह कथन किसका है?**
(a) दांडी यात्रा के दौरान गांधीजी
(b) जेल में भगत सिंह
(c) सुभाष चंद्र बोस
(d) जवाहरलाल नेहरू

15. **गदर पार्टी की स्थापना लाला हरदयाल ने कहाँ की थी?**
(a) लंदन (b) सैन फ्रांसिस्को
(c) बर्लिन (d) सिंगापुर

16. **उस्ताद बिंदा खान द्वारा बजाया जाने वाला वाद्ययंत्र है?**
(a) सारंगी (b) वायलिन
(c) मृदंग (d) संतूर

17. संगाई महोत्सव निम्नलिखित में से किस राज्य में आयोजित किया जाता है?
(a) मणिपुर (b) तमिलनाडु
(c) मेघालय (d) असम

18. निम्नलिखित सूची-I को सूची-II से सुमेलित कीजिए-

सूची-I (सांस्कृतिक महोत्सव)	सूची-II (राज्य)
A. लोसार	1. केरल
B. वल्लम काली	2. लद्दाख
C. हेमिस	3. सिक्किम
D. सागा दावा	4. लद्दाख

कूट:
(a) A-2, B-1, C-4, D-3 (b) A-1, B-2, C-3, D-4
(c) A-3, B-1, C-2, D-4 (d) A-2, B-3, C-1, D-4

19. प्रत्येक वर्ष कितने क्षेत्रों में नोबेल पुरस्कार प्रदान किए जाते हैं?
(a) 5 (b) 7
(c) 4 (d) 6

20. भारत का सबसे पुराना वाद्य यंत्र कौन सा माना जाता है?
(a) तबला (b) सितार
(c) वीणा (d) बांसुरी

21. निम्नलिखित में से फ्रंटियर गांधी किसे कहा जाता था?
(a) पुरुषोत्तम दास टंडन
(b) नेताजी सुभाष चंद्र बोस
(c) अब्दुल गफ्फार खान
(d) मौलाना अबुल कलाम आजाद

22. राष्ट्रपति पर महाभियोग (Impeachment) चलाने की प्रक्रिया किस अनुच्छेद में है?
(a) अनुच्छेद 52 (b) अनुच्छेद 61
(c) अनुच्छेद 72 (d) अनुच्छेद 123

23. संविधान संशोधन की प्रक्रिया भारतीय संविधान के किस अनुच्छेद में वर्णित है?
(a) अनुच्छेद 352 (b) अनुच्छेद 360
(c) अनुच्छेद 368 (d) अनुच्छेद 370

24. भारतीय संविधान की प्रस्तावना में न्याय के कितने रूपों का उल्लेख है?
(a) दो (b) तीन
(c) चार (d) पाँच

25. निम्नलिखित सूची-I को सूची-II से सुमेलित कीजिए-

सूची-I (समिति)	सूची-II (अध्यक्ष)
A. प्रारूप समिति	1. जे.बी. कृपलानी
B. संघ शक्ति समिति	2. डॉ. बी.आर. अंबेडकर
C. झंडा समिति	3. डॉ. राजेंद्र प्रसाद
D. संचालन समिति	4. जवाहरलाल नेहरू

कूट:
(a) A-2, B-4, C-1, D-3 (b) A-1, B-2, C-3, D-4
(c) A-3, B-1, C-4, D-2 (d) A-2, B-3, C-1, D-4

26. निम्नलिखित में से राष्ट्रपति किसकी नियुक्ति करता है?
(a) भारत का महान्यायवादी
(b) नियंत्रक एवं महालेखा परीक्षक
(c) राज्य का राज्यपाल
(d) उपरोक्त सभी

27. किस संविधान संशोधन द्वारा मतदान की आयु 21 वर्ष से घटाकर 18 वर्ष की गई?
(a) 42वाँ (b) 44वाँ
(c) 61वाँ (d) 73वाँ

28. पंचायती राज दिवस प्रतिवर्ष कब मनाया जाता है?
(a) 24 अप्रैल (b) 2 अक्टूबर
(c) 26 जनवरी (d) 15 अगस्त

29. संपत्ति के अधिकार को मौलिक अधिकारों की सूची से किस वर्ष हटाया गया?
(a) वर्ष 1976 (b) वर्ष 1978
(c) वर्ष 1980 (d) वर्ष 1992

30. भारतीय संविधान में एकल नागरिकता की अवधारणा किस देश से ली गई है?
(a) अमेरिका (b) ब्रिटेन
(c) कनाडा (d) आयरलैंड

31. निम्नलिखित में किसको रहस्यमयी झील कहा जाता है?
(a) जोर पोखरी झील (b) डोडीताल झील
(c) रूपकुण्ड झील (d) रेड हिल्स झील

32. शिवसमुद्रम जलप्रपात किस नदी पर स्थित है?
(a) कृष्णा (b) कावेरी
(c) गोदावरी (d) नर्मदा

33. निम्नलिखित सूची-I को सूची-II से सुमेलित कीजिए-

सूची-I (दर्रा)		सूची-II (राज्य)
A.	जोजिला	1. सिक्किम
B.	शिपकीला	2. लद्दाख
C.	नाथुला	3. अरुणाचल प्रदेश
D.	बोमडिला	4. हिमाचल प्रदेश

कूटः

(a) A-2, B-4, C-1, D-3 (b) A-1, B-2, C-3, D-4
(c) A-3, B-1, C-4, D-2 (d) A-4, B-3, C-2, D-1

34. निम्नलिखित में से कौन-सी नदी उत्तर प्रदेश राज्य से प्रवाहित नहीं होती है?

(a) सोन नदी (b) हिण्डन नदी
(c) महानदी (d) शारदा नदी

35. निम्नलिखित में से कौन-सी एक कृत्रिम झील है?

(a) कोडाईकनाल (तमिलनाडु) (b) कोलेरू (आंध्र प्रदेश)
(c) नैनीताल (उत्तराखंड) (d) रेणुका (हिमाचल प्रदेश)

36. निम्नलिखित में से कौन एक तिलहनी फसल है?

(a) मसूर (b) लोबिया
(c) सूर्यमुखी (d) बरसीम

37. भारत का एकमात्र तैरता हुआ राष्ट्रीय उद्यान केबुल लामजाओ कहाँ है?

(a) मणिपुर (b) असम
(c) मेघालय (d) मिजोरम

38. थाल घाट दर्रा किन दो शहरों को जोड़ता है?

(a) मुंबई और पुणे (b) मुंबई और नासिक
(c) नासिक और इंदौर (d) कोच्चि और चेन्नई

39. भारत का सबसे ऊँचा सीधी गिरावट वाला जलप्रपात (Plunge Waterfall) कौन सा है?

(a) जोग प्रपात (b) नोहकलिकाई
(c) कुंचिकल (d) दूधसागर

40. दुधवा राष्ट्रीय उद्यान उत्तर प्रदेश के किस जिले में स्थित है?

(a) लखीमपुर खीरी (b) बहराइच
(c) पीलीभीत (d) श्रावस्ती

41. चिपको आंदोलन की शुरुआत उत्तराखंड के किस जिले से हुई थी?

(a) चमोली (b) उत्तरकाशी
(c) देहरादून (d) टिहरी गढ़वाल

42. ग्लोबल वार्मिंग के लिए सबसे प्रमुख उत्तरदायी गैस कौन-सी है?

(a) मीथेन (b) कार्बन डाइऑक्साइड
(c) ओजोन (d) नाइट्रोजन

43. निम्नलिखित सूची-I को सूची-II से सुमेलित कीजिए-

सूची-I (संस्थान)		सूची-II (स्थान)
A.	NEERI	1. नागपुर
B.	WII	2. देहरादून
C.	FSI	3. देहरादून
D.	CPCB	4. नई दिल्ली

कूटः

(a) A-1, B-2, C-3, D-4 (b) A-2, B-1, C-4, D-3
(c) A-3, B-4, C-1, D-2 (d) A-4, B-3, C-2, D-1

44. निम्न में से कौन-सी वस्तु जीवाणुओं से नष्ट नहीं होती है?

(a) गोबर (b) पौधों की पत्तियां
(c) खाद्य पदार्थ (d) प्लास्टिक

45. भारत में प्रोजेक्ट टाइगर की शुरुआत किस वर्ष हुई थी?

(a) वर्ष 1972 (b) वर्ष 1973
(c) वर्ष 1981 (d) वर्ष 1992

46. विश्व तंबाकू निरोध दिवस प्रतिवर्ष मनाया जाता है?

(a) 12 मई को (b) 13 मई को
(c) 21 मई को (d) 31 मई को

47. ओजोन परत की मोटाई मापने की इकाई क्या है?

(a) डेसिबल (b) डॉब्सन
(c) पास्कल (d) वेबर

48. वायुमंडल में ग्रीन हाउस प्रभाव के लिए सर्वाधिक जिम्मेदार कारक है?

(a) धूल कण (b) जलवाष्प
(c) नाइट्रोजन (d) हीलियम

49. ग्रेट हिमालयन नेशनल पार्क जिसे यूनेस्को की सूची में शामिल किया गया, कहाँ है?

(a) हिमाचल प्रदेश (b) उत्तराखंड
(c) लद्दाख (d) सिक्किम

50. ई-वेस्ट (Electronic Waste) के पुनर्चक्रण के लिए भारत का पहला क्लीनिक कहाँ खुला?

(a) भोपाल (b) इंदौर
(c) बंगलुरु (d) पुणे

51. प्रकाश वर्ष (Light Year) किसका मात्रक है?
(a) समय (b) दूरी
(c) प्रकाश की तीव्रता (d) वेग

52. पायरोमीटर का उपयोग किसे मापने के लिए किया जाता है?
(a) वायुदाब (b) उच्च तापमान
(c) आर्द्रता (d) गहराई

53. निम्नलिखित सूची-I को सूची-II से सुमेलित कीजिए-

सूची-I (अम्ल)		सूची-II (स्रोत)
A. साइट्रिक अम्ल	1.	इमली
B. टार्टरिक अम्ल	2.	नींबू
C. ऑक्जेलिक अम्ल	3.	चींटी का डंक
D. फॉर्मिक अम्ल	4.	टमाटर

कूटः
(a) A-2, B-1, C-4, D-3 (b) A-1, B-2, C-3, D-4
(c) A-3, B-4, C-1, D-2 (d) A-4, B-3, C-2, D-1

54. पादपों में निम्नलिखित में से किस प्रक्रिया द्वारा घुले हुए खनिजों और जल को जड़ों से पत्तियों तक ऊपर की ओर गति करने में मदद मिलती है?
(a) प्रकाश संश्लेषण (b) वाष्पोत्सर्जन
(c) स्थानांतरण (d) वाष्पीकरण

55. पौधे के किस भाग से हल्दी प्राप्त की जाती है?
(a) जड़ (b) फल
(c) तना (d) बीज

56. गोबर गैस में मुख्यतः कौन-सी गैस होती है?
(a) मीथेन (b) क्लोरीन
(c) हीलियम (d) नाइट्रोजन

57. किस विटामिन की कमी से बेरी-बेरी रोग होता है?
(a) विटामिन B1 (b) विटामिन B12
(c) विटामिन C (d) विटामिन D

58. वायुमंडल में बादलों के तैरने का कारण क्या है?
(a) निम्न दाब (b) निम्न घनत्व
(c) निम्न तापमान (d) उच्च वेग

59. पेनिसिलिन की खोज किसने की थी?
(a) एडवर्ड जेनर (b) अलेक्जेंडर फ्लेमिंग
(c) लुई पाश्चर (d) जोनास साल्क

60. खाना पकाने के गैस में 90% से अधिक रहता है?
(a) ब्यूटेन (b) मीथेन
(c) हीलियम (d) सल्फर-डाई-आक्साइड

61. निम्नलिखित में से कौन-सा तरल पदार्थ सर्वाधिक ज्वलनशील है?
(a) मोबिल ऑयल (b) पारा
(c) पेट्रोल (d) मिट्टी का तेल

62. भारतीय रिजर्व बैंक (RBI) के प्रथम भारतीय गवर्नर कौन थे?
(a) ओसबोर्न स्मिथ (b) सी.डी.देशमुख
(c) मनमोहन सिंह (d) रघुराम राजन

63. निम्नलिखित सूची-I को सूची-II से सुमेलित कीजिए-

सूची-I (मुद्रा)		सूची-II (देश)
A. जापान	1.	युआन/रेन्मिन्बी
B. चीन	2.	येन
C. रूस	3.	रियाल
D. सऊदी अरब	4.	रूबल

कूटः
(a) A-2, B-1, C-4, D-3 (b) A-1, B-2, C-3, D-4
(c) A-3, B-4, C-1, D-2 (d) A-4, B-3, C-2, D-1

64. लॉरेंज वक्र (Lorenz Curve) क्या दर्शाता है?
(a) मुद्रास्फीति (b) बेरोजगारी
(c) आय विषमता (d) गरीबी रेखा

65. भारत में नीली क्रांति का जनक किसे माना जाता है?
(a) एम.एस. स्वामीनाथन (b) हीरालाल चौधरी
(c) वर्गीज कुरियन (d) सेम पित्रोदा

66. स्टैगफ्लेशन (Stagflation) की स्थिति में क्या होता है?
(a) मंदी और मुद्रास्फीति एक साथ
(b) केवल अत्यधिक मंदी
(c) केवल अत्यधिक मुद्रास्फीति
(d) व्यापार में वृद्धि

67 भारत में राष्ट्रीय आय का प्रथम मापन किसने किया था?
(a) विलियम डिग्वी (b) दादाभाई नौरोजी
(c) वी.के.आर.वी.राव (d) एम.जी. रानाडे

68. हार्ट ऑफ इंडिया के नाम से किस फंड को जाना जाता है?
(a) म्यूचुअल फंड (b) पेंशन फंड
(c) प्रत्यक्ष विदेशी निवेश (FDI) (d) सूक्ष्म वित्त (Microfinance)

69. किस देश ने विश्व में सर्वप्रथम जीएसटी लागू किया था?

(a) फ्रांस (b) कनाडा

(c) जर्मनी (d) अमेरिका

70. भारत की 12वीं पंचवर्षीय योजना की अवधि क्या थी?

(a) वर्ष 2007-2012 (b) वर्ष 2012-2017

(c) वर्ष 2010-2015 (d) वर्ष 2015-2020

71. निम्नलिखित में से किन शहरों में अंतर्राष्ट्रीय हवाई अड्डा स्थित है?

(a) लखनऊ (b) वाराणसी

(c) (a) और (b) दोनों (d) मेरठ

72. उत्तर प्रदेश में राम बारात उत्सव कहाँ आयोजित होता है?

(a) अयोध्या (b) आगरा

(c) चित्रकूट (d) प्रयागराज

73. निम्नलिखित सूची-I को सूची-II से सुमेलित कीजिए-

सूची-I (पक्षी विहार)	सूची-II (जिला)
A. समसपुर	1. रायबरेली
B. ओखला	2. गौतम बुद्ध नगर
C. बखीरा	3. संत कबीर नगर
D. सांडी	4. हरदोई

कूट:

(a) A-1, B-2, C-3, D-4 (b) A-2, B-1, C-4, D-3

(c) A-3, B-4, C-1, D-2 (d) A-4, B-3, C-2, D-1

74. उत्तर प्रदेश के किस जिले को चाकुओं का शहर कहा जाता है?

(a) मुरादाबाद (b) रामपुर

(c) अलीगढ़ (d) बरेली

75. शकीला बानो भोपाली का संबंध उत्तर प्रदेश की किस विधा से है?

(a) कथक (b) कव्वाली

(c) नौटंकी (d) बिरहा

76. उत्तर प्रदेश में किसान मित्र योजना कब शुरू हुई?

(a) 18 जून 2001 (b) 2 अक्टूबर 2002

(c) 15 अगस्त 2000 (d) 1 जनवरी 2004

77. रानी लक्ष्मीबाई बांध किस नदी पर निर्मित है?

(a) बेतवा (b) केन

(c) रिहंद (d) चंबल

78. उत्तर प्रदेश के किस शहर को ग्रास ऑन द ईस्ट कहा जाता है?

(a) जौनपुर (b) कन्नौज

(c) गाजीपुर (d) वाराणसी

79. भारती भवन पुस्तकालय उत्तर प्रदेश में कहाँ स्थित है?

(a) प्रयागराज (b) लखनऊ

(c) आगरा (d) वाराणसी

80. उत्तर प्रदेश के कितने जिले नेपाल के साथ सीमा साझा करते हैं?

(a) 5 (b) 7

(c) 9 (d) 10

81. विश्व स्वास्थ्य संगठन (WHO) का मुख्यालय कहाँ स्थित है?

(a) पेरिस (b) जिनेवा

(c) न्यूयॉर्क (d) वियना

82. भारत में बनने वाली सर्वप्रथम कथा फिल्म (टॉकी) थी?

(a) हातिमताई (b) आलम आरा

(c) पुंडलीक (d) राजा हरिश्चंद्र

83. निम्नलिखित सूची-I को सूची-II से सुमेलित कीजिए-

सूची-I (दिवस)	सूची-II (तिथि)
A. विश्व मानवाधिकार दिवस	1. 1 दिसंबर
B. विश्व एड्स दिवस	2. 10 दिसंबर
C. ओजोन संरक्षण दिवस	3. 8 सितंबर
D. अंतर्राष्ट्रीय साक्षरता दिवस	4. 16 सितंबर

कूट:

(a) A-2, B-1, C-4, D-3 (b) A-1, B-2, C-3, D-4

(c) A-3, B-4, C-1, D-2 (d) A-4, B-3, C-2, D-1

84. माई एक्सपेरिमेंट्स विद ट्रुथ पुस्तक के लेखक कौन हैं?

(a) जवाहरलाल नेहरू (b) महात्मा गांधी

(c) सरदार पटेल (d) डॉ.राजेंद्र प्रसाद

85. द्रोणाचार्य पुरस्कार दिया जाता है?

(a) खेल-कूद के उत्कृष्ट प्रशिक्षण हेतु

(b) औषधियों के सर्वोत्कृष्ट अनुसंधान हेतु

(c) राष्ट्रीय छात्र सेना के सर्वश्रेष्ठ सैनिक को

(d) सर्वश्रेष्ठ पहलवान को

86. ज्ञानपीठ पुरस्कार पाने वाली प्रथम महिला कौन थी?

(a) महादेवी वर्मा (b) आशापूर्णा देवी

(c) अमृता प्रीतम (d) सुभद्रा कुमारी चौहान

87. वाइट हाउस किस देश के राष्ट्रपति का निवास स्थान है?

(a) ब्रिटेन (b) अमेरिका

(c) रूस (d) फ्रांस

88. यूनेस्को (UNESCO) का मुख्यालय कहाँ स्थित है?

(a) जिनेवा (b) पेरिस

(c) रोम (d) न्यूयॉर्क

89. कौन-सी पुस्तक बंगाली देशभक्ति की बाइविल मानी जाती है?

(a) गीतांजलि (b) आनंदमठ

(c) देवदास (d) गोरा

90. विश्व पर्यटन दिवस कब मनाया जाता है?

(a) 27 सितंबर (b) 5 जून

(c) 21 जून (d) 22 मार्च

91. महिला दृष्टिबाधित फुटबॉल विश्व कप 2025 का विजेता कौन-सा देश बना है?

(a) अर्जेंटीना (b) भारत

(c) ब्राजील (d) दक्षिण अफ्रीका

92. 19वें तीरंदाजी विश्व कप 2025 में भारत के लिए एकमात्र व्यक्तिगत स्वर्ण पदक किसने जीता?

(a) मथुरा धामणगाँवकर (b) राकेश शर्मा

(c) अदिति स्वामी (d) सुषमा चौधरी

93. शंघाई सहयोग संगठन (SCO) का 10वाँ पूर्ण सदस्य कौन सा देश बना था?

(a) ईरान (b) बेलारूस

(c) मंगोलिया (d) सऊदी अरब

94. भारत का एकमात्र ज्ञात मड ज्वालामुखी, जो अक्टूबर, 2025 में पुनः सक्रिय हुआ, कहाँ अवस्थित है?

(a) बारातांग द्वीप, अंडमान निकोबार

(b) पंबन द्वीप, तमिलनाडु

(c) लक्षद्वीप द्वीप समूह

(d) माजुली द्वीप, असम

95. विंबलडन टेनिस चैंपियनशिप 2025 का पुरुष एकल खिताब किसने जीता था?

(a) नोवाक जोकोविच (b) कार्लोस अल्काराज

(c) जैनिक सिनर (d) राफेल नडाल

96. कौन-सा देश COP31 जलवायु शिखर सम्मेलन की मेजबानी करने वाला है?

(a) इथियोपिया (b) तुर्किये

(c) ब्राजील (d) जर्मनी

97. किस देश ने बांग्लादेश के ढाका में आयोजित महिला कबड्डी वर्ल्ड कप 2025 जीता है?

(a) भारत (b) ईरान

(c) जापान (d) ब्राजील

98. भारत के प्रधानमंत्री ने दक्षिण भारत प्राकृतिक कृषि शिखर सम्मेलन 2025 का उद्घाटन कहाँ किया?

(a) कोयंबटूर (b) हैदराबाद

(c) कोच्चि (d) बैंगलुरु

99. कैबिनेट की नियुक्ति समिति ने राष्ट्रीय कंपनी विधि अपील न्यायाधिकरण के अध्यक्ष के रूप में किसको पुनर्नियुक्त करने की मंजूरी दे दी है।

(a) न्यायमूर्ति अशोक भूषण

(b) न्यायमूर्ति संजय किशन कौल

(c) न्यायमूर्ति डी.वाई चंद्रचूड़

(d) न्यायमूर्ति एस. अब्दुल नजीर

100. वर्ष 2025 में भारत के 85वें ग्रैंडमास्टर कौन बने थे?

(a) आर. प्रज्ञानानंद (b) आदित्य सामंत

(c) पी. श्याम निखिल (d) विग्नेशएन.आर.

उत्तर : व्याख्या-सहित

1. उत्तर-(a)

व्याख्याः मध्य प्रदेश के **रायसेन जिले** के **अब्दुलागंज** के समीप **भीमबिटेका प्रागैतिहासिक शैल चित्रकला** का श्रेष्ठ उदाहरण है। इन गुफाओं में जीवन के विविध रंगों को पेंटिंग के रूप में उकेरा गया है। जिनमें **हाथी**, **सांभर**, **हिरन** आदि के चित्र हैं।

2. उत्तर-(a)

व्याख्याः विक्रम संवत की शुरुआत **57 ई.पू.** में **उज्जैन** के **राजा विक्रमादित्य** ने शकों पर विजय प्राप्त करने के उपलक्ष्य में की थी। यह हिंदू कैलेंडर में सर्वाधिक प्रचलित संवत है।

3. उत्तर-(a)

व्याख्याः बौद्ध ग्रंथ अंगुत्तर निकाय और **जैन ग्रंथ भगवती सूत्र** में प्राचीन भारत के **16 महाजनपदों** का उल्लेख मिलता है। इनमें मगध सबसे शक्तिशाली महाजनपद बनकर उभरा था।

4. उत्तर-(b)

व्याख्याः शूद्रक द्वारा रचित प्राचीन संस्कृत नाटक **मृच्छकटिकम्** का शाब्दिक अर्थ **मिट्टी की छोटी गाड़ी** है। इसमें नायक **चारुदत्त** और नायिका **वसंतसेना** की प्रेम कथा के माध्यम से तत्कालीन समाज का यथार्थ चित्रण किया गया है।

5. उत्तर-(a)

व्याख्याः पल्लवों की राजधानी **कांचीपुरम**, **चालुक्यों** की **बादामी** (वातापी), **होयसल** की **द्वारसमुद्र** और **राष्ट्रकूटों** की राजधानी **मान्यखेत** थी। यह दक्षिण भारत के प्रमुख राजवंशों और उनके केंद्रों का मिलान है।

6. उत्तर-(d)

व्याख्याः यज्ञ संबंधी विधि-विधानों का पता **यजुर्वेद** से चलता है। यजुर्वेद के दो भाग हैं- **शुक्ल यजुर्वेद** तथा **कृष्ण यजुर्वेद** ।

7. उत्तर-(b)

व्याख्याः दिल्ली सल्तनत में **गैर-मुस्लिम** किसानों से लिया जाने वाला भू-राजस्व कर **खराज** कहलाता था। **जकात** मुसलमानों से लिया जाने वाला धार्मिक कर था और **जजिया** गैर-मुस्लिमों से लिया जाने वाला सुरक्षा कर था।

8. उत्तर-(c)

व्याख्याः हुमायूँ का मकबरा दिल्ली में स्थित है, जिसका निर्माण उनकी पत्नी **हाजी बेगम** ने करवाया था। इसकी स्थापत्य शैली के कारण इसे **ताजमहल का पूर्वगामी** या प्रेरणा स्रोत माना जाता है।

9. उत्तर-(b)

व्याख्याः वल्लभाचार्य के पुत्र **विट्ठलनाथ** ने **आठ कृष्णभक्त** कवियों के समूह **अष्टछाप** की स्थापना की थी। इसमें **सूरदास** सबसे प्रमुख कवि थे। यह भक्ति काल की एक महत्वपूर्ण साहित्य परंपरा थी।

10. उत्तर-(c)

व्याख्याः लॉर्ड वेलेजली द्वारा शुरू की गई **सहायक संधि** को वर्ष **1798** में सबसे पहले **हैदराबाद के निजाम** ने स्वीकार किया था। इसके तहत राज्य को अपनी सुरक्षा के लिए ब्रिटिश सेना रखनी पड़ती थी।

11. उत्तर-(a)

व्याख्याः वर्ष 1857 के **प्रथम स्वतंत्रता संग्राम** में **इलाहाबाद** (प्रयागराज) का नेतृत्व **मौलवी लियाकत अली** ने किया था। बाद में **कर्नल नील** ने यहाँ के विद्रोह को बहुत क्रूरतापूर्वक कुचल दिया था।

12. उत्तर-(d)

व्याख्याः 8 अगस्त 1942 को मुंबई के **ग्वालिया टैंक मैदान** से गांधीजी ने **भारत छोड़ो आंदोलन** की शुरुआत की और देशवासियों को **करो या मरो** (Do or Die) का ऐतिहासिक नारा दिया था।

13. उत्तर-(a)

व्याख्याः वर्ष **1937** में पारित **हिंदू महिला संपत्ति अधिनियम** ने हिंदू विधवाओं को उनके पति की **संपत्ति में उत्तराधिकार का अधिकार** प्रदान किया था। यह महिलाओं के आर्थिक सशक्तिकरण की दिशा में एक प्रारंभिक कदम था।

14. उत्तर-(a)

व्याख्याः 5 अप्रैल 1930 को दांडी पहुँचने पर **गांधीजी** ने कहा था कि शक्ति के विरुद्ध अधिकार की इस लड़ाई में वे **विश्व की सहानुभूति** चाहते हैं।

15. उत्तर-(b)

व्याख्याः लाला हरदयाल और **सोहन सिंह भकना** ने वर्ष 1913 में अमेरिका के **सैन फ्रांसिस्को** में **गदर पार्टी** की स्थापना की थी। इसका उद्देश्य **सशस्त्र क्रांति** के माध्यम से भारत को ब्रिटिश शासन से मुक्त कराना था।

16. उत्तर-(a)

व्याख्याः उस्ताद बिंदा खान प्रसिद्ध **सारंगी वादक** हैं। **पं. रामनारायण जी**, **आशिक अली खाँ**, **साबरी खान**, **संतोष मिश्रा**, **ध्रुव घोष** अन्य प्रसिद्ध सारंगी वादक हैं।

17. उत्तर-(a)

व्याख्याः संगाई महोत्सव मणिपुर राज्य में प्रतिवर्ष 21-30 नवंबर तक मनाया जाता है। इस महोत्सव का नाम वहाँ के राज्य पशु **संगाई हिरण** के नाम पर रखा गया है। इस महोत्सव की शुरुआत **वर्ष 2010** में हुआ था।

18. उत्तर-(a)

व्याख्याः लोसार लद्दाख का नववर्ष है, **वल्लम काली केरल** की नौका दौड़ है, **हेमिस लद्दाख** का बौद्ध उत्सव है और **सागा दावा सिक्किम** का सबसे बड़ा **बौद्ध त्यौहार** है।

19. उत्तर-(d)

व्याख्याः नोबेल फाउंडेशन द्वारा प्रत्येक वर्ष **6 नोबेल पुरस्कार** दिए जाते हैं। नोबेल पुरस्कार की स्थापना अल्फ्रेड नोबेल द्वारा की गई थी। ये पुरस्कार **भौतिकी, रसायन विज्ञान, चिकित्सा, साहित्य, शांति** और **अर्थशास्त्र** के क्षेत्रों में दिए जाते हैं।

20. उत्तर-(c)

व्याख्याः वीणा को भारत का सबसे **प्राचीन वाद्य यंत्र** माना जाता है। इसे संगीत की **देवी सरस्वती** और **नारद मुनि** का वाद्य माना जाता है। ऐतिहासिक रूप से समुद्रगुप्त को सिक्कों पर वीणा बजाते दिखाया गया है।

21. उत्तर-(c)

व्याख्याः अब्दुल गफ्फार खान उत्तर-पश्चिम सीमांत प्रांत (वर्तमान पाकिस्तान) के प्रमुख **स्वतंत्रता सेनानी** थे। उन्होंने अहिंसा के मार्ग पर चलकर **ब्रिटिश शासन** के विरुद्ध आंदोलन चलाया, जिसके कारण उन्हें **महात्मा गांधी** के सिद्धांतों का अनुयायी माना गया और इसी वजह से उन्हें **फ्रंटियर गांधी** कहा गया।

22. उत्तर-(b)

व्याख्याः संविधान के **अनुच्छेद 61** के तहत **राष्ट्रपति पर संविधान के उल्लंघन** के आधार पर **महाभियोग** चलाया जा सकता है। यह प्रक्रिया संसद के किसी भी सदन में शुरू की जा सकती है।

23. उत्तर-(c)

व्याख्याः संविधान के भाग 20 और **अनुच्छेद 368** में संविधान संशोधन की प्रक्रिया का उल्लेख है। यह शक्ति **केवल संसद** को प्राप्त है। संशोधन की यह प्रक्रिया **दक्षिण अफ्रीका** के संविधान से ली गई है।

24. उत्तर-(b)

व्याख्याः भारतीय संविधान की **प्रस्तावना** में **तीन प्रकार** के **न्याय** की बात की गई है**: सामाजिक, आर्थिक** और **राजनीतिक न्याय**। यह अवधारणा वर्ष 1917 की **रूसी क्रांति** के आदर्शों से प्रेरित है।

25. उत्तर-(a)

व्याख्याः प्रारूप समिति के **अंबेडकर**, **संघ शक्ति** के **नेहरू**, **झंडा समिति** के **जे.बी. कृपलानी** और **संचालन समिति** के अध्यक्ष **डॉ. राजेंद्र प्रसाद** थे। यह संविधान सभा की महत्वपूर्ण समितियों का मिलान है।

26. उत्तर-(d)

व्याख्याः राष्ट्रपति संविधान के **अनुच्छेद 76** के अनुसार **भारत के महान्यायवादी**, **अनुच्छेद 148** के अनुसार **नियंत्रक एवं महालेखा परीक्षक** तथा **अनुच्छेद 155** के अनुसार **राज्यों के राज्यपाल** की नियुक्ति करता है।

27. उत्तर-(c)

व्याख्याः 61वें संविधान संशोधन अधिनियम, 1989 के द्वारा मतदान की **न्यूनतम आयु 21 वर्ष से घटाकर 18 वर्ष कर** दी गई थी। इसका उद्देश्य देश की युवा पीढ़ी को लोकतांत्रिक प्रक्रिया में शामिल करना था।

28. उत्तर-(a)

व्याख्याः वर्ष 1993 में इसी दिन **73वाँ संविधान संशोधन अधिनियम** प्रभावी हुआ था, जिसने **पंचायतों को संवैधानिक दर्जा** दिया। इसीलिए प्रतिवर्ष **24 अप्रैल** को **राष्ट्रीय पंचायती राज दिवस** के रूप में मनाया जाता है।

29. उत्तर-(b)

व्याख्याः 44वें संविधान संशोधन अधिनियम, 1978 द्वारा संपत्ति के अधिकार को **मौलिक अधिकारों की सूची से हटाकर अनुच्छेद 300-A** के तहत एक **कानूनी अधिकार** (कानूनी दर्जा) बना दिया गया था।

30. उत्तर-(b)

व्याख्याः भारत में संघीय शासन होने के बावजूद **ब्रिटेन** की तर्ज पर **एकल नागरिकता** को अपनाया गया है। इसका अर्थ है कि व्यक्ति केवल भारत का नागरिक है, किसी राज्य विशेष का नहीं।

31. उत्तर-(c)

व्याख्याः रूपकुण्ड झील को **रहस्यमयी झील** की संज्ञा भी दी जाती है। यह भारत के **उत्तराखंड राज्य** में स्थित एक **हिम झील** है।

32. उत्तर-(b)

व्याख्याः शिवसमुद्रम जलप्रपात **कर्नाटक** के **मांड्या जिले** में **कावेरी** नदी पर स्थित है। यहाँ वर्ष **1902** में **एशिया का पहला जल-विद्युत संयंत्र** (Hydroelectric Project) स्थापित किया गया था, जो कोलार गोल्ड फील्ड्स को बिजली देता था।

33. उत्तर-(a)

व्याख्याः जोजिला लद्दाख में, **शिपकीला हिमाचल** में, **नाथुला सिक्किम** में और **बोमडिला** दर्रा **अरुणाचल प्रदेश** में स्थित है। ये दर्रे व्यापार और सामरिक दृष्टि से अत्यंत महत्वपूर्ण पहाड़ी रास्ते हैं।

34. उत्तर-(c)

व्याख्याः महानदी उत्तर प्रदेश राज्य से प्रवाहित नहीं होती है। यह मुख्य रूप से **छत्तीसगढ़** और **ओडिशा** में बहती है। महानदी पूर्वी मध्य भारत की एक प्रमुख नदी है।

35. उत्तर-(a)

व्याख्याः कोडाईकनाल झील ताजे पानी की एक **मानव निर्मित** झील है। यह झील **तमिलनाडु** के **डिंडीगुल जिले** के **कोडाईकनाल शहर** में स्थित है।

36. उत्तर-(c)

व्याख्याः भारत की प्रमुख **तिलहनी फसलें** (Oilseed Crops) **तोरिया, सरसों, तिल, अलसी, सोयाबीन, सूर्यमुखी, अरंडी** और **बिनौला** हैं।

37. उत्तर-(a)

व्याख्याः मणिपुर की **लोकटक झील** में स्थित **केबुल लामजाओ** दुनिया का **एकमात्र तैरता हुआ राष्ट्रीय उद्यान** है। यह लुप्तप्राय **संगाई हिरण** (डांसिंग डियर) का एकमात्र प्राकृतिक आवास है।

38. उत्तर-(b)

व्याख्याः थाल घाट दर्रा (पश्चिमी घाट) **मुंबई** को **नासिक** से जोड़ता है। इसी तरह **भोर घाट मुंबई** को **पुणे** से और **पाल घाट कोच्चि** को **कोयंबटूर** (चेन्नई मार्ग) से जोड़ता है।

39. उत्तर-(b)

व्याख्याः मेघालय के **चेरापूंजी** में स्थित **नोहकलिकाई जलप्रपात** भारत का **सबसे ऊँचा सीधी गिरावट वाला** प्रपात है। **कुंचिकल जलप्रपात** (कर्नाटक) सीढ़ीदार होने के कारण कुल ऊंचाई में सबसे बड़ा है।

40. उत्तर-(a)

व्याख्याः दुधवा राष्ट्रीय उद्यान उत्तर प्रदेश का **एकमात्र राष्ट्रीय उद्यान** है, जो नेपाल सीमा पर **लखीमपुर खीरी** जिले में स्थित है। यह **बाघों** और **बारहसिंगा** के संरक्षण के लिए विश्व प्रसिद्ध है।

41. उत्तर-(a)

व्याख्याः वर्ष **1973** में तत्कालीन उत्तर प्रदेश (अब उत्तराखंड) के **चमोली जिले** के **रैणी गांव** से **चिपको आंदोलन** शुरू हुआ था। **गौरा देवी** और **चंडी प्रसाद भट्ट** ने महिलाओं के साथ पेड़ों को कटने से बचाया था।

42. उत्तर-(b)

व्याख्याः कार्बन डाइऑक्साइडः वायुमंडल में **CO_2** की बढ़ती मात्रा **सूर्य की गर्मी को रोक** लेती है, जिससे पृथ्वी का औसत तापमान बढ़ता है। इसे ही **ग्लोबल वार्मिंग** कहते हैं। इसमें मीथेन और CFC भी सहायक हैं।

43. उत्तर-(a)

व्याख्याः नीरी (NEERI) **नागपुर** में, **भारतीय वन्यजीव संस्थान** और **वन सर्वेक्षण संस्थान देहरादून** में, तथा **केंद्रीय प्रदूषण नियंत्रण बोर्ड नई दिल्ली** में स्थित है। ये पर्यावरण प्रबंधन के प्रमुख केंद्र हैं।

44. उत्तर-(d)

व्याख्याः प्लास्टिक (Plastic), **लोहा** (Iron), **सीसा** (Lead) इत्यादि पदार्थ **अक्षयकारी प्रदूषक** (Non-Biodegradable Pollutants) हैं, जो कि जीवाणुओं द्वारा नष्ट नहीं होते हैं या इनकी विघटन की क्रिया कम होती है।

45. उत्तर-(b)

व्याख्याः बाघों की घटती संख्या को रोकने के लिए **1 अप्रैल 1973** को **जिम कॉर्बेट नेशनल पार्क** से **प्रोजेक्ट टाइगर** शुरू किया गया था। इसके पहले निदेशक **कैलाश सांखला** थे, जिन्हें **टाइगर मैन ऑफ इंडिया** कहा जाता है।

46. उत्तर-(d)

व्याख्याः विश्व तंबाकू निरोध दिवस (World No Tobacco Day) **विश्व स्वास्थ्य संगठन** (WHO) द्वारा प्रतिवर्ष **31 मई** को मनाया जाता है। वर्ष 2025 का **थीम तंबाकू मुक्त भविष्य : अगली पीढ़ी की सुरक्षा** था।

47. उत्तर-(b)

व्याख्याः ओजोन परत की सांद्रता या मोटाई को **डॉब्सन यूनिट** (DU) में मापा जाता है। सामान्यतः **200 DU** से कम मोटाई होने पर उसे **ओजोन छिद्र** की संज्ञा दी जाती है।

48. उत्तर-(b)

व्याख्याः वायुमंडल में **प्राकृतिक ग्रीन हाउस प्रभाव** के लिए **जलवाष्प** (Water Vapor) सबसे अधिक जिम्मेदार है। हालांकि मानवीय गतिविधियों के कारण कार्बन डाइऑक्साइड वैश्विक तापन का मुख्य कारण बनी हुई है।

49. उत्तर-(a)

व्याख्याः हिमाचल के **कुल्लू जिले** में स्थित **ग्रेट हिमालयन नेशनल पार्क** अपनी उच्च पर्वतीय जैव विविधता के लिए प्रसिद्ध है। इसे वर्ष **2014** में **यूनेस्को** द्वारा **विश्व धरोहर** स्थल का दर्जा दिया गया था।

50. उत्तर-(a)

व्याख्या: **मध्य प्रदेश** की राजधानी **भोपाल में** भारत का पहला **ई-वेस्ट क्लिनिक** स्थापित किया गया है। यहाँ घरों और व्यावसायिक संस्थानों से निकलने वाले खराब इलेक्ट्रॉनिक सामान का वैज्ञानिक तरीके से निस्तारण किया जाता है।

51. उत्तर-(b)

व्याख्या: **प्रकाश** द्वारा **एक वर्ष में निर्वात** में तय की गई कुल **दूरी** को **प्रकाश वर्ष** कहते हैं। यह खगोलीय दूरियों को मापने की इकाई है। एक प्रकाश वर्ष लगभग 9.461×10^{15} मी. होता है।

52. उत्तर-(b)

व्याख्या: **पायरोमीटर** एक **दूर संवेदी थर्मामीटर** है, जिसका उपयोग **अत्यधिक उच्च तापमान** (जैसे सूर्य या भट्टियों का ताप) **मापने के लिए** किया जाता है। यह विकिरण के सिद्धांत पर कार्य करता है।

53. उत्तर-(a)

व्याख्या: **नींबू** में **साइट्रिक**, **इमली** में **टार्टरिक**, **टमाटर** में **ऑक्जेलिक** और **चींटी के डंक** में **फॉर्मिक अम्ल** होता है। यह विभिन्न प्राकृतिक पदार्थों में पाए जाने वाले अम्लों का सही मिलान है।

54. उत्तर-(b)

व्याख्या: पादपों में खनिज और जल का जड़ों से पत्तियों तक ले जाने की प्रक्रिया को **वाष्पोत्सर्जन** (Transpiration) कहते हैं।

55. उत्तर-(c)

व्याख्या: **हल्दी** के पौधे का खाने **योग्य हिस्सा प्रकन्द** है जो कि **अन्तःभौमिक रूपान्तरित तने** का एक प्रकार है। हल्दी का पौधा एक प्रकन्दीय बहुवर्षीय शाकीय पौधा है। यह **कुल-जिन्जिबेरेसी** के अन्तर्गत आता है।

56. उत्तर-(a)

व्याख्या: गोबर गैस में मुख्यत: **मीथेन** गैस पायी जाती है। मीथेन का रासायनिक सूत्र CH_4 होता है।

57. उत्तर-(a)

व्याख्या: **विटामिन B1** (थायमिन) की कमी से **मांसपेशियों में कमजोरी** और **हृदय संबंधी बेरी-बेरी** रोग होता है। पॉलिश किए हुए चावल खाने से शरीर में इस विटामिन की कमी हो जाती है।

58. उत्तर-(b)

व्याख्या: **बादलों का निर्माण** हवा में **जमी हुई जलवाष्प** की छोटी-छोटी बूँदों से होता है। इन **बूंदों का घनत्व** आस-पास की हवा के **घनत्व से कम** होता है, जिसके कारण ये वायुमंडल में तैरते रहते हैं।

59. उत्तर-(b)

व्याख्या: वर्ष 1928 में **स्कॉटिश** वैज्ञानिक **अलेक्जेंडर फ्लेमिंग** ने **पेनिसिलियम नोटेटम** नामक कवक से **विश्व की पहली एंटीबायोटिक** (पेनिसिलिन) की खोज की थी। इसके लिए उन्हें नोबेल पुरस्कार मिला था।

60. उत्तर-(a)

व्याख्या: खाना पकाने वाली गैसों (**सामान्यत: LPG**) में **प्रोपेन**, **ब्यूटेन** और **आइसो-ब्यूटेन** का मिश्रण भरा जाता है। इसमें ब्यूटेन की मात्रा सर्वाधिक होती है।

61. उत्तर-(c)

व्याख्या: **पेट्रोलियम** भू-पर्पटी के नीचे **अवसादी परतों** के बीच पाये जाने वाला **संतृप्त हाइड्रोकार्बन** का काले भूरे रंग का गाढ़ा तैलीय द्रव है। इसे **कच्चा तेल** या **धात्विक तेल** के नाम से भी जाना जाता है। पेट्रोलियम से **पेट्रोल**, **मिट्टी का तेल**, **प्राकृतिक गैस** आदि प्राप्त किये जाते हैं। पेट्रोल **सर्वाधिक ज्वलनशील** तरल पदार्थ है।

62. उत्तर-(b)

व्याख्या: **सर चिंतामन द्वारकानाथ देशमुख** (C.D. Deshmukh) **भारतीय रिजर्व बैंक** के पहले **भारतीय गवर्नर** थे। उन्होंने वर्ष **1943** से वर्ष **1949** तक पद संभाला। **ओसबोर्न स्मिथ** आरबीआई के **पहले** (ब्रिटिश) **गवर्नर** थे।

63. उत्तर-(a)

व्याख्या: **जापान** की **येन**, **चीन** की **युआन**, **रूस** की **रूबल** और **सऊदी अरब** की मुद्रा **रियाल** है। अंतर्राष्ट्रीय वाणिज्य और व्यापार की दृष्टि से विभिन्न देशों की मुद्राएँ महत्वपूर्ण हैं।

64. उत्तर-(c)

व्याख्या: **लॉरेंज वक्र** किसी देश के **लोगों के बीच आय** या **संपत्ति के वितरण में असमानता** को प्रदर्शित करता है। इसके सांख्यिकीय माप को **गिनी गुणांक** (Gini Coefficient) कहा जाता है।

65. उत्तर-(b)

व्याख्या: भारत में प्रेरित **प्रजनन** (Induced Breeding) के माध्यम से मछली उत्पादन में क्रांतिकारी वृद्धि लाने के कारण **डॉ. हीरालाल चौधरी** को **नीली क्रांति** का जनक माना जाता है।

66. उत्तर-(a)

व्याख्या: **स्टैगफ्लेशन** वह आर्थिक स्थिति है **जब बाजार में वस्तुओं की कीमतें बढ़ती हैं** (मुद्रास्फीति) और साथ ही आर्थिक विकास की दर घटती है तथा बेरोजगारी की दर में वृद्धि हो जाती है।

67. उत्तर-(b)

व्याख्या: ग्रैंड ओल्ड मैन ऑफ इंडिया दादाभाई नौरोजी ने वर्ष 1867-68 में अपनी पुस्तक **पावर्टी एंड अन-ब्रिटिश रूल इन इंडिया** में पहली बार भारत की राष्ट्रीय आय और **प्रति व्यक्ति आय** (**₹ 20**) की गणना की थी।

68. उत्तर-(b)

व्याख्या: हार्ट ऑफ इंडिया (Heart of India) का प्रयोग अक्सर **व्यापक पेंशन फंड** या **सावधि निवेश कोषों** के संदर्भ में किया जाता है, जो अर्थव्यवस्था के दीर्घकालिक निवेश आधार को मजबूती प्रदान करते हैं।

69. उत्तर-(a)

व्याख्या: फ्रांस ने वर्ष **1954** में विश्व में **सबसे पहले वस्तु एवं सेवा कर** (GST) प्रणाली को अपनाया था। आज विश्व के लगभग **160** से अधिक देशों में किसी न किसी रूप में जीएसटी लागू है।

70. उत्तर-(b)

व्याख्या: 12वीं पंचवर्षीय योजना (वर्ष 2012-2017) भारत की अंतिम पंचवर्षीय योजना थी, जिसका मुख्य लक्ष्य **तीव्र**, **अधिक समावेशी** और **सतत विकास** था। इसके बाद योजना आयोग की जगह **नीति आयोग** का गठन किया गया।

71. उत्तर-(c)

व्याख्या: उत्तर प्रदेश के **लखनऊ** और **वाराणसी** शहर में अन्तर्राष्ट्रीय हवाई अड्डा है। वर्तमान में **कुल पाँच अन्तर्राष्ट्रीय हवाई अड्डे** उत्तर प्रदेश राज्य में स्थित है।

72. उत्तर-(b)

व्याख्या: उत्तर प्रदेश के **आगरा** शहर में **प्रतिवर्ष अश्विन मास** में **राम बारात** का भव्य आयोजन होता है। यह उत्तर भारत के सबसे बड़े सांस्कृतिक उत्सवों में से एक है।

73. उत्तर-(a)

व्याख्या: समसपुर रायबरेली में, **ओखला नोएडा** में, **बखीरा संत कबीर नगर** में और **सांडी पक्षी विहार हरदोई** जिले में स्थित है। ये सभी स्थल प्रवासी पक्षियों के महत्वपूर्ण संरक्षण केंद्र हैं।

74. उत्तर-(b)

व्याख्या: उत्तर प्रदेश का **रामपुर** जिला अपने उच्च गुणवत्ता वाले **चाकुओं** (रामपुरी चाकू) के लिए ऐतिहासिक रूप से प्रसिद्ध है। **मुरादाबाद** को **पीतल नगरी** और **अलीगढ़** को **ताला नगरी** कहा जाता है।

75. उत्तर-(b)

व्याख्या: शकीला बानो भोपाली एक प्रसिद्ध **भारतीय कव्वाल** थीं, जिनका संबंध उत्तर प्रदेश की समृद्ध गायन परंपरा से रहा है। उन्होंने अपनी गायकी से कव्वाली विधा को अंतर्राष्ट्रीय मंच पर लोकप्रियता दिलाई।

76. उत्तर-(a)

व्याख्या: किसानों को कृषि संबंधी नवीनतम जानकारियाँ और सरकारी योजनाओं का लाभ पहुँचाने के लिए उत्तर प्रदेश सरकार ने **18 जून 2001** को **किसान मित्र योजना** की शुरुआत की।

77. उत्तर-(a)

व्याख्या: रानी लक्ष्मीबाई बांध (राजघाट बांध) उत्तर प्रदेश और मध्य प्रदेश की सीमा पर **ललितपुर जिले** में **बेतवा नदी** पर स्थित है।

78. उत्तर-(b)

व्याख्या: कन्नौज को भारत की **इत्र राजधानी** कहा जाता है। इसकी ऐतिहासिकता और सुगंधित उत्पादों के कारण इसे **ग्रास ऑन द ईस्ट** भी कहा जाता है। यहाँ का गुलाब जल और इत्र विश्व प्रसिद्ध है।

79. उत्तर-(a)

व्याख्या: भारती भवन पुस्तकालय प्रयागराज (इलाहाबाद) में स्थित है। इसकी स्थापना वर्ष **1889** में **पंडित मदन मोहन मालवीय** के प्रयासों से हुई थी। यह हिंदी साहित्य और ऐतिहासिक दस्तावेजों का महत्वपूर्ण केंद्र है।

80. उत्तर-(b)

व्याख्या: उत्तर प्रदेश के सात जिले- **पीलीभीत**, **लखीमपुर खीरी**, **बहराइच**, **श्रावस्ती**, **बलरामपुर**, **सिद्धार्थनगर** और **महाराजगंज**-नेपाल के साथ अंतर्राष्ट्रीय सीमा साझा करते हैं।

81. उत्तर-(b)

व्याख्या: विश्व स्वास्थ्य संगठन (WHO) **संयुक्त राष्ट्र** की एक विशेष एजेंसी है, जिसकी स्थापना **7 अप्रैल, 1948** को हुई थी। इसका मुख्यालय **स्विट्जरलैंड** के **जिनेवा** शहर में स्थित है।

82. उत्तर-(b)

व्याख्या: अर्देशिर ईरानी द्वारा निर्देशित फिल्म **आलम आरा 14 मार्च, 1931** को प्रदर्शित हुई, जो कि प्रथम भारतीय सवाक (Talkie) फिल्म थी।

83. उत्तर-(a)

व्याख्या: मानवाधिकार दिवस 10 दिसंबर, **विश्व एड्स दिवस 1 दिसंबर**, **ओजोन दिवस 16 सितंबर** और **साक्षरता दिवस 8 सितंबर** को मनाया जाता है। ये दिवस महत्वपूर्ण सामाजिक और पर्यावरणीय मुद्दों के प्रतीक हैं।

84. उत्तर-(b)

व्याख्या: सत्य के साथ मेरे प्रयोग (My Experiments with Truth) **महात्मा गांधी** की आत्मकथा है, जो मूल रूप से **गुजराती** में लिखी गई थी। इसमें उनके बचपन से वर्ष 1921 तक के जीवन का वर्णन है।

85. उत्तर-(a)

व्याख्या: खेल-कूद में उत्कृष्ट प्रशिक्षण हेतु **द्रोणाचार्य** पुरस्कार प्रदान किया जाता है।

86. उत्तर-(b)

व्याख्या: बंगाली लेखिका आशापूर्णा देवी को वर्ष **1976** में उनके उपन्यास **प्रथम प्रतिश्रुति** के लिए **ज्ञानपीठ पुरस्कार** दिया गया था। वह यह सम्मान पाने वाली **पहली भारतीय महिला** साहित्यकार बनी थीं।

87. उत्तर-(b)

व्याख्या: वाशिंगटन डी.सी. में स्थित **वाइट हाउस संयुक्त राज्य अमेरिका** के राष्ट्रपति का आधिकारिक निवास और कार्यालय है। इसका निर्माण वर्ष **1792** में शुरू हुआ था और यह विश्व की सबसे शक्तिशाली इमारत मानी जाती है।

88. उत्तर-(b)

व्याख्या: यूनेस्को (संयुक्त राष्ट्र शैक्षिक, वैज्ञानिक और सांस्कृतिक संगठन) की स्थापना वर्ष **1945** में हुई थी। इसका मुख्यालय **फ्रांस** की राजधानी **पेरिस** में है। यह विश्व विरासत स्थलों के संरक्षण का कार्य करता है।

89. उत्तर-(b)

व्याख्या: बंकिमचंद्र चटर्जी द्वारा रचित उपन्यास **आनंदमठ** को बंगाली देशभक्ति की **बाइबिल** माना जाता है। इस पुस्तक का कथानक **संन्यासी विद्रोह** (वर्ष 1763-1800) पर आधृत है। हमारा राष्ट्रीय गीत **वंदे मातरम्** इसी ग्रंथ में संकलित है।

90. उत्तर-(a)

व्याख्या: पर्यटन के सामाजिक और आर्थिक महत्व को बढ़ावा देने के लिए प्रतिवर्ष **27 सितंबर** को **विश्व पर्यटन दिवस** मनाया जाता है। इसकी शुरुआत **संयुक्त राष्ट्र विश्व पर्यटन** संगठन (UNWTO) द्वारा की गई थी।

91. उत्तर-(a)

व्याख्या: अर्जेंटीना ने वर्ष 2025 में आयोजित **इंटरनेशनल ब्लाइंड स्पोर्ट्स फेडरेशन** (IBSA) महिला दृष्टिबाधित फुटबॉल विश्व कप का खिताब जीता है।

92. उत्तर-(a)

व्याख्या: वर्ष 2025 **तीरंदाजी विश्व कप** (शंघाई चरण) में, भारत की **मधुरा धामणगांवकर** (Madhura Dhamangaonkar) ने कंपाउंड व्यक्तिगत स्पर्धा में **स्वर्ण पदक** जीता। उन्होंने **मई 2025** में **शंघाई** में आयोजित **विश्व कप** चरण में यह उपलब्धि हासिल की।

93. उत्तर-(b)

व्याख्या: अस्ताना शिखर सम्मेलन के अवसर पर **बेलारूस** को औपचारिक रूप से **शंघाई सहयोग संगठन** (SCO) के पूर्ण सदस्य के रूप में शामिल किया गया।

94. उत्तर-(a)

व्याख्या: यह **मड ज्वालामुखी** अंडमान और निकोबार द्वीप समूह के **बारातांग द्वीप** में है, जो **उत्तर** और **मध्य अंडमान** जिले में आता है।

95. उत्तर-(c)

व्याख्या: जुलाई 2025 में **विंबलडन टेनिस चैंपियनशिप** का पुरुष **एकल खिताब जैनिक सिनर** ने जीता। वे विंबलडन पुरुष एकल खिताब जीतने वाले **पहले इतालवी खिलाड़ी** बन गए।

96. उत्तर-(b)

व्याख्या: तुर्की (Türkiye) वर्ष 2026 में **31वाँ संयुक्त राष्ट्र जलवायु परिवर्तन सम्मेलन** COP31 की मेजबानी करेगा। COP31 का आयोजन संयुक्त राष्ट्र जलवायु परिवर्तन सम्मेलन (UNFCCC) के तहत किया जाता है।

97. उत्तर-(a)

व्याख्या: भारतीय महिला कबड्डी टीम ने महिला कबड्डी **वर्ल्ड कप 2025** में भारत ने फाइनल में **चाइनीज ताइपे महिला कबड्डी टीम** को 35-28 के स्कोर से हराकर विश्व कप जीता।

98. उत्तर-(a)

व्याख्या: प्रधानमंत्री नरेंद्र मोदी ने तमिलनाडु के **कोयंबटूर** में **19 नवंबर 2025** को **दक्षिण भारत प्राकृतिक कृषि शिखर सम्मेलन** (प्राकृतिक कृषि हितधारक मंच) का उद्घाटन किया।

99. उत्तर-(a)

व्याख्या: कैबिनेट की नियुक्ति समिति (ACC) ने **सुप्रीम कोर्ट** के पूर्व न्यायाधीश **न्यायमूर्ति अशोक भूषण** को राष्ट्रीय कंपनी विधि अपीलीय न्यायाधिकरण (NCLAT) के अध्यक्ष के रूप में पुनर्नियुक्त करने को मंजूरी दे दी है।

100. उत्तर-(c)

व्याख्या: वर्ष 2025 में **तमिलनाडु** के **पी. श्याम निखिल** ने **दुबई ओपन प्रतियोगिता** के दौरान आवश्य **करेटिंग अंक** अर्जित कर भारत के **85वें ग्रैंडमास्टर प्रतिष्ठित** उपलब्धि प्राप्त की।

होमगार्ड प्रैक्टिस सैट-19

1. राष्ट्रकूट वंश के संस्थापक कौन थे?
(a) हर्षवर्धन (b) सिम्हा विष्णु
(c) महेंद्रवर्मन । (d) दंतिदुर्ग (दंतीवर्मन)

2. सत्यमेव जयते शब्द किस उपनिषद से लिया गया है?
(a) कठोपनिषद (b) मुण्डकोपनिषद
(c) छान्दोग्य उपनिषद (d) केनोपनिषद

3. गौतम बुद्ध ने अपना अंतिम उपदेश कहाँ दिया था?
(a) सारनाथ (b) कुशीनगर
(c) वैशाली (d) श्रावस्ती

4. मौर्य काल में सीता से क्या तात्पर्य था?
(a) एक देवी
(b) एक धार्मिक संप्रदाय
(c) राजकीय भूमि से प्राप्त आय
(d) ऊसर भूमि

5. निम्नलिखित में से किसने तीनों गोलमेज सम्मेलन में भाग लिया था?
(a) डॉ.बी.आर. अम्बेडकर (b) चित्तरंजन दास
(c) महात्मा गाँधी (d) लाला लाजपत राय

6. सजदा और पैबोस जैसी फारसी परंपराओं को दिल्ली सल्तनत में किसने लागू किया?
(a) इल्तुतमिश (b) रजिया सुल्तान
(c) बलबन (d) अलाउद्दीन खिलजी

7. प्रसिद्ध सूफी संत निजामुद्दीन औलिया ने किस सुल्तान के बारे में कहा था- हनुज दिल्ली दूर अस्त (दिल्ली अभी दूर है)?
(a) अलाउद्दीन खिलजी (b) गयासुद्दीन तुगलक
(c) मोहम्मद बिन तुगलक (d) फिरोज शाह तुगलक

8. मुगल काल में मनसबदारी प्रथा की शुरुआत किस शासक ने की थी?
(a) बाबर (b) हुमायूँ
(c) अकबर (d) शाहजहाँ

9. सिखों के नौवें गुरु, गुरु तेग बहादुर को किस मुगल सम्राट ने मृत्युदंड दिया था?
(a) जहांगीर (b) शाहजहाँ
(c) औरंगजेब (d) बहादुर शाह

10. अमृतसर की संधि (1809 ई.) महाराजा रणजीत सिंह और किसके बीच हुई थी?
(a) लॉर्ड मिंटो (b) लॉर्ड मेटकाफ
(c) लॉर्ड डलहौजी (d) लॉर्ड ऑकलैंड

11. 1857 के विद्रोह के दौरान फैजाबाद से नेतृत्व किसने किया था?
(a) अजीमुल्ला खान (b) मौलवी अहमद उल्लाह
(c) खान बहादुर (d) बख्त खान

12. भारत में संविधान दिवस कब मनाया जाता है?
(a) 26 नवंबर (b) 25 जनवरी
(c) 15 अगस्त (d) 2 अक्टूबर

13. भारतीय राष्ट्रीय कांग्रेस के किस अधिवेशन में पूर्ण स्वराज का प्रस्ताव पारित किया गया?
(a) सूरत (1907) (b) लाहौर (1929)
(c) कलकत्ता (1920) (d) बेलगाम (1924)

14. आधुनिक भारत का जनक किसे कहा जाता है?
(a) स्वामी विवेकानंद (b) ईश्वर चंद्र विद्यासागर
(c) राजा राममोहन राय (d) दयानंद सरस्वती

15. किस राजवंश ने उत्तर भारत पर शासन नहीं किया है?
(a) चालुक्य (b) राजपूत
(c) गुप्त (d) मौर्य

16. कौन-सा संगीत वाद्ययंत्र इंडो-इस्लामिक उत्पत्ति का नहीं है?
(a) सितार (b) तबला
(c) सारंगी (d) शहनाई

17. भारत के विभाजन के समय भारतीय राष्ट्रीय कांग्रेस के अध्यक्ष थे-
(a) सी. राजगोपालाचारी (b) जे.बी. कृपलानी
(c) जवाहरलाल नेहरू (d) मौलाना अबुल कलाम आजाद

18. निम्नलिखित सूची-I को सूची-II से सुमेलित कीजिए-

सूची-I (नृत्य का प्रकार)	सूची-II (राज्य)
A. कुचिपुड़ी	1. ओड़िशा
B. भरतनाट्यम	2. उत्तर प्रदेश
C. कथक	3. तमिलनाडु
D. ओडिसी	4. आंध्र प्रदेश

कूट:
(a) A-4, B-3, C-2, D-1 (b) A-3, B-4, C-1, D-2
(c) A-2, B-1, C-4, D-3 (d) A-3, B-1, C-4, D-2

19. एलोरा के प्रसिद्ध कैलाश मंदिर का निर्माण किस राष्ट्रकूट शासक ने करवाया था?
(a) दन्तिदुर्ग (b) कृष्ण प्रथम
(c) ध्रुव (d) गोविंद तृतीय

20. तंजौर पेंटिंग का स्वर्ण काल किस राजवंश के समय माना जाता है?
(a) पल्लव (b) चोल
(c) मराठा (d) पांड्य

21. भारतीय संविधान का अनुच्छेद-1 भारत को क्या घोषित करता है?
(a) राज्यों का संघ (b) एकात्मक राज्य
(c) संघीय राज्य (d) परिसंघ

22. संवैधानिक उपचारों का अधिकार किस अनुच्छेद के तहत प्रदान किया गया है?
(a) अनुच्छेद 19 (b) अनुच्छेद 21
(c) अनुच्छेद 32 (d) अनुच्छेद 226

23. राष्ट्रपति की क्षमादान शक्ति संविधान के किस अनुच्छेद में निहित है?
(a) अनुच्छेद 61 (b) अनुच्छेद 72
(c) अनुच्छेद 123 (d) अनुच्छेद 143

24. भारतीय संविधान में अवशिष्ट शक्तियाँ किसमें सन्निहित हैं?
(a) राष्ट्रपति (b) राज्य
(c) केंद्रीय मंत्रिमंडल (d) संसद

25. ब्लॉक स्तर पर पंचायत समिति है-
(a) परामर्शदात्री निकाय (b) प्रशासनिक प्राधिकरण
(c) परामर्शीय समिति (d) पर्यवेक्षकीय प्राधिकरण

26. भारत के प्रथम विधि अधिकारी (First Law Officer) कौन होते हैं?
(a) मुख्य न्यायाधीश (b) विधि मंत्री
(c) महान्यायवादी (d) सॉलिसिटर जनरल

27. पंचायती राज को किस अनुसूची में रखा गया है?
(a) 9वीं (b) 10वीं
(c) 11वीं (d) 12वीं

28. जापान की संसद को क्या कहा जाता है?
(a) रिक्सडैग (b) डायट
(c) कोर्टेज (d) सेजिम

29. किस अनुच्छेद के तहत राष्ट्रीय आपातकाल लगाया जाता है?
(a) अनुच्छेद 352 (b) अनुच्छेद 356
(c) अनुच्छेद 360 (d) अनुच्छेद 368

30. भारतीय संविधान की प्रारूप समिति में कुल कितने सदस्य थे (अध्यक्ष सहित)?
(a) 5 (b) 7
(c) 9 (d) 11

31. भारत और चीन के बीच की सीमा रेखा को क्या कहा जाता है?
(a) रेडक्लिफ (b) डूरंड
(c) मैकमोहन (d) 49वीं समानांतर

32. अरावली पर्वत श्रेणी की सबसे ऊँची चोटी कौन-सी है?
(a) डोडाबेट्टा (b) गुरु शिखर
(c) धूपगढ़ (d) अनाईमुडी

33. निम्नलिखित सूची-I को सूची-II से सुमेलित कीजिए-

सूची-I (नदी)	सूची-II (उद्गम)
A. नर्मदा	1. महाबलेश्वर
B. कृष्णा	2. अमरकंटक
C. गोदावरी	3. ब्रह्मगिरि
D. कावेरी	4. त्र्यंबकेश्वर

कूट:
(a) A-2, B-1, C-4, D-3 (b) A-1, B-2, C-3, D-4
(c) A-3, B-4, C-1, D-2 (d) A-4, B-3, C-2, D-1

34. तुलबुल परियोजना का संबंध है-
(a) ब्यास नदी से (b) रावी नदी से
(c) झेलम नदी से (d) सतलज नदी से

35. वेम्बनाद झील है-
(a) आंध्र प्रदेश में (b) केरल में
(c) ओडिशा में (d) तमिलनाडु में

36. पौधों को सबसे अधिक पानी किस मिट्टी में मिलता है?
(a) चिकनी मिट्टी (b) पीली मिट्टी
(c) बलुई मिट्टी (d) लोम मिट्टी

37. भाखड़ा नांगल बांध किस नदी पर बनाया गया है?
(a) झेलम (b) चिनाब
(c) रावी (d) सतलुज

38. भारत का सबसे छोटा राज्य (क्षेत्रफल के अनुसार) कौन-सा है?
(a) सिक्किम (b) गोवा
(c) त्रिपुरा (d) मिजोरम

39. लक्षद्वीप द्वीप समूह कहाँ स्थित है?
(a) बंगाल की खाड़ी (b) अरब सागर
(c) हिंद महासागर (d) मन्नार की खाड़ी

40. भारत के किस राज्य में वन क्षेत्र (प्रतिशत के अनुसार) सर्वाधिक है?

(a) मध्य प्रदेश (b) अरुणाचल प्रदेश

(c) मिजोरम (d) छत्तीसगढ़

41. विश्व ओजोन दिवस कब मनाया जाता है?

(a) 16 सितंबर (b) 22 मार्च

(c) 5 जून (d) 22 अप्रैल

42. निम्नलिखित गैवियलिस (घड़ियाल) बहुतायत में किस नदी में पाया जाता है?

(a) गंगा में (b) गोदावरी में

(c) कृष्णा में (d) कावेरी में

43. निम्नलिखित सूची-। को सूची-॥ से सुमेलित कीजिए-

सूची-। (रामसर साइट)	सूची-॥ (राज्य)
A. केवलादेव	1. उत्तर प्रदेश
B. वुलर झील	2. राजस्थान
C. हैदरपुर	3. जम्मू-कश्मीर
D. चिल्का	4. ओडिशा

कूट:

(a) A-2, B-3, C-1, D-4 (b) A-1, B-2, C-3, D-4

(c) A-3, B-4, C-1, D-2 (d) A-2, B-1, C-4, D-3

44. निम्नलिखित में से कौन-सा एक बस्तर क्षेत्र में अवस्थित है?

(a) बांधवगढ़ राष्ट्रीय उद्यान (b) दांडेली अभयारण्य

(c) राजाजी राष्ट्रीय उद्यान (d) इंद्रावती राष्ट्रीय उद्यान

45. वायु एक-

(a) यौगिक है (b) तत्व है

(c) मिश्रण है (d) विद्युत अपघट्य है

46. निम्नलिखित में से कौन-सा नवीकरणीय ऊर्जा का स्रोत है?

(a) मिट्टी का तेल (b) पेट्रोलियम पदार्थ

(c) बायोमास (d) कोयला

47. नेशनल ग्रीन ट्रिब्यूनल (N.G.T) भारत सरकार द्वारा कब स्थापित किया गया था?

(a) वर्ष 2008 (b) वर्ष 2009

(c) वर्ष 2010 (d) वर्ष 2011

48. एजेंडा-21 का संबंध किससे है?

(a) रियो शिखर सम्मेलन (b) मॉन्ट्रियल प्रोटोकॉल

(c) हेलसिंकी सम्मेलन (d) क्योटो प्रोटोकॉल

49. निम्न में कौन-सा प्रदूषण जैवीय रूप से अपघटित होता है?

(a) एस्बेस्टस (b) डीडीटी

(c) प्लास्टिक (d) मल

50. लायन-टेल्ड मकाक मुख्य रूप से भारत के किस क्षेत्र में पाया जाता है?

(a) पूर्वी हिमालय (b) पश्चिमी घाट

(c) थार का मरुस्थल (d) सुंदरबन

51. ध्वनि की तीव्रता मापने की इकाई क्या है?

(a) हर्ट्ज (b) डेसिबल

(c) एम्पियर (d) कैंडेला

52. वाहनों में पीछे का दृश्य देखने के लिए किस दर्पण का प्रयोग किया जाता है?

(a) समतल (b) अवतल

(c) उत्तल (d) परवलयाकार

53. निम्नलिखित सूची-। को सूची-॥ से सुमेलित कीजिए-

सूची-। (तत्त्व)	सूची-॥ (प्रतीक)
A. लोहा	1. Ag
B. सोना	2. Fe
C. चाँदी	3. Hg
D. पारा	4. Au

कूट:

(a) A-2, B-4, C-1, D-3 (b) A-1, B-2, C-3, D-4

(c) A-3, B-1, C-4, D-2 (d) A-4, B-3, C-2, D-1

54. निम्नलिखित में से कौन-सी प्रक्रिया एक रासायनिक परिवर्तन है?

(a) पौधों में प्रकाश संश्लेषण (b) मोम का पिघलना

(c) पानी का संघनन (d) पौधों में वाष्पोत्सर्जन

55. निम्नलिखित में से कौन भारत में गैर-संचारी रोग हैं?

(a) कुष्ठ रोग (b) कैंसर

(c) तपेदिक (d) हैजा

56. कोशिका में निम्न में से कौन-सी पाचन थैली कहलाती है?

(a) गॉल्जीकाय (b) माइटोकॉण्ड्रिया

(c) राइबोसोम (d) लाइसोसोम

57. किस विटामिन को हार्मोन भी कहा जाता है?

(a) विटामिन A (b) विटामिन B

(c) विटामिन C (d) विटामिन D

58. किस प्रकार का चिह्न स्टॉप चिह्न है?

(a) सूचनात्मक (b) चेतावनी

(c) अनिवार्य (d) दिशात्मक

59. पेसमेकर का संबंध शरीर के किस अंग से है?

(a) गुर्दा (b) मस्तिष्क

(c) हृदय (d) फेफड़े

60. शुद्ध सोने की शुद्धता कितनी होती है?

(a) 22 कैरेट (b) 24 कैरेट

(c) 18 कैरेट (d) 20 कैरेट

61. भारत में न्यूनतम समर्थन मूल्य (MSP) की घोषणा कौन करता है?
(a) कृषि मंत्रालय
(b) नीति आयोग
(c) कृषि लागत एवं मूल्य आयोग (CACP)
(d) भारतीय रिज़र्व बैंक

62. भारतीय स्टेट बैंक (SBI) का पुराना नाम क्या था?
(a) बैंक ऑफ इंडिया (B) इंपीरियल बैंक ऑफ इंडिया
(c) बैंक ऑफ हिंदुस्तान (d) यूनियन बैंक ऑफ इंडिया

63. निम्नलिखित में एक कीट की रक्त शर्करा है-
(a) ग्लूकोज (b) मेनिटोल
(c) ट्रेहलोस (d) मैंनोज

64. भारत का सबसे पुराना स्टॉक एक्सचेंज कौन-सा है?
(a) NSE (b) BSE
(c) MCX (d) कटक स्टॉक एक्सचेंज

65. निम्नलिखित में से कौन-सा पक्षी उड़ सकता है?
(a) हॉर्नबिल (b) ऑस्ट्रिच
(c) एमू (d) पेंग्विन

66. बंद अर्थव्यवस्था (Closed Economy) का क्या अर्थ है?
(a) केवल निर्यात
(b) केवल आयात
(c) न निर्यात और न ही आयात
(d) घाटे की वित्त व्यवस्था

67. कौन-सा जीवित पक्षी विश्व का सबसे छोटा अंडा देता है
(a) हार्नबिल (b) बी हमिंगबर्ड
(c) गल (d) कठफोड़वा

68. रेपो रेट (Repo Rate) का निर्धारण कौन करता है?
(a) सेबी (b) आर बी आई
(c) वित्त मंत्रालय (d) नीति आयोग

69. विश्व बैंक (World Bank) का मुख्यालय कहाँ स्थित है?
(a) जिनेवा (b) वाशिंगटन डी.सी.
(c) न्यूयॉर्क (d) पेरिस

70. भारत को कितने पिन (PIN) क्षेत्रों में विभाजित किया गया है?
(a) 5 (b) 6
(c) 10 (d) 9

71. उत्तर प्रदेश का सर्वाधिक जनसंख्या वाला जिला कौन-सा है?
(a) लखनऊ (b) मुरादाबाद
(c) प्रयागराज (d) गाजियाबाद

72. निम्न देशों में से किस एक की मुद्रा रुपया है?
(a) भूटान (b) मलेशिया
(c) मालदीव (d) सेशेल्स

73. निम्नलिखित सूची-I को सूची-II से सुमेलित कीजिए-

सूची-I (मेला)	सूची-II (स्थान)
A. नौचंदी मेला	1. बहराइच
B. सैयद सालार मेला	2. मेरठ
C. देवीपाटन मेला	3. आगरा
D. कैलाश मेला	4. बलरामपुर

कूट:
(a) A-2, B-1, C-4, D-3 (b) A-1, B-2, C-3, D-4
(c) A-3, B-4, C-1, D-2 (d) A-2, B-3, C-1, D-4

74. बौद्ध एवं जैन दोनों धर्मों का प्रसिद्ध तीर्थ स्थल उत्तर प्रदेश में कहाँ है?
(a) सारनाथ (b) कुशीनगर
(c) कौशाम्बी (d) देवीपाटन

75. उत्तर प्रदेश में प्रथम चीनी मिल वर्ष 1903 में कहाँ स्थापित की गई थी?
(a) प्रतापपुर (देवरिया) (b) मवाना
(c) खतौली (d) मोदीनगर

76. उत्तर प्रदेश उर्दू अकादमी की स्थापना किस वर्ष हुई?
(a) वर्ष 1950 (b) वर्ष 1962
(c) वर्ष 1972 (d) वर्ष 1989

77. रानी हेओ ह्वांग-ओक का स्मारक उत्तर प्रदेश के किस जिले में बनाया गया है?
(a) वाराणसी (b) अयोध्या
(c) मथुरा (d) गोरखपुर

78. उत्तर प्रदेश का कौन-सा जिला इलेक्ट्रॉनिक सिटी के रूप में जाना जाता है?
(a) लखनऊ (b) नोएडा
(c) कानपुर (d) आगरा

79. सुरहा ताल पक्षी विहार उत्तर प्रदेश के किस जिले में स्थित है?
(a) आजमगढ़ (b) बलिया
(c) प्रतापगढ़ (d) उन्नाव

80. उत्तर प्रदेश विधानसभा में कुल कितनी सीटें हैं?
(a) 400 (b) 403
(c) 404 (d) 425

81. सार्क (SAARC) का मुख्यालय कहाँ स्थित है?
(a) नई दिल्ली (b) इस्लामाबाद
(c) काठमांडू (d) ढाका

82. निम्नलिखित में से कम्प्यूटर कौन-सी भाषा समझता है?
(a) असेम्बली भाषा (b) मशीनी भाषा
(c) उच्च स्तरीय भाषा (d) उपर्युक्त सभी

83. निम्नलिखित सूची-I को सूची-II से सुमेलित कीजिए-

सूची-I (देश)		सूची-II (संसद)	
A.	जापान	1.	शोर
B.	रूस	2.	डायट
C.	अफगानिस्तान	3.	मजलिस
D.	ईरान	4.	ड्यूमा

कूट:
(a) A-2, B-4, C-1, D-3 (b) A-1, B-2, C-3, D-4
(c) A-3, B-1, C-4, D-2 (d) A-4, B-3, C-2, D-1

84. भारत में वित्तीय वर्ष की समय अवधि कब से कब तक है?
(a) 1 अप्रैल, 31 मार्च (b) 1 फरवरी, 31 जनवरी
(c) 1 जनवरी, 31 दिसंबर (d) 1 जुलाई, 31 जून

85. उत्तर प्रदेश का कौन-सा जिला उत्तर प्रदेश और बिहार की सीमा पर स्थित है?
(a) बस्ती (b) बुलंदशहर
(c) बांदा (d) बलिया

86. निम्नलिखित में से कौन-सा देश उत्तर प्रदेश राज्य के साथ एक अंतर्राष्ट्रीय सीमा साझा करता है?
(a) चीन (b) नेपाल
(c) भूटान (d) बांग्लादेश

87. विटामिन सी का रासायनिक नाम क्या है?
(a) रेटिनॉल (b) एस्कॉर्बिक एसिड
(c) कैल्सीफेरॉल (d) टोकोफेरॉल

88. विक्रम साराभाई अंतरिक्ष केंद्र कहाँ स्थित है?
(a) श्रीहरिकोटा (b) तिरुवनंतपुरम
(c) बेंगलुरु (d) अहमदाबाद

89. मालगुडी डेज के रचनाकार हैं-
(a) के. अब्बास (b) आर.के. नारायण
(c) लक्ष्मण सेठ (d) मुल्क राज आनंद

90. यूरो (Euro) किस संघ की साझा मुद्रा है?
(a) सार्क (b) आसियान
(c) यूरोपीय संघ (d) नाटो

91. राष्ट्रीय एकता दिवस (31 अक्टूबर, 2025) किसकी जयंती के उपलक्ष्य में मनाया गया था?
(a) महात्मा गांधी (b) सरदार वल्लभभाई पटेल
(c) सुभाष चंद्र बोस (d) भगत सिंह

92. जून 2025 में कश्मीर की पहली चेरी कार्गो ट्रेन किन दो स्थानों के बीच संचालित की गई थी?
(a) श्रीनगर से दिल्ली (b) कटरा से मुंबई
(c) बारामूला से चेन्नई (d) जम्मू से कोलकाता

93. प्रधानमंत्री नरेंद्र मोदी ने जून 2025 में मध्य प्रदेश के किन दो शहरों में हवाई अड्डों का उद्घाटन किया था?
(a) इंदौर और भोपाल (b) रीवा और जबलपुर
(c) सतना और दतिया (d) ग्वालियर और उज्जैन

94. उत्तर प्रदेश में कन्या सुमंगला योजना के तहत कुल कितनी धनराशि लाभार्थी को दी जाती है?
(a) 15,000 रुपये (b) 20,000 रुपये
(c) 25,000 रुपये (d) 30,000 रुपये

95. जून 2025 में केंद्र सरकार द्वारा लॉन्च किए गए जेंडर बजटिंग नॉलेज हब का प्राथमिक स्वरूप क्या था?
(a) एक भौतिक विश्वविद्यालय
(b) एक डिजिटल प्लेटफॉर्म
(c) एक सरकारी बैंक
(d) एक स्वयं सहायता समूह

96. अंतर्राष्ट्रीय योग दिवस 2025 की आधिकारिक थीम निम्नलिखित में से क्या रखी गई थी?
(a) मानवता के लिए योग
(b) योग और मानसिक स्वास्थ्य
(c) एक पृथ्वी, एक स्वास्थ्य के लिए योग
(d) वैश्विक शांति हेतु योग

97. जून 2025 में किस राज्य सरकार ने बहुविवाह निषेध विधेयक विधानसभा में पेश किया था?
(a) उत्तर प्रदेश (b) मणिपुर
(c) असम (d) उत्तराखंड

98. विश्व रक्तदाता दिवस 2025 के अवसर पर स्वैच्छिक रक्तदाताओं के लिए क्या संदेश (Theme) दिया गया था?
(a) रक्तदान, जीवन दान
(b) रक्त दें, आशा दें: साथ मिलकर हम जीवन बचाते हैं
(c) सुरक्षित रक्त, सभी के लिए
(d) एकजुटता में रक्तदान

99. जून 2025 में संघ लोक सेवा आयोग (UPSC) ने उम्मीदवारों को नियोक्ताओं से जोड़ने के लिए कौन-सा पोर्टल लॉन्च किया था?
(a) चयन सेतु (b) प्रतिभा सेतु पोर्टल
(c) करियर लिंक (d) उम्मीदवार संगम

100. अमित शाह द्वारा विमोचित पुस्तक द इमरजेंसी डायरीज (The Emergency Diaries) मुख्य रूप से किसके जीवन और संघर्षों पर केंद्रित थी?
(a) जयप्रकाश नारायण (b) अटल बिहारी वाजपेयी
(c) नरेंद्र मोदी (d) लाल कृष्ण आडवाणी

उत्तर : व्याख्या-सहित

1. उत्तर-(d)

व्याख्या: राष्ट्रकूट वंश का संस्थापक **दन्तिदुर्ग** (735-756 ई.) था। इनकी राजधानी **मान्यखेत** (शोलापुर, महाराष्ट्र) थी। **ऐलोरा** के प्रसिद्ध **कैलाश मंदिर** का निर्माण राष्ट्रकूट शासक **कृष्ण प्रथम** ने करवाया था। **एलीफैंटा गुहामंदिरों** का निर्माण भी **राष्ट्रकूटों** के समय में ही किया गया था।

2. उत्तर-(b)

व्याख्या: सत्यमेव जयते भारत का **राष्ट्रीय आदर्श वाक्य** है। यह **मुण्डकोपनिषद** से लिया गया है। इसका अर्थ है **सत्य की ही जीत होती है**। इसे **देवनागरी लिपि** में **भारत** के **राजकीय चिह्न** के नीचे अंकित किया गया है।

3. उत्तर-(b)

व्याख्या: बुद्ध ने अपना **अंतिम उपदेश सुभद्द** (Subhadda) को **कुशीनगर** में दिया था। यहीं पर **80 वर्ष की आयु** में उन्हें **महापरिनिर्वाण** (मृत्यु) प्राप्त हुआ था। श्रावस्ती में उन्होंने अपने जीवन के सर्वाधिक उपदेश दिए थे।

4. उत्तर-(c)

व्याख्या: मौर्य काल में **राजकीय भूमि** को **सीता** कहा जाता था और इस भूमि की व्यवस्था करने वाले अधिकारी को **सीताध्यक्ष** कहा जाता था। यहाँ से होने वाली आय को भी राजस्व शब्दावली में **सीता** ही कहते थे।

5. उत्तर-(a)

व्याख्या: डॉ. भीमराव अम्बेडकर ने **तीनो गोलमेज सम्मेलनों** में भाग लिया था। गाँधी जी ने केवल **द्वितीय गोलमेज सम्मेलन** में भाग लिया था तथा **तीनो गोलमेज सम्मेलनों** के समय **इंग्लैंड** के प्रधानमंत्री **जेम्स रैम्जे मैकडोनाल्ड** थे।

6. उत्तर-(c)

व्याख्या: गयासुद्दीन बलबन ने **राजत्व** के **दैवीय सिद्धांत** को स्थापित करने के लिए **सजदा** (घुटने टेककर सिर झुकाना) और **पैबोस** (सुल्तान के पैरों को चूमना) प्रथाएं अनिवार्य की थीं। उसने ईरानी त्योहार **नौरोज** भी शुरू किया था।

7. उत्तर-(b)

व्याख्या: निजामुद्दीन औलिया और **सुल्तान गयासुद्दीन तुगलक** के बीच मतभेद थे। जब सुल्तान ने **बंगाल अभियान** से लौटते समय **औलिया** को **दिल्ली छोड़ने का आदेश** दिया, तब **औलिया ने प्रसिद्ध उत्तर** दिया था **दिल्ली अभी दूर है**।

8. उत्तर-(c)

व्याख्या: अकबर ने प्रशासन को व्यवस्थित करने के लिए 1575 ईस्वी में **मनसबदारी** प्रथा शुरू की। इसमें **जात** (पद की गरिमा) और **सवार** (सैनिकों की संख्या) दो महत्वपूर्ण पद होते थे। यह **दशमलव प्रणाली** पर आधारित थी।

9. उत्तर-(c)

व्याख्या: गुरु तेग बहादुर ने **कश्मीरी पंडितों** के पक्ष में **औरंगजेब** की **धार्मिक नीतियों** का विरोध किया और **इस्लाम स्वीकार** करने से **इनकार** कर दिया। इसके परिणामस्वरूप 1675 ई. में **दिल्ली** के **चांदनी चौक** में उनकी हत्या कर दी गई।

10. उत्तर-(b)

व्याख्या: यह संधि **रणजीत सिंह** और **अंग्रेजों** के बीच हुई थी, जिसमें **चार्ल्स मेटकाफ** ने **अंग्रेजों का प्रतिनिधित्व** किया था। इस संधि द्वारा **सतलुज नदी** को दोनों राज्यों के बीच की **सीमा रेखा** मान लिया गया था।

11. उत्तर-(b)

व्याख्या: फैजाबाद में 1857 के विद्रोह का नेतृत्व **मौलवी अहमद उल्लाह शाह** ने किया था। वे अंग्रेजों के सबसे कट्टर दुश्मन माने जाते थे और **अंग्रेजों** ने उन पर **50,000** रुपये का इनाम रखा था।

12. उत्तर-(a)

व्याख्या: भारत में संविधान दिवस **26 नवम्बर** को मनाया जाता है, क्योंकि इस दिन (26 नवम्बर, 1949) को विधिवत रूप से संविधान को स्वीकर किया गया था। लेकिन **26 जनवरी, 1950** को भारतीय संविधान पूर्णरूप से लागू हुआ।

13. उत्तर-(b)

व्याख्या: भारतीय राष्ट्रीय कांग्रेस के 1929 के **लाहौर अधिवेशन** में पूर्ण स्वराज (पूर्ण स्वतंत्रता) का प्रस्ताव पारित किया गया था। **दिसंबर 1929** में आयोजित इस अधिवेशन की अध्यक्षता **पंडित जवाहरलाल नेहरू** ने की थी।

14. उत्तर-(c)

व्याख्या: राजा राममोहन राय ने **सती प्रथा** के **उन्मूलन** और **समाज सुधार** के लिए **ब्रह्म समाज** की स्थापना की। पाश्चात्य शिक्षा और आधुनिक विचारों के प्रसार के कारण उन्हें आधुनिक भारत का जनक या भोर का तारा कहते हैं।

15. उत्तर-(a)

व्याख्याः चालुक्य वंश ने उत्तर भारत पर शासन नहीं किया था। इनका शासन मुख्यतः **दक्कन** एवं **दक्षिण भारत** में केंद्रित था। इनकी राजधानी **बादामी** (वातापी) थी। **पुलकेशिन द्वितीय बादामी** के **चालुक्य वंश** का प्रथम शासक था, जिसने **हर्षवर्धन** को पराजित किया था।

16. उत्तर-(c)

व्याख्याः तुर्क लोग अपने साथ **रबाब** और **सारंगी** जैसे कई **वाद्ययंत्र** तथा नई संगीत पद्धतियां और नियम भी लाए थे। वर्तमान **सितार** का आविष्कार **खुसरो खां** ने किया। **तबले** को लाने का श्रेय **अमीर खुसरो** को दिया जाता है।

17. उत्तर-(b)

व्याख्याः भारत विभाजन के समय **जे.बी. कृपलानी** भारतीय राष्ट्रीय कांग्रेस के अध्यक्ष थे। ये **23 नवंबर, 1946** के **मेरठ अधिवेशन** में **अध्यक्ष** बने और **नवंबर, 1947** तक अध्यक्ष रहे। इनके **इस्तीफा** देने के उपरांत **डॉ. राजेंद्र प्रसाद** अध्यक्ष बनाए गए।

18. उत्तर-(a)

व्याख्याः कुचिपुड़ी नृत्य **आंध्र प्रदेश**, भरतनाट्यम **तमिलनाडु**, कथक **उत्तर प्रदेश** तथा ओडिसी **ओडिशा** से संबंधित है।

19. उत्तर-(b)

व्याख्याः एलोरा (महाराष्ट्र) का विश्व प्रसिद्ध **कैलाश मंदिर एकाश्म पत्थर** (एक ही चट्टान को काटकर) से बना अद्भुत स्थापत्य है। इसका निर्माण **राष्ट्रकूट शासक कृष्ण प्रथम** ने **8वीं शताब्दी** में करवाया था।

20. उत्तर-(c)

व्याख्याः तंजौर कला की जड़ें **चोल काल** में थीं, लेकिन **18वीं शताब्दी** में **मराठा शासकों** (विशेषकर सरफोजी द्वितीय) के संरक्षण में यह अपने चरमोत्कर्ष पर पहुँची। इसमें लकड़ी पर कीमती पत्थरों और सोने के काम का प्रयोग होता है।

21. उत्तर-(a)

व्याख्याः संविधान का **अनुच्छेद 1** स्पष्ट कहता है कि इंडिया, जो कि **भारत है, राज्यों का संघ** (Union of States) होगा। इसका अर्थ है कि किसी भी राज्य को संघ से अलग होने का अधिकार नहीं है।

22. उत्तर-(c)

व्याख्याः डॉ. बी.आर. अंबेडकर ने **अनुच्छेद 32** को **संविधान का हृदय और आत्मा** कहा था। इसके तहत सुप्रीम कोर्ट मौलिक अधिकारों की रक्षा के लिए **5 प्रकार की रिट** (Writ) जारी कर सकता है।

23. उत्तर-(b)

व्याख्याः भारतीय संविधान के **अनुच्छेद 72** में राष्ट्रपति की **क्षमाधान शक्ति** निहित है। इस अनुच्छेद के तहत राष्ट्रपति को किसी भी अपराध के लिए दोषी ठहराए गए व्यक्ति की सजा को **क्षमा करने**, उसका **प्रविलंबन**, **विराम**, **परिहार** और **लघुकरण** संवैधानिक अधिकार प्राप्त है।

24. उत्तर-(d)

व्याख्याः संविधान के **अनुच्छेद 248**(1) के अनुसार, संसद को किसी ऐसे विषय के संबंध में, जो **समवर्ती सूची** या **राज्य सूची** में **सूचीबद्ध** नहीं है, भारत में अवशिष्ट विषयों पर केवल संसद ही कानून बना सकती है राज्य नहीं।

25. उत्तर-(b)

व्याख्याः ब्लॉक स्तर पर **पंचायत समिति** एक **प्रशासनिक प्राधिकरण** या **प्रशासनिक प्राधिकारी** के रूप में कार्य करती है। यह **ग्राम पंचायत** और **जिला प्रशासन** के मध्य संपर्क स्थापित करती है।

26. उत्तर-(c)

व्याख्याः संविधान के **अनुच्छेद 76** के तहत **राष्ट्रपति अटॉर्नी जनरल की नियुक्ति** करते हैं। वे भारत सरकार के मुख्य कानूनी सलाहकार होते हैं और उन्हें देश के सभी न्यायालयों में सुनवाई का अधिकार होता है।

27. उत्तर-(c)

व्याख्याः 73वें संविधान संशोधन (1992) द्वारा संविधान में **11वीं अनुसूची** जोड़ी गई, जिसमें पंचायतों के कार्य के लिए **29 विषयों की सूची** दी गई है। वहीं **12वीं अनुसूची नगरपालिकाओं** से संबंधित है जिसमें **18 विषय** हैं।

28. उत्तर-(b)

व्याख्याः जापान की **डायट**, **स्वीडन** की **कोर्टेज**, **स्पेन** की **संसद** है, तथा **सेजिम** (Sejm) **पोलैंड** की संसद का **निचला सदन** है।

29. उत्तर-(a)

व्याख्याः युद्ध, **बाह्य आक्रमण** या **सशस्त्र विद्रोह** की स्थिति में राष्ट्रपति **अनुच्छेद 352** के तहत राष्ट्रीय आपातकाल की घोषणा कर सकते हैं। अब तक भारत में **तीन बार** (वर्ष 1962, वर्ष 1971, वर्ष 1975) आपातकाल लगाया गया है।

30. उत्तर-(b)

व्याख्याः 29 अगस्त 1947 को गठित **प्रारूप समिति** (Drafting Committee) में कुल **7 सदस्य** थे। **डॉ. बी.आर. अंबेडकर** इसके **अध्यक्ष** थे। इस समिति ने ही **भारतीय संविधान** का **अंतिम मसौदा** तैयार करने की मुख्य भूमिका निभाई थी।

31. उत्तर-(c)

व्याख्याः भारत और **चीन** के बीच की सीमा रेखा **मैकमोहन रेखा** कहलाती है, जिसका निर्धारण वर्ष 1914 में **शिमला समझौते** के तहत हुआ था। **भारत** और **पाकिस्तान** के बीच की रेखा को **रेडक्लिफ रेखा** कहा जाता है।

32. उत्तर-(b)

व्याख्याः अरावली पर्वत विश्व की **सबसे प्राचीन पर्वत श्रेणियों** में से एक है। इसकी **सबसे ऊँची चोटी गुरु शिखर** (1722 मीटर) **राजस्थान** के **माउंट आबू** में स्थित है। यह **अवशिष्ट पर्वत** (Residual Mountain) का उदाहरण है।

33. उत्तर-(a)

व्याख्याः नर्मदा मध्य प्रदेश के **अमरकंटक** से, **कृष्णा महाराष्ट्र** के **महाबलेश्वर** से, **गोदावरी नासिक** के **त्र्यंबकेश्वर** से और **कावेरी कर्नाटक** की **ब्रह्मगिरि पहाड़ियों** से निकलती है। ये दक्षिण भारत की प्रमुख नदियां हैं।

34. उत्तर-(c)

व्याख्याः तुलबुल नौवहन परियोजना **जम्मू** एवं **कश्मीर** में **झेलम नदी** पर निर्मित की गई है। भारत इसे **तुलबुल नौवहन परियोजना** कहता है, जबकि **पाकिस्तान वूलर बैराज**। भारत ने वर्ष 1984 में **वूलर झील** के मुहाने पर **झेलम नदी** पर इस **बैराज** का निर्माण हुआ था।

35. उत्तर-(b)

व्याख्याः वेम्बनाद झील (Vembanad Lake) **केरल** की सबसे बड़ी झील है। यह **83.72 किमी. लंबी** तथा **14.48 किमी. चौड़ी** है। **केरल** के **कोट्टायम**, **अलप्पुझा** व **एर्नाकुलम** जिलों से **वेम्बनाद झील** घिरी है।

36. उत्तर-(a)

व्याख्याः चिकनी मिट्टी में **जल धारण** की क्षमता सबसे अधिक होती है। इसलिए पौधों को सबसे अधिक पानी इसी मिट्टी से मिलता है। **चिकनी मिट्टी** में **50%** से कम गाद, **50%** तक **मृत्तिका** व **बालू** की कुछ मात्रा पाई जाती है। इसमें वायु का आवागमन कम होता है, जिससे **जलक्रांति** हो जाती है।

37. उत्तर-(d)

व्याख्याः भाखड़ा नांगल परियोजना हिमाचल प्रदेश और **पंजाब** की संयुक्त बहुउद्देशीय परियोजना है। यह **सतलुज नदी** पर स्थित है। इसके पीछे बनी झील को **गोविंद सागर** झील के नाम से जाना जाता है।

38. उत्तर-(b)

व्याख्याः क्षेत्रफल के अनुसार **गोवा भारत** का **सबसे छोटा राज्य** है। वहीं **जनसंख्या** के **अनुसार सिक्किम सबसे छोटा राज्य** है। **उत्तर प्रदेश जनसंख्या** में **सबसे बड़ा** और **राजस्थान क्षेत्रफल** में **सबसे बड़ा राज्य** है।

39. उत्तर-(b)

व्याख्याः लक्षद्वीप भारत का **सबसे छोटा केंद्र शासित प्रदेश** है, जो **अरब सागर** में स्थित **प्रवाल द्वीपों** (Coral Islands) का समूह है। इसकी राजधानी **कवरत्ती** है और यहाँ कुल **36 द्वीप** हैं।

40. उत्तर-(c)

व्याख्याः इंडिया स्टेट ऑफ फॉरेस्ट रिपोर्ट (ISFR) के अनुसार, प्रतिशत के मामले में **मिजोरम शीर्ष** पर है (84% से अधिक) हालांकि कुल क्षेत्रफल के मामले में मध्य प्रदेश में सबसे अधिक वन पाए जाते हैं।

41. उत्तर-(a)

व्याख्याः वर्ष 1987 में **ओजोन परत** को **नुकसान पहुँचाने** वाले पदार्थों पर नियंत्रण के लिए हुए **मॉन्ट्रियल प्रोटोकॉल** की याद में प्रतिवर्ष **16 सितंबर** को **ओजोन दिवस** मनाया जाता है। इसका उद्देश्य **पराबैंगनी किरणों** से रक्षा करना है।

42. उत्तर-(a)

व्याख्याः घड़ियाल (Gavialis) **मगरमच्छ** (Crocodilia) कुल की एक प्रजाति है, जो **गंगा** व इसकी **सहायक नदी** में पाए जाते हैं। ये **बांग्लादेश**, **भारत** तथा **नेपाल** में अधिकांश मात्रा में पाए जाते हैं

43. उत्तर-(a)

व्याख्याः केवलादेव राजस्थान में, **वुलर झील कश्मीर** में, **हैदरपुर उत्तर प्रदेश** (बिजनौर) में और **चिल्का ओडिशा** में स्थित महत्वपूर्ण **आर्द्रभूमि** (रामसर साइट) हैं। ये जैव विविधता की दृष्टि से अत्यंत संवेदनशील क्षेत्र हैं।

44. उत्तर-(d)

व्याख्याः इंद्रावती राष्ट्रीय उद्यान छत्तीसगढ़ के **बस्तर क्षेत्र** में **दंतेवाड़ा** जिले में स्थित है। लगभग **1258.37 वर्ग किमी.** क्षेत्र में विस्तृत इस **राष्ट्रीय उद्यान** की स्थापना वर्ष 1982 में हुई और वर्ष 1983 में इसे **टाइगर रिजर्व** का दर्जा प्रदान किया गया।

45. उत्तर-(c)

व्याख्याः मिश्रण ऐसा पदार्थ होता है, जिसमें **दो या अधिक तत्व** या यौगिक किसी भी अनुपात में साधारण रूप से **मिश्रित** होते हैं। **वायु** विभिन्न **गैसों का मिश्रण** है। गैसों का यह मिश्रण **वायुमंडल** (Atmosphere) में पाया जाता है।

46. उत्तर-(c)

व्याख्याः नवीकरणीय ऊर्जा प्राकृतिक प्रक्रिया के तहत लगातार प्राप्त होती रहती है। **सौर, पवन, ज्वारीय, पनबिजली ऊर्जा** तथा **बायोमास** आदि प्राकृतिक संसाधन नवीकरणीय ऊर्जा के उदाहरण हैं। जबकि **कोयला, पेट्रोलियम, मिट्टी का तेल** आदि **अनवीकरणीय ऊर्जा** के संसाधन हैं।

47. उत्तर-(c)

व्याख्याः नेशनल ग्रीन ट्रिब्यूनल (N.G.T.) अर्थात राष्ट्रीय हरित न्यायाधिकरण की स्थापना भारत सरकार द्वारा **18 अक्टूबर, 2010** को **नेशनल ग्रीन ट्रिब्यूनल एक्ट, 2010** के अधीन की गई थी। यह पर्यावरण संरक्षण से संबंधित मामलों का निपटारा करता है।

48. उत्तर-(a)

व्याख्याः वर्ष 1992 में **ब्राजील के रियो डी जेनेरियो** में हुए **पृथ्वी सम्मेलन** में 21वीं सदी के लिए **सतत विकास** (Sustainable Development) का एक कार्य एजेंडा तैयार किया गया, जिसे **एजेंडा-21** कहा जाता है।

49. उत्तर-(d)

व्याख्याः एस्बेस्टस, डीडीटी एवं **प्लास्टिक** ऐसे प्रदूषण कारक हैं, जो **जैवीय** रूप से अपघटित नहीं होते, जबकि **मल जैवीय** रूप से अपघटित होता है।

50. उत्तर-(b)

व्याख्याः लायन-टेल्स मकाक (शेर जैसी पूंछ वाला बंदर) दक्षिण भारत के **पश्चिमी घाट** के **वर्षावनों** में पाया जाने वाला एक **स्थानिक** और **संकटग्रस्त जीव** है। यह मुख्य रूप से **नीलगिरी क्षेत्र** में पाया जाता है।

51. उत्तर-(b)

व्याख्याः ध्वनि की तीव्रता (Loudness) को **मापने की इकाई डेसिबल** (dB) है। सामान्य बातचीत लगभग **60 dB** होती है, जबकि **85 dB** से अधिक की ध्वनि निरंतर सुनने पर कानों के लिए हानिकारक हो सकती है।

52. उत्तर-(c)

व्याख्याः उत्तल दर्पण (Convex Mirror) **सदैव सीधा** और **छोटा प्रतिबिंब** बनाता है, जिससे चालक को पीछे का एक बहुत **बड़ा क्षेत्र** (Field of View) दिखाई देता है। इसीलिए इसे **रियर व्यू मिरर** के रूप में प्रयोग करते हैं।

53. उत्तर-(a)

व्याख्याः लोहे का **Fe** (Ferrum), **सोने** का **Au** (Aurum), **चांदी** का **Ag** (Argentum) और **पारे** का प्रतीक **Hg** (Hydrargyrum) है। ये लैटिन नामों पर आधारित प्रतीक विज्ञान के मौलिक आधार हैं।

54. उत्तर-(a)

व्याख्याः पदार्थों में होने वाले ऐसे परिवर्तन जिनमें पदार्थ के अणुओं का **रासायनिक संघटन** अथवा अणुओं की आंतरिक संरचना में परिवर्तन होता है **रासायनिक परिवर्तन** कहलाते हैं। ये परिवर्तन स्थायी होते हैं। जैसे- पदार्थों का दहन, जंग लगना आदि।

55. उत्तर-(b)

व्याख्याः कैंसर भारत में **गैर-संचारी रोग** है। गैरसंचारी रोग ऐसी दीर्घकालिक बीमारियाँ हैं जो एक व्यक्ति से दूसरे व्यक्ति में नहीं फैलती हैं। जैसे- **कैंसर, मधुमेह** और **हृदय रोग** जबकि संचारी रोग तेजी से संक्रमण करते हैं।

56. उत्तर-(d)

व्याख्याः लाइसोसोम्स कोशा में **एण्डोसाइटोसिस** द्वारा लाये गये प्रोटीन तथा अन्य पदार्थों का पाचन होता है। **लाइसोसोम** के विकर और **फैगोसोम** द्वारा लाये गये कणों का पाचन होता है। **भोजन** की कमी के समय **लाइसोसोम साइटोप्लाज्म** में स्थित **प्रोटीन, लिपिड** तथा **कार्बोहाइड्रेट** का पाचन करता है तथा कोशिका भी विखण्डित हो जाती है। इसी कारण इसे **आत्महत्या की थैली** कहा जाता है।

57. उत्तर-(d)

व्याख्याः सूर्य के प्रकाश की उपस्थिति में हमारी **त्वचा विटामिन D** का संश्लेषण करती है। यह शरीर में कैल्शियम के अवशोषण में मदद करता है और अपनी कार्य प्रणाली के कारण इसे हार्मोन की श्रेणी में भी रखा जाता है।

58. उत्तर-(c)

व्याख्याः सड़क के निश्चित क्षेत्र का प्रयोग करने वाले चिह्नों में **स्टॉप** एक **अनिवार्य चिह्न** है। जिनका **पालन करना अनिवार्य** है। इसके अतिरिक्त विभिन्न प्रकार के **चिह्न** होते हैं, जो दर्शाते हैं कि क्या करना चाहिए और क्या नहीं करना चाहिए।

59. उत्तर-(c)

व्याख्याः पेसमेकर एक छोटा इलेक्ट्रॉनिक उपकरण है जिसे **हृदय की धड़कन** (Heartbeat) को **नियंत्रित करने के लिए छाती** में लगाया जाता है। यह उन मरीजों के लिए उपयोगी है जिनका **हृदय बहुत धीरे धड़कता** है।

60. उत्तर-(b)

व्याख्याः 24 कैरेट सोना 100% शुद्ध होता है, लेकिन यह **बहुत नरम** होता है। **आभूषण बनाने के लिए** आमतौर पर **22 कैरेट सोने** का उपयोग किया जाता है, जिसमें **कठोरता** के लिए **तांबा** या **जस्ता** मिलाया जाता है।

61. उत्तर-(c)

व्याख्या: कृषि लागत एवं मूल्य आयोग **(CACP)** सरकार को **23 फसलों** के लिए **MSP** की सिफारिश करता है, जिसे आर्थिक मामलों की **मंत्रिमंडलीय समिति** मंजूरी देती है। इसका उद्देश्य किसानों को उनकी फसल का उचित दाम दिलाना है।

62. उत्तर-(b)

व्याख्या: वर्ष 1921 में **तीन प्रेसीडेंसी बैंकों** को मिलाकर इंपीरियल बैंक बनाया गया था। वर्ष 1955 में **गोरेवाला समिति** की सिफारिश पर इसका राष्ट्रीयकरण कर इसे **भारतीय स्टेट बैंक** (SBI) नाम दिया गया।

63. उत्तर-(c)

व्याख्या: **ट्रेहलोस** (Trehalose) एक **डाइसैकेराइड शर्करा** है, जो मुख्यत: **कीटों**, **शैवाल**, **खमीर**, **कवक** व **पौधों** में पायी जाती है। इनमें **ट्रेहलोस बहुक्रियाशील भूमिका** निभाती है। जैसे- **जीवाणु** की **कोशिका भित्ति** में एक **संरचनात्मक घटक** के रूप में, **पौधों** व **कवक** में विकास **नियामक** और **कार्बन स्रोत** के रूप में तथा **कीटों** में **ऊर्जा के स्रोत** के रूप में आदि।

64. उत्तर-(b)

व्याख्या: **बंबई स्टॉक एक्सचेंज** (BSE) की स्थापना वर्ष 1875 में हुई थी। यह न केवल भारत का बल्कि पूरे एशिया का **सबसे पुराना स्टॉक एक्सचेंज** है। इसके **संवेदी सूचकांक** को **सेंसेक्स** (Sensex) कहा जाता है।

65. उत्तर-(a)

व्याख्या: **हार्नबिल** को क्षेत्रीय भाषा में **धनेश** कहा जाता है। **धनेश** की **चोंच लम्बी** और **नीचे की ओर घूमी** होती है और **अमूमन ऊपरी चोंच** के **ऊपर लंबा उभार** होता है। जिसकी वजह से इसका अंग्रेजी नाम **hornbill** पड़ा। यह **उड़ने** में **समर्थ** होता है।

66. उत्तर-(c)

व्याख्या: **बंद अर्थव्यवस्था** वह है जिसका **विश्व** के **अन्य देशों** के **साथ कोई व्यापारिक संबंध** नहीं होता है। वर्तमान वैश्विक युग में लगभग **कोई भी देश** पूर्णत: **बंद अर्थव्यवस्था** नहीं है।

67. उत्तर-(b)

व्याख्या: **बी हमिंग बर्ड** को **विश्व** का **सबसे छोटा पक्षी** तथा **सबसे छोटा अण्डा देने वाली पक्षी** के रूप में जाना जाता है। यह **चिली के वनों** में पाई जाती है।

68. उत्तर-(b)

व्याख्या: **भारतीय रिजर्व बैंक** (RBI) की **मौद्रिक नीति समिति** (MPC) **रेपो रेट** तय करती है। रेपो रेट वह दर है जिस पर वाणिज्यिक बैंक **आरबीआई** से **अल्पकालिक ऋण** लेते हैं। यह **मुद्रास्फीति नियंत्रित** करने का एक साधन है।

69. उत्तर-(b)

व्याख्या: **विश्व बैंक** और **अंतर्राष्ट्रीय मुद्रा कोष** (IMF) दोनों के मुख्यालय **अमेरिका की राजधानी वाशिंगटन डी.सी.** में हैं। इनकी स्थापना वर्ष 1944 में **ब्रेटन वुड्स सम्मेलन** के तहत की गई थी।

70. उत्तर-(d)

व्याख्या: **भारत** को कुल **9 पिन** (PIN: Postal Index Number) क्षेत्रों में विभाजित किया गया है। इनमें **8 पिन** क्षेत्र भारत के राज्यों/संघीय क्षेत्रों से संबंधित हैं और **9वाँ** पिन क्षेत्र **आर्मी पोस्ट ऑफिस** (APO) और **फील्ड पोस्ट ऑफिस** (FPO) के लिए है।

71. उत्तर-(c)

व्याख्या: उत्तर प्रदेश में **सर्वाधिक जनसंख्या वाला जिला प्रयागराज** (इलाहाबाद) है। वहीं क्षेत्रफल में **लखीमपुर खीरी सबसे बड़ा** और **हापुड़ सबसे छोटा जिला** है। **महोबा उत्तर प्रदेश** का **सबसे कम जनसंख्या वाला जिला** है।

72. उत्तर-(d)

व्याख्या: **पश्चिमी हिंद महासागर** स्थित **सेशेल्स** (Seychelles) की **मुद्रा रुपया** है। भूटान की **मुद्रा-न्गुलत्रुम**, मलेशिया की मुद्रा **रिंगगिट** तथा **मालदीव** की **मुद्रा रुफिया** है।

73. उत्तर-(a)

व्याख्या: **नौचंदी मेला मेरठ** में, **सैयद सालार बहराइच** में, **देवीपाटन बलरामपुर** में और **कैलाश मेला आगरा** में आयोजित होता है। ये मेले उत्तर प्रदेश की **सांस्कृतिक विविधता** और **मेल-मिलाप** के केंद्र हैं।

74. उत्तर-(c)

व्याख्या: **प्रयागराज** के पास स्थित **कौशाम्बी भगवान बुद्ध** की **तपोस्थली** रही है और यहीं पर **जैन धर्म** के **छठे तीर्थंकर पद्मप्रभ** का जन्म हुआ था। इसलिए यह दोनों धर्मों का महत्वपूर्ण संगम स्थल है।

75. उत्तर-(a)

व्याख्या: **भारत** की **पहली आधुनिक चीनी मिल** वर्ष 1903 में उत्तर प्रदेश के **देवरिया जिले** के **प्रतापपुर** में स्थापित की गई थी। उत्तर प्रदेश आज भी भारत में **चीनी** और **गन्ना** उत्पादन में **अग्रणी राज्य** है।

76. उत्तर-(c)

व्याख्याः उत्तर प्रदेश उर्दू अकादमी की स्थापना वर्ष 1972 में **लखनऊ** में की गई थी। इसका उद्देश्य उर्दू भाषा के साहित्य का संवर्धन, लेखकों को सहायता देना और उर्दू की समृद्ध विरासत को बचाए रखना है।

77. उत्तर-(b)

व्याख्याः अयोध्या की **राजकुमारी सुरीरत्ना** (रानी हेओ ह्वांग-ओक) लगभग **2000 साल पहले दक्षिण कोरिया** गई थीं, जहाँ उनका विवाह वहाँ के राजा से हुआ। उनकी याद में **अयोध्या** में एक **भव्य स्मारक** बनाया गया है।

78. उत्तर-(b)

व्याख्याः नोएडा (New Okhla Industrial Development Authority) को उत्तर प्रदेश की **इलेक्ट्रॉनिक सिटी** कहा जाता है। यहाँ देश की बड़ी आईटी कंपनियों और मोबाइल निर्माण इकाइयों के मुख्यालय स्थित हैं।

79. उत्तर-(b)

व्याख्याः सुरहा ताल पक्षी विहार बलिया जिले में स्थित एक विशाल **प्राकृतिक झील** और **पक्षी अभयारण्य** है। इसका नाम बदलकर अब **जयप्रकाश नारायण पक्षी विहार** कर दिया गया है। यहाँ **सर्दियों** में **साइबेरियाई पक्षी** आते हैं।

80. उत्तर-(b)

व्याख्याः उत्तर प्रदेश विधानसभा में **निर्वाचित सदस्यों** की कुल **संख्या** 403 है। यह भारत में किसी भी **राज्य की सबसे बड़ी विधानसभा** है। **राज्य विधान परिषद** (उच्च सदन) में सदस्यों की **संख्या** 100 है।

81. उत्तर-(c)

व्याख्याः दक्षिण एशियाई क्षेत्रीय सहयोग संगठन (SAARC) की स्थापना वर्ष 1985 में हुई थी। इसका **सचिवालय नेपाल** की राजधानी **काठमांडू** में है। **भारत**, **पाकिस्तान**, **नेपाल**, **भूटान** आदि इसके **8 सदस्य देश** हैं।

82. उत्तर-(b)

व्याख्याः कंप्यूटर केवल **मशीनी भाषा** (Machine Language) या **बाइनरी भाषा** (Binary Language) को समझता है, जो **0 और 1 के अंकों** (कोड) से बनी होती है। इसे **लो-लेवल भाषा** (Low-Level Language) भी कहते हैं।

83. उत्तर-(a)

व्याख्याः जापान की संसद **डायट**, **रूस** की **ड्यूमा**, **अफगानिस्तान** की **शोर** और **ईरान** की संसद को **मजलिस** कहा जाता है।

84. उत्तर-(a)

व्याख्याः भारत में **वित्तीय वर्ष** की अवधि **1 अप्रैल से 31 मार्च** तक है। वित्तीय वर्ष वह वर्ष है जिसमें आय अर्जित की जाती है। **मूल्यांकन वर्ष**- वित्तीय वर्ष के ठीक बाद आने वाली **12 महीनों** की अवधि है।

85. उत्तर-(d)

व्याख्याः उत्तर प्रदेश का **बलिया जिला** बिहार की सीमा पर स्थित है। **उत्तर प्रदेश** की सीमा **देश के 9** (8 राज्य +1 केन्द्रशासित प्रदेश) **राज्यों** के साथ लगती है, जिसमें बिहार राज्य की सीमा **उत्तर प्रदेश** के **7 जिलों** से लगती है। जो दक्षिण से उत्तर क्रमशः **सोनभद्र**, **चन्दौली**, **गाजीपुर**, **बलिया**, **देवरिया**, **कुशीनगर** और **महाराजगंज** हैं।

86. उत्तर-(b)

व्याख्याः उत्तर प्रदेश, **नेपाल** के साथ **अंतर्राष्ट्रीय सीमा साझा** करता है। उत्तर प्रदेश के **सात जिलें- पीलीभीत**, **लखीमपुर खीरी**, **बहराइच**, **श्रावस्ती**, **बलरामपुर**, **सिद्धार्थनगर** और **महाराजगंज**, **नेपाल** के साथ **सीमा साझा** करते हैं।

87. उत्तर-(b)

व्याख्याः विटामिन सी (एस्कॉर्बिक एसिड) जल में घुलनशील विटामिन है। इसकी कमी से **स्कर्वी** (मसूड़ों से खून आना) रोग होता है। यह खट्टे फलों जैसे **आंवला**, **संतरा** और **नींबू** में प्रचुर मात्रा में पाया जाता है।

88. उत्तर-(b)

व्याख्याः विक्रम साराभाई अंतरिक्ष केंद्र (VSSC) **केरल** के **तिरुवनंतपुरम** में स्थित है। यह **इसरो** का सबसे बड़ा और महत्वपूर्ण केंद्र है जहाँ **रॉकेट** और **प्रक्षेपण यान** (जैसे PSLV, GSLV) तैयार किए जाते हैं।

89. उत्तर-(b)

व्याख्याः मालगुडी डेज (Malgudi Days) लघु कथाओं का एक संग्रह है, जिसे **आर.के. नारायण** द्वारा लिखा गया था। इस संग्रह में **32 कहानियाँ** हैं, जो सभी काल्पनिक शहर **मालगुडी** में घटित होती हैं

90. उत्तर-(c)

व्याख्याः यूरो (Euro) **यूरोपीय संघ** (EU) के **27** में से **20 सदस्य देशों** की **आधिकारिक मुद्रा** है। इसे वर्ष 1999 में पेश किया गया था। इस मुद्रा का प्रबंधन **फ्रैंकफर्ट** स्थित **यूरोपीय सेंट्रल बैंक** करता है।

91. उत्तर-(b)

व्याख्याः राष्ट्रीय एकता दिवस भारत के **पूर्व उप-प्रधानमंत्री** व **गृहमंत्री सरदार वल्लभ भाई पटेल** की **जयंती के उपलक्ष्य** में हर वर्ष **31 अक्टूबर** को मनाया जाता है। इसे **वर्ष 2014** से शुरु किया गया था।

92. उत्तर-(b)

व्याख्याः बागवानी क्षेत्र को प्रोत्साहन देने के उद्देश्य से **जम्मू** के **कटरा** से **मुंबई** तक **24 टन चेरी** का परिवहन पहली बार रेलमार्ग द्वारा किया गया।

93. उत्तर-(c)

व्याख्याः जून 2025 में उड़ान योजना के अंतर्गत **क्षेत्रीय हवाई संपर्क** को **सुदृढ़** करने हेतु **सतना** और **दतिया हवाई अड्डा** का **वर्चुअल माध्यम** से **उद्घाटन** किया गया।

94. उत्तर-(c)

व्याख्याः उत्तर प्रदेश सरकार की **कन्या सुमंगला योजना** की शुरुआत **1 अप्रैल, 2019** में हुई थी। इसके तहत कुल **25,000 रुपये** की धनराशि **छह** विभिन्न चरणों में दी जाती है। यह योजना **बालिकाओं** के **जन्म**, **टीकाकरण**, **स्कूल में प्रवेश** और **स्नातक शिक्षा** तक उनकी सहायता करती है।

95. उत्तर-(b)

व्याख्याः महिला एवं **बाल विकास मंत्रालय** द्वारा मंत्रालयों में **लिंग-संवेदनशील बजट प्रक्रिया** को समर्थन प्रदान करने के लिए यह **डिजिटल प्लेटफॉर्म** प्रारंभ किया गया।

96. उत्तर-(c)

व्याख्याः वर्ष 2025 को आयोजित **11वें अंतर्राष्ट्रीय योग दिवस** के अवसर पर **योग** के **माध्यम** से **वैश्विक स्वास्थ्य** और **एकजुटता** का संदेश दिया गया।

97. उत्तर-(c)

व्याख्याः वर्ष 2025 में मुख्यमंत्री हिमंत बिस्वा सरमा के नेतृत्व में **असम सरकार** द्वारा राज्य में **बहु विवाह प्रथा** को **समाप्त** करने के उद्देश्य से यह **विधेयक** प्रस्तुत किया गया।

98. उत्तर-(b)

व्याख्याः वर्ष 2025 को **स्वैच्छिक रक्तदाताओं** के लिए **रक्त दे, आशा दे** साथ मिलकर हम जीवन बचाते हैं संदेश दिया था तथा **सुरक्षित रक्त की उपलब्धता सुनिश्चित** करने हेतु **यह विषय निर्धारित** किया गया।

99. उत्तर-(b)

व्याख्याः प्रतिभा सेतु पोर्टल का उद्देश्य उन योग्य **अभ्यर्थियों को निजी** एवं **सरकारी क्षेत्र** के नियोक्ताओं से जोड़ना था, जिनका अंतिम चयन नहीं हो सका था।

100. उत्तर-(c)

व्याख्याः आपातकाल की **50वीं वर्षगांठ** के अवसर पर प्रकाशित यह पुस्तक वर्ष 1975 के दौरान **प्रधानमंत्री नरेंद्र मोदी** के **जमीनी संघर्षों** एवं **अनुभवों का विवरण** प्रस्तुत करती है।

होमगार्ड प्रैक्टिस सैट-20

1. हड़प्पा सभ्यता का वह एकमात्र स्थल कौन-सा है, जहाँ से कृत्रिम गोदीवाड़ा (Artificial Dockyard) के साक्ष्य मिले हैं?
   (a) कालीबंगा (b) लोथल
   (c) बनवाली (d) रोपड़

2. अष्टाध्यायी, जो संस्कृत व्याकरण की पहली पुस्तक है, के लेखक कौन हैं?
   (a) पतंजलि (b) पाणिनि
   (c) कात्यायन (d) भर्तृहरि

3. जैन धर्म के 23वें तीर्थंकर पार्श्वनाथ का जन्म उत्तर प्रदेश के किस नगर में हुआ था?
   (a) वाराणसी (b) श्रावस्ती
   (c) अयोध्या (d) कौशाम्बी

4. विक्रमशिला विश्वविद्यालय की स्थापना पाल वंश के किस शासक ने की थी?
   (a) गोपाल (b) धर्मपाल
   (c) देवपाल (d) नारायणपाल

5. गुप्तकाल का पक्की ईंटों से बना भीतरगांव मंदिर स्थित है-
   (a) चित्रकूट में (b) कानपुर में
   (c) गोरखपुर में (d) वाराणसी में

6. निम्नलिखित में से रामानुज के अनुयायियों को कहा जाता है-
   (a) शैव (b) वैष्णव
   (c) अद्वैतवादी (d) अवधूत

7. महात्मा बुद्ध का महापरिनिर्वाण कहाँ हुआ था?
   (a) काशी में (b) लुम्बिनी में
   (c) कुशीनारा में (d) श्रावस्ती में

8. मुगल काल में दीवान-ए-कुल विभाग का संबंध किससे था?
   (a) सैन्य विभाग (b) पत्राचार विभाग
   (c) राजस्व और वित्त विभाग (d) दान विभाग

9. शिवाजी का राज्याभिषेक 1674 ई. में किस किले में हुआ था?
   (a) पुणे (b) रायगढ़
   (c) प्रतापगढ़ (d) सतारा

10. 1880 के दशक में इंडियन मिरर अखबार का प्रकाशन कहाँ से होता था?
   (a) बंबई (b) कलकत्ता
   (c) मद्रास (d) पांडिचेरी

11. 1857 के विद्रोह को किसने भारत का प्रथम स्वतंत्रता संग्राम कहा था?
   (a) आर.सी. मजूमदार
   (b) वी.डी. सावरकर
   (c) सर सैयद अहमद खान
   (d) बेंजामिन डिजरायली

12. पूना सार्वजनिक सभा की स्थापना की थी-
   (a) 1858 ई. में महादेव गोविंद रानाडे ने
   (b) 1870 ई. में महादेव गोविंद रानाडे ने
   (c) 1870 ई. में पंडिता रमाबाई रानाडे ने
   (d) 1870 ई. में सुरेंद्रनाथ बनर्जी ने

13. भूदान आन्दोलन के प्रवर्तक किसे माना जाता है?
   (a) जयप्रकाश नारायण (b) महात्मा गाँधी
   (c) श्रीरामचन्द्र रेड्डी (d) विनोबा भावे

14. राम-गोविंद के रचनाकार कौन हैं?
   (a) मीराबाई (b) नरहरि
   (c) सूरदास (d) रसखान

15. भारतीय राष्ट्रीय कांग्रेस की स्थापना कब हुई?
   (a) वर्ष 1885 में (b) वर्ष 1886 में
   (c) वर्ष 1887 में (d) वर्ष 1888 में

16. वास्कोडिगामा, कालीकट पर किस वर्ष में आया?
   (a) 1350 ई. (b) 1498 ई.
   (c) 1530 ई. (d) 1612 ई.

17. शोर मंदिर (Shore Temple) महाबलीपुरम का निर्माण किस वंश ने करवाया था?
   (a) चोल (b) पल्लव
   (c) पांड्य (d) चालुक्य

18. निम्नलिखित को सूची-I से सूची-II को सुमेलित कीजिए-

सूची-I (वादक)	सूची-II (वाद्य यंत्र)
A. हरिप्रसाद चौरसिया	1. सरोद
B. अमजद अली खान	2. बांसुरी
C. शिवकुमार शर्मा	3. तबला
D. जाकिर हुसैन	4. संतूर

कूट:

(a) A–2, B–1, C–4, D–3 (b) A–1, B–2, C–3, D–4

(c) A–3, B–4, C–1, D–2 (d) A–4, B–3, C–2, D–1

19. भारत में अंतर्राष्ट्रीय श्रमिक दिवस किस दिन मनाया जाता है?

(a) 15 अप्रैल (b) 1 अगस्त

(c) 1 मई (d) 12 दिसंबर

20. भारत का सबसे बड़ा बौद्ध स्तूप कहाँ स्थित है?

(a) सारनाथ (b) सांची

(c) बोधगया (d) भरहुत

21. संविधान सभा की पहली बैठक (9 दिसंबर, 1946) की अध्यक्षता किसने की थी?

(a) डॉ. राजेंद्र प्रसाद

(b) डॉ. सच्चिदानंद सिन्हा

(c) डॉ. बी.आर. अंबेडकर

(d) पंडित जवाहरलाल नेहरू

22. समान नागरिक संहिता (Uniform Civil Code) का उल्लेख किस अनुच्छेद में है?

(a) अनुच्छेद 40 (b) अनुच्छेद 44

(c) अनुच्छेद 48 (d) अनुच्छेद 50

23. मौलिक कर्तव्यों (Fundamental Duties) को संविधान के किस भाग में रखा गया है?

(a) भाग III (b) भाग IV

(c) भाग IV-A (d) भाग V

24. भारतीय संविधान में नवीं अनुसूची किस संशोधन द्वारा जोड़ी गई थी?

(a) प्रथम संशोधन (1951) (b) सातवाँ संशोधन

(c) 42वाँ संशोधन (d) 44वाँ संशोधन

25. निम्नलिखित को सूची-I से सूची-II को सुमेलित कीजिए-

सूची-I (अनुच्छेद)	सूची-II (विषय)
A. अनुच्छेद 17	1. ग्राम पंचायतों का गठन
B. अनुच्छेद 40	2. अस्पृश्यता का अंत
C. अनुच्छेद 51A	3. महान्यायवादी
D. अनुच्छेद 76	4. मौलिक कर्तव्य

कूट:

(a) A–2, B–1, C–4, D–3 (b) A–1, B–2, C–3, D–4

(c) A–3, B–4, C–1, D–2 (d) A–2, B–3, C–1, D–4

26. संविधान सभा के प्रथम मनोनीत उप-सभापति कौन थे?

(a) टी.टी. कृष्णामाचारी (b) वी.टी. कृष्णामाचारी

(c) एच.सी. मुखर्जी (d) फ्रैंक एंथोनी

27. भारतीय राष्ट्रीय ध्वज में चक्र किसका प्रतीक है?

(a) स्वतंत्रता का (b) न्याय का

(c) समानता का (d) भाई चारे का

28. सी.आई.ए. किस देश की आसूचना एजेंसी है?

(a) रूस (b) इंग्लैंड

(c) भारत (d) यू.एस.ए.

29. क्रिमिनल ट्राइब्स एक्ट सर्वप्रथम कब अधिनियमित हुआ था?

(a) वर्ष 1952 (b) वर्ष 1924

(c) वर्ष 1871 (d) वर्ष 1911

30. भारतीय संविधान के अनुच्छेद 170 के अनुसार, किसी राज्य की विधानसभा के सदस्यों की न्यूनतम तथा अधिकतम संख्या क्रमशः हो सकती है-

(a) 40 तथा 400 (b) 50 तथा 450

(c) 50 तथा 500 (d) 60 तथा 500

31. निम्न में से अलास्का किस देश का हिस्सा है?

(a) ग्रीनलैंड (b) यू.एस.ए.

(c) कनाडा (d) यूनाइटेड किंगडम

32. पालघाट दर्रा किन दो राज्यों को जोड़ता है?

(a) तमिलनाडु और केरल

(b) कर्नाटक और केरल

(c) महाराष्ट्र और गुजरात

(d) सिक्किम और पश्चिम बंगाल

33. निम्नलिखित को सूची-I से सूची-II को सुमेलित कीजिए-

सूची-I (बहुउद्देशीय परियोजना	सूची-II (नदी)
A. हीराकुंड	1. भागीरथी
B. टिहरी	2. महानदी
C. नागार्जुन सागर	3. पेरियार
D. इडुक्की	4. कृष्णा

कूट:

(a) A–2, B–1, C–4, D–3 (b) A–1, B–2, C–3, D–4
(c) A–3, B–4, C–1, D–2 (d) A–4, B–3, C–2, D–1

34. भारत में किस प्रकार की मिट्टी का विस्तार सर्वाधिक क्षेत्रफल में पाया जाता है?

(a) काली मिट्टी (b) लाल मिट्टी
(c) जलोढ़ मिट्टी (d) लैटेराइट मिट्टी

35. कैलाश पर्वत निम्न में से किस क्षेत्र में अवस्थित है?

(a) सिक्किम (b) तिब्बत
(c) नेपाल (d) उत्तराखंड

36. कर्क रेखा भारत के कितने राज्यों से होकर गुजरती है?

(a) 6 (b) 7
(c) 8 (d) 9

37. पीर पंजाल पर्वत श्रेणी किस हिमालय का हिस्सा है?

(a) महान हिमालय (b) लघु हिमालय
(c) शिवालिक (d) ट्रांस हिमालय

38. मौना लोआ एक सक्रिय ज्वालामुखी है-

(a) अलास्का का (b) हवाई का
(c) इटली का (d) जापान का

39. माउंट एवरेस्ट शिखर पर चढ़ने वाली पहली महिला थीं-

(a) जुको ताबेई (b) कारोलिन मिकेलसन
(c) वेलेंटिना तेरेश्कोवा (d) उपर्युक्त में से कोई नहीं

40. सलाल पनबिजली परियोजना किस नदी पर स्थित है?

(a) झेलम (b) चिनाब
(c) रावी (d) ब्यास

41. पीने के पानी को शुद्ध करने के लिए निम्नलिखित गैसों में से किसे प्रयोग में लाया जाता है?

(a) सल्फर डाइऑक्साइड (b) क्लोरीन
(c) फ्लोरीन (d) कार्बन डाइऑक्साइड

42. निम्नलिखित में से चेर्नोबिल दुर्घटना संबंधित है-

(a) नाभिकीय दुर्घटना (b) भूकंप
(c) बाढ़ (d) अम्लीय वर्षा

43. निम्नलिखित को सूची-I से सूची-II को सुमेलित कीजिए-

सूची-I (राष्ट्रीय उद्यान)	सूची-II (राज्य)
A. गिर	1. मध्य प्रदेश
B. कान्हा	2. गुजरात
C. रणथंभौर	3. उत्तराखंड
D. जिम कॉर्बेट	4. राजस्थान

कूट:

(a) A–2, B–1, C–4, D–3 (b) A–1, B–2, C–3, D–4
(c) A–3, B–4, C–1, D–2 (d) A–4, B–3, C–2, D–1

44. वायुमंडल में ऑक्सीजन का मुख्य स्रोत क्या है?

(a) श्वसन (b) प्रकाश संश्लेषण
(c) ज्वालामुखी (d) वर्षा

45. पृथ्वी के चारों ओर गैसों के समूह को क्या कहते हैं?

(a) भूमंडल (b) जलकण
(c) वायुमंडल (d) जलमंडल

46. घास-स्थल पारिस्थितिकी तंत्र में खाद्य श्रृंखला का सही क्रम क्या है?

(a) घास → टिड्डा → मेंढक → सर्प → बाज
(b) घास → मेंढक → टिड्डा → बाज
(c) टिड्डा → घास → सर्प → मेंढक
(d) सर्प → मेंढक → टिड्डा → घास

47. जैव विविधता दिवस (International Day for Biological Diversity) **कब मनाया जाता है?**

(a) 22 मार्च (b) 22 अप्रैल
(c) 22 मई (d) 5 जून

48. फ्लाई ऐश (Fly Ash) **प्रदूषण का मुख्य स्रोत क्या है?**

(a) तेल शोधन शाला
(b) कोयला आधारित ताप विद्युत केंद्र
(c) उर्वरक उद्योग
(d) खनन

49. निम्नलिखित राज्यों में से किस एक में पाखुई वन्यजीव अभयारण्य अवस्थित है?

(a) अरुणाचल प्रदेश (b) मणिपुर

(c) मेघालय (d) नागालैंड

50. ग्रीन मफलर का संबंध किस प्रकार के प्रदूषण को नियंत्रित करने से है?

(a) वायु प्रदूषण (b) जल प्रदूषण

(c) ध्वनि प्रदूषण (d) मृदा प्रदूषण

51. आवृत्ति (Frequency) को मापने की इकाई क्या है?

(a) हर्ट्ज (b) वाट

(c) ओम (d) वोल्ट

52. वर्षा की बूंदें गोल होने का मुख्य कारण क्या है?

(a) वायु घर्षण (b) गुरुत्वाकर्षण

(c) पृष्ठ तनाव (d) श्यानता

53. निम्नलिखित को सूची-I से सूची-II को सुमेलित कीजिए-

सूची-I (मिश्र धातु)	सूची-II (अवयव)
A. कांसा	1. तांबा + जस्ता
B. पीतल	2. लोहा + क्रोमियम + निकिल
C. स्टेनलेस स्टील	3. तांबा + टिन
D. टांका (Solder)	4. सीसा + टिन

कूट:

(a) A–3, B–1, C–2, D–4 (b) A–1, B–2, C–3, D–4

(c) A–2, B–3, C–4, D–1 (d) A–4, B–1, C–3, D–2

54. कृत्रिम वर्षा (Cloud Seeding) के लिए किस रसायन का प्रयोग किया जाता है?

(a) सिल्वर नाइट्रेट (b) सिल्वर आयोडाइड

(c) पोटेशियम ब्रोमाइड (d) सोडियम क्लोराइड

55. बेकिंग सोडा (खाने का सोडा) का रासायनिक सूत्र क्या है?

(a) Na_2CO_3 (b) $NaHCO_3$

(c) $CaCO_3$ (d) NaOH

56. मानव शरीर में पित्त (Bile) का निर्माण कहाँ होता है?

(a) अग्न्याशय (b) यकृत

(c) पित्ताशय (d) आमाशय

57. इंसुलिन की कमी से कौन-सा रोग होता है?

(a) घेंघा (b) एनीमिया

(c) मधुमेह (d) स्कर्वी

58. प्रकाश संश्लेषण की प्रक्रिया में कौन-सी गैस अवशोषित की जाती है?

(a) ऑक्सीजन (b) नाइट्रोजन

(c) कार्बन डाइऑक्साइड (d) हाइड्रोजन

59. विटामिन बी-12 में कौन-सी धातु पाई जाती है?

(a) लोहा (b) मैग्नीशियम

(c) कोबाल्ट (d) जस्ता

60. दूर दृष्टि दोष (Hypermetropia) के निवारण के लिए किस लेंस का उपयोग होता है?

(a) अवतल (b) उत्तल

(c) बेलनाकार (d) द्विफोकसी

61. योजना आयोग (अब नीति आयोग) के प्रथम अध्यक्ष कौन थे?

(a) गुलजारी लाल नंदा (b) जवाहरलाल नेहरू

(c) डॉ. राजेंद्र प्रसाद (d) सरदार पटेल

62. म्यांमार का पेगु योमा क्षेत्र किस खनिज का प्रमुख उत्पादक है?

(a) टिन (b) चाँदी

(c) खनिज तेल (d) तांबा

63. निम्नलिखित को सूची-I से सूची-II को सुमेलित कीजिए-

सूची-I (संस्थान)	सूची-II (मुख्यालय)
A. सिडबी (SIDBI)	1. मुंबई
B. नाबार्ड (NABARD)	2. लखनऊ
C. इरडा (IRDAI)	3. नई दिल्ली
D. एनएचबी (NHB)	4. हैदराबाद

कूट:

(a) A–2, B–1, C–4, D–3 (b) A–1, B–2, C–3, D–4

(c) A–3, B–4, C–1, D–2 (d) A–2, B–3, C–1, D–4

64. प्रथम क्षेत्रीय ग्रामीण बैंक की स्थापना किस वर्ष में की गई?

(a) वर्ष 1977 (b) वर्ष 1976

(c) वर्ष 1974 (d) वर्ष 1975

65. भारत में मिश्रित अर्थव्यवस्था (Mixed Economy) का क्या अर्थ है?

(a) कृषि और उद्योग का सह-अस्तित्व

(b) सार्वजनिक और निजी क्षेत्र का सह-अस्तित्व

(c) स्वदेशी और विदेशी निवेश

(d) भारी और लघु उद्योग

66. केंद्रीय सहकारी बैंकों का कार्यक्षेत्र है-

(a) जनपद स्तर पर (b) राज्य स्तर पर

(c) राष्ट्रीय स्तर पर (d) ब्लॉक स्तर पर

67. भारत में मुद्रास्फीति (Inflation) की माप मुख्य रूप से किस सूचकांक पर आधारित है?

(a) थोक मूल्य सूचकांक (b) उपभोक्ता मूल्य सूचकांक

(c) जीडीपी डिफ्लेटर (d) औद्योगिक उत्पादन सूचकांक

68. विश्व में हरित क्रांति के जनक हैं-

(a) नॉर्मन ई. बोरलॉग (b) एम.एस. स्वामीनाथन

(c) जी.एस. खुश (d) बी.पी. पाल

69. प्रथम पंचवर्षीय योजना किस मॉडल पर आधारित थी?

(a) महालनोबिस मॉडल (b) हैरोड-डोमर मॉडल

(c) बॉम्बे प्लान (d) गांधीवादी मॉडल

70. अंत्योदय अन्न योजना की शुरुआत किस वर्ष की गई थी?

(a) वर्ष 1995 (b) वर्ष 2000

(c) वर्ष 2005 (d) वर्ष 2013

71. उत्तर प्रदेश का सबसे पूर्वी जिला कौन-सा है?

(a) शामली (b) बलिया

(c) सोनभद्र (d) सहारनपुर

72. उत्तर प्रदेश में भारतीय दलहन अनुसंधान संस्थान कहाँ स्थित है?

(a) लखनऊ (b) कानपुर

(c) वाराणसी (d) आगरा

73. निम्नलिखित को सूची-I से सूची-II को सुमेलित कीजिए-

सूची-I (शहर/नगर)	सूची-II (प्रसिद्ध उद्योग)
A. फिरोजाबाद	1. इत्र
B. कन्नौज	2. कांच की चूड़ियाँ
C. भदोही	3. खेल का सामान
D. मेरठ	4. कालीन

कूट:

(a) A-2, B-1, C-4, D-3 (b) A-1, B-2, C-3, D-4

(c) A-3, B-4, C-1, D-2 (d) A-4, B-3, C-2, D-1

74. बनारस हिंदू विश्वविद्यालय (BHU) का शिलान्यास किसने किया?

(a) एनी बेसेंट (b) लॉर्ड हार्डिंग

(c) मदन मोहन मालवीय (d) विभूति नारायण सिंह

75. जनगणना, 2011 के अनुसार उत्तर प्रदेश राज्य का लिंगानुपात है-

(a) 912 (c) 906

(b) 898 (d) 896

76. उत्तर प्रदेश राज्य में जनगणना, 2011 के अनुसार न्यूनतम दशकीय वृद्धि दर वाला जिला है-

(a) श्रावस्ती (b) बागपत

(c) इलाहाबाद (d) कानपुर नगर

77. सिंगरौली (Singrauli) कोयला क्षेत्र उत्तर प्रदेश के किस जिले में विस्तृत है?

(a) मिर्जापुर (c) प्रयागराज

(b) सोनभद्र (d) चंदौली

78. उत्तर प्रदेश के लोकायुक्त (Lokayukta) का कार्यकाल वर्तमान में कितने वर्ष का होता है?

(a) 5 वर्ष (b) 6 वर्ष

(c) 8 वर्ष (d) 4 वर्ष

79. हिंदुस्तान एल्युमिनियम कॉर्पोरेशन (हिंडाल्को) उत्तर प्रदेश में कहाँ स्थित है?

(a) रेनुकूट (b) ओबरा

(c) पनकी (d) जगदीशपुर

80. उत्तर प्रदेश में कुल कितने मंडल (Divisions) हैं?

(a) 15 (b) 17

(c) 18 (d) 20

81. निम्न में से कौन-सा राज्य उत्तर प्रदेश के साथ अपनी सीमा साझा नहीं करता है?

(a) छत्तीसगढ़ (b) मध्य प्रदेश

(c) पंजाब (d) हिमाचल प्रदेश

82. संयुक्त राष्ट्र संघ (UN) की स्थापना कब हुई थी?

(a) 15 अगस्त, 1945 (b) 24 अक्टूबर, 1945

(c) 26 जनवरी, 1946 (d) 10 दिसंबर, 1948

83. निम्नलिखित को सूची-I से सूची-II को सुमेलित कीजिए-

सूची-I (पुस्तक)	सूची-II (लेखक)
A. डिस्कवरी ऑफ इंडिया	1. विष्णु शर्मा
B. पंचतंत्र	2. जवाहरलाल नेहरू
C. अर्थशास्त्र	3. चाणक्य
D. इंडिका	4. मेगस्थनीज

कूट:

(a) A–2, B–1, C–3, D–4 (b) A–1, B–2, C–4, D–3

(c) A–3, B–4, C–1, D–2 (d) A–4, B–3, C–2, D–1

84. विश्व मानवाधिकार दिवस प्रतिवर्ष कब मनाया जाता है?

(a) 5 जून (b) 16 सितंबर

(c) 10 दिसंबर (d) 1 दिसंबर

85. बुल और मेटल फाइटिंग किस देश का राष्ट्रीय खेल है?

(a) जापान (b) स्पेन

(c) चीन (d) स्कॉटलैंड

86. ऑस्कर पुरस्कार का संबंध किस क्षेत्र से है?

(a) साहित्य (b) विज्ञान

(c) सिनेमा (d) खेल

87. सुदीरमन कप 2025 (बैडमिंटन) का विजेता कौन-सा देश बना?

(a) दक्षिण कोरिया (b) जापान

(c) चीन (d) मलेशिया

88. गोबी मरुस्थल किस महाद्वीप में स्थित है?

(a) अफ्रीका (b) एशिया

(c) ऑस्ट्रेलिया (d) दक्षिण अमेरिका

89. FIFA क्लब विश्व कप 2025 का विजेता कौन-सा क्लब बना?

(a) मैनचेस्टर सिटी (b) चेल्सी

(c) रियल मैड्रिड (d) पेरिस सेंट जर्मेन

90. भारत में विश्व स्वास्थ्य संगठन (WHO) का मुख्यालय कहाँ स्थित है?

(a) मुंबई (c) नई दिल्ली

(b) कलकत्ता (d) चेन्नई

91. प्रत्येक 12 वर्ष में एक बार आयोजित होने वाला पवित्र नदी महोत्सव, सरस्वती पुष्करालु, किस राज्य से शुरु हुआ?

(a) तेलंगाना (b) राजस्थान

(c) उत्तराखण्ड (d) गुजरात

92. इसरो (ISRO) द्वारा लॉन्च किए गए आदित्य-L1 मिशन का मुख्य उद्देश्य क्या है?

(a) चंद्रमा की सतह का अध्ययन

(b) सूर्य का विस्तृत अध्ययन

(c) मंगल ग्रह पर जीवन की खोज

(d) शुक्र ग्रह का मानचित्रण

93. भारत के पहले ट्राइबल जीनोम सीक्वेन्सिंग की शुरुआत किस राज्य में की गई?

(a) मध्य प्रदेश (b) झारखण्ड

(c) ओडिशा (d) गुजरात

94. भारत के प्रथम मेक-इन-इंडिया ग्रीन हाइड्रोजन प्लांट का उद्घाटन कहाँ किया गया?

(a) मुंबई पोर्ट (b) दीनदयाल पोर्ट, कांडला

(c) चेन्नई पोर्ट (d) पारादीप पोर्ट

95. पुरुष क्रिकेट एशिया कप 2025 का आयोजन कहाँ किया गया?

(a) पाकिस्तान और श्रीलंका (b) भारत

(c) संयुक्त अरब अमीरात (d) बांग्लादेश

96. प्रथम स्वदेशी गोताखोरी सहायक पोत निस्तार का निर्माण किस कंपनी ने किया है?

(a) गोवा शिपयार्ड लिमिटेड

(b) हिन्दुस्तान शिपयार्ड लिमिटेड

(c) मझगांव डॉक शिपबिल्डर्स

(d) कोचीन शिपयार्ड लिमिटेड

97. 18वाँ ब्रिक्स शिखर सम्मेलन 2026 में कहाँ आयोजित किया जाएगा?

(a) दक्षिण अफ्रीका (b) रूस

(c) भारत (d) चीन

98. अगस्त 2025 में घोषित स्वच्छ वायु सर्वेक्षण 2025 में किस शहर ने प्रथम स्थान प्राप्त किया था?

(a) इंदौर (b) सूरत

(c) नवी मुंबई d) भोपाल

99. एशिया की सबसे लम्बी मालगाड़ी रुद्रास्त्र की कुल लंबाई लगभग कितनी है?

(a) 2.1 कि.मी. (b) 4.5 कि.मी

(c) 3.7 कि.मी. (d) 5.8 कि.मी.

100. होप मिशन (Himalayan Outpost for Planetary Exploration) कहाँ आयोजित हुआ?

(a) लद्दाख (b) हिमाचल प्रदेश

(c) उत्तराखण्ड (d) सिक्किम

उत्तर : व्याख्या-सहित

1. उत्तर-(b)

व्याख्या: गुजरात के **अहमदाबाद** जिले में स्थित **लोथल** सिंधु घाटी सभ्यता का एक महत्वपूर्ण **बंदरगाह नगर** था। यहाँ से **ईंटों का बना एक विशाल घेरा** मिला है, जिसे विद्वानों ने **गोदीवाड़ा** या **डॉकयार्ड** कहा है। यहाँ से **फारस की मुहरें** भी मिली हैं।

2. उत्तर-(b)

व्याख्या: पाणिनि एक महान **व्याकरणविद्** थे, जिन्होंने **चौथी शताब्दी ईसा पूर्व** में **अष्टाध्यायी** की रचना की थी। यह पुस्तक **संस्कृत व्याकरण** के नियमों का आधार है और इसमें तत्कालीन समाज का भी सूक्ष्म चित्रण मिलता है।

3. उत्तर-(a)

व्याख्या: जैन धर्म के **23वें** तीर्थंकर **पार्श्वनाथ** का जन्म **वाराणसी** के **राजा अश्वसेन** के यहाँ हुआ था। उन्होंने **चातुर्याम धर्म** (सत्य, अहिंसा, अस्तेय, अपरिग्रह) का प्रतिपादन किया था। वे **महावीर स्वामी** से लगभग **250 वर्ष पूर्व** हुए थे।

4. उत्तर-(b)

व्याख्या: पाल वंश के सबसे महान शासक **धर्मपाल** ने **बिहार** के **भागलपुर** जिले में **विक्रमशिला विश्वविद्यालय** की स्थापना की थी। यह **नालंदा** के बाद **बौद्ध शिक्षा** का सबसे प्रमुख केंद्र था, जहाँ **वज्रयान शाखा** का विकास हुआ।

5. उत्तर-(b)

व्याख्या: गुप्तकाल का प्रसिद्ध पक्की ईंटों से बना **भीतरगांव मंदिर** उत्तर प्रदेश के **कानपुर** जिले में स्थित है। यह **5वीं शताब्दी ईस्वी** (गुप्त वंश) के दौरान निर्मित भारत के सबसे पुराने और प्राचीनतम ईंट मंदिरों में से एक माना जाता है,

6. उत्तर-(b)

व्याख्या: भक्ति आंदोलन के प्रसिद्ध **वैष्णव आचार्य रामानुज** ने **सगुण ईश्वर** की उपासना पर बल दिया। उनका मत **विशिष्टाद्वैत** कहलाता है, और उनके **अनुयायी वैष्णव** कहलाए।

7. उत्तर-(c)

व्याख्या: महात्मा बुद्ध का **महापरिनिर्वाण** उत्तर प्रदेश के **कुशीनगर** (एक प्रमुख **बौद्ध तीर्थस्थल**) में हुआ था। महात्मा बुद्ध का निधन **80 वर्ष** की आयु में हुआ और वह **जन्म-मृत्यु के चक्र** से मुक्त हो गए।

8. उत्तर-(c)

व्याख्या: मुगल प्रशासन में **अकबर** ने शासन को विकेंद्रित करते हुए **दीवान-ए-कुल** का पद सृजित किया, जो पूरे साम्राज्य के **राजस्व** और **वित्तीय मामलों** का **सर्वोच्च अधिकारी** होता था। वह सुल्तान के बाद सबसे प्रभावशाली व्यक्ति था।

9. उत्तर-(b)

व्याख्या: 1674 ई. में **छत्रपति शिवाजी** का भव्य राज्याभिषेक **रायगढ़** के किले में हुआ था। उन्हें **छत्रपति** की उपाधि दी गई और प्रसिद्ध विद्वान **गंगाभट्ट** ने उनका राज्याभिषेक संपन्न कराया था।

10. उत्तर-(b)

व्याख्या: इंडियन मिरर अखबार का प्रकाशन **कलकत्ता** (तत्कालीन बंगाल) से होता था। **इंडियन मिरर** की स्थापना (1861 ई.) का श्रेय **देवेंद्रनाथ टैगोर** तथा **मनमोहन घोष** को है। **केशवचंद्र सेन** तथा **नरेंद्र नाथ सेन** इसके संपादकीय विभाग में थे। यह **दैनिक अखबार** था।

11. उत्तर-(b)

व्याख्या: विनायक दामोदर सावरकर ने अपनी पुस्तक **भारतीय स्वतंत्रता संग्राम, 1857** (The Indian War of Independence, 1857) में इस विद्रोह को केवल सैनिक विद्रोह न मानकर **भारत का प्रथम स्वतंत्रता संग्राम** कहा था। यह विचार **भारतीय राष्ट्रवाद** के लिए प्रेरणा बना।

12. उत्तर-(b)

व्याख्या: पूना सार्वजनिक सभा की स्थापना **अप्रैल, 1870** में **महादेव गोविंद रानाडे** ने की थी। इस संस्था के अन्य सदस्यों में **बाल गंगाधर तिलक, अरविंद केलकर, गोपाल हरिदेशमुख** तथा **जीवी जोशी** शामिल थे।

13. उत्तर-(d)

व्याख्या: भूदान आन्दोलन **आचार्य विनोबा भावे** द्वारा **वर्ष 1951** में आरम्भ किया गया जो एक **स्वैच्छिक भूमि सुधार आन्दोलन** था। विनोबा भावे की कोशिश थी कि भूमि का पुनर्वितरण सिर्फ सरकारी कानूनों के जरिए नहीं हो, बल्कि एक आन्दोलन के माध्यम से इसकी सफल कोशिश की जाए।

14. उत्तर-(a)

व्याख्या: मीराबाई हिंदू आध्यात्मिक कवयित्री थीं, जिनके **भगवान श्रीकृष्ण** के प्रति समर्पित **भजन उत्तर भारत** में लोकप्रिय हैं। इनके द्वारा रचित ग्रंथ हैं- **नरसी जी का मायरा, गीत गोविंद टीका, राग-गोविंद सोरठा के पद।**

15. उत्तर-(a)

व्याख्या: भारतीय राष्ट्रीय कांग्रेस की स्थापना 1885 ई. में **ए.ओ. ह्यूम** द्वारा की गई थी। इसका पहला अधिवेशन **28-30 दिसंबर, 1885** को बंबई स्थित **गोकुलदास तेजपाल संस्कृत कॉलेज** में आयोजित किया गया। इसमें कुल **72 प्रतिनिधियों** ने भाग लिया।

16. उत्तर-(b)

व्याख्या: मध्य काल में सर्वप्रथम भारत से संबंध स्थापित करने वाले **पुर्तगीज** थे। प्रथम **पुर्तगीज वास्कोडिगामा** भारत के **पश्चिमी तट** पर स्थित **बंदरगाह कालीकट** पर **20 मई, 1498** को पहुँचा। उसने यहाँ पहुँचकर भारत के नए **समुद्री मार्ग** की खोज की। पुर्तगाली व्यापारियों ने भारत में **कालीकट, गोवा, दमन, दीव** एवं **हुगली** के बंदरगाहों में अपनी **व्यापारिक कोठियाँ** स्थापित कीं।

17. उत्तर-(b)

व्याख्या: महाबलीपुरम (तमिलनाडु) के समुद्र तट पर स्थित शोर मंदिर का निर्माण **पल्लव शासक नरसिंहवर्मन द्वितीय** (राजसिंह) ने **8वीं शताब्दी** में करवाया था। यह **दक्षिण भारतीय मंदिर** वास्तुकला की **द्रविड़ शैली** का एक उत्कृष्ट उदाहरण है।

18. उत्तर-(a)

व्याख्या: हरिप्रसाद चौरसिया प्रसिद्ध बांसुरी वादक हैं, **अमजद अली खान** सरोद बजाते हैं, **शिवकुमार शर्मा** संतूर के लिए जाने जाते हैं और **जाकिर हुसैन** विश्व विख्यात तबला वादक हैं। ये सभी अपनी कला के दिग्गज हैं।

19. उत्तर-(c)

व्याख्या: भारत में श्रमिक दिवस **1 मई** को मनाया जाता है। जिसे **अन्तर्राष्ट्रीय मजदूर दिवस** के नाम से जाना जाता है। मजदूर दिवस मनाने की शुरूआत **1 मई, 1886** से हुई।

1 अगस्त : राष्ट्रीय पर्वतारोही दिवस

12 दिसम्बर : सार्वभौमिक स्वास्थ्य कवरेज दिवस

20. उत्तर-(b)

व्याख्या: मध्य प्रदेश के **रायसेन** जिले में स्थित **सांची का स्तूप** भारत का **सबसे बड़ा** और प्रसिद्ध **बौद्ध स्तूप** है। इसका निर्माण मूल रूप से मौर्य सम्राट **अशोक** ने करवाया था। यह **यूनेस्को** की **विश्व धरोहर सूची** में शामिल है।

21. उत्तर-(b)

व्याख्या: संविधान सभा की पहली बैठक **9 दिसंबर, 1946** को हुई थी। इसमें सभा के सबसे वरिष्ठ सदस्य **डॉ. सच्चिदानंद सिन्हा** को सर्वसम्मति से **अस्थायी अध्यक्ष** चुना गया था। इसके दो दिन बाद **डॉ. राजेंद्र प्रसाद** स्थायी अध्यक्ष बने।

22. उत्तर-(b)

व्याख्या: संविधान के नीति निर्देशक तत्वों के तहत **अनुच्छेद 44** में राज्य को यह निर्देश दिया गया है कि वह समस्त भारत के नागरिकों के लिए एक **समान नागरिक संहिता** लागू करने का प्रयास करेगा। वर्तमान में यह **गोवा** के साथ-साथ **उत्तराखण्ड** में लागू है।

23. उत्तर-(c)

व्याख्या: स्वर्ण सिंह समिति की सिफारिश पर **42वें संविधान संशोधन** (1976) द्वारा संविधान में **भाग IV-A** और **अनुच्छेद 51A** जोड़ा गया। प्रारंभ में **10 मौलिक कर्तव्य** थे, जबकि वर्तमान में इनकी कुल संख्या **11** है।

24. उत्तर-(a)

व्याख्या: जवाहरलाल नेहरू के कार्यकाल में **प्रथम संविधान संशोधन** द्वारा **9वीं अनुसूची** जोड़ी गई थी। इसका मुख्य उद्देश्य भूमि सुधार कानूनों को **न्यायिक समीक्षा** (Judicial Review) से बाहर रखकर उन्हें सुरक्षा प्रदान करना था।

25. उत्तर-(a)

व्याख्या: अनुच्छेद 17 अस्पृश्यता के अंत, **अनुच्छेद 40** पंचायतों के गठन, **अनुच्छेद 51A** मौलिक कर्तव्यों और **अनुच्छेद 76** भारत के महान्यायवादी की नियुक्ति से संबंधित है। ये संविधान के अत्यंत महत्वपूर्ण अनुच्छेद हैं।

26. उत्तर-(d)

व्याख्या: संविधान सभा के प्रथम अस्थायी उप-सभापति/उपाध्यक्ष **फ्रैंक एंथोनी** थे, जिन्हें **9 दिसंबर, 1946** को अस्थायी सभापति/अध्यक्ष **सच्चिदानंद सिन्हा** द्वारा मनोनीत किया गया था। **एच.सी. मुखर्जी** संविधान सभा के पहले **स्थायी उपाध्यक्ष** थे।

27. उत्तर-(b)

व्याख्या: भारतीय राष्ट्रीय ध्वज में **सफेद पट्टी** के बीच में **नीले रंग** का चक्र है, जिसका प्रारूप **सारनाथ** में **अशोक के सिंह स्तंभ** पर बने चक्र से लिया गया है। इसमें **24 तीलियाँ** (आरे) हैं। यह **न्याय का प्रतीक** है।

28. उत्तर-(d)

व्याख्या: CIA (Central Intelligence Agency) **संयुक्त राज्य अमेरिका** (USA) की **आसूचना** (गुप्तचर) एजेंसी है।

29. उत्तर-(c)

व्याख्या: क्रिमिनल ट्राइब्स एक्ट सर्वप्रथम **1871 ई.** में अधिनियमित हुआ था। यह प्रारंभ में **उत्तर भारत** के अधिकांश क्षेत्र में लागू हुआ था।

30. उत्तर-(d)

व्याख्या: संविधान के **अनुच्छेद 170** के अनुसार, प्रत्येक राज्य की **विधानसभा** उस राज्य में **प्रादेशिक निर्वाचन क्षेत्रों** से प्रत्यक्ष निर्वाचन द्वारा चुने हुए **अधिकतम 500** और **न्यूनतम 60** सदस्यों से मिलकर बनेगी।

31. उत्तर-(b)

व्याख्या: अलास्का संयुक्त राज्य अमेरिका का एक प्रांत है। यह **कनाडा** के पश्चिम में **संयुक्त राज्य अमेरिका** से दूर स्थित संयुक्त राज्य अमेरिका का भाग है।

32. उत्तर-(a)

व्याख्याः पालघाट दर्रा पश्चिमी घाट में स्थित है जो **केरल** के **पलक्कड़** को **तमिलनाडु** के **कोयंबटूर** से जोड़ता है। यह **दक्षिण भारत** में **व्यापार** और **परिवहन** के लिए एक **प्राकृतिक पहाड़ी गलियारा** प्रदान करता है।

33. उत्तर-(a)

व्याख्याः हीराकुंड महानदी (ओडिशा), **टिहरी** भागीरथी (उत्तराखंड), **नागार्जुन सागर** कृष्णा (तेलंगाना/आंध्र प्रदेश) और **इडुक्की बांध** केरल की पेरियार नदी पर स्थित है। **हीराकुंड** भारत का **सबसे लंबा** और **टिहरी सबसे ऊँचा बांध** है।

34. उत्तर-(c)

व्याख्याः भारत के लगभग **43%** भू-भाग पर **जलोढ़ मिट्टी** (Alluvial Soil) पाई जाती है। यह नदियों द्वारा बहाकर लाई गई मिट्टी है जो उत्तर भारत के विशाल मैदानों में फैली है और कृषि के लिए अत्यंत उपजाऊ है।

35. उत्तर-(b)

व्याख्याः कैलाश पर्वत तिब्बत (चीन) क्षेत्र में अवस्थित है। यह **हिंदू धर्म** में एक **पवित्र तीर्थ स्थल** के रूप में जाना जाता है।

36. उत्तर-(c)

व्याख्याः कर्क रेखा (23½° उत्तरी अक्षांश) भारत के बीचों-बीच से **8 राज्यों** (गुजरात, राजस्थान, मध्य प्रदेश, छत्तीसगढ़, झारखंड, पश्चिम बंगाल, त्रिपुरा और मिजोरम) से होकर गुजरती है। यह भारत को **दो जलवायु क्षेत्रों** में बांटती है।

37. उत्तर-(b)

व्याख्याः पीर पंजाल श्रेणी लघु हिमालय (हिमाचल श्रेणी) की सबसे लंबी और महत्वपूर्ण पर्वत श्रृंखला है। यह मुख्य रूप से **जम्मू-कश्मीर** और **हिमाचल प्रदेश** में फैली हुई है और यहाँ प्रसिद्ध **बनिहाल दर्रा** स्थित है।

38. उत्तर-(b)

व्याख्याः मौना लोआ (Mauna Loa) **हवाई द्वीप** (सं.रा. अमेरिका) के लगभग **आधे भाग** पर विस्तृत है।

39. उत्तर-(a)

व्याख्याः जुको ताबेई एक जापानी पर्वतारोही हैं। इन्होंने **16 मई, 1975** को **माउंट एवरेस्ट** को फतह कर इतिहास रच दिया तथा ऐसा करने वाली वह **प्रथम महिला** बन गईं। ये सातों महाद्वीपों के सर्वोच्च शिखर पर चढ़ने वाली पहली महिला भी हैं।

40. उत्तर-(b)

व्याख्याः सलाल पनबिजली परियोजना जम्मू-कश्मीर के रियासी जिले में **चिनाब नदी** पर स्थित है। यह भारत की एक महत्वपूर्ण जल विद्युत परियोजना है जो उत्तरी भारत को बिजली की आपूर्ति करने में सहायक है।

41. उत्तर-(b)

व्याख्याः पेयजल को जीवाणुरहित करने के लिए **क्लोरीन गैस** एवं **ब्लीचिंग पाउडर** का उपयोग किया जाता है। ध्यातव्य है कि क्लोरीन गैस जल शोधन के प्राथमिक चरण में जीवाणुओं को निष्क्रिय करने का कार्य करती है।

42. उत्तर-(a)

व्याख्याः 26 अप्रैल, 1986 को **सोवियत रूस** में **चेर्नोबिल** (Chernobyl) स्थित **परमाणु केंद्र** में **नाभिकीय दुर्घटना** हुई थी। मानवीय भूल के कारण घातक **रेडियोधर्मी कण** वातावरण में प्रविष्ट हो गए थे, जिसके कारण अनेक व्यक्ति **हताहत** हुए थे।

43. उत्तर-(a)

व्याख्याः गिर गुजरात में (एशियाई शेरों के लिए), **कान्हा** मध्य प्रदेश में (बाघों के लिए), **रणथंभौर** राजस्थान में और **जिम कॉर्बेट** (भारत का पहला नेशनल पार्क) उत्तराखंड के **नैनीताल** जिले में स्थित है।

44. उत्तर-(b)

व्याख्याः वायुमंडल में **ऑक्सीजन** का मुख्य स्रोत हरे पौधे हैं। **प्रकाश संश्लेषण** (Photosynthesis) की प्रक्रिया के दौरान पौधे सूर्य के प्रकाश में **कार्बन डाइऑक्साइड** लेते हैं और सह-उत्पाद के रूप में **शुद्ध ऑक्सीजन गैस** बाहर छोड़ते हैं।

45. उत्तर-(c)

व्याख्याः पृथ्वी के चारों ओर विद्यमान **गैसों** (वायु) के समूह को **वायुमंडल** कहते हैं। इसमें **नाइट्रोजन, ऑक्सीजन, कार्बन डाइऑक्साइड** तथा **अन्य गैसें** पाई जाती हैं।

46. उत्तर-(a)

व्याख्याः यह एक आदर्श स्थलीय खाद्य श्रृंखला है। **घास** उत्पादक है, **टिड्डा** प्राथमिक उपभोक्ता है, **मेंढक** द्वितीयक, **सर्प** तृतीयक और **बाज सर्वोच्च उपभोक्ता** (Apex Predator) के रूप में कार्य करता है।

47. उत्तर-(c)

व्याख्याः पृथ्वी पर मौजूद विभिन्न प्रकार के **जीवन** और **जैव विविधता** के प्रति जागरूकता फैलाने के लिए **प्रतिवर्ष 22 मई** को **अंतर्राष्ट्रीय जैव विविधता दिवस** मनाया जाता है। **22 अप्रैल** को **पृथ्वी दिवस** और **22 मार्च** को **जल दिवस** होता है।

48. उत्तर-(b)

व्याख्याः फ्लाई ऐश सूक्ष्म कणों वाली राख है जो **थर्मल पावर प्लांटों** में **कोयले के जलने** से उत्पन्न होती है। यह **वायु** और **जल प्रदूषण** का कारण बनती है, हालांकि अब इसका उपयोग **ईंटें** बनाने में हो रहा है।

49. उत्तर-(a)

व्याख्या: पाखुई वन्यजीव अभयारण्य अरुणाचल प्रदेश के पूर्वी कामेंग जिले में स्थित है। मूलत: यह क्षेत्र **पक्के संरक्षित वन** (Pakke Reserve Forest) के नाम से जाना जाता था। इसकी स्थापना **वर्ष 1977** में हुई थी।

50. उत्तर-(c)

व्याख्या: ग्रीन मफलर सड़कों के किनारे और औद्योगिक क्षेत्रों में **4-6 कतारों** में घने पेड़ लगाने की तकनीक है। ये पेड़ **ध्वनि तरंगों** को अवशोषित करते हैं, जिससे रिहायशी इलाकों में ध्वनि प्रदूषण का प्रभाव कम हो जाता है।

51. उत्तर-(a)

व्याख्या: आवृत्ति (Frequency) का अर्थ है प्रति सेकंड होने वाले कंपनों की संख्या। इसका मात्रक **हर्ट्ज** (Hz) है। मनुष्य के कान **20 हर्ट्ज से 20,000 हर्ट्ज** के बीच की ध्वनि सुन सकते हैं।

52. उत्तर-(c)

व्याख्या: द्रव के अणुओं के बीच लगने वाले **ससंजक बल** के कारण द्रव की सतह खिंची हुई झिल्ली की तरह व्यवहार करती है। इसे **पृष्ठ तनाव** (Surface Tension) कहते हैं। इसी कारण वर्षा की बूंदें न्यूनतम क्षेत्रफल (गोलाकार) प्राप्त करती हैं।

53. उत्तर-(a)

व्याख्या: कांसा, **ताँबा** और **टिन** का मिश्रण है, **पीतल** में **ताँबा** और **जस्ता** होता है, **स्टेनलेस स्टील** में **लोहा**, **क्रोमियम** और **निकिल** मिलाया जाता है, तथा **टाँका** (Solder), **सीसा** और **टिन** की मिश्र धातु है।

54. उत्तर-(b)

व्याख्या: बादलों से कृत्रिम रूप से वर्षा कराने के लिए **हवाई जहाज** या **रॉकेट** के माध्यम से **सिल्वर आयोडाइड** (AgI) का छिड़काव किया जाता है। यह बर्फ के क्रिस्टल बनाने में मदद करता है जिससे **बारिश** होती है।

55. उत्तर-(b)

व्याख्या: बेकिंग सोडा का रासायनिक नाम **सोडियम बाइकार्बोनेट** है। इसका उपयोग **खाना पकाने** (केक, ब्रेड फुलाने) और **एंटासिड** के रूप में किया जाता है। गर्म करने पर यह **कार्बन डाइऑक्साइड** (CO_2) गैस मुक्त करता है।

56. उत्तर-(b)

व्याख्या: पित्त रस (Bile Juice) का निर्माण हमारे शरीर की सबसे बड़ी ग्रंथि **यकृत** (Liver) में होता है। हालाँकि, यह यकृत से निकलने के बाद **पित्ताशय** (Gallbladder) में जमा होता है और वसा के पाचन में मदद करता है।

57. उत्तर-(c)

व्याख्या: अग्न्याशय (Pancreas) की **लैंगरहैंस द्वीपिकाओं** (Islets of Langerhans) से स्रावित होने वाले **इंसुलिन** हार्मोन की कमी से **रक्त में शर्करा** की मात्रा बढ़ जाती है, जिससे व्यक्ति को **मधुमेह रोग** हो जाता है।

58. उत्तर-(c)

व्याख्या: प्रकाश संश्लेषण की क्रिया में हरे पौधे वायुमंडल से **कार्बन डाइऑक्साइड** (CO_2) अवशोषित करते हैं और जड़ों से जल लेकर क्लोरोफिल की सहायता से **कार्बोहाइड्रेट** (भोजन) बनाते हैं और ऑक्सीजन मुक्त करते हैं।

59. उत्तर-(c)

व्याख्या: विटामिन बी-12 का रासायनिक नाम **साइनोकोबालामिन** है। इसमें **कोबाल्ट** धातु का एक परमाणु केंद्र में स्थित होता है। यह विटामिन **लाल रक्त कोशिकाओं** (RBC) के निर्माण और **तंत्रिका तंत्र** के लिए अनिवार्य है।

60. उत्तर-(b)

व्याख्या: दूर दृष्टि दोष (Hypermetropia) में व्यक्ति को दूर की वस्तुएं तो साफ दिखती हैं, लेकिन पास की धुंधली। इसे ठीक करने के लिए चश्मे में **उत्तल लेंस** का प्रयोग किया जाता है ताकि प्रकाश **रेटिना** पर केंद्रित हो सके।

61. उत्तर-(b)

व्याख्या: योजना आयोग का गठन **मार्च 1950** में हुआ था और इसके **पदेन अध्यक्ष** देश के **प्रधानमंत्री** होते थे। अत: भारत के पहले प्रधानमंत्री **जवाहरलाल नेहरू** इसके पहले **अध्यक्ष** बने। अब इसकी जगह **नीति आयोग** ने ले ली है।

62. उत्तर-(c)

व्याख्या: बागो योमा जिसे औपचारिक तौर पर **पेगु योमा** के नाम से जाना जाता है, **म्यांमार** के **मध्य क्षेत्र** में एक **पर्वत श्रृंखला** है, जो **इरावदी** एवं **सीताउंग नदी** के मध्य अवस्थित है। यह क्षेत्र **खनिज तेल** के उत्पादन के लिए जाना जाता है।

63. उत्तर-(a)

व्याख्या: सिडबी (SIDBI) का मुख्यालय लखनऊ में, **नाबार्ड** मुंबई में, **इरडा** (IRDAI) हैदराबाद में और **राष्ट्रीय आवास बैंक** (NHB) नई दिल्ली में स्थित है। ये देश के प्रमुख वित्तीय नियामक संस्थान हैं।

64. उत्तर-(d)

व्याख्या: भारत में सर्वप्रथम **2 अक्टूबर, 1975** को **पाँच क्षेत्रीय ग्रामीण बैंक** स्थापित किए गए। ये हैं- **मुरादाबाद** (उ.प्र.), **गोरखपुर** (उ.प्र.), **भिवानी** (हरियाणा), **जयपुर** (राजस्थान) और **माल्दा** (प. बंगाल)।

65. उत्तर-(b)

व्याख्या: मिश्रित अर्थव्यवस्था वह प्रणाली है जहाँ सरकार (सार्वजनिक क्षेत्र) और निजी उद्योगपति दोनों साथ-साथ कार्य करते हैं। **वर्ष 1948 की औद्योगिक नीति** के बाद भारत ने इसी मॉडल को अपनाया था।

66. उत्तर-(a)

व्याख्या: केंद्रीय सरकारी बैंकों का मुख्य कार्यक्षेत्र **जिला** होता है जो **प्राथमिक कृषि, ऋण समितियों** और **राज्य सहकारी बैंकों** के बीच **एक कड़ी** के रूप में कार्य करते हैं। ये मुख्य रूप से ग्रामीण क्षेत्रों में **बैंकिंग, कृषि उद्योग** के लिए **ऋण** प्रदान करते हैं।

67. उत्तर-(b)

व्याख्या: वर्तमान में भारत में खुदरा मुद्रास्फीति को **उपभोक्ता मूल्य सूचकांक** (CPI) के आधार पर मापा जाता है। **भारतीय रिजर्व बैंक** भी अपनी **मौद्रिक नीतियों** के निर्धारण के लिए इसी सूचकांक को मुख्य मानक मानता है।

68. उत्तर-(a)

व्याख्या: अमेरिकी वैज्ञानिक **नॉर्मन ई. बोरलॉग** को **हरित क्रांति का जनक** (Father of Green Revolution) माना जाता है। इन्हें **वर्ष 1970 में शांति का नोबेल पुरस्कार** (Nobel Prize for Peace) दिया गया था।

69. उत्तर-(b)

व्याख्या: पहली पंचवर्षीय योजना (वर्ष 1951-56) **हैरोड-डोमर मॉडल** पर आधारित थी। इसका मुख्य ध्यान **कृषि के विकास** और **सिंचाई परियोजनाओं** पर था। इसी योजना के दौरान **भाखड़ा नांगल** और **हीराकुंड** जैसे बड़े बाँध शुरू हुए थे।

70. उत्तर-(b)

व्याख्या: अंत्योदय अन्न योजना (AAY) **25 दिसंबर, 2000** को शुरू की गई थीं। इसका उद्देश्य गरीबों में भी सबसे गरीब परिवारों को बहुत कम दर (₹2 प्रति किलो गेहूँ, ₹3 प्रति किलो चावल) पर अनाज उपलब्ध कराना है।

71. उत्तर-(b)

व्याख्या: उत्तर प्रदेश का सबसे पूर्वी जिला **बलिया** है। वहीं **शामली** सबसे पश्चिमी जिला, **सहारनपुर** सबसे उत्तरी जिला और **सोनभद्र** सबसे दक्षिणी जिला है। बलिया **बिहार के साथ लंबी सीमा** साझा करता है।

72. उत्तर-(b)

व्याख्या: भारतीय दलहन अनुसंधान संस्थान (IIPR) उत्तर प्रदेश के **कानपुर शहर** में स्थित है। यह संस्थान दालों की नई प्रजातियों को विकसित करने और उनकी गुणवत्ता बढ़ाने पर अनुसंधान करता है।

73. उत्तर-(a)

व्याख्या: फिरोजाबाद चूड़ियों के लिए, **कन्नौज** इत्र के लिए, **भदोही** हाथ से बुने कालीनों के लिए और **मेरठ** खेल के सामान (जैसे क्रिकेट बैट) के निर्माण के लिए पूरे विश्व में प्रसिद्ध हैं।

74. उत्तर-(c)

व्याख्या: बनारस हिंदू विश्वविद्यालय (BHU) का शिलान्यास **पंडित मदन मोहन मालवीय** द्वारा **4 फरवरी, 1916** को **वसंत पंचमी** के अवसर पर गई थी। इसकी स्थापना में **डॉ. एनी बेसेंट** और **महाराजा रामेश्वर सिंह** ने भी महत्वपूर्ण सहयोग दिया था, जबकि इसके शिलान्यास में तत्कालीन वायसराय **लॉर्ड हार्डिंग** की भी भूमिका थी।

75. उत्तर-(a)

व्याख्या: 2011 की जनगणना के अनुसार, उत्तर प्रदेश का **लिंगानुपात प्रति 1000 पुरुषों** पर **912 महिलाएँ** दर्ज किया गया था।

76. उत्तर-(d)

व्याख्या: 2011 की जनगणना के अनुसार, उत्तर प्रदेश में **सबसे कम** (न्यूनतम) **दशकीय जनसंख्या वृद्धि** दर वाला जिला **कानपुर नगर** है, जो राज्य की **औसत वृद्धि दर** (20.23%) से काफी नीचे रही। इसके बाद **हमीरपुर** और **बागपत** जैसे जिलों का स्थान आता है।

77. उत्तर-(b)

व्याख्या: सिंगरौली कोयला क्षेत्र मुख्य रूप से **मध्य प्रदेश** में स्थित होने के साथ-साथ उत्तर प्रदेश के **सोनभद्र** जिले में भी विस्तृत है। यह क्षेत्र उत्तर प्रदेश के सोनभद्र जिले के **दक्षिणी भाग** (विशेषकर सोन बेसिन क्षेत्र) में फैला हुआ है, जहाँ पर **प्रमुख कोयला खदानें** स्थित हैं।

78. उत्तर-(a)

व्याख्या: उत्तर प्रदेश के लोकायुक्त का वर्तमान कार्यकाल **5 वर्ष** है। उत्तर प्रदेश **लोकायुक्त** एवं **उप-लोकायुक्त (संशोधन) विधेयक, 2024** के माध्यम से इसे **8 वर्ष से घटाकर 5 वर्ष** कर दिया गया है। यह कार्यकाल पद ग्रहण करने की तिथि से **5 वर्ष** या **70 वर्ष की आयु** प्राप्त करने तक (जो भी पहले हो) निर्धारित है।

79. उत्तर-(a)

व्याख्या: हिंडाल्को (Hindalco) इंडस्ट्रीज का एल्युमिनियम संयंत्र **सोनभद्र** जिले के **रेनुकूट** में स्थित है। इसे **रिहंद बांध** से बिजली प्राप्त होती है। यह भारत की सबसे बड़ी एल्युमिनियम उत्पादक कंपनियों में से एक है।

80. उत्तर-(c)

व्याख्या: प्रशासनिक सुविधा के लिए उत्तर प्रदेश को कुल **18 मंडलों** और **75 जिलों** में बांटा गया है। नवीनतम गठित **18वाँ** मंडल **अलीगढ़** है। **प्रयागराज**, **लखनऊ** और **कानपुर** राज्य के सबसे बड़े मंडलों में शामिल हैं।

81. उत्तर-(c)

व्याख्या: पंजाब, उत्तर प्रदेश राज्य के साथ सीमा साझा नहीं करता। प्रदेश अपनी सीमा **8 राज्यों** से साझा करता है, साथ ही प्रदेश की सीमा **केन्द्र शासित प्रदेश दिल्ली** को भी स्पर्श करती है।

82. उत्तर-(b)

व्याख्या: द्वितीय विश्व युद्ध के बाद **विश्व शांति** के उद्देश्य से **24 अक्टूबर, 1945** को **संयुक्त राष्ट्र संघ** की स्थापना हुई थी। इसीलिए प्रतिवर्ष **24 अक्टूबर** को **संयुक्त राष्ट्र दिवस** मनाया जाता है। इसका मुख्यालय **न्यूयॉर्क** में है।

83. उत्तर-(a)

व्याख्याः डिस्कवरी ऑफ इंडिया जवाहरलाल नेहरू ने, **पंचतंत्र** विष्णु शर्मा ने, **अर्थशास्त्र** चाणक्य ने और **इंडिका** यूनानी राजदूत मेगस्थनीज ने लिखी थी। ये पुस्तकें ऐतिहासिक और साहित्यिक दृष्टि से बहुत मूल्यवान हैं।

84. उत्तर-(c)

व्याख्याः 10 दिसंबर, 1948 को **संयुक्त राष्ट्र** द्वारा मानवाधिकारों की घोषणा की गई थी। तभी से इस दिन को **विश्व मानवाधिकार दिवस** के रूप में मनाया जाता है। यह **मानवीय गरिमा** और **अधिकारों की रक्षा** का प्रतीक है।

85. उत्तर-(b)

व्याख्याः बुल फाइटिंग स्पेन का प्रसिद्ध पारंपरिक खेल है। इसमें **सांडों** (बैल) और **इंसानों** (मेटाडोर) के बीच मुकाबला होता है। हालांकि, पशु क्रूरता के कारण अब कई देशों और क्षेत्रों में इस पर प्रतिबंध लगाने की मांग उठती है।

86. उत्तर-(c)

व्याख्याः ऑस्कर पुरस्कार (एकेडमी अवार्ड्स) विश्व सिनेमा का सबसे प्रतिष्ठित सम्मान है। इसे **एकेडमी ऑफ मोशन पिक्चर आर्ट्स एंड साइंसेज** द्वारा दिया जाता है। **भानु अथैया ऑस्कर** जीतने वाली पहली भारतीय थीं।

87. उत्तर-(c)

व्याख्याः चीन ने **सुदीरमन कप 2025** के **19वें संस्करण** के फाइनल में **दक्षिण कोरिया** को **3-1 से हराकर** लगातार **चौथी बार बीडब्ल्यूएफ सुदीरमन कप** जीत लिया।

88. उत्तर-(b)

व्याख्याः गोबी मरुस्थल दुनिया के **सबसे ठंडे** और **बड़े मरुस्थलों** में से एक है जो **मंगोलिया** और **चीन** (एशिया महाद्वीप) में फैला हुआ है। यह रेतीला न होकर अधिकांशतः **पथरीला** और **बर्फीला मरुस्थल** है।

89. उत्तर-(b)

व्याख्याः चेल्सी ने फाइनल में **पेरिस सेंट-जर्मेन** को **3-0** से हराकर **टूर्नामेंट जीता** और विस्तारित प्रारूप के तहत पहले **विश्व चैंपियन** बने। **फीफा विश्व कप** के **चार-वर्ष** के अंतराल पर आयोजित किया जाता है।

90. उत्तर-(c)

व्याख्याः भारत में **विश्व स्वास्थ्य संगठन** (WHO) का मुख्यालय **नई दिल्ली** (दक्षिण-पूर्व एशिया का क्षेत्रीय कार्यालय), जबकि विश्व स्तर पर मुख्यालय **जेनेवा, स्वीटजरलैंड** में स्थित है। इसका मुख्य कार्य **विश्व के लोगों के स्वास्थ्य का ख्याल रखना** एवं **स्वास्थ्य के बारे में लोगों को जागरूक करना** है। भारत **12 जनवरी, 1948** को विश्व स्वास्थ्य संगठन का सदस्य बना।

91. उत्तर-(a)

व्याख्याः प्रत्येक **12 वर्ष** में एक बार आयोजित होने वाला पवित्र **नदी महोत्सव, सरस्वती पुष्करालु तेलंगाना** राज्य से शुरू हुआ। यह महोत्सव तेलंगाना के **जयशंकर भूपालपल्ली** जिले में कालेश्वरम के **त्रिवेणी संगमम** में मनाया जाता है।

92. उत्तर-(b)

व्याख्याः आदित्य एल 1 सूर्य का अध्ययन करने वाला पहला **भारतीय अंतरिक्ष मिशन** है। यह अंतरिक्ष यान **सूर्य-पृथ्वी** प्रणाली के **लैग्रेंज बिंदु 1** (एल 1) के चारों ओर एक **हेलो कक्षा** में स्थापित किया गया है, जो सूर्य का अध्ययन करेगा।

93. उत्तर-(d)

व्याख्याः भारत के पहले **ट्राइबल जीनोम सीक्वेंसिंग** (जनजातीय जीनोम अनुक्रमण) प्रोजेक्ट की शुरुआत **गुजरात** में की गई है। यह परियोजना विशेष रूप से आदिवासी समुदायों में अनुवांशिक बीमारियों पर केंद्रित है।

94. उत्तर-(b)

व्याख्याः भारत के प्रथम **मेक-इन-इंडिया** (स्वदेशी) **1 मेगावाट ग्रीन हाइड्रोजन प्लांट** का उद्घाटन **गुजरात के कांडला** स्थित **दीनदयाल बंदरगाह प्राधिकरण** (DPA) में किया गया है।

95. उत्तर-(c)

व्याख्याः पुरुष क्रिकेट एशिया कप 2025 का आयोजन **संयुक्त अरब अमीरात** (UAE) में किया गया। जिसमें **दुबई** और **अबूधाबी** के मैदानों पर मुकाबले हुए। **भारत** ने फाइनल में **पाकिस्तान** को हराकर यह **17वाँ संस्करण** (नौवां खिताब) जीता।

96. उत्तर-(b)

व्याख्याः प्रथम **स्वदेशी गोताखोरी सहायता पोत** (DSV) **निस्तार** (INS Nistar) का निर्माण **विशाखापत्तनम** स्थित **हिंदुस्तान शिपयार्ड लिमिटेड** (HSL) ने किया है। यह भारतीय नौसेना का पहला स्वदेशी रूप से डिजाइन और निर्मित DSV है।

97. उत्तर-(c)

व्याख्याः 18वाँ ब्रिक्स शिखर सम्मेलन ब्रिक्स देशों का आगामी अंतर्राष्ट्रीय शिखर सम्मेलन है, जिसकी मेजबानी **भारत** द्वारा 2026 में ब्रिक्स की अध्यक्षता के हिस्से के रूप में की जानी है

98. उत्तर-(a)

व्याख्याः वायु गुणवत्ता प्रबंधन में उत्कृष्ट प्रयासों के कारण **इंदौर** को **10 लाख से अधिक जनसंख्या** वाले शहरों की श्रेणी में सर्वाधिक स्वच्छ घोषित किया गया।

99. उत्तर-(b)

व्याख्याः एशिया की सबसे लंबी मालगाड़ी **रुद्रास्त्र** की कुल लंबाई लगभग **4.5 कि.मी.** है। **रुद्रास्त्र** का परीक्षण भारतीय रेलवे द्वारा अगस्त 2025 में किया गया।

100. उत्तर-(a)

व्याख्याः होप मिशन **त्सो कार घाटी, लद्दाख** में आयोजित हुआ। यह एक उच्च-ऊँचाई वाला एनालॉग स्पेस मिशन है।